Sabine Meine

DIE FROTTOLA:
MUSIK, DISKURS UND SPIEL
AN ITALIENISCHEN HÖFEN
1500-1530

Centre d'études supérieures de la Renaissance • Université François-Rabelais de Tours

Collection « Épitome musical »
dirigée par Philippe Vendrix

comité éditorial :
Marie-Alexis Colin, David Fiala, Xavier Bisaro, Annie Cœurdevey,
Daniel Saulnier, Philippe Canguilhem

coordination éditoriale :
Vincent Besson

  publication cofinancée par le fonds européen de développement régional

Création graphique et mise en page : NH•Konzept

Couverture : Anon., Decke der sala del labirinto, Detail, Palazzo ducale, Mantua

© Brepols Publishers n.v., Turnhout (Belgium) – 2013
ISBN : 978-2-503-54880-7   Dépôt légal : D/2013/0095/53

No part of this publication may be reproduced, stored in a retrieval system, or transmitted,
in any form or by any means, electronic, mechanical, photocopying, recording, or otherwise,
without the prior permission of the publisher.
Printed on acid-free paper.

Centre d'études supérieures de la Renaissance • Collection « Épitome musical »

Sabine Meine

DIE FROTTOLA: MUSIK, DISKURS UND SPIEL AN ITALIENISCHEN HÖFEN
1500-1530

BREPOLS

INHALT

VORWORT • 11

1. EINLEITUNG • 13

1.1 *Forse che sì forse che no* — ein diskursives Paradigma • 13

1.2 Die Frottola als diskursive Praxis • 17

    1.2.1 Musikalische Liebeslyrik:
diskursive Praxis und zentraler Bereich der Verhaltensdifferenzierung • 22

    1.2.2 „Literarisierung" der Frottola oder:
Die Wahrnehmung der Gattung innerhalb der Musikwissenschaft • 27

    1.2.3 Liebesspiele der Frottola — Reflexion und Zerstreuung • 35

    1.2.4 Die *poesia per musica* als Beitrag zur *questione della lingua* • 38

1.3 Die zentrale Rolle des Musikpatronats der Isabella d'Este Gonzaga
in Mantua — ein Paradigma für das Gendering der Gattung • 41

1.4 Zum Aufbau • 43

2. VOR ORT AM HOF: INSZENIERUNGSSTRATEGIEN FÜR DIE FROTTOLA • 47

2.1 Hofmusik als Prestigeobjekt • 47

    2.1.1 Hofstrukturen: Hierarchie, Vergleichbarkeit, Gunst • 47

    2.1.2 Vorbild und Imitation: Musikleben in Ferrara und Mantua vor 1500 • 50

    2.1.3 Eigene Strukturen: Die Fürstinnenhöfe von Lucrezia Borgia und Isabella d'Este Gonzaga • 53

    2.1.4 Modellhaft: Die musikalische Ausbildung Isabella d'Estes • 58

    2.1.5 Daten, Zahlen, Positionen: Zum Status der Musiker • 60

    2.1.6 Der Dichtermusiker Serafino Ciminelli dell'Aquila • 65

    2.1.7 Neapel — Hochburg von *poesia e musica volgare* • 68

    2.1.8 Konkurrenzdenken • 70

        Buhlen um musikalische Exklusivität • 70

        „queste nozze fredde": Der Einzug Lucrezia Borgias in Ferrara • 72

        Fürstinnenrivalität in Mailand — mythische Projektionen • 76

2.1.9 Im Reich der Harmonie: Mythisierung und Praxis von Musik und tugendhafter Herrschaft • 78

Musikalische Ikonographie und Raumgestaltung in studiolo und grotta der Isabella d'Este Gonzaga • 79

*„la dolce influenza del mio Giove"— Petrarkistische Huldigungen
im Umfeld weiblicher Patronage* • 90

2.2 Fluchtpunkte • 106

2.2.1 Die Notwendigkeit von Scherz und Ironie. Der Hofmensch als „animal risibile"
oder: Lachen als Ventilsitte im normierten Kontext • 106

Auf Nähe und Distanz zur Volkskultur I: Lebenswelten • 108

2.2.2 Sonderstandort Rom: Musica „cortigiana"
oder: Frottolen zwischen Kardinal und Kurtisane • 110

Musik in Traktaten römischer Humanisten • 115

*„Quedem cortigiana, hoc est meretrix honesta"— Kurtisanentum
als Kompensation offizieller Strukturen oder: sexuelle Begierden und deren Nobilitierung* • 119

„E chi non si aria alzato i panni a sì bella canzona?"— Illusionen schüren und enttäuschen • 127

Fallbeispiel 1 — Imperia. Musischer Glanz versus persönliches Elend • 128

Fallbeispiel 2 — Laura de' Valenti. Reiner „Spaß" versus zweifelhaftes Vergnügen • 129

*Fallbeispiel 3 — Fiammetta in und um S. Agostino. Erhöhter Status
versus Erniedrigung am Kunden* • 131

Fazit • 134

3. HUMANISMUS UND HOFGESELLSCHAFT —
MUSICA DI CORTE IM UMFELD NEUER GELEHRSAMKEIT • 137

3.1 Der Petrarkismus • 138

3.2 Die Liebestraktate • 141

3.2.1 „Amor est magister artium et gubernator". Marsilio Ficinos *De amore* • 143

3.2.2 „Se musica è donna amata". Pietro Bembos *Gli Asolani* und Baldesar Castigliones
Il Libro del Cortigiano oder: Der Einzug höfischer Kommunikation in den Liebesdiskurs • 146

3.2.3 *Delle bellezze delle donne* — Musik, weibliche Schönheit und Spiel
bei Firenzuola, Luigini und Bargagli • 152

3.2.4 Fazit: Harmonie und Liebe oder: Wirkungen musikalischer Schönheit • 155

3.3 Die *questione della lingua* • 158

3.3.1 Systematik affektiver Klänge — Pietro Bembos *Prose della volgar lingua* und die Musik • 160

3.3.2 *Il volgare* zwischen kanonisierter italienischer Literatursprache
und freien, disparaten Ausdruckssphären • 163

3.3.3 „Nuove melodie" in Bembos Traktat *Gli Asolani* • 164

3.3.4 „Stanze, barzellette, frottole e altri pedestri stili" — Frühe Klassifizierungsversuche
von Vincenzo Calmeta • 166

3.3.5 „perché la facilità non impedisce la eleganza". Baldesar Castigliones Plädoyer
für eine lingua „italiana commune, copia e varia" • 171

Fazit • 175

4. *LIBRI DI FROTTOLE* — SPIELFELDER ZWISCHEN TRADITION UND INNOVATION • 179

4. 1 Das Projekt Petrucci I • 179

    4. 1. 1 Motivationen für den Druck von *Libri di Frottole* • 179

    4. 1. 2 Institutionalisierung eines Repertoires • 187

        Manuskript versus Notendruck. Zur Rekonstruktion des Kontextes • 187

        Libri I–III — Grundlegung • 187

        Libri IV und VI. Rekultivierung der älteren Strambottopraxis oder: zum Dichtermusiker Serafino Ciminelli dell'Aquila — Überlieferung zwischen Anonymität und Legenden • 190

        Libro XI — Neue Horizonte und Krise • 193

4. 2 Literarisierung und Musikalisierung der Frottola • 197

    4. 2. 1 „Moti confecti over frotole"
Prämissen der Vielfalt und Fülle aus der literarischen Tradition • 197

    4. 2. 2 „Il sempre sospirar […]":
Ungebremste Diskursivität — eine semantische Grundkonstante • 204

    4. 2. 3 Nomen est omen: Petruccis *Libri di Frottole* • 209

    4. 2. 4 Ökonomie und Variabilität I — Bedingungen der Musikalisierung • 212

    4. 2. 5 „Se Musica è la donna amata" —
Reden im Kommunikationssystem der höfischen Liebe • 228

    4. 2. 6 „(S)copri lingua" — Das Selbstgespräch und seine Varianten • 229

        Imaginäre Dialoge • 242

    4. 2. 7 *Formes fixes der poesia per musica* • 257

        Die Barzelletta und andere Formen mit Refrain • 257

        Refrainlose Formen — Oda, Capitolo, Sonetto und Strambotto, Canzone und Madrigal • 269

4. 3 Zwischen Stegreifspiel und Verschriftlichung — Zur Kompositionspraxis der Frottola • 291

    4. 3. 1 Der kompositionsgeschichtliche Kontext um 1500 • 291

        „De preceptis artis musicae" — Die Überlieferung praktischer Satzkonzepte durch Guilielmus Monachus • 294

    4. 3. 2 Ökonomie und Variabilität II: Satztechniken der Frottola • 297

        Fortschreitungsmodelle für eine einfache Mehrstimmigkeit • 298

        Melodiebildung im Cantus • 301

4. 4 Spielen bis an die Grenzen — Frottoleske Diskursivität • 306

    4. 4. 1 „Amerò, non amerò". Verstellungen, Verwirrungen • 306

        „(S)copri lingua" — Schweigen, Sprechen, Zwiegespräche • 310

        „Forsi che sì forsi che no". Wechselspiele – Verwirrungen • 314

    4. 4. 2 Auf Nähe und Distanz zur Volkskultur II: Reizende Kontraste durch Verarbeitungen populärer Elemente • 328

        „Don, don! Al foco, al foco!" — Dialogisieren • 350

    4. 4. 3 Das Manuskript Antinori 158: Frottolen für und von *cortigiane* • 353

4.5 Das Projekt Petrucci II: Konsequenzen • 362

    4.5.1 „ogni qual dì trova novo guadagno" — Erfolg bei den „gentildonne"
oder: Folgen des Musikdrucks • 362

    4.5.2 Frottolendruck in Rom — Konkurrenz einer „affigen" Praxis • 363

    4.5.3 Späte Frottolenfreuden der Irene da Spilimbergo:
Eine Neohumanistin als *donna al liuto et al libro* • 367

    4.5.4 Ausblick • 369

5. FAZIT • 371

ABKÜRZUNGEN • 377

QUELLEN- UND LITERATURVERZEICHNIS • 379

    Musikalische Quellen • 379
        Manuskripte • 379
        Drucke • 384
        Moderne Ausgaben • 386
    Textquellen • 388
    Sekundärliteratur • 392
    Nachschlagewerke und Enzyklopädien • 409
    Audio- und Videomaterialien • 411

NOTEN- UND TEXTBEISPIELE • 413

ABBILDUNGEN • 423

ARCHIVDOKUMENTE • 425

NAMENSINDEX • 427

VORWORT

Die Idee zu diesem Buch geht auf meine erste Reise zu den Palazzi der Gonzaga und Este in Mantua und Ferrara im Sommer 2000 zurück, die mich nachhaltig beeindruckte und voller Neugier zurückließ. Grundlegende Arbeiten und Archivbesuche erfolgten im Rahmen meiner wissenschaftlichen Mitarbeit an der Hochschule für Musik und Theater Hannover (HMTH, heute HMTM) zwischen 2001 und 2004; die notwendige Konzentration und Vertiefung für die Ausarbeitung fand ich zwischen 2005 und 2006 während meiner wissenschaftlichen Mitarbeit in der musikgeschichtlichen Abteilung des Deutschen Historischen Instituts (DHI) in Rom; Ende 2007 war die Erstfassung des Buches Grundlage meiner Habilitation an der Hannoverschen Hochschule.

Für die Fertigstellung dieses Buches habe ich der Unterstützung zahlreicher Personen zu danken, da ich beruflich und familiär in viel stärkerem Maß eingebunden war als während der Redaktion der Dissertationsschrift. Zunächst möchte ich den Kolloquien-Kollegien der HMTM Hannover und vor allem des DHI in Rom für fruchtbare, anregende Diskussionen und Hilfestellungen danken. In der dortigen musikgeschichtlichen Abteilung war mir Sabine Ehrmann-Herfort eine wichtige Gesprächspartnerin; Markus Engelhardt danke ich für seine Vermittlung einer öffentlichen Begegnung mit Francesco Luisi, die für meine Einblicke in die italienische Fachdiskussion produktiv war, und für seine sorgfältige kritische Lektüre; Michael Matheus hat meine Arbeit mit stetem Vertrauen und Interesse begleitet. In Mantua hat mir, über das instruierte Team des Staatsarchivs mit seiner Direktorin Daniela Ferrari hinaus, Sosi Baratta viele Arbeitsaufenthalte erleichtert; Lara Zanetti eröffnete mir besondere Terrains des Palazzo Ducale. Claudio Gallico hat mich durch seine Schriften wie auch das persönliche Gespräch geprägt, für das ich angesichts seines frühen Todes (24.2.2006) umso dankbarer bin. Mit Christine Siegert habe ich meine ersten Reiseeindrücke in Mantua und Ferrara geteilt, Arnfried Edler und Katharina Hottmann haben die Arbeit im konstruktiven Dialog über Jahre in persönlicher Verbundenheit begleitet; ersterer auch als stets unterstützender Betreuer der Arbeit in den ersten Jahren. Susanne Rode-Breymann hat mir wertvolle Brücken zwischen Rom und Hannover gebaut und die Arbeit im Rahmen des Habilitationsverfahrens durch engagierten, produktiv kritischen Zuspruch gefördert, ebenso wie die anderen gutachtenden Kolleginnen und Kollegen, darunter Reinhold Grimm, Dietrich Helms, Ruth Müller-Lindenberg und Silvia Serena Tschopp. Besonders verbunden bin ich Nicole Schwindt für ihre wertvollen fachkundigen Ratschläge; ebenso war Markus Jans ein wichtiger und inspirierender Ratgeber für die musikalische Analyse. Seitens der musikalischen Praxis haben vor allem Sabine Cassola, aber auch Alessandro Quarta, Daniel Lager, Dennis Götte, Ramona Reissmann und Marco Rosa Salva meine Arbeit unterstützt.

Dagmar Deuring sorgte für eine wesentlich bessere Lesbarkeit des Textes, Britta Constapel und meine Mutter Ilse Meine haben Korrektur gelesen. Philippe Vendrix danke ich für die großzügige

Aufnahme in die Reihe « Épitome musical », Vincent Besson für die verlegerische Betreuung. Mein Mann Gabriele Guerra lieferte wichtige Übersetzungshilfen; vor allem aber stand er mir mit steter Gesprächsbereitschaft zur Seite und ist mir daher auch im oft unterhaltsamen Universum der Frottola zu einem unentbehrlichen Partner geworden. Ihm und unserer Tochter Cecilia, mit der ich beim Schreiben der letzten Kapitel schwanger ging, widme ich das Buch.

Venedig, Frühjahr 2011

1. EINLEITUNG

1.1 *Forse che sì forse che no* — ein diskursives Paradigma

Zu den besonderen Attraktionen des *Palazzo Ducale* zu Mantua, die man erst abseits der Touristenströme auf den zweiten Blick entdeckt, gehört die kunstvoll gestaltete Decke eines Saales, die Herzog Vincenzo Gonzaga Anfang des 17. Jahrhunderts anfertigen ließ. Sie zeigt ein Labyrinth, dessen äußere Inschrift an den dritten Feldzug des Herzogs gegen die Türken erinnert, den er 1601 im Namen von Kaiser Rudolph II. gemeinsam mit anderen europäischen Heeren in Ungarn in dem belagerten Ort Canissa führte: „Dum sub arce Canisiae contra Turcas Pugnabat Vinc. Gonz. Mant. IIII et Mont. Ferr. II Dux" (Abb. 1, S. 14).[1]

Gemäß der Tradition der Gonzaga, mit den sprechenden Dekors ihrer Räumlichkeiten eine Art Bilderpolitik zu betreiben, liegt es nahe, dass auch Vincenzo äußerst bewusst handelte, indem er für die Mäander des Labyrinths das Motto „Forse che sì, forse che no", „Vielleicht ja, vielleicht nein" wählte, worin sich Unsicherheit, Wankelmut und Zweifel ausdrücken, war doch dieser Feldzug ein besonders risikoreiches und schwieriges Unterfangen gewesen. Auf Drängen des Papstes Clemens VIII. hatte Vincenzo nachgegeben, Kaiser Rudolph II. auch im dritten Feldzug dieses „heiligen Kriegs" zu unterstützen, war dabei allerdings in mehrerer Hinsicht enttäuscht worden: Ohne wie erhofft eine führende Rolle unter den italienischen Feldherren spielen zu können, war er immer wieder mit Missverständnissen konfrontiert und Konkurrenzkämpfen innerhalb der alliierten Truppen ausgesetzt und sah sich letztlich, trotz enormer Investitionen, zum Rückzug gegenüber dem stärkeren türkischen Heer gezwungen. Der Schriftsteller und Historiker Vincenzo Errante, der zu Beginn des 20. Jahrhunderts die historischen Hintergründe dieses Deckendekors präzise erläuterte, interpretierte die Worte „Forse che sì forse che no" als eine spitzzüngige, ja sarkastische Replik auf das entschiedene und siegessichere Motto „sic", mit dem noch im ersten Feldzug gegen die Türken 1595 die Ärmel der italienischen Kavalleristen dekoriert gewesen waren.[2] In die Decke der *sala del labirinto* des Mantuaner Palastes geschlängelt, in deren Bemalung ansonsten kein Bezug auf militärische Zusammenhänge,

---

[1] „Unter dem Triumphbogen von Kanissa [Nagykanizsa in Ungarn] kämpfte Vincenzo Gonzaga von Mantua IV., der II. Führer von Monferrato, gegen die Türken". Vincenzo herrschte über Mantua und die Region Monferrato (im heutigen Piemont) von 1587 bis 1612; seine Feldzüge gegen die Türken waren neben der Expansion des Hofes auf bis zu 800 Bedienstete, wovon allerdings die Musikförderung profitierte, einer der Gründe für die hohe Verschuldung unter seiner Herrschaft. Vgl. Parisi: *Patronage Music Mantua* (1993), S. 115.

[2] Errante: *Forse che sì* (1915), S. 93.

Abb. 1: Anon., Decke der sala del labirinto, Palazzo ducale, Mantua

sondern eben das viel allgemeinere Motiv des Labyrinths hervorsticht,³ lässt der Gehalt der Worte allerdings nicht nur an die erwähnte historische Niederlage in einem Feldzug denken, sondern wirkt vielmehr auch wie eine Warnung, stets mit Umsicht zu handeln und auf das Unsichere, Unberechenbare gefasst zu sein.

Für die letztere Lesart spricht eine weitere Implikation der kleinen Phrase, mit der sich ein Bogen zurück zum Musikleben am Mantuaner Hof etwa hundert Jahre vor der Schlacht bei Kanissa spannt. Denn die Inschrift geht auf die Kopfzeile „Forsi che sì forsi che no" einer *poesia per musica*, d. h. einer zur Vertonung bestimmten Poesie, im musikalischen Satz des damals namhaften Hofkomponisten und -sängers Marchetto Cara zurück, die im dritten *Libro di Frottole* des Musikverlegers Ottaviano Petrucci aus dem Jahr 1505 veröffentlicht worden war (Vgl. Text und Noten Bsp. 67, S. 317).⁴ Herzog Vincenzo, der 25 Jahre nach Caras Tod (um 1527) geboren wurde und an seinem eigenen Hof zeitgemäßere, neuere musikalische Gattungen förderte, mag diese Frottola noch aus seiner Kindheit gekannt haben.⁵

---

3. Angeregt durch die Aussage eines zeitgenössischen Chronisten von 1607 hatte man angenommen, dass das Deckenlabyrinth in Anlehnung an die Form eines Gartenlabyrinths entstanden war, welches Herzog Vincenzo Gonzaga damals in der Nähe der Stadt hatte bauen lassen. Die Deckenmalerei wäre damit als Verweis auf weitere Bauwerke der Familie und damit gewissermaßen auf ihren Reichtum lesbar gewesen. Dann aber ergaben Studien zu der besagten Schlacht bei Canissa, dass es sich eher um eine symbolische Anlage handelte. Gallico widerlegte den Bericht des Chronisten Andreasi (in *Memorie die quattro ultimi duchi di Mantova*. Biblioteca Comunale di Mantova, ms. E. IV.9, S. 71 f) durch ein Studium der damaligen, sehr genauen Stadtpläne, *Urbis Mantuae Descriptio*, wonach die Labyrinthe unterschiedliche Formen aufweisen. Gallico: *Forse* (1961), S. 5. Es liegt demnach näher, beide Labyrinthe als Anspielungen auf die Verlorenheit des Menschen zu interpretieren.

4. In der *poesia per musica* heißt es tatsächlich „forsi", und nicht „forse". Eine ausführliche Auseinandersetzung mit der Frottola findet sich im Abschnitt „Forsi che si forsi che no". Wechselspiele – Verwirrungen in Kap. 4. 4. 1.

5. Dass die Frottola noch weit nach der Drucklegung zu Beginn des 16. Jahrhunderts beliebt war, belegt ein Wiegenlied aus dem frühen 17. Jahrhundert aus Modena, unweit Mantuas, in dem ihre Kopfzeile zitiert ist:

Cantè cantè, ch'al dormirà, s'al sente,	Sing, sing, dass [das Kind] einschläft, wenn es hört,
Pi dolcemente,	[Sing] noch süßer,
Forse che sie forse che noie:	Vielleicht ja, vielleicht nein,
L'Agnesa sa ben tutt'i fatti suoie!	Die Agnes kennt sich gut aus.

Vgl. Levi: *Lirica italiana* (1909), S. 123.

Mit dem Motto „Forse che sì forse che no" umrahmt der Refrain jeweils die Strophen des Liedes, das den traditionellen Topos der unerwiderten höfischen Liebe aufgreift. Doch in der Weise, wie das Ich hier seine Klage vorträgt, in einem Sprachspiel aus Verschleierungen und doppelten Verneinungen, beklagt es mehr als die Unerreichbarkeit der Angebeteten eine Welt, in der Sprechen nur im Verborgenen möglich, also wahrlich labyrinthisch ist. Auch der Ton dieses Monologs über die Schwierigkeiten des Redens und Verstehens überrascht, denn er ist zugleich nachdenklich und frech witzelnd. Das Motto des Liedes wird durch den Refrain zu einem musikalischen *Perpetuum mobile*, in dem sich das Ich genauso um sich selbst zu drehen scheint, wie es zwangsläufig auch die Betrachter des Deckenlabyrinths tun, wenn sie dessen Inschrift lesen.

Verworrenheit, Skepsis und Unsicherheit, einerseits Kennzeichen der unklaren Kriegsstrategie des Feldzugs um 1600, werden also nicht allein durch das Bildmotiv des Labyrinths, sondern auch durch das Zitat jener bekannten Frottola zugleich als allgemeine Weltsicht direkt erfahrbar.

Es war Claudio Gallico, der sich aus Sicht der Musikwissenschaft bereits 1961 den Hintergründen des Mantuaner Deckenlabyrinths widmete und dafür sensibilisierte, dass es sich bei dem kapriziös gestalteten Emblem mit seinen vielschichtigen Zitationen nur um einen winzigen Ausschnitt aus jenem dichten Netz von Beziehungen zwischen Musik, Architektur und Poesie, aber auch zwischen politischen Ereignissen und internem Hofleben handelte, das in Mantua unter der Herrschaft der Gonzaga die kulturelle Praxis bestimmte.[6] Und so wie Mantua um 1600 einer der kulturell führenden Höfe Italiens war, verwirklicht die hier verewigte musikalische Poesie geradezu den Idealtypus einer Frottola. Denn wenn sich auch Caras Vertonung dadurch vor anderen Frottolen auszeichnet, dass sie die Rhetorik der Poesie besonders raffiniert zum Ausdruck bringt, ist sie in ihrer Mischung aus Schlichtheit und Subtilität, Ernst und Spiel, Stereotypizität und Abwechslungsreichtum, einem kinderliedhaft-populär wirkenden und zugleich höfisch stilisierten Charakter und nicht zuletzt auch in der rhetorisch-musikalischen Dramaturgie typisch für das, was die Frottolen in der Fülle ihrer Erscheinungsformen verbindet: Das Sprechen des Ich selbst wird zum übergeordneten Thema, und das genuin flüchtige Medium Musik macht diesen Redefluss in der schieren Unaufhaltsamkeit seiner Selbstbefragung sinnfällig. Im Fall dieser Frottola wird dabei besonders greifbar, wie diese Sprech-Dramaturgie auf zeitgenössische Diskussionen Bezug nehmen kann. Wir haben eingangs gesehen, dass das rhetorische Zögern und Zagen von „Forse che sì forse che no" im Deckenlabyrinth der Mantuaner Palastdecke einerseits als eine Reflexion über eine historische Schlacht, zugleich aber auch als Aussage über eine generelle Welterfahrung fungiert.

Stellt dieses Beispiel sowohl zeitlich — immerhin umspannt es ein ganzes Jahrhundert — als auch hinsichtlich der musikalischen Qualität eine Ausnahme dar, so kann es gleichwohl als Modell gelten. So soll im Folgenden gezeigt werden, wie die schon erwähnten Sprachspiele der Frottola wie auch ihre musikalische Faktur genutzt wurden, um auf zeitgenössische Diskurse Bezug zu nehmen und sie, nicht selten ironisch spöttelnd, zu kommentieren und zu brechen.

Mit der vorliegenden Untersuchung soll die eigene Bedeutung der Frottola als einer literarisch-musikalischen Gattung aufgezeigt werden, die in der Musikwissenschaft — wie sich im Folgenden noch zeigen wird — oft im Schatten des späteren, poetisch und musikalisch weiter auskomponierten und geographisch weiter verbreiteten musikalischen Madrigals stand. Durch

---

6. Gallico: *Forse* (1961).

die Einbeziehung kulturwissenschaftlicher Perspektiven und Fragestellungen soll die Funktion der Frottola in dem beschriebenen Netz unterschiedlicher Diskurse innerhalb der sich wandelnden höfischen Gesellschaften im frühen 16. Jahrhundert aufgezeigt und damit die große Beliebtheit erklärt werden, die die Gattung für einige Jahrzehnte an den Höfen von Mantua und Ferrara, aber auch z. B. in Rom genoss.

Die vergleichsweise schlichte musikalische Lyrik der Frottola erscheint vor diesem Hintergrund als ein wendiges, flexibles Medium für die höfisch-humanistischen Diskurse, die sich um 1500 in Italien auf der Grundlage einer regen mündlichen Vortragspraxis von Dichtung im italienischen *volgare* neu formierten. In die Frottola gingen Einflüsse dieser neuen literarischen und von sozialen Umbrüchen begleiteten Strömungen ein, wenngleich sie sich musikalisch weniger differenziert niederschlugen als im späteren Madrigal. Humanistische Denker und Literaten zeigten bereits im 15. Jahrhundert ein ausgeprägtes Interesse an der musikalisch-poetischen Vortragskunst, weil sie diese im Rekurs auf antike Vorbilder, allen voran den orpheischen Gesang zur Lyra bzw. Laute, als gerechtfertigt sahen, während sie sich jedoch von musiktheoretischen Diskussionen noch weitgehend fern hielten. „One gets the impression, however, that a humanist seldom read beyond the initial paragraphs [of a scholastic treatise on music]; beyond the numerical proportions underlying musical phenomena, he had no use for a more detailed study of modes, rules of notation, or rhythmic proportions."[7] So geht Nino Pirrotta für das Ende des 15. Jahrhunderts davon aus, dass die damaligen schriftlichen musikalischen Spuren nur „the visible tip of an iceberg, most of which is submerged and unvisible", seien.[8] Um 1500, als die Frottola an den Höfen beliebt war, änderten sich diese Verhältnisse, woran die Debatten im Rahmen der *questione della lingua*, d. h. die Bemühungen um eine Aufwertung und nachhaltige Etablierung des italienischen *volgare* und die neuen Medien des Drucks und des Musikdrucks entscheidend beteiligt waren. Es kam damit auch zu einer größeren Annäherung zwischen Humanisten und Komponisten, die wiederum als eine zentrale Voraussetzung für die Gattungsentwicklung des späteren musikalisches Madrigals im 16. Jahrhundert anzusehen ist.[9]

Diese Veränderungen sind für das Verständnis der Frottolenmode entscheidend. Zum einen erklärt sich durch sie das musikalische Experimentieren mit neuen Versformen in der späten Frottola. Zum anderen wird auch die explosionsartige Fülle an Frottolenbüchern als Ergebnis neuer humanistischer Bestrebungen verständlich, die sich auf die Produktion von Ottaviano Petrucci und einiger anderer Musikverleger in der relativ kurzen Zeitspanne von zwei Jahrzehnten zwischen 1504 und der Mitte der 1520er Jahre konzentrierten. Ottaviano Petrucci hatte 1504 begonnen, weltliche Liedsammlungen unter dem Titel *Libro di Frottole* herauszugeben. Vertonungen unterschiedlicher strophischer Versformen — barzellette, canzonetti, ballate, ode, capitoli, canzoni, sonetti oder strambotti — erschienen in den zehn Jahren bis 1514 in Venedig und Fossombrone in elf Sammlungen Petruccis; weitere fünfzehn Drucke ähnlichen Inhalts erschienen zwischen 1510 und 1531 bei anderen italienischen Verlegern. Gegen 1530 erschöpfte sich die Nachfrage nach Neuauflagen oder neuen Drucken. Zu einem Zeitpunkt, da in der Folge der Debatte um die *questione della lingua* grundlegendere Reflexionen über die Abgrenzung von Schriftlichkeit und Mündlichkeit, von Literatur und

---

7. Nino Pirrotta: „Music and Cultural tendencies in the Fifteenth Century", JAMS 19 (1966), S. 127–61, Neudruck in Pirrotta: *Music and Culture* (1984), S. 81–112, S. 88.
8. Nino Pirrotta: „The Oral and Written Traditions of Music". In Pirrotta: *Music and Culture* (1984), S. 72–79, S. 72.
9. Ebd., S. 91.

Nichtliteratur mit entsprechenden Wertungen aufgekommen waren, die auch auf die Musik abfärben mussten, entsprach die Frottola offenbar nicht mehr dem Zeitgeschmack.

In diesem Sinn ist es Ziel der Arbeit, das literarisch-musikalische Gattungsprofil der Frottola in seinen Verflechtungen mit den sie tragenden gesellschaftlichen Strukturen und diskursiven Bewegungen zu untersuchen und die Funktionen dieser vokalen Gattung für eine spezifische Umbruchsituation in den Verhaltens- und Kommunikationsformen an italienischen Höfen aufzuzeigen.

1.2 Die Frottola als diskursive Praxis

Im Kontext der oben umrissenen Fragestellung versteht die vorliegende Untersuchung die Frottola als Teil formalisierter Sprechperformanzen, die sich in der höfischen Gesellschaft des frühen 16. Jahrhunderts, wie andere Lieder, Geschichten, Vorträge und Reden, größerer Beliebtheit erfreuten und einer wachsenden Differenzierung unterzogen wurden.[10]

Es wird zu zeigen sein, dass die Frottola dabei eine besondere Form der Diskursivität auszeichnet. Zum einen wird in der heterogenen *poesia per musica* das Reden selbst zum Thema gemacht, die Frottola somit zu einem diskursiven Spielfeld schlechthin. Zudem stehen Frottolen als literarisch-musikalische Phänomene in Wechselbeziehung zu den sie umgebenden kulturellen Diskursen, die den Blick auf die Gattung zwangsläufig bestimmen und auf sie zurückwirken.

Mit dem Diskursbegriff wird ein Terminus für die Analyse genutzt, der in den letzten Jahrzehnten die kulturwissenschaftliche Diskussion stark beschäftigt hat. Da der Terminus inzwischen geradezu zum Modewort geworden ist und damit auch Gefahr läuft, an Schärfe zu verlieren, und da es sich zudem nicht von selbst verstehen mag, inwiefern dieser aus dem Bereich der Sprache und des Rhetorischen entstammende Begriff zur Analyse eines literarisch-musikalischen Phänomens tauglich sein kann, sei hier eine kurze Erläuterung eingeschoben.

Es ist daran zu erinnern, dass der Begriff Diskurs zwei grundsätzlich verschiedene Bedeutungen haben kann. Ursprünglich beschreibt er eine Form der Rede, die zu einem explizit vernunft- und verstandesbezogenen Erkenntnisprozess beiträgt.[11] In diesem Sinn ist er zu einem Signum aufklärerischen Denkens geworden und hat auch einen entsprechenden Eingang in die Musikwissenschaft gefunden, namentlich in Nicole Schwindts Studie *Drama und Diskurs* zu Streichquartetten Haydns und Mozarts von 1989. Ausgehend von der Idee der Kammermusik als eines von der aristokratisch-humanistischen Konversationskultur des 15. bis 18. Jahrhunderts abhängigen Phänomens zieht sie Parallelen zwischen Diskursivität als einem sich „sukzessiv in der Zeit vollziehend[en] Reduktionsverfahren", wie es sich im erkenntnisorientierten Gespräch ereignet, und den satztechnischen, motivischen Prozessen im Streichquartett.[12] Dieser musikalische Diskursbegriff fußt also auf Analogien zwischen sprachlichen und musikalischen Verfahren, die bereits seit dem Barock in der Musikästhetik der Zeitgenossen bewusst wahrgenommen und reflektiert wurden. Während im barocken Denken allerdings die kommunikative Ebene von Musik stets auf einer „*Zuordnung* musikalischer Phänomene

---

10. Vgl. Burke: *Städtische Kultur* (1996), S. 104.
11. „Die Wortbedeutung von Diskurs geht auf das lateinische ‚discurrere' zurück, das ursprünglich ‚hierhin und dorthin laufen' (frz. ‚courir çà et là') bedeutet. In einem weiten Sinne steht ‚Diskurs' zunächst für Besprechung, Unterredung, Dialog, Gespräch, Unterhaltung." Böhler/Gronke: *Diskurs* (1994), Sp. 764.
12. Schwindt-Gross: *Drama Diskurs* (1989), S. 119. Dabei kann sich die Autorin u. a. auf den Zeitgenossen Forkel stützen, der behauptete, der musikalische Diskurs verfahre nach denselben Maximen wie der sprachliche.

zu sprachlichen" basiert, d. h. „der Rezeptionsvorgang an die irgendwann vorausgegangene sprachliche Erkenntnis gebunden" ist und sich in der Diskussion um die durch Musik ausgedrückten Figuren und Affekte zeigt,[13] wird die Instrumentalmusik Mozarts und Haydns, wie sich an musiktheoretischen Schriften Johann Nicolaus Forkels und Heinrich Christoph Kochs zeigt, bereits als unmittelbares „*Sprechen* in Tönen" wahrgenommen[14] — eine Diskursivität, die auf dieser Basis an der musikalischen Struktur selbst nachweisbar ist. Durch die Auseinandersetzung mit diesen Traditionen kann Schwindt entscheidende Veränderungen im Verständnis von Musik aufweisen. Der Diskursbegriff erweist sich damit als produktiv, um die Verzahnung von musikalischen und außermusikalischen Textebenen zu untersuchen und ein historisches Paradigma beschreiben und analysieren zu können. Für die Analyse der Frottola ist es ähnlich gewinnbringend, von Wechselbeziehungen zwischen satztechnischen und rhetorischen Aspekten der musikalischen Lyrik auszugehen, wobei allerdings auch die zweite Dimension des Diskursbegriffs herangezogen werden muss.

Neben der soeben entfalteten Bedeutung hat sich seit Ende der 1960er Jahre der Diskursbegriff für eine Methode verbreitet, durch die Beziehungen von Sprache, Denken und Handeln mit dem Ziel untersucht werden, tieferliegende, verbindende Strukturen nachzuweisen.[15] Das Nachdenken über diese Zusammenhänge — gewissermaßen im Unterschied zu den Subjekten, Dingen und sprachlichen Äußerungen, die sie verbinden — hat zu einem entscheidenden wissenschaftlichen Umbruch geführt. Was durch den *linguistic* und *pragmatic turn* in der zweiten Hälfte des 20. Jahrhunderts systematisiert wurde, hatte bereits im 19. Jahrhundert mit der Entdeckung der Sprachlichkeit des Denkens und der Erforschung von dessen kommunikativen und pragmatischen Dimensionen eingesetzt. Mit der poststrukturalistischen Diskursanalyse französischer Prägung, in unterschiedlichen Feldern namentlich entwickelt von Jacques Lacan, Michel Foucault und Jacques Derrida, wurden diese Überlegungen dann zu einer radikalen Vernunftkritik zugespitzt. Diese basiert auf der Annahme einer grundsätzlichen Gleichrangigkeit aller sprachlichen Äußerungen (bzw. innerhalb der Subjekte bewusst oder unbewusst stattfindenden Sprachproduktionen) und deren Abhängigkeit von gesellschaftlichen und sprachlichen Machtmechanismen, die sich dem Bewusstsein einzelner Subjekte verschließen, wodurch der argumentative, vernunftbezogene Diskurs als einer unter vielen seine Sonderstellung einbüßt und vor allem das Subjekt seine herausgehobene Stellung für die geisteswissenschaftliche Forschung verliert. Unter der Prämisse, die durch die Überlieferungsgeschichte gewachsenen Einheiten zunächst in Frage zu stellen, öffnet sich ein Feld an gleichwertigem Textmaterial.[16] Die zentrale Frage der hierauf gerichteten Diskursanalyse lautet, „wie kommt es, dass eine bestimmte Aussage erschienen ist und keine andere an ihrer Stelle?"[17]. Antworten auf diese Frage werden durch das Aufspüren von hintergründigen Gesetzmäßigkeiten formuliert, die

---

13. Ebd., S. 72. Eigene Hervorhebung.
14. Ebd. Eigene Hervorhebung.
15. *Trésor de la Langue Française*, Bd. 7, Paris 1979. Zit., übersetzt und kommentiert in Böhler/Gronke: *Diskurs* (1994), Sp. 764–65.
16. „[…] ein immenses Gebiet, das man aber definieren kann: es wird durch die Gesamtheit aller effektiven Aussagen (énoncés) […] in ihrer Dispersion von Ereignissen und in der Eindringlichkeit, die jedem eignet, konstituiert. Bevor man in aller Gewissheit mit einer Wissenschaft oder mit Romanen, mit politischen Reden oder dem Werke eines Autors […] zu tun hat, ist das Material, das man in seiner ursprünglichen Neutralität zu behandeln hat, eine Fülle von Ereignissen im Raum des Diskurses im allgemeinen. So erscheint das Vorhaben einer reinen Beschreibung der diskursiven Ereignisse als Horizont für die Untersuchung der sich darin bildenden Einheiten." Foucault: *Archäologie* (1981), S. 41.
17. Ebd.

die beobachteten Diskurse strukturieren. Für die Rezeption Foucaults in den historischen Wissenschaften stellt sich das Problem, dass das aus der Vernetzung von Linguistik und Psychoanalyse entwickelte Analyseverfahren der Poststrukturalisten nicht einfach auf historische Fragestellungen zu übertragen ist, zielt doch die Konzeption Foucaults zunächst auf die Rekonstruktion der *Bedingungen* von Wissen und nicht auf die der historischen Wirklichkeiten. Indem Foucault für einen historischen Zeitraum wirklichkeitskonstitutive Diskurse analysiert, sucht er nach dem dahinter stehenden Normensystem, dadurch aber nicht zwangsläufig nach den entsprechenden Handlungssystemen und sozialen Praktiken.[18] Mittlerweile liegen jedoch einzelne Lösungen vor, die auf einer auf Foucault zurückgehenden Diskursanalyse aufbauen und sich als kulturhistorisch bzw. kulturwissenschaftlich verstehen. Untersuchungen von Clifford Geertz, Roger Chartier bis hin zu dem Schweizer Historiker Philipp Sarasin zielen darauf, anhand eines Textkorpus Gemeinsamkeiten so einzukreisen, dass ein Diskurs als historisches Phänomen sichtbar wird, „Systeme, Vorstellungen und Imaginationen, […] die ihrerseits die Kraft haben, die ,Realität' zu formen".[19] Dabei sind Rezeptionsweisen eines Phänomens ein ebenso wesentlicher Teil des Diskurses wie die Texte selbst. Quellen zur Rezeption eines Kunstwerks werden also beispielsweise gleichrangig mit dem Kunstwerk selbst analysiert, aus der Überzeugung heraus, dass die Lektüre eines Textes oder das Betrachten eines Bildes nicht nur über diese etwas aussagt, sondern sie auch verändert.[20]

Auf die Frottola übertragen, besteht der Nutzen einer solchen Diskursanalyse nicht unbedingt im Aufspüren jener oben erwähnten hintergründigen Gesetzmäßigkeiten und Machtstrukturen, die die Subjekte jenseits von deren Bewusstsein bestimmen, sondern darin, eine Grundlage dafür zu haben, das literarisch-musikalische Phänomen selbst in seinem diskursiven Kontext zu analysieren. Wenn daher in der vorliegenden Untersuchung die Frottola als eine spezifische *diskursive Praxis* analysiert wird, also als nach bestimmten Mustern geformte Sprechakte, welche in Beziehung zu zeitgenössischen *Diskursen* stehen, so trifft sich dieses vielseitige Verständnis von Diskursivität durchaus mit Einstellungen der damaligen Zeitgenossen. So verweist Klaus W. Hempfer darauf, dass Pluralismus im Sinne der Offenheit für unterschiedliche Diskurse ein wesentliches Kennzeichen des „Renaissancediskurses" gewesen sei, für das bereits die Humanisten mit einer Relativierung des Wahrheitsbegriffs die Grundlage geliefert hätten. Darin steht die besondere Wertschätzung des Dialogischen für ein entsprechend undogmatisches erkenntnistheoretisches Prinzip. Seit dem Ende des 14. Jahrhunderts hatte die humanistische Bewegung eine Vielzahl antiker Quellen zugänglich gemacht und ihr Selbstverständnis daraus entwickelt, die Wahrheit in der Neuauslegung dieser antiken Texte zu suchen. Die antiken Autoren stellten demnach die Autoritäten für alles Sag- und Denkbare dar, bildeten in ihrer Vielzahl aber keineswegs einen homogenen Block, so dass die „Pluralisierung der Autoren zu einer

---

[18] Zu dieser Problematik vor dem speziellen Hintergrund der Renaissanceforschung vgl. Klaus W. Hempfer: „Probleme traditioneller Bestimmungen des Renaissancebegriffs und die epistemologische ,Wende'. In: Hempfer: *Renaissance* (1993), S. 9–45, hier S. 24–25.

[19] Sarasin: *Subjekte, Körper* (1996), S. 133.

[20] Ebd., S. 146. Für die Musikwissenschaft hat die Grundlage eines solchen diskursanalytischen Vorgehens letztlich bereits Carl Dahlhaus mit seinem Entwurf einer Strukturgeschichte gelegt, indem er deren Prämisse als die „Vorstellung" beschreibt, „daß Handlungen von Personen oder Gruppen stets den Bedingungen eines übergreifenden Bezugssystems unterworfen sind, das wegen seiner fundamentalen Bedeutung den primären Gegenstand der Historiographie darstelle". Dahlhaus: *Strukturgeschichte* (1977), S. 208. In diesem Verfahren sieht er eine Grundvoraussetzung des Fachs: „In der Musikgeschichtsschreibung war immer schon ein Stück Strukturgeschichte enthalten: sowohl in der Schilderung von Institutionen und sozialen Rollen als auch in der Bestimmung stilistisch-satztechnischer Normen und herrschender Ideen." Ebd.

Pluralisierung der Autoritäten" führen musste. Daher etablierte sich der Renaissancediskurs zwangsläufig „im Spannungsfeld von ‚erzwungener Versöhnung' und ‚inszenierter Pluralität'".[21] Hempfer gibt dabei zu bedenken, dass dieses pluralistische Selbstverständnis nicht im Widerspruch zu einer Hierarchisierung der Diskurse stand, im Gegenteil erklärt er, „dass gerade über die moralische Hierarchisierung die grundsätzliche Verfügbarkeit unterschiedlicher Diskurstypen zum Ausdruck kommt".[22]

Dass in den Künsten des 15. und 16. Jahrhunderts ein diskursives Denken über die jeweiligen Grenzen hinweg entstand, ist ein zweiter Aspekt, in dem sich das Verständnis der Frottola als diskursiver Praxis mit den damaligen Einstellungen trifft. Es geht von der Grundannahme aus, „daß Kunst primär Mitteilung an andere sei, und zwar durch jeweils unterschiedliche Medien".[23] Laurenz Lütteken erklärt dieses Novum durch die Schaffung eines Systems der Künste unter dem Dach der „neu legitimierten ‚Wissenschaften' von Poesie und Rhetorik", das es ermöglichte, über die Grenzen einzelner Disziplinen hinweg miteinander ins Gespräch zu kommen und übergreifende Normen zu entwickeln. Erst die Normierung einzelner Diskurse schuf also die Voraussetzung für eine Kommunikation über die Künste und zwischen ihnen. Dass die Frottola als spielerisch unterhaltende Gattung beliebt war und ihre feste Funktion in der Hofkultur hatte, so flüchtig und heterogen sie auch war, belegt die besagte Gleichzeitigkeit von Pluralismus und moralischer Hierarchisierung in der Renaissancekultur.

Die Konzeption als diskursive Praxis kommt der Gattung auch insofern entgegen, als sie erlaubt, diese nicht primär persönlich gefärbte, vielmehr oftmals anonym entstehende und weitergegebene musikalische Lyrik unabhängig von der Figur eines sich in ihr ausdrückenden individuellen Künstlers zu verstehen. Dagegen spricht nicht, dass einzelne Persönlichkeiten wie die Markgräfin und Musikförderin Isabella d'Este Gonzaga oder die bekanntesten Frottolisten Bartolomeo Tromboncino und Marchetto Cara eine besondere Funktion in der Gattungsgeschichte innehaben. Vielmehr stellt sich in diesem Zusammenhang die Frage, ob die Profilierung einzelner Musiker oder Mäzene als Indizien für sich ändernde Vorstellungen von Individualität zu bewerten sind, die die Entwicklung der Gattung zwischen 1500 und 1530 begleiten.

Ein weiteres Argument dafür, die Frottola als eine diskursive Praxis zu betrachten, ist die Tatsache, dass ihre musikalische Ebene untrennbar an eine sprachliche Ebene gebunden ist. In der humanistischen und höfischen Tradition des 15. Jahrhunderts ist in der Verwendung von Begriffen wie *poesia*, *canzone*, *canzonetta* oder *sonetto*, die zunächst Dichtung meinen, Musik mitgedacht, ohne dass man dies besonders hervorhob. Wenn nun Frottola-Vertonungen eine *poesia per musica* zugrunde liegt, handelt es sich um Dichtung, die ausdrücklich für musikalische Zwecke genutzt wurde. Damit wird zum Ausdruck gebracht, dass die musikalische Umsetzbarkeit der Versformen wichtiger war als ihre literarische Qualität, woraus aber nicht folgt, dass die Poesie selbst dadurch in den Hintergrund geriet. Im Gegenteil hat die Rhetorik der Frottola, und gemeint ist hier damit das Spiel mit den Texten und der darin zum Ausdruck kommenden Redehaltung, offenbar einen besonderen Reiz der Gattung ausgemacht. Dafür sprechen auch die zahlreichen Varianten bereits bekannter Frottolentexte. Frottoleske Rhetorik geht jedoch nicht nur vom Text allein aus, sondern auch dem Zusammenspiel

---

21. Klaus W. Hempfer: „Probleme traditioneller Bestimmungen des Renaissancebegriffs und die epistemologische ‚Wende'". In: Hempfer: *Renaissance* (1993), S. 9–45, hier S. 39.
22. Ebd., S. 33.
23. Lütteken: *Renaissance* (1998), Sp. 151.

von Text und Musik wurde besondere Aufmerksamkeit gewidmet. Dieses Zusammenspiel und damit auch eine genaue Betrachtung der poetischen Grundlage sollte bei der Auseinandersetzung mit der Gattung eine wichtige Rolle spielen.

Dass die *poesia per musica* der Frottola in der Wissenschaft bislang über philologische und formale Kriterien hinaus wenig beachtet wurde, hat verschiedene Gründe. Zunächst sind die formale Anspruchslosigkeit und der stereotype Charakter vieler Dichtungen sowie das nur teilweise ausgeprägte Wort-Ton-Verhältnis in den Frottolen als Aspekte zu nennen, die vor allem das Interesse der älteren Forschungstradition gebremst haben, in der Textanalysen vom dichterischen Niveau und vom Einfluss der Dichtung auf die Musik abhängig gemacht wurden. Alfred Einsteins abwertende Äußerung zur frottolesken *poesia per musica*, „no one will be inclined to call such stuff poetry", sei hier als symptomatisches Beispiel genannt.[24] Darüber hinaus mag die Zurückhaltung der Forschung gegenüber der Analyse der Frottolentexte aber auch dadurch zu erklären sein, dass seitens der italienischsprachigen Forscher eine über das Philologische hinausgehende Texterläuterung als nicht erforderlich angesehen wurde. Womöglich ist es also erst die Notwendigkeit der Übersetzung in eine andere Sprache, die den Blick zwangsläufig auf Unterschiede in den Textbedeutungen und -varianten lenkt und deutlich macht, wie untrennbar diese Beobachtungen von den Textformen selbst sind, die für den Muttersprachler vermeintlich selbstverständlich scheinen mögen.[25] So war es auch zuerst der Nichtmuttersprachler William Prizer, der im Zuge der Verortung der Frottola in der höfischen (Liebes-)Spielkultur explizit auf Varianten der Liebesthematik und auf entsprechend unterschiedliche sprachliche Niveaus aufmerksam gemacht hat.[26] Allein durch die mitgelieferten Übersetzungen einzelner Liedtexte geraten hier inhaltliche und stilistische Variationen des Liebessujets in den Blick und werden durch eine entsprechende Kontextualisierung als Bestandteile einer differenzierten sozialen Praxis verständlich. Damit hat Prizer einen wesentlichen Methodenwechsel hin zu einer kulturgeschichtlichen Betrachtung der Frottola eingeleitet, die erst deren Popularität im höfischen Kontext plausibel macht. Zu Recht rückte dabei die Liebesebene in den Vordergrund, auf der sich Verhaltensdifferenzierungen der Renaissancegesellschaft abzeichnen.

Ehe ausführlicher auf die musikwissenschaftliche Diskussion über die Frottola und speziell die dortige Gattungsdiskussion näher eingegangen wird, soll nun die von Prizer angesprochene diskursive Ebene der Liebeskünste genauer entfaltet werden, die einen zentralen Aspekt der vorliegenden Untersuchung darstellt.

---

24. Einstein: *Madrigal* (1949–1971), S. 64. Vgl. den weiteren Zusammenhang dieses Zitats in Anm. 115.
25. Über die in dieser Hinsicht grundlegenden Pionierarbeiten von Torrefranca, Jeppesen und Luisi und die weiterer Herausgeber kritischer Ausgaben hinaus (Torrefranca: *Segreto* (1939), Luisi: *Mus. Voc.* (1977), Jeppesen: *Frottola* I–III (1968–70)) und die textkritischen Hinweise in den einschlägigen kritischen Ausgaben (vgl. dazu das Verzeichnis im Anhang) hat sich Claudio Gallico intensiv der populären Ursprünge der *poesia per musica* gewidmet und damit weitere Recherchen wesentlich erleichtert. Vgl. Claudio Gallico: „Alcuni canti di tradizione popolare dal repertorio rinascimentale italiano". In: *Gallico: Sopra verità* (2001), S. 303–19; Gallico: *Petrarca* (1995–2001); Gallico: *Rimeria* (1996).
26. Vgl. Prizer: *Games* (1991).

1. 2. 1 Musikalische Liebeslyrik:
diskursive Praxis und zentraler Bereich der Verhaltensdifferenzierung

„Kunst steuert Schiffe,/ die mit Segel und Ruder angetrieben werden,/ Kunst lenkt leichte Wagen,/ Kunst muss auch Amor lenken." Ars amatoria / Ovid I, 3–4

Die frottoleske *poesia per musica* ist, wie erwähnt, dem Bereich der Liebeslyrik verpflichtet. Dies ist in der Musikgeschichte kein Novum, ist doch die *ars amatoria* seit der antiken Liebesmythologie eng mit der Musik verknüpft und hatte seit der mittelalterlichen Minnedichtung einen Kanon an Topoi, Sujets und Motiven ausgebildet, der seinen Niederschlag im sängerischen Vortrag von Liebeslyrik fand. So eng somit Musik und Liebeslyrik seit jeher verbunden waren, wurde Musik als Liebeskunst erst im 16. Jahrhundert zu einem expliziten Gesprächsthema und entwickelte sich zum Gegenstand verbreiteter, und vor allem höfischer Diskurse, in die nun auch musikalische Lyrik eingebunden wurde.[27]

Musikwissenschaftliche Beiträge, die seit Mitte der 1990er Jahre entstanden sind, belegen die zentrale Rolle musikalischer Liebeslyrik im Liebesdiskurs des 16. Jahrhunderts. Demnach entwickelten sich für die höfischen Normen der Liebeskunst und die entsprechenden literarischen Topoi — das stete, sehnsüchtige, doch meist vergebliche Werben um eine höher stehende Geliebte oder die Klage des leidenden Liebhabers — nun immer neue und zusehends differenziertere musikalische Formen und Aufführungspraktiken, durch welche Musik und Dichtung einen immer stärkeren Niederschlag in den Lebenswelten der Renaissancegesellschaft fanden. Bevor die Frage zu stellen ist, wie demnach die Frottola-Praxis in die Entwicklung des zeitgenössischen Liebesdiskurses einzuordnen ist, sollen verschiedene musikwissenschaftliche Ansätze zur Analyse von Musik im Liebesdiskurs des 16. Jahrhunderts diskutiert werden, bei denen die kommunikative Funktion musikalischer Lyrik im Vordergrund steht. Dies ist z. B. in zwei amerikanischen Untersuchungen zum musikalischen Madrigal der Fall.

Laura Macy reflektiert die Funktion des Madrigalsingens im venezianischen Kontext der Jahrhundertmitte. Dabei geht sie von Antonfrancesco Donis *Dialogo della musica* (1544) aus, der eine venezianische Akademie beschreibt, in der Madrigale vor allem die Aufgabe hatten, ein elitäres Unterhaltungszeremoniell zu erweitern. Für Donis *Dialogo* setzt die Autorin somit eine kommunikative Funktion der Madrigale voraus: „Like musical conversations, they [the madrigals] involve their participants in witty repartee."[28] Indem sie Parallelen zwischen der von Doni geschilderten Akademie und der von Baldesar Castiglione gezeichneten höfischen Gesellschaft zieht, legt Macy implizit einen Vergleich zwischen Madrigal und der früheren Frottola als sozialen Praktiken nahe.[29] „The madrigals that punctuate social gatherings like those Doni describes and Castiglione prescribes are thus more than musical diversions. They accomplish in music the aims of the evening's discourse."[30]

Die madrigalesk vertonte Liebespoesie interpretiert Macy als ein Übungsfeld für die improvisierte Konversation, die durch die Musik eine Intensivierung erfahren habe. Macy setzt dafür eine

---

[27]. Vgl. den Beitrag der Verfasserin: „Amore è musico". Musik im Liebesdiskurs, in: *Musik in der Kultur der Renaissance. Kontexte, Disziplinen, Diskurse*, hg. v. Nicole Schwindt (*Handbuch der Musik der Renaissance* 5), Laaber (Druck in Vorbereitung) und Helms/Meine: *Amor docet musicam* (2012), S. 9–21.
[28]. Ebd.
[29]. Vgl. Monterosso Vacchelli: *Opera Musicale Doni* (1969). Für eine Analyse v. a. der musikalischen Anteile in Donis *Dialogo* vgl. Haar: *Notes on Doni* (1966–1998).
[30]. Macy: *Speaking of sex* (1996), S. 8.

Laienkultur voraus, bei der Ausführende und Zuhörer identisch waren, und deutet das Madrigalsingen als einen erotischen Dialog, der von Dichtung und Musik ausging und eine sinnliche Wirkung zwischen den Sängerinnen und Sängern entfaltete. Das Singen von Jacques Arcadelts bekanntem Madrigal *Il bianco e dolce cigno* (*Der weiße und süße Schwan*) aus dessen erstem Madrigalbuch von 1539 erscheint in ihrer Betrachtung damit als erotisches Gesellschaftsspiel.[31] Eindrücklich führt die Autorin vor, wie dieses die Vorfreude auf die „petite mort" eines Ich versinnbildlicht, welches sich ironisch mit dem im Sterben singenden Schwan vergleicht — eine Vorstellung, die von den Singenden genussvoll bis zu dem Punkt nachvollzogen wird, wo die epigrammatische Schlusswendung des Madrigals für die nötige Distanzierung zur erotischen Wirkung des Gesangs sorgt und den Singenden Abstand zur gesteigerten sinnlichen Atmosphäre verschafft.[32] Musikalische Lyrik erweist sich hier tatsächlich in erster Linie als eine diskursive Praxis, die spielerisch zur Verhaltensdifferenzierung und Selbstdisziplinierung beiträgt. Damit macht Macy sehr plausibel deutlich, wie musikalische Lyrik im Lebensalltag der Ausführenden und Rezipienten verankert war und in welchem Maße ihre kommunikativen Aspekte bis in die Satzstruktur hinein interpretiert werden können.

Die Art und Weise, wie Macy Arcadelts Madrigal an den zeitgenössischen Liebesdiskurs anbindet, wirkt allerdings zu sehr durch das moderne Denken bestimmt, vor allem durch ihren sprachlichen Ausdruck. Wie bereits im Titel ihres Aufsatzes, „Speaking of sex", anklingt, setzt sie eine den Madrigalen unterliegende geheime Sprache über Sexualität voraus und verwendet dafür Begriffe wie „the science of sex" oder „sexual discourse", die an Michel Foucaults Wendung von der „scientia sexualis" angelehnt sind.[33] Nun steht im Hintergrund der Madrigalpraxis eine Vorstellung von Liebe, in der die Trennung von Körperlichem und Geistigem nicht in einem modernen Verhältnissen vergleichbaren Sinn zu denken ist. Diese ganzheitliche Vorstellung von Liebe spricht Macy zwar über die facettenreiche und schillernde Verwendung des *spirito*-Begriffs in medizinischen, philosophischen und poetischen Zusammenhängen an,[34] doch erscheint dieser verkürzt, wenn sie erklärt, dass etwas dem „Geschlechtsakt Vergleichbares auf metaphysischer Ebene" stattfand — „[s]omething very close to coitus is taking place at a metaphysical level" —,[35] wenn damals ein Ich den *spirito* aus seinem Körper in das Herz der Geliebten entsendete. Das Phänomen des „Spiritus" bezeichnet eine erotische Energie, von der man annahm, dass sie im Liebeserleben gleichermaßen Geist, Seele und Körper besetzte und sowohl irdischer wie kosmischer Natur war.[36] In der Wirkung musikalischer Liebeslyrik

---

31. Jacques Arcadelt, *Madrigali: libro primo* (1539), hg. v. A. Seay, in collaboration with the American Musicological Society, Rom 1970, S. 38–40 (Corpus Mensurabilis musicae 31–2).
32. Macy: *Speaking of sex* (1996), S. 9.
33. Ebd., S. 2 und S. 8. Der Begriff der „scientia sexualis" stellt in Foucaults Denken einen modernen Gegenbegriff zur „ars erotica" dar. Damit zielt er auf den Kontrast zwischen einem wissenschaftsorientierten und geheimen Diskurs über Sexualität und dem zuerst in der Antike entwickelten offenen Erziehungs- und Bildungsanspruch der Liebeskunst — Konzeptionen, die er wie folgt gegenüberstellt: „Die modernen Gesellschaften zeichnen sich nicht etwa dadurch aus, dass sie den Sex ins Dunkel verbannen, sondern dass sie unablässig von ihm sprechen und ihn als *das* Geheimnis geltend machen." Und: „In Griechenland [dagegen] verbanden sich Wahrheit und Sex in der Form der Pädagogik, indem ein kostbares Wissen von Körper zu Körper weitergegeben wurde; der Sex diente den Einweihungen in die Erkenntnis als Lager." Foucault: *Sexualität und Wahrheit 1* (1983), S. 49 und 57
34. Macy: *Speaking of sex* (1996), S. 2.
35. Ebd., S. 3.
36. Einen anthropologischen Zugang zu diesem Phänomen findet Ioan Culianu, der bedeutende Religionshistoriker und Schüler von Mircea Eliade. Er hat diese geistige Substanz als Phantasma bezeichnet und in ihm die zentrale, verbindende Kraft im Renaissancedenken gesehen, die mit der Kunst der höfischen Liebe seit dem 12./13. Jahrhundert zum beflügelnden Ideal erhoben worden sei. Culiano verfolgt die Liebeslehre über das Mittelalter zurück zu ihren arabischen Ursprüngen und sieht im Phänomen des erotischen Phantasmas das Schlüsselelement für das magische

spielte die Vorstellung des „spiritus" — das lateinische Wort bedeutet ursprünglich bekanntlich Atem oder Lufthauch — auch deshalb eine besondere Rolle, weil man annahm, dass die beim Musizieren freigesetzte Luft dem „spiritus" ähnlich und daher dem Liebeserleben förderlich war.[37]

Als Konsequenz von Macys Lektüre für die Interpretation des Liebesdiskurses in der Musikpraxis des 16. Jahrhunderts bleibt zu konstatieren, dass es sich bei Arcadelts bekanntem Madrigal um ein sinnlich reizvolles und unterhaltsames, aber stets maßvoll kontrolliertes Gedankenspiel zwischen den Singenden handelt. Erotik, so viel lässt sich dabei festhalten, ist eine zentrale Kommunikationsebene in der damaligen musikalischen Lyrik, allerdings subtiler, komplexer und weniger direkt oder konkret, als man aus moderner Sicht folgern könnte.

Dies wird etwa in Linda Austerns Verortung vor allem englischer Madrigale im Liebesdiskurs des 16. Jahrhunderts deutlich, die die diskursive Funktion der Musik ebenso als leitend ansieht. Austern setzt dabei zwei Impulse voraus: Musik als Erotizismus oder als Verkörperlichung höherer spekulativer Harmonie.[38] Im frühmodernen Denken, „steeped in the lore of classical antiquity and the Middle Ages", sei das Erklingen von Musik generell als Einladung zur Liebe, der heiligen wie weltlichen, verstanden worden, als eine Kur gegen die tödlichen Krankheiten, die sich aus dem unerfüllten Verlangen ergaben, und als Katalysator für die Überschreitung irdischer Erotik zu höherer Liebe.[39] In einer Kultur, in der Geist über Materie, „mind over matter" gehalten wurde, habe die Liebe in erster Linie zur Erweiterung menschlicher Spiritualität beigetragen: „Love was an extension of human spirituality and psychic willfulness, nearer to theology than to social or biological science."[40] Austern diskutiert in diesem Zusammenhang auch den neoplatonischen Diskurs italienischer Prägung und dessen Verbreitung im weiteren Europa. Auch sie thematisiert anhand des vielgestaltigen Begriffs *spirito* das Zusammentreffen von klanglichen, psycho-körperlichen und spirituellen Assoziationen, bringt allerdings dabei deutlich zum Ausdruck, dass dieses Phänomen an die Vorstellung einer höheren Liebeslehre gebunden gewesen sei.[41] Die Musik habe dabei vor allem über die menschliche Stimme als Ausdrucksmedium Liebender eine bedeutende Rolle gespielt: „As the Italian neo-Platonist Tomaso Buoni explains, because nothing better expressed an angelical voice with a mysteriously divine origin, lovers desired to express their own worth through the sound of their voices."[42] Insgesamt unterstreicht Austern immer wieder, welch wichtige Rolle die phantasie- und erinnerungsverstärkende Kraft von Musik innerhalb der abendländischen Liebeskonzeptionen und für das Sprechen über erotische Leidenschaften spielte.[43] Allgemeiner gesprochen werden der Musik im Liebesdiskurs ebenso spirituelle wie körperlich-sinnliche Qualitäten zugesprochen — eine

Denken in der Renaissance, das er dann bei verschiedenen zeitgenössischen Denkern, v. a. bei Marsilio Ficino, Giovanni Pico della Mirandola und Giordano Bruno, nachweist. Zur Herausbildung der höfischen Liebe vgl. v. a. Culianu: *Eros und Magie* (1984–2001), S. 37–52.

[37] „Cantus autem [hac virtute, opportunitate, intentione conceptus] ferme nihil aliud est quam spiritus alter […]" Marsilio Ficino: *De Vita coelitus comparanda*, III, 21, in: *Opera Omnia*, Torino 1962, S. 56.

[38] Austern: *Love* (1998). Der Beitrag geht auf das Symposium „Music as Heard: Listeners and Listening in Late-Medieval and Early Modern Europe (1300–1600)" an der Princeton University 1997 zurück, das in diesem Themenheft dokumentiert ist.

[39] Ebd., S. 646.

[40] S. 620.

[41] Ebd., S. 622.

[42] Ebd. Austern bezieht sich dabei auf einen Schönheitstraktat Tomaso Buonis in zeitgenössischer englischer Übersetzung: Tomaso Buoni: *Problems of Beawtie and All Humane Affections*. Übersetzt von S. L. [sic], London o. J., S. 21 u. 51.

[43] Austern verweist dabei auf einen der bekannteren italienischen Liebestraktate, die *Dialoghi d'amore* Leone Ebreos, die zuerst 1535 in Rom, dann 1541 und 1552 in Venedig erschienen sind.

Betrachtungsweise, die bereits in Marsilio Ficinos Auslegung von Platons Liebeslehre in der zweiten Hälfte des 15. Jahrhunderts gegeben ist und mithin auch in die Liebestraktate eingeht, die im Umfeld der Frottolenpraxis entstanden.

Liegen mit Macys und Austerns Arbeiten differenzierte Ansätze zur Analyse des Madrigals in seiner Funktion für den höfischen Liebesdiskurs vor, so stellt sich nun die Frage, wie die Frottola in den zeitgenössischen Liebesdiskurs einzuordnen ist. So wie Klaus Hempfer die Ambivalenz konstatiert hat, dass der kulturelle Diskurs der Renaissance zugleich pluralistisch und moralisch hierarchisch war, ist auch für den Liebesdiskurs zur Zeit der Frottola zu differenzieren. Voraussetzung war zunächst, dass die Regeln höfischer Liebe nach der Auflösung der mittelalterlichen Ständegesellschaft zugunsten einer neuen Vielfältigkeit aufgebrochen waren. Daher dokumentiert sich Liebe in der Lyrik der Renaissance als ein „universelles Gefühl", das „standesunabhängig breitere Gesellschaftsschichten erreicht, deren Dynamik und Typenpluralität transportiert", wie schon Agnes Heller folgerte.[44]

Bekanntlich waren es die bedeutenden Arbeiten von Norbert Elias, die ein Verständnis für die Umbrüche zwischen der mittelalterlichen und der frühneuzeitlichen Gesellschaft geschaffen haben, wie sie sich vor allem auf der Ebene der Verhaltensweisen ereigneten. In diesem Kontext macht er auch auf die Veränderungen im Liebesdiskurs aufmerksam, die er kennzeichnet als einen „großen Schub [...] in der Entwicklung der Selbstzwänge, dieser Verringerung der Spontaneität, dieser Distanzierung und der entsprechenden Zivilisierung, so weit sie die Beziehungen zwischen Männern und Frauen betreffen".[45] Indizien dieser Veränderungen, des besagten Zuwachses an Selbstzwängen, sah er „in der Form der guten Manieren, [die] bald in der des Gewissens oder der Reflexion in Erscheinung treten". Es zeigt sich somit, dass mit der Veränderung des Liebesdiskurses eine Verhaltensdifferenzierung einhergeht, die die Kommunikationsstrukturen selbst zum Thema werden lässt. Damit wird der Liebesdiskurs umgekehrt zur Reflexion über Verhalten an sich und erreicht als solche eine ungewohnte Popularität. „Das Problem des Verhaltens in der Gesellschaft war in dieser Zeit [gemeint sind die ersten Jahrzehnte des 16. Jahrhunderts; S. M.] offenbar so wichtig geworden, dass selbst Menschen von außerordentlicher Begabung und von großem Ruf die Beschäftigung mit ihm nicht verschmähten."[46] Im Liebesdiskurs dokumentierten sich somit auch die sich damals neu ordnenden gesellschaftlichen Hierarchien.

Elias ordnet die beschriebenen Verhaltensdifferenzierungen zugleich einem in dieser Zeit entstehenden komplexeren Liebesideal zu, das er als „Gefühlskomplex der romantischen Liebe" bezeichnet.[47] (Wie er den Begriff „romantisch" verstanden wissen will, führt Elias an dieser Stelle leider nicht weiter aus.)[48] Für unseren Zusammenhang ist aus Elias' Argumentation festzuhalten, dass Liebesbeziehungen in der frühen Neuzeit bewusst als „Kult und Ideal" gelebt und nachgelebt wurden,[49] die Beziehungen zwischen literarischen Fiktionen — wozu auch musikalische Lyrik gehören kann — und den konkreten Lebenswelten somit vielfältiger und komplexer wurden.

---

44. Heller: *Mensch der Renaissance* (1988), S. 300.
45. Elias: *Höfische Gesellschaft* (1969), S. 360–61.
46. Elias: *Prozeß* (1969), S. 93.
47. Ebd.
48. Vgl. dazu den Beitrag von William Reddy: „The Question of Romantic Love in Early Modern Research", in: Helms/Meine: *Amor docet musicam* (2012), S. 23–40
49. Ebd.

Die Annahme einer tieferen Verflechtung des literarischen Liebesdiskurses mit dem eigenen Lebensentwurf findet aus der Sicht der italienischen Literaturwissenschaft durch Luigi Baldaccis Interpretation des Petrarkismus Bestätigung. Im Hinblick auf die Frottola, deren Mode gleichzeitig mit dem Petrarkismus einsetzte, ist dabei vorauszuschicken, dass die Wiederbelebung von Petrarcas Poesie ab dem frühen 16. Jahrhundert nicht nur eine literarische, sondern auch eine musikalische Bewegung war, die den Topoi der höfischen Liebe neue Popularität verschaffte und besonders für die Entwicklung weltlicher Musik bedeutend wurde. Dabei war der Petrarkismus eng verbunden mit dem Liebesdiskurs, der durch ihn eine stärkere Nobilitierung erfuhr. Denn eine florierende Theoretisierung von *amore* in den Liebestraktaten und die beliebte Praxis, Petrarcas Dichtung, namentlich seinen „Canzoniere", zu imitieren, waren im frühen 16. Jahrhundert einander ergänzende Ausdrucksmittel der aufstrebenden höfisch-humanistischen Gesellschaft. Aus den Anforderungen dieser neuen Hofgesellschaftsstruktur heraus, in der, wie sich vor dem Hintergrund der Überlegungen von Norbert Elias nun besonders gut nachvollziehen lässt, die Anwesenheit von Damen in möglichst anspruchsvoller Form legitimiert werden sollte, stellte die theoretische Rechtfertigung der Liebe auf der Grundlage petrarkistischer Ideale die Möglichkeit dar, dem gesellschaftlichen Zusammenleben am Hof neue, verbindliche Regeln von ebenso aktuellem wie nobilitiertem Anspruch zu verleihen. V. a. Baldacci sieht den Beginn stärkerer Wechselwirkungen zwischen dem poetischen Liebesdiskurs und persönlichen Lebensentwürfen zuerst in Pietro Bembos Liebestraktat *Gli Asolani*, der 1505, gleichzeitig zur ersten Welle der Frottolenmode, veröffentlicht wurde. Pietro Bembo nahm als Humanist und Höfling zu Beginn des 16. Jahrhunderts eine gesellschaftliche Schlüsselposition ein. An seiner Person wird exemplarisch deutlich, wie eng die damaligen Strömungen ineinandergriffen: Bembo besorgte die erste kritische Ausgabe Petrarcas, prägte mit der Grammatik der *Prose della volgar lingua* die Sprachdebatte, gab mit *Gli Asolani* den entscheidenden Auftakt in der neuen Liebestraktatliteratur und beförderte dadurch nicht zuletzt auch die Entwicklung musikalischer Lyrik, wie sich noch zeigen wird.

Baldacci wies nach, dass Bembo Petrarcas Poesie eben nicht nur formal und thematisch imitierte, sondern auch dessen Identität als eines in Liebe lebenden Künstlers nachahmte. „Il petrarchismo fu veramente imitazione del Petrarca, cioè interpretazione dell'uomo e dell'artista."[50] Demnach ist Petrarcas zentraler Gedichtzyklus des *Canzoniere* auch als „specchio della vita", als biographische Erzählung des Dichters, verstanden und imitiert worden und hat einen „gusto del romanzo" ausgelöst, die Eigenheit nämlich, Petrarcas Liebe zu Laura als Maßstab des eigenen Lebens und Liebens anzusetzen und der Persönlichkeit des Künstlers dabei besondere Bedeutung zu verleihen.[51] In der Imitation des Petrarca-Bildes waren die Grenzen zwischen Spiel und Ernst, Fiktion und Realität fließend. In diesem Sinn argumentiert der Bembo-Forscher Carlo Dionisotti, dass die literarische Kultur für Frauen zu den „notwendigen Elementen des Spiels gehört[e]", in dem das Lockmittel „Laura" gewesen sei.[52] In der Tat wird sich auch für die Frottola-Praxis zeigen, wie sich solche Spielarten ins Gunstsystem des Fürstinnenhofs von Isabella d'Este Gonzaga integrierten. Pietro Bembo selbst zelebrierte solche Formen des Petrarkismus mit seinen Geliebten. Eine von ihnen, Lucrezia Borgia, erleichterte ihm den

---

50. Baldacci: *Lirici Cinquecento* (1975), S. XXV.
51. Ebd.
52. Bembo/Savorgnan: *Carteggio d'amore*, S. XXIII.

Zugang zu dem renommierten Ferrareser Hof.[53] Ließen sich so die Umrisse der literarischen Mode des Petrarkismus sowie der daran anknüpfenden theoretischen Liebesdiskurse grob abstecken, so soll in der Folge die Bedeutung dieser literarischen und soziologischen Phänomene für die Frottola genauer bestimmt werden. Zumal der literarische Aspekt spielte auch in der frühen musikwissenschaftlichen Beschäftigung mit der Frottola eine zentrale Rolle.

1. 2. 2 „Literarisierung" der Frottola oder: Die Wahrnehmung der Gattung innerhalb der Musikwissenschaft

Der Petrarkismus rückte bereits in der älteren Forschung zur Frottola in den Vordergrund, spielte er doch eine entscheidende Rolle im Zusammenhang mit der Gattungsförderung durch die Markgräfin Isabella d'Este Gonzaga. Sie war als älteste Tochter von Herzog Ercole d'Este in der anspruchsvollen Tradition einer der führenden Familien in Norditalien erzogen worden und hatte große Affinitäten zu Literatur und Kunst, besonders aber zur Musik entwickelt. Daher war sie nach ihrer Heirat mit Markgraf Francesco Gonzaga II. und dem Umzug in die Nachbarstadt Mantua 1490 dort die treibende Kraft, ein Musikpatronat aufzubauen, in dem die Frottola eine besondere Rolle spielte.[54] Die Fürstin ließ Hofdichter nach anspruchsvoller Dichtung recherchieren und beauftragte deren Vertonungen. Darüber hinaus dichtete und musizierte sie selbst. Auf das soziologische Phänomen, dass die Etablierung der Gattung somit eine genuin weibliche Note hatte, wird noch ausführlich zurückzukommen sein. Zunächst war es dagegen der Aspekt der durch die Fürstin geförderten „Literarisierung" der Frottola, auf den in der Forschung eingegangen wurde.

Walter Rubsamen war der Erste, der aus musikwissenschaftlicher Sicht auf die Bedeutung von Isabellas gut funktionierenden Verbindungen zu Literaten und Humanisten hinwies. Er legte dar, wie die Fürstin im Zuge der ab 1500 florierenden Petrarca-Mode auf eine literarische Qualitätssteigerung der einfachen *poesia per musica* abzielte, indem sie die anspruchsvollere, klassische Dichtung des Trecento vertonen ließ und damit wesentlich zur Entwicklung der Gattung beitrug.[55] Gemäß einem älteren Fachverständnis, in dem eine Forschungsarbeit mit dem steigendem literarischen und musikalischen Anspruch des Gegenstands an Relevanz gewann, wertete Rubsamen die Frottola mit der Frage nach ihrer literarischen Nobilitierung gewiss auf. Dabei allerdings geriet zu stark außer Sicht, dass die petrarkistische Tendenz nur eine Ausnahmestellung innerhalb des unterhaltsamen, leichten

---

[53]. Vgl. den Abschnitt „la dolce influenza del mio Giove" — Petrarkistische Huldigungen im Umfeld weiblicher Patronage in Kap. 2. 1. 9.

[54]. Wenn der Begriff des Musikpatronats im Folgenden verwendet wird, so geschieht dies wegen der umfassenderen Bedeutung des ursprünglich französischen Wortes *patronage* gegenüber dem des Mäzenatentums. Während das Mäzenatentum auf der loyalen Beziehung eines meist bekannten einzelnen Günstlings zu einem vermögenden, einflussreichen Mäzen basiert, von der beide Seiten gleichermaßen profitieren, der Mäzen durch öffentliche Huldigungen seiner Person, der Günstling durch Geschenke und/oder Bezahlungen — wenngleich er die Beziehung als eine freiwillige darstellt — kennzeichnet der Begriff der patronage bzw. des Patronats im heutigen englischsprachigen Gebrauch auch weniger verbindliche Beziehungen zwischen Auftraggeber und Ausführenden, die dem weiten Beziehungsnetz der Isabella d'Este Gonzaga eher gerecht werden. Das Prinzip der verpflichtenden Gegenseitigkeit bildet allerdings auch hier, wie es sich in Anlehnung an Sharon Kettering bis zurück zu Marcel Mauss und Claude Lévi-Strauss analysieren lässt, die Grundlage. Vgl. Kettering: *Patronage* (1992–2002), S. 843–44. Der an die deutsche Sprache angepasste Begriff Patronat wird daher einer unzureichenderen Übersetzung vorgezogen; entsprechend wird auch der Begriff des Patrons bzw. der Patronin in diesem erweiterten Verständnis verwendet.

[55]. Rubsamen widmete Isabella d'Este Gonzaga zwei kurze Kapitel in seinem Pionierwerk zur Beziehung zwischen Literatur und weltlicher Musik der Zeit, darunter eines, in dem er bereits in der Überschrift auf die literarische Qualität der durch sie geförderten Vertonungen aufmerksam machte: „Isabella and musical texts by the ‚literary' poets, Correggio, Tebaldeo, Bembo, Sannazaro and Arisoto". Vgl. Rubsamen: *Literary sources* (1943), S. 24–31 und S. 9–11.

Profils der Gattung einnimmt und letztlich deren zentrale Charakteristika nicht erfüllt. Frottolen zeichnen sich, wie schon der Name sagt, dadurch aus, dass sie spielen, flunkern, scherzen.[56] Dass dabei die Grenze zwischen Sinn und Unsinn, Ernst und Spiel, Anspruch und Simplizität verschwimmt, macht wesentlich ihren Reiz und ihre Wirkung aus, worauf noch zurückzukommen sein wird. Rubsamen jedoch konzentrierte sich auf die Frage, inwiefern die Frottola, wie auch die Canzone, die Reanimierung älterer literarischer Ideale beförderte und daher fruchtbar für folgende Entwicklungen, vor allem für die Gattung des musikalischen Madrigals war. Somit interpretierte er die Frottola als ein Übergangsphänomen, das dann im Madrigal zu einem „vollständigeren Ausdruck [...] des polyphonen Stils" geführt habe. Im Kontext solch organizistischer Vorstellungen von Musikgeschichte, die in der ersten Hälfte des 20. Jahrhunderts üblich waren, rückte die Frottola notwendigerweise in den Schatten des Madrigals als der Gattung eines literarisch und musikalisch komplexeren Stils. Gleichwohl spielten Rubsamens Studien, neben der Herausgabe kritischer musikalischer Ausgaben, eine wichtige Rolle für die Etablierung der Frottola als eines musikwissenschaftlichen Forschungsgegenstandes: „As the *frottola-canzone* of the transitional decades progressed toward a fuller expression of the polyphonic style, those Italians who had led the march left the procession. Yet this cannot detract from the value of their contribution to the proud record of music in the motherland. Since the *frottola* and *canzone* were indigeneous art forms couched in a musical language native to the Italian of the Renaissance, familiarity with them is essential to a complete understanding of that vital period in artistic history."[57] Als erste genuin italienische Vokalmusik und Vorbotin kommender Entwicklungen konnte die Gattung nun an Beachtung gewinnen.[58]

In der Folge sah Alfred Einstein die Bedeutung der Frottola im Aufbau eines „nationalism in Italian music".[59] Einstein war es auch, der nach der späten Wiederentdeckung des elften und letzten Frottolenbuchs des Musikverlegers Ottaviano Petrucci im Jahr 1926 die Relevanz gerade dieses Buches im Vorfeld des Madrigals betonte und der Frottola einen festen Platz in der Vorgeschichte der späteren Gattung einräumte, der er allerdings sein Hauptinteresse widmete.[60] Doch das bekannte, zutiefst abfällige Urteil, das gerade Einstein über die ästhetische Qualität der Frottola äußerte, indem er ihre *poesia per musica* als „grobe, dumme Strophen" abtat, verstellte für lange Zeit den Blick für den eigenen Reiz der Gattung.[61]

---

56. „Frottola", „3. Figur. Chiacchiera inconcludente, pettegolezzo, fandonia, bugia, menzogna [unschlüssiges Geschwätz, Klatsch, Märchen, Lüge], Cosa di poca importanza, bagattella, bazzecola [Sache von geringer Wichtigkeit, Bagatelle]." Battaglia VI (1972), S. 391. Auf die Namensgebung und die zeitgenössische Gattungsdiskussion um die Frottola wird ausführlich in Kap. 4.2.1 eingegangen.
57. Rubsamen: *Literary sources* (1943), S. 36.
58. Rubsamen konnte wie auch die Herausgeber der ersten kritischen musikalischen Ausgaben von Frottolen, Rudolf Schwartz oder Cesari und Monterosso, und wie auch Alfred Einstein auf den Pionierarbeiten von Alessandro Luzio und Rudolfo Renier, den um 1900 maßgeblichen Spezialisten des Gonzagahofs dieser Zeit, sowie den Studien des Bembo-Forschers Vittorio Cian aufbauen, die das Archivio Gonzaga erstmalig umfangreich gesichtet hatten. Im Zugriff auf die Quellen bilden sie auch heute noch eine wichtige Grundlage der Forschung. Vgl. die Titel von Cian, Luzio und Luzio/Renier im Sekundärliteraturverzeichnis. Vgl. auch Pe. I und IV/Schwartz (1935), Pe. I–III/Cesari/Monterosso (1954), Ant. Canzoni III²/ Einstein (1941) (RILM 1518).
59. Einstein: *Madrigal* (1949–1971), Bd. 1, S. 29. Für beide Forscher war es dabei irrelevant, dass die Förderung einer genuin italienischen Musik auch aus pragmatischen Erwägungen heraus erfolgte — italienische Musiker zu beschäftigen war für die Auftraggeber günstiger als international renommierte Künstler. Einstein: *Madrigal* (1949–1971), Bd. 1, S. 34.
60. Einstein: *Das Elfte* (1928) und Einstein: *Madrigal* (1949–1971).
61. Vgl. Einstein: *Madrigal* (1949–1971), S. 64, und die vorige Anm.

Die Problematik scheint symptomatisch für eine Forschungslandschaft, in der die Würdigung stilistisch vergleichsweise einfacher Musik, die traditionsgemäß auf literarisch anspruchslosen, populär wirkenden Texten basierte, geradezu einer Provokation gleichkommen musste.[62]

Einsteins Kritik an der Frottola wie diejenige anderer Zeitgenossen ist also im Zusammenhang älterer literaturgeschichtlicher Debatten zu sehen, in denen ästhetische Klassifizierungen gang und gäbe waren. Eine nicht von der Hand zu weisende Plausibilität hat dieser Zugang nicht zuletzt dadurch, dass er an ästhetisch normative Diskussionen über Dichtung anschließen konnte, die bis ins 16. Jahrhundert, und damit auch bis in die Entstehungszeit des Petrarkismus zurückreichen.

Maßgeblich war es Pietro Bembo selbst, der in seiner Orientierung an der Dichtung Petrarcas ein elitäres und sozial ausgrenzendes Qualitätsdenken vermittelte. Seine Initiativen für die Verbreitung von Petrarcas Dichtung, die zweite Edition des *Canzoniere* (1501), die *Prose della volgar lingua* (1525), aber auch die *Rime* (1530) hatten eine Flut von Petrarca-Imitationen zur Folge, darunter auch auffällig viele aus der Feder weiblicher Dichterinnen wie Vittoria Colonna, Veronica Gambara, Tullia d'Aragona und Gaspara Stampa.[63] Als Konterpart dazu entstand z. B. der Dialog *Il Petrarchista* (1539) des Bembo nahestehenden Literaten Niccolò Franco, in dem sich dieser polemisch von einem in seinen Augen falschen, oberflächlichen Petrarkismus abwendete. Und es gab burleske, ironische Dichtungen von Pietro Aretino und anderen Venezianern, die den Petrarcakult karikierten. Diesen Tendenzen des 16. Jahrhunderts entsprechend, wurde in der Literaturgeschichtsschreibung lange zwischen einer Vorform, einem klassischen Petrarkismus à la Bembo und einer Folgereaktion, einem sogenannten Anti-Petrarkismus, unterschieden. Gerhart Hoffmeister etwa interpretierte Bembos Rückgriff auf Petrarca als „Befreiung" der Dichtung „von den oberflächlich-höfischen Exzessen der Cariteer, indem er ihren Formen (Strambotto, „sonetto caudato") das petrarkistische Sonett gegenüberstellt und ihre Lüsternheit durch den Anschluß an den Neuplatonismus ablöst".[64] Zugleich bewertete er Bembos starken Einfluss als „literarische Diktatur", der man sich entweder unterwarf oder gegen die man rebellierte, wofür wiederum der Begriff des Anti-Petrarkismus stand.[65] Hugo Friedrich urteilte Petrarca-Imitationen generell als „repetierende Routine"[66] ab. Dem stand die Erhöhung des Dichters selbst gegenüber, wie sie dann auch z. B. Alfred Einstein für die Musikwissenschaft übernahm. Er deutete Petrarcas Dichtung als „Glück" für die italienische Musik, bei allem „Unglück", das der Petrarkismus der literarischen Entwicklung zugefügt habe. Die Frottola, die de facto mit anspruchsvoller, petrarkistischer Dichtung nur hier und da experimentierte oder spielte, konnte aus dieser Sicht kaum angemessen als Gattung wahrgenommen werden. „Petrarch is a musical, one is tempted to say a contrapuntal, poet. His poetry was predestined for the polyphonic madrigal of the sixteenth century, whose essence is counterpoint both in technique and sensibility".[67] Einstein

---

[62.] In diesem Sinn stellte Fausto Torrefrancas umfangreiche Studie zur volkssprachigen Musik des 15. Jahrhunderts aus den 1930er Jahren einen wahren Affront gegen das damalige Establissement der Musikwissenschaft dar. Torrefranca: *Segreto* (1939).

[63.] Zu den Einflüssen der weiblichen Autorschaft innerhalb des Petrarkismus vgl. z. B. Eckhard Höfner: „Modellierungen erotischer Diskurse und Canzoniere-Form im weiblichen italienischen Petrarkismus". In: Hempfer/Regn: *Diskurs* (1993), S. 115–45.

[64.] Hoffmeister: *Petrarca* (1997), S. 20.

[65.] Ebd. S. 19.

[66.] Friedrich: *Epochen* (1964), S. 314.

[67.] Einstein spricht von „misfortune" und „fortune". Einstein: *Madrigal* (1949–1971), Bd. 1, S. 190.

erhob somit den satztechnischen Begriff des Kontrapunkts zu einem musikalischen Äquivalent für die Komplexität von Petrarcas Dichtung und zog daher implizit die Musik und Dichtung im Madrigal anderer Kunst als die bessere vor. Damit argumentierte er ähnlich wie Rubsamen, der die Bedeutung der Frottola im Hinblick auf das Madrigal legitimiert hatte.

Schon die erste Musikgeschichtsschreibung zur Frottola hatte den Bezug zu Petrarca in den Vordergrund gestellt, allerdings ging sie direkt auf das Petrarca-Bild der Romantik zurück, in dem das Bild eines emphatisch modernen Dichters originärer Poesie dominierte. Es wurde den Vorstellungen der Genielehre angepasst, die seit dem 18. Jahrhundert das Imitationsprinzip abgelöst hatte. In den Studien Francesco de Sanctis' (zwischen 1839 und 1870) wurde Petrarca zu einem Genie stilisiert, das seine Stärke aus Krankheit und Melancholie zog.[68] Benedetto Croce schloss sich in den ersten Jahrzehnten des 20. Jahrhunderts daran an, indem er Petrarca als einmaligen Dichter interpretierte, der die Ästhetik der späteren Moderne antizipiert habe. Croce zufolge hat Petrarca „im Kern, aber tief und nachhaltig" die letztlich neurotische Gemütsverfassung der Moderne vorweggenommen.[69] Dafür wurde die Liebe zu Laura im *Canzoniere* zum Grund des von Krankheit, Unruhe und Leiden gezeichneten Daseins Petrarcas stilisiert.[70] Auch hier hat sich eine Tendenz verstärkt, die bis zum Petrarkismus des Cinquecento selbst zurückgeht. Denn wie bereits durch Baldaccis Interpretation angesprochen wurde, war es Teil der damaligen Bewegung, Petrarcas Dichtung als narratives Modell eines genuin künstlerischen Lebens zu interpretieren, das ebenso wie die Dichtung zur Imitation anregte. Demgegenüber verurteilte Croce das 15. Jahrhundert als ein „secolo senza poesia"[71] und machte eine entsprechende Wende am Wirken Pietro Bembos ab dem zweiten Drittel des 16. Jahrhunderts fest, also genau an dem Zeitraum, da die Frottola-Produktion zurückging und die Musik des Madrigals in den Vordergrund rückte.

Die Entwicklung der Erforschung der Frottola ist damit in Korrespondenz zu den Entwicklungen der Literaturgeschichtsschreibung zu sehen; aus diesen folgt aber auch, dass die ästhetische Bewertung von Poesie mit den Anfängen des Petrarkismus selbst untrennbar verbunden und demnach auch bei der Bewertung der Frottola mitzudenken ist.

Wenn auch zum einen Frottola und Madrigal jeweils in ihren spezifischen Kontexten zu sehen sind, zum anderen auch im Auge behalten werden muss, dass Gedichte Petrarcas nur in einem kleinen Teil der überlieferten Frottolen die textliche Grundlage darstellen, so war es doch für die Musikforschung ein entscheidender Schritt, als Dean T. Mace 1962 auf die Bedeutung von Bembos Grammatik *Prose delle volgar lingua* für die Genese des Madrigals in Venedig wies und damit die

---

68. Den Grundstein für den Petrarca-Mythos legte schon Ugo Foscolo mit seinen *Saggi sul Petrarca*, die 1824 in Italien gedruckt wurden und auf Motive aus damaligen Romanen zurückgingen. Hoffmeister: *Petrarca* (1997), S. 135–36.
69. „Vive, il Petrarca, per la sua poesia nella storia della poesia, e per lo stato d'animo che in lui si manifestò per la prima volta, in modo germinale ma profondo e tenace, nella storia morale dell'età moderna." „Petrarca lebt für seine Dichtung in der Geschichte der Dichtung, und für die Gemütsverfassung, die sich in ihm zum ersten Mal im Keim, aber tief und stark in der Moralgeschichte des modernen Zeitalters zeigte." Croce: *Poesia popolare* (1933–1967), S. 80.
70. „[M]a una vita così fatta è, in realtà, senza vero centro e senza saldo sostegno, squilibrata, affannata, in cerca di una pace che è una guerra, di un lume che poi arde e non rischiara." „Aber ein solches Leben ist in Wirklichkeit ohne wahres Zentrum und ohne festen Halt, unausgeglichen, atemlos, auf der Suche nach einem Frieden, der ein Krieg ist, nach einem Licht, das dann brennt, aber nicht hell wird." Croce: *Poesia popolare* (1933–1967), S. 69.
71. So auch der Titel des Kapitels über das 15. Jahrhundert in Croce: *Poesia popolare* (1933–1967), S. 209–38. Über den Petrarkismus dieser Zeit heißt es dort verallgemeinernd: „Il petrarchismo di quel tempo fu vero e proprio epigonale, e in ciò diverso da quello che poi risorse nel cinquecento, con nuovi intenti e nuovi spiriti." „Der Petrarkismus dieser Zeit war wirklich und besonders epigonal und darin von dem, der dann im Cinquecento aufkam, mit neuen Absichten und neuem Geist." Ebd., S. 230.

ursächliche Beziehung zwischen einer musikalischen Gattungsentwicklung und literarischen Prozessen aufzeigte.[72] Bembo hat sich auf Petrarcas *Canzoniere* als Vorbild einer Sprach- und Dichtungsreform bezogen und dabei im zweiten Teil der *Prose* (Kapitel 11) besonders auf die sprachklanglichen, somit auch musikalischen Qualitäten dieser Lyrik verwiesen. Die musikalische Umsetzung der Kriterien *gravità* und *piacevolezza*, etwa zu übersetzen durch Schwere/Würde und Anmut/Wohlgefallen, die Bembo vorbildlich und nachahmenswert in der Lyrik Petrarcas verwirklicht sah,[73] hat Mace an Willaerts Madrigalen belegt. Dieser Ansatz ist später durch Martha Feldman gefestigt worden.[74] Für Bembos Heimatstadt Venedig, wo auch die *Prose* gedruckt wurden, scheint seine Wirkung auf das weltliche Musikleben demnach evident.[75]

Bembos Engagement für die Vermittlung Petrarcas reicht bis in die Zeit der Frottolenmode am Anfang des Jahrhunderts zurück, als er an der verbesserten Edition Manuzios von Petrarcas *Canzoniere* (1501) mitarbeitete und sich vielfältig als „liebender Poet" und Begünstigter in das Leben führender Höfe einbrachte. Schon am Hof in Urbino, also bis 1512, hatte er das erste und zweite Buch der *Prose della volgar lingua* beendet. Sein Einfluss in den gleichzeitig am selben Ort entstandenen *Dialoghi* in Baldesar Castigliones *Libro del Cortigiano* ist evident.[76] Bembo selbst trat für die Mobilität des Hofmanns ein, der zwischen verschiedenen Wirkungszentren flexibel bleiben sollte, worauf auch die Verbreitung des *volgare* abzielte. Daher lässt sich annehmen, dass seine Ideen lange vor der Drucklegung der *Prose* 1525 in Italien kursiert haben. Dass das Musikleben davon beeinflusst wurde, zeigt die Präsenz petrarkistischer Gedichte Bembos in den späten Frottolenbüchern Petruccis, die lange vor der Drucklegung der *Prose* erschienen.[77] Frottolen sind damit erste Beispiele für einen musikalischen Petrarkismus, der im Notendruck festgehalten wurde, welcher somit als Dokument der schriftlichen Auseinandersetzung der Musiker mit Petrarcas Dichtung gelesen werden kann. Besonders eklatant ist dies im elften Frottolenbuch Petruccis (1514), das allein zwanzig Petrarca-Vertonungen aufweist.[78] Noch im Quattrocento hatte in der volkssprachlichen Lyrik eine große Heterogenität an Genres dominiert, worunter die Dichtung Petrarcas nur ein Modell neben anderen in der oft improvisierten Liebeslyrik bildete. Ab Ende des 15. Jahrhunderts allerdings häuften sich die Referenzen zu Petrarcas Dichtung vor allem bei Dichtermusikern, die Petrarcas Dichtung musikalisch vortrugen, so zum Beispiel Benedetto Gareth („il Chariteo") und Tebaldeo, und Serafino Aquilano, von dem eine Fülle an petrarkistischen Sonetten und Strambotti überliefert ist.[79]

---

72. Mace: *Bembo* (1969), S. 65–86.
73. Vgl. Pietro Bembo: Prose della volgar lingua. In Bembo: Prose, S. 146.
74. Feldman: *City Culture* (1995).
75. Hinsichtlich der Frage nach Bembos Wirkungskreisen konstatiert Volker Kapp die Diskrepanz einer auf Venedig konzentrierten Werkgeschichte und Bembos Selbststilisierung, mit der er sich z. B. in den *Prose* Rom zuordnet. Vgl. Kapp: *Ital Litgesch* (1994), S. 133.
76. Vgl. Buch I und IV des *Cortigiano*. Die erste Phase der Niederschrift des Buches von 1513 bis 1518 fand somit erst nach Abfassung der ersten beiden Bücher von Bembos *Prose* statt. Vgl. dazu auch Feldman: *City Culture* (1995), S. 10–11.
77. Für Bembos Einfluss auf das elfte Frottolenbuch Petruccis vgl. den entsprechenden Abschnitt in Kap. 4. 1. 2. Es ist bemerkenswert, dass Gerhart Hoffmeister, langjähriger Petrarca-Spezialist, 1997 diese Petrarca-Rezeption innerhalb der Frottola anspricht und damit anders als mancher Musikwissenschaftler deutlich macht, dass die spätere Petrarca-Rezeption im Madrigal auf bereiteten Boden fiel. Hoffmeister: *Petrarca* (1997), S. 117.
78. Dagegen finden sich in früheren Petrucci-Büchern nur wenige Petrarca-Vertonungen: Im dritten (1505) eine anonyme, im siebten (1507) drei von Bartolomeo Tromboncino, im neunten weitere zwei anonyme Vertonungen. Gallico: *Petrarca* (1995–2001), S. 389. Vgl. den Abschnitt Libro XI — Neue Horizonte und Krise in Kap. 4. 1. 2.
79. Haar: *Petrarch* (2001), S. 498. Vgl. dazu Kap. 2. 1. 6 und 2. 1. 7, zudem Kap. 3. 3. 5.

Es ist somit offensichtlich, dass die Entwicklung der Frottola ebenso wie das Madrigal stark vom Petrarkismus (und korrespondierenden literarischen Bewegungen) beeinflusst war. Und es ist eine logische Folgerung aus der hier vorgestellten Korrespondenz zwischen literarischen und musikalischen Diskursen, wenn Ludwig Finscher das entscheidende Movens für die Entwicklung zum Madrigal in den gestiegenen literarischen Ansprüchen der Zeit sieht. Er schreibt, dass „[d]ie außerordentliche Differenzierung der musikalischen Sprache gerade im Madrigal — und in diesem Maße in keiner anderen Gattung — […] ohne die Differenzierung der Dichtungssprache kaum vorstellbar" ist.[80] Und entsprechend ist es vor allem der Petrarkismus, der in Hinblick auf die Frottola als ein Experimentier- und Vorbereitungsterrain für die spätere Gattung des Madrigals erscheint.

Dem gegenüber sind jedoch die vielfältigen Unterschiede zwischen den beiden Gattungen nicht aus dem Blick zu verlieren: Die regionalgeschichtliche Entstehungssituation des Madrigals in Florenz und Rom ist von der der höfischen Frottola ebenso verschieden wie die Aufführungspraxis eines meist mehrstimmig gesungenen und zunehmend kontrapunktischen A-Cappella-Satzes von der eines melodiebetonten Strophenliedes, das meist einstimmig zur Laute gesungen wurde. Letzterer Aspekt verdeutlicht, dass für die musikalisch stilistische Entwicklung des Madrigals vor allem Einflüsse aus Chanson und Motette eine Rolle spielten. In diesem Sinn sind James Haars und Iain Fenlons Zweifel berechtigt, die Entstehung des Madrigals allein als eine konsequente Entwicklung aus dem Konvergieren der literarischen und musikalischen Auseinandersetzung mit dem Petrarkismus erklären zu wollen. Denn in der Tat vollzieht sich zwischen den Gattungen ein Paradigmenwechsel. „[W]e wonder whether it is not an oversimplification to think that literary taste simply ‚rose', spawning the madrigal as it did so, and we think it is a sin of cultural evolutionism to see fully-texted, fully-‚vocal' polyphony as a condition to which Italian song aspired and which is attained in order to make possible the development of the madrigal".[81] Gleichwohl ist nicht von der Hand zu weisen, dass vor allem der Petrarkismus auch musikalisch für entscheidende Bezugspunkte zwischen den Gattungen sorgte.[82]

---

80. Ludwig Finscher: „Volkssprachige Gattungen und Instrumentalmusik", in: Musik 15. / 16. Jhd., S. 486. Auch die auffällig große Madrigalproduktion ab den 1540er Jahren von Venedig aus führt Finscher in erster Linie auf die Hebung des Textniveaus durch die Petrarca-Rezeption zurück: „Die Sonette Francesco Petrarcas fordern durch ihre dichterische Qualität unaufhörlich zur höchsten Anspannung der kompositorischen Kräfte heraus. Durch eben diese Anspannung differenziert sich der Gattungsstil sehr schnell immer weiter aus und von der Motette fort [, deren Techniken der Kontrapunktik und der Wortausdeutung das Madrigal aufgenommen hatte]; gleichzeitig werden Personalstile deutlicher als je zuvor ausformuliert — beides radikaler als in jeder anderen Gattung der Epoche. Daß nach 1550 die Sammeldrucke, die unter einem verkaufsfördernden Namen als scheinbare Individualdrucke veröffentlicht wurden, gänzlich durch echte Individualdrucke verdrängt werden, ist ein Reflex dieser Entwicklung." Finscher: *Gattungen* (1990), S. 472.

81. Fenlon/Haar: *Italian Madrigal* (1988), S. 6. Stefano La Via hat durch eine Analyse von Verdelots Madrigal „Sì lieta e grata morte" darauf abgezielt, die von Haar und Fenlon, aber auch H. Colin Slim vertretene These der besonderen, unabhängigen Entstehungssituation des Madrigals in Florenz zu untermauern. Gleichwohl verweist er dazu auf den literarischen hohen Anspruch des Komponisten und auf die florentinische Tradition einer ficinischen Deutung der Liebesthematik und stärkt damit wiederum den Eindruck eines literarisch-philosophischen Hintergrunds der kompositorischen Praxis, der für verschiedene regionale Zentren im damaligen Italien gleichermaßen galt. La Via: *Eros Thanatos* (2002).

82. In Bezug auf vergleichbare Sonettvertonungen Petrarcas in Frottola und Madrigal bei Arcadelt bzw. Verdelot vgl. Einstein: *Madrigal* (1949–1971), Bd. 1, S. 103–04 und Schick: *Einheit* (1998), S. 23. Vgl. auch Haar: *Madrigal* (1996), Sp. 1547. Darüber hinaus soll die Frage der Affinitäten zwischen Frottola, Chanson und Madrigal hier nicht in ihrer Ausführlichkeit aufgegriffen werden.

Wie aber lassen sich nun die Chronologie von Frottola und Madrigal und der bei beiden nachweisbare Bezug zum Petrarkismus sinnvoll interpretieren? Der Zugang über eine evolutionistische Argumentation ist schon erwähnt worden. Die nicht allein musik- sondern auch literaturwissenschaftliche Problematik eines solchen Ansatzes soll an einem besonders prägnanten Beispiel kurz umrissen werden. Bernhard Janz' Untersuchung von Marenzios Petrarca-Vertonungen suggeriert, das Madrigal sei ein notwendiger Entwicklungsschritt, durch den die künstlerisch unzureichende Frottola-Praxis überwunden worden sei: „Der künstlerische Rang der nun zu vertonenden Texte war ungleich höher als der der Frottole; an die Stelle der *frottolistischen Monodie* trat nunmehr ein *edlerer* polyphoner Satzstil."[83] Es ist allein die fehlende Darlegung der durchaus verschiedenen Voraussetzungen der dichterisch-musikalischen Praxis von Frottola und Madrigal, der diese berechtigte Unterscheidung verschiedener Gattungsansprüche problematisch macht. Bezeichnenderweise basiert diese musikwissenschaftliche Einschätzung auf einem bis in die 1970er Jahre hinein die Literaturgeschichte prägenden Ansatz, der Petrarca und den Petrarkismus sehr einseitig wertend darstellte. Theodor Wilhelm Elwert fasste diese Art der Literaturgeschichtsschreibung 1992 so zusammen: „Für die italienische Dichtung wurde [...] allein das Vorbild Petrarcas verbindlich. Dies galt zunächst für die sprachliche Form, Ausschluß alles Mundartlichen und Banalen. Es bedeutete aber auch die Übernahme der Vornehmheit des Ausdrucks, des rhetorisch ausgefeilten hohen Stils."[84] Gegenüber dieser Sichtweise könnte gezeigt werden, dass der außerordentliche Individualstil Marenzios keine rein musikimmanente Entwicklung, sondern gleichermaßen eine soziokulturelle Konsequenz des Petrarkismus ist. Gary Tomlinson hat gezeigt, wie der Petrarkismus als Movens einer — allerdings dialektisch zu verstehenden — Individualisierung auch im Bereich der Musik fungierte. Tomlinson sieht die Ausprägung von subjektiven Einzelwerken, die er am Spätwerk Giaches de Werts diskutiert, an eine tiefere, das individuelle Moment überschreitende Diskursivität gebunden, die weit über die Musik hinausgeht.[85] Dafür ruft er die Untersuchungen von Luigi Baldacci zur Entwicklung eines „gusto del romanzo" im 16. Jahrhundert in Erinnerung, wonach der Petrarkismus seit Bembo über die formale und thematische Imitation seiner Dichtung mit einer emphatischen Annäherung von Künstlern an Petrarcas Lebensentwurf einhergegangen ist.[86] In diesem Sinn ist die Entwicklung musikalischer Personalstile, wie sie sich bei Madrigalisten späterer Generationen wie Marenzio und Wert ganz offensichtlich ausprägen, in engem Zusammenhang mit dem Petrarkismus zu sehen — jedoch nicht allein auf der Ebene der formalen Aspekte der Kunstwerke, sondern innerhalb eines differenzierten kulturgeschichtlichen Horizonts. Innerhalb eines solchen Horizonts lässt sich auch die Frottola als stark durch den Petrarkismus geprägte Gattung verstehen. Um ihre auf einer formalen Ebene tatsächlich relativ schlichte literarische und musikalische Gestalt aber in ihrer spezifischen und hier durchaus nicht banalen diskursiven Funktion einschätzen zu können, muss eben dieser kulturgeschichtliche Horizont weiter entfaltet werden: in Bezug auf die Funktion der Literatur im Liebesdiskurs und die Debatten um die *questione della lingua*, auf höfische

---

[83]. Hervorhebung vom Autor, Janz: *Petrarca Marenzio* (1992), S. 37. Ziel der Untersuchung ist es, „Besonderheiten des Madrigalstils Marenzios" herauszuarbeiten, in die musik- und kulturgeschichtliche Informationen lediglich einführen sollen. Ebd., S. 11. In der Tat nehmen Ausführungen zum Petrarkismus hier nur vier Seiten der Einführung gegenüber knapp dreihundert Seiten Satzanalyse ein.

[84]. Wilhelm Theodor Elwert in Janz: *Petrarca Marenzio* (1992), S. 37.

[85]. Tomlinson: *de Wert* (1993), S. 552–60, S. 555.

[86]. Baldacci: *Lirici Cinquecento* (1975), Einleitung, S. xxv. Dem möglicherweise paradox erscheinenden Verhältnis von Individualität und Nachahmung wird in den folgenden Betrachtungen zur Frottola weiter nachgegangen.

Diskurse innerhalb des Prozesses der Verhaltensdifferenzierung und nicht zuletzt in Bezug auf die genderspezifische Situation an den Fürstinnenhöfen.

Bezüglich des Zugangs zu den literarischen Liebesdiskursen hat sich in neueren Forschungen für die Petrarca-Rezeption die Argumentation Klaus Hempfers durchgesetzt, dass eine normative Setzung der herausgehobenen, originalen Dichtung Petrarcas eine „historisch adäquate Analyse verhindre", da sie an den Erwartungen der damaligen gesellschaftlichen Realitäten und damit auch an den Anforderungen an die zeitgenössische Lyrik vorbeigehe. Liebeslyrik habe im späten 15. und im 16. Jahrhundert auf vielfältige Traditionen rekurriert, auch auf den mittelalterlichen Minnesang oder die Ovid'sche Tradition, die wesentlich nach den rhetorischen Prinzipien der *imitatio* und der *aemulatio,* d. h. dem der Nachahmung und wettbewerbsartigen Überbietung einer bekannten Vorlage, funktionierte. Hempfer plädiert folglich im Hinblick auf den Petrarkismus für eine deskriptive Methode.[87] Volker Kapp schließt sich dem an und warnt davor, italienische Lyrik des Cinquecento historisch unangemessen an einer allzu modernen, auf Individualität und subjektive Empfindsamkeit ausgerichteten Lyrik zu messen. So stellt er richtig, dass „die Verbreitung vorgegebener Materialien in einer Art binnenliterarischem Dialog" ein zentrales Kriterium dieser Dichtung, neben der „starke[n] Verbreitung der Liebesthematik" sei. Ihr demnach „mangelnde Eigenständigkeit vorwerfen, heißt die positive Bedeutung des Klischees in ihr im Namen des romantischen Konzepts der Erlebnisdichtung verkennen, [...] zumal die Lyriker des Cinquecento eigenes Erleben nur insoweit vermitteln können und wollen, wie es in der Variation der thematischen bzw. sprachlichen Vorgaben und der intertextuellen Rückbindung an die Modellautoren Platz findet. Der Reiz dieser Poesie liegt denn auch im Spielen mit Bezugstexten, im offenen oder versteckten Zitieren und Verändern von Vorbildern, im Zerlegen und Zusammensetzen fremder Dichtung, um dem Neuen einen Anschein des bereits Bekannten zu geben."[88] Gerade der zuletzt genannte Mechanismus, eben nicht vordringlich nach Neuem zu suchen, sondern an den Wert des Bekannten anzuknüpfen und mit diesem variierend zu spielen, muss bedacht werden, um höfische Dichtung und Kunst, die auf das „diletto" einer Zuhörerschaft ausgerichtet ist, nicht an Ansprüchen zu messen, die sie meistens nicht erfüllen sollte, nämlich an denen von Originalität und Nachhaltigkeit. Im Sinn einer Gattungsgeschichtsschreibung, die Musik im kulturgeschichtlichen Diskurs der Zeit verankert, bietet somit gerade die Frottola die Chance, einen Anschluss an die neueren Diskussionen in der Literaturwissenschaft zu suchen.

Hinsichtlich der musikgeschichtlichen Entwicklung ist es vor allem Claudio Gallico gelungen, die Verankerung der Frottola in den zeitgenössischen humanistischen Diskursen deutlich zu machen, indem er auch die tieferen Hintergründe des musikalischen Petrarkismus bedacht hat. Im langsamen, aber steten Eindringen des petrarkistischen Textrepertoires in die Musik sah er den verspäteten Beitrag der Musik zur humanistischen Bewegung. Sieht auch Gallico die Frottola in dieser Hinsicht vor allem als Vorbereitung auf die technisch anspruchsvolleren und ausdrucksstärkeren Vertonungen petrarkistischer Dichtung im Madrigal, so bringt er doch einen für beide Gattungen wesentlichen neuen Aspekt ins Spiel, nämlich die Tatsache, dass die Musik hier beginnt, ihren eigenen Beitrag zum dichterischen Programm der *imitatio* zu leisten, das sich zu Beginn des 16. Jahrhunderts so stark ver-

---

[87]. Hempfer: *Bestimmung Petrarkismus* (1987), S. 253–78, S. 254–55.
[88]. Kapp: *Ital Litgesch* (1994), S. 154.

breitet hat.⁸⁹ Dabei ist zu bedenken, dass es für die italienische Musiksprache der Zeit wesentlich schwieriger als für die Literatur oder Philosophie war, ein adäquates Modell für die Nachahmung der Antike zu finden und die Musik in den gelehrten, humanistischen Diskurs einzubinden, beschränkten sich doch entsprechende Ansätze auf die Imitation durch antikisierende Zupf- und Streichinstrumente und den einstimmigen Gesang innerhalb einer weitgehend mündlich tradierten Aufführungspraxis.⁹⁰ Vor diesem Hintergrund sind frottoleske Petrarca-Vertonungen interessant, da sie das Bewusstsein um die Relevanz humanistischer Modelle und literarischer Einflüsse spiegeln. Entsprechend argumentiert Gallico: „La suggestione degli eventi letterari è tuttavia possente. […] Dalla parte della musica vale insomma solamente la coscienza dell'esempio."⁹¹ Wiederholt sich auch in Gallicos Untersuchung die Wahrnehmung der Frottola als einer das Madrigal vorbereitenden Gattung, so ist dies seiner spezifischen Fragestellung nach der Verarbeitung des Petrarkismus in der Musik geschuldet, für die jedenfalls die Einschätzung der geringeren Differenziertheit der musikalischen Formen der Frottola durchaus gerechtfertigt ist — wobei einstweilen offen gehalten werden muss, ob solche Differenziertheit überhaupt ein Anliegen der Frottolisten war. Für die hier angestellten Überlegungen leisten Gallicos Untersuchungen aber den wesentlichen Beitrag, die Verankerung auch der musikalisch-dichterischen Strukturen der Frottola in den humanistischen Diskursen ihrer Zeit deutlich zu machen.

1. 2. 3 Liebesspiele der Frottola — Reflexion und Zerstreuung

Entgegen zeitgenössischen Positionen wie auch der vorgestellten musikwissenschaftlichen Gattungsdiskussion, die jeweils — wenngleich aus unterschiedlichen Motiven — die Frottola quasi allein in Bezug auf den Petrarkismus bewerteten, ist es ein Anliegen der vorliegenden Untersuchung, das Genre nicht darauf zu reduzieren, sondern die ganze Fülle unterschiedlichster Liebesdichtungen in den Blick zu nehmen, die in den überlieferten Frottolenbüchern vertreten sind und das Spezifische der Gattung gerade in dieser Heterogenität herauszuarbeiten. Während also auf der einen Seite Gedichte stehen, die der Tradition des *amour courtois* und Vorstellungen einer unerwiderten und doch das eigene Schicksal bestimmenden Liebe folgen und in denen sich Liebestraditionen der Troubadours und des *dolce stil novo* Dantes mit Tendenzen des Petrarkismus verbinden, basiert der besondere Reiz der Frottola, das wird im Folgenden eingehend gezeigt werden, darauf, dass ebenso witzige, ironische und freche Liebesgedichte in die Sammlungen eingehen, die die besagten Traditionen als unlebbare Stereotype entlarven, parodieren und ironisieren. Sie imitieren einen populären, und das meint hier: einen gemeinen, allgemein verständlichen, auf einfache, ungebildete Leute angenehm und unterhaltsam wirkenden⁹² Ton, der dabei einen kritischen Kern haben kann,

---

89. Für die Verbreitung der Nachahmungslehre spielte Bembos lateinische Schrift *De Imitatione* eine entscheidende Rolle. Baldacci: *Petrarchismo italiano* (1974), S. 11.

90. „Cultura mnemonica, e tradizione orale contradistinguono quell'esercizio musicale italiano." „Gedächtniskultur und mündliche Tradition kennzeichnen diese italienische Musikpraxis." Gallico: *Petrarca* (1995–2001), S. 387. Gallico beruft sich bezüglich der Verankerung der oralen Musiktradition des 15. Jahrhunderts in der humanistischen Erinnerungskultur ausdrücklich auf Nino Pirrotta, der diese Zusammenhänge aus der Literatur- in die Musikwissenschaft hinein getragen hat.

91. „Der Einfluss der literarischen Ereignisse ist in jedem Fall mächtig. […] Seitens der Musik spielt letztlich einzig das Bewusstsein des Vorbilds [nämlich der Dichtung] eine Rolle." Gallico: *Petrarca* (1995–2001), S. 391.

92. Vgl. die entsprechenden frühmodernen Begriffsspuren des Wortes „populär" in: Hermann Herlinghaus: „Populär / volkstümlich / Popolarkultur", in: Ästhetische Grundbegriffe. Historisches Wörterbuch in 7 Bänden, hg. v. Karlheinz Barck, Martin Fonties u.a., Bd. 4, Stuttgart [u.a.] 2002, S. 832–84, hier S. 836. Dem ist zu entnehmen, dass die ursprünglich politische Bedeutung des aus dem Wortfeld „Volk" abgeleiteten Wort „populär" (und seinen entsprechenden

aber nicht muss. Denn im Spielen mit der Distanz zu höfischen Traditionen und Normen, erfüllen sie diese gleichwohl; sie bilden einen Fluchtpunkt aus dem Bereich des *amour courtois*, der gleichwohl auf seine Tradition zurückverweist. Gerade dieser für die Frottola zentrale Aspekt des Spiels mit gegensätzlichen Dichtungs- und Musiktraditionen, höfischen und populären, und somit auch mit gesellschaftlich als unterschiedlich edel und wertvoll angesehenen Kulturen, macht sie zu einer typischen Gattung der Renaissancekultur, die, wie bereits mehrfach erwähnt, von ihrer Vielfältigkeit und Pluralität lebte. Das spielerische Changieren in der Renaissancekultur zwischen Ernst und Spaß, Schein und Wirklichkeit, Tradition und Erneuerung ist es denn auch, das eine Brücke zwischen den neueren Forschungsergebnissen Klaus Hempfers und älteren Forschungstraditionen ermöglicht. So sprengte bereits Michael Bachtin mit seiner Arbeit über Rabelais' Dichtung das fragwürdige „armonia"-Konzept einer literarisch in sich geschlossenen Epoche, wie es einem Benedetto Croce vor Augen gestanden hatte, und legte den Blick frei für die Heterogenität der Renaissancekultur.[93] Besondere Bedeutung erfährt dabei die Lachkultur, die auf eine selbstverständliche Art an die offizielle Kultur gebunden war. Dass sie im ergänzenden, nicht im trennenden Sinn eine Gegenwelt bot, zeigte Bachtin in seiner Betrachtung des Karnevals. Dieser war in Mittelalter und Renaissance eine zentrale Festkultur mit sehr wohl herrschafts- und religionskritischer, dabei aber auch gesellschaftsverbindender, utopischer Funktion.

Der Lachende stand in der Menge, grenzte sich nicht von ihr ab oder erhob sich über sie.[94] Bachtins Analyse zielte demnach darauf, die weitgehende Durchdringung von hoher und niederer Kultur darzustellen, in der Disparates zwar als solches erkannt, dabei aber als Teil einer zusammengehörigen Kultur wahrgenommen wurde. Wie bedeutend dabei die Rolle der Liebeskunst war, welche die Kultur weit über den literarischen Bereich hinaus prägte, hat wiederum bereits Johan Huizinga in seinen Studien zum 14. und 15. Jahrhundert dargelegt: „Es sind durchaus nicht nur Literatur und bildende Kunst, in denen das Liebesverlangen seine Formgebung, seine Stilisierung findet. Das Bedürfnis, der Liebe edlen Stil und edle Form zu geben, findet ebenso gut in den Lebensformen selbst ein weites Feld, sich zu entfalten: im höfischen Umgang, im Gesellschaftsspiel, in Sport und Scherz. […] Das Motiv vom Ritter und der Geliebten war in den wirklichen Lebensverhältnissen gegeben."[95] Allerdings sah Huizinga eine lebendige Wechselbeziehung von Lebens- und Kunstformen ab dem 15. Jahrhundert nicht mehr gegeben, da sich das kulturelle Leben als Scheinwelt zu weit von der harten Wirklichkeit entfernt habe.[96] Die Dichtung des 15. Jahrhunderts wertete er aus dieser Lebensferne heraus generell als „formalistisch" ab, gestand allerdings den komischen Genres die

Übersetzungen in den verschiedenen Ländern wie „popular" etc.) von Beginn an „nicht artikulierte Spuren des Ästhetischen […] in sich [trägt], insofern sie auf die Dimension des öffentlichen und in der Renaissance aufgewerteten Volkstheaters verweist." Demnach meinte das Wort bereits in der Frühen Neuzeit das, was „in seiner Leutseligkeit und Umgänglichkeit dem Volke angenehm und wohlgefällig ist". Ebd.

93. Bachtin: *Rabelais* (1965–1995).
94. „Das ambivalente Lachen der Volkskultur jedoch bezieht sich auf das Weltganze, an dem auch der Lachende teilhat. Wir wollen besonders den weltanschaulichen und utopischen Charakter des festlichen Lachens und seine Ausrichtung auf das hierarchisch Höhere herausstellen. Hier ist, in stark umgedeuteter Weise, noch das rituelle Auslachen der Gottheit aus den ältesten Lachritualen lebendig. Das Kultische, Spezifische ist verschwunden, es bleibt das allgemein Menschliche, Universale, Utopische." Ebd., S. 61.
95. Huizinga: *Herbst* (1923–1987), S. 81.
96. „Man spielt in der Maske des Lancelot, es ist ein ungeheurer Selbstbetrug, dessen schmerzende Unwahrheit nur dadurch ertragen werden kann, dass leiser Spott die eigene Lüge verleugnet. In der ganzen ritterlichen Kultur des fünfzehnten Jahrhunderts herrscht ein labiles Gleichgewicht zwischen sentimentalem Ernst und leisem Spott." Ebd., S. 84.

größte Lebendigkeit zu, da gerade über Humor, Ironie oder Parodie ein Bewusstsein für die Fragwürdigkeit und Leere überlieferter Formen und damit neue Impulse zum Ausdruck gebracht werden konnten. Die jüngere Forschung knüpft an diese Erkenntnis eines für die Renaissance kennzeichnenden changierenden Profils zwischen verschiedenen Polen, zwischen Schein und Wirklichkeit, Ernst und Spaß, Tradition und Erneuerung, an, wenn die Rede davon ist, dass wesentliche Momente der Renaissancekultur als Spiel zu verstehen seien. So bildet der Spielbegriff für Klaus Hempfer den Ausgangspunkt für historische Untersuchungen zu den Kategorien der Inszenierung und Performanz als spezifischen Ausdrucksformen der Renaissancekultur.[97] Die bekanntesten Spielmomente darunter sind der Rekurs auf die Antike oder die neue literarische Stilisierung der Pastoralkomödie und der Ritterepik — man denke nur an die Werke von Ludovico Ariost und Jacopo Sannazaro aus den ersten Jahrzehnten des 16. Jahrhunderts.[98] Damals, als eben auch die Frottola in Mode war, wurde im Bewusstsein um die Diskrepanz zwischen der Suche nach höchsten Idealen und der Einsicht in deren Unerreichbarkeit für den Menschen das Spiel zu einer zeitgemäßen Form des ernsthaften Reflektierens und der Zerstreuung.

Die Dimension des Spiels gewinnt für die Frottola auch vor dem Hintergrund an Bedeutung, dass das Spiel ursprünglich in musikalischer Lyrik verankert war. Auch hierauf hat schon Huizinga verwiesen: „Der Mensch dichtet, weil er in Gemeinschaft spielen muß."[99] Somit war die Poesie generell an Improvisation, Musik und Tanz gebunden. „Reim, Satzparallelismus, Distichon haben alle ihren Sinn nur in den zeitlosen Spielfiguren von Schlag und Gegenschlag, Hebung und Senkung, Frage und Antwort, Rätsel und Auflösung. Sie sind in ihrem Ursprung untrennbar verbunden mit den Prinzipien des Gesangs, der Musik und des Tanzes, und alle miteinander in der uranfänglichen Funktion des Spiels einbegriffen. Alles, was an der Dichtung allmählich als bewusste Qualität erkannt wird: Schönheit, Heiligkeit, Zaubermacht, liegt anfänglich noch in der primären Qualität Spiel beschlossen."[100] Zu diesen anthropologischen Grundkonstanten des Spiels — Poesie, Tanz und Musik — gehört das erotische Werbeverhalten wesentlich dazu.[101]

In Bezug auf die Frottola ist der Gedanke des Spiels zum einen durch Claudio Gallico aufgegriffen worden, der populäre Elemente in Text und Musik untersucht hat.[102] William Prizer war es dann, der die heterogenen (Aufführungs-)Formen der musikalischen Liebeslyrik explizit als „part of a kind of elite game" interpretiert und damit den Blick dafür geöffnet hat, Frottolen als spielerischen Bestandteil des höfischen Liebesdiskurses zu untersuchen. War das Repertoire, mit dem sich junge Adelige, und oft v. a. Damen, als potenzielle Liebesanwärterinnen und -anwärter präsentierten, schon vor 1500 äußerst heterogen — es setzte sich aus Lauden, französischen Chansons und Liedern im italienischen *volgare* (*viniziane* in der venezianischen Tradition Leonardo Giustinianis oder anderen Canzonetten) —, so ging eine entsprechende Vielfalt rein italienischer Färbung mit Ausnahme der geistlichen Lauden auch in die Frottolensammlungen ein.[103]

---

97. Klaus Hempfer: Vorwort. In: Hempfer/Pfeiffer: *Spielwelten* (2002), S. X.
98. Hempfer in Ebd., S. 291–92.
99. Hempfer in Ebd., S. 228 und 229. Vgl. zudem ebd., S. 205.
100. Huizinga: *Homo ludens* (1949), S. 283.
101. Ebd., S. 196.
102. Claudio Gallico: „Civiltà musicale mantovana intorno al 1500 (1965)", „Alcuni canti di tradizione popolare dal repertorio rinascimentale italiano (1987)", „Melica e musica italiana alla fine del Quattrocento e agli inizi del sedicesimo secolo (età della frottola)" (1990). In: Gallico: *Sopra verità* (2001), S. 45–51, 303–19 u. 341–45; Gallico: *Rimeria* (1996).
103. Prizer: *Games* (1991), S. 6.

1. 2. 4 Die *poesia per musica* als Beitrag zur *questione della lingua*

In der *poesia per musica* der Frottola wurden die Topoi der höfischen Liebeslyrik in einer solchen Fülle und über so zahlreiche Strophen hin angewendet, dass der Eindruck stereotyper Formeln entsteht. Dies bedeutet jedoch nicht, dass diese nicht im Einzelfall sehr überlegt gestaltet, variiert und von einer aufmerksamen Zuhörerschaft wahrgenommen wurden. In diesem Sinn betont Peter Burke für den hier relevanten Zeitraum des frühen 16. Jahrhunderts den Zusammenhang des Gebots sprachlicher Abwechslung und Vielfalt gerade angesichts der bevorzugten Verwendung von Klischees.[104] Wie eben wäre sonst die Fülle an textlichen Varianten bereits vertonter Texte, wie die Raffinesse vieler *poesie per musica* zu erklären, die selbst auf formal schlichter Basis zu überraschenden und subtilen Ergebnissen führen kann, und dies oftmals auch bezüglich des Wort-Ton-Verhältnisses? Die musikalische Form der Frottola sollte daher stets im Zusammenhang mit der formalen und rhetorischen Gestaltung der Textebene gesehen werden, zumal Imitationen und Variationen innerhalb der Frottola von der *poesia per musica* und nicht von den Vertonungen ausgingen. Frottolen leisten somit ihren Beitrag zur *questione della lingua*, den Bemühungen um eine Aufwertung des italienischen *volgare*, die sich bis in sprachliche und musikalische Details verfolgen lassen. Besonderes Interesse kommt dabei der Durchdringung der Frottola durch spezifische Qualitäten des *volgare* zu, da sie sich nicht nur sprachlich bemerkbar machen, sondern auch ihre spezifisch musikalischen Qualitäten hatten: Bedenkt man, dass die Frottola die erste musikalische Gattung genuin italienischer Prägung war, konnten Lieder im *volgare* wesentlich zur Identitätsstärkung italienischer Musiker beitragen, die sich in der Frottola gegenüber den nach wie vor dominierenden Komponisten flämischer Prägung zu behaupten suchten. Nun liegt es auf der Hand, sich vorzustellen, dass volkssprachige Lieder bzw. Lieder im *volgare* besonders gut zur Identitätsbildung italienischer Musiker beitragen konnten, wenn sie nicht allein über einen italienischen Text verfügten, sondern auch über ihren eigenen poetisch-musikalischen Ausdruck verfügten, der sich hörbar von dem der französischsprachigen Chanson abhob: Lieder im *volgare* hatten daher oft auch populären -und d. h. hier wie gesagt einen allgemein verständlichen, auf einfache, ungebildete Leute angenehm und unterhaltsam wirkenden — Charakter, was sich in der Begriffsgeschichte des „Populären" an der schwierigen Durchdringung politischer und ästhetischer Facetten ausdrückt.[105] Im Folgenden werden jedoch beide Aspekte begrifflich getrennt, wo es möglich ist: Wo nur die Ebene der Volkssprachigkeit gemeint ist, ist von der volkssprachigen Frottola, im Allgemeineren vom volkssprachigen Lied bzw. Lied im *volgare* die Rede; und nur dann, wenn es darüber hinaus um eine populäre Ausdrucksebene der Poesie und Musik im oben gemeinten Sinn geht, wird das entsprechende Adjektiv „populär" benutzt.

Bereits Francesco Luisi hat in der frottolistischen Anverwandlung von italienischen *canzoni populari* den gezielten Versuch italienischer Musiker gesehen, einen eigenen Stil gegen die bis dato dominierende Vokalpolyphonie flämischer Prägung zu entwickeln. Luisi betont, dass es dabei nicht allein um das Werk einzelner Sänger ging, sondern dass eine breite Bewegung auf die Etablierung einer eigenen nationalen Kultur an den italienischen Höfen abzielte. Wettkämpfe unter den Sängern spielten dabei eine ebenso wichtige Rolle wie die Unterstützung einiger italienischer Höfe für diese

---

[104]. „Abwechslung und Vielfalt, nicht Wiederholung, zeichneten den gewandten Redner aus", so sein Resümee zu einer Darstellung zum Bericht des Senators Marino Sanudo, der in seinem Tagebuch Anfang des 16. Jahrhunderts eine Liste der bevorzugten sprachlichen Klischees der 23 Senatoren erstellt hatte. Burke: *Städtische Kultur* (1996), S. 105.

[105]. Vgl. Anm. 92 im vorigen Unterkapitel 1.2.3.

neu entstehende Musik- und Dichtkunst italienischer Prägung.[106] Diese Prämisse sah Luisi deswegen als besonders wichtig an, da Lieder im *volgare* in der zweiten Hälfte des 15. Jahrhunderts sehr wohl zunächst durch Komponisten flämischer Herkunft überliefert sind. Von Johannes Martini, Jacob Obrecht, Johannes Ghiselin bis zu Josquin Des Prez und Heinrich Isaac, um nur die bekanntesten zu nennen, die unter der Regentschaft Ercole I. Este an dem für die Frottolenentwicklung wichtigen Ferrareser Hof wirkten, sind etliche Bearbeitungen von Liedern im *volgare* überliefert.

Aktuelle Forschungen bestätigen in diesem Sinn, dass die Begegnungen und Durchdringung verschiedener musikalischer Kulturen bereits im 15. Jahrhundert aus dem Selbstverständnis festgelegter Kulturnationen stattfanden.[107]

Gegenüber ihren Konkurrenten waren die Italiener jedoch bei der Etablierung einer eigenen italienischen Musik im Vorteil durch ihre größere Vertrautheit mit der Tradition des *volgare*. Sie konnten nach einem direkteren, authentischeren Ausdruck suchen, subtiler mit Textvarianten spielen und dabei gleichermaßen eine eigene Form der Kunsthaftigkeit entwickeln. Die Frottolensätze leisteten in diesem Sinn ihren Anteil an der Entwicklung eines „nationalism in Italian music"[108] (Einstein). Dieser erste erfolgreiche Coup, mit dem Italiener der frankoflämisch geprägten Musikkultur Paroli boten, dürfte, diese These Alfred Einsteins ist überaus plausibel, spürbar zum Erfolg der Gattung beigetragen haben. In diesem Sinn ist von einer *questione della lingua* auf musikalischer Ebene zu sprechen, die sich am wenig kontrapunktischen, melodiebetonten Stil der Frottola zeigt. In zahlreichen Fällen geht die Verarbeitung volkssprachiger Poesie aber auch mit eigenen musikalischen Stilmerkmalen einher, einer Häufung von homophonen Strukturen, einer stärkeren gesanglichen Anlage aller Stimmen und einer tenorbezogenen Melodik in der Tradition der frühen Villotta, punktuell aber auch mit einer stärkeren Verwendung polyphoner Elemente.[109] Die somit verschiedenen musikalischen Stilelemente stehen zugleich für unterschiedliche Ausdruckssphären, so dass die Sätze mehr oder weniger populär wirken, oder aber auch verschiedene Sphären innerhalb desselben Stücks einander gegenübergestellt werden.[110] Populär wirkende Elemente stehen in der Frottola den Normierungen und Stilisierungen gegenüber, die die Sprachreform — etwa durch die Initiativen Bembos — mit sich brachte. Damit steht die Frottola am Beginn einer Entwicklung im 16. Jahrhundert, in der das Bedürfnis nach einem Kontrast zur typisch höfisch-akademischen Ausdrucksweise musikalische Gattungen beförderte, die durch populär wirkende Musik inspiriert waren, so die Villotta und Villanella, Canzonetta u. a. Dass diese Gattungen auf den Einfluss der *questione della lingua* zurückzuführen sind, hat bereits Ludwig Finscher hervorgehoben: „Den Bemühungen um sprachliche Verfeinerung korrespondiert aber auch eine Gegenbewegung, wiederum in der Literatur und in der höfischen Gesellschaft: ein gesteigertes Interesse an der Sprache und den Lebensformen der Unterschichten, das sich an den Höfen zu einem ganzen System literarisch-theatralisch-musikalischer Ventilsitten

---

106. Luisi: *Mus. Voc.* (1977), S. 97 und S. 218.
107. So das Résumé von Nicole Schwindt in ihrem Bericht zu einer Tagung zum Verhältnis der französischen und italienischen Musikkultur im 15. Jahrhundert: „So durchlässig die kulturellen Grenzen im 15. Jahrhundert waren, so international sich die musikalische Szene präsentierte, so oft sich die Blicke kreuzten, sie kreuzten sich als Blicke definierter Kulturnationen." Schwindt: *Regards croisés* (2004), S. 402.
108. Einstein: *Madrigal* (1949–1971), S. 29.
109. Michele Pesenti ist einer derjenigen, der mit besonders markanten Beispielen die Beherrschung polyphoner Künste demonstriert hat, diese im Zusammenhang mit Liedern im *volgare* aber offensichtlich auch zur Abgrenzung von der Mehrstimmigkeit seiner flämischen Konkurrenten eingesetzt hat. Vgl. die Diskussion der Bspe. 75 und 32 in Kap. 4. 4. 2.
110. Vgl. Kap. 4. 4. 2.

entwickelt, mit denen der wachsenden Selbststilisierung des höfischen Lebens entgegengewirkt wird."[111] Auch von dieser Perspektive aus zeigt sich, dass die musikalische Gattungsentwicklung in den allgemeinen Normierungs- und Differenzierungsprozess eingebunden war. Entsprechend bemerkt Gallico einen neuen Ton der volkssprachigen Gattungen bzw. beobachtet er, dass Lieder im *volgare* nun auch einen populären Ton annehmen: „[L]a citazione testuale, vieppiù allontanata dal terreno d'origine, prende un carattere ognora più mediato, giocoso, malizioso, derisorio, parodistico." Auf der Gegenseite dieser Annäherungen an populäre Sphären stand die Entwicklung einer literarischen Hochsprache des italienischen *volgare* im Madrigal. In diesem Sinn sieht Gallico im Trennungsprozess der verschiedenen weltlichen Gattungen um 1530 ein sicheres Zeichen für kulturelle Spaltungen: „Tale divaricazione è il segnale certo della costituzione di strati orizzontali delle culture, nitidamente determinati, scarsamente comunicanti, ideologicamente e moralmente separati."[112]

Ebenso wie in späteren volkssprachigen Liedgattungen, die mit populären Elementen spielten, wie z. B. der Villanella, für die eine erste Sammlung erschien 1537 erschien[113] — ist in der Frottola die populäre Ausdrucksebene direkt mit der höfischen verbunden. Darin ist auch ein frühes Ergebnis des Notendrucks zu sehen, war es doch durch dieses neuen Medium nicht nur erstmalig möglich, Lieder im *volgare* in stärkerem Maß schriftlich zu fixieren und zu verbreiten, sondern sie auch im zeitgenössischen Kontext zu variieren und weiterzuverarbeiten. In dieser Mischung höfischer und außerhöfischer Sphären wird ein Mechanismus besonders deutlich, der bis hin zu den Madrigalkomödien des späten 16. Jahrhunderts greift: Ganz im Sinn einer Ventilsitte gehört das Kontrastmoment unmittelbar zum höfischen Diskurs dazu, ja macht dessen starke Stilisierung erst erträglich.[114] Dass es in der Frottola auch „grobe, dumme Strophen" gibt, was einst den Unmut Alfred Einsteins provozierte,[115] trifft daher in den Kern einer Gattung, die vom Spielen mit verschiedenen Registern lebt. Erst wenn man auch dieser Facette der Frottola möglichst vorurteilsfrei begegnet und ihre *poesia per musica* gleichberechtigt neben der Musik und deren Inszenierung betrachtet, erschließt sich die besondere Diskursivität einer Musikkultur, an der offensichtlich auch die illustre Gesellschaft einer Fürstin wie Isabella d'Este Gonzaga ihre Freude hatte.

---

[111]. Ludwig Finscher: „Volkssprachliche Gattungen und Instrumentalmusik". In: *Musik 15./16. Jhd.*, S. 486.

[112]. „Da das Textzitat nun weiter entfernt ist von seinem ursprünglichen Terrain, nimmt es einen immer mehr vermittelten, spielerischen, frechen, lästernden, parodistischen Charakter an." „Eine solche Spreizung ist das sichere Zeichen für die Bildung horizontaler Schichten in der Kultur, die klar voneinander abgegrenzt sind, selten in Verbindung stehen, ideologisch und moralisch getrennt sind." Claudio Gallico: „Alcuni canti di tradizione popolare dal repertorio rinascimentale italiano". (1987). In Gallico: *Sopra verità* (2001), S. 317.

[113]. 1537 erschien der *Libro primo* der *Canzone villanesche alla napoletana* (*novamente stampate. Libro primo*. Napoli: J. de Colonia) in Neapel, vermutlich im selben Jahr eine römische Sammlung mit „arie napoletane" (*Madrigali a tre e arie napoletane*, Roma: Dorico ca 1537) und ab 1541 erschienen auch in Venedig mehrere Liedsammlungen, die die Bezeichnung „canzone villanesche" oder Villotta im Titel führen: *Canzoni villanesche de Don Ioan Domenico del Giovane de Nola. Libro primo e secondo. Novamente stampati*. Venezia: Scotto 1541 (+ zwei Nachdrucke 1545). Dann folgen ab 1544 mehrere Bücher von Willaert (und Corteccia, mit 4 Nachdrucken bis 1563), Thomaso Cimello da Napoli, Vincenzo Fontana etc. Vgl. die Übersicht zeitgenössischer Drucke in Cardamone: *Canzone villanesca napolitana* (1981), 2. Bd., Appendix A und B.

[114]. Vgl. dazu auch Finschers differenzierten Kommentar in *Musik 15./16. Jhd.*, S. 487. Betrachtet man die volkssprachlichen musikalischen Gattungen vor diesem komplexen Hintergrund der literarischen und gesellschaftlichen Entwicklung, eröffnen sich neue Forschungsperspektiven für diese ohnehin wenig bearbeiteten Genres.

[115]. Es ist jedoch auch in Erinnerung zu rufen, dass Einstein bereits die gesellschaftliche Relevanz der Frottola erkannte: „But no one will deny that these rude and insipid stanzas have a certain aggressive power and that they have arisen in a definite situation, in answer to a definite demand." Einstein: *Madrigal* (1949–1971), S. 64. Vgl. das Zitat in verkürzter Form bei Prizer, der damit nicht wie Einstein auf den gesellschaftlichen Nutzen der Texte aufmerksam macht. Prizer: *Cara* (1980), S. 92.

1.3 Die zentrale Rolle des Musikpatronats der Isabella d'Este Gonzaga in Mantua — ein Paradigma für das Gendering der Gattung

Nachdem die Zusammenhänge der für die Frottola bedeutenden musikalischen, literarischen und soziologischen Entwicklungen zur Sprache gekommen sind, ist schließlich auch nach den Gründen dafür zu fragen, dass der Aufschwung der Gattung maßgeblich von der Förderung durch eine Fürstin ausging. Angefangen mit Rubsamens schon erwähnter Pionierstudie stand in Untersuchungen zum Musikpatronat der Isabella d'Este Gonzaga zunächst die Außerordentlichkeit dieses Falls im Vordergrund. Zweifellos war Isabella durch ihre Herkunft aus der namhaften Familie der Este in Ferrara, ihre musikalische Begabung und ihre in der Tradition der Este erworbene Kennerschaft im musikalischen Bereich eine Ausnahmeerscheinung. Sie hatte eine anspruchsvolle instrumentale und gesangliche Ausbildung erhalten und durch ihren Vater lernen können, wie sehr eine besondere Musikförderung der höfischen Repräsentation zugute kam. Ohne die musikalische Aufbauarbeit Ercoles I., der als Höhepunkte seiner Förderungspolitik Josquin Des Prez und Jakob Obrecht als Kapellmeister in Ferrara verpflichten konnte, wäre Isabellas Situation in Mantua in der Tat undenkbar gewesen.[116] Günstig war zudem, dass Mantua rein geographisch nahe an Ferrara gelegen ist und ihr dadurch das heimatliche Netzwerk an Verbindungen zu Musikern, Dichtern und anderen Höflingen nicht zwangsläufig mit der Heirat verlorenging. Als Kenner der Mantuaner Archive hat sich Claudio Gallico bereits Anfang der 1960er Jahre Isabellas Musikförderung gewidmet und Rubsamens Thesen zum besonderen literarisch-musikalischen Interesse der Fürstin weiter differenzieren können.[117] William F. Prizer schließlich hat im Anschluss an sein Standardwerk zum Mantuaner Hoffrottolisten Marchetto Cara[118] das musikalische Profil der Fürstin im Detail herausgearbeitet, ihre musikpraktische Ausbildung anhand der Quellen recherchiert und dabei v. a. deutlich gemacht, dass die von ihr geförderte oder selbst ausgeübte Praxis für sie als höfische Repräsentantin identitätsstiftend im umfassenden Sinn war. So ist seine These zu verstehen, Musik habe für sie die Rolle einer „idée fixe" gespielt.[119] Über die eigene Praxis in Gesang, Instrumentalspiel und Dichtung sowie über die Förderung von namhaften Dichtermusikern, Sängern, Lautenisten und Humanisten hinaus war Musik vor allem als ein aufwändiges Selbstdarstellungskonzept präsent, das musikbezogene Embleme, Wappen und Gemälde in den eigenen Räumlichkeiten des Palazzo Ducale, auf Kleidung und anderen Dekors einschloss.[120] Auf diese Weise wurde die Fürstin als „primadonna del mondo" wahrgenommen und genoss damit ein Ansehen, das es ihr erlaubte, über die Grenzen der Hofdamen gemeinhin zugesprochenen Zurückhaltung

---

[116] Zu Josquin des Prez und Obrecht am Hof von Ferrara vgl. Lockwood: *Ferrara* (1984), S. 202–13. Zu Isabellas Prägung durch den väterlichen Hof vgl. die Verfasserin: „Hofmusik als Herrschaftsraum. Das Beispiel der Isabella d'Este Gonzaga." In: zeitenblicke 8, Nr. 2, [30.06.2009], URL: http://www.zeitenblicke.de/2009/2/meine/index_html, URN: urn:nbn:de:0009-9-19677.

[117] Sein kritischer Kommentar einer Mantuaner Textsammlung mit *poesia per musica* spiegelt die Differenziertheit an Versformen im Frottolenrepertoire und legt eine nach wie vor rege Tradition der mündlichen Überlieferung der Musik im Umfeld von Isabellas Hof nahe. Vgl. Gallico: *Libro Isabella* (1961). Gallico revidierte auch Alfred Einsteins Thesen zur Vertonung eines ihrer Gedichte. Vgl. Claudio Gallico: „Poesie musicali di Isabella d'Este (1962)", in Gallico: *Sopra verità* (2001), S. 39–45.

[118] Prizer: *Cara* (1980).

[119] Prizer: *Virtù* (1999), S. 12.

[120] Vgl. dazu den Abschnitt Musikalische Ikonographie und Raumgestaltung in *studiolo* und *grotta* der Isabella d'Este Gonzaga in Kap. 2.1.9.

und Mäßigung hinauszugehen.[121] Doch so profiliert und außergewöhnlich musikalisch, literarisch und künstlerisch sich Isabella gab, bewegten sich ihre Anregungen und Wünsche stets im Rahmen der höfischen Normen und der mit dem Petrarkismus aufgekommenen Bilder von weiblicher Autorität. Diese zuletzt genannten Stichworte der höfischen Normen und des Petrarkismus sind v. a. deswegen wichtig, weil sie den Blick auf übergeordnete Strukturen lenken, in die die Musikförderung in Mantua, und damit auch die der Frottola, eingebunden war — und die keineswegs allein für Isabella galten.

Eine entscheidende Voraussetzung dafür, dass Isabella eine so profilierte Musikförderung aufbauen konnte, war die Verfügbarkeit eines eigenen Hofes, der ihr mit der Heirat als Fürstengattin zustand. Die Art, wie sie hier eine eigene Kultur etablierte, die nicht zuletzt der Selbstdarstellung diente, muss im Zusammenhang mit dem Petrarkismus und der von ihm geschaffenen Bilder von weiblicher Autorität und Herrschaftlichkeit gesehen werden. So wird zu zeigen sein, dass die imponierende Selbstinszenierung Isabellas als eine erhabene Herrscherin über die Musen sowie innerhalb eines ausgefeilten Gunstsystems zwischen ihr und den Höflingen letztlich eine logische Anwendung von Verhaltensmustern war, die die Petrarca-Mode nahelegte. Das Modell dieser Inszenierung war das Idealbild der fernen, erhabenen Laura, wie Petrarca es im *Canzoniere* ausgebaut hatte. In dessen Folge waren namentlich für die aufstrebende höfische Gesellschaft seit Beginn des Jahrhunderts eine Fülle an Liebes- und Tugendtraktaten erschienen, in denen den neuen Leserinnen und Lesern nicht zuletzt in Form von Dichtung und Musik anschaulich vorgeführt wurde, wie man über die Aneignung der literarischen Topoi von der Erhöhung einer verehrten Frau den eigenen gesellschaftlichen Status veredeln konnte.[122] Die Möglichkeit, literarisch stilisierte Modelle für den eigenen Herrschaftsstatus einzusetzen, stand also nicht nur Fürstin Isabella d'Este Gonzaga offen, vielmehr lassen sich entsprechende Inszenierungsstrategien an mehreren anderen Fürstinnenhöfen finden. Beispielsweise widmete Pietro Bembo seinen Liebestraktat *Gli Asolani* von 1505, mit dem er Maßstäbe für ein tugendhaftes höfisches Verhalten setzte, Isabellas Konkurrentin Lucrezia Borgia, die einen Hof mit vergleichbaren Strukturen führte.[123] Und auch nichtaristokratische Frauen bedienten sich dieser

---

121. Die Huldigung der „Primadonna del mondo" wird auf den Hofdichter Niccolò da Correggio zurückgeführt. Vgl. den entsprechenden Ausschnitt aus dem Brief von Alessandro da Baesio an Isabella d'Este Gonzaga, 24. November 1494. ASMn, AG, zit. nach Luzio/Renier: *Correggio* (1893), S. 239 in der Anm.
122. Vgl. Kap. 3. 2..
123. Es war William Prizer, der schon 1985 auf die Ähnlichkeiten zwischen den beiden Fürstinnenhöfen hingewiesen hatte. Vieles spricht dafür, seine damalige Perspektive aufzunehmen und Isabellas Musikpatronat mit dem der Lucrezia Borgia in ihrer unmittelbaren Nachbarschaft zu vergleichen. Diese übernahm seit 1502 durch die Heirat mit Isabellas Bruder Alfonso d'Este deren ursprünglichen Platz in Ferrara und stand dort ebenso einem eigenen Hof vor. Die Musikförderung Lucrezias war zwar nicht so bedeutend wie die Isabellas, jedoch gewichtiger als lange angenommen, und das Verhältnis der Fürstinnen war auch in diesem Bereich von Konkurrenz bestimmt. Symptomatisch scheint in dieser Hinsicht der Wechsel namhafter Frottolisten von Mantua nach Ferrara innerhalb des ohnehin regen Austauschs zwischen den benachbarten Höfen: Der führende Frottolist Bartolomeo Tromboncino ging spätestens 1505 nach Ferrara, nachdem er eineinhalb Jahrzehnte lang Isabellas persönlicher Musiker am Mantuaner Hof gewesen war. Er war schon kurz nach deren Heirat im Jahr 1490 dorthin gekommen. Vgl. Prizer: *Isabella and Lucrezia* (1985). Für die Berücksichtigung des Ferrareser Fürstinnenhofs sprechen zudem ganz pragmatische Gründe. Einige Quellensorten, die am Mantuaner Hof fehlen, liegen in Ferrara vor und umgekehrt: Während ein großer Teil der Korrespondenz Isabella d'Este Gonzagas überliefert ist (größtenteils Copialettere, Briefabschriften, die ihr Sekretär in ihrem Auftrag erstellte, sowie die entsprechenden Antworten an sie), aus denen sich ein Koordinatensystem an Bezugspersonen, auch unter den Musikern und Dichtern aufstellen lässt, sind vergleichbare Briefe von und an Lucrezia spärlich. Die Briefe liegen im Nachlass Gonzaga (Fondo Gonzaga) des Archivio di Stato Mantova (ASMn, AG). Lucrezias Briefe liegen im Nachlass Este (Fondo d'Este) des Archivio di Stato Modena (ASMo). Dagegen sind für Lucrezias Hof wie für den ihres Ehemanns Alfonso d'Este für einige Jahre (1506–1508 sowie 1517–1519) Rechnungsbücher vorhanden, die Einblicke in die musikalischen Strukturen ermöglichen, wie sie in vergleichbarer Form für Mantua fehlen. Es handelt

literarischen Topoi zu ihrer Selbstinszenierung, wie für die Patriziertochter Irene da Spilimbergo und — besonders interessant — für Kurtisanen in Rom gezeigt werden soll.

Die Frottola hatte ihre zentrale Funktion innerhalb dieses speziellen Raumes weiblicher Selbstinszenierung. Dabei sind ihre äußeren Charakteristika auch vor dem Hintergrund der strukturellen Bedingungen des Fürstinnenhofes zu sehen. Denn es entsprach der Konvention, dass der Fürstinnenhof demjenigen des Gatten, von dem die reale Herrschaft ausging, an Ausstattung und öffentlicher Wirkung deutlich nachstand. Die Fürstin herrschte über das Otium, den Freiraum jenseits der politischen Geschäftigkeit (neg-otium). Kaum etwas drückt diese Trennung am Mantuaner Hof besser aus als die Lage von Isabellas Räumlichkeiten, von *studiolo* und *grotta*, die einen Hortus conclusus im hinteren Bereich des Palastes bildeten. Zudem verfügte der Hof der Fürstin auch über weniger materielle Ressourcen und beispielsweise nicht über eine eigene Kapelle.[124] Aus diesem Grund stellte hier die Musik einzelner Sänger und Instrumentalisten bzw. Dichtermusiker in einem solistischen oder kammermusikalisch intimen Rahmen den Normalfall dar — Bedingungen, die die Frottola optimal erfüllt.

Man *kann* die Frottola als eine Gattung ansehen, die so vergleichsweise unbedeutend ist wie der Fürstinnenhof gegenüber dem des Fürsten, wie das *volgare*, das — auch in der Literatur eines Petrarca, Dante oder Boccaccio — lange Zeit brauchte, bis es sich gegenüber dem Lateinischen und Griechischen behaupten konnte, gegenüber jenen im Humanismus legitimierten Sprachen. Man kann darin aber auch ein sehr kreatives und innovatives Medium sehen, in dem gesellschaftliche Umbrüche bearbeitet und bisher eher Randständiges nobilitiert wurde. Als solches soll die Gattung im Folgenden in drei großen Kapiteln analysiert werden.

1. 4 Zum Aufbau

Die Betrachtungen beginnen vor Ort am Hof, der Einsicht folgend, dass die Frottola zunächst eine literarisch-musikalische Gattung höfischer Prägung war, die wesentlich von der Einbindung in entsprechende Inszenierungsstrategien lebte. Dies wird zuerst für den Hof der Isabella d'Este Gonzaga, aber auch für vergleichbare Höfe gezeigt, indem zunächst das höfische System vorgestellt wird, in dem die Frottola als Prestigeobjekt fungierte (2. 1). Im zweiten Teil des Kapitels (2. 2) werden dann Orte außerhalb des Hofes thematisiert, an denen Frottolen gesungen wurden.

Am Hof hatten Poesie und Musik ihren festen Platz in einem von Günstlingswirtschaft bestimmten Umfeld. Die Rolle, die zwischen Musikern, Poeten und anderen Höflingen die Fürstin selbst spielte — oft in Austausch und Konkurrenz mit anderen Fürstinnen, Lucrezia Borgia in Ferrara, Elisabetta Gonzaga da Montefeltro in Urbino oder Beatrice d'Este Sforza in Mailand — lässt sich als Nachahmung des von Petrarca geschaffenen Topos der verehrten Frau analysieren. So wie Francesco Petrarca seine Gestalt der Laura zur fernen, unerreichbaren Geliebten stilisierte, war hier die Fürstin die von ihren Günstlingen verehrte Dame und jene nutzten nicht zuletzt die Frottola, um ihr den Hof zu machen — ein Verhalten, das der gegenseitigen gesellschaftlichen Bestätigung diente. Unter den Singenden waren vor allem für uns namenlos gebliebene Höflinge, aber auch Dichtermusiker

sich um Rechnungsbücher (Bolletta dei salariati) der fürstlichen Kammer (Camera ducale), die ebenfalls im Archivio di Stato Modena aufbewahrt werden.

124. So hoch daher auch die Bezahlung eines Bartolomeo Tromboncino am Hof Lucrezia Borgias in Ferrara war, konnte er als Frottolist nicht das Renommee und die Bezahlung eines Josquin Desprez oder Jacob Obrecht erlangen, die kurz zuvor in herausgehobener Position in der Kapelle desselben Hofs tätig waren.

und Frottolisten. Neben Bartolomeo Tromboncino und Marchetto Cara, die von Mantua aus zu führenden Vertretern der Gattung wurden, kam dem Dichtermusiker Serafino Ciminelli dell'Aquila eine besondere Rolle zu. Seine Biographie steht hier für den Einfluss der älteren Generation und eines anderen Frottolenzentrums, Neapel, auf die Gattungspraxis um 1500.

Die Einblicke in höfische Günstlingsnetzwerke zeigen zugleich, wie Bilder weiblicher Autorität entstanden. Durch sie konnte der Status nicht nur der Fürstin, sondern auch von Hofdamen de facto erhöht — oder es konnte mit dem Anschein dieser Erhöhung nur gespielt werden, je nachdem, wo, von wem und für wen Frottolen gesungen und gespielt wurden. So sind an die verschiedenen Orte, an denen Frottolen dargeboten wurden, verschiedene Inszenierungsstrategien gebunden, die oftmals im Bereich der literarisch-ästhetischen Imagination verbleiben. An Isabella d'Este Gonzagas Hof waren es besondere, humanistisch geprägte Räume des Rückzugs vom politischen Leben.

Teilweise aber stellten Orte, an denen man Frottolen musizierte, ausgesprochene Fluchtpunkte von den Normierungen des höfischen Lebens dar. Eine Kehrseite der Literarisierung und Nobilitierung des höfischen Alltags war die Erholung durch Lachen, Scherz und Ironie (2.2.1). Damit diese nicht zu kurz kam, holte sich die Hofgesellschaft entweder Protagonisten in ihre Räume, die ungezwungener als sie selbst andere, anstößige Ausdruckswelten wie die der volksläufigen Dichtung darbieten konnten. In Mantua waren dies z. B. *buffoni*, die ihre Patrone durch derbe Späße zum Lachen brachten. Oder aber Höflinge suchten entsprechende Orte außerhalb der Hofmauern auf, um sich den nötigen Ausgleich zur geforderten Selbstdisziplinierung zu verschaffen.

In Rom jedoch, jenem Stadtstaat, in dem das geistliche Leben der Kurie dominierte, wird diese Doppelgesichtigkeit des höfischen Lebens zwischen strenger Normierung und lebendigsten Gegenwelten dazu besonders deutlich (2.2.2). Hier, wo in den Jahrzehnten vor dem „sacco", der einschneidenden Plünderung Roms im Jahr 1527, und vor den tridentinischen Reformen die regelhafte Regelüberschreitung päpstlich vorgegebener Normen zum Alltag gehörte, schossen Kurtisanenhäuser geradezu wie Pilze aus dem Boden. Das Bedürfnis nach Gegenwelten konnte hier befriedigt werden, ohne dabei den Anschein höfischer Etikette preisgeben zu müssen. Dass Frottolen auch hier florierten, ist u. a. der Wendigkeit zuzuschreiben, mit der in dieser Gattung zwischen höfischer Norm und reizenden Kontrasten zu dieser gespielt werden konnte.

Das dritte Kapitel widmet sich den literarischen und philosophischen Diskursen, in denen seit Beginn des 16. Jahrhunderts zentrale Aspekte des gesellschaftlichen Verhaltens verhandelt wurden und welche sich quasi als Theoretisierung jenes Prozesses der Verhaltensdifferenzierung lesen lassen, den Norbert Elias konstatiert hat. Neben den in zahlreichen Liebestraktaten verhandelten Diskussionen um das Wesen der Liebe und die Weise, wie sich der Liebende zu verhalten habe, stellt die Debatte über die Nobilitierung einer *lingua volgare*, die sogenannte *questione della lingua*, ein wichtiges Themenfeld dar. Die Texte Francesco Petrarcas und in ihrer Folge der Petrarkismus waren das Bindeglied beider Bewegungen. Allem voran Petrarcas *Canzoniere* diente sowohl als Modell für den zeitgenössischen Liebesdiskurs und für dessen Adaptionen an unterschiedliche gesellschaftliche Bedürfnisse. Zugleich galt das Werk als ein Vorbild für die Verwendung des italienischen *volgare* als Literatursprache. Diese Diskussionen waren für die Frottola nicht nur wichtig, weil die zeitgenössische musikalische Poesie im *volgare* dort zum Dekor und Rahmen gehörte, zuweilen auch explizit Thema war. In ihrem unterhaltenden, spielerisch frechen und pragmatischen Charakter waren die Frottolen zugleich ein Medium, in dem die Auseinandersetzung mit den Idealen der hohen Liebe geführt werden konnte. In ihrer Unprätenziosität bildete die Frottola einen Gegenpol zu den sie umgebenden kulturellen Diskursen, aber auch einen ergänzenden Reflex auf diese — ganz im Sinn der heterogenen Diskursivität der Zeit.

Nachdem mit der Darstellung der Situation am Fürstinnenhof — bzw. von deren Fluchtpunkten — sowie der zentralen gesellschaftlichen Diskurse um Liebe und Sprache die Rahmenbedingungen der Gattung abgesteckt wurden, widmet sich der vierte Teil der Frottola selbst. Auch hier nähert sich die Darstellung ihrem Gegenstand zunächst von dessen Rahmenbedingungen her, hier nun den bei dem Verleger Ottaviano Petrucci erschienenen gedruckten Ausgaben, in denen die meisten uns bekannten Frottolen überliefert sind und die wesentlich zur eigentlichen Prägung der Gattung beigetragen haben. Dass es zu Beginn des 16. Jahrhunderts zu einer neuen Gelehrsamkeit auf breiterer sozialer Basis kam, ist bekanntlich nicht zuletzt auf die alles umwälzende Erfindung des Buchdrucks zurückzuführen. Und gleichermaßen ist die Frottolenmode wesentlich an die Initiative von Ottaviano Petrucci gebunden, dem ersten Verleger im Bereich des Musikdrucks, der ab 1501 zunächst von Venedig, dann von Fossombrone aus wirkte. Das Projekt Petrucci bildet zugleich eine Brücke zurück zum vorausgehenden zweiten Teil, insofern die verlegerischen Motivationen auch vor dem Hintergrund neuer humanistischer Strömungen diskutiert werden (4. 1. 1). Petrucci war zweifelsohne Hauptverleger der Frottola und hat die Gattung auch durch die vereinheitlichende Bezeichnung von *Libri di Frottole* in ihrem Profil gestärkt. Daher steht sein Unternehmen hier im Vordergrund, wenngleich es verschiedene andere Verleger gab, die seinem Beispiel, allerdings in bescheidenerem Maße, folgten. Gleichwohl gehen neben den durch Petrucci verlegten Frottolen ebenso zahlreiche andere Quellen, auch zahlreiche Manuskripte, in die Betrachtungen ein. Um den dramaturgischen und chronologischen Kontext des Projekts Petrucci zu illustrieren, wird das Verhältnis von handschriftlichen und gedruckten Sammlungen in einem Quellenüberblick dokumentiert (Abschnitt Manuskript versus Notendruck. Zur Rekonstruktion des Kontextes in Kap. 4. 1. 2). Bis hin zu Petruccis elftem und letztem Frottolenbuch von 1514 durchlief die Produktion erkennbare Etappen, hinter denen verlagsstrategische Motive, aber auch musikalische Entwicklungen stehen. So zeigt sich, dass der Verleger Petrucci auch als Sammler und Forscher tätig werden musste, um erstmalig ein größeres Frottolenrepertoire zu präsentieren. Er musste auf ältere Traditionen wie die Dichtermusikerpraxis des 15. Jahrhunderts zurückgreifen, die mit Strambotto-Vertonungen ab dem vierten Buch verstärkt in die Bücher einging (vgl. den Abschnitt zu den Libri IV und VI in Kap. 4. 1. 2). Gegen Ende der Publikationsreihe zeigten sich zunehmend innovative und das inzwischen recht deutlich gewordene Gattungsprofil aufweichende Einflüsse, durch die auch eine neue Komponistengeneration in Erscheinung trat (vgl. den Abschnitt Libro XI — Neue Horizonte und Krise in Kap. 4. 1. 2).

Dass bei der Frottola selbst von Komponisten nur am Rande die Rede sein wird, ist bezeichnend für eine musikalische Gattung, die nicht vom Namhaften abhängt. Darin folgt die musikalische Form ihrer literarischen Vorgängerin, der sich der zweite Teil des zweiten Kapitels zuwendet. Für die literarische Frottola war nicht die Individualität und Herausgehobenheit des einzelnen Phänomens, sondern das Spiel mit einer Fülle von Dichtungen entscheidend. Vor allem in der kritischen Auseinandersetzung mit Antonio da Tempos 1332 erschienenem Traktat über die literarische Frottola des Trecento ist in diesem Sinn zu zeigen (4. 2. 1.), dass die Frottola, ob als *poesia* oder als Vertonung einer *poesia per musica*, vor allem von der pragmatischen und raffinierten Handhabung von Stereotypen und Versatzstücken lebt, mit der der Effekt einer bewegten, unaufhörlichen Fülle einhergeht (4. 2. 2). Wie angemessen der Terminus Frottola für dieses Phänomen ist, bestätigt sich in einer kurzen Diskussion der begrifflichen Ursprünge (4. 2. 3). Gegenüber der zeitgenössischen, stark durch ästhetische Werturteile geprägten Wahrnehmung wird dabei jedoch eine von der heutigen Literaturwissenschaft, in Bezug auf die Frottola speziell von Sabine Verhulst ermöglichte Perspektive eingenommen, die die Frottola gerade durch die Heterogenität ihrer Erscheinungsformen geprägt sieht, in welcher eine bestimmte, genuin diskursive Bewegung ablesbar ist, welche den Prozess des Redens, des Sich-Mitteilens, selbst abbildet. Wie sehr das flüchtige Medium der Musik in den Frottola-Vertonungen diesen Charakter wiederholt, ist Gegenstand der weiteren Betrachtung. Ausgehend von der Ebene der *poesia per musica* werden zunächst die typischen Redesituationen und ihre Dichtungsformen dargestellt (4. 2. 5 bis 4. 2. 7), bevor aus kompositorischer Sicht die Praktiken der Frottolisten illustriert werden, mit denen sie eine Fülle an musikalisch funktionierenden, variablen Sätzen erstellten (4. 3).

Parallel zur Frottolenproduktion entwickelte sich das Verständnis von Komposition als einer klangsinnlicheren, an der Praxis orientierten Kunst. So stammt der wichtigste kompositionspraktische und -didaktische Traktat, der ein Verständnis für die Stegreifpraktiken und einfachen Satzkonzepte der Frottolisten vermittelt, von Guilielmus Monachus (vgl. den entsprechenden Abschnitt in Kap. 4. 3. 1). In der poetischen Grundlage wie in der Vertonungspraxis ist es immer wieder die Balance aus Ökonomie und Variabilität, die Frottolen auszeichnet. Diese Prinzipien manifestieren sich auf poetischer Ebene in der subtilen Variation von stereotypen rhetorischen Topoi der höfischen Liebe (4. 3. 1), und auf kompositionspraktischer Hinsicht in der Abwandlung melodischer Floskeln über einfachen, mehrstimmigen Fortschreitungsmodellen (4. 3. 2). Auf dieser Grundlage werden letztlich einzelne Sätze als exemplarische Spielfelder frottolesker Diskursivität eingehender untersucht. In der Rückbindung an die jeweiligen Kontexte der Stücke, die genuin höfische Sphäre des Liebesspiels, die ebenso Sinnbilder der Verstellung, Verwirrung und des Liebesleids wie auch die gezielte Verarbeitung volksläufiger Elemente als Kontraste herausforderte, oder aber auch an die musikalische Welt römischer Kurtisanen, wird noch einmal ein Bogen zurück zum ersten Teil geschlagen (4. 4). Denn die belustigenden, berührenden und pikanten Wirkungen solcher Sätze sind letztlich an den Kontext ihrer jeweiligen Inszenierung gebunden.

Als Schlusspunkt des vierten Teils erfolgt ein Blick auf die Folgen, die sich für Petruccis Unternehmung der *Libri di Frottole* abzeichneten. In der auffällig weiblich bestimmten Kontinuität der Frottolenpraxis ist auch hier eine Anküpfung an den ersten Teil, an das vor allem durch Isabella d'Este vorgegebene Gendering der Gattung, gegeben (4. 5). Die Frottola setzte sich in Venedig als Mode für *gentildonne* durch und zog in die Hinterzimmer der Patrizierhäuser jenseits der Höfe ein. Oder die Patriziertochter Irene da Spilimbergo nahm sich im Veneto dieser Musik Jahrzehnte nach ihrem Aufschwung zu Anfang des Jahrhunderts an und musizierte sie neben Chansons und Madrigalen.

Zum Schluss noch einige Bemerkungen zum formalen Vorgehen: Italienische, französische und lateinische Zitate werden im Folgenden auch in deutscher Übersetzung wiedergegeben. Wenn nicht anders gekennzeichnet, handelt es sich um eigene Übersetzungen. Nachweise zu den im Anmerkungsapparat verwendeten Sigeln finden sich im Quellen- und Literaturverzeichnis. Im Sinne einer einfacheren Lesbarkeit sind Notenbeispiele überwiegend von den originalen Quellen ausgehend in moderner Transkription wiedergegeben; Analysen beziehen sich auf deren Taktangaben. In den Angaben zur poetischen Form stehen *KURSIVE KAPITÄLCHEN* für Elfsibler, KAPITÄLCHEN für Sieben- oder Achtsilber und kleine Buchstaben für Fünf- und Viersilber.

2. VOR ORT AM HOF: INSZENIERUNGSSTRATEGIEN FÜR DIE FROTTOLA

2.1 Hofmusik als Prestigeobjekt

2.1.1 Hofstrukturen: Hierarchie, Vergleichbarkeit, Gunst

Das Zusammenspiel von Repräsentation, Hierarchie, Kontrollmechanismen und der Ausprägung moderner Verhaltensformen — Selbstdisziplinierung, Wahrnehmungsverfeinerung und Konkurrenzdruck — ist seit der grundlegenden soziologischen Untersuchung der *höfischen Gesellschaft* durch Norbert Elias am Beispiel des französischen Königshofes in Versailles als ambivalente Funktionsstrategie der Institution Hof erkannt worden. Entscheidend dabei ist Elias' Einsicht, die Möglichkeiten individueller Einflussnahme durch die enge Einbindung in „Figurationen" relativiert zu haben. Diese Strukturen verändern sich aus der Perspektive einzelner Menschenleben vergleichsweise langsam und wirken so starr, dass man Gefahr läuft zu übersehen, dass auch sie Zeugnisse lebendiger, wandlungsfähiger und individuell geprägter Prozesse sind.[1]

Noch heute wird Elias' Studie rezipiert. Dem Historiker Guido Guerzoni z. B. ist Elias eine Grundlage für seine detaillierte Untersuchung des Renaissance-Hofs der Este in Ferrara bis zu dessen Auflösung Ende des 16. Jahrhunderts, aus der heraus einsichtig wird, dass die Funktionsmechanismen dieses italienischen Renaissance-Hofes in seinen Strukturen dem Mantuaner Hof der Gonzaga ähnlich waren.[2] Die unterschiedlichen Lebensbereiche des Fürsten waren demnach Ämtern zugeordnet, in denen täglich unzählige feste Abläufe zu funktionieren hatten: „La corte, prima di essere luogo di mille delizie, rifugio di poeti, artisti e scienziati, era un' imponente e sofisticata struttura organizzativa. I suoi funzionari dovevano provvedere quotidianamente alla risoluzione di numerose questioni logistiche e amministrative".[3] Neben dem ersten Amt der *camera* bzw. *casa*, das für die privaten Angelegenheiten des *signore* sowie für die Hygiene und Gesundheit der *cortigiani* zuständig war, gab es als wichtigste weitere Ämter das Amt des *guardaroba* für Kleidung und Mobiliar, die *uffici di bocca*, das Küchenwesen, und daneben eben auch das der *Musica, religiosi ed artisti*, das Aufgaben der Unterhaltung und Erziehung innehatte. Die bildenden Künstler, Maler und Bildhauer, hatten hier insofern eine Sonderrolle inne, als sie nur direkt der *signoria* unterstanden, also wesentlich

---

1. „Das ist der Grund, warum man ihrer oft genug nicht als solcher, als strukturierter Entwicklungen gesellschaftlicher Figurationen gewahr wird, wenn man als selbstverständlichen Bezugsrahmen die Lebensspanne und das Wandlungstempo des einzelnen Menschen ansetzt, sondern als Figurationen, die still stehen, als ‚soziale Systeme'." Elias: *Höfische Gesellschaft* (1969, 1979[4]), S. 29.
2. Guerzoni: *Corti estensi* (2000).
3. „Vor der Tatsache, ein Ort der tausend Wonnen, Fluchtpunkt der Dichter, Künstler und Wissenschaftler zu sein, war der Hof eine stattliche und ausgearbeitete organisatorische Struktur. Seine Beamten mussten täglich für die Lösung zahlreicher logistischer und verwaltungstechnischer Probleme sorgen." Guerzoni: *Corti estensi* (2000), S. 78.

stärker Individualisten waren als Musiker, die generell Anweisungen des *maestro di cappella* entgegennahmen, so sie nicht ausdrücklich als Solisten außerhalb der Kapelle tätig waren. Weitere Ämter wie *le cacce* waren für die Jagd, *le stalle* für das Stallwesen und die Beförderungsfragen zuständig; die *castelliana* arbeitete am Sicherheitsapparat des Hofes. Sämtliche Bereiche wurden von der *cancelleria*, der Kanzlei, finanziell verwaltet, wovon sorgfältig geführte Rechnungsbücher zeugen.

Die Zugänglichkeit des Hofpersonals zu höheren Diensten wie dem des *maestro di camera*, der den Fürsten mit *ca* fünfzehn *camerieri* persönlich durch dessen Tagespflichten begleitete oder dem der *paggeria*, dem des Schrift- oder Kapellmeisters, entschied sich durch von Geburt an festgelegte Standeskriterien. Demnach konnten junge Adelige in der Hierarchie als Angestellte von Leitungsposten auf vergleichsweise hoher Ebene beginnen. Sie stärkten ihren Status u. a. dadurch, dass sie es vermieden, niedere Arbeiten einfacher Zimmer- oder Küchenbediensteter zu übernehmen. Hinsichtlich der Kommunikations- und Koordinationsstrukturen betont Guerzoni die Striktheit und Dichte der Organisation, die entsprechende Kontrollmechanismen nach sich zog.[4] Die strikten Strukturen beeinflussten das menschliche Verhalten und Miteinander so weitgehend, dass es keinen Raum gab, in dem man sich diesen Mechanismen hätte entziehen können: „Non vi era azione o sentimento che non fosse misurabile e misurato, valutabile e valutato, codificabile e codificato: ovunque regnava l'ossessione per la precisione millimetrica, per l'equilibrio infinitesimale."[5]

Eine Maßnahme für ein möglichst reibungsloses Funktionieren des Hoflebens war die Entpersonalisierung der Abläufe. Die nötigen Prozesse waren an einzelne Funktionen und Positionen und damit nicht an die Eigenart von Individuen gebunden, die diese ausführten, wodurch der unvermeidbare Austausch von Personal einfacher wurde und Kontinuität garantiert war. Eine persönliche Prägung einer Aufgabe wurde im Gegenzug als unnötige Indiskretion zu vermeiden gesucht, was jedoch nicht bedeutete, dass die persönliche Leistung von einzelnen Personen nicht registriert und honoriert wurde. Im Gegenteil waren Bemühungen um persönliche Anerkennung als Abweichungen von der Norm durchaus erwünscht, da sie Bewegung in den Hof brachten. Auf der Folie der Vereinheitlichungen machten sie sich als Bitten um *favore*, um die Gunst der *signoria* bemerkbar, die Guerzoni als „entscheidende Variable im System höfischer Gleichungen" bezeichnet.[6] Jenseits der durch Geburt festgelegten Hierarchien war das Maß an Gunst, das ein Hofmensch von einer Fürstin oder einem Fürsten genoss, flexibel und stets neu bestimmbar. Begünstigt zu werden war damit gleichermaßen eine Grundvoraussetzung für eine Nobilität, deren Vorzüge damals nicht durch Geburtsrecht garantiert waren: „At the beginning of the [16th] century the nobility still saw their

---

[4] „Sarebbe infatti erroneo, ingiusto e storicamente scorretto perseverare nel concepire la corte come il luogo dell'improvvisazione, del capriccio, della sregolatezza; cio che invece affascina maggiormente è la tensione quasi maniacale volta alla ricerca dell'ordine totale, del controllo assoluto, della misura perfetta." „Es wäre verfälscht, ungerecht und historisch unrichtig, darauf zu beharren, den Hof als einen Ort der Improvisation, Launen und Unregelmäßigkeiten einzuordnen. Vielmehr fasziniert am meisten die Spannung, die aus der quasi manischen Suche nach totaler Ordnung, absoluter Kontrolle und perfektem Maß hervorgeht." Guerzoni: *Corti estensi* (2000), S. 119.

[5] „Es gab keine Handlung, kein Gefühl, das nicht messbar oder gemessen, bewertbar oder bewertet, kodifizierbar oder kodifiziert gewesen wäre: Überall herrschte die Obsession für eine Genauigkeit auf Millimeter, für ein unendliches Gleichgewicht." Ebd., S. 119–20. Entsprechend formuliert Elias generell über das Verhältnis von Individuum und Gesellschaft: „Die Wahrscheinlichkeit ist gering, daß ein Einzelner ganz abseits zu stehen vermag, ohne sich in irgendeinem Sinne an den Konkurrenzkämpfen um Chancen zu beteiligen, von denen er denkt und fühlt, dass sie auch von anderen für wert gehalten werden. [...] Diese Wertinterdependenz verringert mit anderen Worten die Möglichkeit, dass ein einzelner Mensch heranwächst, ohne daß solche gesellschaftlichen Werthaltungen ein Teil seiner selbst werden." Elias: *Höfische Gesellschaft* (1969), S. 116.

[6] „La variabile decisiva del sistema di equazioni cortigiane." Guerzoni: *Corti estensi* (2000), S. 120.

status not so much in terms of a birthright but rather as a quality that needed constantly to be reaffirmed through virtuous actions, an echo of chivalric romance."[7] Gunst entschied im Kreis der Hofangestellten über Positionen und darüber hinaus über den Einfluss der zahlreichen *cortigiani de honore*, die mobil zwischen den Höfen verkehrten und als Informationsträger für Politik, Literatur und Kunst agierten. Für sie ist der Fall des Mattheo Sacchetti alias Antimachus (*um 1445) bezeichnend. Er stammte als Sohn von Landarbeitern aus dem Mantuaner Raum aus einfachsten, bäuerlichen Verhältnissen, stieg nach humanistischen Studien und Jahren als Hauslehrer und Vikar zum markgräflichen Kanzleisekretär am Mantuaner Hof auf, stand über Jahre in der persönlichen Gunst von Herzog Francesco Gonzaga und genoss als solcher Privilegien, die sich nicht von höher geborenen Hofbediensteten unterschieden. Dann aber verlor er den gewonnenen höheren Status plötzlich wieder, da er in Ungnade des Herzogs verfiel, wegen Urkundenfälschung angeklagt und zu lebenslanger Verbannung ins Exil verurteilt wurde. Kaum ein Fall zeigt besser die Chancen und Risiken des Gunstsystems und die Wandelbarkeit eines Status in der damaligen Hofgesellschaft.[8]

Die herausgehobene Stellung und Bezahlung des Frottolisten Bartolomeo Tromboncino, der aufgrund menschlichen Fehlverhaltens besonderer Protektion bedurfte, ist ein Indiz dafür, dass auch Musiker mit den Mechanismen der Günstlingswirtschaft bestens vertraut waren. Symptomatisch ist in der Hinsicht ein Schreiben Isabella d'Este Gonzagas an ihren Bruder, Kardinal Ippolito, in dem sie ihn um eine zusätzliche, kirchliche Entlohnung ihres Organisten bittet und dabei ausdrücklich betont, zu dessen „Gunst" zu sprechen: „non posso negarli il favor mio ne le occorentie sue per le virtù ie bone qualita sue."[9] Die Karriere von Pietro Bembo ist dagegen ein exemplarischer Fall für einen mobilen Günstling, der von außen kommend erfolgreich an den Höfen in Mantua und Ferrara agierte.

Das Werben um die Gunst der *signoria* war allerdings auch entscheidend für die Patrone selbst, da Günstlinge großen Anteil an der Etablierung des fürstlichen Selbstbildes hatten. Sie stellten weit mehr als ein Dekor fürstlicher Macht dar, ja vervollständigten diese erst durch ihre strategischen, intellektuellen oder künstlerischen Kompetenzen. „È il cortigiano la coscienza illuminata del principe, che indirizza e guida in virtù di una conoscenza illuminata".[10] Der begünstigte Höfling kam somit auch dem Ruf der Herrschenden zugute und stand ihm nahe. So beschreibt auch Baldesar Castiglione in seinem maßgeblichen Tugendleitfaden des *Libro del Cortigiano* den vollkommenen Höfling als engsten Berater und Kontrollinstanz, ja als besseres Alter Ego seines Patrons: „Il fin adunque del perfetto cortegiano […] estimo io che sia il guadagnarsi per mezzo delle condizioni attribuitegli da questi signori talmente la benivolenzia e l'animo di quel principe a cui serve, che possa dirgli e sempre gli dica la verità d'ogni cosa che ad esso convenga sapere, senza timor o pericolo di despiecergli; […] e cosí avendo il cortegiano in sé la bontà, come gli hanno attribuita questi signori, accompagnata con la prontezza d'ingegno e piacevolezza e con la prudenzia e notizia di lettere e tante altre cose, saprà in

---

7. Vgl. Wistreich: *Virtù and virtuosity* (2003), S. 59. Wistreich bezieht sich dabei u. a. auf Ellery Schalk: *From Valor to Pedigree: Ideas of Nobility in France in the Sixteenth and Seventeenth Centuries*. Princeton 1986, S. 202–05.
8. Herold: *Sacchetti, genannt Antimachus* (2004). Vgl. dort S. 280 die resümierenden Bemerkungen zum „Karrieremuster" von Günstlingen generell. Der Beitrag ist zudem wegen der klaren, differenzierten Darstellung der außenpolitischen Stellung Mantuas in diesen Jahren nützlich.
9. „Kann ich ihm für seine Tugenden und seine guten Qualiäten weder meine Gunst noch seine Bedürfnisse verweigern." Vgl. Dok. 3, S. 63
10. „Der Höfling ist das erleuchtete Bewusstsein des Fürsten, der tugendhafte Orientierung und Führung aus einem erleuchteten Bewusstsein heraus bietet." Lorenzetti: *Musica e identità nobiliare* (2003), S. 69.

ogni proposito destramente far vedere al suo principe quanto onore ed utile nasca a lui ed alli suoi dalla giustizia, dalla liberalità, dalla magnanimità, dalla mansuetudine e dall' altre virtù che si convengono a bon principe; e per contrario, quanta infamia e danno proceda dai vicii opposti a queste."[11]

Da *Favore* stets abhängig von höfischen Leistungen gewährt wurde, erforderte die Werbung offensichtliche Demonstrationen von Tugendhaftigkeit in Worten, Gesten und Künsten, die in ihrer Qualität auf die *signoria* zurückfielen. Es ist diese Wechselseitigkeit zwischen Günstling und Patron bzw. Patronin, die kennzeichnend für Patronatsverhältnisse ist.[12] So hatte Isabellas Patronat der Frottola v. a. deswegen Erfolg, da bedeutende Günstlinge — Dichter, Komponisten, bildende Künstler und Humanisten — sie dabei unterstützten, eine besondere Musikpraxis zum Zentrum ihrer Selbstdarstellung zu machen, die sie als besondere Herrscherin auswies.

2. 1. 2 Vorbild und Imitation: Musikleben in Ferrara und Mantua vor 1500

Bevor durch Isabella d'Estes Einzug in Mantua die Musikförderung in den 1490er Jahren nachweislich an Bedeutung zunahm, bestanden im Verhältnis zu Ferrara in dieser Hinsicht sehr ungleiche Voraussetzungen. In Ferrara gehörte Musik zu den großen Bereichen der Repräsentativität und der (Aus)Bildung, die dort spätestens seit der Regentschaft von Ercole I. (1471-1505) als Einheit gesehen werden müssen. Mit der musikalischen Bildung der eigenen Kinder, v. a. der zukünftigen Fürstin und Fürsten Isabella, Alfonso und Ippolito d'Este, und der Ausbildung der *cantori* in der Kapelle untermauerte man die politische Zukunft der Estes durch einen Zuwachs an Repräsentativität. Dass diese für geistliche wie weltliche Musik zentral war, belegen die (allein durch ihre Bezeichnung sprechenden) *sacre rappresentazioni*, mit denen sich der Ferrareser Hof 1481 und 1489 auszeichnete,[13] und profane Feste. Darunter stellten die Hochzeiten von Isabella d'Este und Francesco Gonzaga 1490 sowie die von Alfonso d'Este und Lucrezia Borgia 1502 in Ferrara Höhepunkte dar.

Ausschlaggebend für die musikalische Bedeutung eines Hofes war die Einrichtung einer Kapelle. Sie wurde in Ferrara wesentlich früher begründet als in Mantua; anders als im Bereich der bildenden Künste fiel Mantua noch in der zweiten Hälfte des 15. Jahrhunderts in diesem Bereich gegenüber der Nachbarstadt ab.[14] Bereits in den 1440er Jahren hatte Leonello d'Este eine Hofkapelle mit geistlichen frankoflämischen Sängern eingerichtet, um sich darüber ein ähnliches Ansehen zu verschaffen wie es wesentlich mächtigere Herrscher jenseits der Alpen hatten.[15] Die Hofkapelle war demnach für die

11. „Das Ziel des vollkommenen Höflings [...] sehe ich somit darin, sich über die ihm zugesprochenen Qualitäten so sehr den guten Willen und die Seele des Herrschers zu gewinnen, dem er dient, dass er ihm immer die Wahrheit über all das sage, was sich für ihn zu wissen ziemt, ohne Furcht oder Gefahr, ihm nicht zu gefallen. [...] Und da der Höfling in sich die Güte trägt, die ihm diese Herrschaften zugesprochen haben, ergänzt durch die Spontaneität des Einfalls, die Wohlgefälligkeit, die Vorsicht, die Kenntnis der Literatur und so vieler anderer Sachen, wird er in jeder Angelegenheit auf direktem Weg seinem Herrscher klar zu machen verstehen, wie viel Würde und Nutzen von ihm und den Seinen durch Gerechtigkeit, Liberalität, Großmut, Sorgfalt und andere Tugenden entstehen, die für den guten Fürsten angemessen sind, und im Gegenteil, wie viel Übel und Schaden die diesen entgegengesetzten Tadel bewirken." Castiglione: *Cortegiano*, IV, 5, S. 358–59.
12. Vgl. dazu die Erläuterungen zum Patronatsbegriff zu Beginn von Kap. 1. 3. der Einleitung.
13. Zur Rolle der norditalienischen Sacra Rappresentazione für die Entwicklung des Zusammenhangs von Theatralität und Musik vgl. Osthoff: *Theatergesang* (1969), v. a. S. 30–73.
14. Dagegen befanden sich das Kunstmäzenatentum von Leonello d'Este und Ludovico Gonzaga (gest. 1479) offenbar auf einem ähnlich anspruchsvollen Niveau, was sich noch heute in vergleichbar aufwändigen Malereien der Zeit in repräsentativen Räumlichkeiten widerspiegelt, der von Mantegna gestalteten Camera degli sposi im Mantuaner Palazzo Ducale und Costas Fresken im Ferrareser Palazzo Schifanoia. Vgl. dazu Iain Fenlon: „Music and patronage in Mantua". In Fenlon: *Patronage* (1980), S. 7–45, hier S. 14.
15. Vgl. Roccatagliati: *Ferrara* (1995) sowie Lockwood: *Ferrara* (1984).

Este von Beginn an ein Prestigeobjekt, das Ercole d'Este seit den 1470er Jahren in harter Konkurrenz zu anderen Höfen weiter ausbaute:[16] Galeazzo Maria Sforza konnte 1473 in Mailand viermal so viel Geld in die Hofmusik investieren; zudem gab es die renommierte Kapelle von Papst Sixtus IV.[17] Allerdings arbeitete die Zeit für Ercole; nach der Ermordung Sforzas 1479 und dem Krieg gegen Venedig war er der Herrscher mit der größten Hofkapelle Italiens.

Die Leitung der fürstlichen Kapelle oblag einem *maestro di cappella*, der in dieser Zeit sieben bis im Höchstfall elf Personen anleitete. Diesem folgte in der Hierarchie das *ufficio di musicha*, in dem acht bis fünfzehn *cantori*, sechs bis elf *strumentisti* (meist Streicher) und sechs bis zehn *piffari* einem *maestro della musica* unterstanden. Finanzierbar war die Kapelle v. a. über die Einrichtung kirchlicher Pfründe, die das ansonsten bescheidene Gehalt der Sänger ausglichen[18] — eine Einrichtung, die für Ferrara von der Gunst des jeweiligen Papstes abhing. Alfonso d'Este musste sie bei der Weiterführung der väterlichen Kapelle 1506 erneut erkämpfen. Die Pflege geistlicher Musik durch die Kapellstruktur schloss dabei keinesfalls die Praxis weltlicher Musik aus. Im Gegenteil: Je größer die Anzahl an Instrumentalisten in der Kapelle war, desto vielfältiger die Möglichkeiten, diese auch für weltliche Anlässe zu nutzen.[19] Unter Ercole I. stieg die Anzahl der *trombetticri* bis 1484 auf elf, die sämtlich italienischer Herkunft waren; der Bestand an Streichern verstärkte sich, wohl unter dem Einfluss seiner Frau Eleonora d'Aragona, die Bläser-Alta verdoppelte sich von zwei auf vier Schalmeien, die Posaunen hatten einen namhaften italienischen Stimmführer. Zudem gab es bekannte Lautenisten, zunächst Pietro Bono, ab 1481 bis 1499 Rainaldo. Auch sie bildeten eine entscheidende Basis für die Entwicklung weltlicher Vokalmusik am Hof.[20]

Diese außerordentlich günstigen Bedingungen der Musikpflege in Ferrara bildeten gleichermaßen die Basis der Ausbildung und Prägung Isabella d'Estes, auf der sie in Mantua aufbaute, wie auch den institutionellen Rahmen für das Patronat ihrer Schwägerin Lucrezia Borgia während der ersten Jahre ihrer Ehe mit Alfonso d'Este. Nicht ohne Grund legte sich Isabella zu Beginn ihrer Ehe ein eigenes Wappen zu, das ihre Herkunft aus Ferrara veranschaulichte,[21] war doch der Hof der Este damals dem der Gonzaga an Besitz und Ansehen überlegen und galt, zumal durch die Verunsicherung des politischen Klimas nach dem Einmarsch Karls VIII. von Frankreich 1494 in Italien, als der politisch stabilste in Norditalien aufgrund enger Beziehungen zum Papstsitz in Rom. Mantua dagegen genoss zwar zwischenzeitlich v. a. durch den außenpolitischen Sieg Francesco Gonzagas 1495 besonders hohes Ansehen, das aber im Kräftedreieck zwischen Mailand und Venedig nicht anhaltend war.[22] Unter diesen Voraussetzungen hatte sich in Ferrara eine besondere Festkultur entwickelt, die von den umliegenden Höfen imitiert wurde: „La cour de Ferrare fut, au XVe siècle, le centre privilégié et le plus représentatif des fêtes équestres, celui où la richesse, l'exubérance des costumes

---

16. „Ausgehend von der Entwicklung im Italien des 16. Jahrhunderts fungiert das (nun offenbar direkt aus dem Italienischen entlehnte) Begriffswort ca(p)pella als Bezeichnung für ein professionelles Ensemble von Sängern und Instrumentalmusikern, das aus Repräsentationszwecken einem Hof oder einer Kirche angehört." Ehrmann-Herfort: *Capella* (2003), S. 7. Durch den vorrangig repräsentativen Anspruch stand Ercoles Kapelle Modell für die Entwicklung im weiteren 16. Jahrhundert.
17. Vgl. Roccatagliati: *Ferrara* (1995), Sp. 400.
18. Vgl. Martin Ruhnke: „Kapelle". In: *MGG* (2), Sachteil 4, Kassel etc. 1996, Sp. 1788–97, S. 1792 und *Musik 15./16. Jhd.*, S. 31.
19. Ehrmann-Herfort: *Capella* (2003), S. 7.
20. Vgl. Roccatagliati: *Ferrara* (1995), Sp. 401.
21. Für eine Abbildung des Wappens vgl. Bini: *Isabella* (2001), S. 198.
22. Für eine prägnante Darstellung der außenpolitischen Situation Mantuas um die Jahrhundertwende vgl. Herold: *Sacchetti, genannt Antimachus* (2004), S. 273 und 274.

et du décor laissent supposer une longue tradition."[23] Innerhalb eines Jahrzehntes sank das Niveau der Ferrareser Hofmusik dann allerdings erheblich: Hatte die Kapelle kurz vor Ercoles Tod mit der Leitung durch Josquin des Prez (1503–04) und Jacob Obrecht (1504–05) einen Höhepunkt erreicht, war sie 1510 durch Konflikte mit Papst Julius II. zur Auflösung gezwungen und stabilisierte sich erst wieder im nachfolgenden Jahrzehnt.

Von dieser Krisenzeit profitierte wiederum Mantua und holte damit im Renommee der Hofmusik auf: Nachdem der frühere Versuch Francesco Gonzagas im Jahr 1489, eine Hofkapelle zu begründen, aus Kriegsgründen gescheitert war, gelang es ihm 1510 mit einem hohen Anteil an Ferrareser Musikern. Dieser Zeitpunkt scheint besonders spät, da mit dem Einzug von Isabella d'Este 1490 deutlich höhere Ansprüche an das musikalische Leben gestellt wurden. Bis 1510 hatte Mantuas Hofmusik an festangestellten Musikern nur eine instrumentale *alta cappella* aufzubieten, eine kleine Bläser- und Schlagwerkgruppe aus *trombetti*, *pifari*, *tromboni* und *tamburi*, die seit den 1460er Jahren nachgewiesen ist. 1468 sind vier Musiker unter diesem Namen verzeichnet, die bei weltlichen Anlässen, Festen und Tänzen aufzuspielen hatten.[24] Die Größe dieser Gruppe konnte je nach Anlass erweitert werden; so gingen dem Stadtchroniker Schivenoglia 1463 angesichts des klangmächtigen Hochzeitszuges für Margerete von Bayern und Federico I. Gonzaga die Ohren über: „107 trombi, pifari, tromboni, 26 tamburij, pive le quali erano venute con la spoxa et altri instrumenti ge nera senza fine; paria che tuto el mondo sonasse."[25] Für besondere Gelegenheiten konnten demnach weitere Musiker angestellt werden, wenn auch sicher im seltensten Fall in vergleichbar großer Anzahl. So ist etwa eine Verpflichtung des Tanzmeisters Lorenzo Lavagnolo belegt, der 1485 kurzfristig nach Ferrara geschickt wurde, um die bereits verlobte Isabella d'Este im Tanz der *morescha* zu unterrichten.[26] Wie auch später das Beispiel des Tanzmeisters Ricciardetto Tamburino belegen wird, waren Tanzexperten vor und um 1500 in Norditalien offenbar noch eine Seltenheit. Der umgekehrte Fall aber, dass man sich von Mantua aus bei Bedarf in Ferrara mit Musikern versorgte, begegnet wegen der unterschiedlichen Voraussetzungen vor 1510 häufiger. Beispielsweise wendete sich 1460 Ludovico Gonzaga auf der Suche nach einem geeigneten Gesangslehrer für seinen Sohn Vittorino an den *cantor* Nicolò Tedesco, alias Nikolaus Krombsdorfer, in Ferrara, von dem bekannt war, dass er das „cantare moderno massime arie alle veneziana" beherrschte, womit damals die Mode der venezianischen Giustiniane gemeint war. Anders als in Mantua war man in Ferrara damals musikalisch auf dem neuesten Stand.[27]

Für das Mantuaner Hofmusikleben hatte zudem die humanistische Schule Bedeutung, die Vittorio da Feltre (gest. 1446) im Rahmen seiner Tätigkeit als Hofbibliothekar aufbaute. Sie ist als „casa giocosa" bekannt und galt bereits unter Zeitgenossen als eine der progressivsten unter den frühen Humanistenschulen. Vittorino Gonzagas Erziehung ging über Literatur hinaus, umfasste neben der Mathematik auch die Musiklehre. Dies ist u. a. einer Auflistung an Lehrern zu entnehmen, die für den Unterricht angestellt wurden; demnach gehörten Maler, Grammatiker und Reiter ebenso

---

23. „Der Hof von Ferrara war im 15. Jahrhundert das bevorzugte und repräsentativste Zentrum für Ritterfeste, das, wo Reichtum, Kostüm- und Dekorpracht eine lange Tradition vermuten lassen." Mamczarz: *Une fête* (1975), S. 349.
24. Vgl. Fenlon: *Patronage* (1980), S. 14.
25. „107 Trompeten, Pfeifer, Posaunen, 26 Pauker/Trommler, die mit der Braut gekommen waren, und andere Instrumente gab es ohne Ende; es schien, als ob die ganze Welt erschallen würde." Schivenoglia in ebd., S. 14.
26. Bertolotti: *Mantova* (1890), S. 11.
27. Vgl. Bertolotti: *Mantova* (1890), S. 8.

dazu wie „saltatores, cantores" und „citharaedi".[28] In diesem Zusammenhang unterrichtete auch der Musiktheoretiker Franchino Gaffori zwei Jahre in Mantua.[29] Spätwirkungen des Erziehungsprogramms dieser Schule sind die Aufführungen von Angelo Polizianos *Fabula d'Orfeo* in Mantua, für deren Entstehungs- und Aufführungsdatum man sich in der Forschung auf das Jahr 1480 einigen konnte und die als erstes weltliches Theaterstück in italienischer Sprache gilt.[30] Aufführungen von Frottolen, die als Theatermusik dienten und für einen solchen Anlass entstanden, entsprangen dem damals neuen Wunsch, im Theater auch weltliche Stoffe darzubieten. Für eine spätere Mantuaner Fassung von 1491, die also bereits in die Wirkungszeit Isabellas dort am Hof fällt, hat der Ferrareser Hofdichter Tebaldeo das Stück zu einem fünfaktigen Drama umgearbeitet, wodurch musikalische Intermedien einen festen Platz im Drama erhielten.[31]

2. 1. 3 Eigene Strukturen: Die Fürstinnenhöfe von Lucrezia Borgia und Isabella d'Este Gonzaga

In Mantua wie in Ferrara hielten die Fürstinnen eigene Höfe, über deren Etats bei der Heirat verhandelt wurde. Wie im Fall Isabellas konnte der eigene Hof auch in größerer geographischer Entfernung zu dem ihres Mannes liegen.[32] Wie sich im Folgenden zeigen wird, sind über die Rechnungsbücher aus Ferrara und einen Briefwechsel zwischen Ercole I. und seiner Tochter Isabella Zahlen über den Jahresetat und die Größe der Höfe bekannt.

Im Vorfeld von Lucrezias Einzug in Ferrara 1502 mussten sich der Brautvater Rodrigo Borgia, derzeit Papst Alexander VI., und Ercole I. auf die Größe des neuen Fürstinnenhofes einigen. Dabei ließ sich Ercole durch seine Tochter Isabella beraten, die bei dieser Gelegenheit die Logistik ihres Hofes preisgab: Bei einer anfänglichen Größe eines *ca* 100köpfigen Hofstaates verfügte sie zu Anfang ihrer Ehe ab 1490 zunächst über 6000 Dukaten pro Jahr, wobei der Fürstenhof für die Verpflegung des Personals aufkam. Um freier disponieren zu können, setzte Isabella in der Folge 8000 Dukaten Jahresetat durch und übernahm dafür selbst die Versorgung ihrer Angestellten, deren Anzahl Anfang des 16. Jahrhunderts bereits auf eine Größe von *ca* 150 Personen angewachsen war. Offenbar in Anlehnung an diese Bedingungen sprach man Lucrezia 1502 ein ähnliches Budget von 6000 Dukaten, die Hälfte der anfangs geforderten 12000 Dukaten, für einen allerdings wesentlich kleineren Personalstab pro Jahr zu. Von den gewünschten 118 bis 120 Dienern waren im Dezember 1506 66 Festangestellte an Lucrezias Hof nachweisbar. Nicht eingeschlossen waren dabei niedere Stallarbeiter, auch nicht die römischen und Ferrareser Hofdamen, „donzelle", die sie bei besonderen Begebenheiten begleiteten.[33] Die Verpflegung des Personals war in diesem Fall wiederum durch den Fürstenhof geregelt.

---

28. Das Zitat stammt aus dem „Dialogus" von Vittorinos Schüler Francesco Prendilacqua. Zit. nach Fenlon: *Patronage* (1980), S. 13. Für weitere zeitgenössische Kommentare zur Schule Vittorinos vgl. Garin: *Pedagogico* (1958), S. 660.
29. Vgl. Fenlon: *Patronage* (1980), S. 15, Anm. 14.
30. Vgl. Pirrotta: *Orfei* (1969), S. 16. Vgl. Dazu Silke Leopold: Die Oper im 17. Jahrhundert. Laaber 2004 (Handbuch der Musikalischen Gattungen 11), S. 18–23.
31. Vgl. Osthoff: *Theatergesang* (1969), S. 30 und S. 133 und die Verfasserin: „Intermedien". In: Edn, 5, Stuttgart/Weimar 2007, Sp. 1079–84.
32. Francesco Gonzaga bewohnte einen Palast in San Sebastian bei Mantua, während sich Isabella zunächst eigene Wohnräume im nordöstlichen Turm des Castello di San Giorgio im Palazzo Ducale einrichten ließ. Fenlon: *Isabella's Studioli* (1997), S. 353–67, S. 354.
33. Die Quellen für die Zahlen sind genauer bei Prizer nachvollziehbar; die entscheidenden Teile aus dem Briefwechsel zwischen Ercole I. und Isabella sind dort dem Anhang entnehmbar. Zudem verweist er auf Briefe Bernardino de'

Erstaunlich sind die Vergleichszahlen für den Fürstenhof Alfonsos: Aus den monatlichen Ausgaben am Fürstenhof im Jahr 1506 ergibt sich ein Jahresetat von 24.136 Lire bzw. 7786 Dukaten (vgl. Dok. 1 und 2). Es liegt somit nur um ein knappes Drittel höher als das des Fürstinnenhofes. Dabei ist zu bedenken, dass an den Fürstinnenhöfen keine Ausgaben für militärische Zwecke anfielen. Allerdings kamen im Fall der Kapellmusiker Zahlungen aus kirchlichen Pfründen oder aber auch Auszahlungen in Naturalien und Materialien hinzu, so dass es problematisch bleibt, ausschließlich von Zahlen auf das Potenzial der Höfe zu schließen.[34]

Dok. 1: Besoldungsliste an Lucrezias Hof in Ferrara vom Dezember 1506
(ASMo, Fondo d'Este, Amministrazioni dei principi, busta 1130, Fol. 93 links–Fol. 94 r.)

a) Musiker

Al Nome de Idio M.D.VI

Zobia a dì XXXI de dexenbre

[9.] Dionixe da mantua dito Papino per havere servito mixj dodexe in ragione de L 8 el mexe – L. 96.

[13.] Messer Niccolò de Padova cantore per havere servito mixj dodexe in ragione de L. 8 el mexe – L 96.

[16.] Tromboncino cantore per havere servito mixj dodexe in ragione de L. 38 [soldi] 15 el mexe – L 465.

[17.] Rizardettj Tanborino per havere servito mixj dodexe in ragione de L. 12 [soldi] 8 dato el mexe L. 148 [soldi] 16

[66] Pozino Cantore per havere servito mixj duj che comenzò a dì primo de novembre in ragione de L. 8 dato el mexe – L. 16.

b) andere

[3.] Maestro Lodovigo Bonazolo medigo per havere servito mixj dodexe in ragione de L. 20 dato el mexe – 240.

[4.] Messer Antonio Tibaldeo per havere servito mixj sodexe in ragione de L. 51 [soldi] 13 [denari] 4 dato el mexe – L. 620

"[22] Teumio panatro per havere servito mixj dodexe in ragione de L 3 dato el mexe – L 36 – –.

[23.] Zoanne de Formento sopra chuogo per havere servito mixj dodexe in ragione di L 4 dato el mexe – L 48 – –.

[24.] Tucogo chuogo per havere servito mixj dodexe in ragione de L 5 dato el mexe – L 60 – –.

[25.] M Pecino chuogo per havere servito mixj due e mezo in ragione di L 4 dato el mexe – L 10 – – .

[26.] Visanovo chuogo per havere servito mixj nove e quarti di in ragione de L 4 dato el mexe – L 37 – –.

[27] Cigolfo chuogo per havere servito mixj cinque in ragione de L 2 dato el mexe – L 10 – –

[28] Rosso chuogo per havere servito mexj sette in ragione de L 2 dato el mexe - L 14 – –

[53.] Maestro Michel Costa depintore per havere servito mixj sette e mezo in ragione de L. 31 dato el mexe – L. 236 [soldi] 5.

Prosperis und de' Pretes an Isabella, die in Ferrara als Sekretäre arbeiteten und — im Fall de' Prosperis — aus alter Vertrautheit heraus weiterhin Isabella Dienste als Spione leisteten. Vgl. Prizer: *Isabella and Lucrezia* (1985), S. 11, 13, 14 sowie dort Dok. 3 und 4 auf S. 32.

34. Die monatlichen Ausgaben bewegten sich dabei zwischen 836 Lire im März und 3543 Lire und 8 soldi im Dezember 1506. Die Umrechnung in Dukaten erfolgt nach dem Maßstab 1 Dukat = 3,1 Lire marchesane. Vgl. Dok. 2, ASMo, Fondo d'Este, Camera ducale, Bolletta dei salariati Busta 17. Verwaltungsstrategisch ist die Anmerkung im Haushaltsbuch des Fürstenhofes im Januar 1506 vielsagend, demnach 660 Lire an die Fürstin gezahlt werden, um den überzogenen Jahresetat 1505 auszugleichen. Vgl. ebd., fol. 1v.

Dok. 2: Musiker der Cappella Alfonso d'Estes 1506 (Ausschnitt von Januar bis Mai)
(ASMo, Fondo d'Este, Amm. dei principi, Busta dei salariati 17)

Anmerkung

Aufgeführt sind alle erkennbaren Nennungen von Musikern in der Reihenfolge ihrer Auflistung, Trombettieri und strumentalisti (piffari, Posaunisten, Viola-Spieler) an erster Stelle, zudem 3 bis 4 Sänger; diese vergleichsweise geringe Zahl kann auf hier unvollständige Angaben zurückgehen. Denkbar ist aber auch, dass dieses Jahr in dieser Hinsicht ein Übergangsjahr war: Nach dem Tod von Ercole I. 1505 musste Alfonso I. die materielle Unterstützung der Kapellsänger neu absichern, tat dies aber erst im November 1506. (Lockwood: *Ferrara* (1987), S. 218 weist auf einen Brief Alfonsos an Papst Julius II, durch den er sich die Kontinuität der Kapelldispositionen sichert, die sein Vater erarbeitet hatte, und dem er eine Liste mit 20 Kapellsängern beilegt). Alle drei in diesem Jahr aufgeführten Kapellsänger, Zoanne de Locha, Hiernonymo bzw Girolamo de la Frassina capelano und Piero Cariom, — in der Liste klar durch den vorangestellten Titel „don" erkennbar — gehörten 1505, im letzten Regierungsjahr Ercole I. zu dessen Kapelle (vgl. Lockwood: *Ferrara* (1987), App. S. 405). Hinzu kommt ein weiterer Kaplan, dessen Name hier nicht identifiziert werden konnte.

In jedem Monat sind Zwischensummen für die <u>Ausgaben für Musikergehälter</u>, soweit sie hier aufgelistet sind, sowie die <u>Gesamtausgaben des Hofes, jeweils pro Monat</u> angeführt. Zudem sind beispielhaft *Vergleichsausgaben aus anderen Ressorts* gegeben.

Al nome di dio
Sabado al iii de senaro

Gugliemo tamburino   L 12

Sabado al XXXI de senaro, fol. 4 v.

Al infrascripti salariati L duecento septantatre soldi dixesette d qttro per compto de loro page a cadaino la dira ita rata (?)

Piero trombone	L 24	
Zoane trombone	L 16	s 16
Adam	L 16	s 16
Michele de alemagna	L 20	
Antonio suo fratello	L 16	s 16
Augustino dala viola	L 20	
Gregoro de alemagna	L 16	s 16
Andrea dala viola	l 16	s 13
Raganello trombetta	L 21	
Steffano da monte pulciano	L 16	
Sarachino trombetta	L 16	
Cresimbene Trombetta	L 16	
Antonio trombetta	L 10	
Sabastiano da Fiorenza trombetta	L 19	
Filopo m dal rosso Trombetta	L 10	

<u>Januar</u>
Ausgaben Musik   L 257   s 85
Ausgaben gesamt   L 2155   s 17

Sabado al XXVIII febr, fol. 9 (links)

Raganello trombetta	L 21
Steffano da monte pulciano	L 16
Sarachino trombetta	L 16
Cresimbene Trombetta	L 16
Antonio trombetta	L 10
Sabastiano da Fiorenza trombetta	L 19
Filopo m dal rosso Trombetta	L 10
	L 108

Sabado al XXVIII di febr, fol. 9 r.

Piero trombone	L 24	
Zoane trombone	L 16	s 16
Adam	L 16	s 16
Michele de alemagna	L 20	
Antoniosuo fratello	L 16	s 16
Augustino dala viola	L 20	
Gregoro de alemagna	L 16	s 16
Andrea dala viola	L 16	s 13
Piero Cariom	L 3	(* s. Lockwood, App. S. 405)
Zoane de Locha	L 3	
Su da gaferlo Capelano	L 9	
Hiernonymo de la frassina capelano	L 3	
	L 165 s 17 d 4	

<u>Februar</u>
Ausgaben Musik   L 276   s 17   d 4
Ausgaben gesamt   L 2480

Mercori al xi di marzo, fol. 14r

Ale doi infrascripti trombetti L vinti sei…
A Barachino trombetta L 16
A filipo m del rosso
trombetta L 10

Gugliemo tamborino L 12

Sabado al Xiiii de marzo
Zoane Scarabia cavaliero
spagnolo *L 24*
Marcho Antonio anthimacho
Canzeliero Cavaliere *L 10*

Marti ad xii marzo
Abizo Canzeliere *L 15*

Zobia al XXV di marzo, fol. 15 (links)
Al infrascripti salariati L trentasei soldi sedexi…
Michele piffaro L 20
Antonio piffaro L 16 s 16

Zwischensumme L 36 s 16

März
Ausgaben Musik L 100 s 12
Ausgaben gesamt L 836

Lun ad iiii de Mazo, fol. 24 r.

Raganello trombetta L 21
Steffano
da monte pulciano L 16
Sarachino trombetta L 16
Cresimbene
Trombetta L 19
Antonio trombetta L 9 s 14 d 8
Sabastiano da
Fiorenza trombetta L 22
filipo m del rosso
trombetta L 9 s 9 d 6
Piero trombone L 24
Zoane trombone L 16 s 16
Adam L 16 s 16
Michele piffaro L 17 s 3
Antonio dalemagna L 16 s 4
Augustino dala viola L 20
Gregoro de alemagna L 16 s 16
Andrea dala viola L 15 s 11
Don Piero Cariom L 3
Don Zoane da locha L 3
Don Su? Capolan L 9
Don hiernonymo
dela frassina L 3

Mai
Ausgaben Musik L 231 s 10 d 2
Ausgaben gesamt L 1985 s 9

Zobia al II de aprile, fol. 17 r bis fol. 18 (links)

Antonio da Carpi

cuogo L 3 s 12 d 8
Galiazo cuogo *L 8*

Raganello trombetta L 20
Steffano
da monte pulciano L 16
Cresimbene
Trombetta L 16
Antonio trombetta L 8 s 18 d 4
Sabastiano da
Fiorenza trombetta L 19
Piero trombone L 24
Zoane trombone L 16 s 16
Adam Piffaro L 16 s 16
Michele de alemagna L 20
Antonio suo fratello L 16 s 16
Augustino dala viola L 20
Gregoro de alemagna L 16 s 16
Andrea dala viola L 16 s 13
Don Pietro Cariom L 3
Don Zoane de la
Locha L 3
Don Su da sasuolo L 9
Don hieronymo
de la frassina L 3

April
Ausgaben L 246 s 5 d 4
Ausgaben gesamt L 2521 s 13

> *Auswertung*
>
> Bis auf Andrea dela viola ist kein weiterer Streicher erkennbar. Die Bezahlung der Cantori liegt weit unter der der anderen Musiker; mit dem Mindestlohn von 3 Liren im Monat erhalten diese Sänger weniger als ein Drittel des Durchschnittslohns von 10 Lire, dem geringsten Gehalt der Trompeter, oder aber die gleiche Besoldung wie ein Koch. Allerdings erhalten die cantori, laut Vereinbarungen mit der päpstlichen Kurie, Ausgleichszahlungen, die sog. Benefici. Das höhere Gehalt des Trompeters Raganellos mit 21 Liren erklärt sich aus seinem Dienstalter; er ist seit 1476 in Ercoles Kapelle aufgeführt (vgl. Lockwood (1987), App. S. 396). Mit 7 Trompetern, 3 piffari, 2 Viola-Spielern, 2 Posaunisten und einem weiteren Musiker (Gregoro) sind diese Instrumente in einer Größe besetzt, die mit der Kapelle Ercoles vergleichbar ist. Im Jahr 1489 z.B. gibt es dort 9 Trompeter, 4 piffari, 2 Viola-Spieler, nur einen Posaunisten, zudem aber auch einen chitarino. (Vgl. etwa Lockwood 1987, App. S. 400)
>
> Gugliemo tamburino, Trommler und Tanzmeister, wird in den Abrechnungen extra aufgeführt; er gehörte bereits seit 1489 zum Ferrarer Hof, meist begleitet von mindestens einem weiteren Kollegen. (Vgl. Lockwood (1987), App. ebd.ff)

Ausgehend von den parallelen äußeren Strukturen ihrer Hofmusik, darf man für die beiden Fürstinnenhöfe ähnliche Rahmenbedingungen annehmen: Dass an Isabellas und Lucrezias Hof im Vergleich zum Fürstenhof wesentlich weniger Musiker angestellt waren, erklärt sich dadurch, dass sie von den repräsentativen, raumfüllenden Pflichten der geistlichen Musikpraxis (wie auch der Ausbildung von Kantoren, die auf die Kapelle beschränkt war) und der militärischen Musikpraxis ausgenommen waren. Im Gegenzug war hier mehr Raum für Aufgaben, die am Fürstenhof unter die Nebenaufgaben fielen: die Unterhaltung des Fürstenpaares oder aber geladener Gäste. Dazu kam gegebenenfalls, wie bei Isabella, die musikalische Ausbildung der Fürstin selbst. Entsprechend reduzierte sich das Instrumentarium auf Sänger, Lautenisten und Streicher, die in Personalunion Dichtermusiker und Komponisten sein konnten, sowie einen Tanzmeister.

Diese pragmatischen Rahmenbedingungen für die musikalische Struktur des Fürstinnenhofes fügten sich in moralische Normen. In Anlehnung an die Trennung des Instrumentariums in der *capella alta* und *bassa* fehlten am Fürstinnenhof die lauteren Blasinstrumente. Entsprechende Normen sind bekanntermaßen in Castigliones *Libro del Cortigiano* festgehalten, wo betont wird, wie unvorteilhaft es besonders für Damen sei, sich mit den falschen Instrumenten zu umgeben, eben „tamburri, piffari o trombe".[35] Es ist allerdings zu bedenken, dass Castiglione den Diskurs des maßvollen Musizierens auch für männliche Höflinge kontrovers führen lässt. Zunächst hebt der Conte das Musizieren als allgemeine höfische Tugend hervor: „avete a sapere ch'io non mi contento del cortigiani s'egli non è ancor musico e se, oltre allo intendere de esser sicuro al libro, non sa di varii instrumenti."[36] Darauf folgt allerdings der Einwand von Signor Gaspar, dass der Höfling durch Musik drohe verweichlicht zu werden und daher Musik nur für Frauen angemessen sei, was daraufhin der Conte mit Rekurs auf die *antichi* entkräften und seine These der Tugendförderung durch Musik für beiderlei Geschlecht letztlich stärken kann.

---

35. Castiglione: Cortigiano, S. 266. Auf diesen Hintergrund weist auch Prizer: „It seems that the absence of these musicians [gemeint sind hier Bläser, S. M.] must have something to do with the properties of the era, in which women were not expected to have in their households loud instruments, the rightful attributes of the warlike prince, nor a personal chapel." Prizer: *Isabella and Lucrezia* (1985), S. 12–13.
36. „Ihr müsst wissen, dass ich mich nicht mit dem Hofmann zufrieden gebe, wenn dieser nicht auch Musiker ist, und wenn er, über das Verstehen und sichere Lesen von Noten hinaus, nicht mehrere Instrumente beherrscht." Castiglione: Cortigiano, I, 47, S. 99 und dort weiter S. 100–02.

Im Hinblick auf den Fall der Isabella sind dabei mindestens zwei Aspekte bedenkenswert: Die Tugendhaftigkeit einer Frau stellt stets auch ein Modell des Höfischen schlechthin dar, da diese von militärischen und anderen groben Aufgaben enthoben ist und sich besser auf die von Männern wie Frauen geforderten feinen Verhaltensformen konzentrieren kann. Dabei bringt die verstärkte Ausübung künstlerischer Tugenden für eine Frau, anders als für den Hofmann, nicht die Gefahr einer allzu weitgehenden Verfeinerung mit sich, wobei sie im Gegenzug stets auf Tätigkeiten beschränkt bleibt, die für ihre weibliche Rolle als angemessen gelten. Darüber hinaus aber kann eine herausgehobene Persönlichkeit wie Isabella d'Este Gonzaga, die Zugang zu einem ausgefeilten Günstlingssystem hat, Musik gezielter als andere Hofdamen als Machtattribut einsetzen.

2. 1. 4 Modellhaft: Die musikalische Ausbildung Isabella d'Estes

Isabella brachte aus Ferrara nicht nur hervorragende diplomatische Kontakte, sondern auch eine musikalische Ausbildung mit, die höfischen Idealen in modellhafter Form entsprach.

Bereits als Mädchen hatte sie in Ferrara Gesangsunterricht bei dem Flamen Johannes Martini erhalten, der in der väterlichen Kapelle „compositore" war.[37] Mit ihrem heiratsbedingten Weggang aus Ferrara engagierte sie Martini zunächst weiterhin für jeweils kurze Zeit in Mantua, bereits im August 1490 nach ihrer Heirat im Februar des Jahres. Im Dezember, als Martini ein zweites Mal zum Unterricht nach Mantua kam, hatte sie bereits seine Nachfolge organisiert. Den Wunsch, das Singen fortzusetzen, legitimierte sie ihrem Ehemann gegenüber mit den Worten „ne ho preso grande piacere, parendome virtute molto laudabile."[38] Spätestens ab März 1492 übernahm der französische Diskantist Charles (bzw. Carlo) Lannoy den Unterricht, der allerdings nur bis Oktober des Jahres blieb,[39] woraufhin ihr ein ungarischer Contraalto empfohlen wurde, der zuvor ihren Bruder, Kardinal Ippolito d'Este in Ferrara unterrichtet hatte. Auf ihren ausdrücklichen Wunsch an Martini, ihr wieder einen Sopranisten zu suchen, was offensichtlich jedoch schwierig umzusetzen war, wechselte Isabella erneut zu einem Contraalto, bis ihr Martini im August 1492 einen Sopranisten vermitteln konnte.[40] Wahrscheinlich also sang Isabella selbst Sopran.[41] Allein drei ihrer Lehrer waren somit *oltremontani* frankoflämischer Herkunft. Da zudem Korrespondenzen über Notenpapier, Abschreibefähigkeiten eines Gesangslehrers und v. a. ein Dialog über ein zwischenzeitlich abhanden gekommenes Gesangsmethodenbuch vorliegen, gilt es als sicher, dass Isabella in der schriftlichen Tradition unterrichtet worden ist und Noten lesen konnte.[42]

---

37. Zu Johannes Martini in Ferrara vgl. Lockwood: *Ferrara* (1984), S. 167–72.
38. „Ich habe dabei großes Vergnügen gehabt, [und] es [das Singen] scheint mir eine sehr lobenswerte Tugend." Isabella d'Este Gonzaga an Francesco Gonzaga. Sermide, Brief vom 10. Dezember 1490, ASMn, AG, busta 2106, fol. 420. Vgl. Prizer: *Virtù* (1999), S. 47.
39. Ab Oktober 1491 ist er in der Kapelle in Florenz nachweisbar. Vgl. D'Accone: *San Giovanni* (1961), S. 344–45.
40. Johannes Martini an Isabella d'Este Gonzaga, Brief vom 7. August 1492, ASMn, AG, busta 1232, fol. 457r., vgl. Prizer: *Virtù* (1999), S. 15 (Prizer zitiert für den Brief den 12. August).
41. Dementgegen hat man angenommen, dass Isabella Alt gesungen habe und die Schlüsselung im Pausenemblem der hauseigenen Grotte entsprechend interpretiert. Vgl. den Abschnitt Musikalische Ikonographie und Raumgestaltung in *studiolo* und *grotta* der Isabella d'Este Gonzaga in Kap. 2. 1. 9.
42. Charles Lannoy hatte das Gesangbuch der Marchesa im Gepäck, als er 1491 von ihrem Hof nach Florenz floh. Vgl. Prizer: *Virtù* (1999), S. 15. Über das im Familienkreis kursierende Gesangbuch ist weiterhin belegt, dass Alfonso d'Este zwischenzeitlich Gesangsunterricht nahm und in seiner Kindheit das Lautenspiel gelernt hatte. Vgl. Isabella d'Este Gonzaga an Borso da Correggio, einen Ferrareser Diplomaten am Hof von Alfonso d'Este. Brief vom 14. Februar 1494, ASMn, AG, busta 2991, libro 4, fol. 27. Bezüglich Alfonsos Lautenspiel vgl. einen Zahlschein über die Reparatur des „liuto de don Alfonso" vom 23. Februar 1489, AS Modena, Camera Ducale, Mandati No. 28, fol. 64v., S. 21.

Im Instrumentalbereich kam Isabella als Kind wahrscheinlich zuerst mit Tasteninstrumenten in Berührung. Dass sie Clavichord spielen konnte, ist durch ihren Auftrag an den Instrumentenbauer Lorenzo da Pavia aus dem Jahr 1496 belegt, er solle ihr ein besonders leicht spielbares Instrument anfertigen.[43] Wer sie in den 1480er Jahren in Ferrara unterrichtet hat, ist nicht sicher belegbar.[44] Man geht davon aus, dass Girolamo da Sestola, genannt „La Coglia", ein Ferrareser Organist, sie zwischen 1490 und 1493 unterrichtete.[45]

Das Lautenspiel erlernte Isabella erst in Mantua, auch wenn es ihr aus ihrer Kindheit auf höchstem Niveau gut bekannt gewesen sein muss. Der berühmte Lautinist Pietro Bono gehörte zu den Ferrareser Musikern in der Kapelle Ercole d'Estes. Nach ihrer Heirat nahm sie Lautenunterricht bei dem namhaften Lautenisten Testagrossa, der mindestens in der Zeit zwischen 1492 und 1503 von Zeit zu Zeit in Mantua war.[46] Genauer gesagt, muss sie auf einer *vihuela da mano* gespielt haben, da Lorenzo da Pavia in den späten 1490er Jahren für sie ein solches Instrument bestellte. Durch Streichinstrumente rundete sie ihre praktische Ausbildung ab. Spätestens 1493 begann sie die *lira da braccio* zu spielen, auf der sie sich offenbar selbst begleitete. So lieh ihr Niccolò da Correggio, ein von ihr begünstigter Höfling und Dichtermusiker aus Ferrara, eine Lyra und legte ein *capitolo* bei, das sie zu ihrem Spiel singen sollte.[47] Ende der 1490er Jahre schließlich lernte sie die damals neue *viola da gamba* kennen.[48]

Von vergleichbaren musikpraktischen Qualitäten Lucrezias ist dagegen heute nichts bekannt. Allerdings richtete sie sich im Ausbau ihrer Hofkapelle ebenso nach den zeitgemäßen Idealen und hatte dabei offenbar eine Vorliebe für das Tanzen, für dessen Praxis sie öfter die lauten Instrumente der *capella alta* benötigte. In solchen Fällen halfen ihr Musiker der Kapelle aus, v. a. Bläser.[49] Dass es ihr gelang, den namhaften Bartolomeo Tromboncino aus Mantua zu sich nach Ferrara abzuwerben, spricht jedoch dafür, dass sie sich der Relevanz bewusst war, zumindest als Patronin in der besonders auf den Fürstinnenhof zugeschnittenen Frottola konkurrenzfähig sein zu müssen.

Tromboncino stammte aus Verona, was durch einen seiner Briefe belegt ist, in dem er mit dem Zusatz „Veronese" unterzeichnete. Sein Vater Bernardo Piffaro war als Mitglied im städtischen Bläserensemble registriert; der Sohn hat damit ihm den Namen Tromboncino in der Bedeutung des kleinen Posaunisten oder auch des Posaunistensprösslings zu verdanken. Zudem sind die eigenen Anfänge der Musikerkarriere mit dem Posaunenspiel verbunden, war er doch auch in Mantua

43. Isabella d'Este Gonzaga an Lorenzo da Pavia. Brief vom 12. März 1496, ASMn, AG, busta 2992, libro 6, fol. 54v. Vgl. ausführlicher dazu Prizer: *Isabella and Lorenzo* (1982), S. 92f. Eine Bemerkung von Luzio und Renier darüber, dass Isabella „manocordo" in Ferrara lernte, konnte allerdings bislang nicht nachgewiesen werden. Vgl. Luzio/Renier: *Coltura Isabella* (1899), hier XXXIII (1899), 97, S. 48.
44. Prizer vermutet Girolamo del Bruno, Domherr der Kapelle. Vgl. Prizer: *Virtù* (1999), S. 19.
45. Girolamo da Sestola war 1488 Organist an San Paolo in Ferrara. Es existiert ein Teil einer Korrespondenz über Isabellas Bemühungen um Sestola am Hof Alfonsos. Vgl. ebd., S. 19–20.
46. So Prizer: *Isabella and Lucrezia* (1985), S. 18, aber auch Prizer: *Lutenists* (1980). Aus einem Hinweis von Luzio und Renier in Luzio/Renier: *Mantova e Urbino* (1893), S. 110, geht hervor, dass Testagrossa auch 1510 noch oder wieder in Mantua war.
47. Niccolò da Correggio an Isabella d'Este Gonzaga. Brief vom 8. Juli 1493, ASMn, AG, busta 1313, fol. 575. Der Brief ist vollständig publiziert in Luzio/Renier: *Correggio* (1893), S. 247–48.
48. Vgl. Prizer: *Isabella and Lorenzo* (1982).
49. Im März 1506 bezahlte sie einen gewissen Nicola Piva und seine Kollegen, die nicht zu ihren Musikern gehörten, „per havere sona[to] in questo carnevale in sala a la festa", ASMo, Amministrazione dei principi, libro 1130, fol. 14 v.; Ende 1506 zahlte sie Vincenzo tamburino aus dem Dienst von Ippolito d'Este, Bläser aus Alfonsos Kapelle, beschenkte ihre eigenen Musiker, fünf Musiker del „nostro Gardenal", also Ippolitos sowie die Trompeter von Papst Julius II. ASMo, ebd., fol. 96, Bericht vom 31. Dezember. Vgl. Prizer: *Isabella and Lucrezia* (1985), S. 13–14.

ab 1489 zunächst Mitglied des dortigen Bläserensembles, bevor er jedoch bald, ab 1490, als Komponist, Lautenist und Sänger in den persönlichen Diensten Isabella d'Este Gonzagas stand und dort seine wechselhafte Karriere als Frottolist begann. Im Schatten seiner evidenten Erfolge als Musiker — er muss am Hof zu den bestbezahlten Bediensteten gehört haben —, brach sich sein offenbar unstetes und unbeherrschtes Wesen auf verschiedene Weise Bahn. Er floh mehrere Male vom Hof und brachte 1499 seine Frau Antonia aus Eifersuchtsmotiven ums Leben — „Ausfälle", die ihm von der Fürstin verziehen wurden. Dann aber wechselte Tromboncino 1505 sicher ganz zum Leidwesen und zur Scham Isabellas an den Konkurrenz- und Nachbarhof in Ferrara und befreite sich in späteren Jahren ganz vom Dasein des Hofangestellten, indem er sich ab 1517 als selbstständig schaffender Frottolist in Venedig niederließ.[50]

2. 1. 5 Daten, Zahlen, Positionen: Zum Status der Musiker

Der Wechsel von Bartolomeo Tromboncino von Mantua nach Ferrara ist das gewichtigste Indiz dafür, dass die Hofmusik unter Lucrezias Patronat mehr Bedeutung hatte als lange angenommen und für den Nachbarhof eine ernstzunehmende Konkurrenz darstellte. Tromboncino nach fast fünfzehnjähriger Anstellung zwischen 1490 und 1505 an Isabellas Hof für Ferrara gewinnen zu können, wirkt wie ein strategischer Schachzug Lucrezias, Isabella an einem der sensibelsten Punkte ihres künstlerischen Selbstverständnisses zu treffen. Nach dem ersten Nachweis Bartolomeos in Mantua 1489 war er offenbar bereits kurz nach 1490 ihr persönlicher Musiker und Lehrer geworden, den sie mit Vertonungen beauftragte. Dass Bartolomeo für Isabella besonders wurde, zeigt sich darin, dass sie ihn selbst gegen ihren Ehemann verteidigte, nachdem Tromboncino 1499 seinen Ruf durch den Mord an seiner eigenen Frau aufs Spiel gesetzt hatte.[51] Marchetto Cara dagegen war seit 1494 ausschließlich Musiker ihres Mannes. Auch er war aus Verona gekommen,[52] bevor er dann 1505, nach Tromboncinos Weggang, in Mantua zwangsläufig für Fürstin und Fürst gleichermaßen zuständig war, ab 1510 Kapellmeister wurde und es bis zu seinem Tod 1525 blieb.[53]

Neben Bartolomeo Tromboncino sind 1506 in Lucrezias Haushalt vier weitere festangestellte Musiker aufgeführt: zunächst noch Dionio da Mantova, genannt „Papino", Niccolò da Padova und Ricciardetto Tamborino, ein Flöten- und Trommelspieler, der aber v. a. als Tanzmeister bekannt war. Ab November war zudem Paolo Poccino in ihren Diensten,[54] somit insgesamt sechs Musiker. Bis auf Niccolò da Padova, der schon länger bei Lucrezia angestellt war, kamen damit alle anderen aus Mantua. Tromboncino und Poccino hatten nachweislich zuvor Isabella gedient. Dieser Musikerstamm

---

50. Vgl. auch Kap. 2. 1. 6 und Kap. 4. 5. 1. Vgl. Weiteres zur Biographie Tromboncinos bei Prizer: *Tromboncino* (2001).
51. Vgl. Isabellas Brief an Francesco Gonzaga vom 21. Juli 1499, ASMn, AG, Lettere originali dei Gonzaga, busta 2113, fol. 169, und busta 2993, libro 10, fol. 23. Der Brief ist veröffentlicht durch Jeppesen: *Frottola I* (1968), S. 146 und durch Luisi: *Mus. Voc.* (1977), S. 71. Eine englische Übersetzung findet sich bei Prizer: *Cara* (1980), S. 57.
52. Dies belegt ein Brief Bernardo Bembos, des Vaters von Pietro, vom 2. September 1502, ASMn, AG, busta 1440, fol. 226, Ebd., Vgl. Prizer: *Cara* (1980), Dok. 13, sowie Kürzel seines Namens mit dem Zusatz „Vero[nensis]". Ebd. , S. 35–36.
53. Vgl. Prizer: *Tromboncino* (2001), S. 758. Sp. 1 und Schmidt: *Marchetto Cara* (2000), Sp. 160. Das wichtigste Indiz für Bartolomeos Zuordnung zu Isabellas Hof sind wenige vorhandene Zahlungsberichte, Mandate und Dekrete über Zahlungsforderungen für besondere Dienste und über Ausnahmen der Zahlungspflicht bezüglich Tromboncino, die sämtlich von Isabella oder ihrem Sekretär Capilupi stammen. Dagegen kommen die Cara betreffenden Abrechnungen von Francesco und seinem Sekretär Mattheo Sacchetti alias Antimachus. Vgl. Prizer: *Cara* (1980), Anh. Dok. 6–12 und 19. Mit Selbstverständlichkeit sprach sie auch gegenüber anderen von Aufgaben, die Tromboncino für sie erledigte, etwa in einem Brief an ihren Bruder Ippolito 1498, den Prizer: *Isabella and Lucrezia* (1985) im Anhang wiedergibt. (Ebd., Dok. 6).
54. Vgl. Dok. 1, S. 54

blieb in Ferrara über die drei belegbaren Jahre bis 1508 konstant; im September 1507 kam noch Dalida de' Putti hinzu, eine Sängerin und zukünftige Maitresse von Ippolito d'Este.[55] 1512 ist sie dann nachweislich in dessen Dienst tätig.

Den Besoldungsbüchern dieser Jahre sind auch die Gehälter der Musiker an Lucrezias Hof zu entnehmen. Das absolute Spitzengehalt unter ihnen bezog Bartolomeo Tromboncino mit 38 Lire 15 soldi pro Monat, d. h. 465 Lire im Jahr.[56] Es wäre interessant zu wissen, ob die Summe in Mantua niedriger war, somit also finanzielle Aspekte den Ausschlag für den Wechsel gegeben haben. Bemerkenswert ist in jedem Fall, dass Tromboncino einige Jahre später, 1511 und 1512 mit fast genau derselben Spitzenentlohnung von 38 Lire 50 soldi als Gastmusiker in den „Bolletta dei salariati" von Ippolito d'Estes Hof in Ferrara auftaucht. In den Ferrareser Krisenjahren, in denen Lucrezias Hof eine solche Bezahlung nicht mehr aufbringen und die Hofmusik drastisch reduzieren musste, konnte Tromboncino auf diese Art in der Umgebung bleiben, bis er 1513 letztlich wieder für einige Jahre, bis 1517–18 in Lucrezias Dienste trat.[57] Gehälter waren damals demnach offenbar kein Geheimnis. Der Lohn Tromboncinos entspricht mehr als dem Dreifachen des Jahresgehalts des Tanzmeisters Ricciardetto, der mit 148 lire marchesane und 16 soldi der zweitbest bezahlteste Musiker an Lucrezias Hof war; die verbleibenden vier anderen erhielten jeweils 96 Lire pro Jahr (Vgl. Dok. 1a, S. 54). Für das Jahr 1506, in dem Pocino nur zwei Monate am Hof tätig war, ergeben sich für Lucrezias Hof demnach 821 Lire 16 soldi an Ausgaben für festangestellte Musiker, d. h. eine vergleichsweise kleine Summe von ca 4,4 Prozent des Gesamtetats. Tromboncino bleibt im Gesamtvergleich hinter dem Dichter Tebaldeo, der die Höchstsumme von 620 Lire im Jahr verdient, der zweit höchst bezahlte Hofangestellte. Ein Arzt verdiente im selben Jahr nur gut die Hälfte, 240 Lire, und selbst der Maler Michel Costa war mit einem Monatslohn von ca 31 Lire, das einem Jahresgehalt von 372 Lire entspricht, schlechter bezahlt. Weit unter den Musikern rangierten Angestellte, die als niederes Personal direkt im Bereich der Camera arbeiteten, Küchen- und Zimmerpersonal. Unter den fünf aufgeführten Köchen und zwei Bäckern in der Jahresendabrechnung am 31. Dezember 1506 liegen die Löhne zwischen nur zwei und fünf Lire im Monat bzw. 24 und sechzig Lire im Jahr (Vgl. Dok. 1b, S. 54).

Wie attraktiv Tromboncinos Musikerpositionen damals gewesen sein müssen, zeigt erst der Vergleich zu den Besoldungslisten des gleichen Jahres 1506 am Hof Alfonso d'Estes. Keiner der dort aufgeführten Musiker verdiente nur annähernd eine Lucrezias Musikern vergleichbare Summe.[58] Innerhalb der Kapelle lag die Bezahlung der Cantori dabei nochmals weit unter der der anderen Musiker; sie wirkt auch unabhängig von einem weiteren Zuschlags aus kirchlichen Pfründen niedrig. Mit dem Mindestlohn von 3 Lire im Monat erhalten die Sänger weniger als ein Drittel des Durchschnittslohns von 10 Lire, dem geringsten Gehalt der Trompeter.[59] Diese Beträge sind auch im

---

55. Vgl. die Anmerkung im Besoldungsbuch von 1507, ASMo, LASP, libro 1131, fol. 86v.: „Madonna Dalida de cantore comenzò a dì primo de settembre per tuto dito ano."
56. Ein Dukat entsprach 3,1 Lire marchesane, ein Lire wiederum 20 soldi, die jeweils 12 denari Wert waren. Als kleinste Maßeinheit wurden statt der denari auch zecchini verwendet, von denen je 1000 12 bzw. 17 Lire entsprachen. In Ferrara und Mantua galten diese Zahlungsmaßstäbe Roms, die bis 1808 wirksam blieben. Vgl. Martini: *Metrologia* (1976), S. 205, S. 335 und S. 607.
57. Für diese späten Jahre von Tromboncinos Aufenthalt an Lucrezias Hof hat Prizer 1991 Nachweise liefern können. Prizer: *Games* (1991), S. 46.
58. Vgl. Dok. 2, S. 55–57
59. Das höhere Gehalt des Trompeters Raganellos mit Lire 21 erklärt sich aus seinem Dienstalter; er ist seit 1476 in Ercoles Kapelle aufgeführt. Vgl. Lockwood: *Ferrara* (1984), App. S. 320.

Vergleich zu früheren Gehaltslisten aus der Zeit Ercole I. niedrig,[60] wobei die Relationen konstant bleiben: Instrumentalisten bezogen generell mehr Geld, womöglich aufgrund höherer Dienstverpflichtungen. So konstatiert Lockwood für die Kapellsänger: „we see that the singers, as salaried employers, were in the lower echelons of the establishment, and that the *cappellani* stood even lower. In terms of salary alone, an experienced singer, and even a leading figure such as Martini, made less than the squire attending on a man-at-arms, and only slightly more than half of what was paid to the cross-bowmen."[61]

Das Beispiel des angesehenen Komponisten, Kantoren und Lehrers Johannes (Zoanne) Martini, u. a. eben auch Isabellas Gesangslehrer, zeigt allerdings, dass man nicht vorschnell aus der Gehaltshöhe auf den sozialen Status schließen darf.[62] Zwar verdiente er wie die meisten seiner Kantorenkollegen nur 72 Lire Grundgehalt pro Jahr. Doch über die Vergütungen hinaus, die in Form von Pfründen, Nahrung etc. gezahlt wurden, kamen Kapellmusiker auch über Sonderauftritte auf Festen und Bällen zu höheren Einnahmen. Im Fall des namhaften Lautenisten Pietrobono geht Lockwood davon aus, dass der bescheidene Monatslohn von 18 Lire im Jahr 1476, als der Musiker bereits überregional bekannt war, nur den Kapelldienst betraf und einen Bruchteil dessen ausmachte, was er zusätzlich als Solist am Hof verdiente.[63] Das Gehalt von Josquin des Prez, der als Kapellmeister 1503–04 eine Summe von 200 Dukaten bzw. 620 Lire durchsetzen konnte und damit genau die Spitzensumme erreichte, die 1506 der Hofdichter Tebaldeo erhielt, bildete damals eine prominente Ausnahme.[64] Mit vierzehn Instrumentalisten, nämlich sieben Trompetern, drei piffari, zwei Violaspielern und zwei Posaunisten, sowie einem weiteren Musiker namens Gregoro war die Kapelle 1506 in einer Größe besetzt, die es mit der der früheren Kapelle Ercole d'Estes aufnehmen konnte.[65] Vor diesem Hintergrund müssen die Gehälter, die Lucrezia zahlte, durchgehend als Sonder- und Solistengehälter interpretiert werden; war doch die Verpflichtung für jeden Einzelnen bei höchstens sechs Musikern insgesamt zweifellos bedeutender.

Infolge von Kriegen verkleinerte sich die Hofmusik in Ferrara in den Jahren 1511 und 1512 erheblich.[66] In der Zeit von 1517 bis zu Lucrezias Todesjahr 1519 taucht in den restlichen überlieferten Nachweisen ihres Hofpersonals an Musikern nur noch der Name von Papino da Mantova auf.[67] Dalida de' Putti ist wie ihr Kollege Tromboncino zumindest für kürzere Zeit an den Hof Ippolitos gewechselt.

---

60. Für die Jahre 1488 bis 1491 errechnet sich aus der Aufführung Lockwoods für Sänger ein Monatsgehalt von 3 oder 6 Lire (bzw. 36 oder 72 Lire Jahresgehalt), für Instrumentalisten ein Monatsgehalt zwischen 10 und 24 Lire (bzw. zwischen 120 und 288 Lire Jahresgehalt). Lockwood: *Ferrara* (1984), S. 183.
61. Lockwood: *Ferrara* (1984), S. 184. Lockwoods Kommentare beziehen sich direkt auf die Jahre 1488 bis 1491, in denen Martini ein Jahresgehalt von 72 Lire bezog. Vgl. ebd., S. 182–84.
62. Aus der Korrespondenz Isabellas geht hervor, dass Martini nicht nur ihr Lehrer war, sondern auch noch nach der Heirat als musikalischer Ratgeber fungierte. Martini vermittelte ihr weitere Gesangslehrer. Zu Martinis weltlichen Kompositionen vgl. Lockwood: *Ferrara* (1984), S. 272ff.
63. Vgl. Lockwood: *Ferrara* (1984), S. 181.
64. Vgl. Lockwood: *Ferrara* (1984), S. 205.
65. Im Jahr 1489 z. B. gibt es dort 9 Trompeter, 4 piffari, 2 Viola-Spieler, nur einen Posaunisten, zudem aber auch einen chitarino. Gugliemo tamburino, Trommler und Tanzmeister, wird in den Abrechnungen extra aufgeführt mit monatlich 12 Lire; er gehörte bereits seit 1489 zum Ferrareser Hof, meist begleitet von mindestens einem weiteren Kollegen. Vgl. Lockwood: *Ferrara* (1984), App. S. 324f.
66. Vgl. zur Finanzkrise dieser Jahre Chiappini: *Estensi* (1967), S. 222–33.
67. „Papino da Mantova cantore apr L 32", Eintragung vom 15. April 1517, ASMO, LASP, libro 1132, fol. 9v.

Im Fall Isabellas dagegen ist es mangels Quellen unmöglich, sich ein genaueres Bild über ihre Musiker zu machen. In jedem Fall war der bekannte Lautenist und Viola-Spieler Angelo Testagrossa über die Jahre 1495 und 1503 in ihren Diensten, bei dem sie Lautenunterricht nahm. Über ihre Bemühungen um Gesangsunterricht wiederum weiß man von dem Aufenthalt des französischen Diskantisten Charles de Lannoy, den ihr ihr früherer Lehrer Johannes Martini aus Ferrara empfohlen hatte. Lange kann er allerdings nicht in ihren Diensten gestanden haben, da er bereits 1491 von ihrem Hof nach Florenz floh.[68] Den Korrespondenzen ist weiterhin auch ein Organist namens Don Philippo di Guidoberti,[69] ein Tastenspieler namens Alessandro und ein anonymer Pfeifer und Trommler zu entnehmen, insgesamt also eine Konstellation, die mit Ausnahme des Tastenspielers dem an Lucrezias Hof gleicht: Sänger, Lautenisten, ein Streicher und ein Trommler bzw. Tanzmeister standen Isabella zu Diensten.

Dok. 3: Brief von Isabella d'Este Gonzaga (bzw. ihrem Sekretär B. Capilupi) an Kardinal Ippolito d'Este, Mantua, 3. Februar 1507 (ASMo, Fondo d'Este, Carteggio dei Principi Esteri, busta 1196, fol. 300r)

> Reverendissimo et Illustrissimo Monsignor mio bonissimo fratello: Amando io non mediocramente Don Philippo di Guidoberti mio organista e servitor charissimo, non posso negarli il favor mio ne le occorentie sue per le virtu ie bone qualita sue, per tanto havendo inteso da lui che pretende, El Beneficio di fossanova esser suo di qual vostra signoria Reverendissima ne ha disposto in altra persona, pregola che per amor mio, la sia contenta commetter di ragione sel dicto beneficio e di esso Don Philippo o no e permetenli di ragione, la ge lo voglia lassar che la mi fara uno singularissimo piacer, et ogni rispecto, e commodo che sera facto ad esso mio servitor, reputario proprio, expectaro adunche risposta di cio da v.s. R^ma come dedydero: A lei sempre mi racomando, Mantua, tertio February MDvii,
>
> Soror obediens Isabella Marchesana Mantua
> B. Capilupi
>
> Hochehrwürdigster und edelster Herr, mein gütigster Bruder: Da ich meinen Organisten und liebsten Diener Don Philippo di Guidoberti nicht mittelmäßig liebe, kann ich ihm für seine Tugenden und seine guten Qualiäten weder meine Gunst noch seine Bedürfnisse verweigern, demnach er behauptet, dass das Benefiz von fossanova seines sei, das von Eurer Hochehrwürdigsten Herrschaft einer anderen Person zugewiesen worden ist, [und] ich bitte ihn aus meiner Liebe, dass er sich begnüge, Vernunft walten zu lassen bezüglich des besagten Benefiz' und Don Philippo und ihm Recht zukommen lasse, was mir ein einzigartiges Vergnügen bereiten wird und meinem Diener jeden Respekt und jede Bequemlichkeit und selbst Reputation. Ich erwarte somit darüber Antwort von Eurer H. H., wie ich [mich ihr] widmen werde: Ihnen empfehle ich mich, Mantua, dritter Februar 1508,
>
> Gehorsame Schwester Isabella Markgräfin von Mantua
> B. Capilupi

Dass der Hofetat Isabella zwang, bei der Musikerförderung Prioritäten zu setzen, geht aus einem Antwortschreiben vom September 1500 an ihren Bruder, Kardinal Ippolito, hervor, in dem sie bedauert, sein Angebot ausschlagen zu müssen, den Tanzmeister Ricciardetto in ihr Hofpersonal zu übernehmen. Sie begründet ihre Absage ausdrücklich damit, keine Kapazitäten frei zu haben,

---

68. Vgl. Prizer: *Virtù* (1999), S. 15.
69. Dies geht aus einem Empfehlungsschreiben Isabellas an ihren Bruder, Kardinal Ippolito, vom 3. Februar 1507 hervor, in dem sie ihn um seine Gunst bittet, ihren Organisten für die Rente der Abtei Fossanova vorzusehen. (vgl. Dok. 3).

um ihn angemessen bezahlen zu können: „mi e forza allegerirmi" (vgl. Dok. 4).[70] Ohne letztlich die tatsächlichen finanziellen Hintergründe einschätzen zu können, entsteht der Eindruck, dass Tanz in ihrem Haushalt eine untergordnete Rolle spielte und dass sie diesen Posten daher auch weniger prominent besetzte als Lucrezia, die Ricciardetto spätestens ab 1506 an ihrem Hof führte.[71]

Dok. 4: Brief von Isabella D'Este Gonzaga an Kardinal Ippolito D'Este, Mantua, 20. September 1500 (ASMo, Fondo d'Este, Carteggio Principi Esteri, busta 1196, fol. 233r.)

> Dok. 4 (p. 69)
> Brief von Isabella D'Este Gonzaga an Kardinal Ippolito D'Este, Mantua, 20. September 1500 (ASMo, Fondo d'Este, Carteggio Principi Esteri, busta 1196, fol. 233r.)
>
> Reverendissimo Monsignore mio. Me ritrovo tanto charicha de familia che non solum poteria acrescerla, ma mi e forza allegerirmi. Io seria desiderosa havere alli servicy mei Riciardetto sapendo quanto vale nel ballare et amaestrar in legiadria citelle: ma non havendo modo de tractarlo secundo el grado suo non mi pare de serviare lui & me ad uno tracto: et tanto piu che li tempi presenti non sono disposti ad attender ad balli, io per non tenerlo suspeso parlo liberamente cum v.s. R^{ma} la quale ringrazio de la preposta sua: et de li stramboti del Thebaldeo, che la me ha mandato. Raccommandandomi sempre a quella, questa buonavoluntate. Mantua XX. Setembre M D
>
> Soror Isabella Marchionissa Mantua
>
> Mein verehrtester Monsignore. Ich befinde mich so überhäuft mit Haus[personal], dass ich es nicht nur nicht vergrößern kann, sondern gezwungen bin, mich zu entlasten. Ich würde es wünschen, in meinen Diensten Riciardetto zu haben, [wohl] wissend, wieviel er wert ist im Tanzen und im Lehren von Leichtigkeit im Schloss: aber da ich keine Möglichkeit habe ihn als Diener gebührend zu behandeln, scheint es mir, dass ich ihm nicht [helfe] mit einer Anstellung: Dies umso mehr, da die heutigen Zeiten nicht dafür gemacht sind, auf Bällen aufzuwarten. Um ihn nicht [unnötig] in Erwartung zu halten, spreche ich offen mit Euer verehrt. Hoheit, der ich für das Angebot danke: und für die stramboti von Thebaldeo, die er mir geschickt hat. Mich immer jener, dieser Gütigkeit empfehlend. Mantua XX. September M D
>
> Schwester Isabella Marchionissa Mantua

Der Vergleich zeigt, dass die Hofmusik beider Fürstinnen bezüglich der Etats, der personellen und musikalischen Ausstattung auf ähnlichen Bedingungen basierte, die sowohl auf zeitgenössische geschlechtsspezifische Normen als auch auf eine persönliche Konkurrenzsituation zurückzuführen sind. Dass die Wirkung beider Musikmäzeninnen dennoch so gegensätzlich ausfiel, die eine der Frottola wesentliche Impulse lieferte, während die andere als Musikpatronin keine Bedeutung erlangte, hat vielfältige Gründe. Führt man diese auf persönliche Komponenten zurück, scheint die Lage schnell erklärt: Während Lucrezia persönlich kein spezielles Interesse an Musik mitbrachte, war Isabella in diesem Bereich offenbar begabt und persönlich engagiert. Die Voraussetzungen dafür liegen in unterschiedlichen Familientraditionen. Während Isabella in ihrer Musikpatronage die Tradition der Estes aufgreifen konnte, Musik gezielt als Repräsentation höfischer Stärke einzusetzen, gehörte zur Tradition der Borgia zwar die Ausrichtung prunkvoller Feste mit Tanz, wobei die Musik bislang offenbar keine besondere Rolle gespielt hatte.[72]

---

70. „Ich bin gezwungen, kürzer zu treten."
71. Vgl. Dok. 1, S. 54.
72. Vgl. dazu auch den Abschnitt „Quedem cortigiana, hoc est meretrix honesta" — Kurtisanentum als Kompensation offizieller Strukturen oder: sexuelle Begierden und deren Nobilitierung in Kap. 2. 2. 2.

Darüber hinaus konnten die kulturpolitischen Voraussetzungen für die Musikförderung der beiden Fürstinnen kaum gegensätzlicher sein. Während Isabella nach ihrer Heirat an das eng geknüpfte, prestigereiche Beziehungsnetz der Este anknüpfen, Kontakte aus Ferrara und anderen Höfen der Region wie Urbino für ihre Position in Mantua nutzen konnte, startete Lucrezia zehn Jahre später unter schwierigen Voraussetzungen: In Ferrara in dritter Ehe als Tochter einer Papstfamilie einzuziehen, unter deren willkürlicher Machtpolitik die führenden Höfe um Ferrara gelitten hatten, zudem spanischer Herkunft und fern der Familie in Rom in neuer Umgebung zu sein, stellte eine äußerst belastete, schwierige Ausgangssituation dar. Gleichwohl hatte ihre Präsenz politisches Gewicht, da ihre Einheirat in Ferrara den Este eine neue Nähe zur Kurie und damit vorerst außenpolitischen Schutz und Sicherheit garantierte.[73]

2. 1. 6 Der Dichtermusiker Serafino Ciminelli dell'Aquila

Eine Form, über Musikförderung an Prestige zu gewinnen, bestand darin, berühmte Musiker am Hof zu verpflichten. Entweder konnte dies über längerfristige Dienstverhältnisse geschehen, wie sie auch für Tromboncino oder Cara bekannt sind, oder aber über kurzfristige Gastaufenthalte reisender Künstler, die von Hof zu Hof zogen. Einen besonderen Fall darunter stellt der Dichtermusiker Serafino Ciminelli dell'Aquila dar, der mit seiner Kunst des Strambottovortrags ein Repräsentant neapolitanischer Ursprünge der Frottolentradition war und sich mit seiner Vortragskunst im letzten Jahrzehnt des 15. Jahrhunderts auch im Norden großer Beliebtheit erfreute.

Serafino stammte — wie sein Beiname l'Aquilano besagt, aus den Abruzzen. Da er bereits in seinem 34. Lebensjahr, 1500 der Pest in Rom erlag, begann eine bemerkenswerte posthume Würdigung von Person und dichterischem Oeuvre sowie eine Legendenbildung. Im Zeitraum von nur drei Jahren, zwischen 1502 bis 1505, gingen dreizehn Gedichtausgaben von ihm in den Druck; zwischen 1507 und 1515 erschienen weitere dreizehn Ausgaben und von 1516 bis zur Mitte des Jahrhunderts noch einmal fünfzehn.[74] Diese Summe von über vierzig Bänden blieb damals auch unter den namhaftesten zeitgenössischen Dichter-Kollegen unerreicht. Weder humanistisch geschulte Autoren des *volgare* wie Pietro Bembo, Matteo Maria Boiardo, der Autor des *Orlando innamorato*, oder Jacopo Sannazaro, Verfasser der im frühen 16. Jahrhundert äußerst beliebten Schäferdichtung *Arcadia*, noch andere Hofdichter erreichten ähnlich hohe Auflagen: Von Il Cariteo, der Serafino beeinflusste, gab es nur fünf Gedichtausgaben; und Tebaldeo, der Hofdichter in Ferrara, der Anfang des 16. Jahrhunderts der dort bestbezahlte Hofbedienstete überhaupt war, brachte es auf insgesamt nur dreizehn Editionen. Innerhalb der noch immer jungen Drucklandschaft hat man sich Serafinos Gedichte in dieser Zeit als wahre Bestseller vorzustellen.

Dass man Serafinos Erfolg heute auf seine Leistung als Dichtermusiker, ja sogar auf kompositorische Leistungen zurückführt, liegt in der ersten und einzigen Biographie über ihn begründet, die bereits erstmalig 1504 als Beigabe einer posthumen Honoration des Dichters erschien.[75] Sie ist die

---

[73.] In der Geschichtsschreibung ist das anfangs verzerrte Bild von Lucrezia Borgia zwischen magischer Verführerin einer verruchten Papstfamilie und ehrenhafter, frommer Herzogin von Ferrara erst durch die umfassende Biographie Maria Belloncis von 1939 relativiert worden; seitdem wird ihr eher eine passive denn aktive Rolle in der Borgia-Politik zugeschrieben. Bellonci: *Lucrezia* (1939). Die Ausgabe von 1967 beinhaltet einen umfassenden Appendix an Dokumenten aus verschiedenen Archiven, zitiert wird im Folgenden in der Regel nach dem Nachdruck von 2002.

[74.] Danach ebbte die Nachfrage radikal ab. Vgl. Rossi: *Serafino* (1980), S. 23.

[75.] Der Text erschien zuerst im Juli 1504 in den *Collettanee Grece- Latine — e Vulgari per diversi Auctori Moderni — nella morte de l'ardente Seraphino Aquilano — Per Gioanne Philoteo Achillano Bolognese in uno corpo Redutte* (Bologna).

Quelle, die eine Auseinandersetzung darüber angeregt hat, inwiefern man sich Serafino nicht nur als einen ausgezeichneten Improvisator, sondern auch als Komponisten vorzustellen hat. „Fece in pochi anni tal profitto che a ciascuno altro musico italiano nel componere canti tolse la palma."[76] Diese Huldigung Serafinos kompositorischer Leistung stammte von Vincenzo Calmeta, einem Zeitgenossen und persönlichen Bekannten Serafinos, der mit ihm wiederholt an denselben Orten in Italien wirkte. Bekannt geworden ist Calmeta vorrangig durch seine Gegenposition zu Pietro Bembo in der *questione della lingua*, der Sprachreformdebatte, die allerdings heute so lückenhaft dokumentiert ist, dass man in ihrer Rekonstruktion vorrangig auf entsprechende Verweise in Bembos Schriften angewiesen ist.[77]

Calmeta präzisierte an wenigen anderen Stellen seines Textes die musikalischen Fähigkeiten Serafinos. In noch fast jugendlichem Alter sei er aus seiner Heimat Aquila an den Hof in Neapel gekommen und dort unter anderem auch musikalisch ausgebildet worden durch einen gewissen „Guglielmo Fiammengo, in quello tempo musico famosissimo", der auch als Gullielmus Guarnerius bekannt war.[78] Darüber hinaus gab Calmeta Auskunft über Serafinos frühe Petrarca-Studien: Nach seinem Aufenthalt in Neapel habe er sich für drei Jahre nach Aquila zurückgezogen, um sich ganz dessen italienischer Dichtung zu widmen. „[A]d imparare sonetti, canzoni et *Trionfi* dil Petrarca tutto si dispose, li quali non solo ebbe familiarissimi, ma tanto bene con la musica li accordava che, a sentirli da lui cantare nel luito, ogni altra armonia superavano."[79] Auf dieser Basis spricht Pirrotta Serafino zu, einer der Ersten gewesen zu sein, der Sonette in die Musik eingeführt hat.[80] Edward Lowinsky konnte zudem durch einen Brief und die kompositorische Tätigkeit Serafinos bestätigen. 1490 kündigte ein Pater einem Kanzleiangestellten Ascanio Sforzas, bei dem Serafino damals im Dienst war, „Neues" an, das er mitsamt den Worten sorgfältig abschreiben wolle.[81]

Bevor die Frage dieser und anderer musikalischer Praktiken Serafinos weiter diskutiert wird, seien kurz seine weiteren, heute bekannten biographischen Daten genannt.[82] Demnach kam Serafino zuerst 1478, im Alter von zwölf Jahren nach Neapel und trat dort als Page in den Dienst von

---

Geringfügig geändert wurde er 1505 in Venedig bei Manfredo de Monteferrato erneut gedruckt in den *Opere dello elegante Poeta Seraphino Aquilano finite & emendate con la gionta zoe Apologia et vita desso poeta*. Menghini schließlich gab die erste Ausgabe des Textes 1894 heraus, die auch der von Grayson edierten Ausgabe (Bologna 1959) zu Grunde liegt. Vgl. Serafino: Rime; Calmeta: Prose.

76. „Er hatte in wenigen Jahren einen solchen Erfolg, dass er jedem anderen italienischen Musiker im Komponieren von Gesängen die Palme [aus der Hand] nahm." „Vita del facondo poeta vulgare Serafino Aquilano per Vincenzio Calmeta composta." In: Calmeta: Prose. Calmetas Serafino-Biograophie ist bereits durch Mario Menghini herausgegeben worden in: Le rime di Serafino de' Ciminelli dall' Aquila. Bologna 1896, wo sich auch eine Übersicht der verschiedenen zeitgenössischen Ausgaben von Serafinos Dichtungen findet (Ebd., S.V–CIX). Im Folgenden wird jedoch aus der neueren Ausgabe Graysons zitiert (Calmeta: Prose).
77. Für Calmetas Biographie, eigentlich Vincenzo Colli, und einen kurzen Abriss des Quellenbestands vgl. *Letteratura Ital Bio-Bibl*, S. 410–11. Vgl. zudem Kap. 3. 3. 4.
78. Atlas: *Naples* (1985), S. 82.
79. „Er stellte sich ganz darauf ein, Sonette, Canzonen und Trionfi des Petrarca zu lernen, mit denen er nicht nur überaus vertraut war, sondern die er so gut auf die Musik abstimmte, dass sie jeden anderen Zusammenklang übertrafen, wenn man ihn zur Laute singen hörte." Calmeta: Prose, S. 60.
80. Pirrotta: *Before Madrigal* (1994), S. 243.
81. „Bruder Christophorua am 4. November 1490: „Si Seraphino poeta havera ancora facto cosa nova usaro omne diligentia per haverla notata et le parole." „Wenn der Dichter Seraphino noch Neues gemacht haben wird, werde ich alle Sorgfalt anwenden, um es mit dem Text aufzuschreiben." Archivio di Stato Milano, Archivio Ducale, Carteggio, Rom 102, zit. nach Lowinsky: *Ascanio* (1976), S. 52.
82. Sie gehen auf den Bericht Calmetas zurück, wurden von Luzio/Renier anhand von Briefmaterial ergänzt (Luzio/Renier: *Urbino* (1893)) und letztlich von Lowinsky und Atlas kritisch revidiert (Atlas: *Naples* (1985)).

Antonio de Guevara, dem Fürsten von Potenza. Sein dortiger musikalischer Unterricht bei dem flämischen Sänger Gullielmo Guarnerius, der ihn auch das Lautenspiel und Singen gelehrt haben muss, kann kaum ein Jahr gedauert haben, da Gullielmo bereits im Frühjahr 1479 in der römischen Kapelle registriert ist.[83] Laut Calmeta waren Serafinos Fortschritte in dieser Zeit allerdings enorm. Er blieb noch bis 1481 in Neapel, kehrte dann anlässlich des Todes seines Vaters nach Aquila zurück, wo er sich drei Jahre einem privaten Petrarca-Studium widmete. Auf eine klassische, lateinische Ausbildung konnte er dabei offenbar nicht zurückgreifen, im Gegensatz zu anderen Dichtern wie Benedetto Gareth oder Jacopo Sannazaro, die länger in Neapel gewirkt hatten. Calmeta folgend war er zwar „desceso de assai onesti parenti", hatte aber noch nicht einmal die Grundlagen der Grammatik gelernt, als er nach Neapel kam.[84] Nach diesen Lehrjahren ging Serafino 1487 nach Rom. Dort wirkte er im Dienst von Ascanio Sforza, der dort 1484 Kardinal geworden war.[85]

Serafino kam erneut mit der neapolitanischen Kultur in Berührung, als er seinen Dienstherrn auf einer Reise nach Mailand begleitete. In dem Kreis um Isabella d'Aragona, die seit 1489 mit Gian Galeazzo Sforza, dem Neffen von Ascanio, verheiratet war, traf Serafino auf den Hofdichter und -musiker Andrea Cossa.[86] Dass Serafino erst durch ihn die neapolitanische Strambottotradition von Benedetto Gareth alias Il Cariteo kennen lernte, wie Calmeta schreibt, ist unwahrscheinlich; der Spanier Gareth war zwischen 1467 und 1468 in Neapel und dort so bekannt, dass Serafino von seiner Dichtung schon bei seinem ersten Neapel-Aufenthalt gehört haben sollte.[87]

1490 kehrte er noch einmal nach Rom, dann nach Neapel zurück und trat dort ein Jahr später, 1491, für drei Jahre in den Dienst von Ferrandino d'Aragona, der später König Ferdinand II. von Neapel wurde. In dieser Zeit spielte er eine aktive Rolle in der Akademie Pontanos und muss dort auch wieder Il Cariteo begegnet sein. Als die aragonesischen Truppen weiter gen Norden in die Romagna zogen und damit den angreifenden Truppen von Karl VIII. entgegengingen, zog Serafino im Herbst 1494 mit. Prinz Ferrandino kam der Anfrage Elisabetta Gonzagas nach und gestattete Serafino einen Aufenthalt am Hof von Urbino und Anfang 1495 in Mantua. Für ein Schauspiel dort im Januar 1495 verfasste und rezitierte er einen „Atto scenico del tempo", in dem er selbst die Rolle

---

83. Atlas: *Naples* (1985), S. 82.
84. „von relativ würdigen Eltern abstammend", „non bene avuti ancora li primi erudimenti di grammatica, fu [...] nel Reame di Napoli menato", „nachdem er noch nicht gründlich die ersten Lehren der Grammatik bekommen hatten", wurde er [...] ins Königreich Neapel mitgenommen." Calmeta: Prose, S. 60.
85. Dadurch wurde er Kollege Josquin Desprez', dem er ein Sonett mit dem Titel „Jusquino suo compagno musico d'Ascanio" widmete, eines der Sonette, in denen er seine Abhängigkeit am Hof beklagte und seinen Schutzherrn implizit angriff. Das Gedicht ist mit englischer Übersetzung abgedruckt bei Edward E. Lowinsky: *Ascanio*, S. 56ff sowie auf italienisch bei Paul A. und Lora L. M. Merkley: *Sforza* (1999), S. 449–50. Ebd. auf S. 427 werden die biographischen Hintergründe ebenfalls beschrieben.
86. Nur wenige Dokumente sind im Archivio di Stato di Milano über das Musikpatronat Isabella d'Aragonas überliefert; genug jedoch, um ihnen zu entnehmen, dass Andrea Cossa ihr als Dichtermusiker diente und sie durchaus empfänglich für Musik war, auch wenn sie vorrangig mit Tanz in Erscheinung tritt. Paul und Lora Merkley zitieren zwei Briefe, in denen Cossa als Sänger erwähnt wird, der neben andern Musikern zu ihrer Erholung, zur „recreatione" beiträgt. Merkley: *Sforza* (1999), S. 422. Einiges spricht dafür, dass es in Mailand ein Konkurrenzverhältnis zwischen den zwei zugereisten Fürstinnen Isabella d'Aragona und Beatrice d'Este gab, das ähnlich produktive Folgen für das Musikpatronat hatte wie bei dem zwischen Isabella d'Este Gonzaga und Lucrezia Borgia in Mantua und Ferrara. Vgl. Kap. 2. 1. 8.
87. Benedetto Gareth soll zwischen 1466 und 1468 aus Barcelona nach Neapel gekommen sein, wo er seit spätestens 1482 Ämter am aragonesischen Hof bis zum angesehenen Amt des Staatssekretärs ausübte. Den Beinamen „Il Chariteo" erhielt er als Mitglied der Akademie Giovanni Pontanos. Il Chariteo gehörte zu den über Neapel hinaus bekannten Improvisatoren. Anlässlich der Hochzeit Ferdinands II. 1496 in Neapel ist überliefert, dass er „mille frottole" gesungen habe. Bridgman: *Quattrocento* (1964), S. 133. Lothar Schmidt: „Benedetto Gareth (Benet Garrett, gen. Il Chariteo)". In: *MGG* (2), Personenteil 7, Kassel 2002, Sp. 546–47.

der voluptas bzw. der Begierde spielte, und „assai lascivamente vestito, come a la Voluptà si convene, cum il Leuto in brazo" auftrat.[88] Es ist das Schauspiel, bei dem auch erstmalig eine petrarkistische Frottola erwähnt wird, die der Illustration fürstlicher Autorität diente. Die Vertonung der Petrarca-Canzone „Una donna più bella del sole" illustrierte das positive Gegenbild zur Voluptas, nämlich Erfolg und Tugend der Gonzaga.[89]

Von Mantua aus reiste Serafino mit Isabella d'Este Gonzaga 1495 nach Mailand zu den Feierlichkeiten anlässlich der offiziellen Einweisung von Ludovico Sforza, „il Moro".[90] Während Calmeta für die folgenden Jahre davon ausgeht, dass Serafino in Mailand am Hof von Ludovico Sforza und Beatrice d'Este, der jüngeren Schwester Isabellas (gest. 1497), bis zum Ende der Regentschaft des Herzogs 1499 blieb, konnten Luzio und Renier rekonstruieren, dass er damals als berühmter Dichtermusiker zwischen Mailand, Mantua, Urbino, Venedig, womöglich auch Genua unterwegs war. Zwischen 1497 und 1498, d. h. direkt nach dem frühen Tod der jüngeren Schwester Beatrice, sicherte sich Isabella d'Este Gonzaga den Dichtermusiker für den Mantuaner Hof. Wie später noch ausführlicher zu zeigen sein wird, musste sie dafür Anfragen von benachbarten Höfen entschieden abwehren.[91]

Obwohl Serafino erneut nach Neapel eingeladen worden war[92], kehrte er in die Stadt, dessen Liedkultur seine Karriere so tief geprägt hatte, nicht mehr zurück. 1499 trat Serafino in den Dienst des Papstsohns Cesare Borgia in Rom[93] und starb dort im Alter von 33 Jahren an der Pest.

2. 1. 7 Neapel — Hochburg von *poesia e musica volgare*

„Nessuna città d'Italia poteva vantare al pari di Napoli, nel periodo in cui l'Aquilano vi giunse, un gruppo tanto numeroso quanto qualificato di rimatori."[94]

Wesentlichen Anteil an Serafinos Erfolg als Dichtermusiker hatte die kulturpolitische Sonderstellung der aragonesischen Herrschaft in Süditalien seit der Mitte des 15. Jahrhunderts. Seit 1443 gehörte Neapel als Hauptstadt zum aragonesischen Königreich, das sich zwischen der bewussten Kultivierung spanischer Traditionen und der Anpassung an die italienischsprachige Kultur bis zum Ende des Jahrhunderts die Stellung als eine der führenden Mächte im Land neben dem Kirchenstaat, Mailand, Venedig und Florenz sichern konnte. Während die Kirchenmusik in dieser Zeit eine den Höfen im Norden unvergleichbar geringe Rolle spielte, etablierte sich Neapel zur Wiege der volkssprachlichen Vokalmusik[95]: Unter der Herrschaft des ersten aragonesischen Königs von Neapel

---

[88]. „ziemlich lasziv gekleidet, wie es sich für die Begierde ziehmt, mit der Laute im Arm". Vgl. Serafino: Rime, S. 267–75, S. 268. Lowinsky datiert Serafinos Dienst bei Kardinal Ascanio Sforza in den Zeitraum von 1484 bis 1490, genau in die Zeit, als auch Josquin dort tätig war. Lowinsky: *Ascanio* (1976) S. 51–54. Vgl: zudem Walter Rubsamen: „Serafino de' Ciminelli (Aquilano)". In: *MGG* (1), Bd. 12, Sp. 553–55, Sp. 553.

[89]. Das Wort „donna" steht in diesem Petrarca-Gedicht synonym für Ruhm. Es handelt sich um Rime 119 aus den *Rerum vulgarium fragmenta*. Vgl. Petrarca: Canzoniere, S. 219–24. Zur Aufführung über die von Serafino dell'Aquila konzipierte Rappresentazione allegorica im Januar 1495 in Mantua vgl. Serafino: Rime, S. 267f oder Luzio/Renier: *Urbino* (1893), S. 90, Anm. 2. Grundlage dafür ist der Brief von Giovanni Gonzaga an seine Schwägerin Isabella d'Este Gonzaga vom 25. Januar 1495.

[90]. Vgl. Lowinsky: *Ascanio* (1976), S. 59.

[91]. Vgl. den Abschnitt Buhlen um musikalische Exklusivität in Kap. 2. 1. 8.

[92]. Bauer: *Strambotti Serafino* (1966), S. 21.

[93]. Zu Cesare Borgias Neigung zur Frottola vgl. im Abschnitt „E chi non si arìa alzato i panni a sì bella canzona?"— Illusionen schüren und enttäuschen in Kap. 2. 2. 2.

[94]. „Keine Stadt Italiens konnte sich wie Neapel in der Zeit, in der l'Aquilano dort hinkam, einer ebenso zahlreichen wie qualifizierten Gruppe an Reimkünstlern brüsten." Rossi: *Serafino* (1980), S. 93.

[95]. Gleichwohl bemühte sich König Ferrante um die Stärkung der musikalischen Kapelle durch frankoflämische Kantoren und Instrumentalisten internationaler Reputation. Vgl. Atlas: *Naples* (1985), S. 117.

Alfonso (1443–1468) wurde vor allem das spanische mehrstimmige Lied praktiziert. Dagegen entwickelte sich unter der langen Herrschaft Ferrantes (1458–1494) eine lebendige Praxis des mehrstimmigen italienischsprachigen Liedes, der Barzelletta und vor allem des Strambotto. Beide Formen existierten auch im Norden; doch ist der Erfolg des in Neapel geprägten Serafinos, besonders im Strambottovortrag, ein Indiz dafür, dass sich die neapolitanische Tradition am Ende des 15. Jahrhunderts in die Frottolakultur im Norden integrierte.

Die musikalische Lyrik aus Neapel fand in ganz Italien Verbreitung infolge der glücklichen Bündnispolitik der Aragona und deren unglücklichen Ausgangs um 1500: Bereits Alfonso hatte in den 1430er Jahren mit den Visconti in Mailand ein Bündnis abgeschlossen, und Ferrante setzte erfolgreich diplomatische Heiraten durch, so dass die Aragona im letzten Drittel des Jahrhunderts mit den Este in Ferrara und den Sforza in Mailand liiert waren; zudem bestand ein Friedensabkommen mit den Medici in Florenz. Berichte über Tanzfeste der Isabella d'Aragona, die seit 1489 bei den Sforza in Mailand eingeheiratet hatte, geben ein Beispiel davon ab, wie bewusst sich die Aragona auch im Norden durch spanische Traditionen behaupteten.[96] Der neapolitanische Dichtermusiker Andrea Cossa an Isabellas Hof ist ein weniger prominenter, aber einflussreicher Übersetzer der neapolitanischen Strambottotradition im Norden, die Serafino weiterführte.

Diese Musiker blieben aufgrund der verheerenden politischen Entwicklungen im Süden ab den 1490er Jahren letztlich im Norden. Nach Ferrantes Tod 1494 musste sich der Nachfolger Alfonso II. erheblichen Verteidigungskämpfen Neapels stellen, v. a. gegen die Truppen des französischen Königs Karl VIII. Als sich 1495 die übrigen Großmächte Italiens — der Kirchenstaat, vertreten durch den Borgia-Papst Alexander VI., Mailand durch Ludovico Sforza, und Venedig sowie die kleineren Stadtstaaten Ferrara, Mantua und Siena — in der heiligen Liga von San Marco mit Erfolg gegen Karl VIII. zusammenschlossen, blieb der Süden völlig isoliert. Er wurde von den Franzosen besetzt und unter der letzten Aragona-Regentschaft letztlich zum Spielball internationaler Politik, bis die Königreiche Neapel und Sizililen 1522 für die nächsten zwei Jahrhunderte spanisch-habsburgischer Herkunft zugeführt wurden.

Im Jahr 1478, als Serafino erstmalig nach Neapel kam, hatte sich hier bereits italienische Dichtung etabliert. Eine vom Petrarkismus bestärkte, zwischen 1430 und 1445 geborene Reihe von Poeten war zuvor von Florenz aus nach Neapel gekommen. 1471 besuchte der florentinische Dichter Luigi Pulci im Auftrag Lorenzo de' Medicis Neapel und widmete Ferrante eine neue Canzone. 1473 erschien die erste gedruckte Fassung von Dantes *Divina Commedia* in Neapel, 1477 die ersten Ausgaben von Petrarcas *Canzoniere* und den *Trionfi*. Dass Neapel somit im letzten Drittel des 15. Jahrhunderts den Anschluss an die zentralen Entwicklungen der volkssprachlichen Dichtung schaffte, ist dabei weniger auf den Einfluss König Ferrantes als auf den seines Enkels Ferrandino, (König zwischen 1495 und 1496), der selbst dichtete, und den seines Sohns Federico (König von 1496 bis 1501) zurückzuführen.

Für die literarischen Entwicklungen war vor allem Jacopo Sannazaro bedeutend, dessen Schäferroman *Arcadia* nach über zwanzigjähriger Entstehungszeit 1504 in Neapel erschien und über Italien hinaus bis ins 18. Jahrhundert hinein gedruckt wurde.[97] Die im Roman geschilderte Idylle der

---

96. Paul und Laura Merkley geben einen Bericht der Festa del Paradiso wieder, mit der Isabella d'Aragona 1490 ein Jahr nach ihrem Einzug in Mailand mit neapolitanischen Tänzen und traditioneller spanischer Kleidung ihren Status als zugereiste Fürstin zelebrierte. Merkley: *Sforza* (1999), S. 419.
97. Mehr dazu bei Kapp: Ital Litgesch (1994), S. 107–08.

arkadischen Landschaft, in der sich dichtende Hirten einem Hortus conclusus gemeinsam mit den Musen der Musik widmen, hat zweifelsohne das Ansehen weltlicher Musik als einer gemeinschaftsverbindenden Kultur jenseits politischer Konflikte im frühen 16. Jahrhundert gefördert. Obwohl Sannazaro für einen humanistisch-literarischen Ton bekannt war, ist sein Werk von einem neapolitanischen Lokalkolorit durchzogen, sei es in der Einbindung Neapels als Sujet wie in *Arcadia*, oder in volkssprachigen Gedichten, Barzelletten und Strambotti, die darin der Dichtung der neapolitanischen Dichtermusiker seiner Generation ähnlich sind. Durch Musikmanuskriptsammlungen aus den 1480er Jahren ist belegt, dass viele der damals bekannten Dichtungen vertont wurden.[98]

Beispielhaft ist das Manuskript Paris 1035, ein Canzoniere, der für den Grafen von Popoli um 1468 zusammengestellt wurde und Dichtung der damals führenden Poeten enthält, die petrarkistisch arbeiteten, jeweils einen eigenen Canzoniere konzipierten, formal, rhetorisch und thematisch auf Petrarca bezogen waren und dabei gleichermaßen populär wirkende, erotische Motive einbezogen. Von Pietro Jacopo de Jennaro (1436–1508) wurden einige klassische Motive tradiert wie das Echo oder das des Minotaurus. Francesco Galeota war ein Vorbild für die Dichtung von Barzeletten und Strambotti. Auch der bekannteste neapolitanische Dichtermusiker vor Serafinos Karriere, Benedetto Gareth, benutzte diese Formen, allerdings auch Sonett und Canzone, was auf seine humanistische Ausbildung zurückzuführen ist, die ihm besonderes Ansehen verschaffte. So geht aus Paolo Cortesi Bericht *De cardinalatu* hervor, dass Gareth auf den Wunsch von König Ferrandino Verse von Vergil sang.[99] Durch seine Mitgliedschaft in der Akademie war Gareth als „Il Cariteo", „der von den Musen Begünstigte", bekannt. Er kam zwischen 1466 und 1468 nach Neapel und starb dort 1514. Der Canzoniere, der von ihm verfasst wurde, trug den Titel *L'Endimiione;* er folgte Petrarcas Vorbild: Thema des Bandes ist eine Liebesgeschichte, in der der Name der Geliebten Luna auch formal in die einzelnen Gedichte eingeht, so wie es für das Beispiel Lauras aus Petrarcas Canzoniere bekannt war. Auch in der rhetorischen Gestaltung imitiert Gareth Petrarca. Neu hinzu kommt, dass der Geliebte ausdrücklich musiziert, zur Lyra singt, unter dem Balkon spielt. In dem Gedicht *Quest'è, s'io non mi inganno, il bel balcone* heißt es: „Sotto 'l qual l'infelice Endimïone Solea, rivolto al ciel, cantare in rima Quella beltà, ch'al primo cielo splende. Hor più non vi s'intende Lyra, né voce alcuna."[100]

Das Beispiel Gareths zeigt zudem, wie stark das Imitationsprinzip unter zeitgenössischen Kollegen praktiziert wurde. Viele Dichtungen Serafinos sind im Titel und in der Verwendung der Motive Variationen von Gareths Gedichten, von Sonetten, vor allem aber von Strambotti. Gareths Texte bildete den Nährboden für die höfische Dichtung, die dann durch Serafino oder auch den Ferrareser Hofdichter Antonio Tebaldeo besonders eingängig und beliebt wurde.[101]

2. 1. 8 Konkurrenzdenken
Buhlen um musikalische Exklusivität

Der Name Serafino dell'Aquila stand für eine im Norden nur selten anzutreffende, besondere Vortragskunst, deren Mode bereits in eine Zeit fiel, als die Innovation des Musikdrucks noch

---

98. Besonders bedeutend dafür sind die Musikmanuskripte Perugia 431 und Montecassino 871. Sforza (1985), S. 120–21.
99. Cortesi: De Cardinalatu, zit. nach Pirrotta: *Music and Cultural Tendencies* (1966), S. 100.
100. *Das ist, wenn ich nicht irre, der schöne Balkon*: „Unter diesem pflegte der unglückliche Endimïone, dem Himmel zugewandt, jene Schönheit in Reimen zu singen, die am ersten Himmel strahlt. Jetzt aber hört man dort keine Lyra, auch keine Stimme mehr." Zitiert nach Rossi: *Serafino* (1980), S. 95.
101. Rossi: *Serafino* (1980), S. 96–98.

bevor stand, die entsprechende Verbreitungsbedingungen ändern sollte. Serafinos Präsenz am Hof versprach Exklusivität, und kaum etwas lag daher näher, als im Buhlen um seine Künste den eigenen Status zu demonstrieren. Auch in diesem Fall war es offenbar für die Mantua umgebenden Höfe schwierig, an Isabella d'Este Gonzagas Vorreiterrolle zu rühren.

Die briefliche Bitte von Kardinal Ippolito d'Este aus Ferrara an seine Schwester Isabella vom 25. April 1498, sie solle ihm „[…] qualche bona cosa da Seraphino" schicken, möglichst einige seiner „strambotti et qualche altra cosa zentile che habbia composto nuovamente", ist einer von zahlreichen Anläufen, mit der er der Mantuaner Fürstin das Privileg auf die Künste des Dichtermusikers streitig zu machen versuchte.[102] Weitere Briefe aus dem Kontext belegen, dass auch die umliegenden Höfe sie darum beneideten, und ihre Antwort bestätigt wiederum, wie sehr sie die Präsenz des Künstlers als ihren Besitz kultivierte.

> Seraphino mi ha dicto che la S. V. desydera copia del capitulo suo dil sogno. Io, benchè havessi pensato non lo dare molto fora, tamen ho voluto exceptuare la S.V. di questa deliberatione e mandargliene la qui inclusa copia tolta da l'originale proprio, del quale privai Seraphino per essere io sola che l'havesse. Prego bene la S. V. che lo habbia charo né sia molto facile a compiacerne altri, anzi (se lo puo fare) non lo dia ad alcuno, perché serei contenta poterlo havere presso me qualche tempo che'l fosse divulgato; e se il altro posso gratificare la S.V. comandi et a lei mi raccomando. Credo ben perhò che 'l serà gran fatica a poterlo tenire che 'l non esca fuori.
>
> Mantue, XXVII maij 1498.[103]

Besonders im Hinblick auf den wenige Jahre später bevorstehenden Einschnitt des Notendruckwesens ist es bemerkenswert zu lesen, welche Anstrengungen Isabella unternimmt, um ein neues Gedicht bzw. Lied Serafinos den unmittelbar benachbarten Höfen vorzuenthalten. Serafino selbst hat sie offensichtlich beschwichtigt, ihr den alleinigen Zugriff auf das Original einzuräumen, und den Bruder bedrängt sie förmlich, das besagte Capitolo entsprechend vorsichtig zu benutzen und möglichst nicht vorzeitig kursieren zu lassen. Mit der fordernden Erklärung, sie wolle es „qualche tempo" bei sich behalten, sichert sie die Gelegenheit, als erste das neue Capitolo vor Gästen musizieren zu lassen und damit einmal mehr die Sonderstellung ihres Hofes präsentieren zu können.

Wenn damals um die Verse der Dichtermusiker gebuhlt wurde, stand das Medium der Dichtung zweifellos im Vordergrund. Während die Mäzenin Isabella d'Este Gonzaga dabei bereits ein Bewusstsein für den Wert literarisch-musikalischer Kunst entwickelt hatte, schien dies bei den Dichtermusikern selbst noch nicht der Fall zu sein. Auf eine Anfrage Isabellas an den Ferrareser Hofdichter Niccolò da Correggio, ihr ein bestimmtes seiner Gedichte zu schicken, antwortete dieser, wie schwierig und zufällig es gewesen sei, bestimmte „Strophen" wiederzufinden, „perché io non tengo

---

102. „etwas Gutes von Seraphino", einige seiner „strambotti und andere nette Sachen, die er neu komponiert habe". Ippolito d'Este an Isabella d'Este Gonzaga. Brief vom 25. April 1498. ASMn, AG, busta 1187, ohne Zählung, zuerst veröffentlicht in Cian: *Pietro Bembo* (1885), S. 233, hier zit. nach Luzio/Renier: *Mantova e Urbino* (1893), S. 93.

103. „Seraphino hat mir gesagt, dass Eure Hoheit eine Abschrift seines capitolos über den Traum wünscht. Obwohl ich nicht gedachte, es sehr nach außen zu geben, habe ich Eure Hoheit von diesem Beschluss ausnehmen und ihm hier beiliegend eine Abschrift, direkt vom Original entnommen, schicken wollen. Ich bitte E. H. sehr, dass er [das capitolo] wert schätze und es nicht leicht andern zugänglich macht, sogar (wenn er es kann) es niemandem gebe, denn ich wäre froh, es einige Zeit bei mir zu haben, dass es nicht verbreitet wäre; und wenn ich Ihnen mit Anderem helfen kann, lassen Sie es mich wissen und ich empfehle mich Ihnen. Ich glaube sehr allerdings, dass es eine große Anstrengung sein wird, es [zurück]halten zu können, dass es nicht nach außen dringt. Mantua, XVII Mai 1498." Zit. nach ebd.

conto né copia di stanzie; puro a caso si sono ritrovate queste nel mio archetipo".[104] Es ist eher unwahrscheinlich, dass der Dichter mit einer solchen Aussage gezielt den Eindruck künstlerischer Spontaneität erwecken wollte.

Serafino dell' Aquila war Ende der 1490er Jahre bereits einige Jahre im Norden unterwegs und wurde durch verschiedene Fürsten von seinen Dienstpflichten am aragonesischen Hof in Neapel freigekauft. Für Mantua hatten ihn die Gonzaga spätestens im Januar 1495, zur Karnevalssaison, erstmalig als Autor für eine *Rappresentazione allegorica* politischer Funktion engagieren können: Auf der Basis der petrarchischen Canzone „Una donna più bella assai che 'l sole" ließen sich Marchese Francesco Gonzaga von Mantua und Herzog Ferrandino, Thronfolger im Königreich Neapel, in diesem Stück als antifranzösische Liga gegen Karl VIII. verherrlichen. Serafino selbst verkörperte die *voluttà* und forderte zum irdischen Genuss auf, wogegen sich *virtù* und *fama* als eigentliche Hauptdarsteller absetzten, die die Verruchtheit der Welt beklagen und ein neues goldenes Zeitalter ankündigen.[105]

In offensichtlicher Konkurrenz der Nachbarhöfe, die sich damals ebenso eifrig um Serafino bemühten, haben Isabella und Francesco Gonzaga Serafino Anfang 1497, direkt nach dem Tod von Beatrice Sforza, vom Mailänder Hof abgeworben und immerhin eineinhalb Jahre das Exklusivrecht an ihm verteidigen können.[106] Der wiederholten Bitte vom befreundeten und verwandten Urbiner Hof im selben Jahr, Serafino dort einen kürzeren Aufenthalt zu gestatten, „per quindice o vinte dì", kamen die Gonzaga offenbar nur widerwillig nach; es dauerte bis zum Sommer 1498, bis Serafino nach Urbino kam und den Besuch auf längere Zeit ausdehnte.[107] Diesem Tauziehen setzte der plötzliche Fiebertod des Künstlers im darauffolgenden Sommer 1500 in Rom dann ein Ende.

Das Konkurrenzprinzip allerdings, bedeutende Musiker möglichst für den eigenen Hof zu sichern, erhielt Isabella weiterhin aufrecht. 1510 etwa wurde sie von Elisabetta Gonzaga da Montefeltro gebeten, dem Lautenisten Testagrossa einen Aufenthalt in Urbino zu gewähren; sie lehnte jedoch ab.[108]

„*queste nozze fredde*": Der Einzug Lucrezia Borgias in Ferrara

Mit den Feierlichkeiten für die Hochzeit Lucrezia Borgias mit Alfonso d'Este in der ersten Februarwoche 1502 in Ferrara stand ein kulturpolitisches Ereignis bevor, auf das sich Isabella d'Este gezielt vorbereitete. Im Vorfeld der persönlichen Bekanntschaft war das Verhältnis der Fürstinnen

104. „denn ich bewahre keine Abschriften der Strophen auf; nur zufällig haben sie sich wieder gefunden in meinem Original". Niccolò da Correggio an Isabella d'Este Gonzaga. Ferrara, Brief vom 7. Juli 1505, ASMn, AG, zit. nach Niccolo da Correggio: Opere, S. 503. Von den entsprechenden Strophen gibt es leider keine Spur.
105. Isabella ließ Serafino für die Komposition und Aufführung des Stücks bei seinem Hauptdienstherren brieflich für die ganze Karnevalssaison freistellen. Vgl. Isabella d'Este Gonzaga an den Duca di Calabria, Brief vom 4. Januar 1495. Für weitere Hintergründe und Beschreibungen des Stücks vgl. Luzio/Renier: *Mantova e Urbino* (1893), S. 90, Anm. 2, D'Arco: *Storia* (1871), IV, S. 35–36, Bauer: *Strambotti Serafino* (1966), S. 116–17.
106. Luzio und Renier belegen durch einen Brief Francesco Gonzagas an den Mantuaner Sekretär Capilupo vom 17. Februar 1497, der sich damals in Mailand aufhielt, dass die Gonzagas alle Kräfte daran setzten, um Serafino fest an den eigenen Hof zu binden. Dadurch widerlegen sie Calmetas und ihm folgende Berichte, demnach Serafino als einer unter wenigen Literaten auch nach dem Tod von Beatrice d'Este Sforza in Mailand blieb. Vgl. Luzio/Renier: *Mantova e Urbino* (1893), S. 89–90. Vgl. dazu Rossi: *Serafino* (1980), S. 106–07 und das vorige Unterkapitel.
107. „für fünfzehn oder zwanzig Tage". Elisabetta Gonzaga da Montefeltro an Isabella d'Este Gonzaga, Brief vom 2. September 1497, ASMn, AG, busta 1067, fol. 108 und Guidobaldo da Montefeltro an Francesco Gonzaga, Brief vom 30. September 1497, ebd. fol. 112, teilweise veröffentlicht in Luzio/Renier: *Mantova e Urbino* (1893), S. 92–93.
108. Vgl. Luzio/Renier: *Mantova e Urbino* (1893), S. 110. Der Aufenthalt Testagrossas in Urbino fand erst 1525 statt.

zwangsläufig negativ vorbelastet, und die Tatsache, dass sich Isabella und Francesco Gonzaga durch den neuen Familienverbund zwischen den Este und Borgia gezwungen sahen, politischen Opfern der Borgia-Politik die Unterkunft zu verweigern, belastete die Situation zusätzlich.[109] Unabhängig davon bedeutete diese Heirat, dass Isabella in ihrem bis dahin noch ungehinderten Zugriff auf den Ferrareser Hof Konkurrenz bevorstand, bezog sie doch auch in Mantua einen Großteil ihres Renommées über Höflinge aus Ferrara.

Im Vorfeld der Hochzeit bemühte sich Isabella um eine detaillierte Berichterstattung über Lucrezia und engagierte Il Prete, einen Vertrauten des Dichters Niccolò da Correggio, um sich von den ersten Feierlichkeiten der Hochzeit in Rom ab Oktober 1501 ausführlich berichten zu lassen. Dieser zeichnete ein ausgesprochen positives Bild: Lucrezia sei anmutig, kleide sich in Bescheidenheit und tanze gerne und offenbar gut neue Tänze: „porta la persona con tanta suavità che pare non si mova."[110] Besorgt um ihre vernachlässigten Tanzkünste bemühte sich Isabella umgehend um Unterricht bei Ricciardetto Tamburino, der auch noch im Herbst 1501 bei ihrem Bruder, Kardinal Ippolito d'Este, in Ferrara angestellt war. Er war offenbar einer der wenigen, gesuchten Tanzmeister: „Se la Signoria non me serve de Rizardetto per qualche dì, dubito che remanerò vergognata in questa festa, per haverne scordato tutti li balli francesi: tanto tempo é che non li ho exercitati."[111]

In der Detailliertheit, mit der Il Prete später die private räumliche Ausstattung und alle Details der Garderobe an Lucrezia weiterleitet, wird deutlich, wie bewusst alle Elemente der Selbstdarstellung beobachtet und möglichst überboten wurden. Isabella war letztlich gründlich darauf vorbereitet, in Lucrezia einer tugendhaften und vor allem klugen Person gegenüberzustehen: „Vi so ben dire che questa signoria onesta del capo senza rizoli, coperto el pecto e così vanno tute le mochiche. Ogni dì la reesce meglio ed è donna di gran cervello, astuta, bisogna avere la mente in casa. In fine io l'ò per una savia madona, non mio solo parere ma de tutta questa compagnia".[112] Dennoch festigten sich die Spannungen zwischen den Fürstinnen offenbar schon bei einer ersten Begegnung in Urbino im Januar 1502. So ließ Bernardino de' Prosperi, der Isabella regelmäßig mit Berichten aus Ferrara versorgte, sie noch wenige Tage vor der Hochzeit wissen, dass Lucrezia der Empfang, den man ihr in Urbino bereitet hatte, so stark zugesetzt habe, dass sie sich kaum davon erholen könne.[113]

Die eigentlichen Hochzeitsfeierlichkeiten fanden vom 1. Februar bis zum 9. Februar in Ferrara 1502 statt, der Hauptkarnevalswoche bis zum Aschermittwoch. Als ein an sich bescheidenes

---

109. Diesbezüglich existiert eine minuta Francesco Gonzagas an Giovanni Gonzaga vom 2. Februar 1501, in der er sich beklagt, Flüchtlinge aus Mailand den französischen Truppen ausliefern zu müssen. Vgl. Luzio: *Isabella e Borgia* (1915), S. 62.
110. „Sie trägt die Person mit soviel Süße, dass es scheint, als ob sie sich nicht bewege." Vgl. Luzio: *Isabella e Borgia* (1915), S. 71.
111. „Wenn [Eure] Hoheit mir nicht einige Tage mit Rizardetto aushilft, befürchte ich, bei diesem Fest beschämt zu bleiben, da ich alle französischen Tänze vergessen habe, lange Zeit wie es her ist, dass ich sie nicht geübt habe." Isabella an Ippolito, Brief vom 5. Oktober 1501, ASMo, Estero, Carteggio di principe e signorie, Italia, busta 1196, fol. 241r.
112. „Ich weiß Ihnen wohl zu sagen, dass diese Dame anständig ist, den Kopf ohne Locken, die Brust bedeckt [trägt], und so bewegen sich alle [ihre] Damen. Jeden Tag erscheint sie mir besser, und sie ist eine Frau mit großem Gehirn, schlau, bei der man alle Gedanken bei sich haben sollte. Letztlich halte ich sie für eine weise madona, [und das] ist nicht nur mein Eindruck, sondern der der ganzen Gesellschaft." Il Prete da Correggio an Isabella d'Este Gonzaga. Brief vom 19. Januar 1502, ASMA, busta 855, fol. 23. Zitiert hier nach Luzio: *Isabella e Borgia* (1915), S. 75, ebenso veröffentlicht in Prizer: *Isabella and Lucrezia* (1985), S. 5. Il Prete war nicht der einzige Informant Isabellas; De' Prosperi aus Ferrara schrieb Briefe mit ausführlichen Berichten ab, die Adornino Feruffino aus Rom an Alfonso d'Este gesendet hatte und schickte sie Isabella. Vgl. ebd. Feruffinos Briefe sind teilweise veröffentlicht in Catalano: *Lucrezia* (1920), S. 47–51.
113. Vgl. Luzio: *Isabella e Borgia* (1915), S. 125.

Fest angekündigt, ließ Ercole d'Este vor Lucrezias Ankunft die Hauptstraßen des Ferrareser Territoriums schmücken, veranlasste zahlreiche Bankette, Tänze und fünf klassische Komödien, bei denen insgesamt 110 Personen mitwirkten und die für ein Publikum von *ca* fünftausend Gästen konzipiert waren.[114] Im Vorfeld hatten Ercoles Sänger für einen musikalischen Auftritt bei einem Bankett Alfonsos gesorgt. Unter den zeitgenössischen Schilderungen des Festes sind auch äußerst detailfreudige Berichte Isabellas überliefert: Die Architektur der Theaterbauten außerhalb des Palastes, die Ausstattung der Säle, die Anlage des Hochzeitswappens, dazu Kleidung, Schmuck und Begleitung der Braut sowie nicht zuletzt der gesamte Ablauf der Festivitäten wurden eingehend beschrieben und ihrer Bewertung unterzogen.[115] Ausdrücklich lobte sie nur die Tänze, genauer die Moresken, die als Intermezzi zwischen den Komödienakten fungierten: „comparsero molto bene et cum grande galantia". Es war beliebt, diesen traditionellen Männertanz als Werbespiel einzusetzen, bei denen Frauen als Umworbene im Mittelpunkt standen.[116] Die auf dem Fest dargebotene Dichtung und Musik spielten für die kritische Beobachterin aus Mantua nur im negativen Sinn eine Rolle, angefangen beim Vortrag der ersten Komödie *Epidico*, „el quale de voci e versi non fu già bello",[117] über fehlende Tanz-Intermezzi in der zweiten Komödie *Bachide*[118] bis zur auffällig enttäuschenden Musik einer einzelnen Moreske, „così trista che non merita adviso".[119] Wiederholt zog sie ihre persönliche Bilanz, dass diese Hochzeit von „tanta fredura" sei, dass sie lieber in Mantua geblieben wäre.[120]

Im Gegenzug nutzte Isabella für sich selbst die Gelegenheit, ihr künstlerisches Können zu demonstrieren. Sie lud den französischen Botschafter — im Hinblick auf den Einfluss Karl VIII. eine Person besonderer politischer Relevanz — nebst der zentralen Hochzeitsgesellschaft zu einem Abendessen ein, bei dem sie Marchetto Cara auftreten ließ und auch selbst zwei Sonette und ein Capitolo sang:[121] Im Hofbericht eines Botschaftssekretärs kommt zum Ausdruck, wie sehr diese musikalischen Auftritte in eine Gesamtszenerie eingebunden waren, in der der subtile Umgang mit

---

[114]. Ercole d'Este ließ alle Darstellerinnen und Darsteller vor ihrem Auftritt in ihren Kostümen vor die Gäste treten, daher ist die genaue Zahl bekannt. Vgl. den Brief vom 29. Januar 1502: „Stimasi che vi starano circa cinque millia persone" („Es wird geschätzt, dass dort *ca* 5000 Personen sind") und vom 3. Februar 1502: „Sono in tutto cento dece, fra homini et done". (Es sind insgesamt 110, Männer und Frauen"). D'Arco: *Isabella* (1845), Dok. LXVII, S. 301 u. Dok. LXX, S. 306.

[115]. Isabella verfasste ausführliche Briefe an Francesco Gonzaga, der, offiziell aus politisch wichtigeren Motiven verhindert, nicht am Fest teilnahm. Zudem gab es zusätzliche Briefe der Marchesa da Crotone, die Isabella in dieser Aufgabe unterstützte. Die Berichte sind erstmalig, z. T. auch fehlerhaft überliefert in D'Arco: *Isabella* (1845). Weiterhin sind die Hochzeitsfeierlichkeiten von Bellonci: *Lucrezia* (1939), S. 301–22 beschrieben, Musik und Theater v. a. von Pirrotta eingehend geschildert worden. Vgl. Pirrotta: *Music and Theatre* (1982), S. 51–55.

[116]. Brief vom 29. Januar 1502, D'Arco: *Isabella* (1845), Dok. LXVII, S. 301. Vgl. auch ebd. Dok. LXX, den Brief vom 3. Februar 1502, S. 306. Die Moreske (auch Moresca, Moresque oder Mohrentanz) war seit dem späten Mittelalter in verschiedenen Tanzrepertoires, vom Bauerntanz bis zu Kirchen und Bühnentänzen verbreitet. Ehemals war der Tanz ein auf der Pyrenäenhalbinsel verbreitetes Kampfspiel, das an den Kampf der Mauren gegen die Christen im mittelalterlichen Spanien erinnerte; er wurde in unkriegerische Tanzspiele und Grotesktänze verwandelt und in verschiedenen Ländern (bis hin nach Polen und Mittelamerika) v. a. in der Fastnachtszeit aufgeführt. An sich war die Moreska ein Tanz, der von Männern solistisch oder in Gruppen ausgeführt wurde. Salmen: *Tanz* (1999), S. 132–35.

[117]. „deren Stimmen und Verse schon nicht schön gewesen seien." d'Arco: *Isabella* (1845), Dok. LXX, Brief vom 3. Februar 1502, S. 306.

[118]. d'Arco: *Isabella* (1845), Dok. LXXII, Brief vom 5. Februar 1502, S. 308.

[119]. „so traurig, dass sie keine Erwähnung wert ist". d'Arco: *Isabella* (1845), Dok. LXX, Brief vom 3. Februar 1502, S. 307.

[120]. „perchè, a dire il vero, sono pur queste noze fredde". „Von solcher Kälte", „denn, um die Wahrheit zu sagen, ist diese Hochzeit wirklich kalt." d'Arco: *Isabella* (1845), Dok. LXXII, Brief vom 5. Februar 1502, S. 308 u. Dok. LXXI, Brief vom 3. Februar 1502, S. 307.

[121]. Die Marchesa da Crotone schrieb am 6. Februar, dass Isabella am Samstag, 5. Februar 1502 abends „cantò duj soneti et uno capitolo". Vgl. ASMn, AG, busta 1238, fols. 359r. Alessandro Baesio berichtete am selben Tag, dass Cara bei dem Bankett auftrat, Ebd., fol. 392.

der Liebesmetaphorik als Zeichen für Noblesse, Größe und Distinktion rezipiert wurde: „E facta la cena cum l' intervenzione de molte parole amoroxe e acti suavissimi e acostumati, la prefata signora marchexana col leuto in mano cantò diverse canzonette con melodie e suavità grandissima, quale hevea servate per fare magiore careze e honore al prefato signore Oratore."[122]

Indem Isabella den Botschafter vor den Augen der anderen Gäste fast eine Stunde lang zur persönlichen Unterredung in ein separates Zimmer bat und ihm zum Abschluss der Zeremonie ihre Handschuhe überreichte, schuf sie — in typisch höfischer Ambivalenz — ein besonderes Maß an öffentlich sichtbarer Intimität. Die Anhäufung von beschönigenden Ausdrücken („parole amoroxe", „acti suavissimi e acostumati", „melodie e suavità grandissima", „magiore careze e honore") aus dem weiteren Wortfeld der Liebesthematik in der Berichterstattung sind Anzeichen eines frühen Petrarkismus, durch den die Erhabenheit der zwei Hauptpersonen der Zeremonie, Isabella d'Este Gonzaga und des Botschafters, gegenüber der restlichen Gesellschaft hervorgehoben wird. Isabellas Begleitung durch „doe donzelle" ist dem musikalischen Rahmen in Bembos *Gli Asolani* ähnlich und damit ein Indiz für die gegenseitige Durchdringung von poetischer und realer Inszenierung.[123] Der Vergleich der Handschuhe mit einem „Heiligtum" fungiert darin als eine zusätzlich stimmungsverstärkende rhetorische Metapher: „e tandem redusselo in camera con la presentia de doe donzele, tandem et lui stette quasi per una hora in diversi colloquii secreti, e poi amoroxamente, cum acomodate parole e acti, ge donò li soi guanti havea in mano, quali acceptò il signore Oratore cum reverentia e amore, per derivare da quelli suavissimi fonte, quali veramente sono da essere reservati in sanctuario usque in consumationem seculi."[124] Abgesehen von den notwendigen Abstrichen, die bei den häufigen Höflichkeitswendungen und Superlativen von Hofberichterstattungen ohnehin zu machen sind, ist die Intention der Darstellungen deutlich, den für die Musikdarbietung prädestinierten Zeitraum nach dem Abendessen, das „dopo cena", zu einem herausgehobenen Moment der Zeremonien zu stilisieren.

Doch zu Isabellas Distinktion von der Hochzeitsgesellschaft in Ferrara gehörte auch ihre Kleidung. Dass sie einen zentralen Teil der Selbstinszenierung ausmachte, kommt bereits in der Darstellung von Kleidung und besonders der der Braut in ihren eigenen Berichten zum Ausdruck. Die Marchesa da Crotone berichtete demnach Markgraf Francesco Gonzaga, dass Isabella an einem Tag der Hochzeit ein Kleid getragen habe, das mit „quella inventione di tempi & pause" benäht sei, dem musikalischen Emblem, mit dem sie auch die Grotte dekorieren ließ, die zusammen mit dem *studiolo* das Herzstück ihrer persönlichen Gemächer in der Corte vecchia des Mantuaner Palazzo Ducale ausmachten (Abb. 2, S. 76).[125]

---

122. „Und nach dem Abendessen mit Vorträgen vieler liebevoller Worte und süßester und sittsamer Handlungen, sang die besagte Herrin Marchesana mit der Laute in der Hand verschiedene canzonette mit Melodie und größter Süße, die ihr gedient haben, um dem besagten Herrn Redner mehr Liebkosung und Ehre zukommen zu lassen [...]" Botschaftssekretär Cagnolo in Zambotti: Diario Ferrarese, S. 327.
123. Vgl. Kap. 3. 2. 4.
124. „und schließlich führte sie ihn in ein Zimmer zurück und blieb mit [ihm] in Anwesenheit zweier junger Damen fast eine Stunde in verschiedenen geheimen Unterredungen und übergab ihm dann mit angemessenen Worten und Gebärden ihre Handschuhe, die der Herr Redner mit Hochachtung und Liebe entgegennahm, um aus diesen eine Genussquelle zu machen, die wirklich aufzubewahren sind in einem Heiligtum bis an das Ende der Zeitalter." Cagnolo in Zambotti: Diario Ferrarese, S. 327.
125. Vgl. Marchesa di Cotrone an Francesco Gonzaga, Brief vom 2. Februar 1502, ASMn, AG, busta 1238, fol. 355v. und den Bericht von Marin Sanudo, der beschreibt, dass Isabella auf den Stufen des palazzo ducale in Ferrara erschien „vestita di una camora recamata a pause di musica". Sanudo: Diarii, Bd. IV, Sp. 224.

Abb. 2: Emblem der musikalischen Pausen, Palazzo ducale, Mantua

Je nach Vorbildung und Horizont des Betrachters wird man in dem Pausen-Emblem ein relativ profanes, ästhetisches Spiel mit der Symmetrie, einen Hinweis auf die Bedeutung von Musik als rekreative Tätigkeit in Regierungspausen oder als philosophisches Symbol neoplatonischer Prägung über die Dialektik von Klang und Stille in der himmlischen Harmonie gesehen haben können.[126] Kein Zweifel sollte über die raffinierte Wirkung eines solchen Dekors auf einem Festkleid bestehen. Musikalische Zeichen waren auch für ein höfisches Publikum eine elitäre Sprache, und für die, die die Zeichen lesen konnten, implizierten die Zeichen der Stille den Eingang in eine meditativere, spirituellere Welt, als es der erste Blick auf die Notenzeichen vermuten lässt.

Im weiteren Verhältnis der Fürstinnen scheinen sich die Spannungen weiter zementiert zu haben. Am 29. Juni 1502 unterrichtete Il Prete Isabella davon, dass Lucrezia und der gesamte Hof sich sehr enttäuscht gezeigt hätten, keine Nachricht von ihr bekommen zu haben: „et amè dito che la pagaria cinquanta millia ducati non l'avere mai cognosciuta, e ove la poterà con fati e parole li mancherà mai".[127] Ähnliche Berichte über die bestehende Missgunst zwischen Lucrezia und Isabella, wenn auch nicht in der Härte, finden sich häufiger und von verschiedenen Personen, so dass man trotz möglicher Übertreibungen von einem Verhältnis auszugehen hat, in dem es vor allem darum ging, schlechte Qualitäten der jeweils anderen zu festigen. In diesem Sinn fällt auf, dass in den häufigen und detaillierten Sonderberichterstattungen Bernardino de' Prosperis über das Ferrareser Hofleben an Isabella d'Este Gonzaga die üblichen positiven und beschönigenden Darstellungen ausbleiben. Im Gegenteil stärkte er das negative Bild Lucrezias durch Verweise auf ihre allzu aufwändige Festkultur: „poche giornate o sia sive apti a ballare ne perdono, perche spesso tenge ballo la signora in castello".[128]

Fürstinnenrivalität in Mailand — mythische Projektionen

Rivalität unter Fürstinnen scheint kein Einzelfall, sondern vielmehr kulturpolitisches Programm gewesen zu sein. So wirkt die Situation unter den Fürstinnen in Mailand der zwischen Isabella d'Este und Lucrezia Borgia in Mantua und Ferrara verblüffend ähnlich: Ein Jahr, nachdem Isabella d'Aragona 1489 am Hof der Sforza in Mailand eingeheiratet hatte, fand dort am 13. Januar 1490 eine *Festa del Paradiso* statt, die zum Ziel hatte, den Status der neapolitanischen Fürstin in Mailand zu

---

126. Für eine Abbildung des Emblems s. Bini: *Isabella* (2001), S. 206 oder Meine: *Isabella* (2005), S. 54. Eine umfassende Deutung des Emblems gibt Genovesi: *Imprese Isabella* (1993), S. 73–102. Das Emblem interpretiert er als den Inbegriff eines klassizistischen Renaissancedenkens, das sich in der Darstellung von Gleichgewicht, Proportion und Symmetrie ausdrückt (Ebd., S. 83–84).

127. „Und mir sagte sie, dass sie 50 Tausend Dukaten dafür zahlen würde, Sie nie kennengelernt zu haben, und wo sie dies durch Handlungen und Worte deutlich machen könnte, würde sie dies nie versäumen." De Prosperi an Isabella d'Este Gonzaga, Brief vom 29. Juni 1502, zit. nach Luzio/Renier: *Mantova e Urbino* (1893), S. 125.

128. „wenige Tage vergehen ohne Tanzaktionen, denn die Signora hält oft Tanz im Castello". Bernardino de' Prosperi an Isabella D'Este Gonzaga, Ferrara, 3. Februar 1503, ASMn, AG, busta 1239, 198v.

stärken, die dafür traditionelle Tänze aus Neapel einsetzte[129]. Ähnlich wie in der spanischen Borgia-Tradition fand die Profilierung Isabella d'Aragonas offenbar über den Tanz statt. Zwei Jahre später zog in dasselbe Schloss Isabella d'Estes jüngere Schwester Beatrice ein und wurde damit Schwägerin von Isabella d'Aragona.

Auch Beatrice d'Este wurde dafür bekannt, in Mailand die Hofmusik belebt zu haben. Sie selbst spielte Clavichord, sang in Gesellschaft oder ließ ihre Musiker, Sänger oder Instrumentalisten für sie aufspielen. Am 5. Mai 1491 berichtete der Ferrareser Botschafter Girolamo Bruno, wie Beatrice ihren Mann Ludovico Maria Sforza, „il Moro" durch ihr Clavichordspiel zu emphatischen Glücksäußerungen brachte — eine Szene, die den Botschafter zu Tränen rührte.[130] So wie es für Isabella d'Aragona überliefert wurde, ließ auch Beatrice zu ihrer Genesung Musiker aufspielen. Ein Arzt der Familie berichtete, wie sie sich während einer Krankheit an zwei aufeinanderfolgenden Tagen von ihrem Hofmusiker Andrea Cossa unterhalten ließ.[131] Oder aber sie sang in Gesellschaft mit anderen mehrstimmige Lieder. Mehr als „25 canzone" soll sie auf einem Reitausflug mit der Fürstin von Bari und dem Buffone namens Dioda zelebriert haben.[132] Demnach hätte sich die Frottola-Praxis sicherlich auch in Mailand noch stärker verbreitet, wenn Beatrice nicht bereits 1497, im Alter von 22 Jahren, verstorben wäre.

Die Konkurrenzsituation zwischen den beiden zugereisten Fürstinnen Beatrice d'Este und Isabella d'Aragona in Mailand wurde seitens der Geschichtsschreibung gerade ins Legendäre zugespitzt. So ging der Chronist Bernardino Corio so weit zu behaupten, dass die Feindschaft der beiden Frauen schuld an der französischen Invasion in Mailand gewesen sei, und nicht etwa Ludovico Sforza selbst, der die Franzosen 1494 eingeladen hatte, gegen Neapel zu kämpfen.[133] Damit schreibt er dieser Fürstinnenrivalität mythologische Qualitäten zu: So wie die weibliche Gestalt der Helena als Projektionsfläche diente, um den Kampf um Troja zu eröffnen, ist hier eine unrealistische, aber aufschlussreiche Übertreibung am Werk. Die weiblichen Protagonistinnen, rücken hier auf eine symbolische Ebene in in der für ihr Geschlecht eigenen Ambivalenz; vom Rande des politischen Geschehens aus bilden sie die gesellschaftliche Norm ikonenhaft ab.[134] Über assoziative Verknüpfungen mit der antiken Mythologie werden somit die kulturellen Handlungen der Fürstinnen zum Politikum. Aus diesem Blickwinkel betrachtet, fügt sich auch die Folgerung Paul und Lora Merkleys aus ihren Studien zum Mailänder Musikpatronat schlüssig in das Bild, wie belebend gerade für die Musikpraxis der Konkurrenzfaktor für das fürstliche Image der Fürstinnen gewesen sei: „[…] it is interesting to consider the ‚courtly

---

129. Merkley: *Sforza* (1999) nehmen an, dass es sich um Tänze handelte, die Isabella d'Aragona Sforzas Tanzmeister eigens für sie choreographiert hatte. Merkley: *Sforza* (1999), S. 419.
130. Girolamo Bruno an Isabella d'Este. Vigevano. ASMo Ambasciatori Milano, busta 11, zit. nach Merkley: *Sforza* (1999), S. 422.
131. So ein Bericht vom 2. August 1491, „con farsi legere cose piacevole, et farsi sonare, et cantare da Andrea Cossa." Und am 3. August 1491 „con pigliare recreatione hora in farsi legere, et hora in far sonare: et cantare da Andrea Cossa." ASMil, Potenze Sovrane Isabella d'Aragona, Sforzesco 1466, zit. nach Merkley: *Sforza* (1999), S. 422.
132. Galeazzo Sforza an Isabella d'Este Gonzaga, 11. Februar 1491. Zit. nach Luzio/Renier: *relazioni* (1890), Teil I, S. 108 (und nicht S. 96 wie bei Merkley: *Sforza* (1999) angegeben). Zum Buffone Dioda vgl. auch den Abschnitt Auf Nähe und Distanz zur Volkskultur I: Lebenswelten in Kap. 2. 2. 1.
133. Bernardino Corio: *Storia di Milano*, hg. v. Anna Morisi Guerra, 2 vols. Torino 1978, S. 1477. Zit. nach Merkley: *Sforza* (1999), S. 421.
134. Zu dieser Doppelgesichtigkeit in der Rezeption von Weiblichkeit vgl. Christina von Braun: Gender, Geschlecht und Geschichte. In: Gender-Studien (2000), S. 25ff., und für entsprechende Folgerungen daraus im Hinblick auf Darstellungen von Weiblichkeit in der musikalischen Körpergeschichte der Moderne vgl. die Verf.: „Einführende Bemerkungen". In: Meine: *Puppen, Huren…* (2005), S. 11–33.

ornament' that each of these patrons practised and developed, and to conjecture that their presence in the same castle might have prompted them to cultivate the patronage of music eagerly, not only for personal pleasure, but as a means of projecting their courtly standing and identities."[135]

Sei es in Mailand, Ferrara oder Mantua: man gewinnt den Eindruck eines netzwerkartigen Wettbewerbs, bei dem allerdings die Este-Fürstinnen, Isabella und Beatrice, in musikalischen Dingen die Nase vorn hatten.

2.1.9 Im Reich der Harmonie: Mythisierung und Praxis von Musik und tugendhafter Herrschaft

Seit der Mitte des 15. Jahrhunderts wurden in Italien musikalische Mythen, die im Zuge der Antikerezeption florierten, zur Illustration weltlicher Herrschaft eingesetzt. In der Nähe von Mantua kamen sie erstmalig systematisch zur Repräsentation eines einzelnen Fürsten zum Einsatz: Federico da Montefeltro (1422–1482) stärkte seinen Status am Hof von Urbino vorrangig über die literarische Stilisierung zum Apollo, der stets von den Musen begleitet wurde, die sangen und spielten. Dieses Herrschaftsbild manifestierte sich in den Räumen des Urbiner Palastes selbst. In der Wohnung des Fürsten gab es einen *Tempietto delle Muse*, in dem ein Gemälde Apollo als Herrscher über einen Kreis von antik bekleideten Musen zeigte, die jede ein anderes Instrument spielen. Die Musen wurden dabei mit den himmlischen Sphären gleichgesetzt, ihr Kreis als Inbegriff von Harmonie verstanden, in deren Mittelpunkt der Herrscher selbst stand.[136] Durch einen bekannten Mythos war damit eine allegorische Synthese von tugendhafter Regentschaft und Musikförderung geschaffen, die in der Folge erfolgreich imitiert, variiert und dabei an die Musikpraxis selbst angenähert wurde. Bereits eine Generation später ließ sich Federicos Sohn Guidobaldo da Montefeltro in Gubbio eigene Räume zur Ausübung literarischer und künstlerischer Tätigkeiten, sogenannte *studioli*, gestalten, in denen Musikinstrumente in Holzintarsien der Wände eingearbeitet wurden, die womöglich als Bezug zu den Instrumenten der Musen gedacht waren und in jedem Fall die Rolle der Musikpraxis am Hof aufwertete: In doppeltem Sinn bewohnten Musen den Palast.[137] Auf der Grundlage antiker Mythen entwickelte sich Musik somit zu einem beliebten Medium, um vorbildliche Herrschaft zu demonstrieren. Es sind diese Beziehungen zwischen dem Mythos vom musizierenden Regenten als eines besonders tugendhaften Herrschers, einer entsprechenden Musikikonographie in dessen Räumlichkeiten und der höfischen Musizierpraxis selbst, die die Voraussetzung des Selbstdarstellungskonzeptes Isabella d'Este Gonzagas bilden.

---

135. Merkley: *Sforza* (1999), S. 421.
136. Die Musen wurden auf den Tarotkarten Andrea Mantegnas mit den himmlischen Sphären assoziiert und als solche wiederum in der bebilderten Mythographie *De deorum gentilium imaginibus* von Ludovico Lazzarelli tradiert, die Federico da Montefeltro gewidmet ist und als Quelle in die ikonographische Dramaturgie des Tempietto am Urbiner Hof eingegangen sind. Vgl. Guidobaldi: *Mythes* (2003), S. 35. Die Tarotkarten Mantegnas müssen auch am Mantuaner Hof bekannt gewesen sein; Genovesi berücksichtigt sie als Quelle für das ikonographische Programm der Wohnung von Isabella d'Este Gonzaga. Vgl. dazu das folgende Unterkapitel.
137. Guidobaldi: *Mythes* (2003), S. 36.

Musikalische Ikonographie und Raumgestaltung in studiolo *und* grotta
der Isabella d'Este Gonzaga

„Spesso si faceano imprese, come oggidì chiamiamo." / „[…] e porrà cura d'aver cavallo con vaghi guarnimenti, abiti ben intesi, motti approbati, invenzioni ingeniose, che a sé tirino gli occhi de' circostanti, come calamita il ferro." Baldesar Castiglione: *Il libro del Cortigiano*.[138]

Mit der Heirat in Mantua wurde Isabella eine eigene Wohnung im Palazzo Ducale zugewiesen, in der sie gezielt ihre Kunstförderung ausbaute. In den Anfangsjahren befanden sich diese Räume im *piano nobile* des *Castello di San Giorgio*, ab 1515 ließ sie sich ihre Räumlichkeiten im Parterre der *Corte Vecchia* ausbauen, deren Ausgestaltung 1522 abgeschlossen war. Das Kernstück dafür waren jeweils zwei kleinere Räume, ein *studiolo* und eine *grotta*, die sich in ihrer Architektur von den anderen durch aufwändigere Holzverkleidungen und illusionistische Intarsienarbeiten abhoben, ähnlich, wie sie ihr bereits aus den *studioli* der Fürsten Montefeltro in Urbino und Gubbio bekannt waren, die auf die 1470er Jahre zurückgingen.[139] Aus Belfiore, außerhalb von Ferrara, kannte Isabella zudem das *studiolo* ihres Onkels Leonello d'Este (*ca* 1448–1463 erbaut), und auch in Mantua selbst hatte man Federico Gonzaga 1478 einen solchen Raum bauen lassen. Sie war allerdings die erste Fürstin, die Räume mit einem explizit humanistischen Hintergrund für sich beanspruchte.

In Mantua wurde mit der Planung der Räume bereits 1491 begonnen; bis *ca* 1508 war ihre Grundgestaltung abgeschlossen. Sie boten einerseits Rückzugsmöglichkeiten für humanistische Studien, Kunstausübung und Erholung, dienten aber v. a. auch der Präsentation der Marchesa. Hier empfing Isabella Besucher zur Besichtigung ihrer Kunstsammlung, hier wurden Musik und Dichtung vorgetragen. Umso bewusster erfolgte in diesen Räumen die Ausgestaltung mit Wanddekorationen, Wappen, Emblemen und Gemälden.

Die Grotte von Isabella d'Este Gonzaga in der Corte Vecchia betritt man über eine Eingangstür, die mit aufwändigen Marmorreliefs dekoriert ist und den Besucher auf die Besonderheit des Ortes vorbereitet. Hier, im Schwellenbereich zielt die Gestaltung bereits auf die Funktion des Raums und deren Bedeutung für Isabella selbst. Unter den Themen der Weisheit und Tugendhaftigkeit, die die Darstellung Isabellas auch in anderen Bereichen begleiten, beziehen sich zwei Medaillen direkt auf Musik bzw. Poesie. Unten rechts spielt die Muse Erato eine Lyra (Abb. 3, S. 80). Von einem Olivenbaum, der als Podest für das Instrumentalspiel dient, hängen an einem Faden weitere Musikinstrumente herab, sämtlich mythologische Blasinstrumente, die durch eine darunter stehende Maske den darstellenden Künsten zugeordnet werden. Rechts oben, über ihr, sieht man eine antik bekleidete Frauengestalt, die über Details als Abbild von Isabellas Kunstförderung identifizierbar ist (Abb. 4, S. 80).

Zu ihrer Rechten, vom Betrachterstandpunkt aus links, ist ein Teil des musikalischen Pausenemblems zu erkennen, des für die Grotte zentralen Motivs, das den Raum als Ort der Ruhe und Meditation auszeichnet und das zugleich Isabellas Person selbst mit der Poesie und Musik in umfassendem

---

138. „Oft gestaltete man Impresen, wie wir sie heute nennen." „[…] und man trug Sorge mit allerlei angemessenen Verzierungen, mit gut erdachten Bekleidungen, angewandten Motti, aufwändigen Erfindungen, die die Augen der Umgebenden auf sich zogen wie Magnet das Eisen." Castiglione: *Cortigiano*, I, 5 , S. 23 und II, 8, S. 130–31.
139. Isabella war häufig Gast bei ihrer Schwägerin Elisabetta Gonzaga da Montefeltro in Urbino und Gubbio. Ihr Besuch 1494 in den Montefeltro-Palästen hinterließ bei ihr starke Eindrücke. Vgl. Luzio/Renier: *Mantova e Urbino* (1893), S. 74–76.

Sinn verbindet. Die Pausenzeichen sind hier auf einer Seite des Throns geschrieben, auf dem eine Krone liegt. Er ist in den Hintergrund gerückt und umgibt Isabella seitlich — ein Symbol dafür, dass sie sich der Kunst in Regierungspausen widmet. Es wird damit der antike Topos des *negotium*, einer Geschäftigkeit aufgegriffen, die das Gegenteil von *otium* bedeutet. In der modernen Übersetzung von *otium* durch *Muße* fehlt die entscheidende Verständnisebene, die der Begriff ursprünglich in sich trägt: *Otium* war der Raum der Intellektualität, der Lehre und der Künste und damit keineswegs ein Nebenraum, sondern der zentrale Ort, an den sich die Philosophen vom geschäftigen Alltag zurückzogen, um ihre geistigen Kräfte zu pflegen.[140] Dass diese Tätigkeit mit Isabella konnotiert wird, ist in doppelter Hinsicht bemerkenswert. Sie wird dadurch selbst als Regierende verstanden, was in ihrer Rolle als Marchesa zwar möglich, aber als Gattin des Marchese Gonzaga durchaus unüblich war. In ihrer Kunstförderung konnte sie damit einen höheren Rang für sich beanspruchen. Die anspruchsvoll gestalteten eigenen Räumlichkeiten, die ausschließlich dem *otium* vorbehalten sind, sind somit als Schauort fürstlicher Macht angelegt.

Abb. 3 (links): Medaillon der Erato, Göttin der Liebeslyrik. Abb. 4 (rechts): Medaillon einer antiken Göttin der Künste, beide Palazzo ducale, Mantua

Die im Emblem dargestellte Frauengestalt umfasst mit ihrer linken Hand die siebenteilige Panflöte, Attribut der Musik und Symbol kosmischer Harmonie; in ihrer Rechten hält sie einen Stab, der als Malerattribut bekannt war. Weiter zu ihrer linken Seite ruht ein Lesepult mit geschlossenem Buch. Das antike Gewand, der Lorbeerkranz, v. a. der Thron zu ihrer Rechten, auf dem eine Krone liegt, kennzeichnen ihre Nobilität und Macht, die ihr auch Zugang zum geschlossenen Buch versprechen. Heute unlesbar, gab es zudem eine Inschrift auf dem Buchständer ihr gegenüber, der die Assoziation

---

140. Der Begriff *negotium*, lat. Geschäftigkeit, besteht etymologisch aus nec + otium, d. h. der Negation der Muße, die jedoch anders als im modernen Sinn zu verstehen ist. Muße ist der Begriff für die intellektuelle Tätigkeit des Philosophen und Gelehrten, die im *negotium* verhindert wird.

der dargestellten Göttin mit der Fürstin selbst sicherstellte: ISAB[ELLA].[141] Bereits der Eingang der Grotte wird zur Schwelle in einen Raum mentaler Rekreation und Inspiration.

Allein durch die besondere Architektur und Materialbeschaffenheit des Ortes wird für den Besucher die herausgehobene Rolle der Grotte unter Isabellas eigenen Räumlichkeiten spürbar. Den bewussten Zuschnitt auf ihre Person veranschaulichen die Türmedaillons und das Monogramm IS im Deckenbereich. Von weiterer Relevanz aber sind zwei aufeinander bezogene *Imprese*, heute am besten durch die Begriffe Emblem, Wappen oder Insignium zu übersetzen,[142] die der Forschung bis in die 1990er Jahre hinein Rätsel aufgegeben haben und auch nach der eingehenden Analyse von Adalberto Genovesi weiterhin als vielschichtigste Embleme aus Isabellas Repertoire gelten können.[143] Sie eröffnen umfassende philosophische Zusammenhänge und sind dabei gleichermaßen als Chiffren ihrer Person selbst lesbar. Am Eingang und Ende, somit zentralen Blickpunkten der Grotte, hängt ein Emblem der römischen Zahl XXVII einem symmetrischen Komplex musikalischer Pausenzeichen auf der anderen Seite gegenüber (vgl. Abb. 2, S. 76).[144] In den ersten Auslegungen von Paolo Giovio aus dem 16. Jahrhundert und den Forschungen von Luzio und Renier von 1899 wurden die Embleme unabhängig voneinander gedeutet, wodurch ihre tiefere Bedeutung nicht erkannt und relativiert wurde.[145] Durch einen Brief Mario Equicolas konnte aber eine Datierung der XXVII in der Zeit unmittelbar vor 1505 belegt und Genovesi damit ein Neuansatz in der Interpretation belegt werden. Dafür wurde eine alte Deutung des Zahlenemblems widerlegt, wonach die „vintisette" ein Wortspiel mit dem Satz „vinte sette", für „die Sekten bzw. Parteien sind besiegt" und somit eine kämpferische Replik auf weiter zurückliegende Familienstreitigkeiten gewesen sei.[146] Tatsächlich steckt in der Zahl aber gerade die Absage an weltliche Geschäftigkeiten, die in diesem *hortus conclusus*, dem Ausgleich zum *negotium*, keinen Platz haben.

Die Außergewöhnlichkeit dieser Embleme wie anderer in Isabellas Räumlichkeiten liegt in ihrer Abstraktion, denn es mangelt vor allem an Bezügen auf historische Begebenheiten. Das gilt gleichermaßen für das A – Ω – Zeichen, das Motto *nec spe nec metu*, das Mario Equicola beeinflusst hat,[147] wie für die eines einzelnen Kerzenhalters und der Glücksverträge.[148] Analog zu dem umfassenden Anspruch des A – Ω, das sich als Symbol der Totalität des Seins liest, suggeriert das Pausenzeichen die Spiritualität der Stille, wodurch sich jedoch weder eine Verbindung zur XXVII herstellen

---

141. Für letztere Details vgl. Signorini: *Una porta gemmea* (1991). Die Inschrift ist daraufhin erwähnt bei Fenlon: *Isabella's Studioli* (1997), S. 365.
142. Vgl. den Artikel „Impresa" in Battaglia, VII (1972), S. 515, wonach sich der Begriff in zwei Bedeutungsvarianten aufteilt, der eines symbolischen Emblems, das Ritter von ihren Damen bekamen und sie im Krieg beschützten sollte, und der eines Wappens, das meist von einem allegorischen Spruch begleitet war und sich auf Personen, Familien, Staaten, Orte etc. beziehen konnte.
143. Genovesi: *Imprese Isabella* (1993), S. 73–102.
144. Eine Abbildung des Stemmas der XXVII findet sich z. B. bei Malacarne: *segno* (2001), S. 196.
145. Giovios (1486–1552) Beobachtungen basieren auf einem Besuch in Mantua, den er 30 Jahre später erinnerte, nachdem Isabella bereits 10 Jahre verstorben war, womit auch in dem Fall das Kriterium der Authentizität zu relativieren ist. Der namhafte Historiker hatte sich schon zu Lebzeiten Vorwürfen der subjektiven Einfärbung seiner Geschichtsschreibung auszusetzen. Vgl. T. C. Price Zimmermann: „Giovio, Paolo". In: DBI 56 (2001), S. 430–40, S. 436. Luzio und Renier haben damals Giovios Deutungen übernommen. Vgl. Luzio/Renier: *Coltura Isabella* (1899), hier Vol. XXXIV (1899), 100–01, S. 4, Anm. 1.
146. „Se risale a prima del 1505, il XXVII non ha nulla a che fare con i dissapori famigliari di quindici anni dopo." Genovesi: *Imprese Isabella* (1993), S. 77.
147. Equicola hat einen 40seitigen Traktat zu dem Motto verfasst, über den er sich mit Isabella im November 1505 austauschte. Vgl. Luzio/Renier: *Coltura Isabella* (1899), hier Vol. XXXIII (1899) 97, S. 50–51, v. a. Anm. 5.
148. Für kürzere Kommentare der Zeichen vgl. Malacarne: *segno* (2001), S. 185–201, besonders S. 192–93.

noch die musikalische Komponente der Pausen erklären lässt. So ist auch das weitere Dekor von musikalischen Darstellungen durchzogen; größere Flächen der Grotte nehmen Intarsienarbeiten mit musikalischen Instrumenten ein, die dem Pausenemblem einen konkreten, plastischen Rahmen verschaffen.[149] Besonders wichtig für die Interpretation dieser Ausstattung innerhalb Isabellas Musikförderung ist die deutliche Verknüpfung von Musikpraxis und ihrer philosophischen Überhöhung, die auf der Bedeutung der Musik im mittelalterlichen Quadrivium aufbaut. In den spekulativen Vorstellungen über die Korrespondenz von Makro- und Mikrokosmos, die sich auch in der Parallelität von „musica mundana" und „musica humana" ausdrückte, war die Idee des Schönen oder Perfekten an die Idee der Harmonie gebunden, die auf der Lehre der Proportionen, eine der Grundlagen von Kosmologie, Astronomie, Kunst und Medizin, aufbaute. Proportionen wiederum waren an die Vorstellung musikalischer Konsonanz gebunden. Auf kleiner Ebene nahm man diese in jeder Struktur eines schönen Objekts an und sah es auf übergeordneter Ebene als Urphänomen mit dem Makrokosmos verbunden.[150]

Pythagoras war es, der die musikalischen Konsonanzen auf Längenverhältnisse der schwingenden Saite eines Instruments zurückführte: Aus den Teilungen einer gespannten Saite im Verhältnis 1 : 2, 2 : 3, 3 : 4 und letztlich auch 8 : 9 ergeben sich die konsonanten Intervalle der Oktave, Quinte und Quarte sowie das der dissonanten Sekunde. Die Summe der Zahlen, die die Teilungsverhältnisse ausdrücken, ergibt die Zahl 27: $1 + 2 + 3 + 4 + 8 + 9 = 27$. Die Zahl wird demnach zur Grundchiffre, auf der im Renaissancedenken Makro- wie Makrokosmos aufbauen. In Platons Timaios schließt sich an diese Zahlenfolge der 27 ein Spiel mit geometrischen Proportionen an. Von der Einheit der 1 ausgehend, teilt sich die Zahlenfolge in zwei Reihen, eine gründet auf dem jeweils doppelten, die andere auf dem dreifachen Wert der vorigen Zahl; äußerlich erinnert die Figur an den griechischen Buchstaben λ:[151]

Das antike astronomische Denken über die musikalischen Verhältnisse der Himmelskörper zueinander hat weitere Verknüpfungen der Zahl 27 mit dem Makrokosmos geliefert, die im Mittelalter und in der Renaissance über die Kommentierung und Übersetzung von Platons Timaios durch Chalcidius Verbreitung erfahren haben. Chalcidius' Maßstab für die Strukturierung des Planetensystems ist die Entfernung von Erde und Mond. Die Distanz von Mond und Sonne übertrifft diese um das Doppelte, die von Mond und Merkur um das Vierfache und schließlich die von Mond und Saturn um das 27-Fache. Die 27 markiert hier die Grenze des Universums, ist die Zahl der Vollendung.[152] Der platonischen Vorstellung der Sphärenmusik folgend, hat man sich diese Abstände als musikalische Intervallschwingungen vorzustellen, die allerdings für die menschlichen Sinne unhörbar bleiben.[153]

---

149. Für Abbildungen vgl. Gallico: Musica Isabella (2001), S. 203–07, hier 204–05.
150. Vgl. Annegrit Laubenthal und und Klaus Jürgen Sachs: „Theorie und Praxis". In: Musik 15./16. Jhd., S. 129–88, S. 130.
151. Platone: Timaios. 35 c. Vgl. Genovesi: Imprese Isabella (1993), S. 78.
152. „ut Luna, quae iuxta cubicum numerum viginti septem diebus circulum suum lustrat, cùm Saturnium fidus triginta prope anni redeat ad pristinum exordium." Calchidius/Platon: Timaeus, S. 205.
153. Genovesi: Imprese Isabella (1993), S. 80.

Nur die Erde als Zentrum dieses Systems ist von der Sphärenmusik ausgenommen, da sie unbeweglich ist. Ihre absolute Stille aber ist erst die Voraussetzung für die Vorstellung der Himmelsmusik. „La *musica Mundi*, di natura puramente intelligibile, esige per rivelarsi all'anima il silenzio dei sensi."[154] Aus diesem direkten Bezug zwischen *Musica mundi* und Stille heraus sind die beiden Embleme Isabellas zusammen denkbar, wird ihre polare Verortung am Anfang und Ende der Grotte verständlich. Die Grotte ist demnach ein Raum, in dem Musik in ihren kosmischen Zusammenhängen Thema ist.

Genovesi erinnert daran, dass die Ambivalenz von Musik und Schweigen ein durchaus bekanntes Denkmodell war und verweist auf das Frontispiz des musiktheoretischen Traktats *Practica musicae* von Franchino Gaffurio, der 1496 in Mailand, also in zeitlicher und geographischer Nähe zum Mantuaner Hof erschien. Apollo stellt er der schweigenden Thalia gegenüber, zwischen denen sich die himmlischen Sphären in Halb- und Ganztönen entfalten.[155]

Aber das Spiel mit den Proportionen wird noch weiter getrieben und schafft eine Verbindung zwischen dem Pausen- und Zahlenemblem. Denn aus der Kenntnis der Symmetrien, die die Intervallproportionen von der 1 bis zur 27 ergeben, erinnert das Pausenzeichen an ein umgekehrtes λ-Bild und entspricht im Aufbau dem platonischen Diagramm im *Timaios*: In der Mitte steht die Semibrevis-Pause als Einheitszeichen und Gliederungspunkt. Von hier aus spalten sich zwei Zweige ab, die Stufe der Minimen entspricht der der 2 und 3, die der Breven der der 4 und 9 und letztlich die der Longen und Maximen der der 8 und 9.[156]

Das Emblem der musikalischen Pausen und sein Gegenüber repräsentieren hier die Korrespondenz von musica mundi und irdischem Schweigen und damit die Möglichkeit des Menschen, über die gleichermaßen himmlische wie klangsinnliche, poetische Kunst der Musik Zugang zur Harmonie des Universums zu erlangen.[157] In dieses humanistische Programm fügen sich auch die Musikinstrumente in den Intarsien der *grotta*. Sie illustrieren Isabellas eigene musikalische Fertigkeiten, erinnern aber auch daran, in welchen übergeordneten Zusammenhängen diese stehen.

Den Ikonographien der Grotte sind noch weitere Hintergründe eigen, die Isabellas besondere Neigung zur musikalischen Poesie untermauern. So hat Genovesi in den *Tarocchi del Mantegna*, den Zeichnungen zum Tarot-Spiel des Malers Mantegna, der bei Isabella im Dienst war und unter anderem Aufträge für das *studiolo* ausgeführt hat, die Poesie als Karte Nr. 27 identifizieren können. Sie zeigt eine musizierende Frauengestalt, die auf dem Berg Parnass sitzt und auf die doppelte Funktion von Poesie bzw. Musik weist — die moralisch klärende und die kosmische, symbolisiert durch das

---

[154]. „So ist der Abstand des Mondes zum Merkur vergleichbar mit dem Intervall der Quarte, der des Mondes zum Mars mit dem der Quinte etc." Genovesi: *Imprese Isabella* (1993), S. 80.

[155]. Gafori: Practica. Franchino Gaffurio (oder Gaffurius, Gafurus, Gafuris, Gafurio, Gafori, Gafforis) ist 1474 seinem Vater von Lodi nach Mantua an den Hof der Gonzaga gefolgt und hat in der Stadt zwei Jahre lang Musiktheorie unterrichtet. Ein weiteres Mal ist er 1490 nach Mantua gereist, dann allerdings aus Interesse an einem architektonischen Projekt in Mailand. Vgl. Kreyszig: *Gaffurio* (2002), Sp. 394–95.

[156]. Unten stehen je zwei imperfekte Longen, oben je zwei perfekte Longen und außen 2 Maximen. Zur Deutung vgl. Genovesi: *Imprese Isabella* (1993), S. 84.

[157]. Ebd., S. 91. In dieses Weltbild integrieren sich ebenso Tugend- und Keuschheitssymbole, mit denen alle Räumlichkeiten Isabellas ausgestattet sind. Sie sind jedoch nicht wörtlich zu verstehen; das Ideal der Keuschheit hier kein Alltagsgebot, sondern eine Vorstellung zur spirituellen Erhöhung der eigenen Person, stellt also keine ethische Instanz im wörtlichen und didaktischen Sinn, sondern eine moralphilosophische dar. Somit ist auch von einer engen Interpretion eines Gemäldes wie dem der Battaglia di Amore contro Castità von Pietro Perugino in Isabellas studiolo Abstand zu nehmen. Das Bild wird in der deutschsprachigen Fachliteratur als Kampf der Keuschheit gegen die Wollust übersetzt. Heute befindet es sich in Paris, Musée du Louvre, Département des Peintures (Inv. Nr. 722). Vgl. Ferino-Pagden: *Prima donna* (1994), S. 221.

Ausgießen klaren Wassers und die Darstellung eines Himmelskörpers. Auf der Basis des Zahlenalphabets ergeben auch die Zahlenpendants von Isabellas Monogramm IS die Summe 27, d. h. 9 für I + 18 für S. In unmittelbarer Nachbarschaft zu dem Buchstabenmonogramm IS hat Isabella also bewusst das Emblempaar an ihre Person und Autorschaft gebunden.

Angesichts so vielschichtiger, komplexer Bedeutungsebenen drängt sich die Frage auf, inwiefern die Auftraggeberin selbst in diese Hintergründe eingeweiht war bzw. was man in diesem Fall unter Autorschaft zu verstehen hat. Aus der Interpretationsgeschichte der Impresa über das Motto *nec spe nec metu* ist bekannt, dass Mario Equicola als Berater Isabellas in diesen Fragen fungierte. In ihrer Antwort auf Equicolas Sendung eines vierzigseitigen Traktats über Bedeutungshintergründe des Mottos antwortete sie zurückhaltend, dass es aus schlichteren Motiven heraus entstanden sei als er ihr zugestehe, „da noi cum tanti misterii non fu facto cum quanti lui gli attribuisse".[158] Und ähnlich ist auch im Fall des Pausen- und Zahlenemblempaars davon auszugehen, dass Isabella hierfür das humanistische Wissen ihrer Höflinge gezielt einsetzte, für das sie ein besonderes Interesse zeigte. Bei Mario Equicola lernte Isabella Latein, weiterhin hatte sie Unterricht bei Battista Guarino, dem Sohn des namhaften Humanisten Guarino Veronese. Dessen Lehrprogramm ist über einen Traktat zur Erziehung des perfekten Humanisten seines Sohns Battista erschließbar, der in Isabellas Bibliothek stand. Er forderte die Lektüre der Aristotelischen Ethik über Cicero bis hin zu Platon — eine Reihe, worunter in Isabellas Beständen nur Platon fehlte. Es liegt nahe, davon auszugehen, dass in diesem Umfeld auch Isabella selbst platonische Theorien kannte, unabhängig davon, was sie konkret studiert hatte. Entsprechende Theorien dürften in Künsten und Wissenschaften allgegenwärtig gewesen sein. In jedem Fall aber sind Isabellas Interesse an alten Sprachen, ihre Sammelleidenschaft antiker Objekte sowie eben auch die Sorgfalt, mit der sie ihre Räume gestalten ließ, Indizien für ein ausgeprägtes Interesse an einem kulturellen und pädagogischen Programm, in dem Musik und Poesie zu Schlüsselqualitäten werden. Da die Person Isabellas darin einer himmlischen Transzendenz untergeordnet wird, verweisen ihre Räumlichkeiten zurück auf antike Vorstellungen, denen zufolge Musik und Poesie einer himmlischen Logik des Universums folgen.[159] Die ausgefeilte Strategie allerdings, mit der dabei antike und humanistische Ideale über Zeichen, Wappen, Gemälde auf ihre Person als tugendhafte Herrscherin zurückgeführt werden, ist gleichwohl Ausdruck eines neuzeitlichen Bewusstseins.

Die sechs Gemälde, die Isabella bei namhaften Malern für das benachbarte *studiolo* in Auftrag gegeben hatte, unterstützen das in der *grotta* dargestellte platonisch-christliche Weltbild und eine entsprechende tugendfördernde Funktion von Musik und Poesie. Zwei Gemälde sind in Bezug auf das Musikpatronat am Hof besonders aufschlussreich: Andrea Mantegnas *Il Parnaso*, auch als *Mars und Venus* bezeichnet (1496–1497), war das erste Bild im *studiolo* und nimmt in der Dramaturgie des Raumes eine Schlüsselstellung ein (Abb. 5, S. 85). Das Bild *Incoronazione di una dama* ist dabei besonders auf Isabella bezogen, das in diesem Sinn auch unter dem Titel *Allegoria della corte di Isabella* bekannt ist (Abb. 6, S. 89).[160]

---

[158]. „Es ist von uns nicht mit so vielen Mysterien gemacht worden wie man ihm zuspricht." Ebd., Anm. 5.
[159]. Genovesi: *Imprese Isabella* (1993), S. 83–84. In dem Zusammenhang unterscheidet Genovesi Isabellas Kunstförderung von Mantegna und Leonbruno von der durch ihren Sohn Federico, der mit Giulio Romano eine vom Subjekt ausgehende, manieristische Kultur etabliert, wie sie im Palazzo Te in Mantua gestaltet ist.
[160]. Vgl. Ventura: *Isabella d'Este* (2001), S. 86, S. 86–107, S. 92.

Vor Ort am Hof: Inszenierungsstrategien für die Frottola

Abb. 5: Andrea Mantegna, *Il Parnaso* (1496–1497), Musée du Louvre

In *Il Parnaso* verbinden sich die zentralen musikbezogenen Mythen aus der Antike zu einer programmatischen Darstellung der herausgehobenen Bedeutung von Musik am Mantuaner Hof.[161] Der Blick des Betrachters wird zunächst zur hinteren Bildmitte geführt, in dem die neun Musen in rhythmischen Bewegungen und die Hände haltend zur Musik einer Orpheus- oder Apollogestalt tanzen, die eine Leier spielt und singt.[162] Über den Musen stehen auf einer Felsbrücke Venus und Mars, der Kriegsgott erkennbar an seiner Rüstung und seinem Stab, die Liebesgöttin an ihrer Nacktheit, einem goldenen, nach unten gerichteten Pfeil und der Pose, links von Amor. Eine Bank hinter ihnen ist mit roten, weißen und blauen Stoffen zu einem Thron gestaltet; ein üppiger Zitronenhain schirmt ihre Rücken von der Weite der Landschaft und Orten am Horizont ab; sie neigen einander die Köpfe zu, Venus blickt versonnen in die Ferne, Mars blickt in Venus' Gesicht; beide haben die Hände

---

[161]. Im Inventar des Studiolo heißt die Bildbeschreibung zum Titel 203 „un altro quadro di pittura di mano del già messer Andrea Mantegna, nel qual è dipinto un Marte, una Venere che stanno impiacere, con un Vulcani et un Orfeo che suona, con nove nimphe che ballano". Vgl. ASMn, AG, Archivio Notarile, notaio Odoardo Stivini, 22 dicembra 1535, fol. 19r. Das Testament von Isabella d'Este Gonzaga mit dem Bestand von grotta und studiolo wurde zur Grundlage für die Inventarisierung der gesamtem Gonzaga-Bestände nach ihrem Tod 1540-1542. Eine Kopie davon existiert in ASMn, AG, busta 332. Es gibt diverse moderne Ausgaben, die ersten von Alessandro Luzio: Luzio: *Isabella Sacco* (1908), Appendice, Dok. VI, S. 413–25 und eine eigenständige Ausgabe desselben Autors, Milano 1908, S. 161–73; Clifford M. Brown: *La Grotta di Isabella d'Este*. Mantua 1985 und, als neueste Ausgabe. Die neueste Ausgabe ist eine kommentierte Faksimile-Edition des handschriftlichen, kunstvolle verzierten Codex (ASMn, AG, Inv., Busta 400): *Il codice Stivini. Inventario della collezione di Isabella d'Este nello studiolo e nella grotta in Corte Vecchia del palazzo ducale di Mantiva*, hg. v. Daniela Ferrari, Modena 1995.

[162]. Dass es sich eindeutig um Musen handeln soll, geht aus Stichen Mantegnas hervor, in denen dieselben Motive entsprechend betitelt sind. Vgl. Ferino-Pagden: *Prima donna* (1994), Kat. Nr. 79, 80a und b, S. 207 u. 208.

liebevoll ineinander verschränkt. Der Putto Amor, erkennbar an seinem Bogen, streitet mit Vulcanus, der ebenso nackt wie er ist, in der Hautfärbung jedoch grauer, weniger belichtet als alle anderen Figuren. Amor hat ein Blasrohr auf ihn und seine Felshöhle am linken hinteren Bildraum gerichtet, wo Metallinstrumente und ein Feuer auf seine übliche handwerkliche Tätigkeit hinweisen. Vulcanus geht erregt auf Amor ein, der jedoch in Distanz über ihm bleibt. Der Blick einiger Musen und eine Bildachse, die von dem Götterpaar oben nach rechts vorne verläuft, führt über einen weiteren Stab zu Merkur und dem beflügelten Pferd Pegasus, die wiederum den zweigipfeligen Parnassberg im Rücken haben. Der Götterbote Merkur hält den Caduceus-Stab, ein Zeichen der Künste und Symbol der Harmonie; damit lehnt er auf Pegasus, hat die Musen im Blick, eine Flöte in der linken Hand und ist in langsamer Vorwärtsbewegung.

Wie naheliegend es für die Zeitgenossen war, das Bild als allegorisches Porträt des regierenden Fürstenpaars zu lesen, bestätigt eine spätere Quelle, die mit denselben Assoziationen spielt, d. h. Isabella d'Este Gonzaga und ihren Mann Francesco ausdrücklich mit Venus und Mars verbindet. Im September 1502, sechs Jahre nachdem *Il Parnaso* in Auftrag gegeben war, hatte Bernardo Bembo, Senator Venedigs und zugleich Oberbürgermeister in Verona, die Gonzaga auf ein Fest nach Verona eingeladen.[163] Dazu hatte er das Paar offenbar um die Zusendung einer Dichtung gebeten, vermutlich um sie auf dem Fest in besonderer Form präsentieren zu können, und durch den Botendienst von Marco Cara, den gebürtigen Veroneser, dann Verse von „Venus und ihrem Sohn" erhalten: „Per ser Marco Cantore vostro familiare et nostro veronese ho ricevuto i versi de Venere et figlio."[164]

Das Gemälde ist auf mehreren Ebenen eine Darstellung von Harmonie und dabei gleichermaßen eine Allegorese der Herrschaft von Francesco Gonzaga und Isabella d'Este Gonzaga, der antiken Tugenden und vor allem der Musik an ihrem Hof. Harmonie in der doppelten Bedeutung von Eintracht und Friede im politischen Sinn und von Zusammenklang im konkret musikalischen und zugleich kosmisch-ethischen Sinn ist das Element, durch das sich hier verschiedene antike Mythen und Legenden in einer Komposition durchdringen, die sehr wahrscheinlich unter der Beteiligung der Humanisten am Hof und der Marchesa selbst entstanden ist.[165]

Für eine Interpretation des Leier spielenden Sängers als Apoll spricht seine Nähe zu den Musen, denn ursprünglich war es Apoll, der sie zähmte und ihre Tänze leitete, anfangs noch am Olymp, wo sie auf diese Art für Frieden sorgten. In der römischen Dichtung, etwa bei dem Mantuaner Vergil, wurde Apoll zum Alleinherrscher über den Parnass und fungierte gemeinsam mit den Musen als solcher später sowohl bei Dante, Boccaccio und Petrarca als auch in der humanistischen Literatur des 15. Jahrhunderts. Dem Parnass wurde dabei zunehmend die Bedeutung eines idealen Ortes

[163]. Nach Verona wurde der Senator Bernardo Bembo von April 1502 bis Mitte 1503 auch in der Funktion als „oratore straordinario presso Luigi XII.", also als „außerordentlicher Redner" des damaligen französischen Königs gesandt. Vgl. „Bembo, Bernardo". In: DBI, S. 103–09, S. 106. In dieser Zeit dominierte Venedig noch über die einzelnen italienischen Stadtstaaten, bevor die Serenissima dann ab 1509 zur Neutralität gezwungen war. In einem Bündnis zwischen Papst, Kaiser Maximilian I. und König Karl VIII. von Frankreich wurde Venedig damals geschlagen.
[164]. Zwar seien diese bezaubernd, „deliciosi", und würden auch gut in den Rahmen passen, „Et ben quadrano al facto", aber noch mehr hätten ihm über Venus und Mars Verse gefallen, die wahre Ebenbilder seiner Person [und damit offenbar auch seiner Gemahlin] seien. „Ma piu mhariano piacuti [sic] fussono stati di Venere a Marte figurando la persona vostra vero simulacro chesso". Bernardo Bembo an Francesco Gonzaga, 2. Sept. 1502, ASMn, AG, Carteggio dello Stato Veneto, busta 1440, fol. 226.
[165]. Vgl. Verheyen: *The Paintings in the studiolo* (1971), S. 22–29; Romano: *Studiolo* (1981), S. 24–40. Hier auch weitere bibliographische Angaben.

der Dichter zugesprochen und den Musen einzelne Bereiche der Wissenschaft und Künste, so wie es im Eingang von Isabellas *grotta* zu sehen ist. Die Musen versinnbildlichen in mehrfacher Hinsicht Harmonie, über ihre sichtbare Bewegung zur Musik des Apoll, über den Zusammenklang der durch sie verursachten Sphärenharmonien und als Sinnbild der Tochter Harmonia, die aus der Beziehung von Mars und Venus hervorgegangen ist. Die friedensstiftende Bedeutung der Verbindung von Venus und Mars wird also nicht nur über die unmittelbare Gestik und Haltung des Paares veranschaulicht — wie anders sollte es gedeutet werden, dass sich der Blick des Kriegsgottes auf die Liebesgöttin richtet und durch alle anderen Bereiche des Bildes unterstrichen wird: Der dem Paar zugehörige Amor dominiert über den Feuergott Vulcanus und damit über Zorn, Gefahren und Risiken, die mit ihm assoziiert werden. Doch auch innerhalb des Begriffsfeldes amore dient Vulcanus antipodisch zur Verstärkung der Tugendhaftigkeit des Paares: Vulcanus ist zwar Venus' rechtmäßiger Ehemann und wurde des öfteren gehörnt wie hier durch Mars; wichtig in diesem Bild ist dabei v. a., dass er im Abseits des Paares steht und damit den Gegenpol einer von Licht und Spiritualität geprägten Liebe verkörpert, nämlich die irdisch-körperliche. Auf diesen Gegensatz scheint Amor anzuspielen, der ihn mit dem goldenen Blasrohr ärgert und damit zugleich auf Vulcanus' Geschlecht zeigt, während die Verlängerung diese Diagonale im *mons veneris* der Venus mündet.[166] Auch die matte Hautfarbe Vulcanus' und das fehlende Licht in seiner Sphäre lassen diesen Schluss zu. Für die Beziehung von Mars und Venus spielt die Körperlichkeit der Liebe dagegen keine Rolle; Mars ist durch die kosmischen Lüfte der himmlischen Liebe besänftigt, worauf eben das Blasrohr Amors und der unauffällig nach unten gerichtete goldene Pfeil Venus' schließen lassen. Venus konnte Amor seinen Pfeil entziehen und ihn unschädlich machen. Das Pendant zu dem Nebenschauplatz auf der Seite links hinten im Bild, einem Schattenreich der Venus, bilden Merkur und Pegasus im Vordergrund, in der Komposition sichtbar durch die diagonale Achse in Verlängerung von Merkurs Stab, die ebenso schlüssig zum Zentrum mit Mars und Venus hinführt wie die Achse in Verlängerung von Amors Stab.

Merkurs Caduceus ist ihm von seinem Bruder Apoll geschenkt worden und gilt als Sinnbild für Eintracht und Glück wie das Götterpaar selbst. In der humanistischen Literatur des 15. Jahrhunderts galt Merkur als Schutzherr des Parnass, wodurch sich auch seine Position am vorderen Rand des Bildes erklärt. Merkur beobachtet das Geschehen als Bote, steht zwischen dem göttlichen Parnass und den Menschen, die das Gemälde von außen betrachten. Seitlich den Blick auf die Musen gerichtet, bewegt er sich auf den Betrachter zu und wirkt als Vermittler der dargestellten Tugenden. Der edelsteingeschmückte Pegasus folgt ihm dabei; er hatte zuvor die Quelle Hippokrene geschaffen, die den Musen zur Inspiration diente und im vordersten Bereich des Gemäldes abgebildet ist.

Während die Verbindung von Mars und Venus schon in der Antike als Symbol des Staatsfriedens und damit auch der Überwindung von Discordia bzw. Zwietracht galt, stärkt die Ebene der Musen in diesem Gemälde die Gleichsetzung von Harmonia im politischen und im konkret musikalischen Sinn. Dadurch knüpft das Gemälde an die Tradition der „musizierenden Herrscher" an, die bereits die Montefeltro in Urbino vertreten und musikikonographisch versinnbildlicht hatten. Bemerkenswert ist zudem, dass bereits Borso d'Este (1413–1471) der erste Herzog von Ferrara und Modena und Onkel Isabella d'Este Gonzagas, im Palast von Belfiore in den 1450er und -60er Jahren

---

166. Vgl. Jones: *Venus Mars* (1981), S. 193–98.

Teil 2

ein *studiolo* geplant hatte, das den Musen gewidmet sein sollte.[167] Musik repräsentierte hier wie dort politische Tugendhaftigkeit und vermochte über die Vielschichtigkeit des Harmonia-Begriffs verschiedenste Bedeutungsebenen miteinander zu verbinden. Das Prestige einer solchen Herrschaftsallegorie wird Isabella d'Este Gonzagas Entscheidung beeinflusst haben, die Musik zum Zentrum ihrer Selbstdarstellung zu machen.

In diesem Sinn wird auf diesem Gemälde wie auch auf dem der *Incoronazione di una dama* eine Herrscherallegorie geschaffen, bei der die zentrale weibliche Gestalt einem in sich geschlossenen Bereich der Künste und Wissenschaften vorsteht, hier dem Parnass oder aber auch dem otium, wofür generell das *studiolo* und die *grotta* eingerichtet waren. Isabella d'Este hat somit aus der Not, von einer profanen Herrschaft qua Geschlecht ausgeschlossen zu sein, eine Tugend gemacht und sich als spirituelle Herrscherin eines Otium, eines Reiches der Harmonie inszenieren lassen, ohne sich dabei unbedingt auf eine traditionelle Fürstinnenrolle zu beschränken. Im Gegenteil: Indem sie ikonographische Gepflogenheiten der Herrscher in Urbino übernimmt, setzt sie Strategien ein, die bislang nur Fürsten für sich beansprucht hatten. Die naheliegende Analogie des dargestellten Liebespaares zu dem tatsächlichen Fürstenpaar Francesco Gonzaga und Isabella d'Este Gonzaga wird über die Farben des Gemäldes gefestigt: Die Trilogie aus blau, weiß und rot von Mars, Venus und Merkur und dem Thron hinter dem Götterpaar in der Bildmitte oben bildet die Synthese aus den Farben der Familien Gonzaga und Este, d. i. blau, silber und weiß für die Este und rot, gold und silber für die Gonzaga.[168]

Vor dem Hintergrund von Mantegnas *Parnass* wirkt Lorenzo Costas Gemälde *Incoronazione di una dama*, das einige Jahre später, 1504–06 enstand, wie eine zeitgemäße Umdeutung desselben (Abb. 6): Antike Figuren erinnern hier nicht an eine Legende oder Fabula; sie sind hier allein Ausgangspunkt für eine eigens für Isabellas *studiolo* erdichtete zeitgemäße Allegorie des Hofdichters Paride de Ceresara. Diese *invenzione* ist zwar als Quelle nicht mehr erhalten, aber in ihrer zentralen Bedeutung durch die Lektüre des Gemäldes selbst rekonstruierbar:[169] Über eine symmetrische Eingangsszenerie, in der eine Nymphe mit Pfeil und Bogen rechts und ein bewaffneter bärtiger Mann neben zwei sitzenden Mädchen mit Rind und Schaf eine Pforte markieren, wird der Betrachter auf das zentrale Ereignis des Bildes gelenkt, das bezeichnenderweise in einem umzäumten, bewachten Hintergrund stattfindet und damit der Anlage des *studiolo* ähnelt, das vom vordergründigen Geschehen im Palast abgeschirmt ist. Hinter der Männerfigur links vorne wird Kadmus vermutet, wegen der Waffen am Körper, des kleinen Drachenkopfes links zu seinen Füßen und der kriegerischen Szenerie im linken Hintergrund. Diese stellt einen Kontrastschauplatz zum Hauptschauplatz dar und verstärkt gerade durch die symmetrische Anlage des ganzen Bildes und die perspektivische Verschiebung des linken Bereichs — das Kriegsgefecht wirkt ungewöhnlich klein — den Eindruck eines von der Welt abgeschirmten idyllischen Hügels, dem jeglicher Krieg fern steht. Kadmus' Schicksal ist durch eben diese Spannung geprägt, an ein Kriegsgeschick gebunden zu sein und in der Antike zugleich als Protektor der schönen Künste zu gelten. Er hatte einen von Mars geschickten Drachen getötet, musste

---

167. Ferino-Pagden: *Prima donna* (1994), S. 200.
168. Lehmann: *Mantegna's Parnassus* (1973), S. 174. Dieselben Farben zuzüglich gold, das im Gemälde ebenso häufig vertreten ist, kennzeichnen das Wappen, das sich Isabella d'Este Gonzaga als verheiratete Markgräfin anfertigen ließ. Vgl. die Abbildungen dazu in Malacarne: *segno* (2001), S. 184–201, S. 184 und S. 186.
169. Vgl. Ferino-Pagden: *Prima donna* (1994), S. 229–34, die sich v. a. auf eine unveröffentlichte Dissertation von C. Brown über Lorenzo Costa an der Columbia University von 1966 stützt.

Abb. 6: Lorenzo Costa, *Incoronazione di una dama* (1504–1506), Musée du Louvre

dessen Zähne aussäen und die daraus wachsenden Krieger sich größtenteils gegenseitig umbringen lassen, bevor er dank der Überlebenden Theben gründen konnte. Nach seiner Heirat mit Harmonia wurde er ein Protektor der Künste und Literatur, hatte daher eine dem Merkur ähnliche Funktion inne, der in Mantegnas Bild am Eingang des Parnasses steht. Selbst wenn Kadmus nicht gemeint gewesen sein sollte, wird die Absicht deutlich, dass hier der Friede und Schutz des umzäunten Ortes in seiner Besonderheit wahrgenommen werden soll; er ist womöglich ein durch Krieg hart erkämpfter zu hütender Schatz.

    Die Nymphe rechts mit Pfeil und Bogen könnte Diana darstellen, die Jagdgöttin und ein Symbol der Rein- und Keuschheit ist, also ein weiteres Tugendsymbol darstellt. Auch die Tiere in den Armen der zwei jungen Frauen am Eingang verkörpern entsprechende Tugendattribute der wachenden Personen, das Rind die Beharrlichkeit, die Kadmus aufbringen musste, das Schaf Dianas Unschuld und Reinheit. Farblich symmetrisch versetzt zu diesen zwei Damen am Eingang führt der Blick dann direkt zur zentralen Szene der Krönung einer in rot und weiß gekleideten Dame: Ein Amor-Putto legt ihr vom Schoß einer blau-weiß gekleideten Dame aus einen Myrtenkranz auf den geneigten Kopf. Durch Amor selbst und die zeitgenössischen Konnotationen von Liebe wird deutlich, dass die in blau gekleidete Dame die himmlische Venus, die in rot gekleidete Dame dagegen die Herrscherin dieses Ortes sein muss, deren Wesen eben die Vermittlung dieser Liebe ist. Umkreist durch farblich auf dieses Zentrum wiederum abgestimmte Musikerinnen, Musiker und Poeten ist unverkennbar, worüber die Dame im Mittelpunkt herrscht und für wen diese Allegorie steht: Deutlicher könnte man kaum ein höfisches Gunstsystem darstellen, in dessen Zentrum eine Herrscherin steht, deren Position durch einen Kreis an begünstigten Dichtern und Musikern erhoben wird und die wiederum durch sie einen geschützten und inspirierenden Ort zur Ausübung ihrer Künste finden. Die Musik ist dabei leitend; im Rücken von Venus spielt ein junger Mann eine Lira mit Blick zum Himmel, womöglich ein Sinnbild Apollos, vor der Herrscherin spielt eine junge Frau womöglich eine leierförmige Kithara, zwei Männer mit Turban im Vordergrund rechts und links sind mit weiteren Saiteninstrumente zu sehen, links von der Betrachterseite aus offenbar ein Trumscheidt, rechts — aufgrund der sichtbaren Schnecke — wird womöglich eine Viola gestimmt. Nur rechts davon steht ein Poet mit einer Schreibtafel, der sich dabei offenbar von der Musik um ihn herum inspirieren lässt. Musikalität steckt aber auch in der farblichen Abstimmung der Gewänder in diesem Kreis.

Es ist plausibel, hinter der Szenerie des Bildes Anspielungen an die tatsächliche Praxis zu vermuten, an zentrale Dichter und Künstler, die nachweislich in der Gunst der Fürstin wirkten, da es eine aufwändige Musikpraxis mit einem solchen Instrumentarium, ein begünstigtes Miteinander von Musik und Dichtung durch Isabella d'Este Gonzagas Förderung tatsächlich gab. Dennoch wirkt Browns These übertrieben, im Kreis um die gekrönte Dame gleichermaßen Pietro Bembo, Baldesar Castiglione und Paride de Ceresara, der für die Anlage des Bildes verantwortlich war, widergespiegelt zu sehen.[170] In jedem Fall ist festzuhalten, dass die Herrschaftsallegorie hier darin besteht, das Renommee einer Persönlichkeit vor allem durch musikalische Attribute eines Kreises aus Günstlingen zum Ausdruck zu bringen.

Costas *Allegorie von Isabellas Hof* ist somit als Abbild der musischen Herrschaft über einen Hortus conclusus zu lesen, in dem Liebe bzw. Spiritualität, Musik und Poesie als Synonyme fungieren. Die Botschaft dieses Gemäldes konkretisiert damit die in Mantegnas *Parnassus* und die abstrakteren und weitaus verschlüsselteren Aussagen der Musikikonographie in Isabellas *grotta*. Die ikonographische Gestaltung beider Räume kennzeichnen in nuce das Selbstverständnis eines Hofes, der die Allegorie der tugendhaften Herrschaft in besonderer Weise mit einem außerordentlichen Musikpatronat weiblicher Prägung verbindet.

„la dolce influenza del mio Giove"—
Petrarkistische Huldigungen im Umfeld weiblicher Patronage

Isabellas Günstlingsverhältnisse sind über eine Fülle literarisch-musikalischer Huldigungen dokumentiert, die in produktiver Wechselwirkung zu einer genuin weiblichen Form der Patronage standen. Eine Fürstin wie Isabella d'Este Gonzaga, die in der Tradition des Musenhofs mangels politischer Entscheidungsmacht auf die Wirkungsmacht des kulturellen Wettbewerbs setzte, förderte diese Hommages zur Steigerung des eigenen Prestiges, während Dichtung und Musik ihren Höflingen dienten, um das Gunstverhältnis lebendig zu halten und damit konkurrenzfähig zu bleiben. In diesem Sinn adaptierten Dichter und Musiker Topoi aus der petrarkistischen Liebespoesie, um ihre Verehrung der Markgräfin zum Ausdruck zu bringen, mit dem Ergebnis, dass Bilder der Patronin mit solchen einer tugendhaften Muse verschmolzen, die die Künste pflegte und beherrschte und dafür ‚geliebt' wurde. Die Huldigungen gingen so weit, von ihr „la prima donna del mondo" zu sprechen.[171]

---

170. Diesen Versuch hat Brown 1966 in seiner unveröffentlichten Dissertation unternommen. Vgl. die vorige Anm.

171. „Il 26 nov. 1494 Alessandro da Baesio, avvertendo da Vigevano Isabella della venuta di Chiara di Monpensier, aggiungeva che parlandosi 'nanzi M.ma Ciara, dove era m. Nicolò da Corezo et altri omeni de bene, d'alcune donne de Italia, el fu dito che la S. ria V. era la prima donna del mondo." „[…] Alessandro da Baesso, der Isabella aus Vigevano von dem Kommen Chiara di Monpensiers unterrichtete, sprach vor Frau Chiara von einigen Frauen in Italien, und zugegen waren auch Herr Nicolò da Corezo und andere würdige Männer, und es wurde gesagt, dass Eure Hoheit

Deutlich wird dadurch, dass sich Petrarkismus an Fürstinnenhöfen wie denen der Isabella d'Este Gonzaga oder von Lucrezia Borgia, Frottolenzentren um 1500, als eine literarische Tradition etablierte, die soziologische und kulturpolitische Funktion hatte. Dies wird im Folgenden anhand literarisch-musikalischer Korrespondenzen zwischen Isabella und den ihr verbundenen Höflingen Pietro Bembo, Niccolò da Correggio, Mario Equicola, Giangiorgio Trissino und Antonio Tebaldeo illustriert.

Pietro Bembo ist einer der namhaften Höflinge und Humanisten, der zu Beginn des 16. Jahrhunderts und damit auch zur Zeit der Frottolenmode nachweislich in Kontakt zu den Höfen in Mantua und Ferrara stand und sich dabei insbesondere um die Gunst der dortigen Fürstinnen bemühte. Zwischen 1503 und 1504 verehrte er Lucrezia Borgia, und im selben Zeitraum kam es auch zu einem Austausch mit Isabella d'Este Gonzaga, zunächst per Briefwechsel, 1505 dann auch bei einer persönlichen Begegnung in Mantua. Im Vordergrund der Beziehung zu Lucrezia Borgia standen Liebesbriefe, die Bembo Jahrzehnte später veröffentlichte.[172] Inwiefern die Fürstin ihrem Gegenüber antwortete, das Verhältnis also über die Werbungen Bembos hinausging, ist heute mangels Quellen nicht nachweisbar, aber auch zweitrangig gegenüber der Praxis, mit der Bembo über literarisch stilisierte Huldigungsformen einer weiblichen Autorität den Hof machte, um sein Renommee als Hofmann und Humanist zu stärken. So wie hohe Poesie und die Stilisierung der reinen Liebe den für den Hofmenschen angemessenen Lebensstil darstellten, veranschaulicht Bembos Beispiel die wechselseitige Durchdringung literarisch-ästhetischer und soziologischer Motivationen, die seit Beginn des 16. Jahrhunderts Liebesliteratur zu einem höfischen Modephänomen machten. Petrarcas Liebeslyrik hatte dabei Modellfunktion; und so selbstverständlich wie Petrarca-Sonette schon im 15. Jahrhundert gesungen wurden, war Musik ein Bestandteil des höfischen Liebesspiels.[173]

Bembos Kontakt zu Isabella d'Este Gonzaga ging von der Fürstin aus, die ihn im Januar 1503 nach Mantua einlud, als sich dieser zum zweiten Mal längere Zeit in Ferrara aufhielt.[174] Womöglich gab auch hier zunächst das Konkurrenzverhältnis zu Lucrezia Borgia den Anstoß.[175] Höhepunkt der Begegnung im Juni war ein musikalischer Auftritt Isabellas, an den Bembo rückwirkend im nächsten Brief erinnerte und die Gelegenheit nutzte, Isabella weitere eigene Gedichte, zehn Sonette und

die führende Frau der Welt sei." Brief von Alessandro da Baesio an Isabella d'Este Gonzaga, 24. November 1494. ASMn, AG, zit. nach Luzio/Renier: *Correggio* (1893), S. 239.
172. Bembo/Borgia: Grande fiamma.
173. Vgl. Kap. 3. 1. und Kap. 3. 2.
174. Vgl. Bembos schriftlichen Dank für ihre Einladung nach Mantua vom 6. Jan. 1503, Ferrara 6. Jan. 1503 In: Bembo: Lettere. Die Korrespondenz zwischen Isabella und Bembo setzt sich noch bis 1524 fort, betrifft dann aber nicht mehr diese Thematik. Mit Bembos Vater Bernardo stand Isabella schon zuvor, spätestens seit 1502 in Kontakt, u.a. um sich Porträts von Dante, Petrarca, Boccaccio zu leihen, die sie dann im Januar 1504 wieder zurückschickte. Isabella d'Este Gonzaga an Bernardo Bembo, 5. Januar 1504, ASMn, AG, busta 2994, libro 17, fol. 1r. und Carlo Bembo an Isabella d'Este Gonzaga, ASMn, AG, Carteggio dallo Stato Veneto, zit. nach Cian: *Bembo e d'Este Gonzaga* (1887), S. 86.
175. Erst zwei Jahre später nach der ersten Einladung realisierte er den Besuch in Mantua — zu einem Zeitpunkt also, als seine Beziehung zu Lucrezia bereits beendet war. Im April 1505 kündigte er sich mit drei eigenen Gedichten an; zudem schickte Isabellas Schwägerin Elisabetta Gonzaga da Montefeltro aus Urbino ein weiteres Empfehlungsschreiben zu seiner Person. Pietro Bembo an Isabella d'Este Gonzaga, Brief vom 8. April 1505, ASMn, AG, sowie Elisabetta Gonzaga da Montefeltro an Isabella d'Este Gonzaga, Brief vom 10. Juni 1505, ASMn, AG, busta 1068, fol. 320. Dieser Brief ist nicht unterzeichnet, der Absender aber dennoch eindeutig nachweisbar.

zwei Strambotti zu schicken mit der Bitte, diese vertonen zu lassen und bei weiterer Gelegenheit vorzutragen.**176**

> Mando a Vostra Excellentissima Madonna et padrona Illustrissima mia, dieci sonetti; et due tramotti alquanto usciti della loro regola: [...] perche io pure desidero che alcun mio verso sia recitato et cantato da Vostra Signoria, ricordandomi con quanta dolcezza et soavità Vostra Signoria cantò quella felice sera gli altri, et istimando che nessuna gratia possano havere le cose mie maggiore che questa.**177**

Bembo nutzte somit Isabellas Musikalität, um seine neuen Dichtungen an einem gesellschaftlich zentralen Ort und in auffälligem Rahmen präsentiert zu wissen; im Gegenzug profitierte Isabella von Bembos Zugang zu neuer Literatur, in dem sie sich in möglichst exklusiver Weise präsentieren konnte.

Isabella war nicht die einzige, die Pietro Bembo mit petrarkistischen Huldigungen umwarb. Ebenso ging er Liebesverhältnisse mit gesellschaftlich weniger renommierten Frauen ein, worunter sein jahrzehntelanges Zusammenleben mit der Kurtisane Morosina die bekannteste sein dürfte.**178** Über seine Beziehung zu Maria Savorgnan, einer Venezianerin, ist biographisch gesehen kaum mehr bekannt, als dass sie zwischen 1500 und 1501 seine Geliebte war. Für die Funktion der Frottola-Praxis in einem auf Liebes- und Gunstverhältnisse ausgerichteten Petrarkismus ist sie allerdings besonders aufschlussreich. Im Briefwechsel mit Maria Savorgnan berief sich Bembo ausdrücklich auf „la dolce influenza del mio Giove" und zitierte Petrarca an etlichen Stellen,**179** während die Geliebte in die Rolle der fernen, leidenden Laura schlüpfte. Dabei bemühte sie auch bestimmte Frottolen: Am 19. August 1500 schrieb Maria Savorgnan an den Geliebten Bembo: „Io poso chantare la chancion che dice *Haimè il cor, aimè la testa*, el primo per amore di voi, chè ogni strada mi è chiusa di vedervi, la testa per gli afanni sustenuti".**180** Die besagte Barzeletta ist als Vertonung Marchetto Caras im ersten Frottolenbuch Petruccis von 1504 veröffentlicht; sie basiert auf einer *poesia per musica*, die

---

176. Leider aber sind die angesprochenen Beispiele in diesem Fall nicht nachweisbar.

177. „Ich schicke Eurer ausgezeichnetsten Madonna und meiner berühmtesten Herrin zehn Sonette und zwei Strambotti, die über ihre Regeln hinausgehen, [...] weil ich sehr hoffe, dass etwas von meinen Versen von Eurer Hoheit rezitiert und gesungen werden möge, in Erinnerung mit welcher Süße und Milde Eure Hoheit an jenem glücklichen Abend die anderen gesungen hat, und da ich schätze, dass meine Sachen keine höhere Anmut finden können als diese." Dabei ist die darauf folgende Bemerkung über die regelbrechenden Strambotti interessant, dokumentiert sie zum Einen ein Bewusstsein für die Regelüberschreitung und zeigt sie zum Anderen, dass auch mit den einfacheren Reimformen experimentiert werden konnte: „De quali sonetti alcuni né sono non havuti qui da altri, et gli tramotti in tutto novi né pure veduti piu da alcuno. Increscemi che, per aventura, né risponderanno alla expectatione di Vostra Signoria; ne al desiderio mio: Ma rinforzami, che se saranno cantati da Vostra Signoria [...].","Von jenen Sonetten sind einige hier noch nicht bekannt, und die ganz neuen Strambotti sind noch von niemandem gesehen worden. Es tut mir leid, wenn sie eventuell weder den Erwartungen Eurer Hoheit entsprechen noch meinem Wunsch, aber es bestärkt mich, wenn sie von Eurer Hoheit gesungen werden [...]" Pietro Bembo an Isabella d'Este Gonzaga, Brief, Venedig vom 1. Juli 1505, ASMn, AG, busta 1891, fol. 78.

178. Vgl. den Abschnitt „Quedem cortigiana, hoc est meretrix honesta" — Kurtisanentum als Kompensation offizieller Strukturen oder; sexuelle Begierden und deren Nobilitierung in Kap. 2. 2. 2.

179. Briefe von Pietro Bembo an Maria Savorgnan vom 3. und 12. April 1500 in Savorgnan/Bembo: Carteggio, S. 55 und 57.

180. „Ich kann das Lied singen, das heißt Haimè il cor, aimè la testa, Weh mir mein Herz, weh mein Kopf, ersteres [das Herz] wegen der Liebe zu Ihnen, da mir jede Straße verschlossen ist, Sie zu sehen, und der Kopf wegen des erlittenen Kummers." Brief von Maria Savorgnan an Pietro Bembo, 15. August 1500, Ebd., S. 21.

in typischer Form aus der Perspektive eines einsam redenden Ich die Topoi höfischer Liebe besingt, zwischen ersehnter, verweigerter Liebe und unvermeidlichem, endlosem Leid (Bsp. 1).[181]

Bsp. 1: Marchetto Cara, *Oime el cor, oime la testa*

Oime el cor oime la testa	Weh', mein Herz; weh' mein Kopf,
Chi non ama non intende	Wer nicht liebt, versteht nicht,
Chi non falla non se mende	Wer nicht scheitert, schadet sich nicht.
Dopo el fallo el pentir resta	Nach dem Scheitern bleibt die Reue.
Oime dio che error fece io	Weh' Gott, welch Fehler ich machte,
Ad amar un cor fallace	Ein trügerisches Herz zu lieben.
Oime dio chel partir mio	Weh' Gott, dass mir mein Weggehen
Non mi da per questo pace	Nicht diesen Frieden bringt.
Oime el foco aspro e vivace	Weh', das heftige und wilde Feuer
Mi consuma el tristo core	Verzehrt das traurige Herz.
Oime dio chel fatto errore	Weh' Gott, dass der begangene Fehler
L'alma afflicta mi molesta	Mir das versehrte Herz quält.
Oime che ben macorgea	Weh', dass ich mir bewusst werde,
Da un cor falso esser tradito	Von einem falschen Herz betrogen zu sein.
Oime alhor chio non sapea	Weh', dass ich es nicht verstand,
Al mio error pigliar partito	Mit meinem Fehlen die Flucht zu ergreifen.
Oime el cieco mio appetito	Weh', meine blinde Begierde
Mha condutto a questa sorte	Hat mich in diesen Schicksal geführt.
Oime grido el mal mio forte	Weh', ich rute nach meiner Stärke,
Ognhor crescie e piu me infesta	Dass sie jetzt wachse und mir nicht mehr schade.
Doi dolci occhi un parlar doppio	Zwei schöne Augen, ein doppeltes Reden,
Una imensa e gran beltate	Eine mächtige und große Schönheit
Fan che de dolor mi scoppio	Dass aus mir der Schmerz herausbricht,
Per la persa libertate	Für die verlorene Freiheit.
Se per questa l'alma pate	Wenn die Seele für diese leidet,
Ne fu causa el desir cieco	War das blinde Verlangen schuld,
El qual fa che sempre meco	Die bedingt, dass ich mich viel
Sta assai guerra e poca festa	Bekriege und wenig feiere.
Patientia o cor mio stolto	Geduld, o mein dummes Herz,
Godi el mal se tu el cercasti	Genieße das Übel, wenn du es suchtest.
Se alhor quando fusti accolto	Wenn du aber empfangen werden solltest,
Ad amar non reparasti	Wirst du kein Zuhause in der Liebe finden,
Te convien che pena atasti	Du solltest jetzt das Leid spüren
Del previsto tuo fallire	Deines vorhersehbaren Scheiterns.
Che non giova al tuo pentire	Für deine Reue ist es keine Freude,
El cridar con voce mesta.	Dieses Rufen mit trauriger Stimme.

---

181. Zum rhetorischen Selbstverständnis der Frottola vgl. Kap. 4. 2. 2.

Marias Anspielung auf dieses damals offenbar bekannte Stück verstärkt den Effekt, dass sie in diesem Brief mit der Umkehrung der traditionellen Rollen spielt und sich kurzerhand in die Position des leidenden Liebhabers begibt. Die Vorstellung, die Frottola zu singen, wird somit Teil ihres Liebesspiels. Inwiefern Maria die besagte Frottola jemals selbst gesungen hat, sei dahin gestellt. Wichtig festzustellen ist zunächst, dass Caras Barzellatta als musikalisch-rhetorischer Liebesdialog teilhat an der petrarkistischen Inszenierung von Liebe.

Bembo dagegen schrieb seiner Geliebten, dass er andere für sich singen lasse, vorzugsweise des Nachts unter seinem Fenster, woraufhin Maria sich beklagte, dass er „in Sang und Klang" lebe, während es ihr schlecht ergehe. „Io sto male, e voi state in canti e 'n soni."[182]

Zum Zeitpunkt der Liebesbeziehung mit Maria Savorgnan schrieb Bembo an seinem Liebestraktat *Gli Asolani*, in dem sich der Einzug der höheren Liebeslehre im Hofleben manifestiert und der wiederum Lucrezia Borgia gewidmet ist. Vor dem Hintergrund von Bembos damaliger Lebens- und Liebessituation liest sich das dortige musikalisch-literarische Szenario als nur teilweise fiktiv: Auf Anweisung einer Regentin versetzen erst eine einzelne, dann mehrere Damen das höfische Publikum durch Liebeslieder zur Laute in eine Stimmung der Verzauberung, ähnlich wie in dem musikalischen Zeremoniell, das Isabella d'Este Gonzaga auf der Hochzeit von Lucrezia Borgia 1502 in Ferrara veranstaltete.[183] Wenn es auch dort zu einer Anhäufung von Liebesvokabeln kommt, ist das Dekor gezielt gewählt, handelt es sich doch um eine strategische Überführung petrarkistischer Gesten in das höfische Leben, um gleichermaßen eine distinguierte, spirituelle Lebensführung und weibliche Autorität vorzuführen. So ist durch den Petrarkismus das Bild der Laura zum Prototyp von Tugendhaftigkeit, Distinktion und künstlerischer Inspiration geworden. Dieser fügte sich ideal in die Gegebenheiten einer höfischen Gesellschaft, in der die Anwesenheit von Frauen gegenüber den Männern vorbehaltenen humanistischen Zirkeln zunächst gerechtfertigt werden musste und im Zuge dessen einen besonderen Status bekam, der letztlich auch der weiblichen Patronage zugute kam. Es wird noch ausführlicher zu zeigen sein, dass Bembos *Asolani* somit den Beginn des neuen Textgenres der Liebestraktate markieren, durch die petrarkistische Ideale stärker in der höfischen Gesellschaft verankert werden konnten.[184]

Bembos Besuch bei Isabella in Mantua fällt in eine Zeit, in der sich diese bereits für Petrarcas Dichtungen interessierte und deren Verbreitung an ihrem Hof förderte. Einer ihrer Günstlinge, der sie dabei unterstützte, war Niccolò da Correggio, ihr früherer Hofdichter aus Ferrara (1450–1508), dessen Canzonen und Sestinen zur Etablierung des Petrarkismus in Norditalien beigetragen haben. Niccolò konnte seine Gedichte selbst zur Lyra vortragen, wodurch er für Isabella offenbar an Interesse gewann.[185]

Von 1504 ist ein Brief überliefert, mit dem Isabella ihn bat, eine Petrarca-Canzone zur Vertonung auszuwählen. Seine Antwort darauf zeigt, wie sensibel man bereits zu Beginn des Jahrhunderts für

---

[182]. „Mir geht es schlecht, und ihr lebt in Sang und Klang." Brief von Maria Savorgnan an Pietro Bembo, 24. Juli 1500, in Savorgnan/Bembo: Carteggio, S. 9.

[183]. Vgl. den Abschnitt „queste nozze fredde": Der Einzug Lucrezia Borgias in Ferrara in Kap. 2.1.8.

[184]. Vgl. die Einleitung zu Kap. 3 und Kap. 3.3.3.

[185]. Ein Teil des Briefes vom 20. August 1504 ist veröffentlicht in Luzio/Renier: *Correggio* (1893), S. 247. Mit diesem Beitrag haben Luzio und Renier erstmalig die engen Beziehungen des Dichters zur Marchesa dokumentiert. Über Widmungen seiner Poesie berichten sie in der Fortsetzung im *Giornale storico della letteratura italiana* XXII (1894), S. 74–82.

die dichterischen Qualitäten von Petrarcas Dichtung war und über Eigenheiten einer angemessenen Vertonung nachdachte:

> io ho ellecta una [poesia] di quelle che più mi piace [crescendo et sminuendo…] gli ne mando una mia composta a quella imitatione, a ciò che facendo fare canto sopra la petrarchesca, con quello canto medesimo potessi anche cantare la mia, se non li dispiacerà, e non solo questo, ma anche un' altra de una reconciliazione d'amore composta a foggia di quella pure del Petrarca […][186]

Es war die Petrarca-Canzone *Si è debile il filo*, die ihm wegen des „Crescendierens und Diminuierens" der Verse besonders günstig für eine Vertonung schien. Dabei scheint der Autor nicht nur die unregelmäßige Abfolge von längeren und kürzeren Versen, sondern auch die Stimmungsbilder der Canzone vor Augen gehabt zu haben, die die wankelmütige Situation des dort sprechenden Ich wiedergibt — Aspekte, auf die Bartolomeo Tromboncino in seiner Vertonung des Gedichts sensibel eingeht. (Der Satz fand u. a. im siebtem Frottolenbuch Petruccis Eingang; auf Gedicht und Vertonung wird ausführlicher zurückzukommen sein (vgl. Bsp. 57, S. 287–89).[187] Niccolòs eigenes Sonett „Queste quel loco amore" wurde in der Vertonung Francesco d'Anas in Petruccis zweitem Buch veröffentlicht; es stellt die erste Publikation überhaupt eines vertonten Sonetts dar.[188]) Niccolòs Antwort an Isabella aus dem Jahr 1504 besagt zudem, dass er ihr eine eigene Imitation der gewünschten Petrarca-Canzone schickte und vorschlug, diese mit derselben Vertonung musizieren zu lassen.[189] Von einer solchen Praxis zeugen in den Frottolenbüchern Modelle für das Singen von Sonetten, Capitoli etc. Auch darauf wird zurückzukommen sein.[190]

Niccolòs Fall zeigt zuletzt auch, wie weit die persönlichen Vorteile der Begünstigten gehen konnten: Zur Hochzeit des Sohnes schenkte Isabella der Familie ein Clavichord.[191] Auf der Gegenseite bestand standesgemäße Verehrung; Niccolò widmete der Fürstin über die zitierten Beispiele hinaus eine Gedichtsammlung.

Einige Gedichte Niccolòs zielen auf die Person Isabellas, die — analog zu den ikonographischen Stilisierungen ihrer Räumlichkeiten[192] — als Ikone eines musikalisch inspirierten Otiums dargestellt wird. Allein vier Sonette Niccolò da Correggios handeln von Isabella als Lautenistin, die im Musi-

---

186. „Ich habe eine [Canzone] von denen ausgewählt, die mir am besten gefallen; sie beginnt ‚Si è debile il filo a cui s'atiene'. Mir scheint, dass man darüber gut komponieren kann, weil es Verse sind, die wachsen und schwinden. Dazu schicke ich Ihnen noch eines von mir, das nach diesem [Muster] gemacht ist, so dass Sie mit demselben Gesang, den Sie über das Petrarca-Gedicht setzen, auch meines singen können, wenn es Ihnen nicht missfällt, und nicht nur das; [ich schicke Ihnen] auch ein anderes über eine Liebesversöhnung in der Art des Petrarca-Gedichtes […]." Niccolò da Correggio an Isabella d'Este Gonzaga. Brief vom 23. August 1504. ASMn, zit. nach Niccolo da Correggio: Opere, S. 502.
187. Vgl. den Abschnitt Refrainlose Formen — Oda, Capitolo, Sonetto und Strambotto, Canzone und Madrigal in Kap. 4. 2. 7 (Ende).
188. Frottole Pe. II (1505), fol. 4v–5r, MA: Pe. I–III/Cesari/Monterosso (1954), S. 48–49 (Noten), S. 21–22 (Text) und in Rubsamen: *Literary Sources* (1943), Transkription Nr. 6, S. 51–52. Im 9. Buch ist Tromboncinos Vertonung von Correggios „Dialogo de amor" festgehalten: „Aqua, aqua! Aiuto! Al foco, al foco! Io ardo", den Gallico herausgegeben und kommentiert hat. Gallico: *Dialogo* (1962–2001), S. 205–13.
189. Niccolò da Correggio an Isabella d'Este Gonzaga. Brief vom 23. August 1504. zit. nach Niccolo da Correggio: Opere, S. 502.
190. Vgl. den Abschnitt Refrainlose Formen — Oda, Capitolo, Sonetto und Strambotto, Canzone und Madrigal in Kap. 4. 2. 7.
191. Vgl. Prizer: *Virtù* (1999), S. 36.
192. Vgl. den Abschnitt Musikalische Ikonographie und Raumgestaltung in *studiolo* und *grotta* der Isabella d'Este Gonzaga in Kap. 2. 1. 9.

zieren Trost und Erholung von ihren Sorgen findet.**193** Das Ich steht dabei im direkten Dialog mit dem Instrument, das als Personifikation eines persönlichen Beraters, „Conscio fidel de tutte le mie doglie", Vernunft und Besinnung bringt, „mentre teco io ragiono, mi dispoglio, et ogni mio pensiero in te racoglio."**194**

In dieselbe Richtung zielt auch Mario Equicola mit dem umfassendsten literarischen Porträt der Fürstin, das er im Rahmen von *De mulieribus* (1501) veröffentlichte, einem Traktat, der in der Tradition Boccaccios auf die Wertschätzug von Frauen zielt.**195** Bevor Equicola 1508 als Lateinlehrer und Sekretär in Isabellas Dienste trat, kannte er sie über seine frühere Dienstherrin Margherita Cantelmo, eine Freundin Isabellas, und hatte ihr bereits das *Libro de natura de amore*, einen ausdrücklich philosophisch orientierten Liebestraktat, gewidmet.

In dem Porträt von 1501 vergleicht Equicola die Fürstin mit Juno, Minerva und der himmlischen Venus, lobt ihre äußere Schönheit und die vorausschauende Fürsorge ihrer Regentschaft. Das Besondere ihres Profils macht er jedoch wiederum an ihrer Affinität zur Musik fest: „Si quid autem ab oeconomicis politicisque espicit negotiis, citharam sumit; et heroicis ita melicis et rhitmicis astructionibus versus decantat aut mira modulandi solertia ita miserabiles deflet elegos".**196** Equicola stilisiert Isabella als einen klassischen Helden erhabenen Stils und lässt sie „heroicos versus" singen. Wieder dem antiken und zugleich humanistischen Ideal des Otiums folgend, wie es modellbildend im achten Buch von Aristoteles' „Politik" beschrieben ist, steht Musik in seiner Hommage für die Erholung von der Regentschaft; im Gegenzug wird die Fürstin dadurch als Herrscherin wahrgenommen.

Ein weiteres literarisches Porträt hat Giangiorgio Trissino in seinen *Ritratti* erstellt, die 1524 gedruckt wurden, aber gut zehn Jahre vorher entstanden sind. Diese Huldigung hebt sich dadurch von anderen ab, dass sie innerhalb nachgestellter Diskussionen bekannter Zeitgenossen platziert ist. Zudem ist eine persönliche Reaktion Isabellas auf den Text überliefert.

Die *Ritratti* beginnen mit einer Rahmenhandlung, in der ein Ich-Erzähler namens Lucio Pompilio aus dem Ferrareser Haus der Margherita Cantelmo, Fürstin von Sora, vor einem Kreis interessierter Damen von einem Treffen zwischen Pietro Bembo und Vicenzio Macro in Mailand im Jahr 1507 berichtet,**197** deren Dialoge dann den Hauptteil der Schrift ausmachen. Die Marchesa Isabella ist darin

---

193. „Questi quatro soneti furono […] per un liuto de la Illustrissima Marquesa." Nur zwei von ihnen konnten in der literaturwissenschaftlichen Forschung eindeutig in einem Turiner Manuskript nachgewiesen werden. Renier: *Canzonieretto* (1892), S. 17. Anna Tissoni Benvenuti interpretiert in ihrer Ausgabe von Niccolòs Werken zwei weitere Sonette derselben Quelle als Widmungen an Isabella, die ebenso eine lautenspielende Dame besingen; Prizer dagegen nimmt an, dass sie Beatrice d'Este gelten. Vgl. Niccolo da Correggio: Opere, S. 549 und Prizer: *Virtù* (1999), S. 36.

194. „Treuer Berater alle meiner Sorgen", „während ich mit dir rede, entlaste ich mich und widme dir alle meine Gedanken." Die Gedichte sind zitiert bei Luzio/Renier: *Buffoni* (1894), S. 103–04, Niccolo da Correggio: Opere, S. 132–33 und bei Prizer: *Virtù* (1999), S. 37.

195. Das *Libro de natura de amore* ist 1525 erstmalig in Venedig im Druck erschienen, allerdings wesentlich früher konzipiert.

196. „Aber wenn sie von wirtschaftlichen und politischen Geschäften Abstand nimmt, nimmt sie die Laute und singt heroische Gedichte mit melodischen und rhythmischen Kompositionen, und mit wundervoller Sorgsamkeit lässt sie die leidvollen Gedanken verfliegen." Equicola: De Mulieribus, fol. b2v. Der Traktat wird thematisiert bei: Fahy: *Treatises* (1956), S. 36–40.

197. Margherita Cantelmo, geb. Maroscelli gehörte damals zu den wohlhabendsten adeligen Frauen der Stadt; sie besaß Güter im Mantovanischen und Ferrareser Raum. Verheiratet war sie mit Sigismondo Cantelmo, dem zweiten Fürst von Sora und von Alvito, der in Ferrara als Hofmann Eleonora d'Aragona d'Este, der Mutter Isabella d'Estes, diente, mit der er entfernt verwandt war. 1509 und am Beginn des Pontifikats Leo X. (1513) wurde er als Gesandter des Ferrareser Hofs nach Rom geschickt. DBI, Bd. 18, S. 277–79.

ein Beispiel für weibliche Schönheit, deren Darstellung wiederum auf Isabellas Musikalität abzielt. Bembo trifft Macro in einem Zustand der Verzauberung, der „meraviglia", an, in den ihn die „göttliche Schönheit" einer Frau versetzt hat. Wenig habe gefehlt, dass er nicht zu Stein erstarrt sei, so wie es ehedem den Opfern der Medusa gegangen sei.[198] Wie auch für Petrarcas Begegnung mit seiner Laura überliefert, hat Macros Bewunderung der Dame ihren Anfang in den heiligen Räumen einer Kirche genommen, „se n'entrava del Domo per orare".[199] Mit dem Zusatz, dass die Dame ein Buch in der Hand hatte und darüber im Gespräch war, werden dem imaginierten Dialogpartner Bembo signifikante Details zur Identifizierung der gehuldigten Person geliefert, denn Macro wusste offenbar nicht, wer ihn derart in den Bann geschlagen hatte. Darauf setzt nun eine längere Schilderung und Preisung Isabella d'Este Gonzagas durch den imaginierten Redner Bembo ein. Er spricht von ihrem poetischen Interesse, ihrem Talent und ihrer Klugheit als Patronin. Sie beschäftige keine „Possenreißer, Clowns oder Trompeter", sondern „tugendhafte und gelehrte Personen", die sie mit großer Liberalität entschädige. Dann kommt er auf die Qualitäten ihrer Stimme zu sprechen, zunächst die ihrer Sprechstimme, deren Klang bei aller Süße und Sanftheit nicht besonders weiblich und eindringlich sei: „il tono de la voce non è molto tenue, nè tale che 'l sia troppo femminile, o vero disciolto, ma è suave, e mansueto, come sarebbe quello di uno fanciullo, il quale non fosse ancora a la giovinezza venuto; e questo tono tenerissimamente intrando ne le orecchie altrui, genera un certo dolce rimbombo in esse; il quale, ancora che sia cessata la voce, dentro però soavemente vi resta, e fa dopo lui alcune reliquie di parlare, e certe dolcezze piene di persuasione ne l'anima rimanere."[200] Dass Isabellas Art zu sprechen auch noch im Folgenden breiten Raum einnimmt, spiegelt die Interessen des Autors Trissino, der ein Konkurrent Bembos in der *questione della lingua* war.[201] Gleichwohl stellt auch hier der Gesang zur Laute der Marchesa den Höhepunkt der Huldigung dar, wofür Vergleiche mit den antiken Vorbildern Orpheus und Amphion bemüht werden:

> Ma quando poi questa alcuna volta canta, e specialmente nel luito, ben credo, che Orfeo, et Amfione, i quali seppero le cose inanimate al canto loro tirare, sarebbero, udendo costei, rimasi

[198]. „per cui poco mi mancò, che ancor io, come coloro, che videro anticamente Medusa, non mi sia converso in sasso" „wenig fehlte es daran, dass ich, so wie die, die ehemals Medusa abblickten, zu Stein erstarrt wäre" — ein womöglich zynischer Vergleich, waren doch die Opfer Medusas angesichts ihrer Hässlichkeit erstarrt. „I ritratti". In: Trissino: Opere, S. 269–77, S. 270. Die Übersetzung stammt auch hier von der Verf. Für eine vollständige deutsche Ausgabe der Ritratti vgl. Trissino: Porträt Isabella. Es ist denkbar, dass hinter diesem Vergleich mit der Medusa, die ehemals schön war, dann aber Inbegriff der Hässlichkeit wurde, eine Anspielung auf die verblichene physische Schönheit Isabella d'Este Gonzagas steckt, die mit fortgeschrittenem Alter auffällig dickleibig geworden war, wovon auch bildnerische Porträts, nicht nur das spätere von Rubens, Zeugnis abgeben. Vgl. dazu das Porträt von Francesco Francia (Privatsammlung), in: Negro/Roio: *Costa* (2001), S. 38.
[199]. „wenn sie in den Dom zum Beten ging." Ebd., S. 274. Petrarcas einschneidende Begegnung mit der unbekannten Laura soll in S. Chiara in Avignon am 6. April 1327 stattgefunden haben. Vgl. „Cronologia della vita" in: Petrarca: Canzoniere, S. XLIX.
[200]. „Der Ton ihrer Stimme ist weder sehr fest noch zu weiblich, noch wirklich gelöst, sondern süß und sanft, wie die Stimme eines Knaben wäre, der noch keine Jugendlichkeit erlangt hat. Und wenn dieser Klang in die Ohren eindringt, erweckt er dort eine süße Wirkung, die selbst bleibt, nachdem die Stimme aufgehört hat zu tönen, so dass einige Spuren der Rede und einige Süße, voll der Überzeugung, in der Seele bleibt." Trissino: Opere, S. 274.
[201]. Trissino lässt ausgerechnet Bembo eine Ausdrucksart Isabellas loben, die seinem Ideal der Reinheit widerspricht, nämlich, dass Isabella weder die Sprache der Gegend noch reines Toskanisch spreche, sondern sich das Beste von jedem heraussuche. „La loquela sua poi non à patria pura, né pura Toscana; ma il bello de l'una, e de l'altra ha scelto." Ebd., S. 274. Es ist sehr gut möglich, dass Trissino, der in der Sprachfrage auf der Gegenseite Bembos stand, seinen Kollegen durch dieses Detail provozieren wollte — ob Isabellas Sprachgebung tatsächlich der Beschreibung entsprochen hat, spielt dabei nur eine untergeordnete Rolle.

stupefatti di meraviglia; e non dubito, che il serbare diligentissimente l'harmonia, in guisa che in niuna cosa il ritmo si varchi, ma a tempo con elevatione, e depressione misurare il canto, e tenerlo con lo liuto concorde, e da un tratto accordare la lingua, e l'una, e l'altra mano, con le inflexioni de i canti […]"[202]

Bemerkenswert ist, wie differenziert dabei vom Musizieren selbst die Rede ist, von ebenmäßiger Stimmführung, dem rhythmischen Zusammenspiel von Gesang und Laute und der sensiblen Interpretation der Dichtung. Trissino muss Isabella entweder persönlich als Musikerin erlebt haben oder aber wird sich für sein Porträt von Bembo oder anderen ihr näher stehenden Kollegen genau instruieren haben lassen. Für unseren Zusammenhang ist dabei letztlich bemerkenswert, wie selbstverständlich und sensibel auch in einem nicht spezialisierten Kontext — Trissinos *ritratti* sind kein Musiktraktat — das Zusammenspiel von Poesie und Musik wahrgenommen wurde.

Als Isabella 1513 Trissinos Traktat erhielt, bedankte sie sich bei ihm mit einem Kommentar, der die Selbstverständlichkeit und Pflicht der höfischen Übertreibung im Günstlingsverhältnis bestätigte: „se ben troppo et fori de la veritá excede in laudarmi, et perché il vulgar proverbio e: so che Tu non dici il vero, pur mi piace, la tenenemo cara."[203] Meist vergab Isabella selbst den Auftrag der Huldigungsgedichte; inwiefern sie daher selbst Einfluss auf ihre Inhalte nahm, ist den Korrespondenzen nicht zu entnehmen. Sie spiegeln in jedem Fall Abhängigkeitsverhältnisse, die auch über die Grenzen des eigenen Hofs hinaus funktionierten.

Trotz der üblichen Höflichkeitsbekundungen konnte Isabellas Ton dabei durchaus fordernd sein, wie z. B. in ihrer Bestellung von Gedichten an den Ferrareser Hofdichter Antonio Tebaldeo. „haveremo charo che retrovati el Thebaldeo et lo preghate da nostra parte chel ce voglia fare havere quanto più presto può vinti o vinticinque de li più sonetti che lui ha composto, e cussi due o tre capituli, chel ce farà grandissimo apiacere, tenedolo nui solicitato chel ci li mando in ogni modo: et ricordare al Magnifico m. Nicolo de Coreza che ne mandi quello ne ha promesso."[204]

Isabella hatte Antonio Tebaldeo zunächst nach Mantua folgen lassen, bevor er 1506, ähnlich wie Tromboncino, in Lucrezia Borgias Rechungsbüchern auftauchte. Mit einem Gehalt von 620 Lire im Jahr war er in Ferrara der bestbezahlte Hofangestellte überhaupt.[205] Tebaldeo hatte lateinische wie

[202] „Aber wenn diese einmal singt, und besonders zur Laute, glaube ich gerne, dass Orpheus und Amphion, die [sogar] die unbewegten Dinge an sich zu ziehen wussten, vor Verwunderung verblüfft wären, wenn sie sie hören würden. Und ich bezweifle, dass jemand von diesen so sorgfältigst die Harmonie hätte halten können, ohne in irgendeiner Weise den Rhythmus zu beeinträchtigen, sondern den Gesang einmal auf-, einmal abwärts geführt, ihn mit der Laute in Eintracht gehalten und auf den Strich genau an die Sprache angepasst habe, sowie die eine und die andere Hand an die Bewegungen der Melodien." Trissino: Opere, S. 274.

[203] „auch wenn es mich zu sehr und zu weit von der Wahrheit entfernt lobt, und weil das gemeine Sprichwort sagt, Ich weiß, dass du nicht die Wahrheit sagst, aber es gefällt mir, ist mir die Schrift teuer." Isabella d'Este Gonzaga an Giangiorgio Trissino, Brief vom 25. März 1514, ASMn, AG, busta 2996, libro 30a, fol. 94r–v, fol. 94r.

[204] „Wir freuen uns, Thebaldeo wiedergefunden zu wissen, und bitten ihn unsererseits, dass er uns so schnell wie möglich 20 oder 25 seiner Sonette zukommen lasse, und ebenso zwei oder drei capituli, was uns, die wir darauf bestehen werden, dass er sie uns auf irgendeine Weise schickt, größtes Vergnügen bereiten wird, und erinnert den großartigen Herrn Nicolo de Coreza, dass er uns das schicke, was er versprochen hat." Isabella d'Este Gonzaga an Giovanni Maria Trotto, Brief vom 27. Dezember 1491, ASMn, AG, busta 2991, libro 1, fol. 76v.

[205] Auch dem Literaten Galeotto del Carretto wird aufgrund einer langen und ausführlichen Korrespondenz zu Isabella zwischen 1494 und 1528 (veröffentlicht in Galeotto Del Carretto: Rime) eine größere Nähe zum Mantuaner Hof zugeschrieben. Von einer offenbar umfangreichen Textproduktion — u. a. hat er eine der ersten Tragödien im volgare (Mai 1502) geschrieben — sind nur wenige Gedichte überliefert. (Renier hat sie im Ms.it. 1543 in der BN Paris ausfindig gemacht. Vgl. Rossi: *Serafino* (1980), S. 115.) Diese belegen, dass Carretto am liebsten Barzeletten schrieb.

vulgärsprachliche Studien betrieben und verfasste ab *ca* 1480 in beiden Sprachen Dichtungen.²⁰⁶ Bezeichend für die noch bestehende Kluft zwischen Humanisten und ausgeprochenen Hofdichtern ist Vincenzo Calmetas vernichtendes Urteil über die Dichtung seines Zeitgenossen: „gravità nulla, elocuzione poca." Calmeta hatte keinen Sinn für die Leichtigkeit Tebaldeos, gestand den Texten aber dennoch zu, von „großem Erfindungsgeist", „di grande ingegno" zu sein.²⁰⁷ Seine Dichtung wirkte besonders auf Serafino Aquilano, der sie imitierte und fortführte.²⁰⁸ Mit Pietro Bembo war Tebaldeo seit dessen Ferrareser Jahren befreundet. Bis 1513 war er Sekretär Lucrezias in Ferrara, dann ging er, wie bereits Bembo ein Jahr zuvor, nach Rom.²⁰⁹

Die Fülle an musikbezogenen Huldigungen Isabellas sagt viel über die zentrale Funktion von Musik für ihr Ansehen, wenn auch noch wenig über die tatsächliche Qualität ihres Musizierens aus, bedenkt man, wie wichtig es war, die zeitgenössischen, an antiken Idealen orientierten Normen des Maßhaltens und der Zurückhaltung in den literarischen Porträts zu beachten. Aristoteles hatte auch diesen Aspekt im achten Buch seiner „Politik" betont. Entsprechend empfiehlt Baldesar Castiglione die Musik im *Cortigiano* als Zeitvertreib bzw. als „passar tempo." Man solle sich auf keinen Fall voreilig, „e non in presenzia di gente ignobile, né di gran moltitudine" präsentieren.²¹⁰ In Bezug auf musizierende Frauen klingt das Ideal der *sprezzatura*, einer scheinbar anstrengungslosen Eleganz, an, wenn er besonders davor warnt, nicht „mehr Kunst als Süße" walten zu lassen und auf die geforderte Schüchternheit bedacht zu bleiben.

> Poich'io posso formar questa donna a modo mio, non solamente non voglio ch'ella usi [...] né meno nel cantar o sonar quelle diminuzioni forti e replicate, che mostrano più arte che dolcezza. [...] Però quando elle viene a danzar o a far musica di che sorte si sia, deve indurvisi con lassarsene alquanto pregare e con una certa timidità, che mostri quella nobile vergogna che è contraria della impudenza.²¹¹

Dieser Vorstellung entspricht Bembos Huldigung Isabellas geradezu im Wortlaut, wenn er sich nach dem Besuch in Mantua darüber auslässt, mit wieviel Süße und Milde sie gesungen habe, „con quanta dolcezza et soavità Vostra Signoria cantò quella felice sera."²¹² Auch die relativ detaillierte Schilderung Trissino/Bembos aus den *ritratti* gibt letztlich keine genaueren Anhaltspunkte über das musikalische Niveau der Fürstin.

Allerdings gibt es eine Spur, die uns die Rekonstruktion von Isabellas tatsächlichen Musizierkünsten erleichtert. Sie führt über die Vertonung eines Strambotto, der als ihre eigene Dichtung

---

206. Genaue Daten, wann Tebaldeo aktiv war, fehlen bislang. Die Hauptproduktion seiner Texte datiert Rossi für die Jahre 1490 bis 1495. Nach 1498 waren alle vulgärsprachlichen Texte bereits erschienen. Vgl. Rossi: *Serafino* (1980), S. 113.
207. „keine Ehrwürdigkeit, wenig Eloquenz." Vincenzo Calmeta: „La poesia del Tebaldeo". In Calmeta: Prose, S. 15–19.
208. Rossi führt einen Vergleich der Reimformen, Motive und paralleler Textanfänge beider an, aus dem zu schließen ist, dass Serafino Tebaldeos Dichtung bewusst als Vorlage verwendete und veränderte. Vgl. Rossi: *Serafino* (1980), S. 111–13.
209. Einstein: *Das Elfte* (1928), S. 615.
210. Castiglione: Cortigiano, II, 12, S. 137.
211. „Da ich diese Frau nach meiner Art ausbilden kann, möchte ich nicht, [...] dass sie im Singen oder Spielen diese starken und wiederholten Diminutionen verwendet, die mehr Kunst als Süße zeigen [...]. Doch wenn sie Tanzen oder Musizieren kommt, egal auf welche Art und Weise, soll sie sich dazu veranlassen lassen, in dem sie sich reichlich bitten lässt und mit einer gewissen Schüchternheit [auftritt], die jene noble Scham bezeugt, die das Gegenteil der Unbescheidenheit ist." Castiglione: Cortigiano, III, 8, S. 266. Zum Begriff der „sprezzatura" vgl. Kap. 3. 3. 5.
212. Pietro Bembo an Isabella d'Este Gonzaga, Brief, Venedig vom 1. Juli 1505, ASMn, AG, busta 1891, fol. 78.

nachgewiesen und Thema eines Briefes von Antonio Tebaldeo ist, der auch ihr Lehrer für das Dichten war. Am 9. Februar 1494 schrieb er ihr und stellte dabei in typisch höfischer Selbstbescheidung sein Können unter ihres: „Domina mea singularissima. Ho visto il strambotto, quale ha composto la s.v. parlando ad le piante, che hanno perso le foglie: mi è piacuto asai, et ringratio il cielo, che poi che io non ho mai potuto hauere gratia in verso, almeno una mia disciplua ge habia excellentia: conforto la s.v. ad seguire."[213]

Bsp. 2: Anon. *Arboro son che li miei rami persi* (Text: Isabella d'Este)

[213] „Meine einzigartigste Herrin: Ich habe den strambotto gesehen, den Eure Hoheit zusammengestellt hat, der von den Pflanzen spricht, die die Blätter verloren hat: Er hat mir sehr gefallen, und ich danke dem Himmel, da ich nie Gnade im Vers gefunden habe, dass zumindest eine Schülerin von mir darin Exzellenz zeigt: Ich bestärke E. H. fort zu fahren." Antonio Tebaldeo an Isabella d'Este Gonzaga. Brief vom 9. Dezember 1494, ASMn, AG, busta 1233, fol. 19. Den Nachweis der Vertonung hat Claudio Gallico erbracht. Vgl. Gallico: *Dialogo* (1962–2001), S. 39–41. Alfred Einstein dagegen hatte den Text auf eine anonyme Frottola in der Vertonung Francesco D'Anas aus Venedig aus Petruccis II. Frottolenbuch (Nr. VI) zrückgeführt. Gegen diese These spricht v. a., dass Tebaldeo sehr wohl zwischen einem Strambotto und einer Barzelletta zu unterscheiden verstanden haben wird. Aber die erwähnte Barzelletta mit thematisch ähnlich klingendem Text könnte wiederum eine Reaktion auf Isabellas Strambotto sein. Aus der Fülle auffällig ähnlicher Textelemente in den Kopfversen ist ersichtlich, wie verbreitet eine solche Kommunikationsform innerhalb der Dichtung war. Das entscheidende Argument für Gallicos These ist ein späterer Brief an Isabella d'Este Gonzaga aus Ferrara, in dem von einem Musiker namens Rizo die Rede ist, der zwei nicht näher beschriebene strambotti komponiert habe bzw. komponieren soll, für die Isabella aus Mantua die Worte geschickt habe. Der Absender kündigt an, die erste Vertonung zu schicken. Giovan Maria Trotto an Isabella d'Este Gonzaga, Brief aus Ferrara vom 27. Juli 1490: „Mando a v. s. una littera del rizo con uno stranboto notado de queli mandò v. s. le parole, l'altro […] mo ch'e venuto lo farà […] Se l'oldissi cantare l'è un bon canto." „Ich schicke E. H. einen Brief von Rizo mit beigelegtem Strambotto, zu dem E. H. die Worte geschickt haben. Den anderen wird er anfertigen, nachdem er [jetzt] hier angekommen ist. Wenn Sie ihn gesungen hören würden, [würden Sie bemerken, dass es] ein guter Gesang ist." Zit. nach Gallico: *Dialogo* (1962–2001), S. 39. Auch im Modeneser Manuskript befindet sich direkt vor dem besagten Strambotto ein zweiter mit ähnlichem Text, der nur teilweise erhalten ist. Musikalisch sind keine Parallelen erkennbar.

Arboro son, che li miei rami persi,	Ein Baum bin ich, der ich meine Zweige verloren habe,
Lo tro[nco] m'è sicato e la radice,	Der Stamm ist mir vertrocknet und die Wurzel,
Le foglie quasi da venti diversi,	Die Blätter sind durch Winde verstreut,
Li frutti ho perso, misero infelice!	Die Früchte habe ich verloren, ich elender Unglücklicher!
Me legno taglia la gente diversi.	Mein Holz fällen verschiedenste Leute,
Misero me, che mal al mondo fece?	Ich Armer, was tat ich der Welt nur Übles?
Fortuna sotto rota m'ha somersi:	Fortuna hat mich unterm Rad überwältigt:
O tristo a chi fortuna contradice.	O ich trauriger, dem das Schicksal widersagt.

Besagter Strambotto „Arboro son, che li mei rami persi" ist in einer anonymen Komposition im Manuskript α. F. 9. 9. der Este-Bibliothek in Modena überliefert.²¹⁴ Die Singstimme ist schlicht gesetzt und übersteigt im Umfang keine Oktave. Rhythmisch wird der Bass analog geführt, so dass Gesang und Begleitung für eine Person leicht praktizierbar sind. Die Mittelstimmen weisen leichte rhythmische Verzierungen an den Phrasenenden auf, wie es für die Lautenpraxis üblich ist (Bsp. 2). Diesem Stil entsprechen zwei weitere Frottolen, die heute als Beispiele für Isabellas Musizierpraxis gelten: Auf einer Reise nach Rom im Dezember 1514 besuchte Isabella den Hof von Francesco Aquaviva in Neapel und musizierte an einem Abend vor ihm und seinen Gästen.²¹⁵ Daran erinnerte Aquaviva im folgenden Jahr, nachdem Isabella ihm als Dank für den Aufenthalt in Neapel neue Stücke von Marchetto Cara geschickt hatte. Offenbar vermisste er die Noten eines bestimmten Stücks, das er

---

214. Zu diesem Manuskript vgl. die Einleitung des Quellen- und Literaturverzeichnisses, S. 380.
215. Briefe Isabellas dokumentieren genau, was sie aus diesem Anlass in Neapel an Theater- und Tanzaufführungen erlebt hat. ASMn, AG, busta 2996, libro 31, fols. 54v–61r.

von ihr gehört hatte, nämlich Castigliones Sonett „Cantai mentre nel core lieto fioriva" das in der Vertonung von Cara in Anticos drittem Frottolenbuch von 1513 publiziert ist. Das Gedicht ist formal, thematisch und im Ton an Petrarcas Canzoniere angelehnt und betont dabei gleich im Eingangsvers das Bild des singenden Poeten: „Cantai mentre nel cor lieto fiora" („ich sang, während in meinem glücklichen Herzen blühte"). Musikalisch ist es ähnlich einfach gehalten: Die Singstimme liegt in tieferer Sopranlage, umfasst nur eine Septime vom h bis a'; der Bass passt sich rhythmisch dieser an, wogegen die Mittelstimmen kleinere rhythmische Umspielungen und Verzierungen aufweisen. Inwiefern Isabella den Melodieverlauf variiert hat, ist hier, wie in den anderen Beispielen, nicht zu entscheiden. Es ist aber in jedem Fall davon auszugehen, dass das Stück auf ihre Musizierkünste zugeschnitten ist (Bsp. 3).

Bsp. 3: Marchetto Cara, *Cantai mentre nel core*

Cantai mentre nel core lieto fioriva	Ich sang, während in meinem glücklichen Herzen
De suavi pensier l'alta mia spene	Aus süßen Gedanken meine hohe Hoffnung blühte.
Hor che la mancha ognor crescon le pene	Jetzt, da sie mangelt, wachsen die Schmerzen,
Conversa al lachrimar la voce mia	und meine Stimme hat sich in Tränen gewendet.
E 'l cor che ai dolci accenti aprir la via	Und das Herz, das süßen Tönen den Weg zu bahnen
Solea senza speranza hormai diviene	Pflegte, ist nun ohne Hoffnung.
De amor toscho albergo onde conviene	Von Amor kommt eine giftige Welle:
Che cio che indi deriva amaro sia	Alles, was daher kommt, ist bitter.
Cosi in foscho pensier l'alma governo	So regiert die Seele in dunklem Gedanken,
Che col frego timor di e notte acanto	Von betrogner Furcht Tag und Nacht begleitet,
De far minaza il mio dolor eterno	Um meinem ewigen Schmerz zu drohen.
Pero se provo haver l'anticho canto	Wenn ich aber versuche, den alten Gesang aufzunehmen,
Tinta la voce dal dolor interno	Erstickt die Stimme am inneren Schmerz,
Esser in rotti sospir e duro pianto.	Und bleibt in zerbrochenen Seufzern und herbem Weinen.

Ein weiteres Beispiel für Isabellas Praxis geht musikalisch in dieselbe Richtung, ist jedoch weniger sicher belegbar: Castigliones Gedicht „Dulces exuviae, dum fate, deusque sinebant" trägt die Widmung „De Elisabella Gonzaga" und hat in der Forschung lange zu dem Fehlschluss geführt, es handele sich um einen Text für Isabellas Schwägerin Elisabetta Gonzaga da Montefeltro in Urbino.[216] Mit dieser Namensvariante konnte allerdings auch Isabella d'Este Gonzaga gemeint sein, die eine Kopie des Gedichts in ihrer grotta aufbewahrte.[217] Castiglione wusste sehr wohl um Isabellas Tugenden, wie er im *Cortigiano* dokumentierte: „Se nella Lombarda verrete, v'occorrerà la signora Isabella marchesa di Mantua; alle eccellentissime virtú della quale ingiuria si faria parlando cosí sobriamente, come saria forza in questo loco a chi pur volesse parlarne."[218] Prizer geht in dem Zusammenhang möglichen Vertonungen von Castigliones Gedicht nach, die „Elisa" ganz in der Art anderer literarischer Huldigungen Isabellas als Singende und Tastenmusikerin mit göttlichen orpheischen Qualitäten ausweist: „Dum canit, et quaerulum pollice tangit ebur, Formosa e coelo deducit Elisa tonantem."[219] Im Verlauf des Gedichts wird Elisa namentlich mit der klagenden Dido von Vergil verglichen, die zu einer Fülle von Vertonungen angeregt hat, so dass Prizer letztlich auf eine anonyme Vertonung einer Gedicht-Variante für Solostimme aufmerksam wurde.[220] Sie stammt aus einem Neapolitanischen Frottolendruck aus dem Jahr 1519.[221] Wiederum handelt es sich um einen einfachen vierstimmigen Satz mit einem kleinen Ambitus der Singstimme. Sie umfasst eine Oktave von d' bis d''; meist werden alle Unterstimmen homophon geführt: Nur an zwei Stellen sind Alt- oder Tenorstimme durch Semiminimen verziert. Über den genannten Kontakt Isabellas nach Neapel ist der Verbleib des Stücks an diesem Ort schlüssig erklärbar; entweder hat es Isabella in Neapel zurückgelassen oder es war eines der Stücke Caras, die sie 1516 an Aquaviva geschickt hatte.

Vor diesem Hintergrund versteht sich, dass Bembo in seinem Liebestraktat der *Asolani* über die zentrale Figur der Königin von Zypern somit nicht nur Lucrezia Borgia ein Denkmal gesetzt, sondern auch für vergleichbare Fürstinnen ein treffendes Sinnbild für deren Rolle am Hof gefunden hat.[222] Wie die Königin von Zypern über eine kleine Festgesellschaft in Asolo, eine Residenz bei Venedig, regiert, war die Herrschaft der italienischen Renaissancefürstin auf einen Hortus conclusus konzentriert, in dem die Künste und die Dichtung die Rolle des politischen Geschäfts vertraten.

Gary Tomlinson hat triftige Anhaltspunkte dafür geliefert, die literarisch-musikalischen Qualitäten der Petrarca-Rezeption im Patronat Isabella D'Estes vor allem kulturpolitisch zu deuten: Literaturwissenschaftlichen Untersuchungen Nancy Vickers' und Roland Greenes folgend schreibt

---

216. Alfred Einstein war bereits von einer Widmung an Isabella ausgegangen. Vgl. Einstein: *Madrigal* (1949–1971), S. 93, wogegen Vittorio Cian als Castiglione-Spezialist Elisabetta Gonzaga da Montefeltro annahm; dieser Meinung schlossen sich wiederum Luzio und Renier an. Vgl. Prizer: *Virtù* (1999), S. 38.
217. Auf einer Liste des Inventars der Grotte heißt es: „Elegia dil Conte Balthesar da Castione sopra Madama cantante ,Dulces exuviae'." ASMn, AG, busta 330, fol. 182v (Titel 72).
218. „Wenn ihr in die Lombardei kommt, wird euch die Signora Isabella, Markgräfin von Mantua, begegnen. Über ihre ausgezeichneten Tugenden so nüchtern zu sprechen, wäre beleidigend, so wie es daher an diesem Ort Pflicht wäre, entsprechend von ihr zu reden." Castiglione: Cortegiano, III, 36, S. 302.
219. „Solange sie singt, und das klagende Elfenbein mit dem Finger berührt, holt die schöne Elisa den Klang vom Himmel." Vgl. Poesie volgari e latine del conte Beldessar Castiglione. Rom 1760 Castiglione: Poesie, S. 134–37, hier zitiert nach Prizer: *Virtù* (1999), S. 40.
220. Prizer: *Virtù* (1999), S. 43.
221. De Caneto II (1519), fol. 4v.
222. So geht William Prizer davon aus, dass auch Lucrezia Borgia Petrarca mehr zugetan war als bislang nachgewiesen werden konnte. Prizer: *Isabella and Lucrezia* (1985), S. 22.

Tomlinson dem Petrarkismus Bedeutung in der Entstehung absolutischer Ideologie zu: „Vickers sees a discursive slippage between Petrarchism and absolutism whereby Petrarchan modes of idolizing and setting apart the beloved woman were neatly transferred to praise and flattery of the monarch."[223] Demnach konnte die Idealisierung und Distinktion der geliebten Frau zur Huldigung von Monarchen eingesetzt werden. Aus dieser Perspektive betrachtet, steht das Musikpatronat um 1500 am Anfang einer längeren Entwicklung: Schon 1495 ließen sich die Gonzaga in Mantua ihre Autorität durch eine petrarkistische Canzone „Una donna più bella del sole" des Dichtermusikers Serafino vorführen, in der das Wort „donna" synonym für Ruhm steht.[224] Eine Doppelbewegung ist somit am Werk: Der Petrarkismus fungierte als ein Motor für die Kultivierung und Mythisierung von Macht, die besonders imagestärkend auf das Patronat der Renaissancefürstin wirkte und gleichermaßen zur Entwicklung weltlicher Musik beitrug.

2. 2 Fluchtpunkte

2. 2. 1 Die Notwendigkeit von Scherz und Ironie. Der Hofmensch als „animal risibile" oder: Lachen als Ventilsitte im normierten Kontext

Ist die Ebene des Scherzens bzw. die des Umkehrens von ernsthaften Aussagen im Profil der Frottola bereits terminologisch vorgegeben (Frottola: dtsch. Flunkerei, harmlose Lüge[225]), stellt sich die Frage, ob und inwiefern eine Gattung, die ganz offensichtlich auch zum Lachen animieren soll, höfischen Maßstäben entsprach, ja wie Humor in diesem Kontext überhaupt einzuordnen ist. Anhaltspunkte dazu finden sich in Castigliones *Libro del Cortegiano*, in dem dem Lachen als urmenschlichem Reflex hohe Bedeutung zukommt, der Umgang damit für den Hofmenschen allerdings Einschränkungen erfährt, die dem üblichen Ideal der Mäßigung folgen.

Castiglione sah im Lachen eine existentielle Eigenschaft, durch die sich der Mensch vom Tier unterscheidet. „Si suol dir che egli [l'uomo] è un animal risibile; perché questo riso solamente negli omini si vede ed è quasi sempre testimonio d'una certa ilarità che dentro si sente nell'animo, il qual da natura è tirato al piacere ed appetisce il riposo e'l ricrearsi; onde veggiamo molte cose dagli omini ritrovate per questo effetto, come le feste e tante varie sorti di spettacoli."[226] Geschickt legitimiert er dadurch die höfische Neigung zum Vergnügen und zur Erholung, die durch Feste und verschiedenste Formen der Darbietung offensichtlich war, als natürliche Folge dieser genuin menschlichen Veranlagung. Weiter beschreibt Castiglione die befreiende Wirkung des Lachens für Situationen, die eine differenzierte und kritische Wahrnehmung der eigenen Person, aber auch der Mechanismen der höfischen Gesellschaft voraussetzen, die Selbsttäuschung und vor allem die Ironie. Er scheint auf Sokrates' Vorbild anzuspielen, wenn er die besonderen Qualitäten der Ironie — intellektuellen Anspruch,

---

[223]. Tomlinson: de Wert (1993), S. 559.
[224]. Bei der Petrarca-Canzone handelt es sich um Rime 119 aus den Rerum vulgarium fragmenta. Zur Aufführung über die von Serafino dell'Aquila konzipierte Rappresentazione allegorica im Januar 1495 in Mantua vgl. „Rappresentazione allegorica", in: Serafino: Rime, S. 265–75 oder Luzio/Renier: *Mantova e Urbino* (1893), S. 90, Anm. 2. Grundlage dafür ist der Brief von Giovanni Gonzaga an seine Schwägerin Isabella d'Este Gonzaga vom 25. Januar 1495.
[225]. Zur Terminologie der Frottola vgl. Kap. 4. 2. 1.
[226]. „Man sagt, dass der Mensch ein zum Lachen befähigtes Lebewesen ist, denn dieses Lachen ist nur bei den Menschen zu beobachten und bezeugt fast immer eine gewisse Heiterkeit, die in der Seele spürbar ist, deren Natur zum Vergnügen neigt und sich nach Erholung sehnt. Viele bei den Menschen zu beobachtenden Dinge wie die Feste und so viele verschiedene Arten der Darbietungen lassen sich dadurch begründen." Castiglione: Cortegiano II, 14, S. 184.

Reiz und Schärfe — ausdrücklich hervorhebt: „E questa sorte di facezie che tiene dell'ironico pare molto conveniente ad omini grandi, perché è grave e salsa e possi usare nelle cose giocose ed ancor nelle severe."[227] In der Tat erfährt ein Kommunikationsmittel, in dem durch Verstellung (griech. *eirōnia*), Spott und eine bewusst falsche Darstellung von Situationen zur Kritik an Stereotypen und an vermeintlichem, aufgesetztem Wissen angeregt wird, gerade in einem gemaßregelten Kontext wie dem des Hoflebens an Bedeutung.[228] Das durch Ironie angeregte Lachen ist daher ebenso eine Ventilsitte, mit der ansonsten Unsagbares Raum greifen kann, wie ein Mittel zur Erziehung und Erkenntnisförderung, das moralisch motiviert ist. In diesem Sinn ist die ironische Darstellung Bestandteil der Formen des angemessenen Scherzens, durch die Castiglione den Umgang mit dem Lachen für den Hofmenschen einschränkt. Denn wie in anderen Ausdrucksbereichen kommt es auch hier auf das „Gewusst wie", den „bon modo" an. Der Hofmensch solle und dürfe über angemessene, mäßige Witze lachen, wobei der schadensfreie Umgang mit Damen als Messlatte für das höfische Maß fungiert: „e sopra tutto [dovrebbe] aver rispetto e riverenzia, cosí in questo come in tutte l'altre cose, alle donne, e massimamente dove intervenga offesa della onestà".[229] Wer nicht Gefahr laufen wolle, aus dem Kreis der „gentiluomini" verjagt zu werden, solle sich vor Gotteslästerungen, schmutzigen Witzen und anderen Obszönitäten hüten, vor allem eben in Gegenwart von dadurch zwangsläufig errötenden Damen. „Questi tali che voglion mostrar di esser faceti con poca reverenzia di Dio, meritano esser cacciati dal consorzio d'ogni gentiluomo. Né meno quelli che son osceni e sporchi nel parlare e che in presenza di donne non hanno rispetto alcuno, e pare che non piglino altro piacer che di farle arrossire di vergogna, e sopra di questo vanno cercando motti ed arguzie."[230] Wird also das gemäßigte Lachen einerseits begrüßt, dem Hofmenschen aber andererseits ausdrücklich davon abgeraten, selbst zum Lachen zu reizen, „perché il far rider sempre non si convien al cortegiano",[231] liegt die unausgesprochene Konsequenz auf der Hand, dass man die Animation zum Lachen in die Verantwortung Anderer zu übergeben hat, zu denen man gleichermaßen Kontakt sucht, wie auch gebührende Distanz hält.

In diesen Prämissen zeigt sich eine ambivalente Mischung aus Neugier und Abstand zur Unterhaltungskultur unterer Schichten. Deutlich wird dadurch auch der besondere Reiz, den Frottolen ausüben konnten, wenn sie aus dem Mund von Interpretinnen und Interpreten kamen, die eine Gegenkultur zum Hof verkörperten. Die Faszination von Frottolen ging maßgeblich davon aus, dass sie humoristisch mit der Nähe und Distanz zu den Lebens- und Ausdruckswelten spielte, die am Hof offiziell tabu waren.[232] Dadurch erscheinen auch die Modalitäten der musikalischen Aufführungspraxis, die Frage, wo durch wen musiziert wurde, in anderem Licht. Selbst führende Frottolisten mit fester Anstellung am Hof zeichnete eine Distanz zur inneren Hofgesellschaft aus; sie blieben

---

227. „Und diese ironische Art von Witz scheint großartigen Menschen sehr angemessen, da sie würdevoll und pikant ist und gleichermaßen in heiteren wie in ernsten Dingen anwendbar ist." Ebd., II, 73, S. 218–19.
228. Vgl die Definition der (Sokratischen) Ironie in der *Brockhaus Enzyklopädie in 24 Bänden*, 20. überarbeitete Ausgabe, Wiesbaden 2001, Bd. 10, S. 682.
229. „Und vor allem [sollte] er in diesem wie in allen anderen Bereichen Respekt und Ehrerbietung gegenüber den Frauen haben, vor allem wenn es um die Verletzung von Sittsamkeit geht." Castiglione: Cortegiano II, 87, S. 243.
230. „Diejenigen, die sich mit diesem vor Gott wenig respektvollen Witz beweisen wollen, gehören aus dem Kreis jedweder Edelleute herausgeworfen. Und nicht weniger die, die im Sprechen obszön und schmutzig sind und in Gegenwart der Frauen keinerlei Respekt haben. Und es scheint, dass sie sich an keinem anderen Vergnügen ergötzen als diese vor Scham erröten zu lassen, und dafür Sprüche und Spitzfindigkeiten suchen." Castiglione: Cortegiano II, 58, S. 213.
231. „[D]a sich das Anregen zum Lachen für den Hofmenschen nicht immer ziemt." Castiglione: Cortegiano I, 46, S. 185.
232. Dies werden v. a. die Analysen ausgewählter Frottolen in Kap. 4. 4. zeigen.

auf ihre Rolle als Musiker beschränkt, genossen gleichwohl aber einen entscheidend höheren Status als Gaukler und Spielleute, die von außen an den Hof drangen oder als Spektakel außerhalb der Hofmauern erlebt wurden. Eine Sonderrolle spielten in diesem Zusammenhang Kurtisanen, die sich in ihrem Auftreten zwischen höfischer Illusion und provozierender Umkehrung gesellschaftlicher Normen bewegten und daher eine geradezu ideale Projektionsfläche für das Bedürfnis boten, aus einem normierten Rahmen zu fliehen, ohne mit ihm brechen zu müssen. Ihr Anteil am kulturellen Leben und damit auch an der Praxis weltlicher Musik war von entsprechender Ambivalenz, die sich exemplarisch an einem Standort wie Rom zeigt. Hier, in der Stadt der durch die päpstliche Kurie geprägten Höfe, verschärften sich die Spannungen zwischen offiziellen und inoffiziellen Kulturen, die der Frottola-Praxis in den ersten beiden Jahrzehnten des 16. Jahrhunderts, der Hochzeit der Kurtisanenkultur, einen besonderen Nährboden boten. Im Folgenden werden entsprechende Lebenswelten exemplarisch als Fluchtpunkte höfischer Kultur betrachtet, die als Kehrseite offizieller Inszenierungsstrategien gleichermaßen Bedingungen für die Popularität der Frottolenbücher waren.

Auf Nähe und Distanz zur Volkskultur I: Lebenswelten

Aus dem Frottolazentrum Mantua sind Begebenheiten überliefert, die auf unterschiedliche Weise Berührungen des Hoflebens mit der populären Liedkultur dokumentieren: Im Sommer 1481 berichtete Francesco II. Gonzaga seinem Vater, Fürst Federico I. von einem tödlichen Überfall, für den das Singen unsittlicher Lieder, „canzone inhoneste", der Auslöser war. Ein Anwohner sei des Nachts aus seinem Haus gekommen, weil er sich durch das Singen einer Gruppe von jungen Männern, die der Fürstensohn alle namentlich kannte, in seiner Nachtruhe gestört gefühlt habe. In der Tat war das Singen von *mattinate*, anzüglichen Serenaden, mit denen man Frauen unter nächtlichem Fenster den Hof machte, zu dieser Zeit in Mantua verboten.[233] Dass der Nachbar also im Recht war, kam ihm selbst nicht mehr zugute, da sich einer der Jungen heftig gegen ihn wehrte und ihn dabei zu Tode schlug. „[E]t cantando loro certe canzone inhoneste, usci fora de casa in camisia uno Bartholomeo Garzotto da Fontanella, el qual li represi, et uno de loro li trette de uno saxo: et coltello dal lato del core: per la qual botta in brevi spatio esso Bartholomeo empirò [...]"[234] Für die Mischung

---

[233]. Vgl. die Chronik von Andrea Schivenoglia: "In Mantoa non se possia oselare né chazare né pescare né zugare né portare army né fare maitenaty né cantare tortelly in li festi di Nadalle da 100 anny in zosso [giuso]". „In Mantua darf man weder (Vögel) jagen noch fischen, noch mattinate singen oder Tortelli am Weihnachtsfest, und dies seit 100 Jahren bis heute." Schivenoglia: Famiglie mantovane (olim 1. 1. 2, u. a. fol. 75). Unter Tortelli verstand man satirische Lieder, die man am Weihnachtsmorgen sang.

[234]. „und als sie gewisse unanständige Lieder sangen, kam ein [Mann namens] Bartholomeo Garzotto da Fontanella im Nachthemd aus dem Haus, der sie sich vornahm. Einer von ihnen traktierte ihn mit einem Stein und verwundete ihn so an der Seite des Herzens, dass Bartholomeo wenig später an diesem Schlag starb." Franceso II. an seinen Vater, Federico I Gonzaga, Mantua, 3. August 1481. ASMn, AG, busta 2104, fol. 543. (lettere originali dei Gonzaga). Vgl. Prizer: *Games* (1991), S. 33 oder dort Dok. 3 im Anhang. Für eine ausführliche Beschreibung der Umstände, unter denen seit dem Mittelalter *mattinate* dargeboten wurden vgl. Klapisch-Zuber: *Mattinata* (1990), S. 229–46. Zuerst veröffentlicht unter dem Titel „ La ‚mattinata' médiévale d'Italie." In: Jacques Le Goff und J.-C. Schmitt (Hg.): *Le charivari*, Paris 1981, S. 149–63. Im Hintergrund des Berichts aus Mantua steht somit die nicht weiter spezifizierte Bedeutung der *mattinata* als frühmorgendliches Liebesständchen, deren Aufführung des Nachts mit instrumentaler Begleitung schon laut Stadtstatuten des 13. Jahrhunderts von Ferrara, Bologna oder Verona verboten war (Ebd., S. 234). Von besonderer Bedeutung war die mattinata im Fall einer 2. Heirat von Witwen oder Witwern oder der eines alten Mannes. Es war üblich, diese HeiratskandidatInnen mit lärmenden Mattinaten zu verunglimpfen, woraufhin es sich einbürgerte, dass Nachbarn aus Solidarität mit den diffamierten Personen einschritten. Ein solcher Fall ist z. B. in der *cronaca modenese* von Tommasino de' Bianchi überliefert: „So geht es in Modena zu, wenn ein Witwer eine Frau nimmt; die Nachbarn, und keine anderen Personen, verteidigen die Matinada um seiner Ehre willen, und damit es die jungen [Sänger] sehen

aus Vertrautheit und Distanz, die die Beziehung des Hofes zur Volkskultur ausgemacht haben muss, scheint die Anekdote bezeichnend. Das Singen von mattinate steht hier für eine Alltagskultur außerhalb der Palastmauern, die dem Hofmenschen angesichts der räumlichen Nähe von Hof und Stadtkultur bekannt gewesen sein muss — Federico kennt jeden der Beteiligten der mattinate-Sänger mit Namen. Gleichwohl berichtet er aus der Distanz des unbeteiligten Beobachters, wodurch die Begebenheit den Geschmack des Sensationellen bekommt — ihn trennen die Hofmauern von einem nächtlichen Ambiente, wo Verbotenes geschieht und wo aus einer nichtigen Begebenheit heraus Gewalt eskaliert.

Ein anderer Brief bestätigt, wie Volkskultur aus dieser gleichermaßen distanzierten wie neugierigen Haltung heraus als ein besonderes Unterhaltungselement am Hof fungierte: 1515 wird Federico II. von Gonzaga in seiner Abwesenheit von dem Aufenthalt eines „vechietto", eines alten Mannes in der Gegend berichtet, dem es gelungen sei, die Kutschen der Hofdamen anzuhalten und die Damen über eine Stunde mit akrobatischen Kunststücken, Tänzen und Liedern zu fesseln. Es heißt dort weiter, besonders Fürst Francesco genieße die Künste des *vecchietto* in den Abendstunden und würde ihn auch entsprechend großzügig honorieren.[235] Einem einfachen Gaukler ist es damit gelungen, ins Innere des Hofes vorzudringen und dort einen ähnlichen Enthusiasmus zu provozieren wie es für die sogenannten buffoni überliefert ist, die ebenso nicht nur singend zur Belustigung beitrugen. Giovan Francesco dei Corioni, der in den 1490er Jahren unter dem Spitznamen „Il Frittella" oder auch „Il frittellino" (Wörtlich: Schmalzkuchen, übertragend: Dummkopf[236]) in Mantua und Umgebung wirkte, war bei den wichtigsten Hoffesten zugegen und lockerte die Gesellschaft mit Späßen auf; im Januar 1495 führte er in Mantua im Anschluss an eine *rappresentazione allegorica* von Serafino Aquilano den Tanz mit „tutti li solazzi" an,[237] im August 1496 berichtet er wiederum von seinem persönlichen Besuch bei Ercole d'Este in Ferrara.[238] Ein anderer buffone namens Dioda vom Mailänder Hof brachte Galeazzo Sforza dazu, zu dritt, gemeinsam mit Beatrice d'Este, so exzessiv Lieder zu singen, dass er sich am Ende „verrückter" als der buffone selbst fühlte, sich also die erwarteten Rollen umgekehrt hatten: „[Abbiamo cantato] facendo tante pazie, ch'ormai io credo de havere fato questo guadagno di essere

---

können, nimmt man [zusammen] einen Imbiss ein." Tommaso de' Bianchi, detto de' Lancellotti: Cronaca modenese 1862–1864, vol. 4, S. 240 (20. März 1533). Zit. nach Klapisch-Zuber: *Mattinata* (1990), S. 233.

235. „Il illustrissimo Signore vostro patre ne pilia gran spasso, maximamente su l'hora del disnare e cena, e gli dà la spesa e mezo ducato al mese, non avendo altra obligatione che di presentarsi al prefato Signore vostro patre ne la dicta hora." „Der erlauchteste Ihr Herr Vater hat daran großen Spaß, vor allem zum Mittag- und Abendessen, und erstattet ihm [dem buffone] die Ausgaben und gibt ihm einen halben Dukaten im Monat. Dabei hat er keine andere Pflicht als sich dem besagten Herrn, Eurem Vater, zur besagten Stunde vorzustellen." Brief von Amico della Torre an Federico II. Gonzaga, Mantua, 11. Dezember 1515, ASMn, AG, busta 2491, fol. 44v, Prizer: *Games* (1991), S. 34 oder Anhang, Dok. 4.)

236. „Persona di poco senno, sciocco". „Person mit wenig Verstand, Dummkopf". Battaglia VI (1970), S. 369.

237. Torraca: *Il Teatro italiano dei secoli XIII, XIV e XV.* Firenze 1885, S. 335, zit. nach Luzio/Renier: *Buffoni* (1894), S. 638. „Sol(l)azzi" bezeichnet hier „l'insieme dei giochi e degli intrattenimenti propri della corte", „das Gesamt an hofeigenen Spielen und Unterhaltungen". Battaglia XIX (1998), S. 340.

238. Im Brief vom 24. August an Isabella d'Este heißt es: „e poi andai dal segnore vostro padre, me fè molte charezze per vostro amore e domandome de la vostra sanitade e che piacere era el vostro, uno pocho de cantare e de sonare. Finesemo el nostro parlare […]". „Und dann ging ich zu Ihrem Herrn Vater, der mir viel Zärtlichkeiten in der Liebe zu Euch gab und mich nach Eurer Gesundheit fragte und danach, was Euch Vergnügen bereitet, ein bisschen Singen und Spielen." Zit. nach Luzio/Renier: *Buffoni* (1894), S. 638. Ungenau, wie sich Giovan Francesco ausdrückt, wird nicht deutlich, ob er nur vom Musizieren Isabellas berichtet oder ob er in dem Moment selbst musizierte. Ersteres ist wahrscheinlicher.

magiore pazo che Dioda."²³⁹ Gaukler, Buffoni und deren Lieder waren demnach ein beliebtes Mittel, um sich eine Gegenwelt an den Hof zu holen und es auf unverfängliche Art und Weise anderen zu überlassen, das Spiel mit dem Verbotenen zu spielen und zu singen.²⁴⁰

2. 2. 2 Sonderstandort Rom: Musica „cortigiana" oder: Frottolen zwischen Kardinal und Kurtisane

Im Gegensatz zu den Höfen im Norden Italiens war die Kultur in Rom von der päpstlichen Regentschaft bestimmt. Die Zeremonien am Papsthof und an den Kardinalshöfen prägten das Stadtbild, in dem das weltliche Musikleben eine ambivalente Rolle spielte. Auf den ersten Blick betrachtet stellte weltliche Musik im offiziellen, durch das Papsttum vorgegebenen Diskurs kaum mehr als ein Nebenprodukt zu der dominierenden Rolle der geistlichen Musik dar, die durch die päpstliche Kapelle und die Musik der römischen Kirchen getragen wurde. So verwundert es kaum, dass die entscheidenden Impulse für die Entwicklung weltlicher Musik im 16. Jahrhundert von anderen Zentren ausgingen, sei es für die Frottola von den Höfen im Norden, für das Madrigal von Florenz, aber dann eben auch von Rom. Die Hauptstadt der Kurie war somit an den maßgeblichen Prozessen der Entwicklung der weltlichen Musik beteiligt und ging dafür eigene Wege zwischen sich verweltlichenden humanistischen und höfischen Praktiken und genuin kirchlichen Normen.

In Rom erschien eine Vielzahl an Musiksammlungen weltlichen Zuschnitts. Für die Frottola sind dies allein Petruccis Produktion des elften und letzten Frottolenbuches und ein Buch mit Intavolierungen für Laute und Gesang, die in Fossombrone erschienen.²⁴¹ Dazu kommen vier Bücher mit Canzoni, Frottole e Capitoli von Andrea Antico, die zwischen 1510 und 1518 in Druck gingen, drei „De la Croce"- Bücher von Valerio Dorico sowie eine Ausgabe mit intavolierten Frottolen für Laute und eine Singstimme.²⁴² Für die nachfolgende Gattung des Madrigals hat der Standort Rom, der über die Medici-Achse v. a. eng mit Florenz verbunden war, eine ebenso nachhaltige Bedeutung. 1520 erschien in Venedig die *musica [...] sopra le canzone del Petrarcha* des Florentiners Bernardo Pisano, der seit 1514 Sänger der päpstlichen Kapelle in Rom unter Leo X. war.²⁴³ Als erste weltliche Sammlung mit Stücken eines einzelnen Komponisten, die zudem erstmalig in Italien in separaten voll textierten Stimmbüchern erschien, stellt sie ein Novum dar und kann als erste Madrigalsammlung überhaupt angesehen werden.²⁴⁴ Zehn Jahre später, 1530, erschien ebenfalls bei Dorico in Rom der *Libro primo de la serena*, die erste Sammlung, in der der Begriff Madrigal im Titel eines musikalischen Druckes auftaucht.²⁴⁵ Indizien sprechen dafür, dass die Sammlung auf den Auftrag der Colonna, besonders

---

239. „[Wir haben] mit so viel Verrücktheiten [gesungen], dass ich jetzt glaube verdient zu haben, verrückter als Dioda zu sein." Galeazzo Visconti, Brief vom 11. Februar 1491, zit. nach Luzio/Renier: *Buffoni* (1894), S. 642.
240. Dabei war die höfische Unterhaltung durch Gaukler und Spielleute zu dieser Zeit keineswegs ein Novum. Zu ihrer mittelalterlichen Tradition vgl. Robert Lug: „Minnesang und Spielmannskunst". In: *Die Musik des Mittelalters*, hg. v. Hartmut Möller und Rudolf Stephan, Laaber 1991, Lizenzausgabe Darmstadt 1997, S. 294–305.
241. Vgl. Int. L. Boss. Pe. II (1511) und Int. L. Boss. Pe. II (1511–1977).
242. Vgl. Int. L. Giunta/Antico (c. 1520); Ant. Canzoni I (1510); Ant. Canzoni II¹ (1518); Ant. Canzoni III¹ (1513); Ant. Canzoni IV¹ (1517); Croce Canzoni I¹ (1526); Croce Canzoni I² (1533); Croce Canzoni II (1531); [Croce III (1524)]; Fortuna I (1523?); Motetti e Canzone; Ant. Canzoni III² (1518).
243. Petrarca Pe.
244. So der Kommentar von Frank A. d'Accone in: „Bernardo Pisano". In: The New Grove Dictionary of Music and Musicians, 2nd edition, 2001, Bd. 19, S. 785. Dass es ein Musikdruck mit Petrarca-Vertonungen war, der erstmalig das Schaffen eines einzelnen Autors in den Blick rückte, ist hinsichtlich des Zusammenhangs von Petrarkismus und Stilisierung der eigenen Biographie, wie sie mit Bembos *Asolani* einsetzt, bemerkenswert. Vgl. Kap. 3. 1.
245. *Madrigali de diversi musici libro primo de la serena*. Rom 1530. (RISM 1530²).

von Kardinal Pompeo Colonna zurückgeht, der zu dieser Zeit ein Hauptfeind der Medici-Partei war — ein Hinweis darauf, dass die Produktion weltlicher Musik im römischen Kontext als gezieltes Gegenprodukt zur Musik der päpstlichen Sphäre fungieren und von besonderer kulturpolitischer Brisanz sein konnte.[246] Von Jacques Arcadelt, Florentiner Madrigalist der ersten Generation und Mitglied der päpstlichen Kapelle flämischer Herkunft, bis hin zu Luca Marenzio, der 1599 in Rom starb, war die Gattung in Rom gegenwärtig.

Zweifellos legte die Regentschaft der Medici-Päpste, Leos X. und Clemens' VII., eine besondere Affinität der römischen Kurie zur weltlichen Musik nahe und verlagerte die Musikförderung der Familie maßgeblich nach Rom: Leo X., der von 1513 bis 1521 in Rom regierte, war als Sohn Lorenzo de' Medicis in einem Ambiente aufgewachsen, in dem die Musikpraxis zum festen Bestandteil humanistischer Tradition geworden war. Er musizierte selbst und ließ die Sängerkapelle und die „musica secreta" am päpstlichen Hof ausbauen. Zu seinen Hofmusikern gehörte der Lautenist Francesco da Milano, dem wie Michelangelo der Beiname „Il divino" anhing. Von der Virtuosität dieses Musikers konnte sich noch Isabella d'Este Gonzaga überzeugen, als er ihr bei ihrem zweiten Romaufenthalt 1526 vorspielte. Mit seiner Entwicklung der Lautenfantasie und Bearbeitungen vokaler Stücke, überwiegend französischer Chansons und Madrigale, war er überaus einflussreich, als Solist am päpstlichen Hof jedoch nie in vergleichbarer Weise institutionell integriert wie Musiker der päpstlichen Kapelle.[247] Denn weltliche Musik legitimierte sich hier vor allem als erbaulicher Ausgleich zum Gelehrtenstudium. An diese Tradition knüpfte Pietro Bembo an, als er dem elften Frottolenbuch Ottaviano Petruccis von 1514 eine Widmung in gelehrtem Latein an Leo X. voranstellte, an dessen Hof er seit 1512 Sekretär der Kurie war.[248] Bembo dokumentierte damit nicht nur seine persönliche Nähe zu dieser Sammlung,[249] sondern setzte damit auch ein außergewöhnliches Zeichen, waren doch Widmungen in Frottolendrucken überhaupt und zumal in lateinischer Sprache generell nicht üblich. Im kurialien Umfeld, wo das Latein auch eine amtliche Funktion innehatte,[250] musste der Kontrast zwischen traditionell humanistischer Gelehrsamkeit auf der einen und der ganz auf dem *volgare* basierenden Frottola auf der anderen Seite stärker als an anderen Höfen hervortreten. Hier in Rom verwendete auch ein Bembo, der sich andernorts als führender Verfechter für die Nobilitierung des *volgare* einsetzte, das traditionelle Latein.[251] Seiner neuen Profession gemäß machte er sich zum Sprachrohr der päpstlichen Kurie, suchte aber dennoch Mittel und Wege, um der offiziell nicht verankerten, aber beliebten weltlichen, volkssprachlichen Musik eine Plattform zu verschaffen. Es war

---

246. U. a. findet sich in dieser Sammlung ein petrarkistisches Madrigal zum Lob von Ortensia Colonna, der Tochter von Marcantonio Colonna, gen. „Der Große", und Lucrezia Franciotti della Rovere, das einmal mehr belegt, dass Petrarkismus über den Bereich des Ästhetisch-Literarischen hinaus von soziologischer Relevanz war. Zum Colonna-Bezug des Madrigalbuches vgl. Campagnolo: *Libro Serena* (1996).
247. Über Francesco da Milanos Wirken in Rom, besonders unter der Regentschaft von Clemens VII. (1523–1534) vgl. Coelho: *Papal Tastes* (2005). Über das Musikleben z. Zt. der beiden Medici-Päpste vgl. zudem: Pirro: *Leo X (1935)*, Lowinsky: *Medici-Codex* (1968); Bragard: *Vie musicale* (1982); Köhler: *Capella Sistina* (2001).
248. Bembo ist im selben Band zudem als Autor zweier Vertonungen präsent, worin sich seine besondere Affinität zu diesem Buch bestätigt. Vgl. dazu den Abschnitt Libro XI — Neue Horizonte und Krise in Kap. 4. 1. 2.
249. Ein weiterer Name innerhalb dieser Sammlung, Eustachius Macionibus Romanus, verweist ausdrücklich nach Rom und verkörpert dort als Teil einer jüngeren Komponistengeneration die innovativen Züge des Bandes. Vgl. dazu ebenso den Abschnitt zu Libro XI in Kap. 4. 1. 2.
250. Zur Relevanz des Lateinischen im Umfeld der römischen Kirche innerhalb der Sprachentwicklungen im 16. Jahrhundert vgl. Formentin: *Dal volgare* (1996), S. 179.
251. Vgl. den Abschnitt „la dolce influenza del mio Giove" — Petrarkistische Huldigungen im Umfeld weiblicher Patronage in Kap. 2. 1. 9 und Kap. 3. 3. 1.

letztlich der Standort Rom selbst, der zu stärkeren Widersprüchen, ja zu einer auffälligen Regelhaftigkeit von Regelüberschreitungen herausforderte, für die auch Bembos Biographie ein sprechendes Beispiel abgibt: Der Kardinalshut stand am Ziel von Bembos Karriere, der seinem Würdenträger das Zölibat, somit Ehelosigkeit und sexuelle Enthaltsamkeit abverlangte, wie es in der römischen Kurie für alle höheren Ämter Pflicht war. Dies hinderte ihn jedoch nicht daran, zweiundzwanzig Jahre lang ein Familienleben mit einer Kurtisane zu führen, von der er Kinder bekam. Seit 1513, kurz nach seinem Dienstantritt in der römischen Kurie, war der damals 43jährige Bembo mit der dreißig Jahre jüngeren Kurtisane Morosina liiert, um deretwillen er bis zum Tod Leos X. im Jahr 1521 die Ausnahmeregelung genoss, kein Ordensgelübde der Keuschheit ablegen zu müssen. Nachdem dieser Schritt unter dem folgenden strengeren Pontifikat Hadrians VI. unvermeidlich geworden war, blieb er dennoch bedeutungslos für sein Privatleben. Bembos Status als hoher Geistlicher tat es keinen Abbruch, dass er auch fortan mit Morosina bis zu ihrem Tod 1535 sowie mit den gemeinsamen Kindern zusammenlebte, wenn auch zurückgezogen in angemessener Entfernung von Rom, in der Nähe von Padua. Noch in den späteren Jahren als Kardinal ab 1539 bis zu seinem Tod 1547 widmete er Morosina Gedichte.[252] In ähnlicher Weise bemerkenwert ist es, dass Bembo als Hofmann die literarisch-musikalische Praxis von Fürstinnen und Geliebten ausdrücklich begünstigte, gleichwohl aber seine eigene Tochter vor den Gefahren eines schlechten Rufs durch das praktische Musizieren warnte: Mit seinem Liebestraktat der *Asolani* hatte er 1505 eine Schneise für die Popularisierung des humanistisch geprägten Liebesdiskurses und dessen Einpassung in die Hofgesellschaft geschlagen und in diesem Kontext die weiblich geprägte Musikpflege deutlich aufgewertet, u. a. im expliziten Umwerben der Markgräfin Isabella d'Este Gonzaga und ihrer musikalischen Auftrittskünste.[253] 1541 jedoch, als er bereits römischer Kardinal war, warnte er seine Tochter Elena vor der gesellschaftlichen Schande, die sie als musizierendes Mädchens riskiere, da das Musizieren eine „Sache der eitlen, leichten Frau" sei. Er erklärte ihr:

> Ho piacere che tu stia bene come mi scrivi, e che tuo fratello intenda con diligenzia allo studio; il che tutto tornerà a suo onore e profitto. Quanto alla grazia che tu mi richiedi, che io sia contento che tu impari di sonar di monochordo, ti fo intender quello, che tu forse per la tua troppo tenera età non puoi sapere: che il sonare è cosa da donna vana e leggera. Et io vorrei che tu fossi la più grave e la più casta e pudica donna che viva. Oltre a questo, se tu saperai mal sonare, ti fia il sonar tuo poco piacere e di non poca vergogna. Sonar poi bene non ti verrà fatto, se tu non spendi in questo esercizio dieci o dodeci anni senza mai pensare ad altro. E quanto questo faccia per te, tu te puoi considerar da per te, senza che io il dica. Dunque lascia stare di pensar più a questa leggerezza, et attendi ad essere et umile e buona e savia et ubidiente, e non ti lasciar portare a questi desiderii, anzi resisti loro con forte animo. Et se le tue compagne desiderano che tu impari a sonare per dar lor piacere, dì loro che tu non vuoi dar loro da ridere con tua vergogna. E contentati nell' essercizio delle lettere e nel cucire; i quali due essercizii se tu farai bene, non avrai fatto poco […] A 10' di Dicembre 1541. Di Roma.[254]

---

252. Vgl. Kurzel-Runtscheiner: *Kurtisanen* (1995), S. 98–99; die Gedichte sind bei Bembo: Prose nachgewiesen.
253. Vgl. Kap. 2. 1. 7. und Kap. 3. 2. 4.
254. „Es freut mich, dass du mir, wie du schreibst, wohlauf bist, und dass sich dein Bruder mit Sorgfalt dem Studium widmet, was ihm alles zu seiner Ehr und zu seinem Nutzen gereichen wird. Was den Gefallen betrifft, um den du mich bittest, ob ich es befürworte, dass du das Clavichord zu spielen lernst, gebe ich dir folgendes zu verstehen, was du womöglich wegen deines zu zarten Alters nicht wissen kannst: dass das Musizieren eine Sache der eitlen und leichten Frau ist. Und ich möchte, dass du die ernsthafteste und die keuscheste und zurückhaltendste Frau bist, die am Leben ist. Darüber hinaus, würde dir das Spielen wenig Spaß machen und nicht wenig Schande bereiten, wenn du [nur]

Bedenkenswert an der widersprüchlichen Haltung, die sich in diesen zwei Begebenheiten ausdrückt, ist mindestens dreierlei: Bembo hatte auf den Ruf seiner Tochter, die Kind einer Kurtisane war, sicherlich in höherem Maß zu sorgen als es für eine Tochter aus hochbürgerlichem oder adligem Haus der Fall gewesen wäre. Zudem trennen die Ausgestaltung seiner Liebesdialoge *Gli Asolani* mit einem anspruchsvollen weiblichen Musikdekor und seine Huldigungen der musikalischen Künste der Fürstin Isabella d'Este Gonzaga mehr als drei Jahrzehnte von den fürsorglichen Warnungen an seine Tochter, die aus einer Zeit stammen, in der das Musizieren von Frauen, sei es wegen der schon spürbaren Wirkung der kirchlichen Reformen oder wegen der florierenden Entwicklung des Kurtisanentums bereits ein zweischneidiges Schwert geworden war. Bezeichnend ist in der Hinsicht, dass Tullia d'Aragona, eine der wenigen Kurtisanen des 16. Jahrhunderts, die ein auffälliges literarisches Talent an den Tag legten und es in Veröffentlichungen manifestierten, in ihren bekannten Dialogen *Della infinità di amore* aus dem Jahr 1547 darauf verzichtete, die Musikpraxis in die Argumentation einzubeziehen, obwohl sie selbst eine firme Vom-Blatt-Sängerin war und Laute spielte.[255] Nicht zuletzt ist auch von Bedeutung, dass Bembo seit 1539 in die Rolle des Kardinals geschlüpft war und seiner Tochter aus römischer Perspektive schrieb.

Wenn diese Handlungen aus heutiger Sicht unschlüssig, ja amoralisch wirken, sind die besonderen Mechanismen zu bedenken, die das von der Kurie geprägte Leben in einem stärkeren Maß bestimmten als andernorts in Italien. So bemerkt etwa der Historiker Wolfgang Reinhard: „Denn in Rom wurde die Verbindung von unerbittlicher Konsequenz im Grundsätzlichen und weitreichender Großzügigkeit in der Lebenspraxis zum dauerhaften System entwickelt. [...] Wer die Prinzipien nicht in Frage stellt, kann tun und lassen, was er will."[256] Und diese Maxime galt auch für das weltliche Musikleben, das an den Papst- und Kardinalshöfen kein Repräsentationsmedium war, dabei aber durchaus die Konkurrenz weltlicher Höfe im Blick hatte, die es in Rom gleichermaßen gab. Nino Pirrotta folgend war Rom „la città delle molte corti — accanto a quella papale (non assente, come mostrano le dediche a intimi assistenti dei pontefici), le corti che ruotavano intorno alle principali casate nobili, alle ambasciate, e ai cardinali e prelati residenti in curia."[257] Und es wird noch zu zeigen sein, dass seine Folgerung für die spätere Madrigalpraxis auch für die Frottola zutraf. „Né vi è alcun segno che si ritenesse disdicevole a questi ultimi dilettarsi di esecuzioni madrigalesche: come era lecito al cardinale Ferdinando dei Medici collezionare statue antiche, così era ritenuto lodevole

---

schlecht spielen könntest. Und gut zu spielen, wird dir nicht gelingen, wenn du in dieses Üben nicht zehn oder zwölf Jahre investierst, ohne je an anderes zu denken. Und wie wichtig das für dich ist, kannst du selbst abwägen, ohne dass ich es dir sage. Lass' es also bleiben, weiter an diesen Leichtsinn zu denken, und achte darauf, bescheiden, gutmütig, weise und gehorsam zu sein, und lass dich nicht zu diesen Gelüsten hinreißen, sondern widerstehe ihnen mit starker Seele. Und wenn deine Gefährtinnen wünschen, dass du zu spielen lernst, um ihnen Vergnügen zu bereiten, sag' ihnen, dass du sie nicht zu deiner Schande zum Lachen animieren willst. Und gib' dich zufrieden in der Übung der Literatur und des Nähens; wenn du dieses beides gut getan haben wirst, ist das nicht wenig. [...] Am 10. Dezember 1541 aus Rom." In: Bembo: Opere volgare, S. 877–78.

[255] Vgl. den Abschnitt „Quedem cortigiana, hoc est meretrix honesta" — Kurtisanentum als Kompensation offizieller Strukturen oder: sexuelle Begierden und deren Nobilitierung in Kap. 2. 2. 2.

[256] Wolfgang Reinhard: „Schwankende Zweideutigkeit. Thomas Brechenmachers Studie über den Vatikan und die Juden". *FAZ* vom 21. 3. 2005, S. 37.

[257] „Die Stadt vieler Höfe — neben dem päpstlichen (der nicht abwesend war, wie die Widmungen an private Gehilfen der Hohepriester zeigen) [gab es] die Höfe, die um die führenden Adelshäuser, Botschaften und die in der Kurie wohnhaften Kardinäle und Prälate herum kreisten." Pirrotta: *Dolci affetti* (1985), S. 65.

il 'ricrearsi con la Musica', anche con quella madrigalesca [...]."[258] Mit dem Begriff des „ricrearsi con la Musica" bezieht Pirrotta das weltliche Musizieren in Rom deutlich auf dessen humanistische Tradition, die sich eben auch in das päpstliche Ambiente integrierte.

Vorauszusetzen ist dabei, dass das Leben an der Kurie für die Musikpraxis eine Dreiteilung der Aktivitäten vorsah: An erster Stelle stand der liturgische Gesang, der direkt auf den Papst bezogen war und durch die Kapellsänger verkörpert wurde, die die Cappella Sistina zu einem musikalisch herausgehobenen Ort machten.[259] Der zweite Bereich war der der militärischen und nach außen hin repräsentativen Musik, der durch Bläser — Trompeter, Pfeifer und Trommler — vertreten wurde, die gemeinsam mit den Soldaten der Engelsburg und Palastwachen des Vatikans entsprechende Zeremonien abhielten. Erst der dritte, interne Bereich, der seinen Standort in den privaten Gemächern des Papstes und der Kardinäle hatte, ist dann für die Praxis der Frottola relevant. Ähnlich wie auch an weltlichen Höfen, fanden hier, meist im Umfeld des Abendessens, Unterhaltungen und Aufführungen vor dem inneren Kreis des Hofes oder auch vor geladenen Gästen statt, bei denen die Geistlichen in die Rolle von Cortegiani schlüpften.

Für diese Anlässe gab es im Papstpalast die eigenen Räumlichkeiten der *guarderobe*, die für die Aufbewahrung von Wert- und Kunstgegenständen und für besondere Aufführungen vorgesehen waren — ähnliche Kunstkabinetts also wie das *studiolo* der Isabella d'Este, allerdings deutlich größer und damit auch für die Aufführung von Komödien geeignet. Hier in Rom gab es unter mehreren *guarderoba* eine größere *sala delle arte liberali*, in der das Ambiente auch gezielt auf weltliche Musik einstimmte:[260] Von Decken und Lunetten blickte eine Musica mit ihrem spielenden Gefolge unter anderen allegorischen Darstellungen der Künste und Wissenschaften herunter, ohne dass weitere Heiligendarstellungen den Genuss weltlicher Eindrücke hätten stören können. Da auch in diesem Raum gespeist wurde, eignete er sich besonders für die Platzierung musikalischer und theatralischer Aufführungen vor und nach dem Abendessen.[261] Wie dann auch römischen Traktaten zu entnehmen ist, handelte es sich dabei nicht nur um Darbietungen von professionellen Musikern, die in den Berichten des Zeremonienmeisters Johannes Burckard auch als *musici secreti* erwähnt werden wie der Lautenist Francesco da Milano und der Organist Isacco Argyropulos,[262] sondern auch um solche anderer Hofmitglieder, von Gelehrten, Dichtern und musikalisch Begabten, die damit zur Unterhaltung beitrugen.

Dass sich die römische Kurie um 1500 somit längst zu einem der prächtigsten und bedeutendsten Höfe Europas entwickelt hatte, provozierte sowohl intern wie auch extern geteilte Kritiken. Stellvertretend für die konträren Sichtweisen darüber, inwiefern ein mondänes Leben der Kurie ihrem genuin religiösen Auftrag förderlich sei, sei hier auf zwei verschiedene Zeitzeugen verwiesen. In der lange unveröffentlichten Schilderung des Kuriensekretärs Lapo da Castigliones, der von 1436 bis 1438 in Ferrara bei Kardinal Giordano Orsini tätig war, ist der Konflikt zwischen einer mönchisch-asketischen und einer humanistischen Lebenshaltung zentral. Letztere steht hier für den Genuss der

---

258. „Es gibt keinerlei Anzeichen dafür, dass es diese letzteren als ungehörig betrachteten, sich an der Aufführung von Madrigalen zu erfreuen: so wie es für den Kardinal Ferdinand de' Medici zulässig war antike Statuen zu sammeln, so wurde das ‚Sich-Erholen mit Musik' als lobenswert angesehen, auch das mit madrigalesker [Musik]." Ebd.
259. Vgl. Žak: *Cappella* (1989). Musikpraktiken am päpstlichen Hof in zeremonieller Funktion sind nachzulesen bei Bölling: *Papstzeremoniell* (2006).
260. Žak: *Cappella* (1989), S. 200.
261. Vgl. Paal: *Appartamento* (1981).
262. Burckardi: Liber notarum, Bd. I, S. 386.

Lebensfreude und die hohe Bewertung intellektueller und künstlerischer Qualitäten. Lapo verteidigt die Kurie als idealen Ort der Voluptas und bleibt gegenüber seinem fiktiven Dialogpartner und Kritiker letztlich als stärkerer zurück. Er argumentiert, dass die Renaissanceideale der Prudentia, der Internationalisierung von Wissen und Kunst und des materiellen Reichtums letztlich zu Tugendhaftigkeit und damit zu einer Stärkung des Kirchenstatus führe. Damit werden ehemals im Mittelalter positiv konnotierte religiöse Werte — Armut, Einsamkeit und Askese — umgekehrt, die Lapos fiktiver Dialogpartner Angele weiterhin, wenn auch erfolglos, zu verteidigen versucht. Für das Selbstverständnis der Befürworter einer mondänen Kurie ist die Art entscheidend, wie es Lapo gelingt, die Kritik der Gegenseite an einer Überbewertung des hedonistischen Prinzips und an entsprechenden Nichtachtungen der Regeln abzuweisen: Man dürfe nicht dem System an Dingen Schuld geben, die letztlich nur der Schwäche einzelner Menschen zuzuschreiben sei: „Non enim quid agatur, sed quid statutum sit, spectare oportet. Maiores enim nostri hec hand fomenta viciorum, sed virtutum ornamenta esse voluerunt; que si quando ad indignos aut minus dignos differuntur fortune, id totum tempori, hominibus, non curie vicio adscribendum est."[263] Von Reformbedürftigkeit des Systems ist hier, noch in der ersten Hälfte des 15. Jahrhunderts, also keine Rede. Unter der späteren Regentschaft von Sixtus IV. (1471–1484) etwa gab es dann zwar einen Versuch, die Ausmaße des weltlichen Lebensstils und damit auch die Privatmusik einzuschränken, der allerdings im Entwurfsstadium stecken blieb.[264]

Es ist diese Ambivalenz gegensätzlicher Ideale, die an der römischen Kurie immer wieder zu einer Gratwanderung zwischen der Angleichung an zeitgenössisch humanistische und höfische Ideale und der Einhaltung kirchlicher Normen führte. Für die weltliche Musikpraxis bedurfte es daher entweder subtilerer Aufführungsformen und umfassenderer Legitimationen, wie dies in humanistischen Traktaten um 1500 deutlich wird, oder aber wurde die Musik in Räume verlagert, die als Freiräume oder Gegenpole zu den offiziellen Diskursen fungierten. Wie wichtig gerade in Rom weltliche Musik als ausgleichende Gegenkultur war, bestätigt die Existenz auffällig zahlreicher römischer Kurtisanen in dieser Zeit, zu deren Dekor bekanntermaßen auch die Musik gehörte.

Musik in Traktaten römischer Humanisten

Gleichzeitig mit der Tendenz, dass sich Musiktheorie- und Kompositionstraktate um 1500 an der tatsächlichen Musikpraxis zu orientieren begannen und Musik nunmehr auch als Klangkunst begriffen wurde,[265] zog diese als Diskussionsgegenstand in humanistische Schriften ein. Die Texte richteten sich nicht vorrangig an ausgebildete Musiker, sondern an Liebhaber und Interpreten von Dichtung, die von den Vorteilen eines musikgestützten Textvortrags nach antikem Vorbild überzeugt werden sollten, wodurch Musik in ihrer erzieherischen und ethischen Bedeutung für Humanisten zugänglicher wurde und dabei zugleich als mathematisch-spekulativer Gegenstand in den Hintergrund rückte.[266]

---

263. „Tatsächlich ist nicht das zu betrachten, was man tut, sondern das, was festgelegt worden ist. Denn in der Tat wollten unsere Ahnen diese Herausforderungen zum Laster auf keinen Fall, sondern Ausschmückungen der Tugend: Und wenn diese manchmal zufällig zu unwürdigen oder weniger würdigen Dingen veranlasst sind, dann muss man diesen Fehler der Zeit und den Menschen zuschreiben und nicht der Kurie." In: Lapo da Castiglione: Dialogus (fol. CCIV), S. 133.
264. Vgl. Corvisieri: Il trionfo (1878), S. 479ff. und dazu Pastor: *Geschichte Päpste* (1904).
265. Vgl. dazu Kap. 4. 3. 1.
266. Zu dem im 16. Jahrhundert wachsenden Verständnis für den sozialen Wert und Nutzen von Musik vgl. etwa Ann E. Moyers Einleitung zu Brandolini: De Musica, S. xvii..

Einer der wenigen Traktate aus Rom um 1500, in dem ausführlicher von weltlicher Musik und ihrer zeitgenössischen Praxis die Rede ist, bezieht sich direkt auf das Musikleben am Kardinalshof. In Paolo Cortesis Traktat *De cardinalatu libri tres*, der posthum 1510 erschien, ist Musik ein Gegenstand der Abendunterhaltungen „post epulas", d. h. sie wird in traditioneller humanistischer Manier vor allem als ein aufbauender und entspannender Ausgleich zum gelehrten Studium gerechtfertigt und gepriesen, das ausschlaggebend für das Ansehen am Hof war. In diesem Sinn hält der Autor wie andere römische Zeitgenossen an der lateinischen Sprache fest. Cortesi war ab 1481 Schreiber der päpstlichen Kurie, später bis 1503 dort Sekretär. Über Kontakte zum Kardinalshof Ascanio Sforzas kannte er den Dichtermusiker Serafino Ciminelli dell'Aquila persönlich, der dort von 1487 bis 1491, u. a. als Kollege von Josquin des Prez, in Diensten stand und sich offenbar auch in Rom großer Beliebtheit erfreute. Serafino kehrte 1499 dorthin noch einmal zurück und diente am Hof des Papstsohns Cesare Borgia, wo er 1500 im Alter von 34 Jahren an der Pest starb und bald legendären Ruhm erlangte.[267] Um dessen Kunst des einfachen, gesungenen Strambottovortrags zu nobilitieren, berief sich Cortesi auf Petrarca:

[...] At uero carminum modi hi numerari solent/ qui maxime octasticorum/aut trinariorum ratione constant: quod quidem genus primus apud nostros Franciscus Petrarcha instituisse dicitur qui edita carmina caneret ad lembum:	[...] Es ist üblich, dass diese Arten von Gesängen gewöhnlich aufgezählt werden, die sich vor allem durch ein achtfaches oder dreifaches Maß [ratio] auszeichnen; man sagt, dass diese Gattungen als erster bei uns Francesco Petrarca etabliert habe, der erhabene Lieder zur Laute [ad lembum] sang.[a]

[a] Paolo Cortesi: „De cardinalatu libri tres", 2. Buch, zit. nach: Pirrotta: *Music and Culture* (1966), S. 151. Ein Exemplar von Cortesis Traktat befindet sich in der Biblioteca nazionale Roma (69. V. E. 8).

Ob Petrarca in der Tat „ad lembum" musizierte, was hier als Synonym für „ad liuto" gebraucht wird,[268] ist in diesem Zusammenhang weniger wichtig als die Tatsache, dass sein Name durch diese Bemerkung zum Modell des perfekten, musizierenden Poeten wird. So argumentiert Cortesi weiter:

„nuper autem Seraphinus Aquilanus princeps eius generis renovandi fuit, a quo ita est uerbori & cantuum coniunctio modulata nexa, ut nihil fieri posset eius modo ratione dulcius [...]."	„Neuerdings aber war Seraphinus Aquilanus der Protagonist der Erneuerung dieser Gattung, der Worte und Gesang rhythmisch so [gut] verbunden hat, dass es nichts Süßeres geben kann als seine Art diese Melodien zu benutzen [...]."[b]

[b] Cortesi: De Cardinalatu, zit. nach Pirrotta: *Music and Culture* (1984), S. 101.

267. Vgl. Kap. 2. 1. 6.
268. Der Ausdruck „ad lembum" versteht sich hier als ein unzeitgemäßer Ausdruck für das Lautenspiel, eine Variante des mittelalterlichen Begriffs Legutum oder Lembutum, der im Mittelmeerraum, besonders im Genua des 14. Jahrhunderts und später für dieses Instrument gebräuchlich war. So beschreibt Cortesi unter den zeitgenössischen Musikinstrumenten auch sog. „Lembi", „quae quasi lemborum quorundam similia uideri possunt", Cortesi: De Cardinalatu, zit. nach Pirrotta: *Music and Culture* (1984), S. 99–100, und nennt in diesem Zusammenhang den damals bekannten Lautenisten Pietro Bono als einen Virtuosen dieses Instruments. Cortesis Bild des musikliebenden und -machenden Petrarca deckt sich mit Berichten von Zeitgenossen des Dichters und letztlich mit Aussagen des Dichters selbst. Petrarca selbst hat das Saiteninstrument, das er selbst besessen hat, „leuthum" genannt. In seinem *Testamentum* hat er das Instrument dem ihm befreundeten Musiker Tommaso Bombasi vermacht mit der Anmerkung, er möge es nicht zum flüchtigen Zeitvertreib, sondern zum Lob Gottes spielen — womöglich eine Anspielung auf die widersprüchliche Bewertung des Instruments: „Magistro Thome Bambasie di Ferrara lego leutum meum bonum, ut eum sonet, non pro vanitate seculi fugacis, sed ad laudem Die eterni." In: Petrarca: *Opere latine*, S. 1352–53. Für weitere Hintergrundinformationen zur Bedeutung des Lautenspiels im Mittelalter vgl. Fabris: *Fortuna* (1980) und Neumann: *Petrarca und die Musik* (2004), S. 7. Beiden Autoren, Dinko Fabris und Florian Neumann, danke ich für ihre Anregungen.

Cortesi stellte Serafino als einen Fortsetzer und Vollender von Petrarcas Kunst dar, der Worte und Musik auf so subtile Weise verbinde, dass sein Vortrag der menschlichen Seele aufs Tiefste nahe komme und sie aufs Heftigste berühre — eine humanistische Argumentationsweise, die sich hier mit petrarkistischen Tendenzen mischt. Für die erzielte Wirkung der Poesie spielt es für Cortesi dabei offenbar keine Rolle, dass nicht Petrarcas Dichtung selbst, sondern einfache Liebeslyrik in ottava rima rezitiert wird. Es ist die Subtilität von Serafinos Vortragskunst, der gehuldigt wird und die über den Namen Petrarca an Renommee gewinnen soll. Damit argumentierte Cortesi anders als sein Kollege Vincenzo Colli alias Calmeta, der in einer Abhandlung über die verschiedenen poetischen Stile im volgare Serafinos Künste ebenso emphatisch lobte und diese dabei klar abgrenzte von dem höheren Stil eines Petrarca und einer untersten Qualitätsstufe, auf der er auch Frottolen erwähnte. Calmeta bewertete die Strambotti Serafinos wegen ihrer höheren Ausdruckskraft und wegen eines differenzierteren Verhältnisses zwischen Dichtung und Musik höher als die „stanze, barzellette, frottole e altri pedestri stili", d. h. Formen der Frottola im engeren Sinn, die er als reines Mittel der Liebeswerbung bezeichnete und sie damit degradierte. Es ist bemerkenswert, dass Calmeta die abwertend gemeinte Bezeichnung „parole amorose" nur in Bezug auf die Frottola verwendet, der er im Gegensatz zu den Strambotti eines Serafino oder gar der Dichtung eines Petrarca keinen dichterischen Eigenwert anerkennt, wenngleich es sich auch bei ihnen um Liebesdichtung im *volgare* handelt. Petrarcas Dichtung rangiert bei Calmeta an höchster Stelle, ohne dass Musik dabei eine Rolle spielen würde. Abgesehen vom Fall Serafino, zu dem Calmeta auch persönlich ein besonderes Verhältnis hat und der folglich auch in dieser Abhandlung eine Ausnahme darstellt, kommt die Musik hier nicht über die Rolle eines entbehrlichen Dekors hinaus, die im Fall höherer Dichtung überflüssig, oder zumindest nicht erwähnenswert scheint.[269]

Der römische Zeitgenosse Raffaele Brandolini begegnet weltlicher Musik dagegen mit Ignoranz und größeren Vorbehalten. Bei aller Ausführlichkeit, mit der er sich der Musik zuwendet, erinnert seine Argumentationsweise an die traditionelle Skepsis der älteren humanistischen Tradition gegenüber einer antischolastischen Kunst ohne theoretischen Anspruch.[270] Den Traktat *musica et poesia* widmete er seinem Dienstherrn Giovanni de' Medici, als dieser 1513 zum Papst gewählt wurde, und wie der Titel richtig verspricht, nehmen Ausführungen zur Nähe von Musik und Dichtung hier einen wesentlich größeren Raum ein als es bei Cortesi der Fall ist. Denn Brandolini wusste sehr wohl, wie wichtig Musik für die Entwicklung des ehemaligen Kardinals Giovanni de' Medici und jetzigen Papst Leo X. persönlich war, der aus der väterlichen Tradition Lorenzo de' Medicis heraus gelernt hatte zu singen und Streichinstrumente zu spielen und durch Heinrich Isaac in der Kontrapunktlehre

---

269. Calmeta: Prose, S. 20–25, S. 21 und Kap. 3. 3. 4.
270. So sieht Christopher A. Reynolds in Cino Rinuccinis (gest. 1417) *ca.* einhundert Jahre älterer, vehementer Verteidigung scholastischer Werte einen Hinweis darauf, wie populär bereits damals nicht-scholastisches Denken geworden war. Er legitimiert Musik folglich über Zuordnungen ihrer Qualitäten zu den mittelalterlichen Bereichen von Quadrivium und Trivium, spricht der Musik Eigenschaften aus Logik, Rhetorik, Arithmetik und Geometrie zu, um zu resümieren, dass sie entgegen einiger humanistischer Klagen „keine reine Angelegenheit der Buffoni" sei, sondern Spiritualität und Tugendhaftigkeit fördere: „La musica affermano essere isciienza da buffoni da poter dilettare lusingando. Non dicano quanto sia utile a ricerare con sua dolcezza l'umana fragilità, a dilettare l'operasioni santissime della Chiesa, o accendere a giusta battaglia i virtuosi animi che pella repubblica combattano." Cino Rinuccini: „Invettiva contro a certi calunniatori di Dante e di Messer Francesco e di Messer Giovanni Boccaci". Zit. nach Reynolds: *Papal Patronage* (1995), S. 286.

unterrichtet worden war.[271] Er betont die Bedeutung der bereits in der Antike gehuldigten Lyra als Begleitinstrument des dichterischen Vortrags und macht deren Aktualität auch an zeitgenössischen Vorbildern fest. Über den weltlichen Lorenzo de' Medici hinaus bezieht er sich auf den Piccolomini-Papst Pius II. (1458–1464), der aus der Freude an entsprechenden Darbietungen heraus auch selbst zur Lyra gegriffen habe: „Pius II Pontifex Maximus usque adeo poeticis numeris ad lyram est delectatus, ut unum hoc voluptatis genus caeteris omnibus anteferret lyramque non solum libenter audire, sed iucundissime interim attingere non gravaretur."[272] So sehr Brandolini damit das Musizieren zur Lyra lobte, es offenbar selbst beherrschte und sich als Freund Serafinos darstellte, grenzte er sich deutlich von einer gemeinen Dichtermusiker-Praxis ab. Sich zu stark mit der Musik zu profilieren, kam in diesem Zusammenhang offenbar einem Defizit an humanistischer Bildung gleich.

Den Statusunterschied machte Brandolini zunächst an der Sprache fest. Er als Dichter lateinischer Elegien verteidigte das gelehrte Latein als Gesangssprache, das eben ein Serafino nicht beherrschte, und argumentierte dabei mit Gegensatzpaaren — dem Latein für die Senatoren, Bürger, Gebildeten und für die Römer schlechthin versus die Volkssprache für die „Barbaren", den Pöbel, die Bauern und Ungebildeten. Eine solche Rhetorik verdeutlicht, wie weit die römischen Humanisten von den Integrationsbemühungen innerhalb der questione della lingua entfernt waren: „Communem in hoc hominum imperitam reprehende, ut quum plerique ignavi indoctique sint, nihil exigant grave ac eruditem. At ob hoc ipsum Latinum carmen vernaculo est longe praestantius, quod illud senatorio, hoc plebeio ordini accomodatur, a civibus illud, hoc a paganis, a Romanis illud, hoc a barberis, a doctis illud ac honestissimo bonarum artium negocio delectatis, ab indoctis hoc turpique ocio dissolutis magnopere commendatur, et quod paucissimi illud, hoc autem plurimi sequantur."[273] Gleichwohl lässt Brandolini erkennen, dass er die neuesten Diskussionen um die Bedeutung vulgärsprachlicher Dichtungen und ihrer Vertonungen sehr wohl zur Kenntnis genommen hat, offensichtlich um möglichen Kontrahenten Angriffspunkte zu nehmen. So führt er u. a. Chariteo als einen Nachfolger Petrarcas und einen der wenigen Dichtermusiker auf, denen es gelungen sei, ohne humanistische Bildung zu Erfolg zu gelangen.[274]

Über die Sprache hinaus aber sind es die Sujets, durch die Brandolini sein Terrain verteidigte: So ließ er in einem fiktiven Dialog mit Corradolo Stanga, einem päpstlichen Notar hohen Rangs, einwenden, dass bei Banketten nicht das Lob der Liebe, sondern Heldenpreisungen in elegischen Versen zur Leier besungen werden sollten, „At non in conviviis amorum laudes, sed heroum praeconia ad lyram alternis numeris concinuntur." Er bestärkte dies mit dem Argument, eine Missachtung dieser

---

271. Vgl. Pirro: *Leo X* (1935) und D'Amico: *Humanism Rome* (1983), S. 245. Brandolini spielt im Traktat diverse Male auf diesen Hintergrund an, so u. a. in: Brandolini: De Musica, S. 20.
272. „Papst Pius II. fand solches Gefallen an poetischen Versen zur Lyra, dass er diese Lust unter allen anderen vorzog und er nicht nur Vergnügen daran hatte, die Lyra zu hören, sondern nicht abgeneigt war, sie auf angenehmste bei Gelegenheit zu spielen." Brandolini: De musica, S. 18.
273. „Gewöhnlich sind diese Art von Menschen mit Unerfahrenheit geschlagen, denn die meisten sind faul und ungebildet, sie fordern keinen Ernst und Bildung. Aus diesem Grund ist ein lateinisches Gedicht/Lied bei weitem dem volkssprachlichen vorzuziehen; jenes ist für Senatoren geeignet, dieser für den Pöbel, ersterer ist Bürgern, letzterer Bauern zu empfehlen, ersterer den Römern, letzterer den Barbaren; ersterer den Gebildeten, die sich an den höchsten künstlerischen Betätigungen der Kunstgüter erfreuen, letzterer den Ungebildeten und Schändlichen, die sich durch unwürdige Faulheit auszeichnen, und [dies], weil sehr wenige den ersten folgen und viele dagegen den letzten." Ebd., S. 96.
274. „Chariteus Hispanus ad illam Francisci Petrarcae venustatem ac elegantiam proxime accedens sibi suisque magno olim fuit usui ac ornamento." „Der Spanier Chariteo hat es fast jener Anmut und Eleganz Francesco Petrarcas gleichgemacht, der einstmals für sich und seine Familie viel Nutzen und Anerkennung [gewonnen hat]." Ebd., S. 98.

Vor Ort am Hof: Inszenierungsstrategien für die Frottola

Tradition sei nichts weniger als ein Angriff auf eine heilige, antike Sitte und damit auch auf die Antike selbst: „Illud ego non improbo; hoc qui acusat, sanctum recetumque apud veteres morem, immo vetustatem ipsam accusat".²⁷⁵ Indirekt wird damit die Vortragskunst eines Serafino abgewertet, der nahezu ausschließlich die weltliche Liebe besang, so wie es auch die Symbolik des Frontispiz der zeitgenössischen Ausgabe seiner Gedichte von 1503 transportiert, auf dem ein *Amorino* seine Pfeile auf den zur Lauten singenden Poeten richtet (Abb. 7).

Brandolinis Argumentation steht hier als ein Beispiel dafür, dass die zeitgenössische Musikpraxis, wie sie zur gleichen Zeit in anderen Zentren, in Ferrara, Mantua oder Urbino praktiziert wurde, in Rom nicht in gleichem Maß diskurstauglich war. Während an diesen weltlichen Höfen der Liebesdialog zwischen Hofmann und -dame, damit auch

Abb. 7: Frontispiz mit Laute spielendem Dichter-Musiker, Roma: Giovanni Besicken 5.X.1503

das weibliche Element zu einem Maßstab für die Demonstration und Übung zeitgemäßer Tugenden geworden war und auch die Basis weltlichen Musizierens bildete, wurde dieser offenbar aus dem offiziellen römischen Diskurs ausgegrenzt. Dies ist im Zusammenhang mit den spezifischen sozialen Strukturen im Kirchenstaat zu sehen, von dem im Folgenden die Rede sein wird.

„Quedem cortigiana, hoc est meretrix honesta" — Kurtisanentum als Kompensation offizieller Strukturen oder: sexuelle Begierden und deren Nobilitierung

In Rom waren durch den Sitz des Papstes, der meisten Kardinäle und des geistlichen Standes viele Männer dem Zölibat verpflichtet, die wiederum ausschließlich männliches Personal beschäftigten. Für Männer verschiedenster Schichten, die religiös nicht unbedingt ambitioniert sein mussten, bot die römische Kurie gute Karrierechancen und zog über Botschafter und Gesandte hinaus etliche Auswärtige an.²⁷⁶ Besonders in den meist hochgebildeten Kreisen der Kurie vermisste man Frauen

---

275. „Bei den Banketten werden keine Lobpreisungen der Liebe, sondern Würdigungen der Helden zur Lyra in elegischen Versen gesungen." „Das streite ich nicht ab; derjenige, der diese [Tradition] angreift, greift eine heilige und bei den Alten etablierte Sitte, ja sogar die Antike selbst an." Ebd., S. 28.
276. Neben den Geistlichen waren das Gerichtspersonal und die Parteien an den römischen Gerichten die zweitgrößte Gruppe an alleinstehenden Männern in Rom, und dies konnte heißen, dass sie entweder unverheiratet waren oder aber fern von ihren Frauen lebten. Blastenbrei: *Kriminalität* (1995), S. 156, Anm. 482.

nicht nur in sexueller, sondern auch in kultureller Hinsicht. In diesem Sinn brachte Kardinal Bibbiena in einem Brief an Giuliano de' Medici seine Freude über den Besuch von Fürstin Isabella d'Este in Rom 1515 zum Ausdruck: „La città tutta dice: Hor lodato sia Dio, ché qui non mancava se non una corte di madonne, et questa Signora tanto nobile, tanto virtuosa, tanto buona et tanto bella ce ne terrà una, et farà la Corte Romana perfetta."[277] Zwar war die Priesterehe bereits seit dem 3. Laterankonzil im 12. Jahrhundert rechtlich nicht mehr möglich,[278] doch auch im Rom um 1500, wo man an der Kurie kaum andere weltliche Entbehrungen in Kauf nehmen musste, war die Bereitschaft, ohne das weibliche Element auszukommen, gering, da Frauen in der Hofkultur andernorts als Gesprächspartnerinnen und -sujets, als Unterhalterinnen, Reiz- und Schauobjekt eine gesteigerte Aufmerksamkeit erlebten. In diesem Sinn veranschaulicht der außergewöhnliche Empfang, den man der Markgräfin aus Mantua in Rom bereitete, ein nobles Extrem an Kompensationen, mit dem man vor Ort den beklagten Frauenmangel auszugleichen suchte.

Isabella d'Este Gonzaga unternahm zwei längere Reisen nach Rom, zunächst 1514–1515 während der Regentschaft von Leo X., dann erneut 1525 anlässlich der Kardinalswahl ihres Sohnes Ercole unter Clemens VII.; und beide Aufenthalte dehnten sich wesentlich länger als geplant aus. Bei der ersten Reise verzögerten zunächst schlechte Wetterbedingungen die Abreise, dann schob Isabella selbst die Abreise hinaus. Sie blieb letztlich vom Oktober 1514 bis zum Ende der Karnevalszeit im März 1515.[279] Bei der zweiten Reise, ein Jahrzehnt später, hielten sie die Ereignisse des *sacco* zwei Jahre in der Stadt fest.

Aus den zeitgenössischen Berichten geht hervor, dass Isabella Gast an den römischen Papst- und Kardinalshöfen war und damit Zugang zu Sphären hatte, die anderen Hofdamen nicht zugänglich waren. Mehr noch: Laut den Berichten aus Rom nach Mantua war der Hof, den man ihr bereitete, derart aufwändig, dass sie „per regina di Roma" durch die Stadt zog, stets von „multi nobili de la corte" mit einem Tross von bis zu 150 Pferden begleitet.[280] Um die üblichen Übertreibungen dieser Beschreibungen reduziert, bleibt es offensichtlich, dass es sich um einen Höhepunkt römischer Festlichkeiten handelte, der durch Isabellas Ruf als besonders tugendhafte Person gerechtfertigt werden konnte. Als Kardinal Bibbiena die päpstlichen Behörden um eine informelle, unbürokratische Behandlung der Kohorte Isabellas bat, bezeichnete er sie als „virtuosissima et gentilissima persona".[281] Und selbst in der ablehnenden Äußerung eines anderen Geistlichen wusste man die Tugend ihrer Person von der Kritik zu trennen, die sie durch die Überschreitung des Damenverbots provoziert hatte: Rom sei keine „stancia conveniente né propria per ,donne'; [...] etiam che la perfectione de lo animo

---

277. „Die ganze Stadt sagt: Gott sei Dank, dass das Einzige, was hier fehlt, ein Damenhof ist. Und diese so edle, tugendhafte, gute und schöne Herrin wird hier einen Hof haben und den römischen perfekt machen". Brief von Kardinal di Bibbiena an Giuliano de' Medici, Roma 25. Febr. (Il primo di Quaresima) 1515. In: Giuseppe Loranto Moncallero (Hg.) *Epistolario di Bernardo Dovizi da Bibbiena*, II, Brief Nr. CXCI, S. 42–4, S. 42. Isabella d'Este war vom Januar bis spätestens Anfang März 1515 in Rom.
278. Papst Innozenz II. ließ im 2. Laterankonzil 1139 die Spende der Priesterweihen zu einem trennenden Ehehindernis erklären. Fortan konnten nur noch verheiratete Männer Priester werden, wenn ihre Frauen das Keuschheitsgelübde abgaben. Als Voraussetzung für die Bischofweihe mussten die Frauen sogar ins Kloster eintreten. Kurzel-Runtscheiner: *Kurtisanen* (1995), S. 16.
279. Unterbrochen wurde der Aufenthalt in Rom durch eine Reise an den Hof von Neapel im Dezember.
280. So der Brief vom 28. Oktober 1514 von Mario Equicola an Federico Gonzaga, zit. nach Luzio: *Isabella Roma* (1906), S. 52.
281. Erlaubnisschreiben an die päpstlichen Behörden von Kardinal Bibbiena, Capodimonte, 15. Oktober 1514, also drei Tage vor Ankunft der Markgräfin. zit. nach Luzio: *Mantova e Urbino* (1893), S. 212.

et la natura candissima del viver de M.ᵐᵃ sia talmente perspicua et manifesta che non sia bisogno haver questa consideratione".²⁸² Während der römischen Karnevalssaison erlebte Isabella zahlreiche Aufzüge und Theatervorführungen, bei denen sie musikalische Ereignisse hervorhob. So wurden ihr und ihren Hofdamen 1526 in der päpstlichen *guardaroba* nach einem Abendessen im Rahmen einer Komödie Intermedien für „viole, voci e clavicembalo" geboten.²⁸³ Ein anderes Mal ließ man für sie in der *stanza dell' incendio* im Papstpalast, dem Zimmer, in dem Leo X. gewöhnlich speiste mit einem Ensemble kommen, bei dem der namhafte Lautenist Francesco da Milano mitwirkte.²⁸⁴ Darüber hinaus wurde immer wieder von aufwändigen Tanz- und Komödiendarbietungen berichtet.²⁸⁵

Über die für Isabella d'Este typischen eigenen musikalischen Darbietungen fehlen Berichte, was jedoch nicht heißen muss, dass sie nicht doch in Rom musizierte. Denn 1515 ließ sie sich eine Viola nach Rom schicken, und während ihrer zweiten Reise bat sie im März 1525 ihren Frottolisten Marchetto Cara in Mantua um diverse „Madricali".²⁸⁶

Zweifellos stellte der Besuch Isabella d'Este Gonzagas für die römische Kurie ein gesellschaftlich herausragendes Ereignis und damit eine außergewöhnlich gute Gelegenheit dar, mit einer Dame in Kontakt zu treten. Den Mitgliedern der Kurie boten sich dafür allerdings auch weniger auffällige Gelegenheiten, selbst innerhalb der päpstlichen Räumlichkeiten. Johannes Burckard (1450–1506), päpstlicher Oberzeremonienmeister seit 1483 und Bischof seit 1503, spricht in seinem *Liber notarum* aus Anlass eines Banketts mit Damenbesuch im Papstpalast Alessandros VI. von einer ausdrücklichen Regelverletzung: [...] „licet contra normam ceremoniarum nostrarum acta sint, que expresse prohibent mulieres esse in convivio cum pontifice."²⁸⁷ Dass Damen bei solchen Anlässen generell nicht zugelassen waren, bestätigen auch Angaben des „Quaderno della Cantina".²⁸⁸ Und was für die

282. „kein für Frauen angemessener Raum, [auch] auch wenn die Vollkommenheit der Seele und der süßen Lebensnatur der Madama so deutlich und offensichtlich sei, dass diese Erwägung [an sich] nicht erforderlich sei." So der erste Diakon unter Leo X, zit. nach Luzio: *Isabella Roma* (1906), S. 60.
283. Brief vom 5. Februar 1526, zit. nach Luzio: *Isabella Sacco* (1908), S. 115.
284. Brief an Federico Gonzaga, den Sohn Isabellas, vom 17. Januar 1526, zit. nach Luzio: *Isabella Sacco* (1908), S. 114–15, Dok. I. Auch in dem Brief vom 12. April desselben Jahres nach Mantua wird von einem musikalischen Auftritt für Isabella berichtet. Francesco da Milano wurde zwischen 1519 und 1521 als Privatmusiker Leo X. bezahlt. Vgl. Frey: *Regesten Leo X* (1956), S. 56.
285. Im Karneval begannen die Tänze nach dem Abendessen und dauerten bis tief in die Nacht. So z. B. der Bericht Capilupos vom 29. Januar, bei dem Isabella nach der Cena zunächst unter Mitwirkung aller Herren in Maske und aller Schwestern des Papstes bis 4 Uhr morgens, und dann nach einer zweistündigen Darbietung noch einmal bis 8 Uhr morgens getanzt wurde. Brief Benedetto Capilupos vom 29. Januar 1515, ASMn, AG, busta 2996, libro 31, fol. 69v.
286. Eine Viola ließ sich Isabella im Winter 1515 über Benedetto Capilupo nach Rom schicken. So dessen Brief vom 11. Januar 1515, ASMn, AG, busta 2996, libro 31, fol. 66. Vgl. zudem Marchetto Caras Brief aus Mantua an Isabella d'Este Gonzaga in Rom vom 12. März 1525, in dem er ankündigt, Isabella die von ihr gewünschten „madricali" zu schicken, bald aber andere nachzusenden, da er fürchte, dass einige der versendeten bereits in Rom bekannt seien. ASMn, AG, busta 2506, fol. 403. Der Brief ist wiedergegeben bei Prizer: *Cara* (1980), Anh., Dok. 134, S. 319 und im Faksimile in *Musik 15./16.Jhd.*, S. 450.
287. „[...] wobei das gegen die Regelung unseres Zeremoniells getan wurde, das Frauen ausdrücklich untersagt, an einem Bankett mit dem Papst teilzunehmen." Eintragung vom 16. November 1488. In: Burckardi: *Liber notarum*, 1. Bd., S. 245. Burckards *Liber Notarum* ist eine der wichtigsten Quellen für das Leben am Papsthof zwischen 1483 und 1506, wenngleich es für musikalische Fragen leider vergleichsweise unergiebig ist. Offensichtlich war Burckard kein besonderer Freund der Musen; seine diesbezüglichen Bemerkungen sind spärlich und kurz. Anmerkungen zur Musik betreffen nur die päpstliche Sängerkapelle, die er kurz als „cantores" oder „nostri cantores" bezeichnet. Vgl. dazu den noch immer nützlichen Beitrag Arnold Scherings: Schering: *Liber notarum* (1929).
288. „Les femmes — du moins c'est l'impression que laisse le Quaderno della cantina — n'avaient pas droit à l'honneur de la table du cardinal." Hurtubise: *Table* (1980), S. 275. Freiräume scheinen in dieser Hinsicht am ehesten bei Mahlzeiten im Freien geherrscht zu haben. „Les collations en plein air permettaient peut-être justement au prélat d'accueillir chez lui, avec tous les honneurs qu'elles méritaient, les nobles personnes, parentes ou amies, que la simple politesse lui

Tafel galt, war ohnehin Norm für den Besuch des Gottesdienstes. So auch Burckards Kritik an dem weiblichen Besuch einer Pfingstmesse in S. Pietro im Jahr 1496: „[…] Sancia et Lucrezia, filia pape, cum multis aliis mulieribus, totum ipsum pulpitum et terram circumcirca occupantibus cum magno decore, ignomia et scandalo nostro et populi."[289]

Burckards Berichte geben dann allerdings auch Auskunft darüber, wie man die offizielle Frauenabsenz in Rom erfolgreich ausglich. 1498 gibt er folgende Begebenheit wieder: „Superioribus diebus, incarcerata fuit quedeam cortegiana, hoc est meretrix honesta, Cursetta nuncupata, que familiarem Maurem habuit in vestibus et habitu muliebri incedentem […]."[290] Die Rede ist von einer Kurtisane, die er ausdrücklich als „ehrenwerte Hure" bezeichnet und damit von einer gemeinen Hure unterscheidet. Sie wurde zu Kerkerarrest verurteilt, weil sie sich in der Öffentlichkeit mit ihrem in Frauenkleidern maskierten Diener gezeigt hatte. Gewiss: Im Zuge der allgemeinen Orientierung an der antiken Kultur hatte man im Rom des ausgehenden 15. Jahrhunderts das Hetärenwesen wiederbelebt und sich durch das höhere gesellschaftliche Ansehen und den Bildungsgrad dieser Frauen eine Verbesserung der Sitten und damit auch des Ansehens der Kirche erhofft. Sich ein festes Verhältnis zu einer Kurtisane leisten zu können, garantierte dem Geistlichen einen gesellschaftlichen Status, ihr im Gegenzug die Aussichten auf ein finanzielles Einkommen, eine feste Unterkunft und eine gewisse, eingeschränkte gesellschaftliche Präsenz. Die Bestrafung der besagten Kurtisane zeigt aber eben auch, dass eine Frau wie sie dabei nach wie vor eine gesellschaftlich ungeschützte Randexistenz führte. Symptomatisch dafür scheinen die Maskierungsspiele, von denen Burckard hier berichtet, denn eine Kurtisane maskiert sich einerseits, um gesellschaftlich hohe Erwartungen zu befriedigen, andererseits provoziert und enttäuscht sie aber auch auf ebenso theatralische Art und Weise. Auf ihre Umgebung wirkt dieses erotische Changieren zwischen scheinbarer Würde und derber Frechheit der Kurtisane besonders faszinierend, ja es ist als ausgleichendes Ventil zu den strengen Normen der Selbstdisziplinierung sehr wohl willkommen. Und dennoch ist es gestattet und nötig, die Kurtisane zu bestrafen, um sie auf Distanz zu halten.

Wenn man unter einer *cortigiana* in Rom eine Frau verstand, die ein festes Verhältnis zu einem Mitglied der Kurie hatte, also damit in einem speziellen Sinn der „Kurie diente", ist eine signifikante Bedeutungsverschiebung erfolgt, die sich durch die Genese des Kurtisanentums in Rom erklärt: Als weibliches Äquivalent zum „cortigiano" stand „cortigiana" bis ins 16. Jahrhundert in erster Linie für eine Hofdame und damit an allen anderen Höfen Europas für eine Angehörige des Adels. Dies ist auch noch im *Libro del Cortigiano* der Fall. Innerhalb einer Diskussion darüber, wie eine Hofdame zu erziehen sei, wird der Begriff synonym für *donna di palazzo* verwendet. In dieser Bedeutung benutzt ihn dort die Signora Emilia kritisch: „Dio voglia che noi non ci abba[ss]iamo a dar questa impresa a qualche congiurato col signor Gasparo, che ci formi una cortegiana che non sappia far altro che

---

préscrivait de recevoir, mais qu'il ne pouvait, en raison des normes canoniques existantes, inviter à sa table." Ebd. Dass solche Mahlzeiten oft stattfanden, belegt auch Burckards *Liber notarum*. Vgl. Burckardi: Liber notarum, 1. Bd. (1906).

289. „[Da waren] Sancia und Lucrezia, Tochter des Papstes, mit vielen anderen Frauen, die die ganze Kanzel und den sie umgebenden Bereich unten besetzt haben, was große Scham, Schande und Skandal für uns und das ganze römische Volk provoziert hat." Burckardi: Liber notarum, 1. Bd. (1906), Eintragung vom 21. Mai 1496, Bd. 1, S. 606.

290. „In den vorherigen Tagen wurde eine gewisse Kurtisane eingekerkert, d. h. eine ehrenwerte Hure, die Cursetta genannt wird, deren maurischer Diener in Frauenkleidern gekleidet war […]." Burckardi: Liber notarum, 1. Bd. (1906), Eintragung vom 2. 4. 1498, S. 80.

la cucina e filare".²⁹¹ Von Rom aus wurde der Ausdruck dann für Kurtisanen verwendet und verdrängte letztlich die frühere Bedeutung, so dass der Begriff in der zweiten Hälfte des Jahrhunderts selbstverständlich für die gesellschaftlich höher stehenden Prostituierten kursierte.²⁹² Vor allem in formalen Zusammenhängen konnte eine Kurtisane im Rom des 16. Jahrhunderts gleichermaßen mit dem lateinischen Begriff „curialis" bezeichnet werden. Dies ist z. B. im Nachlassverzeichnis von Tullia d'Aragona vom 23. April 1556 der Fall, einer der im 16. Jahrhundert namhaftesten Kurtisanen römischer Herkunft: „Inventarum rerum et bonorum mobilium q(uondam) d(ominae) Tulie de aragonia curialis dum vixit."²⁹³ Das lateinische Adjektiv „curialis" stammt vom Substantiv „curia" ab, mit dem im römischen Kontext zunächst die Kurie als „Gesamtheit der Behörden und Einrichtungen" gemeint ist, „die dem Papst bei der Ausübung seines höchsten Hirtenamtes Hilfe leisten". Seit dem 11. Jahrhundert kennzeichnete „curia" damit auch den päpstlichen Hof bis hin zum Personal, das an diesem diente.²⁹⁴ Entsprechend bezeichnet das Adjektiv „curialis" (italienisiert „curiale") als Attribut einer Person jemanden, der der Kurie angehört, und im weiteren Sinn seit dem späten Mittelalter auch jemanden, der sich so verhält, als ob er professionell der Kurie oder aber auch einem anderen Hof dienen würde.²⁹⁵ Wenn nun eine römische Kurtisane mit diesem Attribut versehen wird, heißt das somit zunächst, dass sie eine Person ist, die der Kurie vor Ort dienlich ist. Und in dieser notariellen Überschrift ist keine Anspielung auf den ambivalenten Charakter ihrer Dienste zu vermuten. Dies ist dann allerdings im Kommentar des Humanisten Ponto Cosentino von 1524 der Fall, wo es heißt: „Lupanar est ibi, et earum quae curiales dicuntur, tanquam Curiae romanae dedecus inservientes".²⁹⁶ In anderen Urteilen seines „Romytipion" ist derselbe Autor noch drastischer in seiner Kritik am moralischen Verfall des modernen Kirchenstaates Rom und beschimpft die Stadt

---

291. „Da sei Gott vor, dass wir uns erniedrigen, uns mit irgendeinem Verschwörer von Herrn Gasparo zusammenzutun, auf dass er eine Hofdame ausbilde, die nichts anderes als kochen und nähen kann." Castiglione: Cortegiano, II, 99, S. 253.
292. Vgl. diese Diskussion bei Rosenthal: Honest Courtesan (1992), S. 67. Schlägt man heute die Bedeutung des Wortes „Cortigiana" nach, hat sich die der „mondana, prostituta. Nella società del cinquecento donna di raffinatezza e educazione e di qualità intellettuali che concede i propri favori in un rapporto di reciproco rispetto e stima" als erste Bedeutung durchgesetzt. Die Bedeutung einer „dama di corte" fungiert nur noch als zweite, ältere Bezeichnung. In: Battaglia III (1964), S. 863.
293. „Verzeichnis der Sachen, Güter und Möbel der verstorbenen Frau Tullia de Aragona, curialis zu Lebzeiten [...]." Archivio di Stato di Roma, Notai AC 6298, fol. 79b. Tullia d'Aragona (ca 1508–10 bis 1556) wirkte als Kurtisane zunächst bis 1531, dann erneut ab 1548 bis zu ihrem Tod in Rom. In der Zwischenzeit wirkte sie auch in Ferrara, Florenz, Venedig und Siena. Sie war mit vielen Literaten befreundet, u. a. mit F. M. Molza und B. Varchi. Ihre Verteidigung platonischer Theorien zog die kritische Rolle ihrer Person in Sperone Speronis im Dialogo d'amore nach sich. Sie schrieb überwiegend petrarkistische Dichtungen. Vgl. Letteratura Ital Bio-Bibl, S. 1754 und Neumeier: Tullia (1999).
294. „zum Wohl und Dienst der Gesamtkirche und der Teilkirche, wodurch die Einheit im Glauben und die Gemeinschaft des Gottesvolkes gestärkt werden und die der Kirche eigene Sendung in der Welt gefördert wird". „Römische Kurie". In: LThK³ 8 (1999), Sp. 1287.
295. „Curia" hat ebenso die Bedeutung „Corte" wie „Corte pontefica". In: Battaglia III (1964), S. 1071–72. Vgl. zudem „Curiale: 1. agg. della curia; proprio del modi di comportarsi di coloro che esercitano le professioni legali o del loro ambiente [...]. 2. proprio dell'ambiente di corte [...]. 4. prelato che fa parte della curia romana. Anche: persona laica addetta a una curia vescovile". „Curiale", 1. Adj. der Kurie, den Verhaltensweisen derer eigen, die legale Berufe ausüben oder sich in diesem Ambiente bewegen. [...]. 2. dem Hofambiente eigen [...]. 3. Prälat, der der römischen Kurie angehört. Auch: Laie/in, der/die an einer bischöflichen Kurie tätig ist." Ebd., S. 1072. „curialis", Subst, Angehöriger der städtischen Kurie, Adj., den Hof eines Königs, Fürsten, die höfische Gesellschaft, den fürstlichen Adel betreffend. In: Mediae Latinitatis/Niermeyer, S. 38. „Curialiter", comiter, humaniter, couteoisement; more Curialicum, à la manière des Courtisans. In: Glossarium/Du Cange, S. 674.
296. „Hier ist ein Bordell von denen, die ,curiales' genannt werden, so als ob sie der Schande der römischen Kurie zu Diensten stehen würden." Ponti Cosentini: Romytipion, per Ant. Bladum, Giovanni Rufo gewidmet, dem Erzbischof von Cosenza, o. S., zit. nach Gnoli: Roma Leon X (1938), S. 197, Anm. 3.

wörtlich als „Schweinestall", „una stalla di porci".[297] Um dieses Urteil besser einschätzen zu können, ist zu bedenken, dass Rom Anfang der 1520er Jahre auf zwei Jahrzehnte eines „goldenen Zeitalters" des Kurtisanentums zurückblickte, das seit Ende des 15. Jahrhunderts in der Stadt herrschte.[298] Der Kirchenstaat bot damals attraktive Karrieremöglichkeiten und relativ große gesellschaftliche Freiräume für einen mondänen Lebenswandel. Noch 1526–1527 erfolgte eine erste Volkszählung, aus der man folgern kann, dass Kurtisanen einen erstaunlich großen Bevölkerungsanteil von zehn Prozent ausmachten.[299] Zwar kam seit den 1520er Jahren unter dem Einfluss der Reformbestrebungen lutherischer Herkunft Kritik daran auf, die erste Reformversuche nach sich zog. Dann versetzte der sogenannte „sacco di Roma", die Plünderung Roms 1527 durch deutsche Landsknechte und spanische Söldner des Heeres von Karl V. dem unbeschwerten Lebensgefühl einen herben Schlag, bevor es im weltlichen Leben der Stadt letztlich durch die Ergebnisse des Trienter Konzils (1545–1563) im Verlauf der zweiten Jahrhunderthälfte zu Einschränkungen kam, die auch für die Kurtisanen spürbar wurden. Dennoch blieb der Kurtisanenstatus in Rom und anderen Städten Italiens wie v. a. Florenz, Neapel, Venedig noch in der Jahrhundertmitte so geläufig, dass das Wort „curialis" auch schlichtweg als lateinische Übersetzung des Begriffs der „cortigiana" etabliert war.[300]

Wie selbstverständlich Musik zum Leben einer Kurtisane dazu gehörte, zeigt auch das Nachlassverzeichnis der Tullia d'Aragona:

Die 23 Aprilis 1556	23. April 1556
Inventarum rerum et bonorum mobilium q(uondam) d(omine) Tulie de aragonia curialis dum vixit inceptum et confectum p(er) d(ominum) Oratium de Marchianis cl(eric)um Pistononensem tutorem d(ominum) Celij heredis d(ic)te q(quondam) Tulie prout in actis asseruit constare. […]	Verzeichnis der Sachen, Güter und Möbel [der] verstorbenen Frau Tullia de Aragona, curialis zu Lebzeiten, begonnen und beendet durch Herrn Oratio von Marchian […], klerikaler Vormund von Herrn Celio, dem Erben der besagten verstorbenen Tullia, wie er es per Verfügung zur Bestätigung beigelegt hat. […]
In una cassa vecchia nella quale cerano trenta cinque libri tra vogari et latini de prii et diverse sorte et tredici di musica tra usati vecci et stracciati et diversi altre carte et libri già stracciati. […]	Ein alter Kasten mit fünfunddreißig Büchern, solche im volgare und lateinische, zum Gebet und andere, und dreizehn Musikbücher, gebrauchte, alte und zerfetzte, und verschiedenes anderes Papier und zerrissene Bücher […]
un liuto gia rotto con la sua cassa di legno un barrile da tenir vino	eine schon kaputte Laute mit ihrem Holzkasten ein Weinfass

Aufgelistet neben einem Weinfass, ist die untere Passage ein sicherer Beleg für die Bildung — und besonders die musikalische Bildung — der Verstorbenen. Demnach hat sie neben 35 Büchern in italienischer und lateinischer Sprache auch dreizehn Musikbücher hinterlassen; gemeint sind sicher Noten. Dass deren Zustand als „gebraucht, alt und zerfetzt" beschrieben wird, spricht für ihren

---

[297]. Nach ebd., S. 201 „Questa è la chiesa romana, capo di tutto il mondo? Questa? Questa è una stalla di porci!"
[298]. So auch die Formulierung im neuesten Standardwerk zum Thema von Monika Kurzel-Runtscheiner: Kurzel-Runtscheiner: *Kurtisanen* (1995), S. 21.
[299]. Ebd., S. 9–10. Die überlieferten Quellen der damaligen Volkszählung sind in einer kritischen Ausgabe einsehbar: Descriptio Urbis.
[300]. Diese pragmatische Verwendung des Begriffs der „curialis" in Dokumenten römischer Justizbehörden (abgekürzt Cur oder cur^s) als Übersetzung von „cortigiana" bestätigt sich bei Peter Blastenbrei für den späteren Zeitraum 1560–1585. Blastenbrei: *Kriminalität* (1995), S. 157.

Alltagswert. Offensichtlich waren Tullias *libri di musica* keine Geschenk- und Ausstellungsexemplare, vielmehr gehörte Musik zu ihren regelmäßigen Betätigungen.[301] Dafür spricht auch der folgende Inventargegenstand einer „schon kaputten Laute mit ihrem Holzkasten". Auch wenn hier zwar leider nicht die Rede davon ist, um welche Musikbücher es sich handelte, versinnbildlicht allein die gebrauchte Laute das Bild der Musikpraxis, die auch andernorts von Tullia überliefert ist. Demnach konnte sie gut vom Blatt singen und sich und andere auf der Laute begleiten, ganz so wie es bereits seit Anfang des 16. Jahrhunderts in humanistischen und höfischen Kreisen üblich war. Diese Künste Tullias sind z. B. durch einen der zahlreichen Ferrareser Botschafter von Isabella d'Este Gonzaga überliefert. Über den Aufenthalt Tullias in Ferrara 1537 heißt es: „Vostra Excellenza intenderà come gli è sorto in questa terra una gentil cortigiana di Roma, nominata la signora Tullia, la quale è venuta per stare qui qualche mese, per quanto s'intende. Questa è molto gentile, discreta, accorta, et di ottimi et divini costumi dotata: sa cantare al libro ogni motetto e canzone, per /rasone di canto figurato; ne li discorsi del suo parlare è unica, et tanto accomodatamente si porta che non c'è homo nè donna in questa terra che la paregi [...]. Mostra costei sapere de ogni cosa; et parla pur sieco di che materia te aggrada. Sempre ha piena la casa de vertuosi et sempre si puol visitarla, et è ricca de denari, zoie, collane, anella et altre cose notabile, et in fine è bene accomodata di ogni cosa."[302] Dass Tullia d'Aragona noch zu einem Zeitpunkt, als das mehrstimmige Madrigal längst modischer als die Frottola geworden war, den begleiteten Sologesang pflegte, spricht für eine besondere Affinität der Kurtisanen zu dieser Aufführungspraxis. Umgekehrt legt dies den Schluss nahe, dass die Frottola gerade in den ersten Jahrzehnten des 16. Jahrhunderts Kurtisanen für Kurtisanen besonders praktikabel war. Im Folgenden wird darauf zurückzukommen sein.[303]

Die Affinität des Kurtisanentums zur Musik war auch um 1500 keineswegs ein Novum. So ist bereits dem Bericht Lapo da Castiglione aus dem Jahr 1438 über das Leben der Kurie in Ferrara zu entnehmen, dass die dortigen Zelebrationen der *voluptas* die provozierend erotische Präsenz

---

301. Dass im Nachlass der venezianischen Kurtisane Julia Lombardo (gest. 1542) eine kostbare, in schwarzem Samt gebundene Ausgabe von Petrarcas *Trionfi* nachgewiesen wurde, ist zwar als Hinweis interpretierbar, dass auch Kurtisanen Zugang zum zeitgenössischen Repertoire der Liebeswerbung hatten, mit dem man sich in gebildeteren Kreisen brüstete. So lässt etwa Aretino die zur Unsitte verkommene Gewohnheit römischer Herren verspotten, ihre Werbungen ganz auf ihren Gesang aus dem „petrarchino in mano", also mit der „Petrarca-Taschenausgabe in der Hand", zu stützen. Pietro Aretino: *Sei giornate*, hg. v. Giovanni Aquilecchia, Bari 1980, terza giornata, S. 95. Ein solcher Fund ist aber kein ausreichendes Indiz dafür, dass diese Kurtisane das Buch tatsächlich gelesen hat. Es handelt sich dabei um das Inventar der Casa Leoncini. Vgl. Santore: *Julia Lombardo* (1988), S. 51 und App. I, S. 63.

302. „Ihre Exzellenz wird es vernehmen, dass an diesen Ort eine liebenswürdige *cortigiana* aus Rom namens Signora Tullia gekommen ist, die, so wie es scheint, vorhat, hier einige Monate zu verweilen. Diese [signora] ist sehr freundlich, zurückhaltend, aufmerksam und mit besten und himmlischen Sitten begabt: Sie kann jede Motette und jedes Lied nach Noten singen, auf Veranlassung [auch] einen mehrstimmigen Gesang; in ihrer Redekunst ist sie einzigartig, und sie verhält sich so ordentlich, dass es weder Mann noch Frau auf dieser Erde gibt, der /die ihr gleich käme [...]. Es zeigt sich, dass sie von allen Dingen weiß, und Gespräche über jedes Thema führt. Ihr Haus ist stets voll von tugendhaften Menschen, und man darf sie stets besuchen, und sie ist reich an Geld, Edelsteinen, Schmuckketten, Ringen und anderen bemerkenswerten Dingen [...]." Brief an Isabella d'Este Gonzaga vom 13. Juni 1537, zit. nach Luzio: *Vittoria Colonna* (1885), S. 33, Anm. 1. Dass Tullia dazu erzogen wurde, sowohl Latein als auch Italienisch in literarischer Qualität zu lesen und zu reden, ist z. B. durch den Bericht von Giovanni Maria Mazzucchelli in der allerdings zweifelhaften Biographie von Alessandro Zilioli überliefert, zit. nach Biagi: *etera romana* (1897), S. 678–79: „fece tanto profitto che non senza stupore degli uomini fu sentita, in età ancor fanciullesca, disputare e scrivere nel latino e nell'italiano cose degne d'ogni maggior letterato." „Sie schlug so großen Nutzen, dass von den Männern nicht ohne Staunen gehört wurde, wie sie noch im Mädchenalter auf Latein, und auf Italienisch würdige Dinge jedes großen Literaten diskutierte und schrieb."

303. Zur musikalischen Aufführungspraxis von Kurtisanen vgl. Feldman: *Courtesan* (2006).

musizierender Kurtisanen einschlossen, an der der Kritiker und Dialogpartner Lapos namens Angelo Anstoß nahm: „Etenim accedenti catervatim omnes apertis pectoribus, nudis mammis ebore ac nive candidioribus longe tibi obviam prodeunt; saltu, gestu, ac risu applaudunt cantilenisque salacioribus te salutant; deinde propriores facte mollibus vinciunt complexibus, iungunt basia, obcenas obtrectant partes omnibusque adhibitis blandiciis te in fornicem et in cellulam conantur pertrahere".[304] Und wie eine andere Quelle aus dem weiteren Verlauf des 15. Jahrhunderts unter dem Pontifikat Papst Paul II. (1464–1471) zeigt, konnte es neben Kurtisanen auch ein Höfling sein, der während abendlicher Tafelzeremonien dem Papst und seinen Gästen erotische animierende Lieder spielte: „Priapis vero silendus nequaquam erat, qui baldusiam tanta cum armonia pulsare dignoscitur, additis mirandis cantilenis, ut mortales saepenumero a cibo potuque distraxerit et mulieres mille impudicas effecerit; quapropter ante musicam exercitationemque instrumentorum et cantuum prudentissimus est: prudentia enim non parva virtus est."[305]

Diese frühen Quellen relativieren die Ausnahmequalität weltlicher Ausschweifungen im Hofleben unter der späteren Regentschaft von Alessandro VI., in der musikalische Darbietungen offensichtlich hinter einer besonderen Schwäche des Papstes für den Tanz zurückstanden.[306] So etwa berichtet Burckard von Komödien, Moresken und anderen Tänzen, die der Papst in der Silvesternacht 1502 in seinen Privatgemächern veranstalten ließ.[307]

Ein spektakuläres Beispiel darunter ist ein Bankett, das am 31. Oktober 1501 in den Räumen des Papstsohns Cesare Borgia, genannt „Il Valentino", im Palazzo Apostolico stattfand. Fünfzig Kurtisanen waren geladen, die für die besondere Unterhaltung der Gäste, darunter auch der Papst selbst und seine Tochter Lucrezia Borgia, sorgten.[308] Nach dem Abendessen tanzten die Kurtisanen mit den Anwesenden, zunächst bekleidet, dann nackt, und ließen dann extravagantere Handlungen folgen. Zwischen Kerzenleuchtern, die auf dem Tanzboden platziert wurden, hatten sie während des Tanzes

---

304. „Dann treten alle in Scharen ein und schreiten von weitem mit offenem Dekolleté und nackten Brüsten, süßer und weißer als Elfenbein und Schnee, zu dir; sie klatschen gestikulierend, lachend und springend, grüßen dich mit ziemlich erregenden Liedern; dann umschlingen sich diejenigen, die nahe stehen, in zärtlichen Umarmungen, vereinigen sich küssend; sie würdigen die Scham [anderer] herab, und sie bringen dich mit allen möglichen Verführungen dazu, ins Bordell und [dort] ins Zimmer zu gehen. Lapo da Castiglione: Dialogus, S. 141.

305. „Keinesfalls darf man im Grunde von Priapus schweigen, den man daran erkennt, dass er mit so viel Harmonie auf der Baldusia [einem populären Instrument, nach dem *Morgante*, zit von dalla Crusca] spielt und mit bewundernswerten Liedern ergänzt, um die Sterblichen oft vom Essen und Trinken abzulenken und die Frauen tausend schamlose Dinge tun zu lassen. Daher ist er äußerst klug, vor dem Musizieren das Singen und das Instrumentalspiel zu üben; die Klugheit ist also keine geringe Tugend." Gasparis Veronensis: „De gestis Pauli secundi". In: Rerum Italicarum Scriptores [1. Buch, MAR. 195], S. 16.

306. Vgl. Burckardi: Liber Notarum, 2. Bd. (1911), S. 303 und 321 mit jeweiligen Anmerkungen.

307. "In nocte, in camara pape, recitate sunt diverse commedie et facte moresche et alie coree." „In der Nacht sind im Zimmer des Papstes viele Komödien, Moresken und andere Tänze aufgeführt worden." Notiz vom Samstag, 1. Januar 1502, Burckardi: Liber notarum, 2. Bd. (1911), S. 312.

308. Es war zweifellos der schlechte Ruf von Papst Alessandro VI. und seines Sohns Cesare Borgia sowie deren aggressiver Heirats- und Kriegspolitik, der das negative Bild Isabellas von Lucrezia Borgia vorgeprägt hat, wie es sich bereits bei der ersten Begegnung der Frauen auf den Hochzeitsfeierlichkeiten in Ferrara Anfang Februar 1502 abzeichnete. Dieses Negativbild hat sich im Verlauf der Geschichte erhalten und im 19. Jahrhundert durch das Drama Victor Hugos und das gleichnamige Melodramma von Gaetano Donizetti (nach dem Libretto von Felice Romani) eine geradezu dramatische Verzerrung erfahren. Es ist das Verdienst der ersten Forschungsarbeiten von Maria Bellonci, dann aber vor allem der Lucrezia Borgia gewidmeten Ausstellung in Ferrara 2002, Lucrezias Biographie (mit einem Schwerpunkt auf die Ferrareser Jahren) und deren Rezeptionsgeschichte revidiert und kritisch aufgearbeitet zu haben. Vgl. *Lucrezia Borgia. Ferrara: Palazzo Bonacossi 5 ott–15 dic 2002*. Comune di Ferrara, hg. v. Laura Laureati und Elena Monatti, Ferrara 2002. Vgl. zudem Bellonci: *Lucrezia Borgia* (1939). Die 11. überarbeitete Ausgabe von 1967 umfasst einen Anhang mit zeitgenössischen Archivalien.

Kastanien aufzusammeln. Dann wurden wertvolle Kleidungsstücke als Preise für diejenigen Gäste in Aussicht gestellt, die es zu einem Höchstmaß an Kopulationen mit den Kurtisanen bringen würden, woraufhin in der fürstlichen Kammer eine Orgie begann, an deren Ende die Gewinner belohnt wurden. Während diese als „festino delle cinquanta" oder „Ballo delle castagne" bekannte Szenerie von einigen Historikern des 19. Jahrhunderts in ihrem Wahrheitsgehalt angezweifelt worden war, gilt sie heute als anerkannter Beleg für die besonders exzessive Lebensführung am Papsthof zu Lebzeiten von Alessandro VI. und für die zeitgenössische Kritik an dieser.[309] Durch Johannes Burckards Aufzeichnungen ist die Abschrift eines langen anonymen Briefes aus Deutschland an einen Kardinal dokumentiert, der den Papsthof als einen kriminellen Ort und als Sitz des „Antichristen" schildert.[310]

Aber auch unter anderen Pontifikaten dürfte es zumindest zu Zeiten des Karnevals ebenso exzessive Tanzaufführungen gegeben haben, sei es am Papsthof selbst oder an denen der Kardinäle. 1510, zur Regierungszeit Giulios II. wird von einem Damenauftritt zur Begleitung von „piffari" berichtet.[311] Und aus Anlass des Besuches des Brautpaares Eleonora Gonzaga und Francesco Maria della Rovere in Rom zum Karneval desselben Jahres ist von etlichen Anlässen die Rede, bei denen das Tanzen der Gäste nach Musik „alla francese" mit Schautänzen abwechselte.[312] Bezeichnend ist dabei der abschließende Kommentar eines anonymen Botschafters der Isabella d'Este Gonzaga „Qua si sta in feste et in balli, ogni giorno si corre palii; el Papa vol vedere ogni cosa."[313]

„E chi non si aria alzato i panni a sì bella canzona?" — *Illusionen schüren und enttäuschen*

Der feste Platz der Musik im Leben der Kurtisanen hat seinen Grund in deren besonderem Verhältnis zur Öffentlichkeit. Anders als im Fall verheirateter Frauen aus den höheren Schichten legitimierte sich ihr Status maßgeblich über ihre Beziehung zu öffentlichen Räumen. Sicherlich: Auch

---

309. Die Ausschweifungen um den „Kastanientanz" sind durch drei weitere Zeitgenossen überliefert. Vgl. Burckardi: Liber notarum, 2. Bd. (1911), Eintragung für den 31. Oktober 1501, S. 303. Auf die weiteren Quellen wird in Bianchis italienischer Edition des Tagebuchs Burckards verwiesen. Burcardo: Diario, S. 362–63 und S. 485, Anm. 10. In zeitgenössischen Berichten ist davon die Rede, dass Musiker, Thomasius de Forolivio (bzw. Tommaso da Forlì) und Johannes Borgia de Aragonia 1499 an einem Giftattentat an Alessandro VI. beteiligt waren. Ob der Papst tatsächlich gewaltsam zu Tode gekommen ist, ist allerdings in der heutigen Forschung umstritten. Vgl. Reinhardt: *Der unheimliche Papst* (2005), S. 235f.
310. „venisse tempora, quibus jam Antichristus, toties a prophetis predictus, appareat, neque enim ullum omnino unquam nasci, aut excogitari potuisse, qui apertior Die hostis, Christi oppugnator fidei et religionis subversor inveniretur." [Man sagt], „dass die Zeiten kommen würden, in denen schon der von allen Propheten vorhergesagte Antichrist erscheinen würde, [von dem man sagt], dass er niemals überhaupt je geboren und dass keiner ersonnen werden könnte, der als offener Feind Gottes, Widersacher des Glaubens Christi und Gegner der Religion kommen würde." Der anon. Brief datiert vom 15. Nov. 1501; die Authentizität des Adressaten Sylvio Savelli wird bezweifelt. Burckard hat ihn Anfang Januar 1502 dokumentiert. Vgl. Burckardi: Liber Notarum, 2. Bd. (1911) S. 312–15.
311. „Il luni di Carnasale volse Sua Beatitudine che andasero in palazzo et che menasero tutte le sue donzelle et che facesseron venire li piffari perché voleva vederli ballare et così fu facto." „Am Karnevalsmontag begab sich seine Heiligkeit in den Palast mit allen seinen Damen, und man ließ die Pfeifer kommen, weil er sie tanzen sehen wollte, und so wurde es getan." Brief von Alessandro Piccernardo an Isabella d'Este Gonzaga, 15. Februar 1510. zit. nach Luzio: *Federico* (1886), S. 561.
312. „sì che ogni sera non manchavano passando il tempo hora con il ballare del Cardinale Narbona alla francese, hora con musiche et hora con vedere moresche et talhora con ballare con li piffari alla foza nostra", „so dass sie es an keinem Abend versäumten, 'mal mit dem Kardinal Narbona auf französische Art zu tanzen, 'mal mit Musiken, 'mal mit dem Betrachten von Moresken und 'mal mit dem Tanzen zusammen mit den Bläsern auf unsere Weise die Zeit zu verbringen". Signor Raphael Hermenz an Isabella d'Este Gonzaga, Rom, 13. Februar 1510, zit. nach Luzio: *Federico* (1886), S. 558.
313. „Hier lebt es sich in Festen und Tänzen, und jeden Tag finden Pferderennen statt; und der Papst will alles sehen." Zit. nach ebd.

Teil 2

das Ansehen einer Hofdame war auf ein ausgefeiltes Spiel des Sehens und Gesehenwerdens angewiesen, ganz im Sinne des damaligen Ehrbegriffs, der als eine zwischenmenschliche Qualität zwischen Darbietung und öffentlicher Wahrnehmung einer gesellschaftlich geschätzten Handlung zu interpretieren ist. So beschreibt Arlette Jouanna Ehre als „l'effet produit dans la conscience d'autrui par le spectacle d'une qualité ou d'un acte conforme à un modèle socialement approuvé. […] L'honneur, en effet, ne se conçoit que dans la relation entre un *regardé* et un *regardant*: c'est essentiellement une réalité intersubjective. […] L'honneur […] est le fruit d'une rencontre entre un acte et un public". Und daraus folgert sie letztlich: „si l'on supprime le public, il ne peut plus y avoir d'honneur."[314] Das Verhältnis einer Kurtisane zur Öffentlichkeit bestand jedoch aus dem Balanceakt, den illustren Kunden die Illusion einer Hofdame zu ermöglichen und diese möglichst authentisch zu imitieren; zugleich aber ging es auch um das Geschäft der sexuellen Käuflichkeit.[315] Es reicht die Illustration einiger Quellen, hier an drei Fallbeispielen, um zu verdeutlichen, dass diese Ambivalenz sich letztlich auch im musikalischen Profil der Kurtisanen widerspiegelte.

Fallbeispiel 1 — Imperia. Musischer Glanz versus persönliches Elend

Als eine der namhaftesten römischen Kurtisanen wurde eine gewisse Lucrezia ab 1506 unter dem Beinamen Imperia bekannt (1481–1512). Für Kurtisanen war es typisch, in Kompensation des oft nicht nachweisbaren Familiennamens unter einem Künstlernamen aufzutreten, der an Glanz und Macht der römischen Antike erinnerte. Über Jahre wurde sie von zweien ihrer *padroni*, dem verheirateten Adligen Angelo del Bufalo und Agostino Chigi, dem damals reichsten Mann in Rom — einem verwitweten Bankier, für den 20.000 Angestellte arbeiteten, in großzügigster Weise ausgehalten.[316] Das Haus, das für sie finanziert wurde, war Anlass für legendäre Berichte einer opulenten, ästhetisch beeindruckenden Ausstattung, in der auch Musik ihren Platz hatte — geradezu eine Luxusversion des Bildes, das aus Tullia d'Aragonas Nachlassverzeichnis heraus entsteht: In einer Novelle von Matteo Bandello, Dominikaner und Hofmann, der u. a. auch in den Diensten von Isabella d'Este und Francesco Gonzaga gewesen war, entsteht für ein camerino in Imperias Haus 1506 das Bild eines fürstlichen Studierzimmers. Dazu gehörte auch „un tavolino, il più bello del mondo, coperto di velluto verde. Quivi sempre era o liuto o cetra con libri di Musica e altri strumenti musici. V'erano poi parecchi libretti volgari e latini riccamente adornati". Das Bild der fürstlichen Muse wird weiter ausgebaut, indem es heißt, Imperia habe Poesie nicht nur geschätzt, sondern auch selbst Sonette und Madrigale verfasst, „ella non mezzamente si dilettava de le rime volgari, essendole stato in ciò essortatore, e come maestro, il nostro piacevolissimo M. Domenico Campana, detto Strascino, e tanto già di profitto fatto ci aveva che ella non insoavemente componeva qualche sonetto o madrigale."[317] Und es ist bezeichnend, dass hier Dichtungsgattungen genannt werden, die Synonyme

---

314. „[Ehre ist] die Wirkung, die sich im Bewusstsein eines anderen herstellt, nachdem er eine anspruchsvolle Darbietung oder eine Handlung gesehen hat, die dem geschätzten gesellschaftlichen Modell entspricht. […][Sie] stellt sich in der Tat nur in der Beziehung zwischen einem Beobachteten und einem Beobachter her. […] Wenn man das Publikum streicht, kann es auch keine Ehre geben." Jouanna: *La notion* (1968), S. 597–623, S. 607–08.
315. Margaret Rosenthal sieht in ihrer Studie über Veronica Franco in deren illusionärer Selbstinszenierung die Falle, in die die Forscher des früheren Jahrhunderts gegangen sind, indem sie die Werke dieser Kurtisane entweder romantisiert oder aber wegen ihrer sexuellen Machenschaften geschmäht haben. Rosenthal: *Honest Courtesan* (1992), S. 4.
316. Zu Chigis Biographie vgl. *DBI* 24 (1980), S. 735–43.
317. „[…] ein kleiner, mit grünem Samt bedeckter Tisch, auf dem eine Laute oder Citharen und andere Instrumente mit Musikbüchern und reich vergoldeten Büchern in Italienisch und Latein lagen. […] Sie erfreute sich nicht nur

literarischen Anspruchs waren und auch bereits um 1500 im Zuge eines frühen Petrarkismus für aufstrebende Gesellschaftsschichten in Mode gekommen waren. Konkreteres über diese Aktivitäten Imperias ist bislang nicht überliefert. Fakt ist jedoch, dass sie 1512, im Alter von 31 Jahren, Selbstmord beging und von ihrem Gönner Chigi in einem prachtvollen Marmorgrab der Kirche San Gregorio am Monte Celio beigesetzt wurde, so wie es Imperias Testament vorsah. Ein Jahr zuvor hatte Chigi noch ehrgeizig um eine Heirat mit einer Tochter des Markgrafen von Mantua verhandelt und ein junges venezianisches Mädchen zur Hochzeitsvorbereitung ins Kloster bringen lassen.[318] Wie der Ausdruck des *padrone* richtig nahelegt, konnte die Kurtisane unabhängig von ihrem öffentlichen Wirkungsgrad keine persönlichen Sicherheiten für sich beanspruchen.

Fallbeispiel 2 — Laura de' Valenti. Reiner „Spaß" versus zweifelhaftes Vergnügen

In Prozessakten von 1567 über den Verkehr im Haus der Kurtisane Laura de' Valenti muss Musik geradezu als Feigenblatt herhalten und den Anschein der Harmlosigkeit ihrer Besucher erwecken. Ein Priester namens Domenico Palicco gibt zu Protokoll, dass er Laura vor allem wegen ihrer musikalischen Interessen oft besucht habe: „spielt und singt und sich an Musik erfreut. Und ich, der ich auch Musik kenne, habe also nachts mit einigen Freunden ihr Haus aufgesucht, wo wir einige Villanellen und Madrigale zu spielen und zu singen pflegten".[319] Und ähnlich scheint auch der feste Liebhaber dieser Kurtisane seine Freunde, womöglich auch die Kurtisane selbst schützen zu wollen, wenn er aussagt, ein gewisser Marcantonio sei mit seinen Fischverkäufer-Freunden abends in „casa di Laora" eingekehrt, „um zu spielen, zu singen, zu scherzen und Sprüche zu reißen".[320] Bei der Auswertung dieses Berichts über Laura de' Valentis Haus aus dem Jahr 1567 ist zu bedenken, dass der Ort damals unter den Maßnahmen des strengen Reformpapstes Pius V. Teil eines Ghettos für Kurtisanen mitten in Rom geworden war, während die bekanntesten Kolleginnen unter ihnen aus der Stadt geschickt wurden.[321] Nachdem die Kurtisanen bereits in den 1550er Jahren nicht mehr die für Damen übliche Kleidung tragen, in Kutschen fahren durften (1550) und unter Paul IV. Carafa (1555–1559) die Todesstrafe für Kuppelei eingeführt worden war,[322] zielten unter Pius V. ab 1566 schärfere Kontrollen darauf, v. a. den sexuellen Kontakt von Geistlichen mit Kurtisanen einzudämmen. Dem restriktiven Eindruck eines nun strenger geregelten Sittenkanons ist allerdings entgegenzusetzen, dass Norm

---

an volkssprachlichen Poesien, an die sie durch ihren Lehrer herangeführt wurde, unseren angenehmsten Meister Domenico Campana, der Schleppende genannt, der sie schon so viel gelehrt hat, dass sie nicht unsüß einige Sonette und Madrigale komponierte." Bandello: Novelle tome 5, Bologna 1967, parte III, Nov. XLII, S. 200–02, S. 201.

318. Die Heiratspläne mit der Gonzaga-Tochter scheiterten. Nachdem die venezianische Frau Chigi vier Kinder geboren hatte, ging er auf Wunsch des Papstes 1519 eine Ehe mit dieser ein. Kurzel-Runtscheiner: *Kurtisanen* (1995), S. 50–51.
319. „Questa laura, la cognosco [...] perche lei sona et canta et si diletta di musica, et io ancora perche so musica io conversavo alle notte da lei cosi e me con alcun miei amici son stato in casa sua a sentirla sonare et cantare et sonemo cantare insieme qualche villanella et ancora qualche madrigale". ASR, Processi 127/6, fol. 280v.
320. „Et ho visto ancora qualche volta venire in casa di Laora Marcantonio con un suo garzone che portava del pesce". „a sonare, et cantare, et burlare, et fare delle baie". ASR, processi 127/6, 290v (1567). Bericht von Scipione de Guaritaci.
321. Entsprechend schwierig ist es, den Wahrheitsgehalt in den Berichten über Kurtisanen zu ergründen, standen doch die befragten Männer unter gerichtlichem Druck. Diese Problematik hätte auch in dem in dem Standardwerk von Monika Kurzel-Runtscheiner über die römischen Kurtisanen deutlicher werden können, z. B. durch die Offenlegung unvermeidlicher Widersprüche. So stellt die Autorin zu Anfang ihres Kapitels über „Unterhaltung" zwar klar, dass die sexuelle Befriedigung der Kunden dazu gehörte. Kurzel-Runtscheiner: *Kurtisanen* (1995), S. 117. Dann jedoch entsteht wiederum das Bild, dass viele Männer in den Kurtisanenhäusern „keine sexuelle Befriedigung, sondern lediglich Unterhaltung suchten", ohne dass für eine solche These hinreichende Belege gegeben wären. (Ebd., S. 118.)
322. Archivio Segreto Vaticano, Arm. V/105 C, 13, Bando Generale vom 28. 2. 1550, zit nach Kurzel-Runtscheiner: *Kurtisanen* (1995), S. 22.

und Realität besonders in diesen Zeiten eklatant auseinander driften. Entsprechend konstatiert Peter Blastenbrei in seiner Studie zur Kriminalität in Rom zur Regierungszeit Pius' V. eine Diskrepanz zwischen gut dokumentierten, klaren Normen zur Sittlichkeitspolitik und einem auffälligen Mangel an Nachweisen entsprechender Kriminalitätsdelikte „im Material der römischen Gerichtshöfe […], wo sich die Kampagnen Pius' V. gegen Prostitution, unkeusche verheiratete Frauen und Homosexualität nur in geringen Spuren nachweisen lassen".[323] Wie auch in anderen Zusammenhängen wäre es daher falsch, aus Normen auf die Lebensverhältnisse selbst zu schließen.

Dass die Idee Pius' V. zur Errichtung eines Kurtisanenghettos und der Ausweisung der namhaftesten Kurtisanen aus der Stadt nun aber sehr wohl zu den in die Tat umgesetzten Maßnahmen der Sittenpolitik gehörte, zeigt sich auch darin, dass Laura de' Valenti mit ihrem Wohnsitz im Ghetto 1567 nicht zu den oberen ihres Berufsstandes gehörte. Dies ist nicht zuletzt aus der Darstellung der Musik in ihrem Haus zu folgern, da von einigen „Villanellen und Madrigalen" die Rede ist.[324] Dem Haus einer Imperia hätte man populär wirkende, lustige Villanellen nicht zuschreiben können, ohne den musenhaften Mythos um sie zu beschmutzen. Verschiedene Musikgattungen standen selbstverständlich auch für ein bestimmtes gesellschaftliches Ambiente. In diesem Sinn ist der Kommentar von Priester Domenico bezeichnend, er habe keinen anderen „spasso" außer in Lauras Haus gehabt.[325] Aus der Sicht seiner männlichen Besucher erscheint das Kurtisanenhaus hier also als Ort des ungetrübten, schlichten Vergnügens. Doch allein der kriminalgerichtliche Rahmen verheißt anderes. Worum es in den Prozessen genau ging, aus denen die Berichte um Lauras Haus stammen, ist nicht immer feststellbar. Einer der Besucher, der besagte Marcantonio, ist angeklagt, feindlich gesinnte Nachbarinnen zusammengeschlagen zu haben. Laura selbst war zeitweilig im Gefängnis, da ihr Schuld an der Verletzung eines Mannes durch andere zugesprochen wurde.[326] Dies sind Eindrücke, die sich in das Panorama einer Stadt fügen, in der „Gewaltanwendung […] nicht allein die Methode der Wahl bei der Bewältigung von Alltagskonflikten jeder Art und Genese" war, sondern „den täglichen Umgang der Menschen untereinander [dominierte], und sei es nur dadurch, daß mit ihrem Ausbruch in jedem Augenblick eines langen Tages gerechnet werden musste."[327] Im Zeitraum der überlieferten Berichte aus Lauras Haus war die Eifersucht unter Männern der häufigste Grund für schwere Kriminaldelikte: Über die Hälfte der Tötungsdelikte geht auf ein solches Motiv zurück, darunter auch ein Fall aus dem Jahr 1560, bei dem ein liebestoller Kardinal im Haus einer Kurtisane von einem Nebenbuhler ausgeschaltet wurde. Zu einem beachtlichen Anteil wurden dabei die Kurtisanen selbst als Mittäterinnen und Anstifterinnen registriert.[328] Vor Gericht wurden aber auch Fälle von Hauseinbrüchen verhandelt, durch die Männer gewaltsam versuchten, in das Haus einer Kurtisane zu gelangen, die sich ihnen verweigerte oder aber die Beziehung zu ihnen abgebrochen hatte — Fälle, die eindrucksvoll die materielle Natur der Beziehungen belegen.[329] Das Musizieren hingegen war im Haus einer Kurtisane, deren Status ohnehin zweischneidig war, nicht verboten. Den Gerichtsaussagen ist zwischen den

---

[323]. Blastenbrei: *Kriminalität* (1995), S. 270.
[324]. S. das Zitat oben.
[325]. „Perche non avevo altro spasso". ASR, 127/6, fol. 280v.
[326]. Kurzel-Runtscheiner: *Kurtisanen* (1995), S. 224.
[327]. Blastenbrei: *Kriminalität* (1995), S. 281.
[328]. Es sind in dem von Blastenbrei untersuchten Zeitraum zwischen 1560 und 1585 sieben Kurtisanen als Täterinnen dokumentiert bei einem Gesamtanteil von 13,95 Prozent an registrierten kriminellen Täterschaften von Frauen. Ebd., S. 163.
[329]. Ebd., S. 160–61.

Zeilen zu entnehmen, dass Laura de' Valenti selbst durch die Zuordnung zu einem festen Liebhaber in ihren sogenannten eigenen Räumen nicht vor geräuschvollen männlichen Besuchern zu jeder Tages- und Nachtzeit geschützt war, im Gegenteil sich ohne Anspruch auf privaten Raum jederzeit für Vergnügungen nicht nur musikalischer Art bereitzuhalten hatte.

Fallbeispiel 3 — Fiammetta in und um S. Agostino. Erhöhter Status versus Erniedrigung am Kunden

Als ein Exempel dafür, dass eine Kurtisane nicht zwangsläufig in Armut sterben musste, wird in Rom noch heute mit der Piazza Fiammetta im *Centro storico* in der Nähe der Piazza Navona des großen Stadthauses der gleichnamigen *cortigiana onesta* (1465–1512) gedacht. Ihr hängt die Fama an, Favoritin des Duca Valentino alias Cesare Borgia, Sohn von Papst Alessandro VI., gewesen zu sein. Die Titulierung ihres eigenen Testaments ist dafür heute allerdings die einzige konkrete Quelle, abgesehen von dem Nachweis, dass ihr Häuser als päpstliche Schenkung zugewiesen wurden.[330] Dass der Name Fiammettas (ital. für „Flämmchen") zeitweise für einen beachtlichen Status stand, bezeugt die Tatsache, dass ein Mann namens Andrea, der als ihr Bruder galt, womöglich aber Sohn der Kurtisane war, sich nach ihrem Tod Andrea della Fiammetta nannte. Zudem wurde sie in einer eigenen Kapelle in der Kirche S. Agostino, nahe ihres Hauses mitten im Zentrum, beigesetzt, so wie auch Tullia d'Aragona oder ihre Kollegin Beatrice di Ferrara.[331] Von letzterer, Tochter einer armen spanischen Frau, die dank ihrer Schönheit Fortune als Favoritin eines spanischen Adligen gemacht hatte, ist ein Brief aus dem Jahr 1517 an einen ihrer *padroni*, Lorenzo de' Medici, damals Fürst von Urbino, Capitano der Republik Florenz und des Kirchenstaates, erhalten. Als einem der wenigen Zeugnisse aus der Feder der Frauen selbst ist ihm zu entnehmen, welche Bedeutung S. Agostino für die römischen Kurtisanen hatte. Sie berichtet mitten aus der Karwoche heraus und erzählt von ihrer erzwungenen sexuellen Enthaltsamkeit, nicht ohne jedoch Lorenzo wissen zu lassen, dass sie für den Verzicht vorher mit „ihrem liebsten Freund", vermutlich Lorenzo selbst, voll und ganz vorgesorgt habe. Als Einleitung ihres Briefes hält sie ihn ihrer Vorfreude auf den Beischlaf mit ihm bei Stimmung. „Ma tolo tolo, sico il tesaurero di vostra eccellenzia, è causa de tutto questo Ancora lui farà quelle più gli piacerà, stracime pure a sua posta [piacimento], se ne trova ancora de più belli de lui! Poco e massime straziare chi unico al mondo l'aria amato. Or basti."[332] Es erschließt sich aus

---

[330] „Flammettae Ducis Valentini testamenti Transumptum", aus dem notariell unterzeichneten Testament von Andrea Carusi, Rom 10. Febr. 1512, zit. nach „Fiammetta". In: DBI 47 (1997), S. 345. Demnach erfolgten die päpstlichen Immobilienschenkungen im Jahr 1479, darunter ein Weingut und zwei Häuser im Rione Ponte. Die Grenzen der Rioni, der Stadtbezirke Roms, sind für das 15. Jahrhunderts nachlesbar in: *Roma trasformazioni* (2004), Tavola I, o. S. Demnach befand sich der *Rione Ponte* nordwestlich vom *Rione S. Eustachio*, in dem die heute noch bestehende „Casa Fiammetta" nähe Piazza Navona steht.

[331] Dass S. Agostino damals ein Zentrum der Kurtisanen war, mag damit in Zusammenhang stehen, dass die Kirche in der Tradition einer Volkskirche stand. Nach der Erweiterung der alten Kirche fungierte sie (nach S. Maria del Popolo) als zweite Kirche der Augustiner-Eremiten in Rom. Nicht zuletzt zeigt sich dies in der späteren Gestaltung Caravaggios der Kapelle Cavalletto, der 1. Kapelle in der seitlichen Vorhalle, in dem dem Gemälde der „Madonna dei Pelegrini", Madonna der Pilger" (um 1605), auf der ihre Anbetung durch einfache Leute dargestellt wird. Vgl. Handbuch Kirchen Roms (1967), S. 296, 308. Für einen Stadtplan des damaligen Zentrums vgl. „La città storica, campi e piazze della zona urbana cenrtale", in: *Roma Trasformazioni* (2004), Tav. VI.

[332] „Aber ‚tolo tolo', letztlich ist der Schatz Eurer Exzellenz Grund von allem. Der wird noch machen, was ihm gefällt, und soll mich zu seinem Vergnügen fertig machen, wenn sich noch ein schönerer als dieser findet. Wenige und meiste Schläge für die einzige auf der Welt, die ihn je geliebt hat. Jetzt aber genug." Brief vom 23. April 1517 in: Lettere cortigiane, S. 145.

dem weiteren Zusammenhang, dass das spanisch klingende Motto „tolo tolo" nichts anderes als ein Synonym für das Geschlecht des Freiers ist. Nur wenige Zeilen später berichtet Beatrice von ihrer überhaupt erstmaligen Beichte bei einem Prediger in S. Agostino, zu dessen Predigten alle Huren in Rom kämen:[333] Der Wunsch dieses Predigers, sie zum Glaubensweg zu konvertieren, findet ihrem Brief zufolge zwar bei der einen oder anderen Gehör, die fortan ihren Weg als Nonne gehen, ohne dabei ihr altes Metier aufzugeben: Sie aber ist offenbar taub für solche Predigten: „Oh, oh, oh, welch hartes Unterfangen. Für mich müsste er 100 Jahre schwätzen."[334] Sie erzählt Lorenzo weiter, dass sie gleich für ihn zu Gott gebetet, nachdem sie den Prediger mit zwei Golddukaten zufrieden gestellt habe, was ihr bis jetzt in der Seele wehtue, weil er das Geld zum Fenster hinaus werfe und sie dafür einiges arbeiten müsse. Für sich selbst, die sie Hure und Sünderin sei, habe sie Gnade und Gesundheit erbeten. Aus dem Brief spricht — nicht zuletzt in der Schlussklausel „umile servitrice" — die Beherrschung der üblichen Höflichkeitsfloskeln bei gleichzeitiger Grobheit und Obszönität des Ausdrucks. Wir wissen in diesem Fall nichts über das emotionale Verhältnis der Kurtisane zu ihrem *padrone*, sollten aber annehmen dürfen, dass die Mischung aus mechanischer Unterwürfigkeit und provozierender Derbheit von der Strategie geleitet war, die *padroni* an die vor allem erotische Natur der Beziehungen zu binden und sich damit finanziell abzusichern. Wirkliche Gefühle dürften dabei die Ausnahme gewesen sein. So benutzt etwa die Kurtisane Camilla Pisana in ihrer Werbung um einen Freier petrarkistisch anmutende Formulierungen wie die, „seit seinem Abschied ein stetes Sterben ohne Tod zu empfinden." Dies sagt sie aber, nachdem sie denselben Mann zuvor in einem anderen Kontext als einen „infantilen Lügner", un „bugiardo nidiace", beschimpft hatte.[335]

Vor diesem Hintergrund wird erkennbar, dass die bekannten literarischen Illustrationen zum Kurtisanenleben von Pietro Aretino aus den 1520er und 1530er Jahren, die *Ragionamenti* der Huren Nanna und Pippa (1534 und 1536), die *sonetti lussoriosi* oder die Farce *La cortigiana* (1525) eine durchaus realitätsbezogene Basis haben, so sehr sie, wie die meisten Schriften zum Kurtisanentum, im Bereich der Stilisierung und Fiktion bleiben. Die Häufigkeit musikalischer Szenerien in diesen Schriften bestätigt dabei einmal mehr, wie sehr sich das musikalische Dekor für das doppelbödige Spiel zwischen Schein und Sein, nicht nur im Kurtisanenmilieu, eignete. Es steht eine der römischen Kurtisane Beatrice ähnliche Mentalität Pate, wie sie sich in ihren zitierten Schilderungen über das religiöse Leben um S. Agostino ausdrückt, wenn Aretino zur Illustration der Doppelbödigkeit der sittlichen Moral im geistlichen Kontext die Protagonistin Antonia in der Schilderung ihres Lebens als Klosterschwester von dem schönen Gesang eines Mönches schwärmen lässt. Er legt ihr dafür die anzügliche rhetorische Frage in den Mund, „wer bei einem so schönen Lied denn nicht die Röcke gehoben hätte": „E chi non si aria alzato i panni a sì bella canzona?"[336] Und man wird an die scheinheiligen Werbezeremonien einer Camilla Pisana erinnert, wenn der Autor die petrarkistischen, poetisch-musikalischen Liebeswerbungszeremonien gehobener Kreise karikiert. Ein Liebhaber habe sich mit seinem Werbeverhalten besonders lächerlich gemacht: „con tutte rideva, con ciascuna

---

333. „quante putane sono in Roma, tutte veniano a la sua predica". Ebd.
334. „Oh, oh, oh, dura impresa! Per me aria potuto cicalare cento anni!" Ebd.
335. „ché stare né vivere senza voi non posso; che dal dí vi partistivo ho provato e sempre proveò un continuo morire senza morte." „denn ohne Euch kann ich weder verharren noch leben; denn seit dem Tag, da Ihr abgereist seid, empfinde ich ein stetes Sterben ohne Tod." Lettere Cortigiane, S. 50.
336. Aretino: Ragionamenti, parte prima, prima giornata, S. 52. Diese und folgende Übersetzungen aus Aretinos *Ragionamenti* sind an die folgende deutschsprachige Ausgabe angelehnt: Aretino: Kurtisanengespräche, hier S. 37.

faceva il morto, sempre musicava, ad ogni scriveva lettere amorose, tuttavia leggeva Sonetti."[337] Und in diesem Sinn lässt Aretino Nanna und Pippa in Überzeichnungen petrarkistischer Topoi des Liebesfeuers und deren Antipoden von der unattraktiven Werbung eines römischen Barons berichten, der seiner Dame „di strane chiacchere" sang „de la nimicizia che ha il caldo col freddo: cantò perché la state ha i dì lunghi, e il verno corti […], cantò […] de la brina, de la neve, de la nebbia […], e in ultimo cantò che fuoco è quello che arde il culo de la lucciola, e se la cicala stride col corpo, o con la bocca." Damit wird hier auch die Andächtigkeit einer noblen Dame zur Farce: „[La] signoria de la Signora, che udì il cantare come odono il chirieleison i morti, si era imbraciata de la ciarla e de la galanteria del suo ospite."[338]

Interessant ist dabei, dass der Autor den Lesern über einen anderen Dialog suggeriert, dass es sehr wohl eine Vergangenheit gegeben habe, in der der Gesang der Kurtisanen bzw. Huren ein „tägliches Vergnügen" und damit mehr als ein strategisches Mittel zum Gelderwerb gewesen sei. So unterhalten sich eine Amme und eine Gevatterin:

> La Balia: „Sempre i Sonetti, o le lettere, sono i primi a visitarsi, e perché non i denari […]."
>
> La Comare: „Tu parli di costrutto; nientedimeno le gentilezze son gentilezze, ed erano già molto usate le Canzoni; e quella che non ne avesse saputo una frotta de le più belle, e de le più nuove, se ne saria vergognata; e cotal piacere tanto era ne le Putane, come ne le Ruffiane."

Letztlich lässt Aretino die ältere Gevatterin ein obszönes Lied singen, zu dem sie weise das Fazit zieht, dass die einstigen Tugenden der Kurtisanen hinter einem einzigen „Gewusst-wie" verschwunden seien: „Ma il mondo più invecchia, più intristisce, e le virtù de le Cortigiane sono trasfigurate in saperci essere, e quella n'è piena, che ha più arte, e più sorte, come la Pippa dee avere inteso da sua madre."[339] Und ihre Vermutung bestätigt sich dann, wenn sich die jungen Huren Pippa und Nanna mit abgebrühtem Geschäftssinn über das Musizieren und alle anderen schönen Künste mokieren:

---

337. Aretino: Ragionamenti, Parte due, terza giornata, S. 332. „Mit allen lachte er, bei jeder machte er den Toten, stets musizierte er, stets schrieb er Liebesbriefe, überall las er Sonette." Aretino: Kurtisanengespräche, S. 187.
338. Aretino: Ragionamenti, parte due, seconda giornata, S. 238. „[Er sang] seltsame Possen […] von der Feindschaft der Wärme gegen die Kälte und der Kälte gegen die Wärme. Er sang, warum der Sommer lange und der Winter kurze Tage hat, […] vom Hagel, vom Reif, vom Schnee, vom Nebel […] und zuletzt sang er, was das für ein Feuer ist, das dem Glühwürmchen am Hintern brennt und ob die Grille mit dem Leib oder mit dem Maul zirpt. [… während …] die Herrlichkeit der Dame, die auf das Singen hörte wie die Toten auf das Kyrie eleison, sich an dem Schwafeln und dem feinen Wesen ihres Gastes berauschte." Aretino: Kurtisanengespräche, S. 187. In einem anderen Fall karikiert Aretino einen ebenso petrarkistisch singenden Liebhaber, der für seine Geliebten „die ersten Musiker Italiens" auffahren lässt und deren musikalische Poesien in den Worten einer Amme und einer Gevatterin als stereotypen Unsinn kommentieren: „La Balia: Questo è bello bestialmente, e dicono di gran poltronerie cotesti tuoi poeti cicale, e fernetticano continuamente. La Comare: A i pintori, e a loro sta bene ogni bugia, ed è un modo di favellare, facendo grandi le donne che amano, e la passione che sopportano amando." Aretino: Ragionamenti, parte due, terza giornata, S. 349. „Die Amme: Das ist tierisch schön. Diese deine Dichter, die Schwätzer, reden großen Unsinn und phantasieren ständig. Die Gevatterin: Den Malern und ihnen [den Dichtern] steht jede Lüge wohl an, und es ist nur eine Redensart, wenn sie die Frauen, die sie lieben, und die Leidenschaft, die sie beim Lieben ertragen, groß machen." Aretino: Kurtisanengespräche, S. 277.
339. Aretino: Ragionamenti, parte due, terza giornata, S. 354. Die Amme: „Immer machen die Sonette oder die Briefe den ersten Besuch, warum nicht das Geld? […] Die Gevatterin: Du sprichst von Gewinn. Trotzdem sind die Höflichkeiten Höflichkeiten, und es waren schon sehr die Lieder in Mode, und die, die nicht eine Menge der schönsten und neuesten gewußt hätte, hätte sich geschämt, auch den Kupplerinnen und Huren waren sie Vergnügen]." „[…] Aber je älter die Welt wird, desto trauriger wird sie, und die Tugenden der Kurtisanen haben sie sich in ein [reines]

> Ci resta mò le virtù de le quali naturalmente le Puttane son nimiche, come di chi non gli porge a man piene. Pippa, niuno à atto a negarti uno stromentino; e perciò ad uno chiedi il liuto, a l'altro l'arpicordo, a colui la viola, a costui i fluti, a questo gli organetti, e a quello la lira, che tanto à avanzato; e facendo venire i maestri per imparare le musiche, tiengli in berta, e fagli sonare a stracci (per nulla), pagandogli di speranze, e di promesse, e di qualche pasto di cavallo. Doppo gli stromenti entra ne le pitture, e ne le sculture, e carpisce quadri, tondi, ritratti, teste, [...] e ciò che tu puoi, perché non si vendono manco, che i vestimenti.[340]

Die Fallbeispiele bestätigen das Spannungsverhältnis, das darin bestand, dass Kurtisanen durch geschickte Imitation kultureller, sozialer und religiöser Handlungen die Illusion einer *donna di palazzo* schürten, um zugleich die mit diesem Ideal verbundenen gesellschaftlichen Normen zu überschreiten. Anders als im höfischen Kontext üblich, ist es die Kurtisane, die um ihre Liebhaber wirbt, sie mit einer ungemäßigten, provozierenden und groben Sprache und entsprechenden Handlungen konfrontiert. Durch diese männlich besetzten Verhaltensweisen ist die Kurtisane in ihrem Gendering von schillernder Ambivalenz, nämlich gleichermaßen weiblich wie männlich sozialisiert.

Fazit

Die Rekonstruktion von Inszenierungen, in denen Frottolen ihren Platz hatten, zeigt, in welch verschiedenen höfischen Sphären sie eingesetzt werden konnten. Dass sie sowohl als Präsentationobjekte humanistischer Bildung als auch als kleine Fluchten im höfischen Alltag dienen konnten, der ein hohes Maß an Selbstdisziplinierung erforderte, spricht für eine durchlässige literarisch-musikalische Praxis, verweist aber auch auf einen vergleichsweise undogmatischen, flexiblen Kontext. Wie Claudio Gallico treffend argumentiert hat, fällt die Frottolenmode zu Beginn des 16. Jahrhunderts in einen Zeitraum, in dem ein genuin musikalisches Pendant zur Literatur humanistischen Anspruchs noch aussteht.[341] Die steigenden Ansprüche an poetische Formen und Inhalte wurden zwar durchaus bereits an die Musik herangetragen, wie sich vor Ort am Hof zeigt, und zwar sowohl in einer komplexen poetisch-musikalischen Symbolik der Räume von Isabella d'Este Gonzaga, als auch in den petrarkistischen Szenarien einer Kurtisane wie Imperia, in denen das höfische Ambiente imitiert wird. Im Folgenden wird nun zu zeigen sein, dass Musik in den führenden poetisch-soziologischen Diskursen der Zeit durchaus eine Rolle spielt, vom ästhetischen Dekor der Konversation bis hin zur spirituellen Überhöhung der Reflexionen. Die Frottola spielt darin eine flexible und beliebte Rolle jenseits eines literarischen und musikalischen Anspruchsdenkens. Der folgende Einblick in eben diese Diskurse, den Petrarkismus, die Theoretisierung der Liebe in der Traktatliteratur und in die *questione*

,Gewusst-Wie' verwandelt, und davon ist sie voll, hat [dabei aber] mehr Kunstverstand, mehr Stil, als die Pippa von ihrer Mutter verstanden haben sollte." Aretino: Kurtisanengespräche, S. 516–17.

340. Aretino: Ragionamenti, Parte due, prima giornate, S. 219. „Jetzt bleiben uns noch die künstlerischen Tugenden, denen natürlich die Huren so feind sind wie einem, der ihnen nicht mit vollen Händen gibt. Pippa, niemand kann dir ein Instrumentchen abschlagen, und darum bitt' den einen um eine Laute und den anderen um ein Arpichord [Art des Cembalos], den um 'ne Geige, jenen um 'ne Flöte. Diesen um 'ne Orgel [Orgelportativ], den um 'ne Lira, all das ist Gewinn. Und läßt du die Lehrer kommen, um Musikunterricht zu nehmen, halte sie zum Narren, laß sie ein paar Fetzen spielen und bezahl sie mit Hoffnungen und Versprechungen und auch mit etwas Pferdefutter, aber hopp, hopp [...]! Wenn du die Instrumente hast, mach dich an die Bilder, Porträts, [...] Statuen, [...] und was du kriegen kannst, denn das verkauft man ebenso gut wie die Kleider." Aretino: Kurtisanengespräche, S. 219.

341. Gallico: *Petrarca* (1995–2001), S. 391. Vgl. Kap. 1. 3 der Einleitung.

della lingua zeigt dann aber auch, wie sich in diesen Jahrzehnten mit der steigenden Poetisierung der Diskurse und den höheren Ansprüchen an die volkssprachliche Dichtung die Wahrnehmung für die Musik verfeinert, die diese Poesie zum Klingen bringt. In einem Ambiente nun, dass durch die Qualitäten der Dichtung Petrarcas sensibilisiert ist, wird eine Gattung, die auf der unteren Ebene dichterischen Stils steht, zwangsläufig an dieser höheren Stufe gemessen. Oder anders gesagt: Je systematischer die Diskussionen um eine Hierarchisierung von Dichtung und Sprache werden, desto klarer tritt auch das spielerische Profil der Frottolen hervor, das dann vor dem Hintergrund der besagten Diskurse in Teil 2 eingehend in Teil 3 betrachtet wird.

3. HUMANISMUS UND HOFGESELLSCHAFT — MUSICA DI CORTE IM UMFELD NEUER GELEHRSAMKEIT

Dass die Frottola um 1500 zur Mode wurde, ist ebenso als Begleiterscheinung einer sich neu formierenden Gesellschaftsstruktur zu verstehen wie das gleichzeitige Aufkommen neuer literarischer Strömungen und Diskussionen, des Petrarkismus, den Debatten um eine erzieherische Modellwirkung der Liebeskunst, die in einer Fülle an Liebestraktaten ausgetragen werden, und den Debatten zur *questione della lingua*. Diese bislang nur angedeuteten Bewegungen sollen im Folgenden auf mögliche Wechselwirkungen mit dem Musikleben hin dargestellt werden, generieren sie doch die gesellschaftlichen Kreise, in denen Frottolen über einige Jahre hinweg beliebt waren.

Die Grundlage dieser Entwicklungen, die sich zu Beginn des 16. Jahrhunderts abzeichneten, war ein sich neu formierender Humanismus im Umfeld der Höfe. Für eine anwachsende Schicht an aufstrebenden Humanisten aus dem kleineren und mittleren Bürgertum reichten die damaligen Kapazitäten von Universitäten und kommunalen Schulen nicht aus. Daher wurden neue Betätigungsfelder nötig, die man an den norditalienischen Höfen fand, die klein und zahlreich waren. Aus der vergleichsweise jungen Tradition der Höfe heraus herrschte hier ein Selbstdarstellungsdrang, der intellektuell und künstlerisch befriedigt werden wollte. Dabei zeichnete sich allerdings ein Qualitätsumbruch ab. Was Volker Kapp schon für die neulateinische Literatur des 15. Jahrhunderts beschreibt, ist durchaus auf die musikalisch-literarischen Innovationen im *volgare* zu Beginn des neuen Jahrhunderts übertragbar: „Man darf nicht vergessen, dass die Verfasser […] einem kontinuierlichen ‚Leistungsdruck' unterworfen sind. Wird ihr Werk nicht goutiert, verschließt der Mäzen seinen Beutel. Es versteht sich von selber, dass für echte Empfindungen dabei wenig Platz bleibt."[1] Im neuen Spiel der Kräfte war es somit nicht mehr in erster Linie Gelehrsamkeit, die über Macht und Ansehen entschied; von jetzt an gaben höfische Tugenden, Eloquenz, Bildung, Geschmack, den Ton an. Dem Verlust an theoretischem und literarischem Anspruch steht dabei der Gewinn einer neuen Kommunikativität gegenüber, die auch den Entwurf damaliger Ideale prägen musste. So interpretiert die Historikerin Arlette Jouanna den Begriff der Ehre im 16. Jahrhundert als Wirkung eines sozialen Zusammenspiels, genauer als: „l'effet produit dans la conscience autrui par le spectacle d'une qualité ou d'une action conforme à un modèle socialement approuvé."[2] Abgesehen von dem tief greifenden Einschnitt, den die technische Innovation des Druckwesens mit sich brachte,[3] liegen in diesen veränderten Kommunikationsmustern die Gründe für den rapiden Anstieg der literarischen Produktion generell,

---

1. Kapp: *Ital Litgesch* (1994), S. 99.
2. „Eine Wirkung, die im Bewusstsein des Anderen durch die Vorführung einer Qualität oder einer Handlung provoziert wird, die einem sozial akzeptierten Modell entspricht." Jouanna: *La notion* (1968), S. 597–623, S. 607–08.
3. Vgl. Kap. 4. 1 und 4. 5.

für den Zuwachs an Stereotypen, für den Eingang der Rhetorik in die Poesie und für die Kreation neuer, literarisch vergleichsweise anspruchsloser Genres. Es ist dieses Umfeld, in dem sich auch *Libri di Frottole* etablierten, die der Unterhaltung der gesellschaftlichen Elite dienten.

3.1 Der Petrarkismus

> „Quomodo enim beata vita, ubi nec vita?" Augustinus, Confessiones IV, 12 18, *De musica* VI, 14 (46)

Dass die Bewegung des Petrarkismus in Wechselwirkung zu den sozialen Veränderungen in der Hofgesellschaft stand, wurde bereits am Beispiel entsprechender Huldigungs- und Selbstdarstellungsformen im höfischen Umfeld deutlich. Der Anpassungsdruck an die Bedingungen des Hofes erforderte es, der Anwesenheit der Hofdame gerecht zu werden, wodurch die Tradition des höfischen Frauenlobes eine Renaissance unter neuen Vorzeichen erlebte. Diese Vorzeichen waren in der Selbstinszenierung der Markgräfin Isabella d'Este Gonzaga und ihrer Konkurrentinnen andere als in der einer Kurtisane wie Tullia d'Aragona, Imperia oder einer Beatrice di Ferrara, oder aber eben auch in den nachgestellten Szenarien der Huren Pippa und Nanna von Aretino. Dies aber änderte nichts an dem breiten Fluss der Dichtung in die diversen Milieus, in denen meist auch musiziert wurde.[4] Der Petrarkismus eröffnete somit eine breite Palette an Möglichkeiten, den Alltag poetischer zu gestalten. Vor allem am Hof entwickelte sich Petrarca bereits im 15. Jahrhundert zum meist gelesenen Autor.[5]

Bezeichnend für die Innovation, die die Veröffentlichungen von Petrarcas Dichtung im 16. Jahrhundert bedeuteten, ist die Tatsache, dass die Edition des *Canzoniere* durch den venezianischen Verleger Aldo Manuzio 1501, die zweite des Werkes nach dem Erstdruck 1470 überhaupt, eine Beigabe von Ausgaben griechischer und lateinischer Klassiker war. Pietro Bembo, der an dieser stilkritischen Ausgabe mitwirkte, brachte 1505 in derselben Reihe den Liebestraktat *Gli Asolani* unter.[6] Vulgärsprachliche Schriften erschienen damit erstmalig im Kontext humanistischer Literatur, was erheblich zu ihrer Aufwertung beitrug, damit aber zugleich den Kontrast von Petrarcas *Canzoniere* zur zeitgenössischen volkssprachlichen Dichtung etablierte.[7] Indem weitere kommentierte Editionen des *Canzoniere* (von Antonio da Tempo, Francesco Filelfo und Girolamo Squarciafoco) erschienen, entwickelte sich der Petrarkismus zunehmend zu einem schriftlichen Phänomen, was in den Anfängen nicht der Fall sein musste. Noch im Quattrocento bildete Petrarcas Dichtung eines unter mehreren Modellen einer meist improvisierten Liebeslyrik. Im Zuge der Petrarca-Rezeption kam es somit zu einem Paradigmenwechsel, an dem die Musik teilhatte. So ist durch Vincenzo Calmetas Kommentare überliefert, dass noch Serafino Aquilano Petrarcas Gedichte auswendig lernte und

---

4. Vgl. den Abschnitt „la dolce influenza del mio Giove" — Petrarkistische Huldigungen im Umfeld weiblicher Patronage in Kap. 2.1.9 und Kap. 2.2.2.
5. Dionisotti: *Petrarca Quattrocento* (1974), S. 61–115.
6. 1479 wurde der *Canzoniere* zuerst zusammen mit den *Trionfi* gedruckt. Dagegen leitete die Ausgabe von 1501, gegenüber der ersten eine verbesserte Ausgabe, das textkritische Studium Petrarcas ein. Vgl. Friedrich: *Epochen* (1964), S. 191. Zu Bembos Druck der *Asolani* s. Kapp: *Ital Litgesch* (1994), S. 134, zu deren Inhalt vgl. Kap. 3.3.3.
7. Bis in das frühe 16. Jahrhundert hinein war das Kommentieren von Texten noch weitgehend lateinisch schreibenden Humanisten vorbehalten. Der erste kommentierte Druck von Petrarcas *Trionfi* 1475 war daher eine besondere Innovation. Zu diesem Zeitpunkt war noch kein Kommentar von Dantes *Commedia* im Druck erschienen. Bis 1525 gab es von den Trionfi allein 20 Neuauflagen. Dionisotti: *Petrarca Quattrocento* (1974), S. 70.

sie — offenbar improvisierend — begleitete.[8] Für die Komponisten des späteren Madrigals bildete Petrarcas Dichtung dagegen die Grundlage polyphoner Individualdrucke. Der musikalische Petrarkismus der Frottola bewegt sich zwischen diesen Polen.

In der älteren Dichtungssprache des Trecento, namentlich Petrarcas, Dantes und Boccaccios, fand man das Vorbild für den Versuch, die Volkssprache zu einer dem Latein vergleichbar anspruchsvollen Schriftkultur zu erheben. Die Wahl fiel dabei erst in zweiter Linie auf Dante und Boccaccio, und in erster Linie auf Petrarca, dessen Dichtung für einen renommierten Traditionsbezug, aber eben auch für Modernität stand. In diesem Sinn kommentiert Karlheinz Stierle: „Sieht Petrarca sich diesseits der Epochenschwelle, deren Heraufkunft er selbst mit seinem Werk befördern will, so hat der Humanismus des 16. Jahrhunderts, der sich jetzt schon jenseits der Epochenschwelle sieht, Petrarca gleichsam auf seine Seite geholt."[9]

Ausdruck von Petrarcas Modernität ist ein nachdenklich zweifelndes Ich, das verschiedene Facetten der Welt, antikes Ideal und christlich geprägte Gegenwart, innere Gefühle und äußeres Handeln, Liebessehnsucht und Realität als unüberwindlich konfliktreich erlebt. Dass das Schreiben für Petrarca aus dem Zweifeln heraus bereits „ein Ringen um den subjektiven Ausdruck" bedeutete, bestätigt eine in seiner Zeit außergewöhnliche dichterische Identität.[10] Die Affinität zur Musik liegt dabei darin, dass die sinnliche Wahrnehmung in einer für seine Zeit außerordentlichen Weise thematisiert und die Dichtung dadurch bewusst in ein ästhetisches Medium überführt wird, lange vor der für die Moderne bezeichnenden Diskussion um Ästhetik als der Wissenschaft vom Schönen:

> Ästhetisch und ideologisch ist Petrarcas Rede von begrenzter Originalität. Einzigartig ist, zumindest für diese Epoche, daß sie eine ästhetische Antwort auf eine Frage gibt, die außerhalb der ästhetischen Diskurse gestellt wird und für die in dieser Zeit aus Gründen, die wiederum außerhalb des Regnums des Ästhetischen […] liegen, die überkommenen Antworten nicht mehr greifen.[11]

Inbegriff der Ästhetisierung in Petrarcas Dichtung ist die Gestalt der Laura im *Canzoniere*. Laura, das geliebte Gegenüber des sprechenden Ich im *Canzoniere*, wird als eine individuelle Wahrnehmung einer an sich konventionellen Liebessituation dargestellt, deren Schönheit und Leid sich nicht auf objektiv nachvollziehbare Stilmerkmale reduzieren lässt. Schön bzw. grausam erscheint die Geliebte allein durch die Augen und Gefühle des Ich.

---

8. Vgl. „Vita del facondo poeta vulgare Seraphino Aquilano per Vincentio Calmeta composta", in: Serafino: Rime, S. 1–32, hier S. 1–2. Vgl. auch Kap. 2. 1. 6. Es gibt einige Indizien dafür, dass Petrarca selbst Laute spielte und sang. So ist von Petrarcas Freund Giovanni Boccaccio überliefert: „In musicalibus vero, prout in fidicinis et cantilenis, et nondum hominum tantum sed etiam avium, delectatus ita ut ipsemet se bene gerat et gesserat in utrisque". „An musikalischen Dingen, d. i. an Lautenspielern und Gesängen, und nicht nur denen der Menschen, sondern auch denen der Vögel, fand er solches Vergnügen, dass er selbst beides recht gut ausführte und es immer noch tut, Giovanni Boccaccio über Francesco Petrarca in: Vite di Dante, petrarca e Boccaccio, S. 262. Der Petrarca-Biograph Villani vermittelt demgemäß, allerdings ohne Petrarca persönlich gekannt zu haben, dass sich Petrarca im Lautenspiel Erholung verschafft habe: „Doctus in super lyra mire crevit, unde labores studii modeste levabat." Ebd., S. 279. Interessant ist in diesem Zusammenhang die Aussage über das Lautenspiel eines Bruders des römischen Klosters San Paolo fuori le mura aus einer anonymen Chronik des 14. Jahrhunderts zu Lebzeiten Petrarcas: „se delettava de ire per Roma la notte facenno le matinate, sonanno lo leguto, ca era bello sonatore e cantatore de ballare…". „Er hatte Freude daran, des Nachts bis zum Morgen durch Rom zu ziehen, [und] die Laute zu spielen, er war ein schöner Spieler und Sänger [, der] zum Tanzen [anregte]. Fromentin: *rilievi* (2002), S. 23–47, S. 33.
9. Stierle: *Francesco Petrarca* (2003), S. 13.
10. Kapp: *Ital Litgesch* (1994), S. 60.
11. Küpper: *Petrarca* (2002), S. 110.

Petrarcas *Canzoniere* ist dabei ein melancholischer Ton eigen, der Ausdruck einer Grundskepsis angesichts der menschlichen Fehlbarkeit ist. Küpper spricht in diesem Sinn von einem „Syndrom von Wollen und Nicht-Können", das sich auch im spannungsreichen Nebeneinander und Widerspruch von heidnisch-antiken Traditionen und einem christlichen Grundverständnis zeige.[12] Als Referenz dafür hat Joachim Küpper auf die Theorie des Schönen von Augustinus verwiesen, der Petrarca eine theologische Autorität und literarische Anregung war:[13] Um der menschlichen Gnade willen hat Augustinus dem negativen Bild alles Irdischen, das die Gnostiker aus dem Erbsünde-Mechanismus heraus verwendeten, eine Legitimierung des Sinnlichen entgegensetzen wollen und diese in Platons Stufenmodell der Liebe gefunden. Die sinnliche Liebe ist hier als Vorstufe zur himmlischen im System vorhanden, woraus Augustinus die Teilhabe des irdisch Schönen am Metaphysischen entwickelte.[14]

Der entscheidende Punkt für die Bedeutung der Musik in Augustinus' System des Schönen und damit auch für Petrarcas Dichtung liegt nun darin, dass für die Rechtfertigung des Sinnlichen die Schönheit des Klangs bemüht wird. Vor allem der Traktat *De musica* liefert dazu zwei Einsichten: Erstens hebe sich der musikalische Klang von anderer irdischer Materie ab, weil er in seiner numerischen Qualität dem Prinzip der göttlichen Schöpfung ähnele. Zweitens — und das ist entscheidend für die Gefahr, die gleichermaßen von ihr ausgeht — sei der Klang zwar anderen materiellen Formen überlegen, da er den logos, die von Gott geschaffene Vernunft, abbilde. Logos sei aber nur solange präsent, wie sich der Hörer nicht dem Genuss reinen Klangs, also seiner Ästhetik hingebe. Zwar kann weltliche Schönheit nicht über die fehlende Verfügbarkeit Gottes hinwegtäuschen; sie kann diesen Mangel aber durch das Ästhetische, hier die Schönheit des Klangs, sublimieren. Es ist diese Dialektik im menschlichen Verlangen nach irdischer und himmlischer Schönheit, die im 16. Jahrhundert dann auch im Zentrum der zeitgenössischen Liebestraktate steht und eine wesentliche Grundlage für die Einbindung der Musik in den höfischen Diskurs darstellt, noch bevor Bembo die musikalischen Qualitäten Petrarcas explizit in den *Prose* offenlegte. Petrarcas Dichtung ist somit eine wichtige Referenz, auch dort wo man sich nicht explizit auf ihn beruft und nicht die Tiefe seiner Reflexion erreicht. So sind auch Bembos ausführliche Beschreibungen zum Musizieren von Damen, namentlich zur Süße einzelner Sängerinnenstimmen in den *Asolani* im Zusammenhang mit der Wirkung von Petrarcas Dichtung selbst zu sehen. Und ebenso ist denkbar, dass der Schritt Serafino dell'Aquilas, sich intensiv Petrarca zu widmen, eine bewusste Entscheidung des Dichtermusikers Serafino war, über diese Dichtung die *dolcezza* seiner Stimme und seines Vortragsstils besonders gut entwickeln zu können. Auf einer ersten, offensichtlichen Ebene, bestätigte Petrarcas Dichtung somit die gängige Praxis, die Rezeption von Dichtung möglichst klangsinnlich zu gestalten.

Doch förderte Petrarcas Dichtung in ihrer besonders meditativen Konzeption der Einkehr und Reflexivität eines einzelnen Ich ebenso eine gegenläufige Tendenz der Musikalisierung, führte sie doch weg von einer pragmatischen Verklanglichung eines einzelnen Gedichts und führte zu einer wesentlich subtileren, stilleren Korrespondenz von Wort und Klang hin.[15] So gibt Karlheinz Stierle zu bedenken, dass Petrarca einer zerstreuten Rezeption einzelner Gedichte die Dramaturgie

---

[12] Küpper: *Petrarca* (2002), S. 99–100.
[13] Kapp: *Ital Litgesch* (1994), S. 63 und 64.
[14] Vgl. auch dazu Ficinos Platonsauslegung in Kap. 3. 2. 1.
[15] Stierle: *Francesco Petrarca* (2003), S. 538.

eines geschlossenen Buches entgegensetzte, die einen neuen, moderneren Leser- und Hörertyp imaginierte:

> die Utopie eines Lesers, [...] dem die notwendige Schriftlichkeit der als Buch geordneten Gedichte zur Erfahrung wird und der ein inneres Ohr für die innere Melodie dieser Verse hat. Während sich in der Vorstellung eines *Canzoniere* noch immer der Primat der Singbarkeit behauptet, ist das *liber [fragmentorum]* von vornherein auf die kognitive Rezeption eines meditativ disponierten Lesers eingestellt.[16]

Diese Entwicklung hin zu einer Sensibilisierung für die musikalische Qualität von Dichtung selbst, ihrer „inneren Melodik", ist bei der Betrachtung der musikalischen Gattungsgeschichte zwischen Frottola und musikalischem Madrigal, vor allem der Jahre zwischen 1520 und 1530 mit zu bedenken. Denn sie liefert einen Erklärungshintergrund dafür, dass eine bis dahin überwiegend pragmatische Art der Vertonung von *poesia per musica* an Bedeutung verlor.

3. 2. Die Liebestraktate

Die Liebestraktate des 16. Jahrhunderts gehören in die Gattung der Erziehungs- und Verhaltenstraktate, für die Erasmus von Rotterdam mit dem Fürstenspiegel *Institutio principis christiani* (1515) und dem Anstandsbuch *De civilitate morum puerilium* aus nordeuropäischer Perspektive Maßstäbe setzte. In Italien wurden sie meist in vulgärsprachlicher Form auf die Situation der sich neu formierenden Elite zugeschnitten. Seit der Übersetzung und Kommentierung von Platons *Symposion* durch Marsilio Ficino, die 1469 in Florenz verfasst wurde und 1482 bzw. 1484 dort im Druck erschien,[17] blieb Platons Liebestheorie der zentrale Bezugspunkt für Liebestraktate.

> Die platonische Theorie der Liebe war in diesem Zusammenhang mehr als ein Stimulans, sie scheint den Nerv der Zeit getroffen zu haben und versprach, wenigstens eine Zeit lang, auf aktuelle und relevante Fragen Antworten geben zu können [...]. In den italienischen Stadtstaaten, in denen sich ein gelehrtes Bürgertum herausbildete, wandelte sich das Verhältnis der Geschlechter, und die zwischenmenschliche Liebe wurde auf neue Weise relevant und aufgewertet.[18]

Dabei spiegelte sich in der Verschiedenheit der Rezeption Platons bzw. Ficinos der gesellschaftliche Wandel einer Bildungselite über regionale Zentren und Profilbildungen hinweg als ein Weg von exklusiven humanistischen Zirkeln hin zu höfisch und bürgerlich geprägten Zentren, für die ebenso flexible wie verbindliche Verhaltensmaßstäbe eingeführt werden mussten.

Marsilio Ficinos grundlegender Kommentar zu Platons *Symposium* ist demnach gänzlich anders motiviert als etwa Giuseppe Betussis *Dialogo amoroso*, der 1543 in Venedig publiziert wurde. Als vorausgreifende Indizien für die Unterschiede der Ansätze sei auf die Berufe von Ficino und Betussi verwiesen; Ficino war Philosoph, Humanist, Musiktheoretiker und Arzt, dabei Haupt des exklusiven Florentiner Kreises, der sich in Bezug auf Platon Akademie nannte, Betussi dagegen war ab 1540 in

---

16. Ebd.
17. Kristeller: *Humanismus und Renaissance II* (1980), S. 104. Ficinos Kommentar erschien erst 1544 in italienischer Sprache, vgl. Ficino: *Sur le banquet*, S. 747f.
18. Ebbersmeyer: *Liebestheorie* (2002), S. 16..

Venedig als Korrektor, Herausgeber und Übersetzer im Verlagsmilieu tätig und dabei vorrangig an literarischen Zirkeln orientiert.[19] Es ist vor allem das jeweilige Verhältnis zur Öffentlichkeit, worin sich diese Tätigkeitsprofile unterscheiden.

Ficinos mehrjährige Übersetzungsarbeit am Gesamtwerk Platons ins Lateinische, die Cosimo de' Medici in Auftrag gegeben hatte, hatte zum Ergebnis, dass er Liebe als ein zentrales theoretisches Phänomen philosophischer Qualität betrachtete. Der platonischen Tradition folgend, bezog er es auf das gelehrten Männern vorbehaltene akademische Gespräch. Indem er das Vorbild der homoerotischen Liebe in das Florenz des 15. Jahrhunderts übersetzte, ignorierte er die Situation, dass auch Frauen damals bereits Eintritt in die Gesellschaft gefunden hatten.[20] Dies war offenbar ca ein halbes Jahrhundert später nicht mehr denkbar: In Betussis *Dialogo* hat sich die Liebesthematik zu einer konkreten, quasi pragmatischen Angelegenheit verändert, die an dem Austausch real existierender Personen — und das sind hier Damen und Herren —, demonstriert wurde. Platons Liebestheorie wurde im Verlauf des 16. Jahrhunderts somit weniger als theoretischer Text diskutiert, sondern diente vielmehr als Vorwand, um auf einer philosophisch anmutenden Oberfläche literarische und ästhetische Verhaltensnormen zu verbreiten. Allerdings gab es dennoch triftige theoretische Gründe, sich an Platon zu orientieren: Für die Neubestimmung zwischenmenschlicher Beziehungen bot dessen Liebestheorie einen neuen Ansatz, um menschliche und spirituelle Fragen zur Synthese zu führen. In diesem Sinn begründet Sabrina Ebbersmeyer den Beginn der Rezeption und Transformation der platonischen Liebestheorie in der Renaissance: „Im traditionellen Diskurs, monastisch und asketisch geprägt, standen die zwischenmenschliche Liebe und die zu Gott einander noch schroff gegenüber. Die platonische Konzeption hingegen ermöglichte eine Vermittlung, die sich sogar philosophisch begründen ließ."[21] Zudem bot Platons Theorie besonders in Ficinos Interpretation konkrete Ansatzpunkte für die Verbindung moralischer und ästhetischer, und somit auch musikalischer Aspekte. „Weder vorher noch nachher, so scheint es, stand die platonische Liebe so im Zentrum philosophischer Spekulationen. Man kann daher den Eindruck gewinnen, dass die Auseinandersetzung mit der Liebe eine Signatur der Jahrhunderte zwischen Spätmittelalter und Aufklärung abgibt."[22]

Am Ende der Entwicklung durch das 16. Jahrhundert hindurch blieb von der anfänglichen philosophisch-theoretischen Motivation allerdings nicht mehr viel übrig. Hatte die in Florenz begonnene Diskussion Liebe zum wissenschaftlichen Gegenstand erhoben, so rückte deren Bedeutung für eine philosophische Lebensführung zunehmend in den Hintergrund. „Liebe wird mit philosophischen Mitteln erklärbar, aber sie erklärt die Philosophie nicht mehr."[23] En revanche setzen die Liebestraktate Maßstäbe für Form und Inhalt der höfischen Unterhaltung und bildeten ein Zentrum ästhetischer und literarischer Diskurse, in denen auch Musik immer wieder eine Rolle spielte.

In die musikwissenschaftliche Diskussion sind Liebestraktate dennoch bislang kaum eingegangen. Zwar wurde Castigliones *Libro del Cortigiano* ausgiebig diskutiert, in seiner Funktion als

---

19. DBI 9 (1960), S. 779–81.
20. Die entscheidenden Passagen dazu finden sich im Kommentar zur Rede des Pausanias im letzten Kapitel: „Vos autem, o amici, hortor et obsecro, ut amorem, rem profecto divinam, totis viribus complectami." Ficino: Sur le banquet, S. 55 Ficino beschreibt dieses Liebesverhältnis als Tausch von Schönheit gegen Schönheit, wobei der Jüngere die seines Körpers, der ältere die seines Geistes gibt: „Pulchritudo denique inter amantes pro pulchritudine commutatur. Iuniores amati pulchritudine vir oculis fruitur. Viri pulchritudinem iunior mente consequitur. Ficino: Sur le banquet, S. 159.
21. Ebbersmeyer: *Liebestheorie* (2002), S. 16.
22. Ebd., S. 14.
23. Ebd., S. 222.

Liebestraktat allerdings nicht berücksichtigt;[24] zudem sind die bekannten späteren Traktate Torquato Tassos und Annibale Romeis, wie der Francesco Patrizis in der Diskussion um die namhafte Tarquinia Molza thematisiert worden.[25] Eine Schwierigkeit im Umgang mit den Texten liegt in ihrer Modellbezogenheit: Nahezu alle musikbezogenen Aussagen basieren auf vorgegebenen Mustern, von der Antike bis hin zu den unmittelbaren italienischen Zeitgenossen. Die bekannten Mythologien, Schriften Platons, Aristoteles', Ficinos Kommentar Platons bis zu Bembos Liebestraktat *Gli Asolani* werden in wesentlichen Punkten aufgegriffen und zu neuen Texten umgearbeitet, ohne dass dabei immer ersichtlich wird, wie sehr der einzelne Autor die jeweiligen Ansätze reflektiert. Unkommentierte Zitatcollagen sogenannter *poligrafi,* Vielschreiber, die die Möglichkeiten des neuen Druckmarktes ausnutzten, um sich mit schnell produzierten Texten zu finanzieren, stehen neben bewussten Neuinterpretationen der Thematik. In jedem Fall aber spiegeln die Texte Tendenzen für die Einbettung der Musik in die damals aktuellen Diskurse. Für die hier relevanten Zusammenhänge werden nur die Traktate berücksichtigt, die parallel zur Frottola-Produktion verfasst wurden; wenige, die zeitlich darüber hinausgehen, verdeutlichen Veränderungen über eine langfristigere Perspektive.

3. 2. 1 „Amor est magister artium et gubernator". Marsilio Ficinos *De amore*

Zentral für Ficinos Auslegung des platonischen Liebesbegriffs ist *De amore,* die kommentierte Übersetzung von Platons *Symposion,*[26] in der Liebe zum Garanten für ein intimes, intensives Verhältnis zu Gott wird. Diese christliche Umfunktionierung gab dem Liebesbegriff die entscheidende Aufwertung und Legitimation für die Renaissancegesellschaft.

Musik stand im Dienst dieser christlichen Zielrichtung und bedeutete für Ficino nicht nur eine Metaphorik, sondern eine praktische Kunst. Im dritten Kapitel des Symposiums-Kommentars, der *Oratio tertia* „Amor est magister artium et gubernator", begründet Ficino die Ursächlichkeit von Kunst: Da alle Teile der Welt als Werke eines selben Künstlers und derselben Maschinerie zu verstehen seien, seien letztlich alle Künste in ihrem Wesen ähnlich und in gegenseitiger Barmherzigkeit verbunden; Liebe sei somit der beständige Kern und das zentrale Bindungsmittel der Welt.[27] Ficino verknüpft den antiken Harmoniebegriff mit dem der Liebe und führt die gelungene Korrespondenz bestimmter Intervalle, aber auch das Zusammenspiel von hohen und tiefen Stimmen auf einen umfassenden

---

24. Für die musikwissenschaftliche Diskussion des *Cortigiano* vgl. Haar: *Courtier* (1983).
25. Vgl. Riley: Molza: *A case study* (1984–1985) und Stras: *Recording Tarquinia* (1999). Der zentrale Liebestraktat, in dem das Singen der Tarquinia beschrieben wird, ist: Patrizi: L'Amorosa Filosofia. Die *Discorsi* Romeis sind in der Anlage denen Castigliones ähnlich; bezeichnenderweise ist Romei auch, wie Tasso, für einige Zeit in Urbino gewesen. Für die Liebestraktate dieser Autoren vgl. Lorenzetti: *Bellezza* (1917), S. 1–175 (Indice bibliografico S. 165–75), S. 171–72. Vermutlich stammt die Idee zu Romeis Traktat noch aus der Zeit, als er sich in Urbino aufhielt. Dazu und zu den Biographien beider Autoren vgl. Solerti: *ferrara* (1891), besonders S. 125–27.
26. Ficino übersetzte ins Lateinische; eine italienische Übersetzung seines Kommentars erschien erst 1544. Für eine lateinische Fassung sowie ein Verzeichnis der weiteren Ficino-Rezeption in Italien und Frankreich vgl. Ficino: Sur le banquet, v. a. S. 747. Im Folgenden wird nach einer lateinisch-deutschen oder nach der italienischen Übersetzung zitiert: Ficino: Über die Liebe und Ficino: Sopra lo amore.
27. „Quamobrem omnes mundi partes quia unius artificis opera sunt eiusdem machine memnra inter de in essendo et vivendo similia, mutua quadam caritate sibi invicem vinciuntur, ut merito dici possit amor nodus perpetuus et copula mundi partiumque eius immobile substentaculum ac formum totius machine fundamentum." „Darum halten alle Teile der Welt, weil sie Werke eines Künstlers und als Glieder eines und desselben Triebwerkes in Sein und Leben gleichartig sind, in gegenseitiger Liebe zusammen. Somit kann man mit Recht die Liebe als das unvergängliche verknüpfende Band der Welt, die unbeweglich ruhende Stütze aller ihrer Teile und die unerschütterliche Grundlage des gesamten Triebwerkes bezeichnen." Ficino: Über die Liebe, S. 90–91.

Liebesakt kosmischer Natur zurück: „Hi voces acutas et graves, natura diversas, certis intervallis et modulis sibi invicem magis amicas faciunt. Ex quo harmonie compositio et suavitas nascitur."[28]

Ficino unterscheidet Platon folgend zwischen zwei Arten von Musik mit entsprechenden Wertungen hinsichtlich der Vermittlung von Liebe, der nützlichen musica „grave e constans" und der schädlichen musica „molle et lascivum": „illorum namque amor celestis est; istorum vero vulgaris".[29] Ohne dabei konkret zu werden, bestimmte Gattungen, Instrumente oder Musiziersituationen zu beschreiben, liegt in dieser schematisch wirkenden, aber durch den Platon-Bezug hinreichend autorisierten Wertung, ein entscheidender Ansatzpunkt für die weitere moralische und ästhetische Bewertung von Musik in der Nachfolge Ficinos.

Darüber hinaus spielt Musik in Ficinos Lehre implizit stets dann eine Rolle, wenn es um den Schönheitsbegriff geht, der eng mit dem Liebesbegriff verbunden ist. Ficino wertet den Hörsinn entscheidend auf und verankert ihn fest in seiner Lehre als das dem Sehen in der Wertehierarchie folgende Sinnesmedium zur Erlangung des höchsten Gutes, dem der göttlichen Schönheit bzw. Liebe. Für Ficino ist das Wesen der Liebe gleichzusetzen mit dem Streben nach Schönheit: „Cum amorem dicimus, pulchritudines desiderium intelligite."[30] Er greift damit eine Diskussion über die Schönheit auf, die er in *De divino furore* eröffnet hatte, dem Brieftraktat (1457), der bereits auf der Auseinandersetzung mit Platon basiert und von besonderem Interesse für die Bewertung der Beziehung von Ästhetik und Moral sowie für die Rolle des Künstlers ist.[31] Schon in dieser frühen Schrift war Ficino von einer hierarchischen, restriktiven Ordnung zur Erlangung absoluter Schönheit ausgegangen, die er dann in *de Amore* bestätigte. Drei Stufen zur Erlangung von Schönheit werden unterschieden, darunter auch der Hörsinn: Dem Geist an oberster Stelle, der nach der Schönheit der Seele strebt, folgen die Augen und Ohren bzw. die Sinne des Sehens und Hörens, durch die die Liebenden gegenseitig die Schönheit des Körpers und der Stimme erkennen, Liebe also im menschlichen Miteinander erfahren: „Cum ergo mens, visus, duditus sint, quibus solis frui pulchritudine possumus, amor vero sit fruende pulchritudinis desiderium, amor semper mente, oculis, auribus est contentus."[32]

Gegenpole der Liebe dagegen sind Leidenschaft und Lust, denen die übrigen Sinne zugeordnet sind: „appetito vero, que reliquos sequitur sensus, non amor sed libido rabiesque vocatur".[33] Von der niedrigsten Ebene reiner Äußerlichkeit und Leidenschaftlichkeit bis hin zur unerreichbaren, aber dennoch anzustrebenden göttlichen Liebe entsteht ein anschauliches Stufenmodell der Liebe.

Dieses Modell Ficinos, das auf die Überwindung sinnlich niederer Triebe hin zu einer metaphysischen reinen Anschauung von Liebe und Schönheit abzielt, stand in den Geisteswissenschaften

---

28. „Die hohen und tiefen Stimmen, welche von Natur verschieden geartet sind, bringen sie durch bestimmte Intervalle und Tonfolgen miteinander in Einklang. Hieraus geht die Gestaltung und der Wohlklang der Harmonie hervor". Ficino: Über die Liebe, S. 86–87. Über die Formulierung „sibi invicem amicas faciunt" klingt hier Ficinos Eintracht von Freundschaft und Liebe an, die seine Lehre insgesamt kennzeichnet, in der Rezeption aber nicht aufrechterhalten wurde.
29. „ernst und gemessen", „weich und sinnlich". „Die Neigung [derjenigen, die erstere Musik bevorzugen] ist von himmlischer Liebe, die [der anderen] hingegen gemein". Ebd., S. 88–89. (In der Übersetzung Blums heißt es hier nur „himmlisch".)
30. „Wenn wir von der Liebe reden, müsst ihr darunter das Verlangen nach der Schönheit verstehen. […]". Ebd., S. 26–27.
31. „De divino furore". In: Ficino: Lettere, S. 19–28.
32. „Da nun der Geist, das Gesicht und das Gehör die Mittel sind, durch die allein wir die Schönheit genießen können, und da die Liebe das Verlangen die Schönheit zu genießen ist, so findet sie stets durch den Geist, das Gesicht und das Gehör ihre Befriedigung." Ficino: Über die Liebe, S. 28–29.
33. „Der Trieb hingegen, welcher von den anderen Sinnen herrührt, ist vielmehr als Gelüste und Raserei zu bezeichnen." Ebd., S. 28–29.

über Generationen im Zentrum der Diskussion um den Einfluss des sogenannten neoplatonischen Denkens für die Renaissancekünste. Nach der langanhaltenden Wirkung von Erwin Panofskys Platon-Interpretation,[34] die auf Ficino gründete, wurde der Begriff des Neoplatonismus bereits seit den 1970er Jahren in der kunsthistorischen Wissenschaft mit Skepsis betrachtet und ihm die umfassende Bedeutung abgesprochen, die er für die Renaissancedeutung hatte, bis hin zu Horst Bredekamps rhetorischem Zweifel, ob das neoplatonische Denken „[...] jemals einen anderen Ort besaß als im Kopf der Nachwelt. In seinem zwischen Christentum, antiker Tradition und ‚Kunstreligion' vermittelnden Charakter und sein[em] humanistische[m] Anspruch" habe es „wie eine Summe alteuropäischen Denkens [ge]wirkt".[35] Neueren Ansätzen folgend ist Ficinos Neubewertung der platonischen Liebeslehre in jedem Fall als geschickte Strategie in ihr Recht zu setzen, Platons heidnische Philosophie dem christlich dominierten Diskurs zugänglich gemacht zu haben. Zwar interpretiert Platon im *Phaidros* den Sehsinn als höchsten Sinn und toleriert sogar das Berühren und Küssen unter Liebenden. Doch im Vollzug des Liebesakts ist dann auch hier eine Grenze erreicht, die sich nicht mehr mit einem philosophischen Leben vereinen lässt. „Indem Ficino den sinnlichen Genuß auf den der Augen und Ohren beschränkt, rettet er die platonische Liebe zum schönen Körper für einen christlichen Kontext. Bei aller Christianisierung bleibt so doch der platonische Gedanke erhalten, wie ihm selbst bewusst ist: es ist ein schöner Mensch, der zur himmlischen Liebe anrege".[36]

Im Hinblick auf die weitere Entwicklung der Liebestraktate ist festzuhalten, dass Ficino zwar sehr wohl als Philosoph spricht und in erster Linie eine *Theorie* der Verbindung von göttlicher Schöpfungsgeschichte und humanem Leben entwirft, dabei aber den Liebesbegriff im menschlichen Miteinander verortet und ihn somit für gesellschaftliche Fragen zugänglich macht. Auch um die Diskussion um den sogenannten Neoplatonismus im Renaissancedenken weiter zu relativieren, ist dabei wichtig festzuhalten, dass zwischen der göttlichen, metaphysischen Ebene seiner Liebeslehre und der der zwischenmenschlichen Beziehungen keine Trennung, sondern ein natürlicher, dynamischer Zusammenhang besteht:

> Dabei bildet die [...] Ebene [der] Liebe als Welt und Schöpfungsprinzip [...] sogar den Rahmen für die Theorie der zwischenmenschlichen Beziehungen, die eigentlicher Gegenstand des Werkes sind. [...] Motivation des *De Amore* ist es folglich, den Menschen eine Anleitung zum „richtigen Lieben" zu geben.[37]

Es ist letztlich der Austausch der Liebenden und die Gegenseitigkeit von Liebe mit allen Dimensionen der menschlichen Gefühlswelt zwischen Zauber, Risiko und Schmerz, die ins Zentrum von Ficinos Lehre rücken. Trotz der Synthese mit christlichen Elementen „gerät ihm [daher] der Traktat nicht zur Moralpredigt, Ficino versucht vielmehr, Liebe und Verführung in ihrer Wirkung auf den Menschen zu ergründen und daraus Handlungsmaximen abzuleiten."[38] In diesem Sinn steht seine Liebeslehre Modell für die kommenden.

---

34. Vgl. z. B. Panofsky: *Ikonologie Renaissance* (1972–1997).
35. Bredekamp: *Götterdämmerung* (1986), S. 39–48; hier S. 44 und 39.
36. Ebbersmeyer: *Liebestheorie* (2002), S. 77. Zu den Liebesmaximen in Platons Phaidron vgl. *Phaidros* 250c–251b und 256a.
37. Maaß: *Der verführte Verführer* (2001), S. 16. In diesem Beitrag wird auch die durchaus widersprüchliche Bewertung von Ficinos Liebeslehre in der Forschung diskutiert. Ebd., S. 15–16.
38. Ebd., S. 29.

3. 2. 2 „Se musica è donna amata". Pietro Bembos *Gli Asolani* und Baldesar Castigliones *Il Libro del Cortigiano* oder: Der Einzug höfischer Kommunikation in den Liebesdiskurs

Der entscheidende Anstoß zur Öffnung der platonischen Liebeslehre für ein neues, höfisch bestimmtes Publikum war mit einer Übersetzung der Thematik ins italienische *volgare* verbunden, für deren Etablierung Pietro Bembo die Schlüsselfigur war.[39] Er kommt dabei dem Profil eines Übersetzers im umfassenden Sinn nahe, dessen Aufgabe — Walter Benjamin folgend — über die sprachliche Übertragung des festgelegten Inhalts hinausgeht:

> Es gibt keine Muse der Philosophie, es gibt auch keine Muse der Übersetzung. Banausisch aber, wie sentimentale Artisten sie wissen wollen, sind sie [die Übersetzer] nicht. Denn es gibt ein philosophisches Ingenium, dessen eigenstes die Sehnsucht nach jener Sprache ist, welches in der Übersetzung sich bekundet. […] So steht […] die Übersetzung mitten zwischen Dichtung und Lehre. Ihr Werk steht an Ausprägung diesen nach, doch es prägt sich nicht weniger tief ein in die Geschichte.[40]

Bembos Liebesdialoge *Gli Asolani* sind als zeitgemäße Reaktion auf die Kluft zwischen dem veränderten Gesellschaftsbild und der humanistischen Tradition zu verstehen, die bezeichnenderweise von einem Intellektuellen erfolgt, der zwar Philosophie studiert hatte, aber als Literat und Rhetoriker auftrat. Über die philosophische Liebeslehre sollte der dichterische Liebesdiskurs im literarischen Kanon verankert und dadurch Prosa und Poesie im *volgare* gleichberechtigt hoffähig gemacht werden. „Bembo concepì il progetto innovativo di un dialogo umanistico che trasferisse il dibattito sull'amore dall'hortus conclusus dell'erudizione e dei cenacoli neoplatonici alle conversazione civile, per conferire un fondamento dottrinale alle tematica amorosa della letteratura, e sopratutto della poesia, volgare […]."[41] In den *Asolani* geht somit der Eintritt des Liebesdiskurses in gesellschaftliches Neuland mit einer Reform der Literatur in eine für das 16. Jahrhundert bemerkenswert erfolgreiche Synthese ein: 1505 bei Aldo Manuzio in Venedig erstmalig publiziert, wurden Bembos Liebesdialoge in den folgenden 17 Jahren allein in Italien sieben mal neu aufgelegt und ebenso im Ausland rezipiert.[42]

Im Titel des Traktats selbst drückt sich der paradigmatische Standortwechsel an den Hof aus: Die Dialoge spielen in Asolo am Hof von Caterina Cornaro, der Königin von Zypern. Dass Bembo damit den einzigen Hof auf dem Territorium der Republik Venedigs auswählt, lässt darauf schließen, wie weit er zu dieser Zeit vom kulturpolitischen Selbstbewusstsein seiner Heimatstadt entfernt,

---

39. Vgl. Kap. 3. 1.
40. Vgl. Benjamin: *Übersetzer* (1991), S. 1–21, S. 16–17. Tatsächlich entspricht Bembos literarisch-künstlerisches Profil dem des idealen Übersetzers, wie es Benjamin in seinem namhaften Essay beschreibt. Ein Engagement wie das Bembos für die Etablierung des *volgare* im literarischen Kanon, die von ihm begleiteten Editionen von Dante- und Petrarca-Ausgaben sowie die eigene dichterische Tätigkeit lassen sich in diesem Sinn als eine Übersetzung humanistischer Traditionen in das 16. Jahrhundert verstehen. Für eine Diskussion von Benjamins Text im musikwissenschaftlichen Kontext vgl. Meine: *Zwölftöner* (2000), S. 127–37.
41. „Bembo unternahm das innovative Projekt eines humanistischen Dialogs, der die Debatte über Liebe aus dem hortus conclusus der Gelehrsamkeit und der neoplatonischen Abendmahle in die bürgerliche Unterhaltung überführte, um [dadurch] der Liebesthematik der Literatur, vor allem aber der Dichtung [im] *volgare* ein theoretisches Fundament zu verleihen." Berra: *Asolani* (1995), S. 3.
42. Die Dialoge wurden ins Französische und Spanische übersetzt. Vgl. Pozzi: *Trattatisti* (1978), S. 1168–1173. Die Entstehungszeit der *Asolani* vermutet Dionisotti zwischen 1497 und 1502, als Bembo u. a. in Ferrara ansässig war. (1497–1499 und 1502–1503). Auf die Jahre 1502–1503 wird die Liebe zu Lucrezia Borgia datiert. 1503/4 haben demnach letzte Revisionen stattgefunden. Vgl. Bembo: Prose, S. 17.

aber auch wie erfolgsversprechend eine Situierung im höfischen Ambiente geworden war. Über die persönliche Prägung durch das Hofleben Ferraras hinaus — die Dialoge sind Lucrezia Borgia gewidmet — mögen strategische Überlegungen eine Rolle gespielt haben bei der Entscheidung, die halbfiktive Hofszenerie ausgerechnet auf venezianischem Boden zu verorten.[43]

Die Dialoge sind für ein großes Fest in Asolo imaginiert: Während der Hochzeit einer der Hofdamen unterhalten sich drei junge Männer (Perottino, Gismondo und Lavinello) und drei junge Damen (Berenice, Lisa und Sabinetta) über die Liebe, flankiert von Kommentaren der Königin.[44] Die eingehende Darstellung von Personen, Umgebung und Dekor in durchgehend leicht verständlicher Sprache, v. a. aber die Durchsetzung des Prosatextes mit Poesie und Liedern kennzeichnen diese Liebesdialoge als literarischen Text, sind aber zugleich in Konzeption und Thematik der platonischen Spekulation über die Liebe verpflichtet, die sie als Traktat legitimieren. Jeweils einer der Männer bestimmt mit seiner Auffassung von Liebe das Gespräch, das in Anlehnung an das dreiteilige Stufenmodell Ficinos in der Darstellung einer reinen Gottesliebe mündet.

Die Rolle der Musik zeigt, wie der Erzählrahmen den Liebesdiskurs selbst verändert: Gismondo, einer der Hauptsprecher, ruft am Beispiel des Orpheus die außerordentlichen Qualitäten der Stimme in Erinnerung und überträgt diese auf die Hofdame.[45] Die Männer sollen lernen, auf die schöne Stimme ihrer Geliebten zu hören, damit Schmerz und Traurigkeit, „quasi wie durch Orpheus' Stimme" verschwinden: „se non che le dure cure degli uomini, che necessariamente le più volte porta seco la nostra vita, in diverse maniere i loro animi tormentati, cessano do la lor pena, mentre essi invaghiti, *quasi dalla voce d'Orfeo, così da quella delle lor donne*, lasciano e obliano le triste cose."[46] Und wer bislang kein Liebhaber von Frauen sei und die „dolcezze" ihrer Erscheinung und Stimme nicht wahrnehme, könne dies erlernen und kultivieren.

An anderer Stelle macht Bembo deutlich, dass er dabei konkret an die Singstimme denkt und weist auf Konsequenzen für die Musikpraxis: Der Gesang der Geliebten werde attraktiver, wenn er

43. Interessant an der Szenerie ist der Sonderstatus Zyperns zur Entstehungszeit der Dialoge, das auch in politischer Hinsicht Inselstatus hatte: Caterina Cornaro heiratete 1472 Giacomo II di Lusignano, den letzten König von Zypern. Ein Jahr nach dem Tod ihres Gatten übernahm Venedig die Regierung der Insel, im Gegenzug gestattete man ihr, in Asolo Hof zu halten und dort den Status der Königin zu bewahren. (Bembo berichtet über sie in l'Istoria Veneziana, latina e volgare, in: Opere del Carinale Pietro Bembo I, Venezia 1729, Libro I, S. 13–16, Libro X, S. 272. Vgl. Bembo: Prose, S. 314.) Entsprechend kritisch wurden die Dialoge in Venedig rezipiert. Darüber hinaus gibt es auffällige Analogien zu der Anlage der Gespräche in Boccaccios *Decameron*, die allerdings ohnehin wiederum typisch für die höfische Literatur seit dem Trecento ist: Hier wie dort handelt es sich um Gespräche über das Wesen der Liebe unter jungen Männern und Frauen und einer Königin bzw. einem König, die durch Aufführungen von Musik, Poesie und Tanz flankiert werden und im idyllischem Ambiente eines von Gärten umsäumten Anwesens stattfinden. Im *Decameron* sind es bekanntermaßen drei junge Männer und sieben Frauen, unter denen jeweils eine Königin oder ein König gewählt wird, der jeweils an einem Tag verantwortlich für den Verlauf der Gespräche ist. Auch vor diesem Hintergrund scheint die Verlagerung aus dem bürgerlichen Florenz bei Boccaccio ins höfische Asolo bezeichnend; auf die unterschiedliche Inszenierung von Poesie und Musik wird noch zurückzukommen sein.
44. Auch hier liegt eine Referenz an den *Decameron* auf der Hand.
45. II. Buch, XXVI. Kapitel. Dass dabei Ficino im Hintergrund steht, ist z. B. aus der drohenden Anmerkung Gismondos zu schließen, dass die Frauen wegen der genannten Qualitäten von Seh- und Hörsinn nicht etwa auf die Idee kommen sollten, die anderen drei Sinne auszuspielen: „e, perche io, donne, per le dolcezze di questi due sentimenti scorte v'abbia, non crediate perciò che io scorgere vi voglia per quelle ancora degli altri tre [...]." „Und weil ich, euch Frauen wegen der Süße dieser zwei Sinne wahrgenommen habe, glaubt nicht, dass ich euch wegen der anderen drei Sinne betrachten will. [...]" Bembo: Prose, S. 434.
46. „Die harten Sorgen der Männer, die meist notwendigerweise unser Leben mit sich bringt und die dessen Seelen auf verschiedenste Art gequält haben, hören auf, sie zu schmerzen, *da sie, quasi wie durch die Stimme Orpheus', durch die Stimme ihrer Frauen verzaubert werden*, [so] lassen sie die traurigen Dinge los und vergessen sie." Ebd., S. 433, eigene Hervorhebung.

instrumental begleitet werde, wenn die Geliebte eines seiner eigenen Gedichte singe oder aber sogar eines der ihren. Hier kann Bembo aus Erfahrung gesprochen haben, denn wie erwähnt, spielte das Musizieren und Musizierenlassen in seinen persönlichen Liebes- bzw. Gunstbeziehungen eine entscheidende Rolle.[47]

> O pure con quanta soavità ci soglia li spiriti ricercare un vago canto delle nostre donne, e quello massimamente, che è col suono d'alcun soave strumento accompagnato, tocco dalle loro dilicate e musice mani? con quanta poi, oltre a questa, se aviene che elle cantino alcuna delle nostre canzoni o per aventura delle loro?[48]

Es ist bemerkenswert, dass Baldesar Castiglione genau diesen Gedanken an versteckter Stelle im *Libro del Cortigiano* aufgreift. Sein Buch ist heute der prominenteste Beleg für den Einfluss von Bembos Liebeslehre, der auf gemeinsame Erfahrungen beider am Hof von Urbino zurückgeht und damit in die Spätphase der Frottola-Produktion fällt.[49] Das gesamte vierte Buch des *Cortigiano* ist der Liebeslehre gewidmet, in dem Bembo als Hauptsprecher Ficinos Maximen zur platonischen Liebestheorie im Dialog gegen seine Skeptiker verteidigt.[50] In einer kurzen Passage zeichnet der imaginäre Protagonist Bembo das Bild der musizierenden Geliebten, das auch hier aus der begrifflichen Affinität von Liebe und Musik hervorgeht. „Rimovasi adunque dal cieco giudicio del senso e godasi con gli occhi quel splendore, quella grazia, quelle faville amorose, i risi, i modi e tutti gli altri piacevoli ornamenti della bellezza; medesimamente con l'audito la soavità della voce, il concento delle parole, l'armonia della musica (se musica è la donna amata); e così pascerà di dolcissimo cibo l'anima per la via di questi dui sensi".[51] Wenn die Geliebte selbst „musica", und das heißt hier „Musikerin" ist, „se musica è la donna amata",[52] sei sie anderen in Schönheitsdingen um die „armonia della musica"

---

47. Vgl. die Diskussion entsprechender Hinweise in der Beziehung zu Maria Savorgnan und zu Isabella d'Este Gonzaga im Abschnitt „la dolce influenza del mio Giove" — Petrarkistische Huldigungen im Umfeld weiblicher Patronage in Kap. 2. 1. 9.
48. „Andernfalls soll man mit so viel Süße die Geister einen anmutigen Gesang von unseren Frauen suchen lassen, und das aufs Stärkste, das heißt mit dem Klang von jedem begleitenden Instrument, berühre ich ihre feinen und musikalischen Hände? Mit wieviel Süße, über diese hinaus, geschieht es, dass sie einige unserer Lieder singen oder zufällig [sogar] ihre eigenen? Ebd., S. 432. Hinter dieser Bemerkung vermutet auch Dionisotti, langjähriger Bembo-Forscher und Herausgeber seiner Werke, eine Anspielung Bembos auf seine persönliche Liebe zu Maria Savorgnan. Ebd. Vgl. ebenso Prizer: *Games* (1991), S. 3–56, S. 9.
49. Bembo kam 1506, also bereits nach der Veröffentlichung der *Asolani* nach Urbino, und traf in den sechs Jahren seines Aufenthaltes dort auf Castiglione, der sich 1504 bis 1513 in Urbino aufhielt, bevor er die damaligen Erfahrungen zwischen 1513 und 1518 zum *Libro del Cortigiano* verarbeitete. Bembos dortiger Auftritt gehört somit zu den damals üblichen halbfiktiven Dramaturgien von Dialogen, die in der Form zwar nicht stattgefunden hatten, aber dennoch realitätsbezogen waren.
50. Dies geschieht hier ohne ausdrückliche Referenz auf Ficino oder die eigenen Dialoge im IV. Buch, 63. Kapitel.
51. „[Lasst uns] also vom blinden Urteil des Sinns weg bewegen und mit den Augen diese Pracht genießen, diese Anmut, diese verliebten Funken, das Lachen, die Weisen und alle anderen angenehmen Verzierungen der Schönheit; zugleich [lasst uns] mit dem Gehör die Süße der Stimme, den Wohlklang der Worte, die Harmonie der Musik [genießen] (wenn Musik die geliebte Frau ist); und so wird sich die Seele mit süßester Speise nähren für den Weg dieser zwei Sinne." Castiglione: Cortegiano, IV, 62, S. 428.
52. „Musica" ist hier die weibliche Form von „musico", dem altitalienischen Begriff für „musicista". James Haar hat auf diese Stelle hingewiesen und sie als „a prose madrigal", ein Madrigal im Prosa-Stil gedeutet, das aus der ersten Begeisterung für das neue Genre entstanden sein könnte. Zwar ist tatsächlich zu bedenken, dass das IV. Buch des *Cortigiano* erst 1516 bis 1518 geschrieben wurde, d. h. einige Jahre nach der Redaktion der ersten drei Bücher (1513–1516). Da hier oder an anderer Stelle aber keine weiteren Bemerkungen über einen neuen Musizierstil, etwa das mehrstimmige gemeinsame Singen, gemacht werden und die Veröffentlichung von Madrigalen als musikalischem Genre zu dem Zeitpunkt der Redaktion noch aussteht, ist eine bewusste Anspielung eher fraglich. Vgl. Haar: *Courtier* (1983), S. 165–89,

voraus. In den bekannten Hinweisen im *Cortigiano* auf die Musik wird zwar immer wieder auf die Relevanz von Musik für den Liebesdialog hingewiesen; dies ist aber offenbar die einzige Stelle, wo eine Musikpraxis der Hofdame, nicht des Hofmanns selbst gemeint ist. Im Normalfall handelt es sich um Instruktionen für den Hofmann, sich in gemäßigten Ständchen für die Geliebte zu üben.[53]

In der bewährten Anlehnung an antike Ideale verleiht Bembo seinen musikpraktischen Hinweisen in den *Asolani* das nötige Gewicht. So lässt er Gismondo das bekannte platonische Modell beschreiben, dass liebesfördernde Tugenden über die Liebesharmonie der Seelen direkt zur kosmischen Harmonie führen. Durch die direkte Beziehung von Musik und Harmonie erlangt somit gerade eine weibliche Musikpraxis eine herausgehobene Position unter den Künsten:

> Così aviene che, rinforzando le nostre donne in più doppi la soavità della loro armonia, fanno altresì la nostra dolcezza rinforzare, la quale, passando nell' anima, sì la diletta che niuna più, come quella che, dalle celestiali armonie scesa ne' nostri corpi e di loro sempre desiderosa, di queste altre a sapor di quelle s'invaghisce, più sentendone che quasi non pare possibile, a chi ben mira, di cosa terrena doversi sentire. Benché non è terrena l'armonia, donne, anzi pure in maniera con l'anima confacevole, che alcuni furono già che dissero essa anima altro non essere che armonia.[54]

Immer wieder wird durch zeitgenössische Varianten des antiken Liebes- und Schönheitsbegriffs eine musikpraktische Innovation wie die, dass die Hofdame nun aktiv musizieren kann, gerechtfertigt. Das zeitgenössische Frauenbild bleibt dabei indes ambivalent: die Frau rückt ins Zentrum der Diskurse, wird dabei aber mit Attributen versehen, die sich zwischen dem rein Dekorativen und dem Höchsten bewegen. So wendet sich der Zeitgenosse Agnolo Firenzuola 1541 mit den Worten an die Damen, dass ihre vergleichsweise „zartere Schönheit Abglanz des himmlisches Paradieses" sei. „conciò sia che la complession vostra sia molta più delicata e più molle che non è la nostra, [...] ch' io affermo, non di mio capo, ma di sentenzia non solamente de' savi naturali, ma d' alcuni Teologi, che la vostra bellezza è un' arra delle cose celesti, una immagine e un simulacro de' beni del paradiso."[55]

Musik wird somit als Mittel einsetzbar, um außergewöhnliche Schönheit zu demonstrieren. Interessant sind dabei die Abstufungen, die bereits Bembo vornimmt: Als Rahmenhandlung der Dialoge lässt er in den *Asolani* an einem Abend der Festtage, an denen regelmäßig gespielt und musiziert wird, drei junge Damen platonisch-petrarkistische Liebeslieder vorführen. Zunächst tragen zwei von

---

S. 180. In der deutschen Übersetzung des *Cortigiano* von Fritz Baumgart fehlt dieser hier entscheidende Kommentar ganz; zudem ist der Ausdruck „L'armonia della musica" ungenau durch „Gesang" übertragen. Vgl. Castiglione: Hofmann, IV, 62, S. 399: „[...] desgleichen [genieße er] durch das Gehör die Süßigkeit der Stimme, den Wohlklang der Worte und die Harmonie des Gesanges [...]".

[53.] Bembo sollte im Laufe seiner Karriere seine Meinung über die Tugendhaftigkeit des weiblichen Musizierens noch ändern, wie sich Jahrzehnte später im Briefwechsel mit seiner Tochter zeigte. Vgl. Kap. 3. 2. 2.

[54.] „So geschieht es, dass unsere Frauen auch unsere Süße verstärken, indem wir die Süße ihres Zusammenklangs [harmonia] verstärken, die, wenn sie in die Seele strömt, diese erfreut wie nichts anderes mehr, so wie die Süße, die von den himmlischen Harmonien in unsere Körper herabsteigt, und da sie immer sehnsüchtig nach diesen ist, sich in diese anderen mit dem Duft von jenen verliebt, die sie mehr spürt als es wahrscheinlich scheint; wer gut hinschaut, darf Irdisches spüren. Obwohl die Harmonie nicht irdisch ist, Frauen, [kann man] sie mit einer schicklichen Seele in [dieser] Art [wahrnehmen], so dass es schon einige gab, die sagten, dass eben die Seele nichts anderes als Harmonie sei". Bembo: Prose, S. 432–33.

[55.] „Ich sagte, dass eure Gestalt zarter sei und weicher als es unsere nicht ist [...] und ich versichere, nicht von mir aus, sondern mit einem Spruch nicht nur einiger Naturweisen, sondern auch einiger Theologen, dass eure Schönheit ein Pfand der himmlischen Dinge ist, ein Bild und ein Ebenbild der Güter des Paradieses". Firenzuola: Delle Bellezze, S. 237–307, S. 258.

ihnen Lieder vor,⁵⁶ deren Wirkung bereits durch die aufwändige Dramaturgie des Auftrittsrahmens vorbereitet wird:

> nella fine del desinare, che sempre era splendido e da diversi giuochi d'uomini, che ci soglion far ridere, e da suoni di vari strumenti e da canti ora d'una maniera e quando d'altra rallegrato, due vaghe fanciulle per mano tenendosi con lieto sembiante al capo delle tavole, là dove la Reina sedea, venute, riverentemente la salutarono, e poi che l'ebbero salutata, amendue levatesi, la maggiore, un bellissimo liuto che nell' una mano teneva al petto recandosi e assai maestrevolmente toccandolo, dopo alquanto spazio col piacevole suono di quello la soave voce di lei accordando e dolcissimamente cantando, così disse […]⁵⁷

Die Beschreibung der äußeren Anmut der Mädchen und ihrer Verbundenheit untereinander lässt eine Atmosphäre zarter und intimer Schönheit entstehen, auf der die Darstellung der vorgetragenen Musik aufbaut. Eine Fülle von verstärkenden Adjektiven und Adverbien — *bellissimo, maestrovolmente, piecevole, soave, dolcissimamente* — leitet den Vortrag der ersten Canzonetta ein, bei dem sich die ältere der beiden Mädchen selbst auf der Laute begleitet.⁵⁸ Die jüngere wartet ein kurzes Instrumentalzwischenspiel ihrer Vorgängerin ab und antwortet ihr mit einer Canzonetta, die diese offenbar in gleicher Weise wie zuvor auf der Laute begleitet: „la minore, dopo un brieve corso di suono della sua compagna che nelle prime note già ritornava, al tenor di quelle altresì come ella la lingua dolcemente snodando, in questa guisa le rispose […]"⁵⁹

Der eigentliche Liedvortrag füllt diese stilisierte Atmosphäre mit Liebesvorstellungen, die gleichermaßen an Ficinos Platon-Auslegung und Petrarcas *Canzoniere* erinnern: Wie später in Perottinos und Gismondos Dialogen ausgebreitet, dominiert in der ersten Ode Liebesunglück, in der zweiten Liebesglück.⁶⁰ Beide Gedichte weisen dabei eine regelmäßige Reimstruktur auf⁶¹ (Text Bsp. 4a):

---

56. Die hier gewählte Bezeichnung der „canzoni" besagt in diesem Fall nichts über die metrischen Verhältnisse der zugrunde liegenden Versform. Es handelt sich um Oden, die metrisch und inhaltlich einander ähnlich gestaltet sind. Jede besteht aus drei vierzeiligen Strophen mit jeweils elfsilbigen Versen.
57. „Nach dem Ende des Mittagessens, das immer glänzend und [begleitet von] verschiedenen Spielen ablief, die uns zum Lachen brachten, und von den Klängen verschiedener Instrumente und von Gesängen, mal in der einen, mal in einer lebhafteren Art, kamen zwei anmutige Mädchen, die in der Hand eine Laute hielten und zum Kopf des Tisches gingen, wo die Königin saß. Sie zeigten sich ehrerbietig und grüßten sie, und als sie [das getan] hatten, erhoben sie sich beide, die größere mit einer wunderschönen Laute, die sie in der einen Hand hielt, an die Brust heran zog und sie ziemlich meisterlich spielte. Nach einigem Raum mit [diesem] angenehmen Klang stimmte sie ihre süße Stimme ein und sang Folgendes auf süßeste Weise […]" Bembo: Prose, S. 318.
58. Darauf deutet die Anmerkung, dass die Lautenistin „wieder zu den ersten Noten zurückgekehrt" war. Vgl. das Zitat oben.
59. „die kleinere schaltete sich nach einem kurzen Lauf ihrer Gefährtin, die bereits wieder zu den ersten Noten zurück kam, noch in den Tenor dieser Noten ein, löste wie diese die Sprache sanft auf, [und] antwortete ihr auf diese Weise." Bembo: Prose, S. 319.
60. Offensichtliche Parallelen bestehen in der ersten Strophe, die im zweiten Vortrag über Kontrastbilder variiert wird, so über den Gegensatz von *Fest/Spiel* versus *Schmerz und Tränen* in der ersten Zeile oder den von *Qualen* versus *süße Gedanken*. In der dritten Strophe spielen beide Oden mit mythologischen Deutungsmustern. Die Tragik von Medeas Schicksal soll von der leidenschaftlichen Liebe abschrecken, die Erlösung der vom Monster ergriffenen Andromeda illustriert den möglichen Frieden durch Liebe. Für diese Hintergründe wie auch die Verwendung einzelner Worte finden sich Vorbilder bei Dante und Petrarca. Den Ausdruck *pargoletta* (für Kind) führt Dionisotti auf den Canto CCXIV des *Canzoniere* zurück, den er wiederum im direktem Rekurs auf Dante (*Purgatorio* XXXI, 59 und *Rime* XXXIV) versteht. Vgl. Ebd., S. 318–19, Anm. 2.
61. Mark Es handelt sich um Oden, die metrisch und inhaltlich einander ähnlich gestaltet sind. Jede besteht aus drei vierzeiligen Strophen mit 11silbigen Versen. Bembo: Prose, S. 318.

Bsp. 4a: Pietro Bembo, „Io vissi in pargoletta"

Gedicht	Reim	Silben	
Io vissi pargoletta in festa e 'n gioco	A	11	Ich habe als Mädchen in Fest und Spiel gelebt;
De' miei pensier, di mia sorte contenta:	B	11	Glücklich über meine Gedanken und mein Schicksal.
Or sì m'afflige Amor e mi tormenta,	B	11	Aber jetzt quält und plagt mich Amor,
Ch'omai da tormentar gli avanza poco.	A	11	so sehr, dass kaum noch etwas zu quälen übrig bleibt.
Credetti, lassa, aver gioiosa vita,	C	11	Ich Arme glaubte, ein glückliches Leben zu haben,
Da prima entrando, Amor, a la tua corte;	D	etc.	indem ich damals an deinen Hof kam, Amor.
E già n'aspetto dolorosa morte:	D		Und schon erwarte ich den schmerzhaften Tod,
O mia credenza, come m' hai fallita!	C		Oh, mein Glaube, wie hast du mich getrügt!
Mentre ad Amor non si commise ancora,	E		Als sich Medea noch nicht Amor anvertraut hatte,
Vide Colco Medea lieta e secura;	F		hat man sie in Colco glücklich und in Sicherheit gesehen.
Poi ch'arse per Jason, acerba e dura	F		Als sie sich für Jason entflammte, wurde ihr Leben hart
Fu la sua vita, infin a l'ultim' ora.	G		und bitter bis zum letzten Ende.
Io vissi pargoletta in doglia e 'n pianto,			Ich habe als Mädchen in Schmerz und Tränen gelebt,
De le mie sorte e di me stessa in ira:			über mein Schicksal und mich selbst im Zorn,
Or sì dolci pensier Amor mi spira,			jetzt sendet mir Amor so süße Gedanken,
Ch'altro meco non è che riso e canto.			dass ich nur noch Lachen und Singen kenne.
Arei giurato, Amor, ch'a te gir dietro			Ich hätte geschworen, Amor, dass es wie ein Schiffsgang
Fosse proprio un andar con nave a scoglio,			über Klippen ist, dir zu folgen.
Così, là 'nd'io temea danno e cordoglio,			Dort wo ich Schaden und Kummer fürchtete,
Utile scampo a le mie pene impetro.			bitte ich um einen Ausweg aus meinen Leiden.
Infin quel dì, che pria la punse Amore,			Von dem Tag an schließlich, an dem Amor sie getroffen hatten,
Andromeda ebbe sempre affanno e noia;			war Andromeda immer in Kummer und Sorgen,
Poi ch'a Perseo si diè, diletto e goia			seitdem sie sich Perseus ergeben hat, sind ihr Glück und
Seguilla viva, e morta eterno onore.			Freude im Leben gefolgt, und im Tod ewige Ehre.

Als Höhepunkt der Szene tritt eine Dame der Königin auf, die in der Schönheit ihrer Erscheinung und der ihres Gesangs alles Vorherige übertrifft. Ihr Gesang zu einer Viola mit „suono maraviglioso" besticht durch „piacevolezza" und „maniere […] nuove di melodia", also offenbar dadurch, dass sie melodisch differenzierter und freier singt als ihre jüngeren, mädchenhafteren Vorgängerinnen. Es ist bezeichnend, dass Bembo an dieser Stelle von „piacevolezza" spricht und damit einen Begriff verwendet, der in den späteren *Prose* zentral wird und eine klanglich vorbildliche Sprachgestaltung bezeichnet. Als Inbegriff ihrer Überlegenheit singt sie ein Lied über die göttliche, perfekte Liebe, das auch im Reimschema komplexer ist. Jetzt handelt es sich um eine Canzone mit wechselnden sieben- und elfsilbigen Versen[62] (Text Bsp. 4b).

Bsp. 4b: Pietro Bembo, „Amor, la tua virtute"

Amor la tua virtute	A	7	Liebe, deine Tugend
Non è dal mondo e da la gente intesa:	B	11	Ist nicht von dieser Welt und von den Menschen gewollt:
Che, da viltate offesa,	B	11	Die, durch Niedertracht gekränkt,
Segue suo danno e fugge sua salute.	A	11	Ihrem Schaden folgt und ihrem Heil flieht.
Ma se fosser tra noi ben conosciute.	A	11	Aber, wenn unter uns deine Werke
L'opre tue, come là dove risplende	D	11	Gut bekannt wären, wie dort, wo
Più del tuo raggio puro,	E	7	Dein reines Wirken mehr zurückstrahlt
Camin dritto e securo	E	7	Geht sie gerade und sicher
Prenderia nostra vita, che no 'l prende;	D	11	Ermächtigt sie sich unseres Lebens, auf das es nicht sie ergreift
E tornerian con la prima beltade.	D	11	Und kehrt zurück mit der ersten Schönheit
Gli anni de l'oro, e la felice etade.	D	11	Den goldenen Jahren und dem glücklichen Zeitalter.

---

62. Das Gedicht ist zunächst im 2. Madrigalbuch Arcadelts vertont und in dessen Ausgabe von 1539 Francesco Layolle zugeschrieben. Veröffentlicht ist es in Layolle: Works, S. 25–28.

Die dargestellte Reaktion des Hofpublikums verstärkt das Bild einer Steigerung: Hatte man den ersten Liedern aufmerksam und still zugehört, hinterließ die letzte Musik in ihren Herzen eine „dolce fiamma".[63]

Auch hier ist der Erzählrahmen allein über die abwechselnde Erwähnung der Laute und Viola der des *Decameron* vergleichbar. Umso deutlicher wird dabei, wie stark Bembo sich von Boccaccios Liebes- und Lebensvision absetzt. Auch dort sind musikalische Szenen als Ein- und Ausführung der einzelnen Gespräche bzw. Tage integriert, hier wie dort wird in einzelnen Liedern die zentrale Liebesthematik reflektiert. Und aus der Tradition mittelalterlicher Schwankliteratur heraus, die eine irdische, ausdrücklich lustbetonte Liebes- und Lebensführung spiegelt, werden Lieder hier stets mit Tanz kombiniert.[64]

> con ciò fosse cosa che tute le donne carolar sapessero e similmente i giovani, e parte di loro ottimamente sonare e cantare, comandò la reina che gli strumenti venissero: e per comandamento di lei, Dioneo prese un liuto e la Fiammetta uno viuola, cominciarono soavemente uns danza a sonare. Per che le reina con l'altre donne, insieme co' due giovani presa una carola, con lento passo, mandati i famigliari a mangiare, a carolar cominciarono; e quella finita, canzoni vaghette e liete cominciarono a cantare. Ed in questa maniera stettero tanto che tempo parve alla reina d'andare a dormire […].[65]

Bekanntermaßen gehörte der Tanz auch in der höfischen Gesellschaft der Renaissance zu den zentralen Vergnügungen; umso bezeichnender ist es, dass er in den *Asolani* keine entscheidende Rolle spielt. Anders als Boccaccio geht es Bembo um eine Ästhetisierung und damit Nobilitierung von Sinnlichkeit, der auch die musikalische Darstellung dient.

3. 2. 3 *Delle bellezze delle donne* — Musik, weibliche Schönheit und Spiel bei Firenzuola, Luigini und Bargagli

Musikalische und physische Schönheit werden in folgenden Liebestraktaten weiterhin zusammen gedacht und der durch Bembo eingeleitete Perspektivwechsel nach 1500 verstärkt. In *Delle bellezze delle donne* von Agnolo Firenzuola ist die körperliche Erscheinung der zentrale Maßstab für Schönheit, für deren Aufwertung auch die Musik bemüht wird: Das Musizieren wird hier zu einem körperlich sichtbaren Bild, in dem die Hand von Instrumentalisten süße Harmonien erzeugt und damit einen Abglanz der himmlischen Harmonie auf die des menschlichen Körpers wirft.

---

63. Bembo: Prose, S. 320.
64. Volker Kapp weist darauf hin, dass die „idealisiert-kultivierte […] Atmosphäre der ‚brigata' [im *Decameron*] […] oft als Ausdruck eines neuartigen Lebensgefühls der frühen Neuzeit verstanden worden [ist]". Dagegen aber spreche, dass viele der mit Boccaccio assoziierten Themen wie Sinnesfreude, Satiren auf das asketische Leben etc. gerade typische Stoffe der mittelalterlichen Literatur seien. Vgl. Kapp: *Ital Litgesch* (1994), S. 79.
65. „Und da es so war, dass alle Frauen den Reigen zu tanzen verstanden und ebenso die jungen [Herrn], und Teile von ihnen auch bestens spielen und singen konnten, befahl die Königin, dass alle Instrumente kommen sollten: und auf ihren Befehl hin nahm Dioneo eine Laute und Fiammetta eine Viola, [und] begannen süß einen Tanz zu spielen. Und da die Königin mit anderen Frauen und gemeinsam mit zwei jungen [Männern] einen Reigen tanzte, mit langsamem Schritt, die Vertrauten zum Essen weg geschickt [waren], begannen sie den Reigen zu tanzen. Und als sie den beendet hatten, begannen sie anmutige und glückliche Lieder zu singen. Und auf diese Weise verweilten sie so lange, bis die Königin sie zum Schlafen schickte." Boccaccio: Decameron, S. 32.

> […] la bellezza è concordia e unione di cose diverse: perciochè come la mano del sonatore, e la intenzione movente la mano, l'arco, la lira e le corde, sono cose diverse e discrepanti l'una dall'altra, nondimeno rendono la dolcezza dell' armonia; cosi il viso che è diverso dal petto, e'l petto dal collo, e le braccia dalle gambe, ridotti e uniti insieme in una creatura dall' occulta intenzione di natura, generano quasi forzatamente la bellezza.[66]

Die Berufung auf eine solche Metaphysik der menschlichen Schönheit ist bei Firenzuola Ausgangspunkt für eine detaillierte Beschreibung von Schönheitsnormen einzelner Körperteile und Gliedmaßen, die den Hauptanteil der Dialoge ausmachen.

Die Tendenz, Musikpraxis als angemessene Verhaltensnorm der Hofdame anzupreisen, setzt sich in der Jahrhundertmitte fort, so etwa in Federico Luiginis *Libro delle belle donne* (1554). „Ritiriamoci un poco ora al suonare, al cantare, al ballare col nostro ragionamento, e se possibile è, che la nostra donna s'adorni, e se le accresca beltate alla sua beltate con tai mezzi altresì. […] Io adunque tengo fermissimo la musica, dove le tre cose antidette intravvengono, tra l'oneste professioni potersi annoverare."[67]

So wie die Musik als ehrenwerte Ausübung anerkennt werden sollte, fordert Luigini, dass auch Frauen das Recht haben sollten, sie um der Schönheit willen zu praktizieren. Wenn er dafür Argumente aus der Tradition der antiken Mythologie und der Kirchenväter bemüht und zeigt, wie tugendfördernd das Zusammenspiel von Poesie und Musik seit jeher gewesen sei, und besonders mit den Instrumenten der Laute und Viola, die an die ältesten Praktiken erinnern, geschieht dies hier vor dem Hintergrund, dass das Musizieren von Frauen offensichtlich mittlerweile als leichtfertig in Verruf gekommen war. Die entscheidende Autorität, an der Luigini letztlich belegt, dass weibliches Musizieren auch in diesen Zeiten statthaft sein könne, ist Bembos Szenerie aus den *Asolani*, die mittlerweile knapp vierzig Jahre lang Verbreitung gefunden hatte. Er legt dabei Wert darauf, dort zwischen den Damen zu unterscheiden, die für ihr Singen zur Viola und Laute das Lob der Königin bekamen und all' der Hofgesellschaft, die allein um des Vergnügens willen musizierte.

> […] raffermo che le [la donna] ha da essere di non poco onore; se d'imparare a toccare o viuola, o liuto (che questi due strumenti più mi piacciono) leggiadramente non si disdegnerà. Tenete certo che quelle vaghe damigelle appresso il Bembo sonanti l'una di liuto con meravigliosa maestria e

---

[66]. „Die Schönheit ist Eintracht und Einheit verschiedener Dinge: So wie die Hand des Spielers und die Absicht, die die Hand bewegt, der Bogen, die Lira und die Saiten verschiedene Dinge sind, sich das eine von dem anderen unterscheidet, geben sie [deshalb] nicht weniger Süße des Zusammenklangs [harmonia] wieder. Gleichermaßen erzeugen das Gesicht, das von der Brust verschieden ist, und die Brust vom Hals, und die Arme von den Beinen, geradezu zwangsläufig Schönheit, wenn sie in einer Gestalt geformt und vereinigt worden sind." Firenzuola: Delle Bellezze, S. 252.

[67]. „Lasst uns jetzt mit unserem Gedankengang ein wenig zurückziehen zum Spielen, Singen, Tanzen, und wenn es möglich ist, soll sich unsere Frau mit solchen Mitteln schmücken, dass ihrer Schönheit darüber hinaus weitere Schönheit zu wächst. […] Ich also halte sehr auf die Musik, bei der die drei vorher genannten Dinge [Spielen, Singen, Tanzen] zusammen kommen, und auf die man unter den ehrwürdigen Berufen zählen kann." Luigini: Libro, S. 86. Mit dem Ausdruck „professioni" ist hier keine Berufstätigkeit im modernen Sinn zu verstehen, vielmehr eine außerordentliche Kompetenz, eine „Virtuosität", die im Deutschen durch die Nähe von „Berufung" zu „Beruf" ausgedrückt wird. In diesem Sinn gebraucht auch Ficino den Ausdruck „fare professione" im „libro dell' amore": „El nostro Socrate, giudicato dallo oracolo d'Appolline sapientissimo di tutti e Greci, soleva dire sé fare professione dell'arte amatoria più che d'alcuna altra; quasi voglia dire che per la peritia di questa arte e Socrate, e qualunque altro, fussi da essere giudicato sapientissimo." „Unser Sokrates, der vom Apollinischen Orakel zum weisesten unter allen Griechen gesprochen wurde, pflegte zu sagen, dass er sich mehr zur Liebeskunst als zu anderen Künsten bekannte, so als ob er sagen wollte, dass sowohl er, Sokrates, als auch jeder andere wegen der Weisheit dieser Kunst als überaus weise beurteilt werden sollte." Ficino: Sopra lo amore, S. 89.

l'altra di viuola, grandissima laude appo la reina di Cipri, e altre gentildonne, e onorati signori convenuti in Asolo per onorare le nozze che si celebrarono così gaiamente, vennero anzi a riportare che no."**68**

Luigini zitiert die entscheidende Passage, in der Bembos Protagonist Gismondo das Singen und Musizieren der Geliebten lobt**69** und leitet daraus einen Leitsatz für ein gesellschaftsfähiges, angemessen moderates Musizieren und Tanzen von Frauen ab: „Suonerà adunque la donna nostra alle volte a tempo e a luogo, ma sempre modestamente, ma sempre riverentemente, e non pur suonerà, ma canterà e danzerà ancora, come le si conviene e non più, cioè con rispetto grande e vergogna nel volto."**70**

Musik bleibt in der weiteren Entwicklung des Liebesdiskurses ein zentrales Kommunikationsmittel in einem meist spielerischen und profanen Kontext. Auch nach der Jahrhundertmitte, da unter den Musikdrucken und -handschriften die mehrstimmige Vokalpraxis von Madrigal, Villanella etc. dominiert, wird in der höfischen Literatur das Bild des einstimmigen Singens weiter transportiert und lässt Rückschlüsse auf eine entsprechende weiterhin rege Laienpraxis zu. In den *Trattamenti* des Sienesers Scipion Bargagli, einer Literarisierung des Gesellschaftslebens der Sprachakademien, wird gespielt, erzählt und Liebeslyrik gesungen. Die Dialoge sind in den 1560er Jahren entstanden, aber erst Jahrzehnte später in Druck gegangen.**71** Einstimmig gesungene Liebeslyrik zu verschiedenen Instrumenten wird zum Gruppenspiel, in dem Liebesdiskurs und Musik eine Einheit bilden. Die Sängerinnen tragen abwechselnd Liebesgedichte vor, wobei ihre Auftrittsart, Haltung und Stimme ebenso diskutiert werden wie die Schönheit der gehörten Liebesgedichte. Es sind hier Laien, die atmosphärisch, inhaltlich und musikalisch miteinander kommunizieren.**72** Lobeshymnen über die Auftritte jedes Einzelnen schließen die kritische Beobachtung des Singens ein. So wird z. B. bemängelt, dass Clitias Singen nicht über die Instrumente hinweg trägt, so dass man weder ihre Worte noch ihre Art zu singen gut hören könne. Die kommunikative Wirkung und inhaltliche Kontinuität der Gesänge steht hier zweifellos im Vordergrund, der sich die musikalische Qualität unterordnet. Das verdeutlicht auch Clitia, die von dem Gesang des ersten Sängers Alessandro so gerührt ist, dass sie diesen daraufhin in seiner Dramaturgie fortführt.

> Alessandro: […] Gustan qui il ben, che poi godranno in Cielo. […]
> Clitia: Si ben m'havete tolto voi, anzi che dato l'animo, Alessandro, nel potervi seguir cantando […]
> Clitia cantando disse: Goder buoni mai già non potrà del Cielo […]**73**

---

68. „Ich betone, dass sie [die Frau] von nicht wenig Ehre sein muss; wenn sie sich nicht dadurch erniedrigen wird, die Viola oder die Laute auf leichtfertige Weise zu spielen (da mir diese beiden Instrumente am meisten gefallen). Merkt sicher, dass diese anmutigen jungen Damen bei Bembo, von der eine die Laute mit wunderbarer Meisterschaft spielte und die andere die Viola, größtes Lob von der Königin von Zypern [bekam], und andere ehrwürdige Damen und Herren, die in Asolo zusammen gekommen sind, um die Hochzeit zu ehren, die so heiter gefeiert wurde, im Gegenteil [kein Lob] bekamen." Luigini: Libro, S. 93–94.
69. Vgl. Bembo: Prose, S. 432 und im vorigen Unterkapitel.
70. „Unsere Frau wird also manchmal zur richtigen Zeit am richtigen Ort spielen, aber immer in Maßen und immer ehrerbietig, und sie wird nicht allein spielen, sondern auch noch singen und tanzen, wie es sich ziemt und nicht mehr, das heißt mit großem Respekt und Scham im Gesicht." Luigini: Libro, S. 94.
71. Bargagli: Trattamenti, S. 203–09.
72. Ebd., S. 209.
73. Alessandro: „Sie genießen hier das Gute, dessen sie sich dann im Himmel erfreuen werden. […] Clitia: Da ich euch im Gesang folgen kann, habt ihr mir die Seele entführt, anstatt sie mir zu geben, Alessandro. […] Clitia sprach singend: Güter vom Himmel zu genießen, werde ich nie können." Ebd.

Als sie am Ende wieder am Ausgangspunkt der canzoni angekommen sind, die einem festgelegten Ablauf folgten, stellt Alessandro befriedigt fest, wie sehr das Singen sie alle gestärkt hat: „e come incredlmente con si fatti suoni appreßo haveße confortati allora gli animi di tutti".[74]

Die vorbildlich elegante und lässige Haltung der Singenden entspricht dabei offensichtlich dem Ideal der Sprezzatura, der Qualität, die im *Cortigiano* als neue vorbildliche Qualität des Höflings beschrieben wird.[75] Alessandro beginnt seinen Gesang „con una leggiadra maniera, e bella disposizion di voce";[76] und Clarices Auftritt gefällt vor allem durch ihre ansprechende Mimik, die sich „con gentilissimo cenno di volto"[77] von anderen unterscheidet.

3. 2. 4 Fazit: Harmonie und Liebe oder: Wirkungen musikalischer Schönheit

Im zeitgenössischen Liebesdiskurs wird Musik herangezogen, um Schönheit darzustellen, die auch in ihrer veräußerlichten, profansten Form auf den antiken Harmoniebegriff und damit auf ihre göttlichen Ursprünge zurückgeführt wird. Die spirituelle Überhöhung wird dabei zunehmend zur Kulisse. Während die christliche Perspektive noch bei Ficino zentral ist, scheint sie bei Bembo am Jahrhundertbeginn bereits als Strategie offensichtlich, um in legitimer Form von weltlichen Dingen zu sprechen, die dann in der Jahrhundertmitte bei Firenzuola unmissverständlich zur Hauptsache geworden sind: Musikalische Schönheit und Harmonie werden ab den *Asolani* zu einem Anlass, um höfische Schönheit darzustellen, die in ihrer Stilisierung zwar ein literarisches Ideal bleibt, allerdings so konkret gezeichnet wird, dass ihre Umsetzung in den höfischen Alltag naheliegt. Dabei ist die Etablierung der musizierenden Hofdame in den beschriebenen Traktaten ein zentrales Beispiel, an dem die aus heutiger Sicht schwierig verständliche Mischung aus transzendenter Überhöhung, Literarizität und gesellschaftlicher Realität zu diskutieren ist: Die Präsenz der Hofdame, ihre zunehmend aktive, somit auch musikpraktische Rolle in der Liebestraktatistik ist dabei eine Annäherung an gesellschaftliche Realitäten, nachweisbar wie es der höfische Dialog von Hofmann und -dame und deren Musikpraxis als Praxis an einzelnen norditalienischen Höfen sind.[78]

Wie hat man sich nun das Verhältnis der in den Liebestraktaten beschriebenen Normen zur musikalischen Aufführungspraxis vorzustellen? In welcher Relation stand das Verhältnis von litarischer Szenerie und höfischer Wirklichkeit; und welche Funktion übernahm dabei die Musik? Zunächst geben die Traktate selbst Anhaltspunkte dafür, dass zumindest in der Spätphase der Frottola ein Bewusstsein für die Künstlichkeit der literarischen Diskurse vorhanden war, das ihrer realitätsnahen Nachahmung und eifrigen Fortsetzung im Rahmen höfischer Spiele gleichwohl keinerlei Abbruch tat. Dabei gab es sehr wohl Unterschiede: Während in den *Asolani* suggeriert wird, dass der hochstilisierte Liebesdiskurs unmittelbar von der Hofgesellschaft aufgenommen wird, bricht Castiglione in dem fast zwei Jahrzehnte später konzipierten *Cortigiano* die platonischen Darstellungen Bembos durch eine weitere Dialogebene auf und führt dadurch seinen Lesern bzw. Zuhörern die Künstlichkeit des Diskurses vor Augen. So kulminiert das *Libro del Cortigiano* in einem Schlussplädoyer des

---

74. „und wie unglaublich die musizierten Klänge dabei die Seelen aller gestärkt haben". Ebd., S. 209.
75. Vgl. Castiglione: Cortegiano, I, 26, S. 59 und Kap. 3. 3. 5.
76. „auf eine leichte Arte und Weise und mit einer schönen Stimmanlage". Bargagli: Trattamenti, S. 204.
77. „mit einem liebenswürdigsten Wink des Gesichts" Bargagli: Trattamenti, S. 206.
78. Vgl. Kap. 2. 1. , insbes. den Abschnitt „la dolce influenza del mio Giove" — Petrarkistische Huldigungen im Umfeld weiblicher Patronage in Kap. 2. 1. 9.

Redners Bembo für eine religiös überhöhte Liebe, den „Amor santissimo."[79] Die Szenerie ist ähnlich utopisch wie am Ende des Prologs der *Asolani* beim Auftritt der dritten, vollendeten Sängerin. Doch wird dem Leser die Unerreichbarkeit des Ideals an dieser Stelle des *Cortigiano* vergegenwärtigt. Und zwar sind es v. a. die Reaktionen der Anwesenden, an denen hier im Gegensatz zu den *Asolani* auch die Damen beteiligt sind, die dem Leser widerspiegeln, wie abgehoben, alltagsuntauglich und künstlich die platonisch-christliche Liebeslehre im höfischen Rahmen wirkt: Emilia, eine der Beteiligten, schüttelt Bembo nach seinem Monolog aus der Entrückung und warnt ihn ironisch davor, dass sich am Ende auch seine Seele vom Körper lösen könne. Mit dieser Parodie der höheren Liebeslehre holt sie den Dialog auf den höfischen Boden zurück: „quando la signora Emilia, la quale insieme con gli altri era stata sempre attentissima ascoltando il ragionamento, lo prese per la falda della roba e scuotendolo un poco disse: – guardate, messer Pietro, che con questi pensieri a voi ancora non si separi l'anima dal corpo. […]"[80]

Doch ändert diese unterhaltsame Spitze gegen Bembo nichts daran, dass am Ende seine Autorität gewahrt bleibt, und dies auch, weil ihm eine ebensolche Ironie in den Mund gelegt wird. Er antwortet Emilia, dass „dies nicht das erste Wunder sei, das die Liebe mit ihm angerichtet habe", „non saria questo il primo miraculo, che amor abbia in me operato".[81] Und letztlich drängt ihn die Runde darauf, fortzufahren, da alle zu spüren glaubten, wie der Funke des „amor divino" auf Bembo übergesprungen war: „e ad ognuno parea quasi sentirsi nell' animo una certa scintilla di quell' amor divino che lo stimulasse, e tutti desideravano d' udir piú oltre […]"[82] Dennoch wussten alle in der Runde, dass diese hohe Liebe nichts als ein Traum war, „parmi che' possedere questa, che esso tanta lauda, senza 'l corpo, sia un sogno."[83] Sabrina Ebbersmeyer wertet die Einbindung Bembos in die Dialoge des *Cortigiano* als typisch für die Verweltlichung der platonischen Liebestheorie des 16. Jahrhunderts:

> die Rede Bembos [wirkt] wie ein Implantat, ein Fremdkörper, dem die anderen Gesprächsteilnehmer keine reale Bedeutung abgewinnen können. […] Was man durch diese Anpassung der platonischen Liebestheorie an die Anforderungen des höfischen Umfeldes des frühen 16. Jahrhunderts gewinnt, ist offensichtlich: eine weite Verbreitung der platonischen Konzepte und eine Versinnlichung der christlich überformten platonischen Liebe, der in einem höfischen Kontext eine neue Realität verliehen wird. Was verloren geht, wird deutlich, wenn man auf die Leerstellen schaut. Der Fluchtpunkt der platonischen Konzeption, nämlich sich selbst und den Geliebten zu einem philosophischen Leben zu führen, ist für den Hofmann irrelevant. Dessen Liebe zu Frauen hat nichts mit Philosophie zu tun.[84]

---

79. Vgl. Castiglione: Cortegiano IV, 70, S. 437–38.
80. „Als die Signora Emilia, die zusammen mit den anderen den Ausführungen auf das Aufmerksamste gefolgt war, ihn am Rockschoß nahm und ihn ein wenig schüttelte, sagte sie: „Seht, Herr Pietro, durch diese Gedanken trennt sich bei euch noch nicht die Seele vom Körper." Castiglione: Cortegiano, IV, 71, S. 439.
81. Ebd.
82. „und jeder schien quasi einen bestimmten Funken in der Seele zu spüren von dieser himmlischen Liebe, die aus ihm sprach, und alle verlangten danach, mehr zu hören". Ebd.
83. „[Und es schien], diese [himmlische Liebe] ohne den Körper, die er so lobte, zu erlangen, nur ein Traum". Ebd., IV, 55, S. 421.
84. Ebbersmeyer: *Liebestheorie* (2002), S. 161.

Der Vergleich der platonischen Liebe mit einer Traumwelt eröffnet jedoch noch eine andere Perspektive, zeigt er doch, dass neue, potenziell ästhetische Wahrnehmungsmuster entstehen, wo die philosophische Argumentation an Authentizität verliert. Antike Vorbilder werden mit der Realität konfrontiert, angepasst und gleichermaßen als neues Kunstprodukt entdeckt. In diesem Sinn lohnt es sich, den späteren *Dialogo d'amore* (1543) von Sperone Speroni in den Blick zu nehmen, der als direkte Replik auf Bembo und Castiglione zu lesen ist. In unmittelbarer Nachbarschaft zu Pietro Aretino im Venedig der Jahrhundertmitte geschrieben, ist Speronis Text einer neuen, vom Hof unabhängigen Autorenschaft zuzuordnen, die es leichter als andere wagen konnte, platonische Liebesdialoge zu parodieren. Hier vertritt Tullia d'Aragona,[85] die kurz darauf selbst einen Liebestraktat in Venedig veröffentlichte, die Sicht der Platoniker, gekontert von Nicolò Gratia, der als Philosoph aristotelischer Prägung argumentiert. Ausführlicher und direkter als im *Cortigiano* verteidigt Gratia die Position des Skeptikers und greift dafür die Traummetapher wieder auf:

> Gratia: Io non sò quanto sia giusta cosa, che à parlare de fatti d'amore, Dio secondo voi ottimo & massimo, prendiamo argomenti da ritratti, & da imagini: le quali, non essendo altro che sogni, & ombre del nostro essere, male possono farci nota la verita ricercata.[86]

Liebesbilder, die man sich im Namen des Höchsten mache, könnten nichts als Träume sein, die nicht zur Wahrheit führen, meint Gratia. Dem hält Tullia d'Aragona entgegen, dass letztlich jede Natur nur Abbild Gottes sei; das Entscheidende aber sei die Qualität ihrer Nachahmung: „Tullia: Il mondo adunque è tutto insieme un ritratto di Dio, fatto per mano della Natura. Ritratto è l'amante: ritratto lo specchio, & ritratto l'artefice."[87] Ihre Argumentation zielt auf die besonderen Qualitäten der Phantasie und des Künstlerischen und mündet in eine emphatische Würdigung zweier zeitgenössischer venezianischer Künstler, und deren Werke, Tizian und Aretino: In deren künstlerischen Gestalten sieht sie nicht weniger als eine Renaissance des Menschen. „Et credo, che l'essere dipinto da Titiano, & lodato dall'Aretino, sia una nuova regeneratione di gli uomini: li quali non possono essere di cosi poco valore da se."[88]

Es ist bezeichnend, dass Tullia in diesem Zusammenhang keinen Komponisten, auch keinen Interpreten erwähnt, den sie für eine ähnliche Eloge wert gefunden würde. Und unter denen, die dafür in Frage kämen, wäre auf keinen Fall ein Frottolist zu vermuten, steht dieser doch für eine Musik, die vom reinen musikalisch-poetischen Vortrag und nicht von der Kreation herausgehobener, einmaliger Kunstwerke lebt. Entsprechend wird Marchetto Cara im *Cortigiano* hinsichtlich der besonderen Wirkung seines Vortrags auf die Seele beschrieben. Dabei bedient man sich erneut der Liebesmetaphorik: „Ne men commove nel suo canto il nostro Marchetto Cara, ma con più molle

---

85. Vgl. Tullia d'Aragona: *Della infinità di amore.* (1547). In: Trattati D'amore, S. 185–247. Der Traktat ist einmalig darin, dass eine Frau die Autorschaft einer Prosaschrift übernommen hat.
86. „Ich weiß nicht, wie richtig es ist, dass wir uns, oh Gott, in Eurem höchsten und besten Namen, an Porträts und Bildern orientieren, wenn wir von Liebesdingen sprechen, denn sie können uns, da sie nichts anderes als Träume und Schatten unserer selbst sind, nur schlecht die gesuchte Wahrheit ersichtlich machen." Speroni: *Dialogo d'amore* (1547), S. 24.
87. „Tullia: Die ganze Welt ist nun alles zusammen genommen ein Abbild Gottes, das die Natur gemacht hat. Abbild ist der Liebhaber, Abbild der Spiegel und Abbild das Kunstwerk." Ebd., S. 24–25.
88. „Und ich glaube, dass das Wesen, das von Tizian gemalt und von Aretino gelobt ist, eine neue Wiedergeburt der Menschen ist, die nicht an sich so schlecht sein können." Ebd., S. 25.

armonia; ché per una via placida e piena di flebile dolcezza intenerisce e penetra le anime, imprimendo in esse soavamente una dilettevole passione."[89]

Hinsichtlich der Frottola veranschaulichen die Liebestraktate die Einbindung der Gattung in kulturelle Diskurse der Zeit, in der innerhalb weniger Jahrzehnte auch bezüglich der Musik die Perspektiven wechseln: Durch die Verlagerung vom philosophischen Traktat, in dem Liebe ein Mittel der Erkenntnissuche ist, hin zu einer Diskussion, in der Liebeskunst v. a. auf Verhaltensregeln am Hof zielt, wird auch Musik zu einem praktischen Werkzeug in einem ausgeklügelten gesellschaftlichen Spiel des Gesehen- und Gehörtwerdens. Aus dieser Sicht betrachtet, steht die Frottola am Anfang einer Entwicklung im 16. Jahrhundert, an deren Ende der Begriff des Publikums konstitutiv für die Gattungsbildung geworden ist, wie es dann in der Oper der Fall ist. Wolfgang Osthoff hat bereits 1969 den Paradigmenwechsel in der italienischen weltlichen Musik des 16. Jahrhunderts vor Entstehung von Oper und Konzert an der „Wirkungsabsicht und Wirkungsmacht" der Musik festgemacht. Dabei konkretisierte er namentlich an der Frottola den Richtungswechsel der italienischen textgebundenen Musik hin zu einer extrovertierten, auf ein Gegenüber ausgerichteten Musik, die sich damit zugleich vom Umfeld flämisch geprägter Gattungen absetzte.[90] Was Osthoff vor allem an Musik untersucht, die ausdrücklich für die Bühne konzipiert worden ist, kann für die Frottolen anhand der ihr eigenen Diskursivität gezeigt werden, die in rhetorischer Raffinesse monologisch und dialogisch zugleich, sprachlich und musikalisch ebenso stereotyp wie subtil gestaltet ist und damit ein Abbild der besonderen Lust an der Darstellung kommunikativer Prozesse ist, wie sie sich zwischen 1500 und 1530 auch in neuen literarischen und sozialen Strömungen abzeichnet.

3. 3 Die *questione della lingua*

> La poesia è „finzione retorica posta in musica". Dante, *De vulgari eloquentia*

Die Debatten über die Natur und Qualität des *volgare*, die zu Beginn des neuen Jahrhunderts aufkamen, waren maßstabsetzend für eine Neugestaltung der Dichtung und das Nachdenken über sie, das zumindest indirekt auch die *poesia per musica* berühren musste. Nicht nur forderten sie den steten Vergleich mit der zum Modell erhobenen Literatur des Trecento heraus; sie beförderten auch ein Bewusstsein für die Qualität des eigenen Sprechens und Schreibens in einer Breite, die den vormals engen, elitären Rahmen des humanistischen Diskurses sprengte. Stand auf der einen Seite die Wiederentdeckung und Imitation der anspruchsvollen, artifiziellen Literatur des Trecento, stärkte die *questione della lingua* auf der anderen Seite populär wirkende Poesie. Im Folgenden wird zu zeigen sein, dass beide Tendenzen zu einer Sensibilisierung für das Verhältnis von Musik und Dichtung beitrugen, die sich in den Dialogen der Sprachdebatte selbst manifestiert. Dies ist die Voraussetzung dafür, um an späterer Stelle dem Einfluss der *questione della lingua* auf die Frottola nachzugehen;

---

89. „Nicht weniger berührt mit seinem Gesang unser Marchetto Cara, aber mit weicherem Zusammenklang; der über eine ebene und füllige Art der Süße die Seelen berührt und in sie eindringt und ihnen mild eine angenehme Leidenschaft einprägt." Castiglione: Cortegiano, I, 37, S. 80.

90. Osthoff: *Theatergesang* (1969), v. a. S. 7–9 der Einleitung.

in einzelnen Vertonungen schlägt sich ein bewusster Umgang mit der italienischen Sprache in der musikalisch-poetischen Faktur selbst nieder.[91]

Die *questione della lingua* war grundlegend, da sich auch in ihr die für die Renaissance eigenen Formen des Rückbezugs auf die Antike manifestieren, die Suche nach einer sprachlichen Identität also auch die nach einer Positionierung gegenüber traditionellen Autoritäten darstellt. Sie kommt damit einer Standortbestimmung der Renaissancegesellschaft gleich. In diesem Sinn bündelt Christiane Maaß den Zusammenhang von Antikebezug und Sprachbewusstsein in der Renaissance: „Kritik an überkommener Autorität war Sprachkritik".[92] In der Tat ist die Besinnung auf die Literatur des Trecento im *volgare*, namentlich auf die Werke Boccaccios, Dantes und Petrarcas, aus dem Rekurs auf die bis dahin maßgebliche antike Literatur entstanden, der man nun glaubte, eine eigene Tradition entgegensetzen zu können.

Symptomatisch für das veränderte Verhältnis gegenüber den Autoritäten der Antike ist, dass die Traktate der Sprachdebatte in der Dialogform verfasst wurden, der insofern neue Bedeutung zukam, als es nicht um die einfache Tradierung von Wissen ging, sondern auch um das Kommunizieren über eine Thematik, bei dem stets mehrere, konträre Meinungen exponiert wurden. „Sprachbewusstsein in der Renaissance heißt also nicht etwa Flucht aus der gesellschaftlichen Realität in die Texte einer weit zurückliegenden Zeit, der Antike, sondern bedeutet, sich darüber bewusst zu sein, dass die *Sprache als Diskurspraxis* der Ort ist, wo Normen und Autoritäten verhandelt und legitimiert werden, und [die] damit letztlich auch das individuelle und gesellschaftliche Handeln bestimmen".[93] In diesem Sinn ging die *questione della lingua* auch mit einer Differenzierung des gesellschaftlichen Selbstbewusstseins und einem höheren Maß an Selbstreflexion einher.

Die Sprachdebatten mussten auch zwangsläufig die Wahrnehmung für eine Musik verändern, die auf Dichtung im *volgare* basierte, und dies, obwohl oder gerade weil sich die Frottolen weit entfernt von einem normativen Sprachkanon bewegten, wie er sich letztlich auf der Grundlage von Pietro Bembos *Prose della volgar lingua* (1525) etablierte. In dieser für die *questione della lingua* folgenreichsten Schrift wird die literarische Trias des italienischen Trecento als Modell für eine zeitgenössische Literatur im *volgare* postuliert, die sich mit den bis dato antiken Autoritäten messen können sollte. Eine Vereinheitlichung und Systematisierung von Sprache sollte die Vereinzelung regionaler Sprachen überwinden und zu einem nationalen kulturellen Zusammenhalt beitragen.

Bembo hat die *Prose* als eine Rhetorik des italienischen *volgare* konzipiert und dabei zugleich dessen erste Grammatik geliefert.[94] Die Basis dafür hatte er bereits mit den zwei ersten stilkritischen

---

[91]. Vgl. für die frottoleske Subtilität im Umgang mit der Sprache an sich Kap. 4. 4. 1., zur Verarbeitung populärer Einflüsse 4. 4. 2.

[92]. Maaß/Vollmer: *Mehrsprachigkeit* (2005), S. 9.

[93]. Ebd., S. 10.

[94]. Bereits 1516 waren in Ancona die *Regole grammaticali della volgar lingua* von Giovanni Francesco Fortunio erschienen, in denen in zwei Büchern die Morphologie und Orthographie des *volgare* dargestellt wurden. Und auch Fortunio, der den lateinischen Grammatikern folgte, sah das Florentinische des Trecento als Maßstab an, verfolgte dabei aber keine ausgesprochene Systematik, so dass Bembo nach wie vor den Anspruch auf Originalität erhob. Vgl. *Storia Letteratura* (1987), S. 87. Es ist interessant, die Parallelentwicklungen in anderen europäischen Ländern zu verfolgen: Spanien war dabei Italien voraus. Gefördert durch die gesamtspanischen Bestrebungen des Königspaars Isabella I. von Kastilien und Ferdinand II. von Aragonien, die „reyes cathólicos" (1479–1504), schrieb der Humanist Antonio de Nebrija neben einer lateinischen auch eine kastilische Grammatik, in deren Darstellungen einer volkssprachlichen Metrik populäre Dichtungen tradiert wurden. Auf dieser Grundlage gab sein Schüler Encina eine *Arte de poesia castellana* und einen *Canconiero* heraus, der zugleich das Aufkommen der textverständlicheren, einfacheren Liedform des *Villancico* dokumentiert. Vgl. Schwindt: *Musikalische Lyrik* (2004), S. 175–76.

Editionen von Petrarcas *Canzoniere* und Dantes *Divina Commedia* in den Jahren 1501 und 1502 bei dem venezianischen Verleger Aldo Manuzio gelegt, für die er in den literarischen Text selbst eingegriffen und Abweichungen von der üblichen Ausdrucksweise der Autoren korrigiert hatte, mit dem Ziel, Modelle für eine Systematik des Dichtens vorzulegen, die sich zur Nachahmung für das eigene Dichten und das seiner Zeitgenossen eignen sollten. Die Analyse und Zergliederung des Gedichts in seine grammatikalischen Bestandteile waren für Bembo die Voraussetzung für deren „elocutio", d. h. für die gelungene rhetorische Ausarbeitung eines Textes; in diesem Sinn war der Grammatiker Bembo zugleich auch Rhetoriker und Dichter.[95]

Bembos vergleichsweise spät publizierte *Prose* aus dem Jahr 1525 stellten nicht nur ein zentrales Ergebnis der Sprachdebatte und literarisches Zukunftsmodell dar, sondern begleiteten auch den Verlauf der *questione* selbst in den ersten Jahrzehnten des Jahrhunderts. Bekanntermaßen hatte Bembo das erste und zweite Buch der *Prose* schon am Hof in Urbino, also bis 1512, beendet, wo sich sein Einfluss besonders an Texten wie Castigliones *Cortegiano* zeigt und auch dort zu einer Diskussion der *questione della lingua* geführt hat.[96] Da Bembo selbst für die Mobilität des Hofmanns eintrat, worauf auch die Verbreitung des *volgare* abzielte,[97] müssen seine Ideen lange vor der Beendigung und Drucklegung der *Prose* in den Jahrzehnten der verstärkten Frottola-Praxis kursiert haben.[98] Dass Bembo die Schrift zudem als Dialoge aus dem Jahr 1502 stilisierte, ist ein weiteres Indiz dafür, dass er seine Bemühungen um die Sprachreform als leitende Arbeitsperspektive verstanden wissen wollte und dass er den Anspruch erhob, Initiator der Bewegung gewesen zu sein.[99] Darin integrierten sich die Förderung eines nobilitierten Liebeszeremoniells und die der Dichtung Petrarcas — Bereiche, in denen man sich selbstverständlich der Aufführungspraktiken der damals beliebten Frottola bediente.[100]

3. 3. 1 Systematik affektiver Klänge — Pietro Bembos *Prose della volgar lingua* und die Musik

Die für die musikalische Wahrnehmung entscheidende Innovation der *Prose* liegt darin, dass die Qualität von Dichtung wesentlich an ihrem *suono*, also an einer genuin musikalischen Qualität von Sprache gemessen wird. Wenn Bembo im zweiten Buch der *Prose* eine ideale Dichtung als ausgewogenes Verhältnis von *suono*, *numero* und *variazione* darstellt und diese ihrerseits für einen Ausgleich der Qualitäten *piacevolezza* und *gravità* in der Dichtung verantwortlich macht, überträgt er damit zunächst Kategorien aus der klassischen Rhetorik.[101] Im entscheidenden Unterschied zu dieser

---

95. Kapp: *Ital Litgesch* (1994), S. 134.
96. Sie wird im weiteren Verlauf dieses Kapitels thematisiert werden. Vgl. Buch I und IV des Cortegiano. Die erste Phase der Niederschrift des *Cortegiano* von 1513–18 fand somit erst nach Abfassung der ersten beiden Bücher von Bembos Prose statt. Vgl. dazu auch Feldman: *City Culture* (1995), S. 10–11.
97. „Das überregionale Volgare ermöglicht die Mobilität des praxisorientierten Humanisten und deren Verbindung mit der gesellschaftlichen Elite, weil die Höfe ihre eigene kulturelle Identität neben den lateinischsprachigen kirchlichen und wissenschaftlichen Institutionen zu entwickeln beginnen." Kapp: *Ital Litgesch* (1994), S. 137.
98. Dass die Abfassung des 3. und letzten Buches der *Prose* vergleichsweise lange auf sich warten ließ, ist darauf zurückzuführen, dass das 3. Buch durch besonders viele Beispiele verschiedener Autoren illustriert und damit besonders aufwändig ist, aber auch durch die Tatsache, dass Bembo ab 1512 durch sein Amt als Kuriensekretär verstärkt in Anspruch genommen war. *Storia Letteratura* (1987), S. 87.
99. Vgl. Kapp: *Ital Litgesch* (1994), S. 133.
100. Für das Verhältnis zum Petrarkismus und zur Liebestraktatliteratur vgl. die vorigen Kap. 3. 1. und 3. 2.
101. Bis auf die Kategorie der „variazione", die hier de facto nur die Balance aus „suono" und „numero" regelt, verweisen alle Aspekte auf Cicero, der in „De oratore" „sonus et numerus" voraussetzt und davon spricht, dass „compositio […] tota servit gravitati vocum aut suavitati". Vgl. Bembo: *Prose*, S. 146, Anm. 4 und 5.

erfahren die einzelnen Kategorien dann jedoch eine neue Gewichtung. Anders als in der lateinischen Lehre treten nun Klang und Rhythmus neben ihrer semantischen Bedeutung als entscheidende Qualitäten der Sprache hervor, die Bembo im Detail analysiert: „[…] è di mestiere sapere quale suono rendano queste lettere o separate o accompagnate ciascuna."[102] Bembos Interesse gilt somit dem Wort als affektivem Klang, woraufhin er sämtliche Vokale und Konsonanten sowie alle Möglichkeiten des Reimens am Beispiel von Dante, Boccaccio und allen voran an Petrarcas *Canzoniere* auf deren klangliche Wirkungen hin beschreibt, um sie als Modelle einer idealen Dichtung im *volgare* zu postulieren. Dazu ordnet er die analysierten Worte den Polen der *piacevolezza* und *gravità* zu, die sich in der Poesie möglichst vielfältig abwechseln sollen. Demzufolge können zwei verschiedene sprachliche Formen nie die gleiche Wirkung und folglich auch nie die gleiche Bedeutung haben. So wird z. B. folgender Anfangsvers aus Boccaccios Novellen variiert, um den Aspekt des „numero", d. h. den Effekt der Auswahl einzelner Worte, deren Abfolge und Rhythmus zu versinnbildlichen: Der originale Vers „Umana cosa è l'avere compassione agli afflitti" zeichnet sich für Bembo durch ein hohes Maß an *gravità* und Ruhe aus, da Betonungen auf der jeweils vorletzten Silbe und dunkle Vokale überwiegen („*U*màna còsa è l'avère compassiòne àgli afflìtti") und es zu einer Häufung von klingenden Konsonanten kommt, so bei „co*mpassione*" und v. a. am Ende bei „*agli afflitti.*"[103] Dabei wirke, so Bembo, ein Siebensilber per se leichter und süßer, habe also mehr *piacevolezza* als ein Elfsilber, bei dem das Reimintervall gedehnt ist.[104]

Bembo geht damit den entscheidenden Schritt, Bedeutung und Klang bzw. Inhalt und Form zusammenzudenken und liefert damit für die Musik eine wichtige Basis für den Paradigmenwechsel von der strophischen Vertonung hin zur Akzentuierung des einzelnen Wortes, wie er zwischen den Gattungen der Frottola und dem Madrigal letztlich vollzogen wird. Entsprechend sieht Francesco Luisi in Bembos Gedanken zur Klanglichkeit der Poesie die Musikentwicklung des 16. Jahrhunderts vorgestaltet: „Non ho difficoltà nel riconoscere nel contesto una dichiarazione programmatica che muovendo dal concetto di poesia si apre a una più vasta concezione estetica che prefigura, se vogliamo, il divenire dell' arte musicale nel XVI secolo."[105] Eine solche These hat ihren Platz in Diskussionen um den Einfluss Bembos auf die Entwicklung des Madrigals, die dank der ersten Untersuchungen von Dean T. Mace 1969 mit Einsichten darüber einhergehen, wie sehr die Entwicklungen der weltlichen Musik an den poetologischen Diskurs und damit generell an die humanistisch-höfischen Debatten gebunden waren. Mace knüpfte Beziehungen zwischen den sprachklanglichen Analysen Bembos in den *Prose* und den paradigmatisch neuen und gattungsbestimmenden Wort-Ton-Beziehungen im Madrigal und belegte diese an Adrian Willaerts *musica nova*. Was Claudio Gallico überzeugend als die noch fehlende Innovation im Bereich der weltlichen Musik interpretierte, die sich mit dem Madrigal endlich den Anschluss an den weit fortgeschrittenen humanistischen Diskurs sicherte,[106] stellt Mace entsprechend als missing link zur petrarkistischen Mode dar: „music, in order to continue to delight, had to find some way of achieving through its own forms the kinds of effects already believed

---

102. „Es gehört zum Metier dazu, zu wissen, aus welchem Klang diese Buchstaben bestehen, jeweils getrennten oder zusammenhängenden." Bembo: Prose, S. 147.
103. „Es ist menschlich, Mitleid mit den Betrübten zu haben". Bembo: Prose, S. 163.
104. Bembo: Prose, S. 166–69.
105. „Ich habe keine Schwierigkeiten, in [diesem] Kontext eine programmatische Erklärung zu sehen, die sich, ausgehend vom poetischen Konzept, zu einer weiteren ästhetischen Konzeption öffnet, die — wenn wir so wollen — das Werden der musikalischen Kunst des 16. Jahrhunderts vorgestaltet." Luisi: retorica (1990), S. 14.
106. Vgl. Gallico: *Rimeria* (1996), S. 391.

to be present in the sounds and rhythms of Petrarch and the *Petrarchisti*."[107] Erst mit der Heranführung von Techniken der Mehrstimmigkeit an die unregelmäßigeren Versformen in der neuen Gattung Madrigal konnten Ausdrucksvarianten einzelner Wörter gezielt vertont, konnten also auch Kategorien wie *piacevolezza* und *gravità* gezielt für die Vertonung genutzt werden. Aus dieser Perspektive entsteht rückwirkend für den Frottolengesang zwangsläufig der Eindruck eines beschränkten Verhältnisses von Musik und Dichtung, da es auf die Mittel des Strophensatzes reduziert bleibt. Denn in der Frottola ist es innerhalb der regelmäßigen und auf Wiederholung basierenden Strophenform unmöglich, durch die Satzstruktur selbst der Klanglichkeit eines einzelnen Wortes Ausdruck zu verleihen, so sehr auch hier einzelne Momente der Dichtung innerhalb der Strophen oder auch die Stimmung eines ganzen Liedes durch die Musik und deren subtile Ausführung transportiert werden können. Der Schritt, den Wortklang und -rhythmus selbst als tragende und strukturbildende Funktion der Dichtung zu betrachten, wie es dann im Madrigal geschieht, bleibt hier aus. Dass aber in den früher entstandenen Frottolen, und dabei eben auch in der Barzelletta und im Strambotto, die Rhetorik der einzelnen *poesia per musica* wirkungsvoll eingesetzt wird, wird im Folgenden noch Raum einnehmen.[108]

Vor diesem Hintergrund soll im Folgenden anhand von Quellen aus dem Umkreis der *questione della lingua* gezeigt werden, dass das Verhältnis von Dichtung und Musik während der Frottola-Praxis durchaus aufmerksam, kritisch und widersprüchlich beobachtet wurde. Dabei machen Texte des Hofmanns, Literaten und Kritikers Vincenzo Calmeta deutlich, wie sehr ein Qualitätssprung zwischen einer differenzierten, anspruchsvollen Dichtung und einer auf Praktikabilität angelegten Vertonungspraxis wahrgenommen wurde. Entsprechend wurde ein besonders schlüssiges, also auch differenziertes Zusammenspiel von Musik und Dichtung gelobt, wie sich anlässlich von Calmetas Lob Serafino dell'Aquilas zeigt.[109] Dennoch war es gemäß dem Ideal einer verständlichen Dichtung nach wie vor selbstverständlich, die Musik der Textebene unterzuordnen, also eine musikalische schlichte Begleitung von Dichtung zu fordern. Die fehlende Stringenz und Widersprüchlichkeit seiner Position spricht nicht zuletzt für eine Umbruchsituation. Diese wird über Calmeta hinaus durch die ebenso grundlegende wie zukunftsweisende Position Bembos dargestellt, die sich bereits in den *Asolani* manifestiert, und durch die Position Castigliones, wie sie dem *Buch des Hofmann* zu entnehmen ist.

Zuvor ist abschließend zu Bembos *Prose* anzumerken, dass dort auch die soziale Bedeutung von Sprache Beachtung findet: Bembo beschreibt über die Kategorien der *convenevolezza* und der *persuasione* die erzieherische und tugendbildende Wirkung von Dichtung und misst dem Wortausdruck damit moralische Bedeutung zu.[110] Gute Dichtung zeichne sich auch durch eine angemessene und anspruchsvolle Wortwahl aus, der zugleich höhere emotionale, wenn nicht mystische Qualitäten zugeschrieben werden. Man meint an Ficinos Theorien des *furor divino* erinnert zu werden, wenn Bembo die Überzeugungskraft eines Textes, la *persuasione*, an der jeder Stimme inhärenten „verborgenen Tugend" festmacht: „Ma io non dico ora persuasione in generale e in universo; ma dico quella

---

107. Mace: *Bembo* (1969), S. 74. Der Ansatz von Mace ist weiterverfolgt worden von Bossuyt: *Willaert* (1995), vgl. bes. S. 129–30. Lorenzo Bianconi hat Verbindungen zwischen Bembos Prose und Tassos Konzept der *gravità minore* und *maggiore* diskutiert: Bianconi: *Tasso* (1985), vgl. bes. S. 144.
108. Vgl. dazu v. a. den Abschnitt Melodiebildung im Cantus in Kap. 4. 3. 2 und die Analysen in Kap. 4. 4; zudem vgl. Luisi: *retorica* (1990), insb. S. 24 und S. 25.
109. Dies ist bereits in Kap. 3. 3. 5 besprochen worden.
110. Bembo: Prose, S. 173–74.

occulta virtù, che, in ogni voce dimorando, commuove altrui ad assentire a ciò che egli legge [...]"¹¹¹ Bembos Beobachtungen zum Sprachklang sind somit unmittelbar an dessen affektive, moralische und normative Qualitäten gebunden.

3.3.2 *Il volgare* zwischen kanonisierter italienischer Literatursprache und freien, disparaten Ausdruckssphären

Für die Bedeutung der Sprachdebatte ist das Phänomen, dass überhaupt eine einheitliche Schriftsprache zum verbindlichen Maßstab erhoben wurde, mindestens so wichtig wie die Frage, welche Modelle als Vorbild für die zeitgenössische Literatur fungierten, wurde doch durch sie die noch im 15. Jahrhundert selbstverständliche Experimentierfreudigkeit im *volgare* beendet oder aber fortan negativ bewertet. Die tief greifende Konsequenz daraus ist, dass die auf Mündlichkeit basierenden Sprachkulturen nun an anspruchsvoller Literatur gemessen, als entsprechend defizitär bewertet oder aber zu gezielten Gegenkulturen stilisiert werden. Die Sprachdebatte berührt daher auch die Frottola, die von einem literarischen Anspruchsdenken weit entfernt und aus einer weitgehend mündlichen Praxis hervorgegangen ist.

Vor diesem Hintergrund ist auch der Petrarkismus der späteren Frottolendrucke als eine Nobilitierungstendenz im Zuge der Sprachdebatte zu verstehen, wie auch das Verschwinden neuer Frottolendrucke ab den 1520er Jahren den Einflüssen der *questione* zuzuschreiben ist. Gleichwohl dokumentieren auch die späten Frottolensammlungen nur graduelle Veränderungen; sie blieben ein vielfältiges Sammelbecken für Disparates, ein undogmatisches Spiel mit verschiedenen Sprachebenen und musikalisch konträren Stilen, für die nun aber die *questione* den kritischen Blick schärfen musste. Denn erst die Sprachdebatten schufen ein Bewusstsein für regionale Sprachvarianten und entsprechende Diskrepanzen zwischen literarischen und nicht-literarischen Sprachstilen im Sinne einer normativen Trennung von hoher und niederer Kultur, die dann über Jahrhunderte die Literaturgeschichte bestimmte. „Con la regolamentazione cinquecentesca viene sancito il divorzio fra la lingua letteraria italiana e la realtà degli uomini e della storia, si apre una fattura che sarà ricomposta solo con Manzoni nella prosa e con Pascoli nella poesia."¹¹² Es ist dieses Bewusstsein um eine literarisch kanonisierte Sprache, die dann im weiteren Verlauf des 16. Jahrhunderts zur Institutionalisierung von Dialekten führte. „La consapevolezza che ormai c'è una lingua letteraria comune valida per tutta l'Italia (consapevolezza a cui si giunge durante la prima metà del secolo) dà la spinta al fiorire della letteratura dialettale riflessa."¹¹³ Je nach Betrachtungsstandpunkt zeigen sich die Frottolen in diesem Kontext als erster Schritt in dieses Spielen mit Gegenkulturen hinein oder aber auch als einer der letzten unnormierten, freien Bereiche vor der Schwelle zur sprachlichen Uniformisierung.¹¹⁴

---

111. „Aber ich rede nicht von Überzeugung im Allgemeinen und Universalen, sondern ich meine jene verborgene Tugend, die in jeder Stimme ruht und den Anderen dazu bewegt, das zu spüren, was er liest [...]". Ebd., S. 174. Explizit beruft sich Vincenzo Calmeta auf die Qualität des „furor divino", wenn er von naturgegebenen Eigenschaften des Dichters spricht, um diese letztlich durch die Relevanz von humanistischen Studien zu relativieren. V. Calmeta: „S'egli è possibile esser buon poeta volgare senza aver lettere latine." In: Calmeta: Prose, S. 7–11, S. 8.
112. „Mit der Reglementierung des 16. Jahrhunderts wurde die Trennung zwischen der italienischen Literatursprache und der menschlichen und historischen Wirklichkeit gutgeheißen, wodurch sich ein Spalt öffnet, der erst wieder mit Manzoni für die Prosa und mit Pascoli für die Poesie gefüllt wird." Formentin: *Dal volgare* (1996), S. 186.
113. „Das Bewusstsein, dass von jetzt an eine gemeinsame literarische Sprache für ganz Italien Gültigkeit hat (ein Bewusstsein, dem man sich in der ersten Jahrhunderthälfte anschließt), gibt den [entscheidenden] Anstoß für das Aufblühen der reflektierten dialektalen Literatur." Ebd., S. 187.
114. Vgl. dazu die Diskussion in Kap. 1.2.4 der Einleitung.

Die Spaltung des *volgare* zwischen einer kanonisierten Literatursprache und der zeitgenössischen Ausdruckssphäre zeichnete sich gleich zu Beginn der Bewegung ab: In der Tat waren es die ersten von Bembo betreuten Veröffentlichungen bei Manuzio in Venedig, die eine entscheidende Wende im Verhältnis des Lateinischen zum *volgare* darstellten und damit die *questione* einleiteten. Symptomatisch für eine der zentralen Motivationen der Sprachdebatte, ausgesuchten Werken im *volgare* das Gewicht der antiken Klassiker zu verleihen, ist, dass die zwei stilkritischen Editionen von Petrarcas *Canzoniere* 1501 unter dem Titel *Le Cose vulgari* (wie gesagt die zweite Ausgabe überhaupt nach der Erstausgabe 1470), und von Dantes *Divina Comedia* 1502 unter dem Titel *Terze rime*, Beigaben von Ausgaben griechischer und lateinischer Klassiker waren. Sie erschienen in derselben Sammlung, die Aldo Manuzio 1501 mit Vergil begonnen hatte.[115] Bis dato hatte die Meinung geherrscht, dass Schriften im *volgare* zwar moralische und religiöse Berechtigung, aber keinen literarischen Wert an sich hatten.[116] Zugleich etablierten diese Editionen den Kontrast eines herausgehobenen Werkes wie Petrarcas *Canzoniere* zur zeitgenössischen volkssprachlichen Dichtung.[117] Bereits in diesem ersten Versuch einer Etablierung des *volgare* im literarischen Kanon wird deutlich, dass die *questione della lingua* grundlegende Reflexionen über die Abgrenzung von Schriftlichkeit und Mündlichkeit, von Literatur und Nicht-Literatur mit entsprechenden Wertungen implizierte, die auch auf die Musik abfärben mussten.

3. 3. 3 „Nuove melodie" in Bembos Traktat *Gli Asolani*

Bembos Traktat *Gli Asolani* kommt in der Literaturgeschichte des 16. Jahrhunderts v. a. dadurch eine besondere Rolle zu, dass er für verschiedene, wenn auch untereinander verbundene Bewegungen einen zentralen Ausgangspunkt markierte, für die Entwicklung der Liebestraktatliteratur, den Petrarkismus wie auch für die Sprachdebatte.[118] Dass in der Stilisierung der Gespräche am Hof von Asolo, einer entlegenen, idyllischen Dependance von Venedig, mehr als die Liebe thematisiert wird, die die Diskussion offensichtlich bestimmt, ist symptomatisch für die Selbstverständlichkeit, mit der die *Amore*-Thematik damals eine Tableaufunktion für andere Sujets übernehmen konnte: Indem Bembo die *Asolani* 1505 wieder bei Manuzio publizierte, in derselben anspruchsvollen Reihe, in der drei bzw. zwei Jahre zuvor Petrarca und Dante erschienen waren, ging er in seinen Bemühungen um einen Anschluss des *volgare* an die Literatur der antiken Klassiker noch einen Schritt weiter, handelte es sich doch hier um einen zeitgenössischen Text, der sich zwar sprachlich am Toskanischen des Trecento orientierte, in Form und Thematik dabei aber genuin höfisch, also gezielt auf das zeitgenössische Umfeld ausgerichtet war.

---

[115]. Vgl. dazu auch Kap. 4. 1. 1. Und vgl. Carlo Dionisotti: „Aldo Manuzio". In Dionisotti: *Umanisti e Volgare* (1968), S. 1–14. S. 1. In der Erstausgabe 1470 dagegen wurde der Canzoniere zuerst zusammen mit den *Trionfi* gedruckt. Mit dieser neueren Ausgabe wurde nun das textkritische Studium Petrarcas und Dantes eingeleitet. Vgl. Friedrich: *Epochen* (1964), S. 191.

[116]. Diese Position scheint auch der Verleger Aldo Manuzio selbst vertreten zu haben. Vgl. Dionisotti: *Umanisti e Volgare* (1968).

[117]. Vgl. Dionisotti: *Petrarca* zur Popularität Petrarcas und des *volgare* bis in das frühe 16. Jahrhundert hinein. Dionisotti: *Petrarca Quattrocento* (1974), S. 61–115, S. 70.

[118]. Auf der Grundlage des Bembo-Forschers Dionisotti gilt im Hinblick auf die Sprachdebatte, dass in der ersten Fassung der *Asolani* von 1505 ein „programma linguistico mai più sentito" dargelegt worden sei. Floriani: *Bembo e Castiglione* (1976), S. 80. Ebenso sieht Luigi Baldacci in den *Asolani* ein Schlüsselwerk. Vgl. Kap. 3. 1. 1.

Der innovative Schritt, den Liebestraktat nicht in Latein, sondern im *volgare* zu verfassen, ging einher mit einer Transformation der Liebesthematik aus dem rein humanistischen Ambiente ins höfische. Thematisch und dramaturgisch zeigt sich dies darin, dass in den *Asolani* auch Hofdamen zugegen waren und zwischen den Diskussionen zu Poesie musizierten, wie es in der Tat damals an den Bembo bekannten, modellbildenden Höfen wie Ferrara und Mantua der Fall war.[119] Wenn nun der Autor die musikalisch-poetische Szenerie in den *Asolani* so anlegte, dass die Steigerung des szenischen Rahmens mit einem Zuwachs an dichterisch formalem und musikalischem Anspruch einhergeht und sogar den Inhalt der Poesie beeinflusst,[120] kann man so weit gehen zu behaupten, dass in dieser systematischen und analogen Steigerung von dichterischer Form, Verhaltensnorm und sozialem Ansehen in nuce das gesamte Bembische Programm enthalten ist. Und auf die Musik bezogen legt diese Szenerie bereits zukünftige musikalische Konsequenzen nahe, die zum Zeitpunkt der Publikation des Traktats um 1505 noch länger auf ihre Realisierung warten mussten. Denn offensichtlich stellte sich Bembo mit zunehmendem Anspruch der dichterischen Form und des Inhalts auch eine komplexere Musik vor, ließ er doch beim Vortrag der Canzone durch die Königinnendame eben von „nuove melodie" sprechen.

Wie beiläufig eröffnet Bembo mit seinem Kommentar über die „nuove melodie" für die Canzone damit eine Idee, die für das Verhältnis von Dichtung und Musik zu diesem Zeitpunkt keineswegs selbstverständlich scheint, dass nämlich der musikalische Anspruch dem dichterischen entsprechen soll, Musik im literarischen Kontext also überhaupt als ein differenzierbares, nicht-beiläufiges Medium wahrgenommen wird. Der noch ausbleibende musikalische Schritt, für die komplexeren, unregelmäßigeren Versformen eine adäquate Technik der Vertonung jenseits des Strophenprinzips zu finden, wird dann durch die neue Gattung des Madrigals erreicht werden.[121] Die Betonung des musikalisch Neuen in Bembos Ausführungen zur Musik in den *Asolani* ist somit ein Vorzeichen für die nachfolgenden musikalisch-technischen Neuerungen, und auch für die musikalisch-literarischen Innovationsversuche, die in der späteren Frottola, namentlich im elften Frottolenbuch Petruccis anzutreffen sind.[122] Auch in dieser Hinsicht weisen die *Asolani* auf die späteren *Prose* voraus, von denen aus die Konzeption des Madrigals dann greifbar nahe rückt. Hinsichtlich der Musik ist die Wirkung der *Asolani* somit eindeutig: Anzustreben ist eine Musik, die in Schönheit, Form und Ausdruck den Nobilitierungsbestrebungen entspricht, die Bembo über die *questione della lingua*, den Petrarkismus und die Einführung einer Liebestheorie im höfischen Kontext anstrebte. So deutlich also der Aufführungsrahmen der Musik in den *Asolani* der Frottola-Praxis entlehnt ist, geht Bembo im Anspruch an Form und Inhalt über diese hinaus und zeigt ihre Grenzen auf, ist doch die von Petrarca bevorzugte Canzone mit der auf Wiederholung basierenden Strophenform schwierig zu vereinbaren, ja für den

---

119. Vgl. den Abschnitt „la dolce influenza del mio Giove" — Petrarkistische Huldigungen im Umfeld weiblicher Patronage in Kap. 2. 1. 9.

120. Zur Erinnerung: Die Dame der Königin ist nicht nur erhabener, reifer und schöner als die jungen Mädchen; sie trägt auch eine formal komplexere Poesie musikalisch differenzierter vor, als es ihre Vorgängerinnen getan haben, singt nämlich statt der einfachen Ode das formal unregelmäßige Versmaß der Canzone mit „piacevolezza" und „nuove melodie". Dafür wählt sie eine Poesie, die das Ideal der höheren, spirituellen Liebe schildert: „Amor, la tua virtute, non è del mondo [...]". Vgl. die ausführlichere Schilderung der Szene in Kap. 3. 2. 2 und Bembo: Prose, S. 318–19.

121. Dem Bewusstsein für die Neuheit dieser Gattung entspricht dann ein Titel wie Adrian Willaerts Sammlung „musica nova", auch wenn sie erst 1559 bei Antonio Gardane veröffentlicht wird und nicht ausschließlich Madrigale enthält. Bereits 1540 jedoch erschien in Venedig eine gleichnamige Sammlung mit Stücken für Sopran und Orgel, u. a. auch mit Musik von Willaert. Vgl. RILM 1540^{22} und RILM 1559.

122. Vgl. den Abschnitt Libro XI — Neue Horizonte und Krise in Kap. 4. 1. 2.

Zeitgenossen Vincenzo Calmeta musikalisch schlicht nicht vorstellbar, wie zu zeigen sein wird. In der Tat sind der für die Frottolen charakteristische leichte, ironische und spielerische Ausdruck der *lirica cortegiana* und die bevorzugten einfachen Versformen nur bedingt mit dem Ernst und dem Qualitätsdenken eines musikalischen Petrarkismus zu vereinbaren, wie er in den *Asolani* imaginiert ist. Bembos Innovationen im Rahmen der *questione della lingua* kommen der Frottolenproduktion also nur bedingt zugute. Zweifellos gewinnen Frottolen als volkssprachige Kunst an Aufmerksamkeit. Aber die Forderung einer Differenzierung und Normierung von Sprache und — nicht zuletzt — auch der Musik, mit der sie vertont wird, läuft langfristig dem Profil der Frottolen entgegen. So fällt die späte Veröffentlichung von Bembos *Prose* 1525 zeitlich nicht zufällig mit den letzten Drucken von Frottolenbüchern zusammen.[123]

Betrachtet man die musikalische Szenerie der *Asolani* aus textdramaturgischer Perspektive, sorgt dieser Einschub nicht nur für eine Abwechslung von Prosa und Poesie, sondern schafft auch Raum für die modellhafte Einbindung petrarkistischer Lyrik in den höfischen Kontext. Musikalisch in einem besonderen Rahmen präsentiert, wird die archaische Sprache der toskanischen Literatur des Trecento für die höfische Konversation übersetzt, nämlich für die Zuhörer und Leser lebendig und nachvollziehbar. Und dabei zielt die sprachliche Ebene gleichermaßen auf eine Anpassung an die höfische Gesellschaft und auf deren sprachliche und moralische Erziehung ab. Bembos Leistung liegt v. a. in diesen publikumsorientierten Strategien, die der neuen höfischen Elite die ehemals rein humanistischen Kreisen vorbehaltenen Diskussionen eröffneten.[124] Für diese Zielsetzung war eine Sprache, und eben auch eine musikalische Sprache, die gleichermaßen Modernität und Qualität versprach, eine *conditio sine qua non*.

3. 3. 4 „Stanze, barzellette, frottole e altri pedestri stili" — Frühe Klassifizierungsversuche von Vincenzo Calmeta

Einem Dialog aus Bembos *Prose* selbst ist zu entnehmen, dass Vincenzo Calmeta, eigentlich Vincenzo Collo, zu den Diskussionspartnern und -kontrahenten Bembos gehörte, die ein anderes Sprachmodell, nämlich die Theorie einer *lingua cortegiana* in die *questione* einbrachten, die aufgrund der Nähe der Frottolenpraxis zur *lirica cortegiana* besondere Berührungspunkte mit ihr verspricht.[125] Von den neun Büchern *Della volgar poesia*, die Calmeta zugeschrieben werden, ist keines unter diesem Namen überliefert, das zwischen den *Asolani* und den *Prose*, aber spätestens 1508, im Todesjahr des Autors, datiert wird.[126] Bereits Bembos Bemerkungen in den *Prose* ist zu entnehmen, dass Calmeta für sein Sprachmodell zwar auch die literarische Trias des Trecento als grundlegend betrachtete, dabei aber zugunsten einer Ausdrucksvielfalt keine anderen Stile ausgrenzte. Dass er das Ideal einer römischen Hofpoesie entwarf, ist v. a. auf die Internationalität und vielfältige Mischung sprachlicher Einflüsse zurückzuführen, die Calmeta in Rom erlebt haben muss und in denen er eine alle Regionen verbindende Sprache sah. Es ergibt sich daraus, dass sein Ansatz weniger systematisch als der Bembos ist. Dass er allerdings auf den zeitgenössischen Leser zugleich auch konservativer und

---

[123]. Dies sind dann v. a. Veröffentlichungen der Verleger Giunta, Antico und Dorico in Rom. Vgl. Int. L. Giunta/Antico (ca 1520) oder Ant. Canzoni II² (1520), Ant. Frottole IV² (1520) oder die durch Dorico herausgegebenen *Libri de la Croce* [Croce III (1524)], Croce Canzoni II (1531), Croce Canzoni I² (1533).
[124]. Vgl. Kapp: *Ital Litgesch* (1994), S. 135.
[125]. Bembo: Prose, S. 106–10.
[126]. *Storia Letteratura* (1987), S. 93.

undiplomatischer wirken musste und Calmeta undifferenzierter über Musik nachdachte als Bembo, erschließt sich erst durch das Studium seiner Texte.

Calmeta hatte sich als Hofliterat, -dichter und -kritiker einen Namen gemacht und als Sekretär Zutritt zu namhaften Hofgesellschaften, vor allem in Rom, wo er um 1490-1491 in den Kreisen von Paolo Cortesi verkehrte und bereits mit Serafino dell'Aquila befreundet war und zwischen 1500 und 1503 am Hof von Cesare Borgia diente. In Mailand war er um 1494 Sekretär von Beatrice d'Este, zudem war er in Mantua und zuletzt in Urbino, bevor er in Rom starb.[127] Von einem der wenigen Texte, aus denen seine Position zur Sprachdebatte direkt erschließbar ist, war bereits im Zusammenhang mit der Biographie von Serafino die Rede, in dem er namentlich die Vortragskunst dieses Dichtermusikers als Exempel einer gelungenen Verbindung von Musik und Dichtung huldigt.[128] „Qual stile tra' volgari poeti sia da imitare" ist für die Frage der Einbindung der Frottolen in die Sprachdebatte wichtig, da sie hier explizit erwähnt und bewertet werden. Das normbildende Modell dafür sieht Calmeta allen Dichtern voran in Petrarca: „Io adunque a questi tali persuado che a' poeti volgari che sono ottimi si voglino aderire, eleggendo ad imitar quello che più candido e meglio composto sia, e sopra tutti il Petrarca ne' primi principì, per esser tanto aperto e giocondo si convenga, et è di qualità che non solo da lui si può pigliar giovamente, ma con dilettazione sommamente si lascia amare."[129]

Er rekurriert zudem auf Dante und trifft dabei die Unterscheidung, dass Petrarca die Instanz für die Komposition von Sonetten und Canzonen, Dante dagegen die für Ternärreime und für einen pathetischen Stil ist. „In questi due la somma perfezione consiste".[130] Frottolen, genauer „le stanze, barzellette, frottole e altri pedestri stili" sind dann auf der untersten Stufe einer Skala angesiedelt, die in Petrarca gipfelt.

Calmeta beschreibt das Musizieren von Frottolen als eine Praxis, die nichts mit literarischen Ambitionen zu tun habe, sondern allein auf die Liebeswerbung abziele. Einige „giovanetti" würden auf diese Weise ihrer Dame gefallen wollen, „desiderano col cantar […] gratificar la sua donna. […] pigliano dilettazione delle opere in lingua volgare, non per fare stil di componere, ma per potersi nella amorose imprese con quelle prevalere".[131] Calmeta ist der Meinung, dass die Dichtungen für eine solche musikalische Form der Liebeswerbung nicht zu witzig und ideenreich sein dürften, wie etwa Luigi Pulcis *Morgante*, Matteo Boiardos *L' Innamorato Orlando* oder die Frottole von Galeotto del Carretto, denn er geht davon aus, dass entsprechende Details und Spitzfindigkeiten durch die Musik unverständlich würden.[132] Um diesen Kommentar genauer einordnen zu können, wäre es

---

127. Zu den wenigen erschlossenen Daten von Calmetas Biographie vgl. die Einleitung von Cecil Grayson in Calmeta: Prose, S. XIII–XXX.
128. Vgl. Kap. 2.1.6.
129. „Denen, die höchsten Stil erreichen wollten, rate ich, sich auf die besten Dichter zu beziehen, den nachzuahmen auszuwählen, der am süßesten und best gestaltesten sei, und vor allem Petrarca von den Anfängen an, da er so offen und herzerfreuend ist wie es sich ziehmen kann, und von einer Qualität ist, dass man sich nicht nur von ihm nutzbringend bereichern kann, sondern der sich auch mit Vergnügen aufs Höchste lieben lässt." Calmeta: Prose, S. XIII–XXX, S. 23.
130. „In diesen beiden besteht die höchste Perfektion." Ebd., S. 24.
131. „Jüngelchen" „möchten mit dem Singen ihrer Frau Genugtuung bringen. […] [Sie] finden in den Werken im volgare Gefallen, nicht mit dem Ziel eines [dichterischen] Kompositionsstils, sondern um sich in den Liebesunternehmen bei diesen durchzusetzen." Vincenzo Calmeta: „Quale stile tra' volgari poeti sia da imitare" . In: Calmeta: Prose, S. 20–25, S. 21 und S. 20.
132. Vincenzo Calmeta: „Quale stil…". In: Calmeta: Prose, S. 21. Pulcis *Morgante* erschien zuerst 1478 in Venedig im Druck und begründete eine neue literarische und neo-höfische Tradition, zu der dann auch Boiardos und Ariosts umfangreiche Sagenverarbeitungen gehörten. Boiardos *Orlando* wurde in einer ersten Fassung 1483 in Modena gedruckt, vollständig zum ersten Mal 1506 in Venedig. Vgl. Kapp: *Ital Litgesch* (1994), S. 102f. und S. 105.

interessant zu wissen, welche Art von Frottolen sich Calmeta hier vorstellte. Dass er in seinem musikalischen Gehör sehr wohl zu unterscheiden wusste, belegen dann in jedem Fall die Kommentare zu Serafinos Strambottokunst. Es ist bemerkenswert, dass er diese ebenso wenig wie Petrarcas Dichtung als Liebesdichtung wahrnimmt und damit auch nicht abwertet, selbst wenn es sich auch hier um solche handelt. (Es ist davon auszugehen, dass auch Calmeta Petrarcas Canzoniere im Sinn hat, selbst wenn er kein Werk ausdrücklich benennt). Dabei ist für den Autor die Frage des Stils entscheidend, ob nämlich die Darstellung der Thematik formalen Ansprüchen Genüge leistet. Für musikalische Dichtungen von Serafino oder Cariteo entscheidet er die Frage positiv und behauptet, dass sie aus der „gemeinen Masse", „della volgar schiera" hervortreten und sich damit nicht nur verliebten, sondern auch gebildeten Herzen einprägen könnten", „meglio non solo negli amorosi ma ancora negli eruditi cuori imprimere".[133]

Calmeta baut somit einen Gegensatz auf zwischen der Liebesthematik als einer rein affektiven Ausdrucksebene auf der einen Seite und Gelehrsamkeit als einer kontrollierten, artifiziellen Behandlung von Ausdruck auf der anderen und folgert daraus entsprechende Urteile über den Kunstcharakter der Vortragsarten.

Wenn Calmeta nun Serafinos Strambottokunst deutlich von einer rein unterhaltsamen Ebene abgrenzt, dann vor allem durch ihre musikalische Qualität: Er beobachtet Unterschiede im Gesangsstil. Zwar sei dieser ebenso einfach, allerdings eben nicht simpel. Im Gegenteil: wer so „semplice e non diminuito" singe, erfreue seine Hörer durch die eine oder andere Scharfsinnigkeit oder wahres Gefühl, „qualche arguzietta" oder „affetto" und hebe sich damit von der gemeinen Masse ab.[134] Im Gegensatz zur komisch-burlesk gestimmten Barzeletta, also der Frottola im engeren Sinn, erreichen die strambotti Serafinos und Cariteos damit ein höheres, den Hörer bewegendes Ausdrucksniveau. Die Schlichtheit der Musik ist hier das Ergebnis einer idealen Einstimmung des Dichtermusikers auf einen vergleichsweise anspruchsvollen Text: „e sonosi sforzati d'accompagnar le rime con musica stesa e piana, accioché meglio la eccelenza delle sentenziose e argute parole se possono intendere".[135] Darum müsse man auch die Interpreten loben, die einen inhaltsreichen Text zurückhaltend begleiten und gerade dadurch das Gefühl und die Bedeutung des Gedichts gut zum Ausdruck brächten. Die besondere Qualität dieser Vortragskunst liegt für Calmeta also in einem sensiblen Verhältnis von Text und Musik, wobei die Musik zweifellos ihre dem Text dienende Funktion bewahrt. Und doch spricht Calmeta der Musik die Fähigkeit zu besonderer Ausdruckskraft zu, wenn er sagt, dass sie gerade in ihrer Zurückgenommenheit „Herrscherin von Gefühlen und Aussagen" sei:

> Così medisamente sono da essere essistimati di sommo giudicio coloro che cantando mettono tutto lo sforzo in esprimer ben le parole, quando sono di sustanza, e fanno che la musica le/accompagna con quel modo che sono i padroni da' servidori accompagnati, per poter più onorevolmente comparire, facendo non gli affetti e le sentenze della musica, ma la musica delle sentenze e degli affetti esser ministra. Il che facendo, sarà come in un bel prato, che la verde e minuta erbetta è il campo e i vaghi e diversi fioretti l'ornamento.[136]

[133.] „Aus der Reihe der Gemeinheit hervorzutreten" und sich dadurch „besser nicht nur den verliebten, sondern auch den gebildeten Herzen einzuprägen". Vincenzo Calmeta: „Quale stil…". In: Calmeta: Prose, S. 21.

[134.] Vincenzo Calmeta: „Quale stil…". In: Calmeta: Prose, S. 21.

[135.] „Und sie sind gezwungen, die Reime mit einer glatten und ebenmäßigen Musik zu begleiten, damit man besser die Qualität der sinnreichen und scharfsichtigen Worte hören kann." Ebd.

[136.] „So sind gleichermaßen diejenigen mit dem höchsten Urteil zu schätzen, die beim Singen alle Anstrengung daran setzen, die Worte gut auszudrücken, wenn sie von Gehalt sind, und es anstellen, dass die Musik sie [die Worte] so

Calmeta bleibt letztlich dabei, die Musik auf eine dem Wort dienende Funktion zu beschränken, die ihm ohne Verbindung zur Dichtung wertlos scheint. Doch erkennt er die emotive Funktion von Musik, die die dem Text innewohnenden Gefühle und Bedeutungen besonders gut transportieren und somit verstärken kann. Den Strambotto hält Calmeta in seiner Dichte und Prägnanz für die ideale Form einer solch sensiblen musikalisch-literarischen Praxis.

Dass sich der Strambotto sehr wohl im Ausdruck von der Barzelletta und Frottola unterscheidet, wird im Folgenden noch weiter deutlich werden und ist auch in der Literatur thematisiert worden.[137] Für Pirrotta war eben diese Vielfältigkeit eines der Motive dafür, nach einem angemesseneren Oberbegriff der Gattung zu suchen, um nicht vom spielerisch-tänzerischen Charakter der Barzelletta auf den der Frottolen generell schließen zu müssen, wenngleich auch er zu Recht immer wieder auf die Frottola als Oberbegriff zurück kehrte.[138] Calmetas Kommentar ist in jedem Fall ein wichtiges Indiz dafür, wie sehr Unterschiede der musikalisch-literarischen Praxis wahrgenommen wurden.

Die Bewertung, die Calmeta hinsichtlich der Liebespoesie vornimmt, ist aus einer humanistischen Tradition heraus zu verstehen. In diesem Sinn steht Liebesdichtung hier als Synonym für fehlenden literarischen Anspruch. In der Tat waren literarische Topoi der *ars amatoria* zwar bis auf die antike Tradition zurückzuführen, prägten aber mit der Literatur des *volgare* auch den profansten, intimsten und affektvollsten Bereich der Konversation. Vor diesem Hintergrund erst wird deutlich, wie progressiv im Vergleich dazu Bembo vorging, wenn er die literarische Verfeinerung des höfischen Diskurses in den *Asolani* ausgerechnet an der Liebesthematik demonstrierte und damit einen Markstein für eine theoretische Diskussion der Liebe im *volgare* setzte, die in den weiteren Jahrzehnten eine vielfältige Fortsetzung fand. Gegenüber Calmetas pauschaler Abwertung der Liebesthematik und der Fixierung auf Stilfragen wirkt Bembos Argumentation letztlich differenzierter, systematischer und fortschrittlicher, wenn auch die Ansätze vergleichbar bleiben. Beide Zeitgenossen sehen in Petrarca das höchste Ideal einer perfekten Dichtung, das es zu imitieren gelte. Beide entwickeln dabei ein hierarchisches Modell, in dem die von literarischen Autoritäten verwendeten Versformen die Maßstäbe setzen. Beide Autoren halten an einem ausbalancierten Verhältnis von Form und Inhalt fest, wie es die Antichi vorgemacht haben. Während Bembos Stufenmodell, das er in den *Asolani* entwickelt, einerseits ein integratives ist, bei dem jeder Stufe eine Berechtigung und Entwicklungsfähigkeit zugestanden wird, andererseits aber ein ausgrenzendes bleibt, da er die Maßstäbe für eine akzeptable Literatur sehr eng steckt, wirkt Calmeta in seiner Argumentation auf der einen Seite klassizistischer und starrer, wie eben an der Abwertung der „stili pedestri" deutlich wird, in seiner Unsystematik und in der Akzeptanz der zeitgenössischen *lirica cortegiana* aber auch offener. Im Vergleich beider Autoren scheint es v. a. die schon erwähnte Frage des diplomatischen Geschicks Bembos, durch die sich sein Ansatz durchsetzte: Calmeta qualifiziert die formal anspruchslose Lyrik ab, da sie den klassischen Kriterien nicht genügte, sicherlich wohl wissend, wie beliebt und verbreitet

---

begleitet, wie Meister von Dienern begleitet werden, um [dann] umso würdiger erscheinen zu können. Dadurch herrschen die Gefühle und Aussagen nicht über die Musik, sondern herrscht [umgekehrt] die Musik über Gefühle und Sinnsprüche. Auf diese Weise wird es wie auf einer schönen Wiese sein, dass das Grün und das kleine Gras das Feld ist und die schönen und verschiedenen Blümchen die Verzierung." Ebd., S. 22.

137. Vgl. den Abschnitt Refrainlose Formen — Oda, Capitolo, Sonetto und Strambotto, Canzone und Madrigal in Kap. 4. 2. 7 und die Analysen einzelner Strambotto-Vertonungen in 4. 4. 1.
138. Pirrotta: *Before Madrigal* (1994), S. 237. Er belegt seine Ausführungen zur Frottola auch durch Calmetas Abhandlung über Serafino. Ebd., S. 239, 242. Zum Frottolenbegriff vgl. 4. 2. 3.

sie bei einem erheblichen Teil der Höflinge war. Bembo dagegen ist pädagogisch geschickter, ermutigt er doch seine Leser gerade durch das Durchmessen der Skala von unten nach oben, selbst zum Dichter aufsteigen zu können.

Schlecht datierbar, wie auch dieser Text von Calmeta zwischen Ende des 15. Jahrhunderts und dem Todesjahr des Autors 1508 bislang ist — womöglich war er Teil der Bücher *Della volgar poesia* oder ist vor diesen entstanden — ist momentan nicht klärbar, aus welchem Erfahrungsschatz heraus und vor welchem Hintergrund Calmeta hier argumentierte. Hatte er am Ende die römische Hofgesellschaft vor Augen, wo man sich von weltlichen Liebesliedern stärker distanzieren musste als an Orten, die der Kurie ferner waren?[139] Von Frottolen dürfte Calmeta ohnehin nur die frühere Produktion gekannt haben, in der vorrangig solche im engen Wortsinn und Strambotti vertont wurden, so dass sein Urteil zu einem etwas späteren Zeitpunkt womöglich anders gewesen wäre. In jedem Fall aber belegen seine Texte, dass die Diskussion um das *volgare* Wertungen provozierte, die den Blick für die Qualität von Dichtung und eben auch den Blick für deren Zusammenspiel mit der Musik schärfte.

Diese Haltung bestätigt sich auch im Brief Calmetas an Isabella d'Este Gonzaga vom 5. November 1504 aus Urbino, in der er der Fürstin eine Elegie beifügt, ihr diese als musikalisch-dichterische Form ans Herz legt und widmet, während er die Canzone und den Capitolo als Formen zur Vertonung ablehnt. Er kommentiert seine Widmung damit, dass ihm die zunehmende Vereinfachung und Angleichung der poetischen Gattungen durch moderne Dichter ein Dorn im Auge sei und macht dafür auch die Musik verantwortlich, deren Vertonungspraktiken eine Pragmatik erfordere, die mit anspruchsvolleren Versmaßen nur schlecht vereinbar seien. Während Petrarca für den Ausdruck von „qualche amoroso effetto" stets die Canzone gewählt habe und dafür deren Versmaß befolgt hätte, beklagt er, dass die modernen Dichter die einfache *terza rima* (ABA BCB CDC etc.) auf die Canzone anwenden würden, die traditionsgemäß auch für die Elegie üblich sei.[140] Calmeta macht der Musik damit indirekt den Vorwurf, zur Verflachung der Dichtkunst beigetragen zu haben. In dieses Bild fügt sich zuletzt auch eine kritische Bemerkung Calmetas. So beantwortet er die Frage nach dem Nutzen von musikalischen Kompositionen im *volgare* für die Herausstellung dichterischen Könnens eindeutig negativ. In einer Zeit, in der der Druck eine Fülle von Publikationen möglich mache, kritisiert er „citaredi", die sich allzu schnell mit Texten für ihre Musik versorgen könnten und damit in Hof, Stadt und zu Land so großen Erfolg hätten, dass sie mit dieser flächendeckenden Verbreitung der Dichtung das literarische Geschmacksurteil grundlegend verderben würden. „Un altro nuovo modo ancora, oltre gli stampatori, è trovato col quale le composizioni, massimamente in lingua volgare, vengono in luce; imperocché essendo oggidì questa professione assai essistimata, sono riusciti molti citaredi

---

[139]. Dies kommt v. a. im römischen Traktat Brandolinis zum Ausdruck. Vgl. den Abschnitt Musik in Traktaten römischer Humanisten in Kap. 2. 2. 2.

[140]. Vgl. „Littera di Vicenzo Calmeta scritta alla Illustrissima et Eccelentissima Madama Marchesana nostra, in la quale se conte[n]gono alcuni precetti e osservazioni pertinenti al comporre versi vulgari". In: Calmeta: *Prose*, S. 51–55, S. 52. Zur Unterscheidung der einzelnen Gedichtformen beruft er sich auf die Autoritäten Petrarca und Dante, nicht ohne gleichermaßen deutlich zu machen, dass ein angemessenes Dichten im volgare nur auf der Basis der Kenntnis lateinischer Autoren gelingen könne, so z. B., wenn er sich anfangs auf Horaz beruft (S. 51) oder wenn er an „latini e vulgari" erinnert, „che in composizioni siano stati memorabili" (an „Lateiner und vulgari", „die in ihren Kompositionen erinnerungswürdig sind"), S. 52. Zur Bedeutung der Lateinkenntnis als Autor einer Literatur im volgare hat Calmeta einen eigenen Text verfasst: „S'egli è possibile esser buon poeta volgare senza aver lettere latine". In: Calmeta: *Prose*, S. 7–11.

i quali con le fatiche d'alcuni poeti sustestandosi, quelle per ogni corte di principi, cittadi e terre vanno pubblicando, et essendo richiesti di lasciarli in iscritto, spesso le lasciano, e così di mano in mano capitando tra ogni natura di gente, si vengono a divolgare in modo che ogni barbaro e idiota li basta l'animo sopra di quelle far giudizio, e spesse volte perfidiando volere le cose inette alle buone anteponere."[141] Ganz im Widerspruch zu Calmetas eigenen Huldigungen des Zusammenspiels von Dichtung und Musik in der Vortragskunst Serafinos lastet er hier der Musik an, zum Niveauverlust der Dichtkunst beizutragen.

Zusammenfassend ergibt sich der Eindruck, dass Calmetas Argumentation in der Mischung aus einer vergleichsweise inkohärenten Kritik bei gleichzeitigem Anspruch, sich einen humanistischen Status und höfische Gesellschaftsfähigkeit zu sichern, Zeugnis abgibt für den Boden, auf dem Bembos Theorien greifen konnten. In diesem Sinn sieht Cecil Grayson in Calmeta einen typischen Vertreter des Übergangs zwischen den Jahrhunderten:

> Se il Calmeta ne soffre in tale confronto [con Bembo], è perchè, più che un termine stabile, egli rappresenta il passaggio dall'uno all'altro secolo: egli è la coscienza critica risvegliata di una età a cui finora la critica sembrava negata, una coscienza piena di giusti sdegni e non priva di capacità di penetrazione, ma ancora sprovvista di vere norme e criteri ben determinati. Il senso critico c'è, manca la sistemazione di esso in una prospettiva storica.[142]

Es ist sicher kein Zufall, dass genau in dieser Umbruchphase, als Normen für literarische Kritik erst noch zu formen waren, die von der Vielfältigkeit und Variabilität lebende Frottola ihre produktivste Zeit hatte.[143]

3. 3. 5 „perché la facilità non impedisce la eleganza". Baldesar Castigliones Plädoyer für eine lingua „italiana commune, copia e varia"

Kritik an Bembos Sprachtheorien lieferte auch Baldesar Castiglione mit dem *Libro del Cortegiano*, der allein aufgrund der starken Rezeption als „praktische Anweisung für die höfische Welt" und wegen der zeitlichen und örtlichen Nähe zur Frottola-Praxis von Interesse ist.[144] Vorrangig findet die Sprachdebatte dort im ersten Buch statt und ist damit Teil der grundlegenden Diskussionen über die Qualitäten des Hofmanns. Die Notwendigkeit, sich auf eine gemeinsame Sprache im *volgare* zu einigen, wird hier durch die Mobilität des Hofmenschen begründet, der ein adäquates Mittel braucht, um mit Leuten von Welt leichter kommunizieren und regionale wie nationale Differenzen sprachlich

---

141. „Noch eine andere Art gibt es, über die Drucker hinaus, durch die die Kompositionen [gemeint sind Gedichte], meist in lingua volgare, ans Licht kommen; da heute dieser Beruf [des Druckers] reichlich geschätzt ist, sind viele Kitharöden zu Erfolg gekommen, indem sie, durch Mühen einiger Dichter unterstützt, ihre Werke für jeden Fürstenhof, in der Stadt und zu Land veröffentlichen, und da sie gebeten werden, diese schriftlich zu hinterlassen, [hinter]lassen sie sie oft, und indem sie von Hand zu Hand zu jeder Art Leute gelangen, kommt es dazu, dass sie [die Gedichte] sich so verbreiten, dass jeder Barbar und Ungebildete sich berufen fühlt, über sie zu urteilen, und oft die untauglichen von den guten unterscheiden will." Vincenzo Calmeta: „S'egli è lecito giudicare i vivi o no". In: Calmeta: Prose, S. 4.
142. „Wenn Calmeta unter dieser Konfrontation [mit Bembo] leidet, ist es, weil er, mehr als ein fester Begriff den Übergang von dem einen ins andere Jahrhundert repräsentiert: Er ist das wiedererwachte kritische Bewusstsein eines Zeitalters, in der bis dato Kritik vermieden schien, ein Bewusstsein voller richtiger Entrüstungen und nicht ohne analytische Kompetenz, aber noch ohne wirkliche Normen und klar festgelegte Kriterien. Der Sinn für Kritik ist da, nur fehlt es an dessen Systematisierung in einer historischen Perspektive." Cecil Grayson in Calmeta: Prose, S. LXIII.
143. Zum Gattungsselbstverständnis vgl. v. a. Kap. 4. 2.
144. Kapp: *Ital Litgesch* (1994), S. 141.

überwinden zu können.**145** Dass das *volgare* für den Umgang am Hof an sich von Bedeutung ist, wird nicht zuletzt auch damit begründet, dass es die Unterhaltung mit Damen ermöglicht.**146** Es scheint bezeichnend für Castigliones Distanz zu Bembo, dass er ihn in den sprachbezogenen Dialogen nicht auftreten lässt, wie es etwa im vierten Buch zur Diskussion der Liebesthematik der Fall ist. Es ist hier der Conte, der als Sprachrohr Castigliones die Dialoge beherrscht.**147**

Im Wesentlichen lässt sich die Diskussion dann in zwei Argumenten bündeln, durch die Bembos Modell einer ausschließlichen Imitation der literarischen Sprache des Trecento als Referenzsprache abgelehnt wird: Die Imitation einer zwei Jahrhunderte alten Sprache bringt demnach die Nachteile mit sich, dass sie die mündliche Sprachpraxis vernachlässigt und dass sie unnatürlich ist. Castiglione beruft sich für die Begründung dieser Thesen zunächst auf die Bedeutung der *grazia* und führt dafür zugleich den neuen Begriff der *sprezzatura* als eine der maßgeblichsten und zukunftsweisenden Qualitäten des Hofmanns ein:

> Ma avendo io già piú volte pensato meco onde nasca questa grazia, lasciando quelli che dalle stelle l'hanno, trovo una regula universalissima, la qual mi par valer circa questo in tutte le cose umane che si facciano o dicano piú che alcuna altra, e ciò è fuggir quanto piú si po, e come un asperissimo e pericoloso scoglio, la affettazione, e dir per forse una nova parola, usar in ogni cosa una certa sprezzatura, che nasconda l'arte e dimostri ciò che si fa e dice venir fatto senza fatica e quasi senza pensarvi. Da questo credo io che derivi assai la grazia.**148**

Die Kunst des Hofmenschen liegt also darin, so geschickt zwischen Techniken der inneren und äußeren Selbstdisziplinierung, zwischen körperlicher und geistiger Arbeit zu vermitteln, dass in seinem Auftreten der Eindruck von Natürlichkeit, Selbstverständlichkeit und Lässigkeit entsteht. Die Vermeidung von *affettazione*, d. h. von Affektiertheit, Heuchelei oder Vortäuschung ist dabei entscheidend. So wie die Konversation den Hofalltag prägt, sollte der Hofmensch also auch im Sprechen Anmut bzw. *grazia* an den Tag legen. Wenn nun aber Höflinge verschiedene Sprachen in die Unterhaltung einbringen, allein um ihr Wissen zu demonstrieren, sieht der Conte Anmut bereits in *affettazione*

---

145. Der Conte erklärt in diesem Sinn, dass man angesichts der regionalen Unterschiede in der Sprache am sichersten gehe, ein konkretes Beispiel zu imitieren, das alle für gut befinden würden „sia necessario proporsi ad imitar uno, il quale di consentimento di tutti sia estimato bono, ed averlo sempre per guida e scudo contra chi volesse riprendere". Castiglione: Cortegiano I, 30, S. 67.

146. So wird erklärt, dass die Kenntnis des *volgare* für den Hofmann den Vorteil habe, „dass es nie an angenehmen Unterhaltungen mit Frauen mangeln müsse, die diese Dinge mögen": „per questo mezzo non gli mancheran mai piacevoli intentenimenti con donne, le quali per ordinario amano tali cose". Castiglione: Cortegiano I, 44, S. 94. Dass Frauen im Regelfall mangels humanistischer Kenntnisse zwangsläufig auf das *volgare* beschränkt waren, bleibt dabei unerwähnt.

147. Dass wiederum Vincenzo Calmeta hier nicht zu den Protagonisten gehört, sehr wohl aber an anderer Stelle (z. B. in Castiglione: Cortegiano I, 56, S. 114 und in II, 21–22, S. 149–51, wo er die unbescheidene Haltung der Hofmenschen kritisiert), verwundert zunächst, weisen die Sprachtheorien beider im Vergleich zu denen Bembos doch Ähnlichkeiten auf. Cecil Grayson nimmt an, dass Castiglione die Person und wahrscheinlich auch seine Ansichten zur Literatur bekannt waren. Entweder waren ihm seine Sprachtheorien nicht gewichtig genug oder aber waren Calmetas Bücher zum Zeitpunkt der Redaktion noch nicht erschienen. Calmeta: Prose, S. LXVII–LXVIII.

148. „Aber da ich schon mehrere Male darüber nachgedacht habe, wo diese Anmut entsteht und dabei die beiseite lasse, die wir dem Einfluss der Sterne zuschreiben können, finde ich eine allgemeine Regel, die mir mehr als anderes in allen humanen Dingen zu gelten scheint, die man macht oder sagt, und das ist, die affettazione (Künstlichkeit, Heuchelei und Vortäuschung) wie einen sehr steilen und gefährlichen Felsen zu vermeiden, und um vielleicht ein neues Wort zu sagen, bei jeder Sache eine gewisse sprezzatura (Lässigkeit, Natürlichkeit) anzuwenden, die das Handwerk verbirgt und das, was gemacht und gesagt wird, als ohne Anstrengung und fast ohne daran zu denken gemacht erscheinen lässt." Castiglione: Cortegiano I, 26, S. 59.

umschlagen. Und ähnlich unnatürlich und angestrengt empfindet er auch die Vorstellung, Gespräche im *toscano antico* zu führen.[149] Es liegt an dieser Vorrangstellung der Konversation, dass das Bembische Modell im *Libro del Cortegiano* abgelehnt wird: Selbst wenn der Conte bestätigt, dass sich die schriftliche Sprache von der mündlichen unterscheidet, nämlich sorgfältiger, korrekter und gewählter sein müsse, darf seiner Meinung nach eine für den Hof angemessene Sprache nicht völlig anders als die gesprochene sein. Denn letztlich sei auch das Schriftliche nur ein Erinnerungsbild des Mündlichen:

> Ché pur, secondo me, la scrittura non è altro che una forma di parlare che resta ancor poi che l'omo ha parlato, e quasi un' imagine o piú presto vita delle parole […] E perciò è ragionevole che in questa si metta maggior diligenzia per farla piú culta e castigata, non pero di modo che le parole scritte siano dissimili dalle dette, ma che nello scrivere si eleggano delle piú belle che s'usano del parlare.[150]

Und gerade im Schriftlichen, wo die Ausdruckskraft der Geste fehle, käme es noch stärker auf die Verständlichkeit der Sprache an, die man im Fall des *toscano anticho* zwangsläufig nicht garantieren könne.[151] An der Fixierung auf die Sprache der alten Meister stört den Grafen zudem die Verdrängung von menschlichen Erfahrungswerten durch ein zu starres Imitationsprinzip.[152] Seiner Ansicht nach sei ein Urteilsvermögen, das durch Gelehrsamkeit und Erfahrung gewonnen wurde, für den sprachlichen Ausdruck in jedem Fall wertvoller als Kunst- und Regelwerk, das nur unnötig die Begabung des Dichters einschränke. „Ingegno", „bon giudicio" und „bona consuetudine" sind Begriffe, die der Graf daher der „imitatio", der „arte" und der „regola" gegenüberstellt und vorzieht. Darum seien auch die wichtigsten und wirkungsvollsten Worte stets Abweichungen von grammatikalischen Regeln.[153]

---

149. „E certo a me sarebbe non piccola fatica, se in questi nostri ragionamenti io volessi usar quelle parole antiche toscane, che già sono dalla consuetudine dei Toscani d'oggidí rifiutate, e con tutto questo credo che ognun di me rideria". „Und sicherlich wäre es für mich keine kleine Anstrengung, wenn ich in diesen unseren Erörterungen jene alt toskanischen Worte anwenden wollte, die schon die heutigen Toskaner aus der Erfahrung heraus verweigern, und mit dem allen würde, glaube ich, jeder über mich lachen." Castiglione: Cortegiano I, 28, S. 64.
150. „Denn meiner Meinung nach ist die Schrift nichts anderes als eine Form des Sprechens, die noch [bestehen] bleibt, nachdem der Mensch gesprochen hat, und [sie ist] ein Bild oder noch mehr ein Leben der Worte." Castiglione: Cortegiano I, 29, S. 65–66.
151. „Estimo ancora che molto piú sia necessario l'esser inteso nello scrivere che nel parlare; perché quelli che scrivano non son sempre presenti a quelli che leggano, come quelli che parlano a quelli che parlano." „Und ich schätze, dass das Verstandenwerden im Schriftlichen noch viel wichtiger ist als im Sprechen; denn die, die schreiben, sind nicht immer denen, die lesen, zugegen, so wie die, die sprechen denen [zugegen sind], die sprechen." Ebd., I, 30, S. 66. So wird später auch das Argument angeführt, dass Petrarca und Boccaccio selbst, wenn sie noch leben würden, ihre Schriftsprache aktualisieren würden. „Penso […] che se 'l Petrarca e 'l Boccaccio fossero vibi a questo tempo, non usariano molte parole che vedemo ne' loro scritti." Ebd., I, 36, S. 78.
152. Castigliones Kritik an Bembos zu starker Konzentration auf das Imitationsprinzip ist der Kritik von Pico del la Mirandola vergleichbar, der sich Bembo zwischen 1512 und 1513 einer brieflichen Querelle zu diesem Thema stellte, in der Pico Bembo u. a. zu bedenken gab, dass über das Kriterium der Imitatio hinaus noch vier weitere in der Dichtungslehre beachtet werden müssten, die dispositio, die elocutio, die actio und die inventio. Gerade letztere sei wegen des darin zum Ausdruck kommenden Talents und der Freiheit der Rede von besonderer Bedeutung — eine Position, die Castigliones Plädoyer für die Relevanz des „ingegno" gegen Bembo ähnlich ist. Nachzulesen ist dieser Dialog in: Bembo/Pico: Epistole.
153. „La bona consuetudine adunque del parlare credo che nasca dagli omini che hanno ingegno e che con la dottrina ed esperienza s'hanno guadagnato il bon giudicio, e con quello concorrono e consentono ad accettar le parole che lor paion bone, le quali si conoscono per un certo giudicio naturale e non per arte o regola alcuna." „Die gute Sitte nun des Sprechens entsteht, glaube ich, in den Menschen, die Begabung haben und die sich durch Bildung und Erfahrung

Bei aller Kritik an Bembos Konzeption wird auch im *Cortegiano* an der Schönheit und Würde der besagten Trecento-Literatur nicht gezweifelt. So wird ausdrücklich hervorgehoben, dass für die Darstellung der „cose amorose" Petrarca Vorbild bleibe.[154] Ein Kompromiss zwischen der Imitation der alten und der Achtung der aktuellen Sprache wird darin gesehen, aus dem *toscano antico* die Worte auszuwählen, die noch heute überall gesprochen würden.[155] Die Sprachdebatte zielt hier somit darauf ab, die mündliche Sprache auf eine mögliche Verschriftlichung hin zu überprüfen, von ungenauen oder derben Ausdrücken zu säubern und damit zugleich mündlichen und schriftlichen Ausdruck einander anzugleichen. Das hier entworfene Ideal einer „[lingua] italiana, commune, copia e varia"[156] wirkt somit zwar offener und weniger autoritär als das Bembische, regt aber ebenso wie dieses gleichwohl zu einer grundlegenden Reflexion über die Beziehungen zwischen Sprache, Verhalten und Ansehen an, die die Wahrnehmung jeder Form des sprachlichen Ausdrucks am Hof beeinflussen musste.

Im Sinn der angestrebten *sprezzatura* wird im *Cortegiano* versucht, auch für die Sprache am Ideal eines vielfältigen und natürlich wirkenden Ausdrucks festzuhalten. Für dieses Primat der Vielfältigkeit beruft sich der Graf auf die Musik und mündet dabei in das bekannte Lob des Gesangs von Marchetto Cara, der in seiner „dolcezza" anders, aber ebenso bewunderungswürdig sei wie der des römischen Sängers Bidon (alias Bidone da Asti), „la qual è tanto artificiosa, pronta, veemente".[157] Auch hierin kommt zum Ausdruck, wie sehr die Maßstäbe der höfischen Unterhaltung eine differenzierte Wahrnehmung der Vortragspraxis und damit auch die musikalische Geschmacksbildung beförderten und bestimmten.

Castigliones Plädoyer für eine einfache, ungekünstelte und vielfältige Sprache kommt der Sprachgebung der Frottola näher als Bembos, aber auch Calmetas Theorien. Castiglione empfiehlt dabei, zwischen Ernst und Eleganz abzuwechseln, also auch Einfaches und Leichtes — Scherze, Spiele und Sprüche — zuzulassen, sämtlich tragende Elemente der Frottolen: „perché la facilità non impedisce la eleganza. Né io voglio che egli parli sempre in gravità, ma di cose piacevoli, di giochi, di motti e di burli, secondo il tempo; del tutto però sensatamente e con prontezza e copia e non confusa".[158] An anderer Stelle des *Cortegiano* zeigt sich, wie grundlegend und notwendig gerade das Scherzen am Hof als Fluchtpunkt und Ausgleich zum Korsett anderer Verhaltensnormen war und damit eine wesentliche Bedingung für den Erfolg der überwiegend heiteren Frottola bildete.[159]

---

    die gute Urteilskraft verdient haben, und mit dieser tragen sie dazu bei und willigen ein, Worte zu akzeptieren, die ihnen als gut erscheinen [und] die man durch ein gewisses natürliches Urteilsvermögen und nicht durch irgendein Handwerk oder irgendeine Regel erkennt." Castiglione: Cortegiano I, 35, S. 77.
154. Castiglione: Cortegiano I, 32, S. 70. Gemeint ist dabei dessen Canzioniere.
155. Ebd., I, 29, S. 66.
156. Einer „gemeinsamen, italienischen, reichhaltigen und vielfältigen Sprache". Ebd., I, 35, S. 75.
157. Der in seiner „Süße" anders ... sei als ... Bidon, „der so kunstvoll, schlagfertig, heftig ist". Ebd., I, 37, S. 80.
158. „Denn die Einfachheit verhindert keine Eleganz. Und ich will auch nicht, dass [der Hofmensch] immer in Schwere und Würde spricht, sondern [auch] von vergnüglichen Dingen, von Spielen, Sprüchen und Scherzen, der Zeit gemäß; bei allem jedoch sinnig, mit Schlagfertigkeit, Reichhaltigkeit und nicht verworren." Ebd., I, 34, S. 74.
159. Vgl. Kap. 2. 2. 1.

Fazit

Die Diskussion dreier Texte zur *questione della lingua* zeigt, dass das Nachdenken über ein vorbildhaftes *volgare* mit einer Sensibilisierung gegenüber dem Verhältnis von Dichtung und Musik einhergeht. Dies wird selbst im Fall Calmetas deutlich, der zweifellos aus der Tradition heraus argumentiert, dass Musik allein der Unterstützung der Dichtung zu dienen habe, also als Kunstform zurücktritt. Doch sein Lob Serafinos belegt, dass er die außerordentliche Wirkung eines gelungenen Zusammenspiels von Dichtung und Musik sehr bewusst wahrnimmt. In Bembos *Asolani* wird am deutlichsten sichtbar, dass die spürbare Aufwertung weltlicher Musik die Konsequenz eines neuen literarischen Anspruchsdenkens ist, das auf das Vertonungsmedium Musik übertragen wird. Die Wahrnehmung von Musik geht über die traditionsgemäß einfache und selbstverständliche Begleitfunktion von Dichtung hinaus — ein Eindruck, der sich später in Bembos *Prose* bestätigt, wo Beobachtungen über die Klanglichkeit und Musikalität der Poesie die Annäherung von Musik und Dichtung aus anderer Perspektive bestärken. In diesem Sinn bilden Bembos *Asolani* eine Hintergrundfolie zum Versuch, die Frottolensammlungen durch literarische und musikalische Differenzierungen zu nobilitieren und zu modernisieren, wodurch ihr Profil aber auch gleichermaßen deformiert und geschwächt wird. Bembos Wirkung auf sie zeichnet sich somit durch eine Widersprüchlichkeit aus, die für den Einfluss der Sprachdiskussion generell gelten kann: Sie führt zu einer stärkeren Wahrnehmung der Ästhetik von Musik und damit auch zu ihrer sozialen Institutionalisierung, die sich entsprechend in Castigliones Empfehlungen einer musikalischen Erziehung für den Hofmenschen zeigt. Dabei wirkt sich das Interesse am *volgare* vor allem als Beitrag zur Stärkung einer nationalen Kultur fördernd auf die Frottolen aus und trägt zu deren sprachlicher und musikalischer Differenzierung bei, wie später einzelne Analysen zeigen werden.

Im Hinblick auf die Frottola war der Einfluss aller Bewegungen, die in diesem Kapitel zur Diskussion standen, zwangsläufig ein ambivalenter. Einerseits waren sie der Gattung förderlich, da allein die ihr zugrunde liegende *poesia per musica* petrarkistisch, im *volgare* verfasst war und auf Topoi höfischer Liebeslyrik basierte — Aspekte, die in diesem Klima zweifellos Aktualität versprachen. Und da Petrarcas Lyrik die Augen für den musikalischen Eigenwert von Dichtung eröffnete, konnte auch eine literarisch anspruchslosere Poesie wie die der meisten Frottolen als *poesia per musica* stärker als zuvor geschätzt werden. Dieser Eindruck entsteht z. B., wenn Vincenzo Calmeta den Vortragsstil Serafino dell'Aquilas wegen der sensiblen Balance von Wort und Musik über andere erhebt, auch wenn es sich rein dichterisch gesehen um einfache Strambotti handelte. Zudem ist zu bedenken, dass sich die damalige höfische Elite von vorigen Generationen darin unterschied, dass es ihr eben nicht um Gelehrsamkeit im traditionellen Sinn, sondern vielmehr um die wirkungsvolle Darstellung eines gewissen Bildungsgrads ging, Schein also mehr als Sein bedeuten konnte. Und diesem Anspruch kamen Frottolen in ihrem leichten, aber nie simplen Profil sehr wohl entgegen.

Was im Zuge der Debatten um die *questione della lingua* hier nicht ausdrücklich thematisiert wurde, mit der Bewegung aber einhergeht, ist die Beliebtheit volkssprachiger Poesie und damit auch entsprechender Musik. Zwar kann sich solche nicht messen an Petrarcas Lyrik, aber sie steht für die Wurzeln des *volgare* und damit für einen ebenso wichtigen Aspekt von Traditionalität und ist als Zeugnis mündlichen Sprechens abwechslungsreich und lebendig, so wie es z. B. Castigliones Ideal eines angemessenen *volgare* entspricht, das er im *Libro del Cortegiano* diskutiert. Gerade die populär wirkende Seite der Frottola, die von einfachen Sprachspielen und Melodien bis hin zur subtilen Konfrontation populären und höfischen Ausdrucks in Text und Musik reicht, macht die Gattung zu einer genuin italienischen Ausdrucksform, durch die sie es vor Ort mit der Konkurrenz der um 1500 führenden frankoflämischen Musiker aufnehmen konnte. Sich in Wort und Ton möglichst deutlich von der hochartifiziellen Polyphonik der nicht-italienischen Konkurrenz abzuheben, war somit ebenso ein Erfolgsfaktor der Frottola, der Einflüssen der *questione della lingua* zuzuordnen ist.[160]

Die der Frottola förderlichen Aspekte waren jedoch aufs Engste an eine Kehrseite gebunden, d. h. an Aspekte, die den Erfolg der Gattung entweder bremsten oder aber ihn einengten. Sie erklären letztlich, warum nach der Hochphase der Produktivität zwischen 1500 und 1510 neue Sammlungen bereits abebbten, bevor dann ab Mitte der 1520er Jahre keine neuen Frottolenbücher mehr im Druck erschienen.[161] So sehr Frottolen auf der einen Seite der Beliebtheit musikalischer Liebespoesie im *volgare* entgegenkamen, so widersprachen sie auf der anderen Seite dem literarischen Anspruch, der sich v. a. im Zuge der Bembischen Bemühungen durchsetzte. Am deutlichsten mag dieses an Bembos sensiblen Beobachtungen der klanglichen und damit genuin musikalischen Qualitäten von Petrarcas Dichtungssprache nachzuvollziehen sein, die er in den *Prose* darlegte.[162] Die Konsequenzen lagen nahe, nun eine Musik zu gestalten, die diesen klanglichen Finessen gerecht würde, wie es dann eben auch in der neuen Gattung Madrigal der Fall war. Die Frottola konnte bei allen Bemühungen, auch Petrarcas Dichtung und andere Poesie angesehener Autoren einzubinden, weder rhetorisch noch musikalisch über ihr eigenes Gattungsprofil hinausgehen. Und wie sich zeigen wird, war der Reiz frottolesker Diskursivität letztlich eben ein anderer, als der, den ein Bembo im Sinn hatte, wenn er von Petrarca ausgehend die poetische Balance von *gravità* und *piacevolezza* forderte. Mit den Grenzen von Ernst und Spaß, Sinn und Unsinn, Stereotypizität und Variabilität zu spielen, wie es in der Frottola der Fall ist, bildete in diesem Sinn eben auch einen Gegenpol sowohl zu den ästhetischen als auch zu den Verhaltensidealen, die in der Folge von Petrarcas *Canzoniere* entwickelt worden waren. So prägen Petrarkismus, Liebestraktatliteratur und die *questione della lingua* nicht nur die kulturgeschichtliche Folie, auf der sich die Frottolenmode abzeichnet. Die Strömungen fungieren für die Gattung auch wie ein Spiegel, an dem sich Frottolen wie verzerrte, flüchtige Schattenbilder brechen. So befindet sie sich durchaus in großer Nähe zu jenen Diskursen, da sie klassische Topoi der Liebeskunst aufgreift und verschiedenste sprachliche Register zieht, doch scheint sie niemals auf eine möglichst ideale Erfüllung von deren Maßstäben abzuzielen, sondern immer auf das Spiel damit. Dass gerade eine solche Gattung ein wichtiges Element der Selbstinszenierung von Fürstinnen darstellte, ist interessant sowohl in Hinblick auf die Gattung selbst als auch in Hinblick auf diese Inszenierungsstrategien, die offensichtlich gerade nicht auf die direkte Konkurrenz mit denen der männlichen Fürsten abzielten. Für die Flexibilität der Gattung ist es bezeichnend, dass sie nicht nur im *studiolo* der Isabella d'Este Gonzaga im Palazzo ducale in Mantua ihre Funktion erfüllte, sondern auch im Haus einer Fiammetta in Rom und auch in noch weniger renommierten Örtlichkeiten wie den privaten Hinterzimmern der Höfe oder entsprechenden Räumen in den Städten, in denen eine höhere Tochter wie Irene da Spilimbergo dem Musizieren nachgeht.

---

160. Vgl. dazu Kap. 4. 4., insbes. Kap. 4. 4. 2.
161. Vgl. Kap. 4. 1. 1.
162. Vgl. Kap. 3. 3. 1.

Der Bedeutungsverlust der Frottola ist sicherlich durch mehrere verschiedene Entwicklungen zu erklären, worunter eine zusehends sich verbreitende, strengere Auslegung humanistischer Ideale und möglicherweise auch sich verändernde Bilder von Weiblichkeit zu zählen sind wie steigende Ansprüche an die Ausdifferenzierung der musikalischen und dichterischen Formen — zu der allerdings die Frottola selbst einen nicht unwesentlichen Beitrag geleistet hatte. Doch bevor die Endphase der Frottolamode zum Thema wird, soll im folgenden Kapitel auf der Grundlage des bisher Erläuterten der Gegenstand selbst näher betrachtet werden, und zwar zunächst über die einflussreichste Form ihrer Publikation, die *Libri di Frottole* des venezianischen Verlegers Ottaviano Petrucci.

4. *LIBRI DI FROTTOLE* — SPIELFELDER ZWISCHEN TRADITION UND INNOVATION

4.1 Das Projekt Petrucci I

4.1.1 Motivationen für den Druck von *Libri di Frottole*

Dass der Musikverleger Ottaviano Petrucci ab 1504 mehrere Jahre lang einen Schwerpunkt auf die Produktion von *Libri di Frottole* legte, mag auf den ersten Blick verwundern, hatte er doch zunächst mit seinem Debüt drei Jahre zuvor, das zugleich der erste Auftritt eines Musikverlegers in Italien war, in eine andere Richtung gesteuert: Den Anfang hatten die Sammlungen *Harmonice Musices Odhecaton A* von 1501 (mit Nachdrucken 1503 und 1504), die *Canti B numero cinquanta* von 1502 (Nachdruck 1503) und *Canti C n° cento cinquanta* von 1504 gemacht, die in erster Linie französischsprachige Chansons, wenige, meist lateinische Motetten und nur am Rande italienische Stücke enthielten. In den Jahren 1502 und 1503 hatte Petrucci zudem Motteten- und Messendrucke frankoflämischer Prägung herausgebracht, darunter auch Josquins Messe *L'homme armé*.[1] Erstmalig überhaupt erschien nun mit den ersten drei Frottolenbüchern, die ab Ende 1504 in der kurzen Abfolge von nur gut drei Monaten auf den Markt kamen,[2] italienischsprachiges Liedrepertoire im Druck. Über die Bedingungen nachzudenken, die dazu führten, dass Petrucci sich dieser speziellen Gattung zuwandte, trägt zugleich zu deren Verständnis bei. Vor einer konkreten Analyse einzelner Frottolen soll darum in der Folge zunächst Petruccis Agieren innerhalb der damaligen Verlegerlandschaft und anschließend der größere literaturgeschichtliche Kontext der nun auch im Druck präsenten Gattung betrachtet werden.

So spärlich das Quellenmaterial über Petruccis Intentionen, sich als Musikverleger zu etablieren, sowie über den Werdegang seines Unternehmens überliefert ist, hat sich in der heutigen Fachforschung eine rege Diskussion um Petrucci entwickelt. Dabei geht es auch um die Fragen nach möglichen Motiven für den Orientierungswechsel in seiner Entwicklung — sofern man die Hinwendung zur Frottola als solchen betrachten kann. Als Voraussetzung dafür sind auch seine Anfänge eines Kommentars wert: Unter den zahlreichen Druckgesuchen, die in den 1490er Jahren an den Venezianischen Senat gestellt wurden, war der Antrag Petruccis, mit dem er 1498 um das Privileg bat, mehrstimmige Musik, „Canto figurado", drucken zu dürfen, insofern ein Sonderfall, als er in der mittlerweile dichten Verlegerlandschaft der erste war, der sich auf Musik bezog: „Per tanto el soprascritto supplicante recorri ali piedi de vostra Illustrissima Signoria, supplicando Quella […]

---

[1] Für alle philologischen Daten zu Petruccis Ausgaben vgl. Boorman: Petrucci Catalogue (2006). Vgl. zudem Franco Colussi in: *Venezia 1501: Petrucci mostra* (2001), S. 72. Iain Fenlon: „Petrucci, Ottaviano". In: *MGG* (2), Personenteil 13, Kassel etc. 2005, Sp. 426–30.

[2] *Frottole libro primo* erschien am 28. November 1504, das zweite Buch am 8. Januar 1505 und das dritte am 6. Februar 1505, Boorman: Petrucci Catalogue (2006), S. 564, S. 569 und S. 572.

se degni concederli de gratia spezial chome a primo inventor che niuno altro del dominio de Vostra Signoria possi stampar canto figurado ne intabolare dorgano e de liuto per anni vinti […]."³ Dabei wird deutlich, dass Petrucci sich an namhaften Vorbildern aus der Buchbranche orientierte, um seinen Platz als Verleger zu finden, auch wenn bis heute keine persönlichen Kontakte von Petrucci zu anderen führenden Vertretern der Branche belegt werden können.⁴ So lehnte er die Konzeption seines Markenzeichens, eine tränenartige Kreisform mit seinen Initialen O.[catavianus] P.[etrutius] F.[orosemproniensis], aus dem ein Doppelkreuz emporragt, an dasjenige bekannter venezianischer Drucker an, u. a. auch an das Markenzeichen von Ottaviano Scotto di Monza.⁵ Und im Duktus seines Gesuchs erinnerte Petrucci an Aldo Manuzio (bzw. Aldus Manutius), der drei Jahre zuvor erfolgreich ein Privileg für den Druck griechischer Schriften mit einem neuen kursiven Schrifttyp eingeworben und fortan von Venedig aus Pionierleistungen für die Verbreitung griechischer Klassiker erbracht hatte.⁶ Neben Manuzio experimentierten in den 1490er Jahren in Venedig weitere zwei Unternehmer mit dem Druck griechischer Literatur, nach der es es also offensichtlich eine große Nachfrage gab.⁷ In einer ersten Phase zwischen 1495 bis 1501 lag dann Manuzios Schwerpunkt entsprechend auf griechischen Schriften, von denen er allein um dreißig Erstdrucke herausbrachte. So publizierte er zwischen 1495 und 1498 fünf erste Drucke von Aristoteles' Werken; gleichzeitig wurden an der Universität Padova Vorlesungen zu dessen Schriften in der Originalsprache abgehalten.⁸

Es ist anzunehmen, dass Petrucci mit der griechischen Titelgebung für seine erste Veröffentlichung, den *Harmonice Musices Odhecaton*, einen Anschluss an dieses allgemeine Interesse suchte. Die griechischen Klassiker stellten gleichermaßen eine geistige Autorität und damit eine Garantie für einen humanistisch anspruchsvollen Status, damit aber auch für eine wirtschaftlich tragbare Perspektive dar. Auch für die halblatinisierte Form eines griechischen Titels konnte Petrucci auf Vorbilder bei Manuzio zurückgreifen. *Harmonice Musices Odhecaton* meint eine Sammlung aus „hundert kunstvolle musikalische Sätze."⁹ Man kann davon ausgehen, dass dem Verleger hier die Statussicherung gegenüber der gelehrten Tradition wichtiger war als eine treffende Bezeichnung für den

---

3. „So tritt der unterzeichnete Bittsteller zu den Füßen Eurer Ehrwürdigsten Hoheit, um diese zu bitten […], ihm die besondere Gnade als erster Erfinder zu verleihen, dass kein anderer im Bereich Eurer Hoheit weder mehrstimmigen Gesang noch Tabulaturen für Tasteninstrumente und Lauten für zwanzig Jahre drucken dürfe." Sartori *Bibliografia Petrucci* (1948), S. 15. Die Hintergründe dieses ersten Privileg-Gesuchs Petruccis und aller weiteren werden erläutert in Boorman: *Petrucci Catalogue* (2006), S. 77-108.
4. Boorman: *Petrucci Catalogue* (2006), S. 35.
5. Scotto (O. S. M.) scheint auch Modell gestanden zu haben für den Aufbau von Petruccis Initialen. Das Ursprungsmodell für das Druckeremblem war wiederum das Stemma (Kreis und Doppelkreuz) des namhaften, in Frankreich geborenen Druckers Nicolas Jenson, der in den 1470er Jahren das Druckhandwerk in Venedig eingeführt hatte. Vgl. James Haar: „Petrucci as Bookman". In: *Venezia 1501: Petrucci Convegno* (2005), S. 155–74, S. 157, Anm. 13 und 14.
6. Ebd., S. 156, Anm. 5. Als kennzeichnend für die zunächst enge Bindung des damaligen Druckwesens an die humanistische Kultur kann die Biographie dieses besonders erfolgreichen Verlegers gelten: Manuzio hatte selbst griechische Literatur in Rom, vor allem aber in Ferrara studiert und war Lehrer klassischer Sprachen, bevor er sich 1489 oder 1490 in Venedig niederließ, um sich dort als Druckunternehmer zu etablieren. Strategisch geschickt hatte er Marcantonio Sabellico, den Bibliothekar in der Biblioteca Marciana, als Mitarbeiter in sein Unternehmen eingebunden, der verantwortlich für die reichste Sammlung an griechischen Manuskripten im westlichen Europa war. Lowry: *Aldus Manutius* (1979), S. 51.
7. Ebd., S. 81.
8. Ebd., S. 109–11. Für eine Übersicht der Veröffentlichungen Aldo Manuzios in diesen Jahren vgl. ebd., S. 112–13; für eine Abbildung eines Druckbilds aus diesen Publikationen vgl. ebd., S. 133.
9. James Haar: „Petrucci as Bookman". In: *Venezia 1501: Petrucci Convegno* (2005), S. 158. Petruccis Markenzeichen ist in modernen Ausgaben z. B. zu Beginn eines jeden Frottolenbuchs zu finden in Pe. I–III/Cesari/Monterosso (1954) oder auch auf dem Rücken von *Venezia 1501: Petrucci mostra 2001* (2001).

hauptsächlich französischsprachigen Inhalt des Bandes — ganz dem Motto folgend, „promote authority while ‚deferring' authorship", wie Reinhard Strohm es auf den Punkt bringt.[10] Der Anschluss an die humanistische Tradition wird zudem durch zwei Widmungsbriefe dieses ersten Bandes an den Aristokraten Girolamo Donato bzw. Donà gesucht. In der Person Donà verbanden sich nicht nur humanistischer Anspruch und politischer Einfluss, da er ein ausgewiesener Kenner der griechischen Literatur, Botschafter und Gouverneur war; er war darüber hinaus auch ein Kenner der Musik.[11] In einem der beiden Briefe wird Petrus Castellanus als Herausgeber des Bandes genannt, der bis zu seinem Tod 1506 als musikalischer Berater Petruccis fungierte und in den ersten Jahren ein entscheidender Pfeiler des Unternehmens war. Auf ihn dürfte die inhaltliche Auswahl auch der folgenden Bände zurückgegangen sein; inwiefern Petrucci selbst philologisch und musikalisch gebildet war, ist ungewiss. Castellanus ist ab 1502 als Kantor im Dominikanerkonvent SS. Giovanni e Paolo in Venedig und Magister Capellae der dort ab 1496 eingerichteten Kapelle nachgewiesen.[12] Womöglich war die Musik der ersten Petrucci-Bände ein Spiegel der dortigen Musikpraxis; in jedem Fall aber ist das frankoflämische Repertoire, selbst die weltliche Chanson, seitens der Musik als Äquivalent an Preziosität und Autorität zu den antiken Klassikern im Buchdruck zu betrachten. Dabei galt es im Musikdruck wie auch bei der Veröffentlichung jener Klassiker im Buchdruck, in der veränderten Form eine bedeutende Manuskripttradition fortzusetzen. Und hier wie da entwickelte die Innovation des neuen Mediums ein Eigenleben und setzte in einem nicht zuletzt durch diese Entwicklungen selbst veränderten gesellschaftlichen Klima neue Maßstäbe und neue Akzente. Dabei hat die neuere Forschung gezeigt, dass von Petruccis Innovationen noch nicht der entscheidende, paradigmatische Wandel in der Verbreitung musikalischer Quellen ausging, der ihm lange zugesprochen wurde — ein breitenwirksamerer Musikdruck setzte vielmehr erst ab dem zweiten Drittel des Jahrhunderts ein.[13] Entsprechend zeigt die sorgfältige Aufbereitung des Produktionsbeginns von Petrucci, dass sein Projekt ähnlich wie der Buchdruck im Anfang weniger auf den Aspekt der größeren und schnelleren als vielmehr auf bessere Verbreitungsmöglichkeiten ausgerichtet war. Martin Giesecke legt in diesem Sinn dar, dass bereits Gutenberg mit seiner technischen Innovation vor allem auf ein harmonischer konstruiertes und damit besser lesbares Schriftbild abzielte, als es in Handschriften möglich war — ein Gedanke, der sich kulturhistorisch letztlich in die Suche nach größtmöglicher Harmonie einfügt:

> Vieles spricht dafür, daß die aus den sechziger und siebziger Jahren des 15. Jahrhunderts belegten Hoffnungen auf eine schnelle Vervielfältigung (multiplicatio) und billige Herstellung eher ein willkommener Nebeneffekt dieser [Druck]Maschine denn die ursprüngliche Intention von Gutenberg gewesen sind. […] Nimmt man [dagegen] an, daß das Ideal einer ‚künstlichen' Proportionierung

---

[10] Reinhard Strohm: „The birth of the music Book". In: *Venezia 1501: Petrucci Convegno* (2005), S. 45–55, S. 52.

[11] Vgl. Paola Rigo: „Girolamo Donà." In: DBI 40 (1991), S. 741–53 und Bonnie Blackburn: „‚Lorenzo de' Medici', a lost Isaac Manuscript, and the Venetian Ambassador". In: *Musica Franca. Essays in Honor of Frank d'Accone*, hg. v. Irene Alm, Alyson McLamore u. a., Stuyvesant 1996, S. 19–44, S. 33–35 und S. 42–44.

[12] Laurenz Lütteken: „Castellanus, de Castello Venetus, Petrus": In: *MGG* (2), Personenteil 4, Sp. 398. Vgl zudem Bonnie Blackburn: „Petrucci's Venetian editor: Petrus Castellanus and his musical garden." In: *Musica Disciplina*, xlix (1995), S. 15–45.

[13] Petrucci has been seen as a major agent of change, largely responsible for the actions that led tot he expansion of musical literaca during the sixteenth century." Aber: „music printing did little to expand the market for musical sources during the first twenty-five or thirty years oft he century." Boorman: Petrucci Catalogue (2006), S. 398 und S. 400. Als Hauptargumente dafür, die er ausführlich im analytischen Teil seines Katlogs darlegt, nennt Boorman den vergleichsweise hohen Preis von Petruccis Ausgaben und die Tatsache mangelnder Konkurrenz, die er dadurch erklärt, dass kommerzielle Gründe nicht im Vordergrund des Projekts gestanden haben können. Ebd. S. 398 und S. 400.

der Textgestaltung Gutenbergs Grundidee gewesen ist, so werden die einzelnen Schritte seines alternativen Weges folgerichtig [...]. Er vollzieht auf dem Gebiet der Textgestaltung, was in seiner Zeit auch in der Architektur und Malerei anhebt.[14]

Die Innovation des Druckes stellt demzufolge ein weiteres Ausdrucksmedium der Suche nach idealen Proportionen und Verbindungen dar, die sich gleichzeitig in den bildenden Künsten manifestieren. Und so waren Zeitgenossen angesichts der Gutenberg-Bibel vor allem von den sauberen, ebenmäßigen Lettern des Schriftbilds beeindruckt, das in der Art keine menschliche Hand hätte erzeugen können.

Entsprechend ist auch hinter Petruccis Unternehmung des Musikdrucks die Idee einer Vervollkommnung der älteren Manuskriptpraxis mit neuen Mitteln zu sehen, d. h. kein abrupter Paradigmenwechsel, sondern der Beginn einer graduellen Veränderung der Verbreitungskultur, die sich in ihren Voraussetzungen gleichwohl grundlegend von der älteren unterschied. Auf diese Dialektik weist Reinhard Strohm hin:

> The phenomen of the early printed book in private hands was not spectacularly novel by comparison with manuscript cultures; book collecting and book trade only gradually began to develop into the library and publishing network of the enligtenment period. This slowly change, however, was possible under a condition which was inherently different from that of manuscript culture: the condition that the information you acquire in a printed book is automatically shared with many other readers unknown to you, whereas in manuscript culture the sharing of information always required an individual step down the transmission ladder, so that every reader occupied an individual position in the information tree (just as in oral transmission).

Und er folgert letztlich daraus:

> The most decisive change in our history of knowledge, however, was not the invention of printing but the gradual transformation, in the fifteenth to eighteenth centuries, from single ownership of a single repository of information (called ‚book') to shared access to global repositories.[15]

Vor dem Hintergrund dieser Ambivalenz aus Kontinuität und Neuerung wird Petruccis Beginn einleuchtender, stellen doch die genannten Veröffentlichungen frankoflämischer Mehrstimmigkeit einerseits keine Repertoireerneuerung, sondern die Konsolidierung, Stärkung und Vereinheitlichung eines Musikbestands dar, der bereits in namhaften Manuskripten vorlag. Der Musikverleger erreichte damit Vergleichbares wie die ersten Verleger von Texten, die mit der Herausgabe antiker Klassiker die humanistische Tradition stärkten und damit zugleich den Anspruch der eigenen Tätigkeit untermauerten. Andererseits steckte hinter der Veröffentlichung von zusammen 280 Stücken vorwiegend frankoflämischer Provenienz in diesen ersten Drucken Petruccis, den *Harmonice Musices*, den *Canti B* und den *Canti C*, auch das „gesteigerte Chanson-Interesse einer größeren Adressatengruppe [...], die eine mechanische Vervielfältigung rentabel machte",[16] seitens des Verlegers also auch ein kommerzielles Interesse. Das französische Repertoire war dem italienischen Käufer zu

---

14. Giesecke zitiert in diesem Zusammenhang Leon Battista Albertis Ausführungen zur Schönheit der Harmonie und Proportion aus „De re edificatori" (1485). Giesecke: *Buchdruck* (1991), S. 141–42.
15. Reinhard Strohm: „The birth of the music Book". In: *Venezia 1501: Petrucci Convegno* (2005), S. 45–55, S. 46.
16. Schwindt: *Musikalische Lyrik* (2004), S. 172.

diesem Zeitpunkt willkommen, da es repräsentativ war und Internationalität versprach. Im Zuge eines neuen Humanismus, der breitere Schichten gewinnen wollte, kam somit auch unternehmerischer Geist ins Spiel, der auch die Frottolenproduktion beeinflusst haben muss. Dies ist einer der entscheidenden Aspekte, durch den der Musikdruck neue und eigene Verbreitungsmaßstäbe setzte, sowohl gegenüber der Manuskripttradition als auch gegenüber der des Buchdrucks: Selbst wenn das Erstellen von Musikdrucken für den Verleger keineswegs ein rentables Geschäft sein musste und nach wie vor auf eine gesellschaftliche Elite gerichtet war, die sich durch den Kauf dieser Bände von anderen Schichten abheben konnte, geschah solch eine Unternehmung nicht mehr unabhängig von finanziellen, unternehmerischen Erwägungen und Kriterien der Absetzbarkeit. Ein erstes Indiz dafür ist, dass Petruccis Bände von Anfang an keine entsprechenden Manuskripten vergleichbaren Prachtexemplare, sondern schlichte Bücher in einem handlichen Quartoformat waren, die auf Brauchbarkeit zielten. Es war wiederum Aldo Manuzio, der zuvor die praktische Idee kleiner, leicht tragbarer Bücher hatte und u. a. 1501 eine Vergiledition im Taschenformat (octavo) herausbrachte. Um die Lesbarkeit eines Musikdrucks zu wahren, waren der Verkleinerung jedoch Grenzen gesetzt; und Petrucci blieb bei dem einmal gewählten, etwas bequemeren, aber dennoch bescheidenen Quartoformat. Auch hinter der Entscheidung für das ungewöhnliche Längsformat seiner Bände sind praktische und verkaufstechnische Überlegungen zu vermuten. Es gab hierfür zwar Vorbilder unter Musikmanuskripten, vor allem das aufwändig verzierte Frottolenmanuskript Modena A F. 9, 9 aus dem Paduanischen Raum, aber für den Druckmarkt war dieses Format ein Novum und hatte dabei den Vorteil, dass es als Chorbuch für mehrere Sängerinnen und Sänger besser einsehbar war als ein Hochformat.[17] Im Gegensatz zu Textdrucken waren Musikmanuskripte zudem seltener, die entsprechenden Kompositionen zirkulierten daher auch weniger rege,[18] so dass die Einführung einfacherer und intensiverer Verbreitungswege für Musik nicht nur eine alternative Lösung zum Manuskript schuf, sondern auch die Chance bot, neue Käuferschichten zu gewinnen, und damit einem Beitrag zur Demokratisierung der Musikpraxis gleichkam.

Gewinnt man also schon angesichts der Veröffentlichung jener prestigereichen und Internationalität garantierenden Bände frankoflämischer Provenienz den Eindruck, dass hier ein durchaus wacher Unternehmer auf den Plan getreten ist, so liegt es nahe, einen solchen Unternehmergeist auch hinter dem Druck von Frottolenbüchern drei Jahre danach zu vermuten. In diesem Sinne lässt es sich zunächst als Bestätigung des wachsenden Interesses an volkssprachlicher Dichtung lesen, dass ein Verleger sich nun italienischen Stücken zuwandte.[19] Stanley Boorman verweist in diesem Zusammenhang auf die zwischen 1495 und 1502 erschienenen Editionen von Dichtungen Tebaldeos, Serafino Aquilanos, Boiardos oder Cornazanos.[20] Sie enthielten *poesia per musica*, auch wo sie nicht ausdrücklich als solche gekennzeichnet war, und spiegeln somit das damalige Interesse am musikalischen Vortrag volkssprachlicher Dichtung.

Ein anderer wichtiger Grund für Petruccis Hinwendung zu den Frottolen dürfte in deren musikalischer Gestalt gelegen haben: Nicht nur war das frankoflämische Repertoire — schon wegen seiner älteren Tradition — in höherem Maße in Manuskriptform zugänglich, es stellte auch in der

---

17. James Haar: „Petrucci as Bookman". In: *Venezia 1501: Petrucci Convegno* (2005), S. 155–74, S. 164 und 165.
18. Ebd., S. 164.
19. Schwindt: *Musikalische Lyrik* (2004), S. 172.
20. Boorman: Petrucci Catalogue (2006), S. 281.

Aufführungspraxis wesentlich höhere Ansprüche an seine Interpreten, und das sowohl textlich als auch musikalisch: Eine Chanson oder eine Motette konnte nur jemand vokal musizieren, der des Französischen und/oder des Lateinischen mächtig und im mehrstimmigen Musizieren geübt war. Und da diese Bedingungen im Italien um 1500 in erster Linie auf Kapellmusiker und auf ausgewählte, durch diese geschulte Laien aus dem höfischen Bereich zutraf, musste die Nachfrage an entsprechenden Musikdrucken erheblich kleiner sein als die nach einer Musik, die im *volgare* verfasst und aus einer oral tradierten, humanistisch geprägten, und nicht genuin musikalischen Aufführungstradition hervorgegangen war.[21]

Es ist denkbar, dass es zudem konkrete Anlässe waren, die Petrucci dazu brachten, ab 1504 *Libri di Frottole* zu publizieren. Womöglich trat jetzt, nach den Erfolgen der ersten Editionen, ein bis dato unbekannter Sponsor in Erscheinung, der die Entscheidung erleichterte, jetzt eine solche Investition zu wagen, die zuvor nicht finanzierbar war.[22] Womöglich unterstreicht die Hinwendung zur Frottola auch eine biographische Zäsur, auf die es insofern Hinweise gibt, als sich Petrucci im selben Jahr um ein anderes berufliches Privileg bemühte, nämlich (erfolglos) versuchte, in die Gilde der Cestieri, der Taschen- und Truhenmacher einzutreten.[23] Er schien also zum Zeitpunkt, als er die Produktion der Frottolenbücher aufnahm und sein Druckunternehmen, nun um dieses Repertoire erweitert, fortsetzte, ohnehin nach neuen Perspektiven zu suchen. Womöglich waren es aber auch technische Hürden, die dazu führten, dass Petrucci erst 1504 mit der Publikation dieses Repertoires begann, auch wenn er es schon früher geplant haben mochte. Denn ein zentraler editionstechnischer Unterschied des neuen Frottolen-Repertoires war seine Textgebundenheit. Im Hinblick darauf gibt James Haar zu bedenken, dass für die Textunterlegung der Frottolen ein platzsparender, engerer Schrifttypus verwendet wurde, der Petrucci, wie seine früheren Drucke zeigen, anfangs noch nicht zur Disposition stand.[24] Eine französische Chanson lebte mehr als eine Frottola von der Raffinesse ihrer musikalischen Satzstruktur; und da sie sich damit, wie schon erwähnt, vorwiegend an ausgebildete Musiker wandte, konnte der Verleger davon ausgehen, dass die Interpreten die entsprechenden Texte kannten oder sie sich auf anderem Weg zu besorgen wussten, während eine Frottola ohne Textunterlegung schlecht zu publizieren war: „texting was a norm for frottole".[25]

Einige Aspekte von Petruccis Frottolen-Projekt sind nun besonders überraschend, vor dem Hintergrund der Gattungsgenese aus einer literarischen und flüchtigen Aufführungstradition heraus, auch aus ihrer offensichtlichen Andersartigkeit gegenüber den Motetten, die sich aufgrund ihrer schon um 1500 erreichten musikalischen Komplexität der mündlichen Tradierung verweigerte:[26]

---

21. Zur literarischen Tradition und ihrer Musikalisierung vgl. Kap. 4. 2.
22. So vermutet auch Boorman: „Equally appealing would be a presumption that, after the first few publications had been successful, Petrucci found himself at the center of a group of patrons and musicians, willing to offer him material to e published, or wanting to disseminate the repertory they already owned." Die plötzliche Ausweitung des Repertoires durch Frottolensammlungen Ende 1504 ist für Boorman ein Indiz dafür. Boorman: Petrucci Catalogue (2006), S. 265.
23. Stanley Boorman: „Petrucci in the light of recent research". In: *Venezia 1501: Petrucci Convegno* (2005), S. 125–47, S. 129.
24. In der Tat veröffentlichte er die vorausgehenden Chansonbände ohne eine solche Textunterlegung, die auch hier sinnvoll gewesen wäre, wenn auch nicht so grundlegend wie für die Frottolen. James Haar: „Petrucci as Bookman". In: *Venezia 1501: Petrucci Convegno* (2005), S. 155–74, S. 168. Vgl. zudem Boorman: Petrucci Catalogue (2006), S. 280.
25. Boorman: Petrucci Catalogue (2006), S. 280. Und in der Tat sind instrumentale Frottolen äußerst selten, zumal in gedruckten Sammlungen. Eine Ausnahme stellt Anticos Orgeltabulatur dar: Int. Org. Antico (1517).
26. Vgl. dazu Johannes Tinctoris' Beschreibung des Begriffs der *res facta*. Vgl. Kap. 4. 3. 1.

Besonders die ersten drei Bände weisen eine Geschlossenheit, eine Art Werkcharakter auf und knüpfen damit an Musikmanuskripte des europäischen Mittelalters an, denen eine literarische Qualität eigen war und die eine Art Denkmalcharakter hatten, durch die sie die Autorität einer Tradition, namentlich auch herausgehobener Komponisten beschworen.[27] Das heißt, Petrucci stellte an seine Frottolenbücher offenbar den Anspruch, die genuin literarische Tradition der Verschriftlichung verbessert fortzusetzen, wofür ganz neue Herausforderungen der Kanonisierung und Kodifizierung an das vergängliche Medium der Musik herangetragen worden sein müssen. Weil eben der Verlag hier nur teilweise auf schriftliche Formen ihrer Überlieferung zurückgreifen konnte, ging seine Arbeit weit über die der Übertragung vom Manuskript zur Druckpassung hinaus, umfasste nämlich gleichermaßen das Sammeln und Recherchieren, Rekonstruieren und Interpretieren bis hin zum Neu-schreiben-Lassen von Dichtung und Musik.[28] Dieser Prozess schlug sich letztlich auch in der Abfolge der einzelnen Bücher nieder, wie die folgende Darstellung zeigen wird.

Angesichts also des Wissens um die mündlichen Ursprünge der neuen Gattung einerseits, dieser eigenen Form der Frottolendrucke andererseits spitzt sich die Frage nach ihrer Aufführungswirklichkeit weiter zu. Für die Druckversionen soll hier schon die These vertreten werden, dass die Frottola letztlich durch den Druck eine einheitliche Erscheinungsform erhielt, ja erst als musikalische Gattung greifbar wurde. Frottolen erschienen jetzt als formalisierte vierstimmige Sätze und damit in einer ganz anderen Gestalt als es die stärker auf Improvisation angelegte Aufführungspraxis der Frottolen durch Dichter-Musiker, Lautenisten und Sänger vermuten lassen würde. Stanley Boorman erklärt dies dadurch, dass für die Käufer der Frottolenbücher eine Form gefunden werden musste, die es auch den in der Improvisationspraxis Ungeübtereren erlaubte, sich aus dem untextierten Unterstimmensatz eine brauchbare, individuelle Version des jeweiligen Stückes zu erstellen, für eine oder mehrere Singstimmen mit Laute oder Streichinstrumenten.[29]

Für die Problematik des Verhältnisses zwischen Aufführungspraxis und Druckform der Frottola kreiert Reinhard Strohm das sprechende Bild einer „lady who puts on her best dress when going to church and being seen in public." Und er baut damit noch einmal eine Brücke von Petrucci zurück zur älteren handschriftlichen Buchkultur. „Music had moved into the ranks of classical icons, offered beautiful materiality, had acquired the privileges of bookship: the medieval development of book culture including its ideo-values had itself turned music into books".[30] Strohms Bild der „Dame Frottola", die sich öffentlich in Sonntagskleidung zur Schau stellt, trägt in unserem Zusammenhang weiter, als der Autor es vermutlich beabsichtigt hat, da es über den Aspekt der Stilisierung auch den für die Frottolen entscheidenden Aspekt des Inszenierungsrahmens, zumal eines weiblich geprägten, veranschaulicht. Es lenkt damit den Blick auf die Aufführungsbedingungen von Frottolen, die durch die Innovation des Drucks gleichermaßen verändert wurden. Wie auch das imaginierte Sonntagskleid erst durch das Sich-Zeigen und Gesehen-Werden der Dame in sonntäglichem Ambiente zur Geltung kommt, sind Petruccis Frottolenbücher in einem stärkeren Maß als bei anderen Gattungen letztlich nur ein Baustein eines größeren Ganzen angesichts einer Praxis, die tief in einer höfischen Kultur der Inszenierung und des Spiels verankert ist, die also in einem Rahmen stattfindet, der über

---

27. Reinhard Strohm: „The birth of the music Book". In: *Venezia 1501: Petrucci Convegno* (2005), S. 45–55, S. 49.
28. So heißt auch der Titel eines Beitrags von Francesco Luisis Beitrag zur Petrucci-Forschung: „Scrittura e riscrittura del repertorio profano italiano nelle edizioni petrucciane". In: *Venezia 1501: Petrucci Convegno* (2005), S. 177–214.
29. Boorman: Petrucci Catalogue (2006), S. 281.
30. Reinhard Strohm: „The birth of the music Book". In: *Venezia 1501: Petrucci Convegno* (2005), S. 53.

standardisierte musikalische Sätze und deren *poesia per musica* nur teilweise rekonstruierbar ist. Die Frottola-Praxis wird daher erst über entsprechende Kontexte wie den Mantuaner Hof der Isabella d'Este Gonzaga, die Dramaturgie musikalischer Liebespoesie in Bembos *Asolani* oder Lebenswelten römischer Kurtisanen nachvollziehbar. Dieser Kontextbezug, so lässt sich anhand unterschiedlicher Beispiele zeigen, ist für die Gattung von so zentraler Bedeutung, dass sich ihre literarische und musikalische Form verändert, je nachdem ob ein Stück von einem Serafino dell'Aquila oder Michele Pesenti, von einer Fürstin, Kurtisane oder einer venezianischen Adeligen unter entsprechend unterschiedlichen Rahmenbedingungen musiziert und gehört wird. Dabei lässt sich ein dynamisches Verhältnis zwischen der Druckpraxis und der Aufführungswirklichkeit der Frottolen beobachten. Während Frottolenmanuskripte regional verankert waren und vergleichsweise wenig zirkulierten, provozierte die Drucklegung nicht nur den Transport von Poesie und Musik, sondern auch die Verpflanzung und Veränderung von Aufführungstraditionen. Wie folgenreich der Frottolendruck für die soziologische Differenzierung von Aufführungspraktiken zwischen Mantua, Venedig oder Rom bis in das zweite Drittel des Jahrhunderts hinein wurde, wird am Ende exemplarisch die Diskussion zweier Fallbeispiele zeigen, der ersten Tabulatur für Tasteninstrumente des Verlegers Andrea Antico und dem musikalischen Nachlass der adligen Musikdilettantin Irene da Spilimbergo aus dem Veneto.[31]

Wichtiger jedoch als die konkreten Bedingungen ihres Drucks ist für das Verständnis der neuen Publikationen ihr humanistischer Kontext, wofür mit dem Verhältnis von Text und Musik ein wesentliches Stichwort genannt ist. Als eine Gattung, in der die musikalische Ebene wesentlich an die ihr zugrunde liegende Poesie gebunden ist und diese Poesie wiederum erst durch die Musik ihren Reiz und Wert erhält, zeigt die Frottola eine gegenseitige Abhängigkeit von Musik und Poesie. In Anlehnung an antike Ideale spiegelt dieses Zusammenspiel einen zentralen humanistischen Gedanken wider. Zugleich knüpft die neue Gattung, zumal mit den Möglichkeiten des Drucks, an die veränderten gesellschaftlichen Bedingungen an. Die Musik hat demnach einen entscheidenden Anteil an der Aufwertung von *poesia volgare*, wie sie in jener Zeit vor allem durch die Schriften Pietro Bembos propagiert wurde. Nicht nur wurde italienische Dichtung akzeptiert als „figlia di una musa minore, una sorta di integrazione semantica per di più coincidente con modelli di tradizione ellenica",[32] sie fungierte auch als mobilisierendes Element neuer Bildungsschichten und damit als Motor gesellschaftlicher Entwicklungen, wie sie sich im Zug des Petrarkismus und der *questione della lingua* zeigten. Schon der Name *poesia per musica* macht dabei deutlich, dass die in den Frottolen vertonte Poesie ihre Berechtigung erst durch das Musizieren erhält — und es ist bezeichnend, dass keine Sammlung dieser Dichtungen ohne einen direkten Musikbezug in den Druck ging.[33] Francesco Luisi beschreibt in diesem Sinn, wie *poesia per musica* aufgrund der sinnlichen, emotionalen und theatralischen Dimension ihrer Vertonung geschätzt wurde und sich dadurch zu einer *poesia musicale*,

---

31. Vgl. Kap. 4. 5. 2 und 4. 5. 3.
32. „Tochter einer kleineren Muse, eine Art semantische Einbeziehung, die wesentliche Berührungspunkte mit Modellen der hellenistischen Tradition aufwies". In: Francesco Luisi: „Scrittura e riscrittura del repertorio profano italiano nelle edizioni petrucciane". In: *Venezia 1501: Petrucci Convegno* (2005), S. 179.
33. Das Buch mit *poesia per musica* aus dem Umfeld Isabella d'Estes ist ein Manuskript, zeugt von einer regionalen Praxis und ist eindeutig auf das Musizieren ausgerichtet. Vgl. Gallico: *Libro Isabella* (1961). Demgegenüber stehen allerdings die bereits erwähnten zeitgenössischen etliche Drucke von Dichtungen, etwa in der Tradition von Serafino dell'Aquila, die letztlich als poesia per musica praktiziert worden sein werden, auch wo sie nicht als solche gekennzeichnet sind. Hier scheint noch Raum für weitere Recherchen.

d. h. zu einem Text mit musikalischen Qualitäten entwickeln konnte. „Il testo poetico si trasformava così in metatesto e assumeva tutti i caratteri narrativi o di sintesi imposti da una latente ricerca di spettacolarità, di funzionalità e di destinazione emozionale."[34] Petruccis Projekt, die Vertonungspraktiken der Frottola im Druck zu fixieren, ist damit auch vor dem Hintergrund der zunehmenden Sensibilisierung gegenüber dem Beziehungsgeflecht aus Musik und Dichtung und dem besonderen Eigenwert von Musik zu sehen.

4.1.2 Institutionalisierung eines Repertoires

Manuskript versus Notendruck. Zur Rekonstruktion des Kontextes

Wie Petrucci und seine Berater bei der Beschaffung des Frottolenrepertoires vorgingen, ist zwar bislang nicht genau rekonstruiert; die Basis für Petruccis Bücher waren aber zweifellos die zeitgenössischen Manuskripte.

Manuskripte gingen den gedruckten Sammlungen teils voraus und dienten als Vorläufer bzw. Vorlagen für Petruccis Publikationen wie für die anderer Verleger. Sie flankierten sie aber auch, worin sich zeigt, dass die handschriftliche Überlieferung durch die Innovation des neuen Verbreitungsmediums — wie auch noch in späteren Jahrhunderten — keineswegs überflüssig wurde. Ein Manuskript entstand in Italien damals meist über einen längeren Zeitraum hinweg und enthielt unterschiedliche Musik, die an einem Ort öfter aufgeführt wurde.[35] Es diente dabei entweder als Grundlage für die jeweilige Aufführungspraxis oder aber der besonderen Erhaltung und Würdigung von Repertoire. In der Tat hat es daher Seltenheitswert, wenn ein Manuskript ausschließlich Frottolenrepertoire enthält. Die Konzentration auf Stücke ähnlichen musikalischen und textlichen Profils ist ein Spezifikum, das der Druck förderte. Manuskriptsammlungen, in denen Frottolen tradiert wurden, liefern daher grundlegende Anhaltspunkte zu den Zentren, Wegen und Aufführungskontexten des Repertoires sowie zu deren Entwicklungen, die sich in Handschriften oft deutlicher als in Drucken manifestieren.[36] Im Anhang findet sich daher eine Übersicht zu den zentralen handschriftlichen Quellen des Repertoires.

Libri I–III — Grundlegung

Den Ausgangspunkt der elf Frottolenbücher Petruccis bildet ein erster Produktionsschwung von drei Büchern, die eng mit dem Mantuaner Kontext verbunden sind. Innerhalb eines Zeitraums von nur gut zwei Monaten, zwischen Ende November 1504 und Anfang Februar 1505, erschienen drei Sammlungen, in denen der Anteil an Kompositionen der beiden damals in Mantua tätigen

---

34. „Der dichterische Text wandelte sich zu einem Metatext und übernahm aus der steten Suche nach Spektakularität, Funktionalität und emotionaler Gerichtetheit heraus erzählerische und synthetische Elemente." Francesco Luisi: „Scrittura e riscrittura del repertorio profano italiano nelle edizioni petrucciane". In: *Venezia 1501: Petrucci Convegno* (2005), S. 179.
35. Entsprechend unterscheidet Martha Feldman die geduldigere Manuskriptpflege von den Zwängen, die das Druckwesen mit sich brachte. Für die Madrigalsammlungen der Jahrhundertmitte zeigt sie, dass Quantität vor Qualität waltete, wo es galt, restliche Seiten zu füllen. „Unlike in manuscripts that were used for performance or preservation, to which new pieces were added over a period of time, printers producing music partbooks in standard oblong formats did not leave blank any significant portions of the pages that made up gatherings." Feldman: *Anonyms* (2000), S. 171.
36. Für eine vollständige Darstellung der Handschriften vgl. den nach wie vor grundlegenden Jeppesen: *Frottola* II (1969) sowie den Census-Catalogue.

Frottolisten Tromboncino und Cara allein ein Drittel ausmacht, mit einem Auftakt von fast der Hälfte an Stücken im ersten Frottolenbuch.[37] Darüber hinaus ist der Anteil an Musikern aus dem Veroneser Raum (besonders im ersten Buch) und dem Veneto (besonders im zweiten Buch) auffällig.[38] Hier gibt es auch biographische bzw. geographische Überschneidungen, denn sowohl Tromboncino als auch Cara stammten, wie bereits erwähnt, ursprünglich aus Verona.

Zudem ist Michele Pesenti allein im ersten Buch mit 23 Stücken vertreten. Über Jahrzehnte war er Kaplan in Verona und behielt dort auch seinen Wohnsitz, als er später in den zwanziger Jahren ebenso für kürzere Zeit am Hof in Mantua tätig war.[39]

Dass mit dieser Publikation also Musikerdichter auch in schriftlicher Form in Erscheinung traten, ist ein Indiz für Veränderungen, die sich damals im musiktheoretischen Diskurs abzeichneten. Die Annäherung vormals getrennter Sphären, der mündlich tradierten, pragmatisch ausgerichteten Musiklehre einerseits und der traditionellen Kontrapunktlehre und deren Verschriftlichungspraxis andererseits,[40] brachte es mit sich, dass Komponisten zu einem außergewöhnlich hohen Status kommen konnten. So werden in Tinctoris' Kontrapunktlehre, in der Vorrede des *Liber de arte contrapuncti* und in den *Proportionale musices* (um 1473), Lobreden auf bedeutende Komponisten der ihm direkt vorausgehenden Ära der Ars nova gesungen. Die Werke von Guillaume Dufay oder John Dunstaple werden als denen „unsterblicher Götter würdig" gepriesen, „non modo hominibus heroibusque verum etiam Deis immortalibus dignissima censenda sint".[41] Über diese Meister der Kontrapunktik hinaus konnten nun um 1500 aber auch Musiker zu Ansehen kommen, die nicht im traditionellen Kontrapunkt gebildet, sondern auch als Komponisten reine Pragmatiker waren — eine Voraussetzung, die für die meisten Frottolisten gegolten haben dürfte. Diese Realität belegt Giovanni Spataros Lamento aus dem Jahr 1529, mit dem sich der Musiktheoretiker und Komponist aus Bologna von vermeintlichen Kollegen distanzierte: „Et etiam senza studiare li precepti de contrapuncto, ciascuno è maestro de componere la harmonia."[42]

Doch die Veränderungen im Bereich der Komposition wurden nicht nur mit Lamento begleitet. Bezieht man auch Kommentare Pietro Aarons, des aus Florenz stammenden Theoretikers und Komponisten, in diese Diskussion ein, zeigt sich, dass der Statusgewinn praktizierender Musiker

---

37. 30 der insgesamt 62 Stücke stammen von den besagten beiden Frottolisten.
38. Boorman: Petrucci Catalogue (2006), S. 283.
39. Über Pesentis Biographie ist nur wenig bekannt. Seine Tätigkeit in Mantua ist für 1524 durch einen Brief Federico Gonzagas belegt. In den Sammlungen wird sein Name mit unterschiedlichen Kürzeln oder Titeln wiedergegeben, mit M.P., Michele Vicentino, M.[ichele] P.[esentus] Vero[nensis] oder Don Michele. Vgl. Francesco Luisi: „Pesenti, Pesentus, (Veronese), Michele, Michael". In: *MGG* (2), Personenteil 13, Kassel etc. 2005, Sp. 374–76.
40. Vgl. Kap. 3. 3. 1.
41. Tinctoris: Liber contrapuncti, S. 12. Vgl. weiter ebd.: „Hac vero tempestaze, ut praeteream innumeros concentores venustissme pronuntiantes, nescio an virtute cuiusdam caelestis influxus an vehementia assiduae exercitationis infiniti florent compositores, ut Johannes Okeghem, Johannes Regis, Anthonius Busnois, Firminus Caron, Giullermus Faugues, qui novissimus temporibus vita functos Johannem Dunstaple, Egidium Binchois, Giullermum Dufay se praeceptores habuisse in hac arte divina gloriantur." Und entsprechend: „Quo fit ut hac tempestate facultas nostrae musices tam mirabile susceperit incrementum quod ars nova esse videatur, cuius, ut ita dicam, novae artis fons et origo apud Anglicos quorum caput Dunstaple exstitit, fuisse perhibetur, et huic contemporanei fuerunt in Gallia Dufay et Binchois, Regis et Caron, omnium quos audiverim in compositione praestantissimi." Johannes Tinctoris: Proportionale musices. In ders: Opera Theoretica, hg. v. Albert Seay, American Institute of Musicology 1978, S. 10 (Corpus Scriptorum de Musica IIa). Vgl. Laubenthal/Sachs S. 130.
42. „Und auch ohne die Kontrapunktregeln zu lernen, ist ein jeder Meister der musikalischen Komposition." MS Vat. Lat 5318, fols. 143–143v, Biblioteca Apostolica Vaticana, zit. nach Blackburn: *Compositional Process*, S. 220–21. Giovanni Spataro (ca 1458–1541) war ab 1512 Kapellmeister in S. Petronio in Bologna. Sein Lehrer in Musiktheorie war Ramos de Pareja, der ihn in einem Streit mit Gaffori verteidigte.

in diesen ersten Jahrzehnten des 16. Jahrhunderts gleichermaßen ein schlüssiges Parallelprodukt zur damaligen *questione della lingua*, d. h. zu Bemühungen um eine Stärkung des Italienischen als eigenständige Kultur, ist und als solches durchaus begrüßt wurde. Aaron führt in seinem Traktat *Lucidario in Musica* (1545) damals bekannte italienische Praktiker unter den Kategoriebezeichnungen „cantori a libro, cantori al liuto" und „donne al liuto et al libro" auf und verteidigt diese mit einer gezielten Rhetorik. Zwar sei man in Italien nicht mit ähnlich viel „gratia" bedacht worden, dass hier alle begnadet in der Musik seien, „che in eßa tutto siano eccellenti in questa facolta di Musica", aber man habe dennoch vergleichsweise gute und ausgezeichnete Musiker wie in Frankreich oder anderen Ländern aufzuweisen.[43] Dabei werden die führenden Frottolisten Cara und Tromboncino als „cantori al liuto" eingeordnet, während etwa Costanzo Festa, der Sänger der päpstlichen Kapelle unter Leo X. war und neben weltlichen Werken zahlreiche geistliche komponierte, unter den „cantori a libro" erscheint.[44] Aaron macht bei keinem der aufgelisteten Cantori — Sänger — kenntlich, dass es sich auch um komponierende Musiker handelt. Die Trennung zwischen „cantori a libro" und „a liuto" scheint hier eine institutionelle zu sein. Obwohl auch Cara Kapellmusiker war, rührte seine Bekanntheit, wie die Tromboncinos, vor allem von seiner Tätigkeit als Frottolist. Ob Aaron den *cantore a libro* höher einschätzte als einen Tromboncino, ist fraglich, eben v. a. im Rahmen seines Plädoyers einer genuin italienischen Musikpraxis. So rhetorisch geschickt und ausführlich er in der Einführung an seine Leser die Abfassung des Traktats im *volgare* verteidigt, nachdem bereits gut zwei Jahrzehnte zuvor der *Thoscanello in musica* 1523 in Landessprache erschienen war, liest sich seine Werbung für die Qualitäten der zeitgenössischen „cantori" als konsequente Übersetzung der Gedanken der *questione della lingua* in den Bereich der Musiktheorie.[45]

Die Kürzel B. T. und M. C. für Bartolomeo Tromboncino und Marchetto Cara durchziehen die Frottolensammlungen bis zum elften Petrucci-Buch von 1514, aber ihre Präsenz ist nie wieder so stark wie am Anfang des Unternehmens. (Zwischen dem vierten und dem elften Buch variiert der Anteil ihrer Kompositionen zwischen zehn Prozent im sechsten und 43 Prozent im siebten Buch.[46])

Bezeichnend für die Gattung ist nun allerdings auch, dass im ersten Buch zwar noch keine anonym überlieferten Stücke zu finden sind, deren Anteil dann aber gleich im zweiten Buch mit zwanzig von insgesamt 53 Stücken erheblich ist und sich in den weiteren Sammlungen mit Ausnahme des elften Buchs zwischen mindestens vierzehn Prozent im achten Buch, um vierzig Prozent im vierten, fünften und siebten Buch und sogar 68 Prozent im sechsten Buch bewegt.[47]

Petrucci hat somit für sein erstes Buch zunächst das offenbar bekannteste und im wahrsten Sinn des Wortes namhafteste Frottolenrepertoire des Mantuaner und Veroneser Raums ausgenutzt,

---

43. Aaron: Lucidario, fol. 31r.
44. Ebd., fol. 31v.–32r.
45. Aarons Hauptargumente in der Vorrede an seine Leser sind die der Bereicherung der noch zu armen Landessprache durch neue Werke („la sua lingua anchora povera arrichire") und die möglichst große Verständlichkeit für alle potenziellen Leser, im Latein „non sarebbono cosi da tutti state intese, se noile haveßimo latinamente scritte". Ebd.
46. Hier eine genauere Übersicht dazu: im 2. Buch finden sich nur drei Stücke B.T., keines von Cara (= 5%); im 3. Buch 14 von B.T. und 6 von M. C. (= 32%); im 4. Buch 10 von B.T. und 7 von M. C. (= 19%), im 5. Buch 9 von B.T. und 4 von M. C. (= 21%), im 6. Buch 5 von B.T. und 2 von M. C. (=10%), im 7. Buch 20 von B. Z. und 9 von M. C. (= 43%); im 8. Buch 10 von B.T. und 5 von M. C.(26%), im 9. Buch 10 von B.T. und 11. von M. C. (= 32%) und im 11. Buch 12 von B.T. und 4 von M. C. (= 22%).
47. Auch dazu eine genaue Übersicht: im 2. Buch 20 Anonyma = 37%; im 3. Buch 21 = 33%; im 4. Buch 34 = 39%, im 5. Buch 24 = 39%, im 6. Buch 45 = 68%, im 7. Buch 12 = 17%, im 8. Buch 8 = 14%, im 9. Buch 22 = 34% und im 11. Buch 5 = 7%.

bevor seine Sammlungen bei der Fülle an gedruckten Stücken zwischen über fünfzig bis zu fast neunzig Stücken pro Band, zumal in der raschen Abfolge von Drucken, mit den Kompositionen der bekannten Künstler nicht mehr selbstverständlich zu füllen war.

Libri IV und VI. Rekultivierung der älteren Strambottopraxis oder: zum Dichtermusiker Serafino Ciminelli dell'Aquila — Überlieferung zwischen Anonymität und Legenden

Die Produktion der nächsten Gruppe an Frottolenbücher erfolgte nach einer Pause eines knappen halben Jahres: Zwischen August 1505 und Anfang Februar 1506, nun also über einen etwas längeren Zeitraum hinweg, erschienen die Bücher IV bis VI, was ein sicheres Anzeichen dafür ist, dass der erste Produktionsschwung der ersten drei Bücher ein Erfolg gewesen war und es weiterhin einen Markt für die Gattung gab.[48]

Nun allerdings verfolgte Petrucci, wie bereits über die Differenzen in den jeweiligen Titeln der Bände angesprochen, mit dem vierten und sechsten Buch neue Fährten und erweiterte das Frottolenrepertoire durch die Einbeziehung von Strambotto-Vertonungen,[49] bevor er dann die nächsten Bücher wieder schwerpunktmäßig mit Frottola-Vertonungen des gewohnten Barzellettastils füllte.

Mit Strambotto-Vertonungen wird eine ältere Dichtermusiker-Praxis rekultiviert, deren Profil namentlich mit der Person Serafino dell' Aquila verbunden ist. Dessen legendäre Berühmtheit macht neugierig darauf, wie seine damals so beliebte Vortragskunst wohl ausgesehen bzw. sich angehört haben mag. Über die generelle Problematik hinaus, dass selbst überlieferte musikalische Quellen die dahinter stehende Praxis nur bruchstückhaft wiedergeben können, ist die Lage im Fall Serafinos noch schwieriger, da bis heute zwar fast vierhundert Dichtungen, aber keine Kompositionen überliefert sind, die sich ihm eindeutig zuschreiben lassen. Zu dieser unbefriedigenden Quellenlage kommt noch die missliche Gepflogenheit vieler Autoren der Vergangenheit, fehlende Daten zur musikalischen Identität Serafinos durch die eigene Phantasie zu kompensieren, wodurch die Gestalt geradezu zu einem Phantasma wurde. Doch solche Anstrengungen sind ebenso problematisch wie unnötig: Zum einen ist es wenig sinnvoll, nach einem Personalstil zu suchen, wenn dieser im historischen Kontext selbst nicht von Bedeutung ist. So war es in der Vergangenheit nicht ohne Grund schwierig, bereits die Dichtungen, die unter Serafinos Namen kursierten, als seine eigenen nachzuweisen. Nach Serafinos Tod um 1500 waren diese Dichtungen so beliebt, dass man sie erfolgreich imitierte, offenbar ohne dass es für die Praxis entscheidend war, innerhalb dieses wachsenden Repertoires genauer zu unterscheiden. Über die 390 Gedichte hinaus, die man heute mit mehr oder weniger großer Sicherheit auf den Dichter selbst zurückführt, gibt es weitere tausend, die mit seinem Namen verbunden wurden, während es doch von heute aus unwahrscheinlich ist, dass Serafino selbst ihr Autor ist. Hinter dem berühmten Namen Serafino standen damals also eine Vielzahl von Dichtern. Wenn es aber für die Kompositionspraxis gänzlich an Nachweisen fehlt, sollte man schließen dürfen, dass das Bewusstsein für individuelle künstlerische Stile sowie für Unterschiede in der Vertonung noch weniger geschärft war, als es für die Dichtung der Fall war.

---

48. So auch Boorman: Petrucci Catalogue (2006), S. 291.

49. Da diese neuen Bücher nun auch keine klare Struktur mehr erkennen lassen wie die ersten Bücher, nimmt Boorman an, dass Petrucci hier von einem anderen Berater unterstützt wurde. Boorman: Petrucci Catalogue (2006), S. 288–89.

Oder anders gesagt: Das Signum Serafinos wurde einfach auf die Musik übertragen, im Sinne des Modellhaften und im Zeichen einer Mode.

Einzelne Quellen vermitteln den Eindruck, dass einige Hofpoeten und -künstler der Zeit um 1500 noch kein Bewusstsein für den Wert eigener Stücke hatten, also auch kein Interesse daran, diese zu bewahren. Dies zeigt sich z. B. in einem zeitgenössischen Beleg von Niccolò Correggio, der in Ferrara Hofdichter, zudem musikalischer vermutlich von Isabella d'Este war und auch nach ihrer Heirat nach Mantua ihr Günstling blieb.[50] Briefe zeugen von diversen musikalischen Aktivitäten, ohne dass eine Komposition von ihm überliefert wäre. Welche Haltung dahinter stand, ist von dem Dichtermusiker selbst dokumentiert. So antwortete er 1507 auf eine Anfrage Isabella d'Estes, die sich offenbar ein bestimmtes Gedicht Niccolòs sichern wollte, wie schwierig und zufällig es gewesen sei, dass er bestimmte „Strophen" wiedergefunden habe, „perché io non tengo conto né copia di stanzie; puro a caso si sono ritrovate queste nel mio archetipo".[51] Das Dichten und eine entsprechende Musizierpraxis gehörten für Niccolò offenbar zu seinen alltäglichen und flüchtigen Aufgaben. Ganz im Gegensatz dazu hütete die Auftraggeberin einzelne Gedichte vor allem namhafter Autoren wie einen Schatz, hatte also eine wesentlich ausgeprägtere Wertschätzung für literarisch-musikalische Kunst überhaupt und insbesondere für diejenige namhafter Autoren entwickelt.[52]

Wie beliebt und bekannt Dichtungen Serafinos schon zu seinen Lebzeiten waren, lässt sich an den regen Bemühungen zwischen den Fürstenhöfen der Este, Sforza und Gonzaga in Ferrara, Mailand, Urbino und Mantua ablesen, neue Texte Serafinos untereinander auszutauschen.[53] Vorrangig war dabei die Dichtung gefragt; deren Vertonung stellte offenbar noch keinen Eigenwert dar. Eine musikalische Praxis wie die Serafinos war ursprünglich nicht an die Schriftlichkeit gebunden.

Dass die musikalische Quellenlage für die Werke Serafinos dennoch zu gut ist, um von einem „Phantasma" zu sprechen, hat seinen Grund darin, dass die fehlende musikalische Handschrift des Künstlers durch etliche Vertonungen kompensiert ist, die die damalige Praxis rekonstruierbar machen. Von den ursprünglich neunzig Vertonungen, deren *Texte* unter dem Namen Serafinos kursierten, gelten heute nach quellenkritischer Durchsicht 28 Stücke mit einiger Sicherheit als Serafinos Dichtungen, die von anderen vertont wurden. Bis auf eine Vertonung eines Capitulo handelt es sich ausschließlich um Strambotto-Vertonungen, in der Überzahl um anonyme musikalische Sätze — nur zehn tragen einen Komponistennamen —, die in Manuskripten des späten 15. und in Drucken des frühen 16. Jahrhunderts enthalten sind. Einige davon finden sich in Sammlungen Petruccis, Anticos, Doricos und Pasotis aus der Zeit zwischen 1505 und 1526, als Serafinos Gedichte,

---

[50] Vgl. den Abschnitt „la dolce influenza del mio Giove" — Petrarkistische Huldigungen im Umfeld weiblicher Patronage in Kap. 2. 1. 9.

[51] Im Zusammenhang lautet die Briefstelle: „Ma queste [stanze] si sono ritrovate con grande difficultate, talmente che poco è mancato che non le abbia avute, perché io non tengo conto né copia di stanzie; puro a caso si sono ritrovate queste nel mio archetipo." „Aber diese Strophen haben sich [nur] mit großer Schwierigkeit wieder gefunden, so dass wenig gefehlt hat, dass Sie sie nicht bekommen hätten, denn ich bewahre weder Abschriften noch Strophen auf; nur zufällig haben sie sich wieder gefunden in meinem Original." Niccolò da Correggio an Isabella d'Este Gonzaga. Brief vom 7. Juli 1507. In: Niccolo da Correggio: Opere, S. 503. Von den entsprechenden Strophen gibt es leider keine Spur.

[52] Vgl. dazu Isabellas Bemühungen um Wahrung der Besitzrechte einzelner Gedichte Serafinos im Abschnitt Buhlen um musikalische Exklusivität in Kap. 2. 1. 8.

[53] Vgl. La Face Bianconi/Rossi: *Rime* (1999), S. 11–12 und ebd.

verstärkt durch die zahlreichen Drucke, äußerst beliebt waren und bereits Calmetas Serafino-Biographie erschienen war.[54]

Der Frage, inwiefern einige der überlieferten Kompositionen Serafino selbst zugeschrieben werden können,[55] begegnet James Haar mit Vorsicht, entzieht ihr aber vor allem die Bedeutung.[56] In diesem Sinn äußern sich auch Rossi und La Face Bianconi als Autoren der maßgeblichen Studien über den Musiker Serafino: „perché — alla stregua della ‚storia dell'arte senza nomi' […] ci interessa evidenziare i caratteri comuni a questo genere di canti più che singoli profili di musicisti, e perché siamo scettici circa l'attentibilità i certe attribuzioni".[57] Und dies vor allem vor dem Hintergrund, dass das anonyme Komponieren in diesem Zusammenhang die Norm darstellte, innerhalb derer die Entwicklung einer eigenen Handschrift sekundär schien: „Il problema ci pare arduo e forse insolubile in un repertorio in cui l'anonimia è la regola, in uno stile contrappuntistico che lascia poco o nessuno spazio alle ricercatezze artificiose, intenzionali e consapevoli, e che presenta, entro i limiti de tale stile, un quadro di forme e formule quanto mai eterogeneo."[58] Wird nun dennoch ein Ansatz gesucht, Serafinos Dichtungen und deren Vertonungen autorenbezogen darzustellen und zu untersuchen, bleibt letztlich eine Ambivalenz zurück, die Michele Calella zu Recht in seiner Rezension der von La Face Bianconi und Rossi besorgten kritischen Ausgabe von Musik zu Serafinos Dichtungen offenlegt: „In una ‚storia dell'arte senza nomi' un libro del genere in effetti non avrebbe senso."[59] Wo die Individualität eines Komponisten bzw. Autors so wenig Bedeutung für die Werke hat, kann es also auch am Beispiel Serafinos nur darum gehen, eine dahinter stehende Praxis nachzuvollziehen, die über diesen Einzelfall hinaus aussagekräftig, also symptomatisch ist. Für einen solchen Ansatz spricht nicht zuletzt auch der Charakter der Stücke selbst, denen eine formelhafte Kompositionsweise jenseits der gelehrteren Kontrapunktpraxis zugrunde liegt.[60]

Die mit dem Namen Serafino verbundene Musik stellt damit sowohl hinsichtlich des Renommees des Künstlers als auch dank einer vergleichsweise günstigen Überlieferung einen herausragenden Punkt dar, aber solche Zuschreibbarkeit ist nur bedingt charakteristisch für eine breite Praxis von Hofkompositionen, die durch die Entwicklung des Notendrucks auch schriftlich überliefert ist.[61]

---

[54] La Face Bianconi/Rossi: *Rime* (1999) liefern Beschreibungen aller musikalischen Manuskripte und zeitgenössischen Drucke, die als Quellen für Vertonungen von Serafinos Dichtungen dienen (S. 41–71). In der modernen Übertragung aller 28 Stücke, die als Vertonungen authentischer Dichtungen angenommen werden, wird Varianten einzelner Vertonungen in den verschiedenen Quellen genau Rechung getragen, zum einen über eine graphische Gestaltung abweichender Details, zum anderen über Kommentare.

[55] Für die Zahlen s. La Face Bianconi/Rossi: *Serafino*, S. 345–385, S. 347 und 350. Für einen Einblick in die Vielfalt musikwissenschaftlicher Thesen vgl. dort S. 346, Anm. 4.

[56] James Haar: „Serafino de' Ciminelli dall'Aquila": In: New Grove (2), 23 (2001), S. 109.

[57] „[…] denn genauso wie in der ‚Geschichte der namenlosen Kunst' […] interessiert es uns mehr, die dieser Gesangsgattung gemeinsamen Charakteristika aufzudecken als einzelne Profile von Musikern, auch weil wir skeptisch gegenüber der Glaubwürdigkeit einiger Zuschreibungen sind." La Face Bianconi/Rossi: *Rime* (1999), S. 9.

[58] „Das Problem scheint uns virulent und vielleicht unlösbar innerhalb eines Repertoires, in dem die Anonymität die Regel darstellt, in einem kontrapunktischen Stil, der wenig oder keinen Platz für künstliche Kompliziertheiten, bewusste und bedachte, bietet, und der innerhalb der Grenzen eines solchen Stils einen Rahmen für eher heterogene Formen und Wendungen darstellt." La Face Bianconi/Rossi: *Serafino* (1995), S. 351.

[59] „In einer Geschichte der namenlosen Kunst' hätte ein Buch dieser Art in der Tat keinen Sinn." Calella: *Face Bianconi* (2002), S. 47.

[60] Vgl. den Abschnitt Fortschreitungsmodelle für eine einfache Mehrstimmigkeit in Kap. 4. 3. 2.

[61] Rossi: *Serafino* (1980), S. 91.

Libro XI — Neue Horizonte und Krise

Petruccis elftes und letztes Frottolenbuch von 1514 nimmt eine besondere Stellung unter seinen Sammlungen ein.[62] Im Abstand mehrerer Jahre zu der relativ dichten Abfolge der Frottolenbücher IV bis IX, die der Verleger bis 1508 herausgab, kennzeichnet dieses letzte Buch in mehrerer Hinsicht einen Einschnitt für die Gattung, für den zumindest drei Aspekte entscheidend sind. Zum einen sind hier Versformen, die im Rahmen des Petrarkismus neue Bedeutung erlangten, in einer auffälligen Fülle vertont. Bei allein zwanzig der insgesamt siebzig Stücke handelt es sich um Petrarca-Vertonungen; zudem sind Gedichte angesehener zeitgenössischer Dichter, Gelehrter und Höflinge wie Jacopo Sannazaro, Baldesar Castiglione, Antonio Tebaldeo, Pietro Bembo oder solche der vorausgehenden Generation wie Angelo Poliziano vertreten.

Anspruchsvollere Dichtungen in den älteren Formen der Canzone, des Madrigals, der Ballata und des Sonetts, die sich bereits in der Kompositionspraxis des Trecento bewährt hatten, werden jetzt, im Kontext der petrarkistischen Kultur, wiederentdeckt und erneut an die Musik herangetragen.[63] Sie bringen Veränderungen in der Vertonungspraxis nach sich, denn die komplexeren asymmetrischen Versstrukturen der Canzone und des Madrigals können nur bedingt auf die vergleichsweise schlichten musikalischen Strukturen einer Frottola-Barzelletta, einer Oda oder einer Canzonetta übertragen werden, wie später an exemplarischen Stücken zu zeigen sein wird.[64] Zwangsläufig kommt es dadurch auch zu einem Aufbrechen der Strophenform, was wiederum den kompositorischen Vorgang stärker als zuvor an eine schriftliche Fixierung bindet. So stehen die neuen Möglichkeiten des Notendrucks in produktiver Wechselbeziehung zu neuen Tendenzen der musikalischen Differenzierung.

Wie in keiner anderen Sammlung vor 1520 kommt in Libro XI eine auffällige Häufung von Sätzen dazu, die in ihrer Vierstimmigkeit durchgängig vokal angelegt sind. Anders als für die melodiedominierte Frottola generell üblich, sind hier einige Sätze — immerhin sieben der siebzig — in allen Stimmen textiert und dabei auch die Unterstimmen sanglicher als sonst angelegt, sei es durch eine Homophonie aller Stimmen oder auch durch anspruchsvollere Imitationsverfahren. Sie stellen damit Varianten und Stilisierungen der traditionellen Villotta oder auch des Karnevalslieds dar.[65] Aufgrund dieser stilistischen Varianten einer anderen Liedhaftigkeit wendet Francesco Luisi auf die Sätze den Begriff der Canzone italiana an und unterscheidet sie damit von der Frottola. In der Tat wirken die Sätze innovativ, durch ihren ungewohnt sanglichen Charakter, aber auch durch polyphone Techniken, die oft zur gezielten Textausdeutung eingesetzt werden, wie sich später anhand einzelner Beispiele zeigen wird.[66] Sie aus diesem Grund aber vom Gros des Frottolenrepertoires abzugrenzen, erscheint problematisch in einem Gattungskontext, der sich gerade durch Variabilität, Vielfältigkeit

---

62. Das elfte Buch wurde erst Mitte der 1920er Jahre ausfindig gemacht; bis dahin musste man davon ausgehen, dass Petruccis Frottolensammlungen mit dem zehnten Buch endeten, das allerdings bis auf zwei Seiten verschollen ist.Vgl. Einstein: *Das Elfte* (1928).
63. Francesco Luisi: „Scrittura e riscrittura del repertorio profano italiano nelle edizioni petrucciane". In: *Venezia 1501: Petrucci Convegno* (2005), S. 177–214, S. 177.
64. Vgl. den Abschnitt Refrainlose Formen — Oda, Capitolo, Sonetto und Strambotto, Canzone und Madrigal in Kap. 4. 2. 7.
65. Das trifft auf die Bspe. 10, 46 und 82 zu. Gallico: *Rimeria* (1996), S. 36–37.
66. In diesem Band sind explizit textiert in allen Stimmen Bsp. 10 „Quando lo pomo vien da lo pomaro, Bsp. 51 „E d'un bel matin d'amore", Bsp. 40 „Don, don! Al foco, al foco!" und Bsp. 73 „Che fai, alma, che fai?"(Vgl. das gleich beginnende Sonett CL in Petrarcas *Canzoniere*). Implizit sind zudem Bsp. 82 „Poi ch' io son d'Amor pregione"oder Bsp. 42 „Fuga ognun Amor protervo" als Vokalsätze erkennbar. Luisi: Introduzione in Frottole XI (1997), S. 18.

und Fülle der lyrischen Redesituation wie der musikalischen Erscheinungsformen auszeichnet, zumal auch diese Stücke unter den Sammlungsnamen der Frottole publiziert wurden.

Gleichwohl zeigen die mehrstimmig singbaren Stücke wie auch die zahlreichen Vertonungen von Canzonen und Madrigalen dieses Buches der Gattung neue Horizonte auf,[67] die auch auf eine neu in Erscheinung tretende Komponistengeneration und ein neues geographisches Zentrum zurück gehen.

Nach einer Serie von zehn Sammlungen mit mehreren hundert Vertonungen, durch die potenzielle Interessenten hinreichend versorgt gewesen sein dürften, und nach einem zeitlichen Abstand von nunmehr einem Jahrzehnt zum Auftakt von Petruccis Frottolenunternehmen im Jahr 1504, ist hinter diesem Wechsel von Protagonisten und Raum in jedem Fall auch ein Ergebnis verlegerischer Bemühungen um neue oder andere Formen zu sehen. Nachdem das Repertoire von Mantua und den verbundenen Frottolenzentren etabliert und hinreichend ausgelotet worden war, konnte man von einem bewährten Tromboncino und Cara, die weiterhin aktiv waren, kaum erwarten, sich nach langen erfolgreichen Jahren auf einen dichterischen Geschmackswandel einzustellen. So verwundert es nicht, dass mit den nun stärker als zuvor präsenten petrarkistischen Formen der Dichtung auch neue Musiker- und Ortsnamen verbunden sind: „Mentre per la produzione frottolistica Petrucci può contare sul lavoro di codificazione del genere realizzato in ambiente mantovano, veronese, patavino e veneziano, per quella che guarda alla canzone e alle altre forme emergenti sulla spinta della rivalutazione delle forme arcaiche di poesia, l'editore deve impegnarsi in una personale ricerca in grado di attestare una scelta esemplare."[68]

Zwar sind weiterhin die führenden Frottolisten der ersten Generation vertreten, Bartolomeo Tromboncino mit zwölf und Marchetto Cara mit vier Stücken.[69] Und auch ein Tromboncino greift vereinzelt zu den neu eingeführten Dichtungsformen und vertont hier Petrarca-Canzonen und eine Canzone Bembos.[70] Doch stilistische Neuerungen gehen nun vor allem von anderen aus: Ein gewisser Ioannes Lulinus bringt fünf Petrarca-Vertonungen und eine Vertonung eines Poliziano-Gedichts bei insgesamt siebzehn Sätzen ein, ein Eustacchio de Monte Regali Gallus liefert vier Petrarca-Vertonungen und eine Bembo-Canzone; dazu kommen fünf Petrarca-Vertonungen eines Eustachius Macionibus Romanus und schließlich vier Petrarca-Vertonungen von Antonio Patavino. Die Sätze dieser neuen Musiker bilden immerhin die Hälfte des gesamten Bandes, worunter wiederum mehr als die Hälfte (19 von 35) Vertonungen petrarkistischer Dichtungen sind.[71] Unter den spärlichen Informationen zum Hintergrund dieser Musiker weist ein Name wie der Eustachius Macionibus Romanus'

---

67. Den Übergangszustand der Sammlung beschreibt Luisi mit dem Bild des „movimentato fermento", des „bewegten Gärbodens", worin gleichermaßen die Idee einer Überreife der Gattung steckt, die in einem Auflösungsprozess begriffen ist, während längst Neues in Bewegung ist. Claudio Gallico spricht in einem ähnlichen Zusammenhang von der „consunzione", der Auszehrung der Frottola. Francesco Luisi: Introduzione. In: Pe. XI/Luisi: Cleup (1997), S. 17. Gallico: *Rimeria* (1996), S. 15.
68. „Während Petrucci für die frottolistische Produktion auf die Kodifizierungsarbeit im mantuanischen, veronesichen, paduanischen und venezianischen Raum zählen kann, muss der Verleger für die Produktion, die die Canzone und alle aus ihr hervorgehenden Formen betrifft, eigene Nachforschungen anstellen, um eine exemplarische Auswahl bieten zu können." Francesco Luisi: „Scrittura e riscrittura del repertorio profano italiano nelle edizioni petrucciane". In: *Venezia 1501: Petrucci Convegno* (2005), S. 177–214, S. 190.
69. In der RISM-Ausgabe von 1960 wird noch von 5 Vertonungen ausgegangen; aus der kritischen Ausgabe Luisis von 1997 gehen aber nur 4 Cara-Vertonungen hervor, d. i. die Nrn. 1, 22, 23 und 24. RISM (1960), 1514² und Pe. XI/Luisi: Cleup (1997), Tavole delle concordanze S. 33–37.
70. So der 7., 12. und 66. Satz der Sammlung.
71. Auch für eine entsprechende Übersicht dazu vgl. Pe. XI/Luisi: Cleup (1997), S. 33–37.

auf Rom[72] — ein Hintergrund, der auch durch die Vertonung des Petrarca-Gedichtes „Gloriosa Colonna in cui s'appoggia" (*Canzioniere* X) von Eustachius de Monte Regali über die Anspielung auf die römische Familie Colonna gestärkt wird.[73] Der Standort Rom ist in dem Band, wie bereits gesagt, auch über die lateinische Widmung an Papst Leo X. aus der Feder Bembos präsent, der seit 1512 Sekretär der Kurie war.[74] Im selben Jahr hatte auch Ottaviano Petrucci aus Kriegsgründen Venedig verlassen und seine Produktion nach Fossombrone verlagert — eine Koinzidenz, in der Alfred Einstein in seinen ersten Kommentaren zu dieser Sammlung eines der Indizien für die Bedeutung von Bembos Einfluss auf den Band sah.[75]

Vor allem aber spielt nun der Paduaner Kontext eine impulsgebende Rolle. In humanistischen Kreisen hatte man hier ein musiktheoretisches Wissen bewahrt, das nun im Zuge des verstärkten Interesses an anspruchsvollerer Dichtung im *volgare* nutzbar gemacht werden konnte.[76] Der Komponist Alessandro (Patavino/Patavus) Stringari, der bereits im siebten Petrucci-Buch (1507) mit vier Vertonungen vertreten ist,[77] hat hier offenbar die Rolle eines Mentors für den im elften Buch besonders präsenten Komponisten Ioannes Lulinus übernommen.[78]

Der literarisch-musikalische Geschmackswandel, der sich im elften Frottolenbuch abzeichnet, ist Ausdruck einer allgemeineren Entwicklung, die im Laufe der 1520er Jahre zur Herausbildung der neuen musikalischen Gattung des Madrigals führte. Dies zeigt ein kurzer Blick auf zeitgenössische Manuskripte und weitere Drucke: Generell fällt in Sammlungen, die um 1520 entstanden sind, der Wechsel von der Stimmenpräsentation im Chorbuchformat, wie sie für die Frottolensammlungen üblich war, hin zur Anlage in einzelnen Stimmbüchern auf. Eine Ausnahme davon bildet allerdings die Sammlung Basevi 2440, die Florentiner Herkunft ist und vor 1520 datiert wird. Sie hat noch Chorbuchformat und enthält Kompositionen von dem Florentiner Komponisten Bernardo Pisano (9), von dem ebenso aus Florenz stammenden Bartholomeo degli Organi (7) und seinem Schüler Francesco Layolle (1) sowie einen Satz von Sebastiano Festa (1). Nur drei volkssprachige Sätze der insgesamt 56 vierstimmigen Sätze sind Frottolisten zugeschrieben, Marco Cara und Michele Pesenti.[79]

---

72. Der Musiker ist mit sechs Stücken, darunter fünf Petrarca-Vertonungen im elften Buch vertreten.
73. Das Gedicht hat Petrarca ursprünglich Stefano Colonna gewidmet. Die Vertonung wiederum könnte eine Anspielung auf ein zeitgenössisches Mitglied der angesehenen römischen Familie sein, womöglich auf Pompeo Colonna (I, 1479 Rom–1532 Neapel) sein, der als Bischof von Rieti (1508–1520) und späterer Kardinal offenbar nicht nur um die Förderung der Kirchenmusik bemüht war. So hat Stefano Campagnolo überzeugende Indizien dafür geliefert, dass die 1530 in Rom erschienenen *Madrigali novi di diversi excellentissimi libro primo de la serena* in jedem Fall mit den Colonna zu verbinden sind und wahrscheinlich auf Pompeos Auftrag zurückgehen (Campagnolo: *Libro Serena* (1996), S. 106, Anm. 35). In der Sammlung findet sich u. a. die Vertonung eines Madrigaltextes, der Ortensia Colonna aus Anlass ihrer Hochzeit zugedacht ist („Perch'io de dir desio / donna gentil, tue lode"); es ist ein weiteres Beispiel dafür, wie der musikalisch-literarische Petrarkismus vor allem für die Huldigung von Frauen eingesetzt wurde. Den Colonna damals zu huldigen, war zweifellos politisch brisant. Pompeo Colonna war ein Feind der Medici-Partei, die damals die Päpste stellte. Erwähnenswert ist ebenso der Petrarkismus von Pompeos Cousine Vittoria Colonna (I, 1490 Marino–1547 Rom), deren Gedichte verschiedentlich vertont wurden. Pompeo widmete ihr den Huldigungstraktat *Apologiae mulierum* über die Exzellenz der Frauen. Zur Musikförderung der Colonna vgl. auch Wessely: *Colonna* (1973).
74. Petrucci stellte diesen Brief später den Editionen *Missarum Josquin libris III* (Fossombrone 1514, [1516]) und den *Motetti della Corona Libro quarto* (Fossombrone 1519, in der Bassstimme) voran. Vgl. *Venezia 1501: Petrucci mostra 2001* (2001), S. 86 und Schmid: *Petrucci* (1845–1968), S. 16–18.
75. Vgl. Einstein: *Das Elfte* (1928), S. 613.
76. Francesco Luisi: Introduzione. In: Pe. XI/Luisi: Cleup (1997), S. 17.
77. RISM (1960), 1507⁴.
78. Francesco Luisi: Introduzione. In: Pe. XI/Luisi: Cleup (1997), S. 17.
79. Fc B. 2440. Zwei davon, „Ome che la brunetta mia" (S. 122–23) und „Quando lo pomo vien" (S. 128–29) sind Varianten der in Fn Magl. 164–67 enthaltenen Frottolen.

Mit Bernardo Pisano ist hier ein Komponist genannt, bei dem sich der Geschmackswandel in der Biographie selbst manifestiert. Als Sänger und Priester wurde er in Florenz ausgebildet und war ab 1514 bis zu seinem Tod 1548 an der päpstlichen Kapelle in Rom tätig, wo er ab 1520 auch ausschließlich wirkte. Neben geistlicher Musik komponierte er noch vor 1515 weltliche Strophenlieder, die in der Tradition seiner Florentiner Lehrer Alessandro Coppini und Bartholomeo degli Organi homophon, rhythmisch bewegt waren und auf klaren, wiederholungsreichen Satzstrukturen basierten.[80] Fünf Jahre später allerdings, 1520, dokumentierte der Druck der *Musica de meser Bernardo pisano sopra le Canzone del petrarcha* den bereits vollzogenen Umbruch: Aspekte, die sechs Jahre zuvor im elften Frottolenbuch getrennt nebeneinander stehen, gehen hier eine Verbindung ein.[81] Vokal angelegte Stimmen werden vollständig textiert und in Stimmbüchern ediert; die Vertonung folgt dem Grundton eines Gedichts oder aber einzelnen Ausdrucksmomenten des Textes, indem homophone und polyphon-imitative Passagen abwechseln, einzelne Worte wiederholt vertont werden, zwei- und dreistimmige mit vierstimmigen Abschnitten abwechseln oder der Schlussvers wiederholt vertont wird. Petrarcas Gedichte werden damit zum Ausgangspunkt für mehrstimmige Vokalkompositionen und neue, textbezogene musikalische Ausdrucksmöglichkeiten. Damit sind hier bereits die Grundlagen der neuen Gattung vorhanden, die dann erst ein Jahrzehnt später den Namen Madrigal trägt. Die Akzentverschiebung in der Betitelung und Aufmachung der Editionen ist dabei symptomatisch: Petrarca-Vertonungen im Frottolenbuch von 1514 werden noch unter dem Oberbegriff einer Gattung herausgegeben, bei der Komponisten- und Dichternamen eine untergeordnete Rolle spielen. Neben den vielen Anonyma erscheinen Komponistennamen in Frottolensammlungen meist als Kürzel, während die Dichter ihrer *poesia per musica*, die im Laufe der 1520er Jahre zur Herausbildung der neuen musikalischen Gattung des Madrigals führte, namenlos bleiben. Dagegen werden 1520 nun ein Komponisten- und ein Dichtername in den Titel der Sammlung aufgenommen. Und es scheint signifikant, dass dieser erste Druck weltlicher Vokalmusik, der einem einzelnen Komponisten zugeschrieben ist, mit dem Namen Petrarca verbunden wird, denn in der Nachahmung von dessen im *Canzoniere* präsentierten Selbstentwurf gewann die künstlerische Individualität zusehends an Bedeutung.[82] Zugleich stellt Pisanos Petrarca-Buch den ersten weltlichen Petrucci-Druck dar, in dem der besagte Wechsel vom Chor- zum Stimmbuch vollzogen wird.[83] Weitere Handschriften aus diesem zeitlichen Umfeld werden im Anhang beschrieben.

---

80. D'Accone: *Pisano* (2001).
81. In diesem Sinn haben Luisi und Gallico auf die Affinitäten dieser beiden Bände verwiesen. Vgl. Francesco Luisi: Introduzione. In: Pe. XI/Luisi: Cleup (1997), S. 16. Gallico: *Rimeria* (1996), S. 15.
82. Sieben Sätze sind tatsächlich als Petrarca-Vertonungen nachgewiesen und sämtlich Canzonen. Drei weitere Vertonungen nach Dichtungen des Florentiner Senators Lorenzo Strozzi (1500–1570) sind Ballaten, zwei anonyme Dichtungen Madrigale. Vgl. Maria Giovanna Miggianis Analyse in „‚Il Petrarca imbrodolato': fortuna di testi petrarcheschi nel madrigale italiano del '500. Tesi di laurea, Università di Venezia, 1985, S. 35–49, hier zit. nach Boorman: Petrucci Catalogue (2006), S. 316. Auch Thomas Schmidt-Beste spricht von sieben Petrarca-Vertonungen in: „Bernardo Pisano". In: *MGG* (2), Personenteil 13, Kassel 2005, Sp. 629. Vgl. dagegen auch Frank d'Accones kritischen Kommentar in der musikalischen Edition Petrarca Pe (1520).
83. Im geistlichen Bereich waren Stimmbücher zu diesem Zeitpunkt allerdings kein Novum mehr.

4.2 Literarisierung und Musikalisierung der Frottola

4.2.1 „Moti confecti over frotole".
Prämissen der Vielfalt und Fülle aus der literarischen Tradition

Mit der Titulierung seiner Druckserie als *Libri di Frottole* trug Ottaviano Petrucci zur Etablierung von Musik bei, deren Begriff wesentlich literarisch geprägt war. Auf welchen Traditionen Frottolen fußten und welche Erwartungen mit den neuen musikalischen Sammlungen um 1500 verbunden waren, soll im Folgenden dargestellt werden. Der wesentliche Leitfaden dafür ist Antonio da Tempos Traktat zur Dichtung im *volgare* mit dem Titel *Summa Artis Rithimici Vulgaris Dictamis* aus dem Jahr 1332 und dessen Rezeption bis ins frühe 16. Jahrhundert. Von ihm aus erschließen sich formale und semantische Konstanten des literarischen Phänomens, die grundlegend zum Verständnis musikalischer Frottolen beitragen.

Offenbar konkurrenzlos stellte Antonio da Tempos *Summa* im 14. und 15. Jahrhundert das allgemein anerkannte Handbuch für Dichtkunst dar und wurde erst 1525 durch Bembos *Prose della volgar lingua* abgelöst. So kommentiert auch Richard Andrews, der Herausgeber der maßgeblichen kritischen Ausgabe von da Tempos Traktat, „La sua *Summa*, e gli indizi superstiti non sono lacunosi, appare come l'unico manuale elementare e pratico disponibile per l'aspirante rimatore italiano durante gran parte del Trecento e tutto il Quattrocento. Dal 1332 fino all'apparizione delle *Prose* del Bembo del 1525, essa dominò senza contrasti e senza concorrenze il piccolo campo di dottrina metrica delineato dal suo autore."[84] Das nachhaltige Wirken der *Summa* überschattet in dieser Hinsicht das des namhafteren Zeitgenossen Dante Alighieri, dessen nur wenige Jahre früher entstandener Traktat *De vulgari eloquentia* seinen Einfluss erst im 16. Jahrhundert entfaltete.[85]

Die weite Verbreitung von Abschriften lässt vermuten, dass da Tempos Traktat in diesem Zeitraum in belesenen Kreisen bekannt war. Die *Summa* blieb auch in der Hauptzeit der Frottolenproduktion präsent, wie sich an der ersten gedruckten Veröffentlichung in hoher Auflage aus dem Jahr 1509 zeigt. Schriftliche Reaktionen des Trissino oder von Equicola sind Belege für Diskussionen über die *Summe* bald nach Erscheinen dieser Ausgabe.[86]

In Antonio da Tempos *Summa* werden literarische Frottolen unter der Rubrik der Gedichtform des *motus confectus* erwähnt, wobei der Name Frottola als volkssprachlicher Ausdruck für diese Gedichtform bezeichnet wird: „Quidam tamen istos motus confectus vulgariter appellant frotolas."

---

[84] „Die überlieferten Indizien weisen darauf hin, dass seine [da Tempos] *Summa* als einzig zugängliches grundlegendes und praktisches Handbuch für den aufstrebenden italienischen *rimatore* [wörtlich: Reimer] während eines großen Teils des 14. und während des gesamten 15. Jahrhunderts dasteht. Von 1332 bis zur Veröffentlichung von Bembos *Prose* von 1525 bestimmte er [der Traktat] ohne Widersprüche und ohne Konkurrenz das kleine Feld der metrischen Doktrin, das sein Autor umrissen hat." Da Tempo: Summa, Premessa, S. VII. Unter einem *rimatore* versteht man eine Person, die im *volgare* Verse dichtet, im Gegensatz zu denen, die Verse nach Regeln der klassischen Metrik oder Prosa verfassen. Dass damit bis in die Neuzeit hinein keine Abwertung verbunden sein musste, zeigt sich u. a. daran, dass Petrarca als „ottimo rimatore" bezeichnet wurde. Der Begriff des *poeta* fungiert dagegen als Oberbegriff. Vgl. Battaglia XVI (1992), S. 398. Mangels einer entsprechenden Unterscheidung im Deutschen wird im Folgenden der italienische Begriff benutzt.

[85] Die Entstehung von Dantes Traktat wird auf die Jahre 1304–1307/08 datiert. Es ist zwar möglich, dass sich die Autoren persönlich kannten — Antonio da Tempo ist Ende des 13. Jahrhunderts in Padua geboren und lebte als Jurist in der Stadt, wo sich auch Dante nach seiner Verbannung aus Florenz zeitweise aufhielt. Gleichwohl hatte Antonio da Tempo Dantes Traktat nicht gelesen. Vgl. dazu die Einführung des Herausgebers Giusto Grion in Da Tempo: Delle rime, S. 8 und S. 14 sowie P. Stoppelli: „Da Tempo, Antonio", in: DBI 33 (1987), S. 13–15.

[86] Vgl. den kritischen Kommentar des Herausgebers in Da Tempo: Delle Rime, S. 59.

Teil 4

Unter dem *motus confectus* wird hier eine Versform aus diversen Sprüchen und einer Fülle von Worten verstanden, die durch die Vortrefflichkeit und Besonderheit ihrer Bestandteile, aber auch wegen ihrer im Wortsinn „bewegenden" Wirkung auf Sprache und Intellekt besticht. „Et dic quod ideo appelatur *motus confectus* quia verba sunt confecta cum sententiis notabilibus et pulchris et cum verbis praegnantibus; et ideo dicitur *motus* quia homo bene et sententiose movetur ad loquendum cum huiusmodi verbis duplicibus habentibus undecunque bonum ac pulcherrimum intellectum."[87] Wie dann auch in italienischen Übertragungen von da Tempo von *moti confecti* bzw. *moti confetti* zum Ausdruck kommt,[88] ist hier mit dem lateinischen Wort *motus* wie mit dem italienischen *mòto*, dem Partizip Perfekt des Verbs „movere" bzw. „muovere", ein kolloquialer Ausdruck, eine Redewendung als Inbegriff einer geistigen Bewegung gemeint.[89] Interessant ist dabei zu bemerken, dass das Wort „mòto" auch in der Schreibvariante „mòtto" auftreten kann[90] und auf diesem Weg eine Brücke zu dem Wort „mòtto" (entsprechend auch alternativ *mòto*) schlägt, dessen Bedeutung als Sinnspruch, Scherz und Weisheit für das literarische Verständnis der Frottola wesentlich ist.[91] Der Begriff Frottola ist in diesem Sinn seit dem 14. Jahrhundert für eine „ungeordnete Folge von Motti, Weisheiten, Sprüchen, Erklärungen und Bekenntnissen" überliefert, die poetisch „in [so] gemischter, kapriziöser Form mit und ohne Reime zusammengestellt" sind, dass sie einen „improvisierten" Eindruck machen, teilweise auch „lehrhaften, moralisierenden" Charakter annehmen.[92] Das altitalienische Adjektiv „confecto" bzw. „confetto" ergänzt „mòto" um die Qualität des Gemischten, Zusammengesetzten, Aufbereiteten, was im übertragenen Sinn auch als „Liebenswürdigkeit" und „Höflichkeit" zu verstehen ist.[93]

Da Tempo erklärt nun weiter, dass der „motus confectus" gewöhnlich „Frottola" genannt wird, kritisiert diesen Gebrauch jedoch ausdrücklich: „Quidam tamen istos motus confectos vulgariter

---

[87]. „Und sage, dass dieser [*motus confectus*] so genannt wird, weil [dafür] Worte mit auffälligen und vortrefflichen Sprüchen und einer Fülle an Worten [wörtlich: mit trächtigen Worten] zusammengestellt werden; und dies nennt man *motus*, weil der Mensch mit derartig gedoppelten Worten gut und gedankenreich zum Sprechen bewegt wird, die einen guten und vortrefflichen Sinn haben." Da Tempo: Summa, S. 152–53.

[88]. Vgl. die Übersetzungen von Francesco Baratella und Guido da Sommacampagna in den Anmerkungen 24/25 und 19/20.

[89]. Das lateinische Wort „motus, us, m. (moveo) die Bewegung, das Sich-Bewegen" hat als spezielle Bedeutung „die rhetorische, und zwar metonymisch = τρόπος, der umgewandte, figürliche Ausdruck, die Redewendung, der Tropus". In: *Ausführliches Lateinisch-Deutsches Handwörterbuch*, ausgearbeitet von Karl Ernst Georges, 9. Aufl., 2. Bd., Hannover/Leipzig 1951, S. 1023-24. Entsprechend hat das altitalienische Wort „mòto (part. pass. di muovere), agg. (mòtto, muto), ant. rimosso, trasferito, spostato, messo in movimento [Partizip Perfekt von bewegen, Adj., (mòtto, muto), altitalienisch, bewegt, überführt, versetzt, in Bewegung versetzt]" als besondere Bedeutung „4. Che si muove per parlare (Gabrielli, 6–57, „Deh, raffreni costui la lingua motta, che parlando, signor, troppo t'offende […]" und „5. Pronunciato (un discorso, una parola". [4. Der sich zum Sprechen bewegt (Gabrielli, 6–57, 'Heh, zügele dieser die bewegte Sprache, der dich mit [seinem] Sprechen zu sehr verletzt'] und 5. Ausgeprochenes (eine Rede, ein Wort)]". In: Battaglia XI (1981), S. 7.

[90]. Vgl. dazu die vorige Anmerkung.

[91]. „mòtto (ant. mòcto, mòto, mucto, mutto), battuta, fraseo risposta, proferita a voce scritta, spiritosa […], — titolo di opere letterarie, 2. parola, frase, discorso, affermazione, 3. Comunicazione orale o scritta, per lo più breve, che richiede una quantità minima di parole; notizia, resoconto, spiegazione, esposizione, informazione […], 4. modo di dire proverbiale" [Witz, Antwortsatz, mündlich oder schriftlich ausgesprochen, geistvoll, launig, scharf, scherzhaft, auch gesalzen, zügellos, skurril, auch beißend, sarkastisch]". In: Battaglia XI (1981), S. 19.

[92]. „Fròttola", sf. Lettera. Componimento letterario originariamente costituito da una sequela in ordinata di motti, sentenze, dichiarazioni, confessioni del poeta, svolti in una serie capricciosa di versi svariati, rimati e non rimati, con frequente ricorso al rimalmezzo, che dànno al componimento il piglio dell'improvvisazione e gli conferiscono intenzioni vagamente gnomiche e didascaliche". So die erste Bedeutungszuschreibung des Wortes in: Battaglia VI (1972), S. 391.

[93]. „confétto, agg. ant. preparato, mescolato […] 4. figur. amorevolezza, cortesia": In: Battaglia III (1971), S. 523.

apellant *frotolas*; et male dicunt uidicio meo, quia *frotolae* possent dici verba rusticorum et aliarum personarum nullam perfectam sententiam continentia".[94] Dass sich da Tempo dagegen ausspricht, den Ausdruck Frottola auf die von ihm beschriebene Gedichtform anzuwenden, obwohl sich der Usus offensichtlich bereits eingebürgert hat, erklärt sich vor dem Hintergrund der abfälligen Bedeutung, die für das Wort gleichermaßen seit dem 14. Jahrhundert tradiert ist. Demnach kann eine Frottola auch für ein unschlüssiges Geschwätz, eine Flunkerei, eine Lüge oder auch eine Lapalie stehen, auch wenn sich darin nicht ihre Bedeutung erschöpft.[95] So ist es zu verstehen, wenn da Tempo davon spricht, dass man unter „Frottolen Worte von Bauern etc." verstehen *könne*. Angesichts des weiten und konträren Begriffsfeld der Frottola von der niederen, banalen und abfälligen Konnotation des Ausdrucks bis hin zu Anspruch, Präziosität und Originalität des poetischen Phänomens erscheint dem Autor der Terminus *motus confectus* treffender. Zielt man auf die letzteren, anspruchsvolleren Qualitäten der Frottola ab, wie da Tempo es offensichtlich tut, müssen diese daher umso mehr gerechtfertigt werden. Es ist diese Bedeutungsspanne zwischen den Polen von banal und weise, beliebig und originell, sinnleer und kritisch, flüchtig und ausgesucht, die als Prämisse für eine angemessene Einordnung der Frottolen als literarischer Gattung, und in der Folge auch die der literarisch-musikalischen festzuhalten ist.

Im Hinblick auf die *musikalische Frottola* sind über diese grundlegenden Aussagen zum Charakter der Dichtungen hinaus auch da Tempos Beobachtungen zur Versform entscheidend. So spiegelt sich die Fülle und Diversität des *motus confectus* in einer relativ großen formalen Freiheit. Während das Metrum und die Reimstruktur (meist Reimwechsel nach drei Versen) regelmäßig sind, sind die Verslänge und -anzahl frei wählbar. So das Fazit des Autors: „Motus igitur confectur debet servare regulam consecutive in numero rithimorum sive consonantium et non in versibus vel syllabis."[96] Da Tempo spricht folglich von Zwölf-, Elf- und Siebensilbern, hält aber auch andere Verslängen für geeignet, die zu einer beliebigen Gedichtlänge zusammengesetzt werden.[97] Wie innerhalb auffällig langer Gedichte Metrum und Reimschema für Zusammenhang sorgen, veranschaulicht er durch ein jambisches Metrum und ein Reimschema aus jeweils drei Versen in einem Gedicht aus 45 Versen, das wie folgt beginnt:

94. „Etliche nennen diese *motus confectus* aber gewöhnlich *Frottolen*, und nach meinem Urteil irren sie damit, weil man unter Frottolen Worte von Bauern und von anderen Personen verstehen kann, die keinen vollkommenen Sinn enthalten." Da Tempo: Summa, S. 153. Bäuerische Worte können hier im übertragenen Sinn für plumpe, ungeschliffene, grobe Worte stehen. Vgl. „rusticus, a, um, zum Lande gehörig, ländlich", das im „üblen Sinn" als „tölpisch, unbeholfen, plump" etc. erklärt wird oder als Substantiv „rusticus" für „Grobian" stehen kann: In: Georges: *Lat Dtsch*, 2. Bd., Sp. 2433–34.
95. „Frottola", „3. Figur. Chiacchiera inconcludente, pettegolezzo, fandonia, bugia, menzogna [unschlüssiges Geschwätz, Klatsch, Märchen, Lüge], Franco Sacchetti: ‚Mandate il cavaliero a vedere il danno nostro, che è vero, e non v'andiamo con frottole'. [‚Schickt den Reiter, damit wir unseren Schaden sehen, der wahr ist, nicht dass wir euch Frottolen schicken']. Moravia: ‚Chi ama, diventa stupido e finisce per credere a qualsiasi frottola'. [‚Wer liebt, wird dumm und endet damit, jedwede Frottola zu glauben']; Cosa di poca importanza, bagattella, bazzecola [Sache von geringer Wichtigkeit, Bagatelle]." Battaglia VI (1972), S. 391.
96. „Der *motus confectus* muss stets die Regel einhalten im Metrum oder im Reimrhythmus [dem Reimschema] und nicht in [der Anzahl] der Verse oder Silben, wie es das Beispiel zeigt." Da Tempo: Summa, S. 154.
97. „Potest vero fieri motos confectus undenarius et septenarius et duodenarius et aliis multis modis, qui satis colliguntur […] et ex his quae dicta sunt superius de aliis rithimis." „Man kann den Motus confectus mit Elfsilber[n], Siebensilber[n] und Zwölfsilber[n] und anderen [Vers]Arten erstellen, die sich gut verbinden lassen und denen man zusagt, besser als andere Rhythmen zu sein." Ebd., S. 153.

Teil 4

A*a)*	Dio voglia che ben vada,	Gott will, dass ich gut gehe.
A	Perche la buona strada	Denn die gute Straße
A	È guasta e par che cada,	Ist kaputt, und sie scheint zu fallen.
B	Chi sente di vertute,	Wer Tugend fühlt,
B	Né si trova salute,	und hat kein Heil,
B	Anzi pur pene acute	nur heftige Schmerzen.
c	Per sapere	Um zu wissen
C	Dice l'uom non vedere,	Sagt der Mensch, dass er nicht sieht.
C	Gli è tempo da godere,	Für ihn ist Zeit zu genießen.
D	I' dico a vui	Ich sage euch
	etc.	etc.

a) Wie bereits einleitend erklärt, stehen in den Angaben zur Versform KURSIVE KAPITÄLCHEN für Elfsilber, KAPITÄLCHEN für Sieben- oder Achtsilber und kleine Buchstaben für Vier- und Fünfsilbler.

Bei aller möglichen Freiheit in Verslänge und -anzahl, die da Tempo der Frottola also zuspricht, ist es im Hinblick auf die weitere Entwicklung interessant, zu beobachten, dass er bereits auf die Klangschönheit gleichmäßigerer *motus confecti* hinweist: „et iam aliquos motus confectos ante hanc artem regulatos in versibus et syllabis compilavi, sed non habent audientium auribus ita pulchram sonoritatem quemadmodum alii consueti."[98] Obwohl im gesamtem Wirkungszeitraum der *Summa*, bis hin zur Hauptzeit von Petruccis Sammlungen, Vielfältigkeit der Versform für die Frottola theoretisch weiterhin gegeben ist, klingt bei da Tempo damit bereits die Möglichkeit an, Frottolendichtungen schematischer zu gestalten. Diese Tendenz hat sich lange vor der musikalischen Entwicklung der Gattung verstärkt, wie noch zu zeigen sein wird.

Die Frottola war seit der zweiten Hälfte des Trecento, durch das ganze 15. Jahrhundert hindurch und bis ins 16. Jahrhundert hinein bei Dichtern vor allem der norditalienischen Höfe verbreitet, von Fazio degli Uberti, Franco Sacchetti, Bartolomeo Sachella, Leon Battista Alberti, Luigi Pulci bis hin zu Pietro Aretino.[99] Zu den namhaften Autoren gehörte auch Francesco Petrarca, von dem Pietro Bembo zwei verschiedene Frottolen kommentierte. Im Kontrast der beiden Gedichte kommt wiederum die Spannbreite des Repertoires zwischen niedrigem und höherem Anspruch zum Ausdruck. Die Canzone „Mai non vo più cantar com'io soleva", die in den *Canzoniere* Eingang fand (Vgl. Text Bsp. 5, S. 206–07), unterschied er als anspruchsvollere Ansammlung von Motti und Sprüchen im Sinn des *moto confetto* von einer anderen, „Di rider ho gran voglia", die zwar auch eine Spruchsammlung, dabei aber weniger anspruchsvoll sei, „più volgarmente ragunati, e più alla guisa di quelle de gli altri che ne componevano".[100] Bembo macht an diesem Gegensatz fest, dass Frottolen nicht immer Ergebnis dichterischen Denkens, sondern auch ein spontanes Potpourri an Einfällen gewesen seien: „ma non tutti, che ciò non era il segno a cui si dirizasse il pensier suo: ma era di comtro la Frottola di qualunque mescolanza da cose che bene a dirsi gli venisser motteggiando".[101]

Bembos Erwähnung von Petrarcas Frottolen belegt zum einen, dass dieses Repertoire nicht etwa Autoren vorbehalten war, die keine anspruchsvolleren Texte schrieben. Frottolen stellten für

---

98. „Außerdem habe ich andere, für diese Kunst ungewöhnliche *motus confecti* zusammengetragen, die in Vers[-] und Silben[anzahl] regelmäßig sind; diesen gegenüber haben die üblichen anderen [unregelmäßigeren *motus confecti*] in den Ohren der Zuhörerschaft keinen gleich schönen Klang wie diese." Da Tempo: Summa, S. 154.
99. Vgl. die ausführlichere Übersicht bei Verhulst: *Frottola* (1990), S. 8 und 9.
100. „gewöhnlicher zusammengestellt und mehr auf die Weise, wie es andere tun". In: Bembo: Lettere, S. 171.
101. „Aber nicht alle trugen [so wie diese Canzone] das Zeichen seines [Petrarcas] dichterischen Denkens, sondern es galt dann, die Frottola aus irgendeiner Mischung von Sachen zusammenzustellen, die sich gut sagen ließen und ihm beim Spötteln in den Sinn kam." Pietro Bembo an Erzbischof Felice Trofino, 20. Mai 1525. In: Bembo: Lettere, S. 171. Die zweite Frottola ist Bembos Brief angefügt. Ebd., S. 172–74.

einen Petrarca offenbar vielmehr einen Ausgleich, ein anregendes „Abfallprodukt" zu Dichtungen höheren Stils dar. Zum anderen ist bemerkenswert, dass Bembo von ihnen ausschließlich in der Vergangenheit schreibt. Er scheint damit nicht nur auf die lange Tradition der Dichtung anzuspielen, sondern auch darauf, dass Frottolen zum Zeitpunkt seines Kommentars, 1525, also dem Jahr der Publikation seiner *Prose*, und, wie in Erinnerung zu rufen ist, fünf Jahre nach der Publikation von Petruccis elftem *Libro di* Frottole, bereits veraltet waren — ein signifikanter Hinweis vor dem Hintergrund, dass Bembos *Prose* die Tradition der *Summa* da Tempos ablösten.

So wie die zweite der erwähnten Petrarca-Frottolen eine Länge von 160 Strophen hatte, konnte eine traditionelle Frottoladichtung eine schier endlose Reihe an Strophen umfassen, Hunderte waren keine Seltenheit. Dazu kam eine Offenheit im Versmaß, wie sie bei da Tempo beschrieben ist. Gidino da Sommacampagna kommentierte mit seinem (kurz nach 1350 entstandenen) *Trattato dei ritmi volgare* da Tempos Traktat und baute dafür in den meisten Punkten nahezu wörtlich auf diesem auf. So sprach er dem *moto confetto* jedes beliebige Versmaß zu, vom Vier- bis zum Elfsilbler. Im Gegensatz zu da Tempo ist da Sommacampagna jedoch gröber und abwertender in seinen Bemerkungen zum volkssprachlichen Begriff der Frottolen. Nun heißt es nicht mehr, Frottolen *könnten* sich auch in ihrem formalen und inhaltlichen Niveau von *moti confetti* unterscheiden, sondern werden generell als „compillade de parole grosse, e non fructuose"[102] definiert. Zwangsläufig entsteht dadurch der Eindruck eines wertenden Kontrasts zum *moto confetto*, selbst wenn der Autor ansonsten da Tempos Erklärung auch hier wörtlich übernimmt, wonach Frottola eben nur eine volkssprachliche Bezeichnung des *moto confetto* sei, nicht aber ein anderes Phänomen meine: „alguni appellano li ditti moti confetti frottole, e male dicono".[103] Es sind diese Details, die zu einer Vereinfachung und Schematisierung in der Bewertung nicht nur des Namens Frottola, sondern mehr und mehr auch der damit bezeichneten Dichtung führen. Die bekannte Klage in einem literarischen Madrigal Francesco Landinis aus der zweiten Hälfte des 14. Jahrhunderts setzt die Tendenz fort, von Frottolen ausschließlich in negativen Konnotationen zu reden: Dort ist ein Ich im allegorischem Sinn ganz Musik und steht damit für die Tugend an sich. Von Frottolen spricht es als Kontrast zu dem eigenen Ringen um eine tugendhafte Kunst und wertet sie als Sinnbilder der Lasterhaftigkeit, Oberflächlichkeit, Beliebigkeit und fehlender Qualität ab:

Musica son che mi dolgo, piangendo,	Ich bin die Musik; weinend beklage ich
veder gli effetti miei dolci e perfetti	zu sehen, wie meine süßen und vollkommenen Wirkungen
lasciar per frottol i vaghi intelletti.	von klugen Köpfen für Frottolen hingegeben werden;
Perché ignoranza e vizio ogn'uom costuma,	weil Unwissenheit und Laster jedermanns Brauch ist,
lasciasi l'buon' e pigliasi la schiuma.[a)]	wird das Gute im Stich gelassen und der Schaum vorgezogen.

[a)] Wie *Poesie Musicali Trecento*, S. 129. Das Madrigal hat Landini im Cantus eines dreistimmigen Tripel-Madrigals vertont. Die Texte der beiden anderen Stimmen sind weitere Klagen über den Verfall der höheren Musik. Vgl. Landini: Works, Nr. 152, S. 213–215.

Neben diesem negativ besetzten Begriffsstrang findet gleichwohl auch die erste Begriffsvariante eine Fortsetzung, wonach Frottolen als Ansammlung von Sprüchen bzw. Sprichworten verstanden werden. So heißt es etwa in den anonymen *Proverbi del Farina* (wahrscheinlich um 1482):

---

102. „Anhäufungen von groben und nicht ergiebigen Worten". Da Sommacampagna: Dei ritmi, fol. 161.
103. „Einige nennen die besagten *moti confetti* Frottolen und irren sich damit." Ebd.

Brigata sel ve piaxe	Brigata, vielleicht gefällt es euch,
de star a odire in pase	zu bleiben, um in Ruhe
una opera molto bella	ein sehr schönes Werk zu hören,
che *frotola* s'appela	das sich *frotola* nennt,
e ciaschedun la servi	und jedem nützt,
perche li son *tutti proverbi*. a)	weil es alle Sprichworte sind.

a) „[Hier ist] eine Runde, die euch gefallen möge, um in Frieden ein sehr schönes Werk zu hören, das sich *frotola* nennt, und jeder soll ihr dienen, weil es lauter Sprichworte sind." Zit. nach Cian: Motti (1888), S. 39f. Eigene Hervorhebung im Zitat.

Aus der Rezeption da Tempos geht hervor, dass die Vereinfachung des Begriffsverständnisses der Frottola offenbar mit ihrer formalen Schematisierung einherging. Im Hinblick auf die bevorstehende Musikalisierung sind Francesco Baratellas Bemerkungen im *Compendio dell arte ritmica* aus dem Jahr 1447 über die damals „moderne" Frottola interessant. Im Abschnitt über die *motus confecti in arte* beruft er sich auf den Gewährsmann da Tempo, wenn er von drei Ausprägungen einer aktuellen Form spricht, einer „forma, molto extracta da le moderne".[104] Er beschreibt die Reimschemata von drei Modellen, die mit jambischen regelmäßigen, relativ kurzen Versen und einer im Verhältnis zur älteren Tradition kürzeren Gesamtlänge zwischen 23 und vierzig Strophen im Reim miteinander verkettet sind.

Während das erste Modell aus Elf-, Sieben- und Fünfsilbern besteht, ist das zweite noch einfacher gebaut: Auf jeweils drei Siebensilbler des gleichen Reims folgt ein Fünfsilbler, der sich mit dem folgenden Siebensilbler der nächsten Strophe reimt. Den Abschluss bildet ein Paar aus Siebensilblern: A A A b/B B B c/ C etc. bis Y Y z/Z Z.

A	Maria Magdalena,	Maria Magdalena,
A	In cui virtute è plena	deren vollkommne Tugend
A	Da la celeste vena	der himmlischen Ader
b	Da me conforto.	mir Trost gibt.
B	Fa che sia sempre scorto	Mach, dass immer gesichtet sei
etc.		etc.

Als drittes Modell beschreibt Baratella eine Terzinenvariante aus Siebensilblern. Nach einer Eingangsstrophe aus vier Versen folgen Strophen mit jeweils drei Siebensilblern. Wieder werden die Schluss- und Anfangsreime der Strophen verkettet.[105]

Die von Baratella beschriebenen Formen vereinheitlichen da Tempos Bedingungen für den *motus confectus* und schaffen damit Grundbedingungen für strophische Vertonungen: Alle drei Modelle haben kurze Strophen, die miteinander verknüpft werden, und die Auswahl an Verslängen ist auf nur drei Versmaße, Elf-, Sieben- und Fünfsilbler reduziert. Die Gedichte sind jetzt klar strukturiert, Grundeinheiten schnell erkennbar.

Baratellas Äußerungen vermitteln damit den Eindruck, dass die literarischen Voraussetzungen für eine Musikalisierung der Frottola um 1500 besser waren, als sie da Tempos *Summa* nahelegt. Es ist daher zu relativieren, wenn Richard Andrews behauptet, dass ein Traktat wie derjenige Baratellas und anderer unbekannter Autoren dieses Zeitraums nichts als italienischsprachige Versionen des da Tempo'schen Vorbilds und damit irrelevant seien. Auch wenn diese Autoren sich in der Tat

104. Baratella: Compendio, S. 209.
105. Ebd., S. 209–23.

ausdrücklich auf da Tempo beziehen, ihre Traktate keinen annähernd vergleichbaren Verbreitungsgrad hatten und die *Summa* keineswegs ersetzten, weisen sie doch ihm gegenüber bemerkenswerte Unterschiede auf, die hinsichtlich sich verändernder Praktiken für die Frottola wichtig sind.[106]

Vor diesem Hintergrund lohnt es sich, noch einmal auf da Tempo zurückzukommen, und zwar zunächst auf die gedruckte Version seines Traktats von 1509 — also aus der Zeit der Frottolenerfolge Petruccis. Auf den ersten Blick scheint es quasi keine Änderungen gegenüber vorigen Versionen zu geben; eine Veränderung jedoch ist im Hinblick auf die damalige Dichtungspraxis recht aufschlussreich. So ist der bereits erwähnte Passus über die Klangschönheit von Frottolen in außergewöhnlich regelmäßiger Versform um die folgende Bemerkung erweitert: „Tamen ars qua sine nulla virtutis integritas venustam praticam reddit; ideo artem in his motibus confectis, ut infra patebit, consequemur."[107] Die besagte „schöne Praxis" der einfacheren, schematischeren Frottolen muss damals so beliebt gewesen sein, dass hier mit dem Hinweis auf ihren Mangel an „virtus", Tugendhaftigkeit, noch einmal versucht wird, diese aktuellen Tendenzen zu bremsen und eine Lanze für die vielfältigere und aufwändigere Frottolentradition zu brechen. So klein diese Ergänzung scheint, ist sie doch ein nicht zu unterschätzendes Indiz nicht nur für eine Moralisierung des Diskurses über die literarische Form, sondern auch für das damals wachsende Bewusstsein für Klang und Ästhetik, für eine Sensibilisierung gegenüber den musikalischen Qualitäten von Dichtung. Man bedenke, dass sich parallel dazu in den Jahren um und nach 1500 auch in der Musiktheorie ein wachsendes Bewusstsein für Musik als Klangkunst manifestierte. In einer ähnlich negativen Ausdrucksweise wie in da Tempos Warnung vor der Klangschönheit einfacher Frottolenrhythmen spiegelt sich der Popularitätszuwachs von wirkungsvoller einfacherer Musik in der bereits erwähnten Klage des Musiktheoretikers und Komponisten Giovanni Spataros aus dem Jahr 1529, man könne mittlerweile sogar als „Meister mehrstimmigen Komponierens" gelten, wenn man keinen Kontrapunkt studiert habe.[108]

Last, but not least beschließt da Tempo seine Ausführungen zum *motus confectus* mit einer wichtigen Ergänzung, die in allen folgenden Versionen des Traktats beibehalten wird: Der Autor erklärt, dass es für Frottolen — über das Gesagte hinaus — möglich sei, beliebig weitere Versformen zu bilden, beispielsweise aus Ballaten, Sonetten und anderen Gedichtarten mit ihren unterschiedlichen Versschemata, deren Wiederholungen und Fortsetzungen. Bedingung dafür sei nur, dass man es richtig und klug anfange.[109] Es sei dahingestellt, ob sich da Tempo diesen quasi grenzenlosen Zuwachs an Versformen nur für den Teil an groben und bedeutungslosen Frottolen vorgestellt hat, die er von den *moti confecti* unterschieden wissen möchte. Bedenkt man jedoch die Präsenz

---

106. „I trattati di Gidino di Sommacampagna (ca 1380) e di Francesco Baratella (1447) non sono che versioni volgari di quello di Antonio […], né di ciascuno di essi conosciamo più di un solo esemplare." Da Tempo: Summa, Premessa, S. VI–VII.
107. „Dennoch ist die Kunst, die die schöne Praxis herstellt, ohne irgendwelche Vollkommenheit an Tugend; also folgen wir der Kunst in diesen motibus confectis, wie später deutlich werden wird." Da Tempo: De ritimis, o. S. Aus der kritischen Ausgabe von Richard Andrews gehen darüber hinaus sämtliche Varianten der überlieferten Manuskripte hervor. Da Tempo: Summa.
108. Vgl. den Abschnitt über Libri IV und VI in Kap. 4. 1. 2.
109. „In fine horum rithimorum et omnium supra dictorum notandum est, quod omnes ballatae, sonetti, et quasi omnes rithimandi modi possent fieri ripetiti, continui, et aliis multis modis […], quia ex dictis et dicendis praedictae et multae aliae formae possent colligi, si quis voluerit recte et mentaliter intueri." „Am Ende all dieser Reime [die als Beispiele dienten] und nach allem Gesagten ist zu bemerken, dass alle Ballaten, Sonette und fast alle [anderen] Gedichtarten zu Reimen wiederholt, fortgesetzt und auf viele andere Arten […] gemacht werden können, die sich aus dem Gesagten und zu Sagenden ergeben, wenn jemand es richtig und mit Verstand begreifen wollte." Da Tempo: Summa, S. 158.

dieses Traktats bis ins frühe 16. Jahrhundert (nur so lässt sich die hohe Auflage des Drucks um 1509 erklären), liest sich der Abschluss des Kapitels, demnach quasi jede Versform verwendet werden könne, solange man es geschickt anfange, geradezu wie ein Freibrief dafür, unter dem Oberbegriff der Frottolen alles an Versformen zu vereinen, solange die Reime tragen. Genau diese Vielfalt und Fülle ist in der Tat dann in den *Libri di Frottole* betitelten musikalischen Sammlungen der Fall, wie später die Analyse einiger Beispiele zeigen wird.

Nun scheint ein Widerspruch darin zu liegen, dass in da Tempos Anmerkungen zu Frottolen vor diesen sehr freizügigen Schlussbemerkungen genaue Ausführungen über Regeln und Freiheiten in der Gestaltung des *motus confectus* zu lesen waren. Diese gegensätzlichen Auffassungen verbinden sich jedoch schlüssig in dem Aspekt der Vers- und Gedankenfülle, der für beide Pole der literarischen Frottola charakteristisch ist. Da Tempos zuerst genannte Versform ist „cum verbis praegnantibus" gemacht, und die noch freiere Gestaltung eröffnet eine Fülle an Kombinationsmöglichkeiten, „possent vero fieri valde prolixi huiusmodi motus confectus secundum libitum".[110] Dieser Aspekt der Fülle steht im Zusammenhang zu einem der etymologischen Ursprünge des Wortes Frottola. Es ist von dem Wort „frotta" (in alter Form auch „fròtto") für eine Gruppe in Bewegung (bzw. *motus*), eine Schar, einen Schwarm oder auch für eine Mischung in großer Menge, einen Andrang oder ein Durcheinander abgeleitet — von Ausdrücken also, die für die Fülle, fehlende Spezifität und das Fehlen von Ordnung stehen.[111]

4. 2. 2 „Il sempre sospirar [...]":
Ungebremste Diskursivität — eine semantische Grundkonstante

Gegenüber dem zeitgenössischen ästhetischen und moralischen Urteil, das teilweise auch einzelne Frottolen aus der Gattung ausscheiden wollte, zeigt sich das literarische Profil von Frottolen dem heutigen Blick nicht zuletzt auf der semantischen Ebene, auf der formale und thematische Aspekte noch der formal allerunterschiedlichsten Frottolen konvergieren.[112] Die Abfolge von Sprüchen, Motti, Wortfolgen kann, das soll im Folgenden ausführlich gezeigt werden, dramaturgisch gezielt oder zusammenhanglos in diversen Versformen gesetzt, innerhalb eines reichen thematischen Repertoires an Liebes- und Vanitas-Topoi angesiedelt werden und dabei zu Spott, Scherz, Klage und nicht zuletzt zur Demonstration von Sinnverlust oder von Unsinn führen. Stets aber äußert sich in der Frottola ein Ich, das sich zum Reden gedrängt fühlt. Oft begleiten Kommentare dieses Gefühl des Redendrangs, den das Ich gewissermaßen wie ein Suchtkranker zugleich als Zwang und Befreiung zu erleben scheint. Angesichts all des Disparaten und Flüchtigen, das die Gattung thematisch und formal kennzeichnet, finden sich, so soll mit dieser Untersuchung gezeigt werden, Sinn und Einheitlichkeit

---

[110] „Mit einer Fülle von Worten". Ebd., S. 153 oder „es können auf diese Weise eine Fülle von Moti confecti nach Belieben hergestellt werden". Ebd., S. 154.

[111] „Frottà, ant. Frottola" und „Frotta": „Gruppo più o meno numeroso di persone che si muovono insieme, per lo più in modo disordinato"/ „Mehr oder weniger große Gruppe aus Personen, die sich zusammen und meist unkoordiniert bewegen." [...] „Schiera, drappello"./„Schar, Trüppchen". „Branco, mandria"/„Herde". „Mischia, calca, confusione"/ „Mischung, Menschengedränge, Unordnung". [...] „Gran numero, gran quantità, congerie"/ „Große Menge". [...] „In compagnia, insieme"/ „in Gemeinschaft, zusammen". „In grande numero, in gran quantità, in abbondanza"/ „in großer Anzahl, in Fülle". „Deriv. forse dal lat. Fluctus, flusso, fiotto"/ „womöglich abgeleitet von lat. Flut, Strömung, Woge". Battaglia VI (1972), S. 390 und Schmitz-Gropengießer: *Frottola* (1996), S. 1 und Battaglia VI (1970), S. 391.

[112] Für die Ausführungen in diesem Kapitel war insbesondere die Arbeit von Sabine Verhulst sehr instruktiv, auf die ich im Folgenden näher eingehen werde. Vgl. Verhulst: *Frottola* (1990).

gerade in dieser Notwendigkeit, Intensität und Reflexivität des Sprechens. Als Erkennungsmotiv des Frottolarepertoires kann damit letztlich eine sich aufdrängende, überbordende Diskursivität gelten, für die Fülle, Flüchtigkeit, Beliebigkeit, Pragmatik und Verspieltheit entscheidende Charakteristika sind — Aspekte also, die dagegen aus literaturästhetischer Perspektive abzuwerten wären. Der Blick auf die diskursive Praxis der Frottola führt also zu einer Aufwertung von solchen poetischen Kriterien, die in der Tat für einen höheren Dichtungsstil unangemessen wären, der formale Stringenz, Qualität und Nachhaltigkeit in der Wortwahl fordert. Ebenso relativiert sich durch den Blick auf die Grundmotive des Sprechens bzw. die Redehaltung die Kritik an dem disparaten Nebeneinander sich widersprechender Charakteristika. Denn wo es darum geht, *viel* zu reden, kann dies ebenso plausibel höfisch oder grob, literarisch anspruchsvoll oder in mündlichem Dialekt, nachdenklich, scherzend oder geistlos geschehen. „Nell'identificare la frottola come *icona* del discorso prolisso emerge la coesione del genere, cioè l'intima motivazione reciproca di tratti come la lunghezza prolungabile *ad libitum*, l'andamento sussultante generato dal riecheggiarsi della rima a intervalli brevi e brevissimi, l'uso frequente del *topos* dell'ineffabilità, i referimenti espliciti al carattere cianciante del discorso, le inflessioni dialettali e l'uso di un lessico quotidiano."[113] Der Literaturwissenschaftlerin Sabine Verhulst gelingt es somit, auf den stringenten Zusammenhang von Form und Semantik der literarischen Frottolen hinzuweisen und sie entgegen langen Forschungstraditionen als literarische Gattung zu legitimieren. Der in diesem Zusammenhang treffende Ausdruck der „incontinenza verbale" zielt auf eine psychisch wie körperlich labile oder kranke, dabei energie- und spannungsgeladene Grundkonstitution, die sich in Redeflüssen, Redean- und -durchfällen entladen kann, die aber genau in dieser Unbeherrschtheit und Unmäßigkeit gesellschaftlich kritisch betrachtet werden musste.[114] Die Übersetzung mit „Rededrang" ist der Versuch, der doppelten Bedeutung von „incontinenza" als psychologischer Qualität, „die eigenen Leidenschaften oder den eigenen natürlichen Appetit weder bremsen noch mäßigen zu können", und der physiologischen Problematik „einer nervös oder anders bedingten Durchfallerkrankung" gerecht zu werden.[115]

Das Grundmotto der Diskursivität wird bereits anhand der schon angeführten Petrarca-Frottola nachvollziehbar. (Text Bsp. 5, S. 206–07): Gleich der Kopfvers „Mai non vo' più cantar com' io soleva [sic]", „Niemals will ich mehr singen, wie ich es gewöhnlich zu tun pflegte" thematisiert die Äußerungssituation eines Ich, das im Selbstgespräch nach dem richtigen Ausdruck sucht, der jedoch notwendig widersprüchlich bleibt. Die für Petrarca und den Petrarkismus typischen Antithesen, in denen sich die innere Zerrissenheit eines liebenden, aber ungeliebten Subjekts ausdrückt — hier etwa im Bild des versüßten Schmerzes, „e dolendo adolcisse il mio dolore" (Z. 58), des schönen Lichts der dunklen Gefangenschaft, „la pregione oscura ov' è 'bel lume" (Z. 63), im Konflikt zwischen Krieg und Frieden,

---

[113]. „Indem man die Frottola als Ikone des üppigen Diskurses definiert, kommt die Kohärenz der Gattung zum Ausdruck, d. h. die tiefe gegenseitige Bedingtheit von Aspekten wie einer ad libitum erweiterbaren Länge, dem sprunghaften Verlauf, der durch die Wiederholung des Reimes in kurzen und kürzesten Abständen zustande kommt, der häufige Gebrauch des Topos der Unaussprechlichkeit, die ausdrücklichen Hinweise auf den geschwätzigen Charakter der Rede, der dialektale Tonfall und die Verwendung eins alltäglichen Wortschatzes." Verhulst: *Frottola* (1990), S. 25.

[114]. Dies zeigt sich z. B. in einem rückblickenden, fiktionalen Kommentar wie dem von Guido Piovene, Belletrist und Journalist (1907–1974): „Per un nome volgare l'incontinenza era solamente un peccato, ma per un uomo come Luca era soprattutto uno sgarbo, un gesto poco signorile." „Für einen gemeinen Menschen war ,incontinenza' nur eine Sünde, aber für einen Mann wie Luca war sie v. a. Ausdruck von Unhöflichkeit, eine wenig hoheitliche Geste." Zit. nach „L'incontinenza". In: Battaglia VII (1972), S. 792.

[115]. Vgl. ebd. In dem noch plastischeren Wort „Rededurchfall" würde der erste Aspekt zu kurz kommen. Für „Incontinenza verbale" vgl. Verhulst: *Frottola* (1990), S. 25.

Bsp. 5: Francesco Petrarca, *Mai non vo' più cantar com'io soleva*

1 Mai non vo' piú cantar com'io soleva,	Niemals will ich mehr in gewohnter Weise singen!
ch'altri non m'intendeva, ond' ebbi scorno;	Verstand man mich doch nicht, was oft mich reute;
e puossi in bel soggiorno esser molesto.	Selbst am schönen Ort kann man lästig werden.
Il sempre sospirar nulla releva;	Das stete Seufzen bewirkte nichts.
5 già su per Alpi neva d'ogni intorno;	Schon auf den Alpen überall Schnee,
ed è già presso al giorno: ond'io son desto.	und schon ist Tag und ich bin wach.
Un acto dolce onesto è gentil cosa;	Ein Hände-Wink ist ein freundlich Ding;
e in donna amorosa anchor m'aggrada,	Auch schätze ich an einer Frau,
che 'n vista vada altera e disdegnosa,	dass sie zwar ihren Blick woanders schweifen lässt, doch nicht hochmütig lacht:
10 non superba e ritrosa:	
Amor regge suo imperio senza spada.	denn Amor regiert auch ohne Schwert.
Chi smarrita à la strada, torni indietro;	Du suchst dein Glück und hast es vor der Nase;
chi non à l'alberge, posisi in sul verde;	Wer keine Herberge hat, soll sich ins Gründe begeben;
chi non à l'auro, o 'l perde,	Und wer kein goldnes Becken hat,
15 spenga la sete sua con un bel vetro.	der lösche seinen Durst im Glas.
I' die' guarda a San Pietro; or non più, no:	Meine Tage gab' ich im Vertrauen hin, nun genug damit!
intendami chi pò, ch'i' m'intend'io.	Verstehe mich, wer will, auf dass ich mich verstehe:
Grave soma è un mal fio a mantenerlo:	Schwer ist es, die höchste Frucht zu erlangen.
quando posso mi spetro, e sol mi sto.	Soviel ich merke, blendet mich das Licht sehr:
20 Fetonde odo che 'n Po cadde, e morìo;	Auch Phaeton ertrank; ich bleib alleine;
e già di là dal rio passato è 'l merlo:	Und das mit den gebratnen Tauben gibt es nicht.
deh, venite a vederlo. Or i' non voglio:	So kommt und seht, doch ich will nicht,
non è gioco uno scoglio in mezzo l'onde,	denn es ist kein Scherz, ein Spielball aller Wellen,
e 'ntra le fronde il visco. Assai mi doglio	ein Fisch im Netz zu sein. Ich klage,
25 quando un soverchio orgoglio	dass Stolz und eitles Ragen
molte vertuti in bella donna asconde.	viele Werte einer schönen Frau verstellen.
Alcun è chi risponde a chi nol chiama;	Eines ist es, ungebeten zu antworten,
altri chi 'l prega, si delegua e fugge;	ein anderer fleht, bemächtigt sich und flieht,
altri al ghiaccio si strugge;	ein anderer zerbricht am Eis,
30 altri dì e notte la sua morte brama.	ein anderer begehrt des Todes Tag und Nacht.
Proverbio «ama chi t'ama» è fatto antico.	Das Stichwort: „Es liebt sich, was sich liebt," ist veraltet.
I' so ben quel ch'io dico: or lass:andare,	Ich weiß gut, was ich sage: lass' die Dinge laufen,
ché conven ch'altri impare a le sue spese.	denn es muss der eine für den anderen büßen.
Un'humil donna grama un dolce amico:	Nieder ist die Frau, die einen süßen Freund unglücklich macht.
35 mal si conosce il fico. A me pur pare	Stets trügt der Schein; und es scheint vernünftig,
senno a non cominciar tropp'alte imprese;	die zu schwierigen Unternehmungen zu lassen.
e per ogni paese è bona stanza.	Wo du dich wohlfühlst, dort bist du zu Hause;
L'infinita speranza occide altrui;	Zu viel zu hoffen, ist tödlich!
e anch'io fui alcuna volta in danza.	Auch ich war manches Mal im Glückstaumel.
40 Quel poco che m'avanza	Das wenige, das mir bleibt,
fia chi nol schifi, s'i' 'l vo' dare a lui.	wird für den da sein, der es nicht verschmäht, es ihm zu geben.
I' mi fido in Colui che 'l mondo regge,	Ich bau auf Den, der die Welt regiert,
e che' seguaci suoi nel boscho alberga,	der seine Lämmlein kühlt mit Waldes-Labe,
che con pietosa verga	dass er mich mit dem Stabe
45 mi meni a passo omai tra le Sue gregge.	zur Weide führe hinter seiner Herde.
Forse ch'ogni uom che legge non s'intende:	Vielleicht begreift nicht jeder, der dies liest,
e la rete tal tende che non piglia,	und spannt sein Netz nach Fischen, die entweichen,
e chi troppo assotiglia si scavezza.	denn es geht für den leer aus, der zuviel verlangte.
Non sia zoppa la legge ov'altri attende.	Wenn vor Vergnügen ich die Hände reibe,
50 Per bene star si scende molte miglia.	ist's, dass ich grad geblieben, wohl ein Zeichen,
Tal par gran meraviglia, e poi si sprezza.	und dass mich freut, wovor mir einmal bangte.
Una chiusa bellezza è più soave.	Verborgne Schönheit ist süßer.
Benedetta la chiave che s'avvolse	Gesegnet sei der Schlüssel, der zum Herzen geht,
al cor; e sciolse l'alma, e scossa l'ave	der meine Seele löst, ihr die

55 di catena sì grave,	schweren Ketten
e 'nfiniti sospir' del mio sen tolse!	und mir die schweren Seufzer von der Brust genommen!
Là dove più mi dolse, altri si dole,	Was mich geschmerzt, schmerzt nun ein andres Wesen
e dolendo adolcisse il mio dolore:	Und dessen Schmerzen sind Balsam für mein Leid;
ond'io ringratio Amore	Drum dank ich dir, Amor,
60 che più nol sento, ed è non men che suole.	dass ich's nicht mehr fühle, was aber nicht weniger geworden.
In silentio parole accorte e sagge,	In der Stille kluge, weise Worte,
e 'l suon che mi sottragge ogni altra cura,	und der Klang, der mich jede andere Sorge vergessen macht,
e la pregione oscura ov'è 'l bel lume;	und das dunkle Gefängnis, aus dem schönes Licht leuchtet,
le nocturne vïole per le piagge,	die Nachtviolen für die Wunden,
65 e le fere selvagge entr'a le mura,	die wilden Tiere zwischen den Mauern,
e la dolce paura, e 'l bel costume,	die süße Angst, und die schöne Sitte,
e di duo fonti un fiume in pace vòlto	und ein Fluss von Tränen aus zwei friedlichen Quellen floss,
dov'io bramo, e raccolto ove che sia:	dort zusammen, wo ich rufe:
Amor e Gelosia m'ànno il cor tolto,	Amor und Eifersucht haben mir das Herz geraubt,
70 e i segni del bel volto	und die Zeichen des schönen Antlitz',
che mi conducon per più piana via	die mich auf den ebenen Weg führen
a la speranza mia, al fin degli affanni.	zu meiner Hoffnung, zum Ende meiner Leiden.
O riposto mio bene, e quel che segue,	O mein Gut ist am Ende, und das, was folgt,
or pace or guerra or triegue,	Frieden, Krieg oder Waffenstillstand,
75 mai non m'abbandonate in questi panni.	verlasst mich nicht in dieser Pein!
De' passati miei danni piango e rido,	Über mein vergangnes Weh weine und lache ich,
perché molto mi fido in quel ch'i' odo.	denn ich vertraue sehr auf das, was ich selbst höre.
Del presente mi godo, e meglio aspetto,	Der Gegenwart erfreu' ich mich und erwarte Bessres
e vo contando gli anni, e taccio e grido.	Und zähle Jahre und schweige und schreie.
80 E 'n bel ramo m'annido, ed in tal modo	Und mit einem schönen Zweig baue ich ein Nest, und so
ch'i' ne ringratio e lodo il gran disdetto	danke ich und lobe die, die mich verachtet hat,
che l'indurato affecto alfine à vinto,	da die Abwehr am Ende doch gesiegt hat
e ne l'alma depinto «l' sare' udito,	und mich ermahnt: „Werde nicht zum Spott
e mostratone a dito», ed ànne extinto	der anderen, du! Nach all dem Verdruss
85 (tanto inanzi son pinto,	bin ich so am Ende,
ch'i' 'l pur dirò) «Non fostù tant'ardito»;	um der zu sagen: „Sei nicht so kühn",
chi m'à il fianco ferito, e chi 'l risalda,	die mir die Flanke verletzt und wieder heilt,
per cui nel cor via più che 'carta scrivo;	für die mein Herz weiter geht als ich es schreibe,
chi mi fa morto e vivo,	die mich leben und sterben lässt,
90 chi 'n un punto m'agghiaccia e mi riscalda.	die mich erkaltet und erwärmt.

"or pace or guerra" (Z. 74), Tod und Leben, "che mi fa morto e vivo" (Z. 89), Kälte und Hitze, "chi [...] m'agghiaccia e mi riscalda" (Z. 90), werden durch Sentenzen ergänzt, die auf die Schwierigkeit, wenn nicht gar Unsinnigkeit der Redesituation zielen. So lautet das Motto der vierten Strophe, "Forsi ch'ogni uom che legge non s'intende", "vielleicht begreift nicht jeder, der dies liest" (Z. 46). Spricht aus den Kopfzeilen und dem folgenden Vers die Vergeblichkeit der eigenen Äußerung, "Il sempre sospirar nulla releva", "das stete Seufzen bewirkte nichts" (Z. 4), verstärken weitere Verse den Eindruck der Beliebigkeit des Kommunizierens, das kein Gegenüber erreicht und im Selbstgespräch kreist. Stets auf die Liebesthematik bezogen, heißt es "Io so ben quel ch'io dico: or lass andare", "Ich weiß gut, was ich sage: lass' die Dinge laufen" (Z. 32). Und typisch für die Frottola ist es, dass trotz der Einsicht in die Aussichtslosigkeit der eigenen Wünsche und trotz des Willens, die Situation zu ändern, die Rede in immer gleicher Thematik, wenn auch nicht stringent fortgesetzt wird. Das Ich bekennt, aus der inneren Stille heraus von den Worten der Geliebten und ihrem Klang angezogen zu sein, "In silentio parole accorte e sagge/ e 'l suon che mi sottragge ogni altra cura", "In der Stille kluge, weise Worte, und der Klang, der mich jede andere Sorge vergessen macht". (Z. 61/62). Entsprechend groß bleibt der Drang, die Leere mit der eigenen Rede zu füllen.

Der Rededrang basiert, wie Sabine Verhulst gezeigt hat, in der Frottola auf einer satirischen Grundhaltung, über die die Wahrnehmung der Frottola als klar abgrenzbare literarische Gattung auch über große thematische Unterschiede hin gefestigt werden kann. In diesem Sinne macht sich Verhulst dafür stark, die Frottola an ihrer spezifischen Haltung festzumachen, nämlich "a sostenere la tesi che la frottola sia un genere costituzionalmente satirico, tuttavia senza voler ricondurre per forza tutte le singole manifestazioni frottolesche allo stesso denominatore comune".[116] Auch für die Satire nämlich ist letztlich nicht das Thema selbst, sondern die Haltung dazu entscheidend. So hält das Genre eine Bandbreite an Ausdrucksmöglichkeiten zwischen moralischer Kritik und Spott bereit.[117]

Auch begriffsgeschichtlich ist die Nähe der Frottola zur Satire belegt. Dabei sind auch in der Renaissance für die Satire zwei verschiedene Bedeutungsursprünge diskutiert worden, der aus dem lateinischen "satura", das für Allerlei, aber auch für Üppigkeit steht, sowie die an sich falsche Ableitung von der Satyrgestalt als Inbegriff des Zwitterhaften, Spott- und Sprunghaften.[118] Francesco Baldelli, ein Übersetzer des 16. Jahrhunderts, kommentiert in diesem Sinn: "La satira [...] trasse il suo nome dai satiri, che sono dei per lo più lordi e lascivi e sfacciati, o pure da satira, che è una sorte di vivanda che, come scrive Festo, è composta di cose di diverse sorti."[119] Beide Bedeutungsspektren treffen auf die Frottola zu, wenngleich hier offen bleiben muss, ob auch die damaligen Zeitgenossen diese Zusammenhänge sahen.

Seitens der literaturwissenschaftlichen Forschung sah auch Paolo Orvieto das parodistische Element der Frottola als zentral an und folgerte schlüssig, wie unangemessen es sei, die Frottola für

---

116. "die These zu stützen, dass die Frottola eine konstitutiv satirische Gattung ist, ohne allerdings notgedrungen alle einzelnen frottolesken Erscheinungsformen auf diesen einzigen gemeinsamen Nenner bringen zu wollen." Ebd., S. 24.
117. Ebd., S. 65. Zur Gattungsgeschichte der Satire vgl. Brilli: Satira (1979) und Kindermann: Satyra (1978).
118. "satura lanx" bezeichnete bei Isidoro di Siviglia eine voll beladene Schüssel mit gemischten Früchten: "saturici autem dicti [...] seu an illa lance, quae diversis frugum vel pomorum generibus ad templa gentilum solebat deferri". Zit. nach Kindermann: Satyra (1978), S. 32. Zudem vgl. "satur, satura (lat. adj.) = satt, gesättigt, metaphorisch voll, reich."
119. "Die Satire leitet ihren Namen von den Satyren ab, die meist rohe, lüsterne und kaputte Götter sind oder von der ,satira', die eine Speise ist und, wie Festo schreibt, aus Dingen verschiedener Art besteht." Zit. nach "Sàtira" in: Battaglia XVII (1994), S. 594. Die genauen Lebensdaten von Francesco Baldelli sind nicht bekannt. Er war Mitglied der Akademie der "Umori" in Bologna; Spuren von ihm gibt es bis 1587. DBI 5 (1963), S. 452–53.

Aspekte zu kritisieren, die sie als diskursive Praxis erst funktionsfähig machen, wenngleich es sich, literaturästhetisch betrachtet, um literarische Schwachpunkte handelt: das Fehlen einer einheitlichen Metrik, einer Syntax oder eines Inhalts. Orvieto resümiert in diesem Sinn: „Il genere frottola dunque non viene definito dal contenuto e dalla mancanza d'un elemento metrico caratterizzante […], bensì dal non-senso relativo e da una innegabile marca metrica (la rima ‚mnemonica')."[120]

4.2.3 Nomen est omen: Petruccis *Libri di Frottole*

Vor dem Hintergrund der literarischen Tradition der Frottola erscheint Petruccis Verwendung des Frottolenbegriffs für seine Sammlungen, die *Libri di Frottole,* konsequent und ebenso für das Verständnis der musikalisch-literarischen Gattung entscheidend.

Auf der Grundlage diverser poetischer Formen sind auch hier immer wieder bestimmte kolloquiale Situationen erkennbar, die den Eindruck vermitteln, dass der Frottola auch als musikalisch-literarischer Gattung der Rededrang als profilbildendes Merkmal erhalten bleibt. In den poesie per musica, die uns aus den musikalischen Sammlungen vorliegen, sind nahezu sämtliche Frottolentypen aufgehoben, die aus heutiger literaturwissenschaftlicher Sicht präzisiert worden sind: von der Frottola lehr- und spruchhaften Typs, der autobiographischen bzw. persönlich bekenntnishaften bis hin zur hämischen, moralischen oder pseudomoralischen Frottola. Zusätzlich zu diesen Kategorisierungen haben Literaturwissenschaftler unter den überlieferten musikalischen Frottolen solche als eigene Gruppe beschrieben, die die spezifische Form des Sprechens in den Vordergrund stellen. In diesem Sinn hat man von der Frottola des Kontrasts und Dialogs gesprochen.[121]

Diese auffällige Beibehaltung literarischer Kategorien in den Frottolensammlungen des frühen 16. Jahrhunderts ist auch seitens der Musikwissenschaft wahrgenommen worden. Francesco Luisi hat in diesem Sinn von einem *stilistischen Kontinuum* zwischen literarischer Tradition und den musikalisch überlieferten Sätzen gesprochen, wenngleich es ihm dabei vor allem darum zu gehen scheint, die formale Eigenständigkeit der Vertonungen gegenüber ihrer literarischen Tradition herauszustellen.[122]

Luisis Ansatz, ein *stilistisches Kontinuum* zwischen der literarischen und *musikalischen Frottola* anzunehmen, wird jedoch vor allem dann interessant, wenn man — angesichts der formal so disparaten Erscheinungsweisen der Frottola — unter Stil weniger die spezielle Form, also die *exornatio*, als vielmehr die dahinter stehende Haltung versteht, deren konsequenter Ausdruck sie ist. So wie Form und Semantik im Stilbegriff zusammenlaufen, sind also Äußerungen des Sprecher-Ich auch in der *musikalischen Frottola* in den verschiedensten *poesie per musica* als Ausdruck einer dahinter stehenden Denkhaltung zu verstehen.

Die Verschiebung des Blickwinkels, die musikalischen Sammlungen als eine auf die Musik zugeschnittene Fortsetzung der literarischen Tradition zu betrachten, ist instruktiv, weil sie eine Erklärung

---

120. „Die Gattung Frottola darf also nicht nach ihrem Inhalt und dem Fehlen eines charakteristischen metrischen Elements definiert werden […], sondern nach ihrem relativ gesehenen Un-Sinn und nach ihrem unbestreitbaren metrischen Kennzeichen, des ‚erinnernden' Reims." Orvieto: *non-senso* (1978), S. 203–18, S. 214.
121. Vgl. die Kategorien bei Orvieto: *non-senso* (1978), Verhulst: *Frottola* (1990) oder bei Russell: *Senso, nonsenso* (1982).
122. Vgl. Luisi: *Moti confecti* (1996), S. 146. Vgl. auch den Kommentar in der folgenden Anmerkung. Auf zeitgenössische Konzepte kann sich der Begriff Stil insofern stützen, als zur Zeit der Renaissance sowohl die Einkleidung von Gedanken (*exornatio*) als auch die individualistische Vorstellung der Inkarnation der Gedanken bzw. des Geistes (*incarnatio*) als Stil verstanden wurden. In Bezug auf die Musik wurde der Begriff erst ab der zweiten Hälfte des 16. Jahrhunderts angewendet.

für Petruccis Erfolg mit der Frottolenmusik eröffnet. Dass hinter Petruccis Titelgebung der *Libri di Frottole* auch kommerzielle Überlegungen standen, scheint bereits in der älteren Literatur unstrittig. So sah Nanie Bridgman in der Suggestion von Einfachheit und Popularität einen raffinierten Versuch, literarisch Gebildete für Neues zu gewinnen, „de frapper la curiosité de l'acheteur et de flatter le goût du lettré pour la langue de tous les jours et la chanson de rue",[123] auch wenn es genau genommen nicht wirklich um Lieder des Alltags und der Straße, sondern eben nur um deren höfische Nachahmung ging — ein entscheidender Unterschied. Ähnlich interpretierte auch Gustave Reese Petruccis Taktik vor einem verkaufsstrategischen Hintergrund: „The appeal to a larger audience is reflected in Petruccis's departing from custom by providing solutions to verbal canons."[124] In diesem Sinn waren die ersten Frottolendrucke Marksteine für die im weiteren Verlauf des Jahrhunderts so erfolgreiche Verbreitung weltlicher Musik.

Doch betrachtet man Petruccis Verkaufstaktik als einen gezielten Zugriff auf die Konnotationen der literarischen Tradition, scheint sein Erfolg noch schlüssiger: Der Name Frottola eröffnete eine quasi unbegrenzte Offenheit in der Auswahl von Vertonungen, solange sie in italienischer Sprache waren, dabei zugleich ein vereinheitlichendes griffiges Motto, das allein durch das *volgare*, dann aber auch in seinen Gehalten in reizvollem Kontrast zu den höher konnotierten Gattungen und damit auch zu Petruccis ersten Publikationen stand — ohne dass er damit auf eine spezifische Qualität von Poesie und Musik hätte verzichten müssen.

Der Frottolenbegriff ist damit in sein Recht zu setzen, auch wenn die verwirrende Doppelbedeutung des Begriffs immer wieder Anlass zu Diskussionen gab, wird doch der Frottolenbegriff zum Einen als Synonym für die bestimmte Versform der Barzelletta verwendet, zum anderen eben aber auch als Sammelzeichnung für verschiedenste Versformen, so wie es die literarische Tradition des *motus confectus* vorgibt.

Zeitweise scheint diese mangelnde Präzision in der Namensgebung auch für Petrucci selbst problematisch geworden zu sein. So gab Nino Pirrotta kritisch zu bedenken, dass der Verleger im Titel des vierten Buchs von dem übergeordneten Begriff der Frottola Abstand nahm, um eine differenziertere Bezeichnung für seine Sammlung von Vertonungen zu wählen: *Strambotti, Ode, Frottole, Sonetti. Et modo de cantar versi latini e capituli. Libro quarto*.[125] Dies tat er vermutlich, um die Neuerung dieses Bandes gegenüber den drei vorausgehenden zu veranschaulichen: An erster Stelle standen jetzt Strambotti, also ältere, ihrerseits übrigens ebenfalls in Form und Charakter verschiedene Versformen, die bis dato nicht in den Sammlungen vertreten gewesen waren.

Auch andere Verleger übernahmen diese Differenzierung zeitweise, wenn auch nicht konsequent,[126] doch letztlich kam Petrucci, wie auch sein Kollege Andrea Antico, wieder auf die

---

123. „die Neugier des Käufers zu gewinnen und dem literarischen Geschmack des Gebildeten dahingehend zu schmeicheln, dass er sich für die Sprache des Alltags und des Straßenlieds interessiert". Bridgman: *Quattrocento* (1964), S. 152.
124. Reese: *Music Renaissance* (1954–1959), S. 154.
125. Frottole Pe. IV (1505); Vgl. Pirrotta: *Before Madrigal* (1994). Er betonte hier, wie unwohl ihm stets gewesen sei, den Frottolenbegriff pauschal auf „all the Italian musical genres preceding the madrigal" angewendet zu sehen, und führt in diesem Zusammenhang eben auch den Titel von Petruccis viertem Buch an. Ebd., S. 237.
126. So lauten Liederbücher Andrea Anticos *Canzoni. Sonetti. Strambotti et Frottole*, und Sammlungstitel seiner Kollegen Jacobus Pasotus und Valerius Dorich oder Jacomo Mazochio in Rom sowie solche von Jacobus Sambonettus in Siena oder Giovanni Antonio de Caneto in Napoli entsprechen diesen. Durchgehend einheitlich ist aber auch Antico nicht in der Titelwahl, wie etwa die pauschale Bezeichnung „Canzoni nove etc." seiner ersten Sammlung zeigt. Vgl. Ant. Canzoni I (1510). Antico gab aber seiner ersten Liedsammlung den pauschalen Titel *Canzoni nove*. Es liegt die

ursprüngliche Sammelbezeichnung *Libri di Frottole* zurück (Petrucci ab dem fünften Buch, Antico mit der Neuauflage seines dritten Buchs, *Frottole libro tertio*, und mit dem ersten Orgeltabulaturdruck des Repertoires *Frottole intabulate da sonare organi*, beide von (bzw. um) 1517).[127] Dies zeigt, dass Petruccis Titelsetzung das Feld an Sammlungen zwar nicht systematisch, aber doch nachhaltig bestimmte.

Es ist der Zusammenhang zur literarischen Tradition, der den Frottolenbegriff letztlich auch aus heutiger Perspektive vor attraktiven Alternativvorschlägen zur Bündelung des entsprechenden Repertoires bestehen lässt: Wenn Claudio Gallico alternativ von „musica cortegiana" bzw. „musica cortese" gesprochen hat,[128] birgt dies zwar den Vorteil, die Musik über die Betonung ihres höfischen Charakters vor den Abwertungen zu schützen, die über das noch heute gültige Wortverständnis von Frottolen als einem unbedeutenden Geschwätz oder einer Lüge an sie herangetragen werden. Francesco Luisis Vorschlag, die spätere Entwicklung durch den Begriff der „canzone vocale" zu differenzieren, wird der deutlichen Veränderung des literarischen und musikalischen Geschmacks ab dem zweiten Jahrzehnt des 16. Jahrhunderts gerecht und bringt darüber hinaus die Verbindung des Repertoires mit der weiteren Entwicklung weltlicher Musikgattungen im Madrigal und in den populärer wirkenden Villotten- und Villanellensammlungen zum Ausdruck, aber der Begriff wirkt pleonastisch und rechtfertigt sich erst aus der späteren Entwicklung der — wie der Name eben sagt — ursprünglich gesungenen Canzone zur Instrumentalkanzone.[129] Ein weiteres Manko auch dieses Terminus ist, dass er die literarischen Hintergründe der Lieder nicht thematisiert.

Wenn also in der vorliegenden Untersuchung der Begriff Frottola verwendet wird, dann geschieht dies sehr bewusst sowohl in Bezug auf die oben kurz skizzierte literarische Tradition *und* darauf, wie er für Sammlungen musikalischer Werke benutzt wurde. Es ist damit das Anliegen der folgenden Betrachtungen, das Phänomen Frottola als Kunstform vorzustellen, die sich durch eine spezielle Weise des musikalischen Umgangs mit literarischen Formen auszeichnet.

Vermutung nahe, dass Antico mit diesem allgemeinen Titel vor allem darüber hinwegtäuschen wollte, dass er einen Großteil der Sammlung direkt aus Petruccis ersten Büchern übernommen hatte. (Dies macht er dann an zweiter Stelle des Titels kenntlich: *Canzoni nove con alcune scelte di varii libri di canto*).

127. Ant. Frottole III (1517?)²; Int. Org. Antico (1517).

128. Gallico hat den Begriff der Frottola als historische Gegebenheit stets verwendet, dabei stets seine Distanz diesem gegenüber explizit (durch das Setzen von Anführungsstrichen) oder implizit zu verstehen gegeben (so z. B. wenn er von der „produzione melica e musicale italiana di marca rinascimentale" spricht, „che i manuali definiscono ,la frottola'", der „italienischen dichterischen und musikalischen Produktion", die die Handbücher ,Frottola' nennen"). In: „Alcuni canti di traditione popolare dal repertorio rinascimentale italiano" (1987). In: Gallico: *Sopra Verita* (2001), S. 303). Erst in späteren Texten hat er diesen durch den Begriff der „musica cortegiana" (Ebd., S. 428) oder der „rimeria e musica cortese" ergänzt, so auch in der Einleitung zu seinem zuletzt erschienenen Buch: „quel ricco insieme di programmi poetico-musicali che, autorizzati dal principe degli editori di musica Ottaviano Petrucci, chiamiamo generalmente ,frottole': rimeria e musica cortese italiana fra Quattrocento e Cinquecento". („Welch reiches Ensemble von dichterisch-musikalischen Programmen, die wir, durch den Hauptmusikverleger Ottaviano Petrucci autorisiert, im Allgemeinen ,Frottolen' nennen: Italienische Hofreime und -musik zwischen 15. und 16. Jahrhundert." Gallico: *Rimeria* (1996), S. 10. Demgegenüber plädierte z. B. Wolfgang Osthoff für die Verwendung des Begriffs. Vgl. Osthoff: *Theatergesang* (1969), S. 124.

129. Im Vordergrund der Bezeichnung „Canzone vocale" steht die Singbarkeit aller Stimmen, die in Sammlungen der späteren 1520er Jahre, parallel zur abnehmenden Mode der typisch halbinstrumentalen Frottolen zunimmt. Ein Beispiel für den Übergang zur „canzone vocale" diskutiert Luisi am venezianischen Manuskript Torr. Ms. B. 32 in Luisi: *fonte canzone* (1986).

4. 2. 4 Ökonomie und Variabilität I — Bedingungen der Musikalisierung

„Die Liebe der Wiederholung ist / in Wahrheit die einzig glückliche."
Constantin in Sören Kierkegaard, *Die Wiederholung*.

Vor dem Hintergrund der literarischen Tradition soll in der Folge die Etablierung musikalischer *Libri di Frottole* und ihrer Vertonungspraktiken als eine gattungsspezifische Lösung der Aufgabe dargestellt werden, die für die Dichtungen typische Redehaltung, den ungebremsten Sprechdrang, nun auf musikalische Weise möglichst konsequent zum Ausdruck zu bringen. Veränderungen einer vertonten Frottola gegenüber ihrer textlichen Vorlage erweisen sich dabei zumeist mehr als pragmatische Zugeständnisse an das Medium Musik, wo die Länge der Dichtungen überschaubar und die Metrik regelmäßig genug sein müssen, wenn sie für strophische Formen genutzt werden sollen. Denn Einfachheit, Variabilität und Kombinierbarkeit der Formen sind zudem höchst geeignete Qualitäten, wo Rededrang und Redefülle musikalisch umzusetzen sind.

In der Musik selbst bietet sich eine Möglichkeit für die Lösung des Problems, wie Rededrang zum Ausdruck gebracht wird, ohne dafür auf das gleiche Maß an Fülle und Variabilität von Strophen und Reimformen zurückgreifen zu können, das die literarische Frottola auszeichnet. Vielfalt besteht zwar bereits auf der poetischen Ebene, da verschiedene Gedichtformen, von der Oda bis zur Canzone, vertont werden. Doch den eigentlichen Ersatz für das, was im Hinblick auf eine Vertonung auf poetischer Ebene an Quantität und Verspieltheit der Rede zwangsläufig verlorengeht, leistet das Wiederholungsprinzip, und dies in mindestens zweierlei Hinsicht. Das Vertonen in Stropheneinheiten sorgt für den Eindruck einer Reihung, bei Versformen mit Refrain auch den eines Kreisens — Bewegungsformen, die beliebig fortsetzbar scheinen. Sie haben ihren Reiz zum einen in dem Sog, der durch das regelmäßige Aufeinanderfolgen von Gleichem oder Ähnlichem entsteht, zum anderen aber auch gerade in einem subtilen Spiel mit Abweichungen von sich einstellenden Erwartungen. Darüber hinaus sorgt das Wiederholungsprinzip für satztechnische Ökonomie und Variabilität: Oft sind die musikalischen Mittel eines Satzes auf wenige Grundbausteine reduzierbar, die in gleichen und ähnlichen Phrasen zusammengesetzt werden. Dabei entsteht eine Fülle an relativ kurzen Sätzen in der Bandbreite zwischen stereotypen Modellen melodisch-rhythmischer Bausteine und deren austauschbaren Begleitstimmen auf der einen Seite, und auf der anderen Seite solchen Sätzen, bei denen die Zusammensetzung dieser kleinsten musikalischen Einheiten in erstaunlicher Subtilität die Rhetorik der zu vertonenden *poesia per musica* hervortreten lässt.

Für die Frottola generell typisch ist die Melodieführung durch den Cantus, dem ein Begleitsatz aus den Unterstimmen Alt, Tenor und Bass gegenübersteht. Unter ihnen stellt der Bass in der Regel die zweitwichtigste Stimme nach der Oberstimme dar, der sich in Parallel- und Gegenbewegungen in einfachen Sprüngen an dem Cantus orientiert. Tenor und Alt füllen den durch Cantus und Bass gesetzten Rahmen mit frei polyphonen, rhythmisch bewegteren Linien oder aber in Homophonie zum Cantus aus. Die Dominanz der zwei Außenstimmen stellt dabei durchaus eine Innovation dar, wenn nicht gar einen Affront gegenüber der kontrapunktischen Tradition des 15. Jahrhunderts, in der der drei- und vierstimmige Satz von einem Gerüst aus Superius *und Tenor* ausging.[130]

Allein die instrumentale Praxis der üblichen Lautenbegleitung fördert das akkordische und klangbezogene Moment der Frottolensätze. Ihre Mehrstimmigkeit ist nicht mehr vorrangig aus der

---

130. Zum weiteren kompositionspraktischen und -theoretischen Hintergrund der Frottolen vgl. Kap. 4. 3. 1.

horizontalen Perspektive von Stimmverläufen zu erklären, die über kontrapunktische Konsonanzregeln konstruiert sind, sondern sie ist ebenso Ergebnis einfacher Klangfortschreitungsmodelle, die dreiklangsbestimmte Abfolgen von Akkorden regeln und damit die traditionelle Kontrapunktpraxis erweitern. Es wird später ausführlicher zu diskutieren sein, in welchem theoretischen Kontext die entsprechenden kompositorischen Setzweisen einzuordnen sind, bevor die Satzverfahren und ihre verschiedentlichen Ausarbeitungen dargestellt werden.[131]

Den Frottolensätzen ist das Repertoire an oberitalienischen Lauden verblüffend ähnlich, das sich zeitlich analog, Ende des 15. Jahrhunderts und in den ersten Jahren des 16. Jahrhunderts, im Veneto herausbildete. Die geistlichen Lieder im volgare, die ursprünglich einstimmig überliefert wurden, waren ab dem Trecento v. a. in Kontrafakturpraxis oder aber im 15. Jahrhundert auch durch einfachste zwei- und dreistimmige Sätze musiziert worden, die Ausdruck einer Praxis unter musikalisch nicht speziell ausgebildeten Mönchen waren. Parallel zum Frottolenrepertoire entwickelte sich dann jedoch auch ein Repertoire an vierstimmigen Lauden, das sich u. a. in zwei Petrucci-Sammlungen von 1507 und 1508 niederschlug. Textliche, musikalische und personelle Parallelen zu den gleichzeitig erschienenen Frottolenbüchern sind offensichtlich. Allein im zweiten Laudenbuch Petruccis stammen achtzehn Lauden aus Mantua, davon zehn von Tromboncino, drei von Cara und eine Lauda von beiden Komponisten. Allerdings sind auch stilistische Unterschiede auffällig, die für ein eigenes, von der Frottola unabhängiges kompositorisches Profil sprechen, eine meist noch einfachere homophone Setzweise, die Komposition eines durchgehenden feierlichen Tons und eine entsprechende Nachlässigkeit bei der Vertonung von Textdetails oder -stimmungen.[132]

In der Frottola walten Ökonomie und Variabilität bereits auf aufführungspraktischer Ebene. Dass der Sologesang der Oberstimme im Zentrum des Geschehens steht, zeigt sich im Satzgefüge darin, dass in der Regel nur der Cantus vollständig mit Text unterlegt ist, Unter- und Mittelstimmen höchstens über Textmarken verfügen, und darin, dass die Mittelstimmen oft unkantabel gestaltet sind. Der Sänger selbst konnte die anderen Stimmen auf der Laute spielen oder aber die Unterstimmen einem anderen Musiker überlassen, der sie auf der Laute, der Viola oder Lira musizierte.[133] Im Sinne dieser Praktiken werden die beiden führenden Frottolisten Bartolomeo Tromboncino und Marchetto Cara in Pietro Aarons Traktat *Il Lucidario in musica* als *cantari al liuto* bezeichnet und damit von den *cantori al libro* unterschieden, den gebildeteren Musikern, die oft kirchlichen Hintergrund hatten und anspruchsvollere Gattungen pflegten.[134]

In der Praxis konnte die Altstimme oft bedenkenlos weggelassen werden. Bezeichnend für die Nachrangigkeit der Altstimme ist ein Brief eines Kantors aus Mantua namens Bernardino d'Urbino vom 24. Mai 1494 an Isabella d'Este Gonzaga. Der Bitte der Fürstin nach neuen Gesängen, nach

---

131. Vgl. Kap. 4. 3. 2.
132. Jeppesen: Lauda um 1500 (1971), Revisionsbericht S. LXV–LXX. Vgl. Finscher in Musik 15./16. Jhd. S. 456. Zur Lauda dieses Zeitraums vgl. Prizer: *Laude* (1993); Francesco Luisi: „L'espressione musicale della devozione popolare". In: Storia Musica europea (2004), v. a. S. 168–70. Vgl. auch Meine: Vergine bella (2007).
133. Für die Jahrzehnte unmittelbar vor der Frottola ist zudem die Praxis belegt, dass sich namhafte Lautenisten durch einen sogenannten Tenorista begleiten ließen, der auf einer Viola, Lira oder einer zweiten Laute die Tenorstimme übernahm, um dem Lautenisten mehr Spielraum zu verschaffen. Dazu konnte auch solistisch oder im Duo gesungen werden. Diese Praktiken sind am Ferrareser Hof zur Zeit des namhaften Lautenvirtuosen Pietrobono belegt. Vgl. Pietro Prosser: „Pietro Bono de Burzellis". In: *MGG* (2), Personenteil 13, Kassel etc. 2005, Sp. 573–74 und Luisi: *Contributi* (1990). In letzterem Beitrag zeigt Luisi musikalische Praktiken auf, die Pietrobono und seine Kollegen von einer Neapelreise nach Ferrara mitbrachten, wozu auch das Singen im Duo zu einem variablen Instrumentarium gehörte.
134. Aaron: Lucidario, fol. 31r–v. Der *Lucidario* ist 1545 gedruckt, baut aber auf einer älteren Praxis auf.

„canti novi", kam er u. a. mit einem Lied nach, das damals in Rom beliebt war. Er kommentiert dazu, dass er es nach dem Gehör aufgeschrieben und selbst mit Konsonanzen gefüllt habe; die Altstimme aber habe jemand anders gesetzt: „la mando, benchè io l'abbia tolta e notata per udirla dire, e poi li ho gionto quelle consonante; ma el contralto l'à facto uno che havemo qui".[135] Wäre diese Stimme für den Satz wichtig gewesen, hätte er sich sicher selbst vorbehalten, sie hinzuzufügen. Wie entbehrlich der Alt in Frottolen sein kann, zeigt sich z. B. in den vier- und dreistimmigen Versionen der Barzelletten-Vertonung „Sotto un verde e alto cipresso" („Unter einer grünen und hohen Zypresse") von Antonio Caprioli (Vgl. Bsp. 80, S. 348–49). In dem Strambotto „Mentre uno acceso raggio ha in sé l'ardore" hört die Altstimme bereits neun Breven vor Schluss auf und belegt damit, wie unwesentlich sie für die Funktionalität des Satzes ist.[136]

Auf versteckte Weise sind viele Frottolensätze somit dreistimmig, auch wenn in den überwiegenden Quellen Vierstimmigkeit suggeriert wird.[137] Der Blick auf solch unterschiedliche Versionen eines Satzes öffnet zugleich den Blick für mögliche Divergenzen zwischen der notierten Musik und der tatsächlichen Aufführungspraxis. Wenn hier und im Folgenden von Sätzen ausgegangen wird, die schriftlich tradiert sind, ist dabei stets zu bedenken, dass diese nicht unbedingt als ein direkter Spiegel der Praxis entstanden sein müssen, sondern auch kodifizierte Idealformen darstellen können, die im Zuge der neuen technischen Möglichkeiten des Drucks, aber auch als handschriftliche Niederschriften Teil von Erinnerungsprozessen sind, für die der Eindruck von Einheitlichkeit wichtig war, auch wenn er nicht der Praxis entsprochen haben mag.[138] Unter der Prämisse, dass jede historische Untersuchung letzlich nur eine subjektive, ausschnitthafte Rekonstruktion vergangener Praktiken sein kann, scheint der überlieferte Textkorpus der Frottola in seiner Heterogenität an musikalischen Sätzen gleichwohl eine akzeptable Untersuchungsgrundlage des zeitgenössischen Gattungsprofils.

Der Tenor konnte dabei ebenso führende Stimme des Satzes sein, wie sich z. B. in Giovanni Battista Zessos Satz des volkssprachigen Liedes „D'un bel matin" („Eines schönen Morgens", vgl. Bsp. 73, S. 333) zeigt; er konnte dabei in eine homorhythmisch Satzgestaltung integriert sein, bei der alle Stimmen vokal gestaltet wurden. Andere homorhythmische Sätze, in denen allen Stimmen mühelos Text unterlegt werden kann, sind ein weiteres Relikt aus der Tradition der Dichtermusiker des 15. Jahrhunderts,[139] woran z. B. der Strambotto „Ti par gran meraviglia" erinnert („Es scheint dir ein großes Wunder", Bsp. 6, S. 215). Denkbar ist letztlich auch, dass die gesamte Frottola instrumental musiziert wurde, wenn das instrumentale Können eines Musikers im Vordergrund stand.

Wie sparsam ein typisch frottolesker Melodieverlauf angelegt ist, zeigt sich exemplarisch am Cantus von Marchetto Caras Barzelletta „Io non compro più speranza" (Bsp. 7, S. 216). Dem generellen syllabischen Vertonungsprinzips folgend, hängt die Länge der einzelnen melodischen Einheit von der Länge des zu vertonenden Verses ab. Die Achtsilbler des Gedichts werden hier jeweils in Einheiten von sechs Semibreven bzw. drei Takten innerhalb eines binären Metrums vertont, die den

---

[135]. „Ich schicke es [Ihnen], obwohl ich es vom Hörensagen her herausgehört und notiert habe und ihm dann Konsonanzen hinzugefügt habe. Aber den Alt hat einer gemacht, der hier war." Zit. nach Luzio/Renier: *Mantova e Urbino* (1893), S. 84, Anm. 1. Die Quelle ist ebenso bei Torrefranca: *Segreto* (1939), S. 320 und bei Osthoff: *Theatergesang* (1969), S. 157 zitiert.

[136]. Ms, London, British Library, cod. Egerton 3051, fol. 8v–9r.; La Face Bianconi/Rossi: *Rime* (1999) Nr. XIV, S. 227–29.

[137]. Vgl. Finscher in Musik 15./16.Jhd., S. 452, La Face Bianconi: *F. 9. 9* (1990), S. 162–63 und Osthoff: *Theatergesang* (1969), S. 157.

[138]. Vgl. dazu auch Osthoff: *Theatergesang* (1969), S. 158 und das Kap. 4. 1. 1.

[139]. Prizer: *Performance* (1975), S. 230.

Bsp. 6: Niccolò Pifaro, *Ti par gran meraviglia*

Verlauf des Gesangs strukturieren. Abweichend davon ergeht sich der Cantus in der Coda in einem längeren Melisma, das für eine Entspannung des Rhythmus, eine Weitung der Melodik und damit für einen Stimmungsausgleich sorgt. In der Barzelletta sind Melismen Besonderheiten, während sie in der Versform des Strambotto regelmäßig vorkommen, mit einem meditativeren Tonfall einhergehen und damit einen Gegenpol zu dem Gros an *poesie per musica* schaffen, in dem eine durchgehende Syllabik mit einem leichten Tonfall einhergeht. In der melodischen Gestaltung von „Io non compro […]" kommt der Cantus bis zur besagten Coda mit einem Vorrat aus nur fünf Tonstufen von a' bis d (mit f' und fis') aus. In der Vertonung des ersten Verses beginnt die Linie schrittweise absteigend über nur drei Töne (a' bis fis'), in der zweiten Linie werden alle sechs Töne nun in Sekunden und in Terzen auf- und abgeführt. Nur noch die folgende dritte melodische Einheit bringt einen weiteren neuen Gestus, der dabei gleichwohl Parallelen mit dem Beginn aufweist. Zu diesem dritten Vers beginnt der Cantus mit einer schrittweisen Auf- und Abwärtsbewegung (T. 7–9 und 11–13), um dann mit einer Variante aus den ersten drei melodischen Phrasen die Vertonung der Ripresa im Folgevers abzuschließen: Wie zu Beginn des Satzes wird mit einer Abwärtsgeste von a' aus angesetzt, doch folgt dann eine Variante aus der dritten Phrase mit offener Schlusswendung aufwärts (T. 18f.). Mit diesen drei melodischen Einheiten ist der musikalische Grundstock dieser Barzelletta gebildet, für deren Wechsel aus Ripresa, Refrain und Strophen die einzelnen Phrasen oft wiederholt werden müssen. Das vergleichsweise komplizierte Wiederholungsprinzip der Barzelletta[140] erfordert von den Ausführenden einige Konzentration und suggeriert dem Hörer den Eindruck eines Kreisens,

---

140. Vgl. den Abschnitt Refrainlose Formen — Oda, Capitolo, Sonetto und Strambotto, Canzone und Madrigal in Kap. 4.2.7.

fordert ihm im Wechsel von Refrain und Strophen zugleich aber auch eine erhöhte Aufmerksamkeit auf die in den Strophen dargestellte Rede ab. Und zweifellos darf man sich vorstellen, dass die Musiker die Gelegenheiten des improvisierten Variierens ausgenutzt haben werden, selbst wenn die überlieferten Quellen davon nur wenig erahnen lassen.

Bsp. 7: Marchetto Cara, *Io non compro piu speranza*

Reim-, Gedichtform und Poesia zu Bsp. 7

A	Ripresa	Io non compro più speranza	Ich kaufe keine Hoffnung mehr,
B		Che glie cara mercantia.	Die so teure Ware ist.
B		A dar sol atendo via	Ich will ja nur noch das Wenige,
A		Quella pocha che m' avanza	das mir bleibt, loswerden.
C	Strophe 1:	Cara un tempo la comprai	Teuer kaufte ich sie einst,
D	Piedi/Mutazione	Hor la vendo a bon mercato	Jetzt verkaufe ich sie billig;
C		E consiglio ben che mai	Und rate mehr denn je,
D		Non ne compri un sventurato	dass sich ein Unglücklicher keine kaufen soll.
D	Volta	Ma più presto in el suo stato	Er soll lieber unbeirrt
A		Se ne resti con constanza.	in seinem Zustand verweilen.
E	Strophe 2:	El sperare è come el sogno	Das Hoffen ist wie der Traum,
F	Piedi/Mutazione	Che per più riesce in nulla	der meist in Nichts zerfällt.
E		El sperar è proprio il bisogno	Das Hoffen ist das Bedürfnis selbst
F		De chi al vento si trastulla	Dessen, der sich im Wind die Zeit vertreibt.
E		El sperar sovente a nulla	Das Hoffen [bringt] häufig dem nichts,
A		Chi continua la sua danza.	Der seinen Tanz fort führt.

Dass die oft gehörte Abfolge von Versen aus einfachstem melodischem Material zwar eingängig, aber nicht eintönig wirkt, ist der rhythmischen Finesse zu verdanken, die ebenso typisch für Frottolen ist. Die meisten Sätze sind in einem binären Rhythmus innerhalb einer zweiteiligen Mensur vertont, in dem allerdings oft mit ternären, hemiolenartigen oder synkopischen Rhythmen gespielt wird. Ein beliebtes Modell besteht darin, einen anakreontischen Rhythmus zu verwenden, der mit dem Wechsel von kleinem und großem Dreierrhythmus spielt. In „Io non compro piu speranza" (Bsp. 7) wird dabei eine Phrase binär begonnen, in einen ternären Rhythmus übergeleitet, um dann wieder regelmäßig im Zweierrhythmus auf weiblicher Kadenz zu enden, wie z. B. auch in „Poi ch'amor con dritta fe'" („Da Amor mit rechtem Glauben") (Bsp. 8).[141] Womöglich ist die Beliebtheit des tänzerischen anakreontischen Rhythmus', der dann ab dem Ende des 16. Jahrhunderts große Beliebtheit erlangte, humanistisch erklärbar.[142]

Bsp. 8: Anon., *Poi ch'amor con dritta fe*

Bsp. 9: Tromboncino, *Poi che l'alma*

Ähnlich werden auch Synkopierungen zur rhythmischen Belebung eingesetzt: In Caras „Amerò, non amerò" (Bsp. 10, S. 218–19, T. 1–6) wird zum ersten Wort „Amerò" ein gerader Rhythmus vorgestellt (Minima, Minima, Semibrevis) und für die folgende Verneinung synkopisch abgewandelt (Minima, Semibrevis, Minima), bevor die folgende Phrase dann synkopenlos verläuft.[143]

Dass Ähnliches auch innerhalb eines ternären Rhythmus funktioniert, zeigt sich in der anonymen Barzelletta „Quasi sempre avanti dì" (Vgl. Bsp. 76, S. 339-41). Innerhalb eines geraden Metrums verlaufen die ersten Phrasen synkopisch, bevor sich die Bewegung in eine tonmalerische Imitation des Kuckucksrufs in einem Dreierrhythmus auflöst. Nicht zuletzt gibt es auch Sätze, in denen binäre und ternäre Rhythmen wechseln. In dem Barzellettenpaar „Che faralla, che diralla" und dessen „Antwort"

---

141. Der anakreontische Rhythmus ist eine Permutation des ionischen Dimeters bzw. aus diesem entstanden. In diesem Sinn ist z. B. Tromboncinos Barzelletta „Poi che l'alma […]" (Bsp. 9) als Variante der Frottola „Poi ch'amor con dritta fe" (Bsp. 8) zu verstehen. Nicht nur wird hier auf sprachlicher Ebene die andere Frottola variiert, wie es so oft in Petruccis ersten Sammlungen geschieht (— in den ersten drei Büchern sind es neun Sätze, die mit „Poi che […]" beginnen —), sondern es wird auch mit dem gleichen rhythmischen Muster gespielt, nun aber eben ohne die hemiolische Variation des anakreontischen Rhythmus. Damit die Rhythmik hier dennoch nicht fad wirkt, folgt eine rhythmische Belebung in der folgenden zweiten Phrase.
142. Ein bekanntes Beispiel für die Verwendung dieses Rhythmus ist Monteverdis Aria „Ecco pur ch' a voi ritorno" aus dem ersten Akt von „L'Orfeo".
143. Oder in der Barzelletta „Se me è grato el tuo tornare" (Wenn mir deine Rückkehr lieb ist", Bsp. 11, S. 219) wird der repetitive Anfangsrhythmus (3 Minimen) in den ersten beiden Phrasen durch verschiedene synkopische Längungen variiert: einmal folgt eine punktierte Minima auf vier Semiminimen (T. 2), einmal wird wieder ein anakreontischer Rhythmus verwendet, wenn der rhythmische Fluss durch zwei Längungen auf unbetonten Zeiten unterbrochen wird (punktierte Minima mit folgender Brevis auf unbetonter Zählzeit in T. 4–5).

Bsp. 10: Marchetto Cara, *Amerò, non amerò*

Bsp. 11: Philippus de Lurano, *Se me (è) grato il tuo tornare*

„Uscirallo, resterallo" gibt es jeweils zwei Metren: Die Sätze beginnen mit einer Ripresa in einem synkopenreichen Dreier- oder Zweiermetrum, das sich im ersten Strophenteil, der Mutazione, in einen regelmäßigen, tänzerischen ternären Rhythmus löst, bevor im zweiten Strophenteil, der Volta, wieder ein synkopenreicher Rhythmus, nun in einem binären Metrum folgt (vgl. Bspe. 32 und 33, S. 248–51).

Solche Frottolenpaare, in denen der Bezug zueinander auf textformaler, musikalischer und semantischer Ebene ausgearbeitet ist, bleiben in den Sammlungen Besonderheiten. Häufig begegnen jedoch Referenzen auf vorherige Vertonungen, die meist von der Poesie aus gehen. So schlägt Cara mit „Hor venduto ho la speranza" (Bsp. 12, S. 220) eine Brücke zu seiner Vertonung „Io non compro la speranza" (vgl. Bsp. 7, S. 216), die beide in unmittelbarer Nähe in Petruccis erstem Buch veröffentlicht sind. Zum einen ist der rhythmische Aufbau des Kopfverses ähnlich, bei dem am Ende eines trochäischen Achtsilblers das Wort „speranza" steht, darüber hinaus wird in vergleichbaren Aussagen eines Ich mit dem Bild der Käuflichkeit von Hoffnung gespielt. Musikalisch sind beides typische Barzellettavertonungen, an denen keine spezifischen Bezüge zueinander auffallen. Allein Cara hat noch zwei weitere Frottolen mit einem ähnlichen Kopfvers vertont, die wiederum in anakreontischem Rhythmus auf dem Wort „speranza" schließen: „Fugitiva mia speranza" und „Se non fusse la speranza". An Frottolen mit einem Beginn in einem vergleichbaren Rhythmus, die die gegensätzlichen Konnotationen der Hoffnung aufgreifen, finden sich allein weitere acht Beispiele in Petruccis Sammlungen.[144]

144. „Fuggitiva mia speranza" in Frottole Pe. III (1505), fol. 37v–39 Se non fusse la speranza" in Frottole Pe. VIII (1507), fol. 47v–49r. Desweiteren „Che si pasce di speranza" in Frottole Pe. III (1505), Ebd., fol. 57v–58r.; „Ritornata è la

Bsp. 12: Marchetto Cara, *Hor venduto ho la speranza*

Hor venduto ho la speranza	Nun habe ich die Hoffnung verkauft,
Che si cara gia comprai	Die ich einst zu teuer kaufte.
E se ben ne ho perso assai	Und so viel, wie ich dabei verloren habe,
Patientia che le usanza	Braucht es Geduld mit ihr,
Pazienza che le usanza	Braucht es Geduld mit ihr,
Mercantia vol ventura	Handel braucht das Abenteuer,
Io fu in questa sventurato	Und ich war dabei das Opfer
Forsi mo porro piu cura	Vielleicht steck' ich meine Mühe lieber
In ogni altro mio mercato	In ein anderes Geschäft.
Ogni debito ho pagato	Jede Schuld habe ich bezahlt,
E ancor credito mavanza.	Und bin noch immer im Kredit.
Sol col credito chio ho anchora	Mit dem Kredit, der mir bleibt,
Più mi accade far contratto	Kann ich keinen Vertrag mehr machen.
Da speranza sempre infora	Immer noch ohne jede Hoffnung
Dogni cosa vero a patto	War jede Sache abgemacht,
Stato el mal mio per un tratto	Mein Übel war für kurze Zeit,
Più appetito che ignoranza	Dass die Lust größer war als das Unwissen.
Hor venduto ho la speranza etc.	Nun habe ich die Hoffnung verkauft etc.
O insenati ciechi amanti	O dumme, blinde Liebhaber,
Voi che sempre stati sete	Die ihr immer durstig seid,
Di speranza gran mercanti	Große Händler der Hoffnung.
Al consiglio mio attendete	Hört meinen Rat und
In speranza non spendete	Lasst das Zahlen für die Hoffnung,
Che de inganno e propria stanza	Die ein wahrer Raum der Täuschung ist.
Hor venduto ho la speranza etc	Nun habe ich die Hoffnung verkauft etc
Questi falsi desleali	Diese falschen, untreuen
Risi lachryme parole	Lacher, Tränen, Worte,
Dolci sguardi non sensali	Süße, nicht gefühlte Blicke
De chi speme vender sole	Von denen, die Hoffnung verkaufen.
Hor ne compri mo chi vole	Doch kaufe doch wer will,
Chio per me compro constanza	Ich für mich kaufe [nur noch] Stetigkeit.
Hor venduto ho la speranza etc.	Nun habe ich die Hoffnung verkauft etc.

Es ließe sich an fast jeder Frottola zeigen, dass ihre Melodik und ihre Rhythmik stets gleichermaßen auf Eingängigkeit und Abwechslungsreichtum angelegt sind und sie dabei der Struktur der *poesia per musica* folgt: „Der Text wird in Tönen vortragbar und in seiner formalen Struktur wahrnehmbar gemacht […]."[145] In der Regel ist dabei nicht von einer spezifischen Textausdeutung zu sprechen.

speranza", Frottole Pe. IV (1505?), fol. 5v–6r.; „Hor passata è la speranza" in Frottole Pe. V (1505), 6v–8r.; „Questo viver a speranza", in Frottole Pe. VI (1506), fol. 8v.; „Fori son d'ogni speranza" Ebd., fol. 14v–15r.; „Questa longa mia speranza" in Frottole Pe. VII (1507), fol. 29v–30r.; „Chi servir vol con speranza" in Frottole Pe. IX (1508), fol. 45v–46r. und eine weitere Frottola mit dem Kopfvers „Sel non fusse la speranza" in Frottole Pe. XI (1514), fol. 55v–56r. Antico hat eine weitere Version von „Che si pasce di speranza" veröffentlicht, Ant. Frottole III (1517?)², fol. 3v.–4r, die nicht der Frottola mit gleichlautendem Incipit in Petruccis III. Buch ähnelt, aber Caras „Io non compro […]" in der rhythmischen Gestaltung des Cantus nahe ist.

145. Schwindt: *Musikalische Lyrik* (2004), S. 181.

Doch sind die Sätze so angelegt, dass die Musik nicht nur eine unspezifische musikalisch-tänzerische Stimmung erzeugt, sondern auch konkrete Klangassoziationen zur zugrundeliegenden Dichtung zulässt. In Einzelfällen werden sogar Textmomemte oder die durch die Dichtung suggerierte Stimmung detailreich ausgedeutet.

Es sind daher in der Frottola verschiedene Ebenen der Beziehung von Sprache und Musik zu unterscheiden. Auf einer ersten Ebene trägt selbst ein stereotyper Frottolensatz zur Verständlichkeit des Textes bei, verbessert die Hörbarbeit der zugrundeliegenden Worte. Dazu kommt in den meisten Fällen eine Verstärkung des Textsinns durch die allgemeine rhythmische und melodische Anlage des Satzes. Das Verständnis der Poesie und ihre Ausdeutung durch die Hörerinnen und Hörer wird dadurch bereits gelenkt. So unterstreicht etwa der tänzerisch dynamische Ton von Caras „Io non compro più speranza" die in der Dichtung vermittelte Entschiedenheit des sprechenden Ich. Zugegebenermaßen würde dieselbe Musik auch auf viele andere Dichtungen der oft im Ausdruck verspielten, frechen Barzelletta zutreffen, aber dagegen z. B. nicht das Flehen von Caras „Pietà, cara signora" angemessen wiedergeben. Von den einzelnen Versformen geht eben oft ein bestimmter Ton aus, der sich in der Musik folgerichtig verstärkt, so dass man generell sagen kann, dass ein melancholisch-meditativer Ausdruck meist im Strambotto, selten aber in der Oda oder in der Barzelletta begegnet.

Auf einer weiteren Ebene begegnen in Frottolen konkrete illustrative Effekte einzelner Textmomente. So fällt in der Ballatavertonung „Occhi mei lassi, accompagnate il core" (Bsp. 13) von Ioannes Lulinus aus Petruccis elftem Buch die Illustration des Bildes vom fallenden Schmerz auf, bei der alle Stimmen imitatorisch abwärts geführt werden („ascende" in T. 22–24). Auch der Oktavsprung im Cantus zu den Worten „tu, mia voce" (T. 39) wird als Klangbild für die Distanz der Geliebten („tu") zum Ich („mia voce") gehört; und in der Coda schließlich wird durch Melismen das Bild der Seufzer und des Weinens suggeriert („sospiri", T. 42–43, „con pianto", T. 44–46). Es handelt sich dabei um einen der Sätze dieses Bandes, in dem Textunterlegungen für alle Stimmen vorgesehen sind, also eine vokale Mehrstimmigkeit angelegt ist, die hier durch die textausdeutenden Momente bereits madrigalesk wirkt.

Bsp. 13: Ioannes Lulinus Venetus, *Occhi mei lassi*

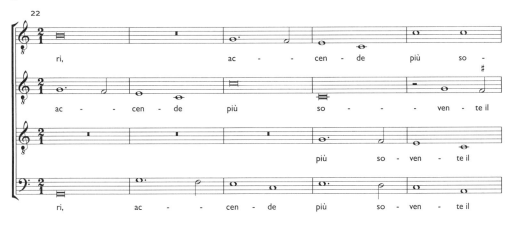

Teil 4

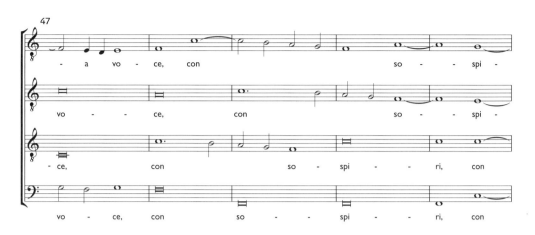

Occhi mei lassi, accompagnate il core
Con pianto, e tu, mia voce, con sospiri
Poi che madonna, sorda a' mei martyri,
Ascende più sovente il mio dolore.

Occhi mei lassi, accompagnate il core
Con pianto, e tu, mia voce, con sospiri.

Etc.

Meine müden Augen, begleitet das Herz
Mit Weinen, und du, meine Stimme, mit Seufzern,
Denn da meine Dame meinen Martern gegenüber taub ist,
Geht mein Schmerz häufiger nieder.

Meine müden Augen, begleitet das Herz
Mit Weinen, und du, meine Stimme, mit Seufzern.

Etc.

Teil 4

224

In früheren Sammlungen ist für Momente der Textassoziation besonders in Strambotto-Vertonungen Raum, die in der Rhythmik freier und weniger tänzerisch angelegt sind, wenngleich diese zwangsläufig zum ersten Paar der Ottava rima, nicht aber zu allen acht Versen des Gedichts passen müssen. So ist die imitierende Bewegung der nacheinander einsetzenden Unterstimmen zu Beginn von „Tu mi hai privato de riposo e pace" (Bsp. 14) als Illustration der inneren Erregung hörbar, die im ersten Vers ausgesprochen wird. Der Cantus von „Dal ciel discese amor" („Vom Himmel stieg Amor hinab") strahlt dagegen eine auffällige Ruhe aus über einer Linie aus langen Notenwerten auf gleicher Tonhöhe zu Beginn (Longa, Breven, Longa mit Fermate), der eine schrittweise Abwärtsbewegung folgt (Bsp. 15). Die Musik verstärkt somit die Metapher der himmlischen Sphäre Amors in diesem Kopfvers, auch wenn sie nicht auf die Poesie des gesamten Strambotto beziehbar ist.

Bsp. 14: Anon., *Tu m'hai privato de riposo e pace*

Bsp. 15: F.V., *Dal ciel descese amor*

Ähnlich wird auch die Vertonung des textverwandten Strambotto „Alme celeste, che riposo date" (Bsp. 16) gehört, in dem die ersten Takte das Bild der Erholung bringenden himmlischen Seelen vermitteln, zunächst durch den Cantus, der in den ersten, sich wiederholenden Tönen auf den Silben „Alme celes-te" Ruhe ausstrahlt. In solchen melodischen Linien, die dem Sänger Gestaltungsräume lassen, wird nachvollziehbar, dass die namhaftesten Frottolisten, Serafino dell'Aquila oder Marchetto Cara, auch für ihre sängerischen Vortragskünste berühmt waren.

Bsp. 16: Ludovico Milanese, *Alme celeste, che riposo date*

Teil 4

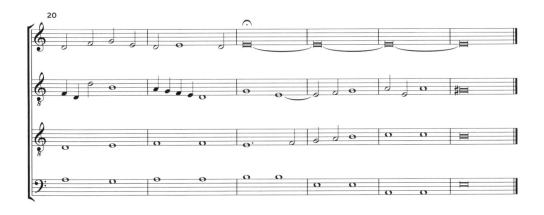

Alme celeste, che riposo date
Hoggi a ciascun che morto in pene iace,
etc.

Himmlische Seelen, die ihr heute jedem Erholung
Verschafft, der tot im Schmerz liegt,
etc.

Die strophische Form setzt der musikalischen Textausdeutung eine klare Grenze, legt aber auch ein anderes, pragmatisches Verfahren nahe, das in der Tat in Vertonungen aller Versformen vorzufinden ist: Demnach kann ein musikalisches Motto, das ein einzelnes Textmoment verstärkt, leitend für die gesamte Vertonung werden.

Die Struktur eines Gedichts kann eine solche Mottohaftigkeit auf einfache Weise betonen, wenn Riprese und Strophen stetig mit demselben Wort, derselben oder einer ähnlichen Phrase beginnen. Dies ist zum Beispiel in Caras Barzellettavertonung „Pieta, cara signora" der Fall (Bsp. 17). Die melodische Linie zu Beginn des Cantus zum Klageruf „Pieta" bleibt für den Beginn der Ripresa, des Refrains und aller folgenden Strophen gleich und deckt sich dabei mit der textlichen Wiederkehr von „Pieta" zu Beginn jedes dieser Gedichtabschnitte. Es ist die Gestaltungsspanne zwischen der kreisenden Wiederholung dieses musikalischen Lamentos und seiner sängerischen Ausgestaltung, für die die schlichte melodische Linie hier den nötigen Raum lässt, in der sich auch in dieser Frottola die Gleichzeitigkeit eines ökonomischen und doch nie zu vorhersehbaren Vorgehens zeigt.

Bsp. 17: Marchetto Cara, *Pieta, cara signora*

Wie in dem genannten Strambotto „Alme celeste" (Bsp. 16) genügen in vielen Sätzen wenige melodische und rhythmische Details, um dem Beginn des Satzes eine charakteristische Note zu verleihen und damit die Textausdeutung für den ganzen Satz zu lenken. In Caras „Amerò, non amero" (vgl. Bsp. 10, S. 218–19) reicht die synkopische Umkehrung des Anfangsrhythmus in der Oberstimme zu den Worten „*non* amerò", um dem Hörer deutlich zu machen, dass es in dieser Barzelletta um die Gegenüberstellung gegensätzlicher Haltungen geht, die sich in der Tat wie ein roter Faden durch das Stück zieht. In der Vertonung von „Forsi che si, forsi che no" (Bsp. 67, S. 317–18) desselben Komponisten werden auch die Unterstimmen bemüht, um das Schwanken des Ich zwischen „si" und „no" als musikalisches Motto darzustellen. Auf beide Sätze wird ausführlicher zurückzukommen sein.[146] In Einzelfällen geht die musikalische Textausdeutung damit über die Illustration eines konkreten Mottos hinaus; die Musik gibt vielmehr eine Deutung des zugrundeliegenden Textsinns insgesamt vor, wie ein roter Faden oder eine „idée fixe".

Über diese Möglichkeiten der textlich-musikalischen Beziehungen hinaus kommt es in Einzelfällen vor, dass bereits die Auswahl der Versform vom Textsinn her abgeleitet scheint, Textausdeutung also bereits auf der Ebene der Versform stattfindet, die dann durch die Musik verstärkt werden kann.

---

146. Vgl. Kap. 4. 4. 1. Die Vertonungen können auch auf einem musikalischen Soggetto bzw. Motto aufbauen, wenn diese keine textausdeutende Funktion übernehmen. So beginnt eine Strambotto-Vertonung von „Ahi lasso, a quante fier' la sete toglio"(Ms, Perugia, Bibl. Comunale Augusta, cod. 431, fol. 53v–54r, La Face Bianconi/Rossi: *Rime* (1999) Nr. Ib, S. 180–81) im Diskant mit einer Abfolge aus melodischen Elementen, die konstitutiv für den weiteren Verlauf sind: Zwei große Sekundschritte aufwärts von f'–a' zu dem Ausruf „Ahi lascio" münden in einer ersten Fermate (a). Entsprechend wird diese Bewegung wieder abwärts zum f geführt, dabei variiert durch repetierende Minimen auf dem Ton a' (b). Alle weiteren melodischen Elemente sind Variationen dieses Anfangs: Die melodische Erweiterung auf dem Melisma „toglio" (T. 5–8 der Transkription) beginnt wie zuvor das melodische Element b. Die Vertonung des zweiten Verses (ab zweiter Semibrevis von T. 8) kehrt die Reihenfolge von a und b um und variiert beide Elemente.

4. 2. 5 „Se Musica è la donna amata" —
Reden im Kommunikationssystem der höfischen Liebe

Die überwiegend dynamisch belebte Rhythmik der Frottola erzeugt den Eindruck einer Leichtigkeit, die nur scheinbar im Kontrast zur keineswegs immer heiteren Thematik der Dichtungen, der höfischen Liebe und den damit verbundenen Konflikten, steht. Für die Kultur höfischer Liebe gilt generell, dass es nicht um das Nachleben authentischer Gefühle und erotischer Situationen geht, wie es schon Johan Huizinga beschrieb,[147] sondern um ein Kommunikationssystem, das in Distanz zu menschlichen Realitäten besteht. Der Reiz der Kommunikation liegt darin, sich virtuos an die Pole der Erotik und deren Gegenteil, der Keuschheit, anzunähern, ohne diese Grenzen je zu berühren.[148] Die Verständigung geht dabei über das Thema der Liebe selbst hinaus. Für die öffentlichen Freiräume zwischen den Geschlechtern, die in der höfischen Gesellschaft des frühen 16. Jahrhunderts nur ansatzweise über Gesetze und Statuten festgeschrieben sind, bietet der Diskurs der höfischen Liebe Verhaltensmodelle für Hierarchien und Beziehungen. Zu den Regeln des Spiels gehört die Vorgabe, das Wahrnehmen des Schönen zur Erlangung eines höheren Bewusstseins zu nutzen, d. h. auch die spirituelle Liebe der körperlichen vorzuziehen — eine Norm, die in Frottolen gleichermaßen bedient wie in Frage gestellt wird. Wie in Castigliones Ausführungen zur Liebe nachzulesen ist, ist dies durch eine Aufwertung des Seh- und Hörsinns und damit auch der Musik möglich.[149] Castigliones Beschreibung der Musik als Garant eines tugendhaften Liebesdienstes liefert eine wesentliche Begründung für das musikalische Raffinement in der höfischen Gesellschaft, bei der die Würdigung der Hofdame im Zentrum steht. Sie darf jedoch nicht darüber hinwegtäuschen, dass die höfische Liebe letztlich auf andere, vorrangig politisch-strategische Zwecke abzielt. „So stellt Castiglione zwar fest, dass die höfische Kultur um die Frauen und die Liebe kreist, dass sie jedoch nur durch das eine Ziel gerechtfertigt sei: den Dienst am Herrscher und Einflussnahme auf dessen Entscheidungen. So erniedrigen sich Höfling und Hofdame, um erhöht zu werden."[150]

Wie andere Darstellungsformen der höfischen Liebe in Musik, Tanz und Literatur sind auch Frottolen damit nicht nur ein ständiges Spiel mit den Extremen der Liebe, sondern auch mit der gesellschaftlichen Wahrnehmung. Die unaufhörliche Suche nach einer Lösung der psychischen Konflikte, im Wissen, dass diese naturgemäß unlösbar sind, verbindet sich mit einem steten Austarieren der öffentlichen Wirkung von Erwartetem und Unerwartetem. Die unlösbare, widersprüchliche Grundsituation der höfischen Liebe, in der das Spiel der Liebenden durch traditionelle Verhaltensnormen vorgegeben und zum Verzicht verpflichtet bleibt, legt eine Psychologisierung und die Reflexivität der Darstellungsformen nahe, ist es doch naturgemäß nur ein kleiner Schritt vom mentalen Kreisen in Widersprüchen zum Nachdenken über sich selbst und das eigene Tun.

Das Eigene der Frottola besteht nun darin, dass sie sich in das System der höfischen Liebe begibt und deren gesamtes Repertoire an Topoi aufgreift, um auf dieser Basis eine Vielfalt an Redehaltungen darzustellen. In der Tat bietet die höfische Liebe eine weite Spanne an Möglichkeiten, eine kolloquiale Situation abzubilden, die stets ähnlich und immer wieder anders ist und über das Medium der Musik besonders plastisch werden kann. In den *poesie per musica* bilden traditionelle

---

[147.] Huizinga: *Herbst* (1923–1987), S. 154.
[148.] Helms: *Musik und Weiblichkeit* (2005), S. 29.
[149.] Castiglione: Cortegiano, IV, 62, S. 428, vgl. dazu Kap. 3. 2. 4.
[150.] Helms: *Musik und Weiblichkeit* (2005), S. 30.

Topoi der höfischen Liebe, die unerfüllte Sehnsucht nach der Geliebten, deren Schweigen, Unerreichbarkeit, Erhöhung und eine entsprechend passive Wartehaltung des Ich auf der einen Seite und die damit verbundenen Gefühle der Enttäuschung, Erniedrigung, des Leidens bis hin zum Bedürfnis nach (Selbst-)Zerstörung auf der anderen Seite die Grundlage, um Haltungen darzustellen, die zuweilen von Witz, ironischer Distanz, Zynismus oder Häme, zuweilen von innigem, ernstem Ausdruck getragen sind, zuweilen sich aber auch in der leeren Darstellung des Gesagten bzw. Gesungenen erschöpfen. Das für die höfische Liebe ohnehin charakteristische Spiel mit den Grenzen des Systems, körperlicher Lust und Enthaltung, kann aus dem changierenden Selbstverständnis der Frottola besonders weit getrieben werden. Frottolen bieten damit kleine Fluchten aus dem Regelsystem höfischer Zwänge und sind dabei so subtil gemacht, dass mögliche Provokationen stets im Rahmen dessen bleiben, was als „Ventilsitte" am Hof gestattet und zugleich unerlässlich ist, um die vorgegebene Forderung an Selbstdisziplin lebbar zu machen. Wird in diesem Sinne auf der einen Seite mit populären Elementen gespielt, führen auf der anderen Seite Einflüsse des Petrarkismus zu einer Nobilitierung des dichterisch-musikalischen Ausdrucks oder dem Spiel damit. Immer jedoch verweilen Darstellende wie Hörende auf einer Ebene der literarisch-musikalischen Fiktion.

4. 2. 6 „(S)copri lingua" — Das Selbstgespräch und seine Varianten

Die Redesituationen in Frottolen unterscheiden sich im Ton und in der poetischen Form, die den Vertonungen zugrundeliegt; stets jedoch gehen sie von der Darstellung eines Selbstgespräches aus, die durch die Aufführung der jeweiligen Frottola einen performativen Charakter annimmt.[151] Teils reflektiert das Ich das eigene Reden, spricht also im Bewusstsein seiner eigenen Lage, teils ergeht es sich im bloßen Gerede, wobei die Grenzen dazwischen fließend sind. Auch dort, wo Dialogstrukturen suggeriert werden und ein Gegenüber ausdrücklich angesprochen wird, bleibt die Sphäre des Ich für sich bestehen und wird letzlich nicht aufgebrochen. Es bleibt bei der Imagination eines Dialogs, den das Ich mit sich selbst führt.[152] Es begegnen Zwiegespräche mit dem eigenen Alter Ego, mit der Geliebten oder mit Amor, bis hin zur Vorstellung einer größeren Öffentlichkeit, vor der das Ich seine Liebesklage wie auf einer künstlichen Bühne präsentiert. Die Hörer werden dabei stets mit der Präsentation eines Textes konfrontiert, der ihnen, je nach Profil des Stückes, verschiedene Angebote macht, sich selbst in den mentalen Dialog mit dem fiktiven Redner zu begeben. In diesen rhetorischen Situationen sind verschiedene Grade der Performativität und der Selbstreflexivität zu unterscheiden. Es wird zu zeigen sein, wie die jeweilige rhetorische Situation in der Vertonung transportiert wird, in der Regel über standardisierte melodische Floskeln bis hin zu Besonderheiten des Wort-Ton-Bezugs.

---

[151] Analog erklärt Reinhard Kiefer für den Inhalt und die Funktion der Canzone, dass es dort stets um die öffentliche Darstellung eines einzelnen Ich, also um eine monologische Grundsituation geht. Mit dem gegenüber der Frottola höheren Dichtungsstil der Canzone steht eine Idealität und Unerreichbarkeit der besungenen Geliebten und damit das Besingen einer platonischen Liebe im Vordergrund, wenngleich diese in petrarkistischer Tradition erotische und sinnliche Züge haben kann. Vgl. Kiefer: *Canzone* (1995), Sp. 422.

[152] In diesem unterscheidet Wolfgang Osthoff die Rhetorik der Frottola von der zeitgenössischer Karnevalslieder, aus denen eine kollektive Stimme spricht. Vgl. Osthoff: *Theatergesang* (1969), S.130 und S. 127. Dort heißt es: „Die Karnevalsgesänge sind Ausdruck eines ‚Wir', und wo in ihnen etwas Einzelnens gezeigt wird, so wird es ‚uns' gezeigt. Die Frottolen sind Ausdruck eines ‚Ich', und wo in ihnen ein ‚Wir' oder ‚Ihr' auftaucht, ist es Spiegelung oder Folie dieses ‚Ich'."

Bsp. 18: Bartolomeo Tromboncino, *Silentium lingua* (Text: Serafino Aquilano)

Silentium lingua mia ti prego hormai	Um Stille, meine Zunge, bitte ich dich nun,
Che vogli recoprir tuo gran dolore	Dass du deinen großen Schmerz bedeckest.
Colui che fermo resta a tanti guai	Der bei so vielen Unglücken ruhig bleibt,
Chiamar si po felice a tutte lhore	Den kann man glücklich nennen zu jeder Zeit.
Tempo verra che descoprir potrai	Die Zeit wird kommen, in der du wirst aufdecken können,
Quel che celato porti in mezo el core	Was du inmitten deines Herzens verborgen hältst.
Taci che si vede in un momento	Schweig, denn man sieht sich zugleich
Mutarsi el ciel la terra stato e vento	Himmel, Erde, Stand und Wind bewegen.

Intimität und damit ein zurückgenommenes Maß an Theatralität werden suggeriert, wenn das Ich in petrarkistischer Manier ein Gespräch mit einem Alter Ego, der eigenen Seele, der eigenen Sprache bzw. Zunge imaginiert. Traditionelle Voraussetzung dafür ist die aus dem Leiden an der unerfüllten Liebe provozierte Spaltung des Ich, die im Gespräch mit dem Alter Ego überwunden werden soll. Dabei entsteht in der Ansprache eines stummen Gegenübers gleichermaßen der Eindruck einer geschlossenen wie dialogischen Struktur. Wenn in dem Strambotto „Silentium lingua" (Bsp. 18) das Ich seine Zunge um Schweigen bittet, steht im Hintergrund der Topos des *parlar clus* aus der Tradition der Troubadourdichtung. So sehr es den Liebenden zum Reden drängt, muss der eigene Schmerz der Geliebten gegenüber verschwiegen werden.[153] Der Liebende bleibt im stummen Dienst der Geliebten allein mit der wenig aussichtsreichen Hoffnung auf ihre Gnade. Worte wie „recoprir" (Vers 2) und der Imperativ „Taci" (Vers 7) bestärken in diesem Strambotto das Mahnen zur Stille zu Anfang des Textes. So wie es für Frottolen generell typisch ist, dass die Liebesthematik zum Anlass werden kann, um dem Lebensgefühl eines Höflings, wenn nicht der Conditio humana schlechthin Ausdruck zu verleihen, zeichnet es den Strambotto aus, dass das Ich dafür einen meditativen, weltanschaulichen Grundton wählt. Wie dabei oft, so wird dem Hörer auch in „Silentium lingua" eine Weisheit zu bedenken gegeben: In einer Zeit großer Veränderungen sei nur in der Stille Glück zu finden (Verse 3 und 4 sowie 7 und 8).

Die Musik dieses Strambotto illustriert den poetischen Ausdruck durch eine absteigende melismatische Linie des Cantus, die dem natürlichen Sprachfluss folgt. Der Anfangston c" ist zugleich der höchste Ton des Cantus, von dem aus die melodische Spanne nach unten abfällt. Noch weitere drei Male (T. 7, 11 und 14) setzt die Oberstimme mit einer ähnlichen absteigenden melodischen Floskel an, die wie Echos der ersten ausladenderen und ausdrucksvolleren Phrase wirken. Besonders zu Beginn (beide Mittelstimmen antizipieren den Cantus) und am Anfang der zweiten Phrase (T. 7, Tenor) verstärken Parallelbewegungen in den Mittelstimmen den meditativen Ton der Dichtung. Auch die Stimmführung des Basses unterstützt den Eindruck einer gedämpften Stimmung. So sinkt und verkleinert sich der Ambitus der Außenstimmen von einer Duodezime zwischen f im Bass und c" im Cantus zu Beginn zum Ende der ersten Phrase hin auf eine Oktave in tieferer Lage (d-d'), so als ob die Physiognomie dieser Phrase der Sprache den Rückzug vorspiegeln wollte, zu dem das Ich sie aufgefordert hat (T. 1 und 6).

Wie ein Gegenpol zu „Silentium lingua" wirken zwei Barzelletten, die über offensichtliche Textparallelen in Bezug zueinander stehen (Textbeispiele 19 & 20, S. 232-33). Aus der Einsicht in die Unerfüllbarkeit der Liebessehnsucht beginnen beide Gedichte mit der Aufforderung an das Alter Ego,

---

[153] Fenigstein: *Giustiniani* (1909), S. 101.

Text Bsp. 19: Bartolomeo Tromboncino, *Scopri [o] lingua el cieco ardore*

A	Scopri [o] lingua el cieco ardore	Decke, Zunge, die blinde Glut auf,
B	Parla hormai non star piu muta	Sprich nun, bleib nicht mehr stumm!
B	Che la fiamma e si cresciuta	Da die Flamme schon so gewachsen [ist],
A	Che gia in cener quasi e il core	Dass das Herz schon fast in Asche [ist],
A	Scopri [o] lingua il cieco ard[ore]	Decke, Zunge, die blinde Glut auf,
B	Parla hormai non star piu muta	Sprich nun, bleib nicht mehr stumm!
B	Parla hormai non star piu muta	Sprich nun, bleib nicht mehr stumm!
B	Parla hormai non star piu muta	Sprich nun, bleib nicht mehr stumm!
C	El seren suave sguardo	Der heitere, süße Blick,
D	Che gia scorsi in un bel uiso	Den ich schon in einem schönen Gesicht erblickte,
C	Fa che in foco aghiaccio et ardo	Bewirkt, dass ich im Feuer erkalte und verbrenne
D	E fa el cor da mi diviso	Und trennt das Herz von mir.
D	Io mi strugo e dir non oso	Ich zerstöre mich und wage nicht zu sprechen
D	Laspro ardor che porto [n]?ascoso	[Von] der bitteren Glut, die ich versteckt trage
A	Notte e di nel tristo core	Nacht und Tag im traurigen Herz.
A	Scopri…	Decke…
B etc.		
E	Veggio ben che lei si schiva	Ich sehe gut, dass sie ausweicht,
F	De mirar la mia bassezza	Meine Niedrigkeit zu sehen,
E	Per che sa che non ariua	Denn sie weiß, dass mein Aufstieg
F	La mia scala ala sua alteza	Nicht ihre Höhe erreicht.
F	Pur con solita siocheza	Trotz gewöhnlicher Dummheit
G	Viuo in speme et in desio	Lebe ich in Hoffnung und in Verlangen.
G	E perdendo el tempo mio	Und indem ich meine Zeit verliere,
A	Di pensier mi pasco el core	Nähre ich das Herz mit Gedanken
A	Scopri…	Decke…
B etc.		
I	Le ben uer che mostra amarme	Es ist wohl wahr, dass sie vorgibt, mich zu lieben,
K	Ma scio ben che finge ognhora	Aber ich weiß gut, dass sie zu jeder Stunde lügt.
I	Pur piacer ho de inganarme	Doch habe ich Vergnügen, mich zu täuschen,
K	Ela fiamma crescie ognhora	Und die Flamme wächst zu jeder Stunde.
K	Se gli piace pur chio mora	Wenn es ihr gefällt, dass ich sterbe,
L	El morir non me dispiace	Missfällt mir das Sterben nicht.
L	Che la morte me fia pace	Dass der Tod mir Friede gebe
A	E refugio al tristo core	Und dem traurigen Herz Zuflucht!
A	Scopri…	Decke…
B etc.		
N	Poi chio nacqui al sui seruito	Da ich geboren bin zu ihrem Dienst,
A	De seruir non uo lasciare	Kann ich das Dienen nicht lassen.
N	Che per foco o per supplicio	Ob durch Feuer oder Qual,
A	La mia fe non po manchare	Meine Treue kann nicht fehlen
A	Staro donche ad aspectare	Darum werde ich bleiben und warten.
P	De merce se apran le porte	Wenn aus Gnade sich die Tür öffnen sollte,
P	Forsi un di di pietate o morte	Vielleicht eines Tages des Mitleids oder Todes wegen,
A	Fara lieto el tristo core	Wird das traurige Herz zufrieden sein.
A	Scopri…	Decke…

Text Bsp. 20: Anon., *Scopri lingua, el mio martire*

Scopre lingua el mio martire	a	Decke, Zunge, mein Leiden auf,
Non tenir piu el mal occulto	b	Halte nicht mehr das Übel verborgen.
Scopre lingua el mio martire	a	Decke, Zunge, mein Leiden auf,
Non tenir piu el mal occulto	b	Halte nicht mehr das Übel verborgen,
Che se sogna o che le stolto	b	Das träumt oder töricht ist.
Che tacendo vol morire	a	Da sie schweigend sterben will,
Scopri lingua el mio martire	a	Decke, Zunge, mein Leiden auf,
Non tenir piu el mal occulto	b	Halte nicht länger das Übel verborgen.
Io so ben che forsi temi	c	Ich weiß gut, dass du womöglich fürchtest,
De sdegnar la donna mia	d	Meine Geliebte zu verachten.
Non convien che tanto tremi	c	[Aber] deine Furcht ist nicht angemessen,
Di parlar trova la via	d	Finde den Weg zum Sprechen.
Per che al fin lei dir potria	d	Darum wird sie am Ende sagen können:
A me il danno a te il pentire	a	Mir der Schaden, dir die Reue,
Scopre lingua el mio martire	a	Decke, Zunge, mein Leiden auf,
Non tenir piu el mal occulto	b	Halte nicht länger das Übel verborgen.
Chi non parla non sintenda	e	Wer nicht spricht, behauptet sich nicht
Chi non chiede non saita	f	Wer nicht fragt, hilft sich nicht
Chi non caza may non prende	g	Wer nicht jagt, macht nie eine Beute.
Chi non giocha non sinvita	f	Wer nicht spielt, lädt sich nicht ein.
Apri hormai la mia ferita	f	Öffne nun meine Wunde
Parla pur non te smarire	a	Sprich, um dich nicht zu verlieren
Scopre lingua el mio martire	a	Decke, Zunge, mein Leiden auf,
Non tenir piu el mal occulto	b	Halte nicht länger das Übel verborgen.
Non convien tanto celare	a	Es ziemt sich nicht, eine bittere und saure
Uno accerbo e aspro tormento	b	Qual so zu verbergen
Non convien tanto aspectare	a	Es ziemt sich nicht so sehr zu warten
Quando fa bonza e vento	b	Wenn Flaute und Wind herrschen
Che fortuna in un momento	b	Dass das Schicksal in einem Moment
Rompe ogni mortal desire	a	Jedes sterbliche Vergnügen bricht,
Scopre lingua el mio martire	a	Decke, Zunge, mein Leiden auf,
Non tenir piu el mal occulto	b	Halte nicht mehr das Übel verborgen:
Si troppo alto il pe firmai	h	Da ich meinen Fuß zu hoch setzte,
Fu donore piu la mia guerra	i	War mir mein Krieg eine größere Ehre
Che guardar laquila mai	h	Denn der Adler blickt niemals
Gia non sol con gli occhi aterra	i	[Allein] mit den Augen zum Boden
Presto lingua el duol diserra	i	Entfessele schnell das Leid, Zunge
Non temer piu de falire	a	Fürchte nicht dich zu scheitern
Scopre lingua el mio martire	a	Decke, Zunge, mein Leiden auf,
Non tenir piu el mal occulto	b	Halte nicht mehr das Übel verborgen.

das Schweigen und damit den traditionellen Topos des *parlar clus* zu brechen. Während in „Scopri lingua, el cieco ardore" (Bsp. 19, einer Vertonung von Bartolomeo Tromboncino) die Idee zum Dialog mit der Sprache selbst nur wie ein äußeres Stilmittel wirkt, um Topoi der höfischen Liebe auf geschickte Weise in Szene zu setzen, sind die rhetorischen Qualitäten in „Scopri lingua, el mio martire" weiter ausgestaltet (Bsp. 20). Ist die Aufforderung zum Schweigebruch in der vorigen Frottola ein vorübergehendes Gedankenspiel, aus dem das Ich wieder in die stille, passive Wartehaltung zurückkehrt (Bsp. 19), ist sie hier der Auftakt für eine Reihe von Sprüchen und Sentenzen über die Notwendigkeit aufrichtigen Sprechens, an deren Ende das Ich mit gestärktem Selbstbewusstsein direkt vor der Handlung zu stehen scheint, die seinem Leid ein Ende macht. So stehen die Erfolgsmaximen der dritten Strophe ganz im Zeichen von Aktivität (Str. 3, Verse 1–4, s. o.). Sprechen garantiere Selbstbehauptung wie das Jagen die Beute usw. Weiterhin unterstreichen die Metaphern der fünften Strophe das Selbstbewusstsein des Ich, das sich mit dem Adler vergleicht, der seine Augen in die Höhe wendet. In der Paralleldichtung erzielt eine ähnliche Metaphorik eine konträre Aussage: Die Geliebte als das Ebenbild einer Höhe, die für das Ich in seiner Niedrigkeit unerreichbar ist. Während in „Scopri lingua, el cieco ardore" das mittelalterliche Bild der sozialen Standesunterschiede zwischen der hoch gestellten Hofdame und dem machtlosen Hofdiener dominiert, verstärken die Metaphern in dem variierten Text die Position des Ich.

Der Vergleich beider Texte weist auf die Auseinandersetzung eines Dichters mit einer Vorlage, bei der die vormals formale Aufforderung zum Sprechen zu einer authentisch wirkenden Aussage gestaltet wird. Ein solcher Bruch mit dem Schweigetopos kann hier als Anzeichen für einen individuelleren, kritischen Umgang mit höfischen Verhaltensnormen gedeutet werden, auch wenn die Aufforderung zum freien Sprechen freilich weiterhin im Bereich der literarischen Vorstellung bleibt. „Auch als Ideale" sind in der Literatur entwickelte „Charakterzüge […] nur als Tendenzen" zu verstehen, die sich die Hörer solcher Dichtungen allmählich aneignen.[154] In der höfischen Gesellschaft herrschen weder Absicht noch Raum für eine freie Aussprache des Wahrhaften. In diesem Sinn gilt Philippe Ariès' Kommentar, dass „das Individuum […] nicht [war], was es war, sondern was es zu sein schien, oder vielmehr: was es zu scheinen wußte: Diesem einen Zweck war der Verhaltenskodex zugeordnet."[155] Gleichwohl ist das bewusste Spielen mit einem stereotypen Textmodell und dessen Differenzierung zu einem Text mit einem erstarkten Ich wie in der Barzelletta „Scropri lingua el mio martire" ein Signum für das wachsende Spektrum an Möglichkeiten, den sprachlichen Ausdruck zu psychologisieren und ihn dabei selbst zum Thema zu machen.

In der Vertonung beider Barzelletten sind keine Bezüge zueinander auszumachen, wenn nicht die, dass dem differenzierteren Text eine assoziationsreichere Musik folgt. Um dies nachvollziehbar zu machen, reicht es, den jeweiligen Beginn zu vergleichen. Im Cantus der Vertonung von „Scopri, lingua, el cieco ardore" (Bsp. 19) deutet in der Reihe melodischer Floskeln nur der auffordernd wirkende Quartsprung zu Beginn auf eine Ausgestaltung des Textes. Dagegen wird in „Scopri, lingua, el mio martire" (Bsp. 20) ein melodischer Baustein aus fünf aufwärts steigenden Tönen in (punktierten) Minimen und Seminiminen von dem Grundton d aus so differenziert in Ober- und Mittelstimmen ausgestaltet, dass es nahe liegt, die Musik als Sinnbild eines eilig drängenden Aufbruchs und damit

---

[154] Heller: *Mensch der Renaissance* (1988), S. 302.
[155] Philippe Ariès: Einleitung in: Aries/Duby: *Geschichte* (1986–2000), S. 9.

als Veranschaulichung der gehetzten, aufgebrachten Seele des Ich zu hören.[156] Der Untergrund an ostinaten Tonrepetitionen im Bass verstärkt die Wirkung der rhythmisch versetzten Bewegungen von Cantus bis Tenor in den ersten zweieinhalb Takten. Diese Frottola gibt somit auch musikalisch ein Gegenbild zum Strambotto „Silentium lingua" ab (vgl. Bsp. 18, S. 230).

Bsp. 19: Bartolomeo Tromboncino, *Scopri [o] lingua el cieco ardore*

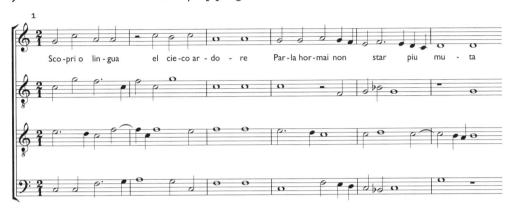

Bsp. 20: Anon., *Scopri lingua, el mio martire*

Aus der Kenntnis um die intellektuell anregende Wirkung der Frottola,[157] verwundert es nicht, dass das Sprechen über die Widersprüchlichkeit der höfischen Liebe in einzelnen *poesie per musica* von einer Metaebene reflexiven Sprechens begleitet wird. Das Reden über die Unlösbarkeit des höfischen Liebeskonfliktes geht dann mit einer kritisch-ironischen Haltung gegenüber den Möglichkeiten der eigenen geistigen Tätigkeit und dem sprachlichen Ausdruck innerhalb beengender Normen einher. Zugleich tritt die vordergründige Liebesthematik hinter ein solch abstrakteres Reden zurück. Dafür sei auf Marchetto Caras Frottola „Forsi che si forsi che no" verwiesen, in der die Begrenzung des eigenen Ausdrucksvermögens durch die Scheinhaftigkeit höfischen Sprechens auch auf musikalischer Ebene raffiniert versinnbildlicht wird, wie an späterer Stelle gezeigt wird (Vgl. Bsp. 67, S. 317–18).[158]

156. Entsprechend wirkt eine ähnlich gestaltete Altlinie, eine Aufwärtsbewegung im Fünftonraum aus bewegten Minimen, zu Beginn des anonymen Strambotto „Tu m'hai privato de riposo e pace" (vgl. Bsp. 14, S. 224) wie eine Veranschaulichung der in der Kopfzeile thematisierten Unrast und Friedlosigkeit des Ich.
157. Vgl. die Ausführungen zu da Tempo zu Beginn von Kap. 4. 2. 1.
158. Vgl. Kap. 4. 4. 1.

236

Auch in Tromboncinos Barzelletta „Ho scoperto il tanto aperto" werden die Topoi der höfischen Liebe für ein hintergründigeres Sprechen über generelle Widersprüche menschlichen Handelns genutzt (Bsp. 21).

Bsp. 21: Bartolomeo Tromboncino, *Ho scoperto il tanto aperto*

Gregorianik innerhalb der Litaniae Sanctorum:

Ho scoperto il tanto aperto,	Ich habe das so Offensichtliche[a] entdeckt.
Ché la fé mi fu nogliosa.	Dass die Treue mir lästig war.
E pero a lingua dolosa	Und dennoch befreie uns, Herr,
Libera nos, Domine!	Von der falschen Zunge.
Se mai ria e falsa lingua	Wenn je die falsche, böse Zunge
Fiamma apizza in qualche loco,	An irgendeinem Ort eine Flamme entzündet,
Non è cosa che l'extingua,	Ist es keine Sache, die zu löschen ist,
Tanta forza ha quel gran foco,	So viel Kraft hat dieses Feuer,
E più quando in festa o gioco	Und umso mehr im Fest oder Spiel
La sua fraude tien nascosa	Hält sie ihren Trug verborgen.
E però a lingua etc.	Und dennoch befreie uns etc.
D'ogni mal, d'ogni ruina	Für jedes Übel, jeden Schaden
Sempre è lei prima cagione,	Ist immer sie der erste Grund,
E più el ferro al foco affina	Und je mehr sich das Eisen am Feuer schleift,
Dove più vede unione;	Wo sie mehr Eintracht sieht,
Del ben ha tal passione	Verachtet sie das Gute so sehr,
Che già mai non se riposa.	Dass sie sich nie ausruht.
E però a lingua etc.	Und dennoch befreie uns etc.
Se gli amanti in gioco e in festa	Wenn sie die Liebenden in Spiel und Fest
Vede star, la falsa e ria	Sieht, macht die falsche, böse sie
Presto presto li molesta	Schnell, schnell zunichte

Con sospetto e gelosia;	Mit Zweifel und Eifersucht.
Pronta è sempre a trovar via	Immer ist sie bereit einen
Che sia amara e dolorosa.	Bitteren, schmerzhaften Weg zu finden.
E però a lingua etc.	Und dennoch befreie uns etc.
In le arti e in matrimoni	In den Künsten und bei Hochzeiten
El mortal velen' adopra,	Wendet sie das tödliche Gift an.
mille falsi testimoni	Tausend falsche Zeugschaften
cerca ognhor con sua mal 'opra;	Sucht sie jederzeit in ihrem Werk;
tutto il mondo sotto sopra	Alle Welt zu unterst zu oberst
mette questa insidiosa	Macht diese Tückische.
E però a lingua etc.	Und dennoch befreie uns…

a) „aperto" kann auch die Bedeutung von „offensichtlich" haben: „palese, manifesto, evidente, chiaro, dichiarato" („offensichtlich, augenscheinlich, klar, erklärt"). Il Battaglia I (1961), S. 536.

Das Ich hat hier die Einsicht gewonnen, dass eine „falsche Sprache", „una ria e falsa lingua" der Schlüssel zu allem Übel ist und sich besonders dort verbirgt, wo die Menschen vom Leid Abstand suchen, „in gioco e festa", „im Spiel und im Fest" oder „in le arti e in matrimoni", „in den Künsten und den Hochzeiten". Indem das Ich anfangs kund gibt, das „so Offensichtliche entdeckt zu haben, dass ihm die Treue lästig war", „ho scoperto il tanto aperto, ché la fé mi fu noiosa", versucht es sich vom schädlichen Einfluss der Liebe und ihres versteckten Sprechens abzugrenzen, der ihn jedoch über viele weitere Strophen verfolgt.[159] Es ist ungewöhnlich im Frottolenrepertoire, dass dafür in der Ripresa biblische und liturgische Verse zitiert werden. Bei den Worten „a lingua dolosa libera nos, domine" handelt es sich im ersten Teil um ein biblisches Zitat aus den Psalmen, im zweiten Teil um einen Vers aus der Allerheiligenlitanei.[160] Während die „lingua dolosa" in den Psalmen für die gottlose Sprache von Feinden steht, werden in der Allerheiligenlitanei alle möglichen Übel aufgezählt, an die sich jeweils die Bitte Gottes um Befreiung davon anschließt. „Ab omni peccato, libera nos domine etc."[161] Es wird als Rettungsversuch vor Scheinheiligkeit und Unrecht durch die höfische „ria e falsa lingua" verstanden, wenn das Ich in dieser Form — offenbar in ironischer Brechung — die Heiligkeit anruft. Die Suggestion der Nähe zur Liturgie, deren Originalgestalt auch musikalisch in variierter Form in die Frottola integriert wird, ist als scheinhafte Vorgabe der Nähe zu einer anderen Sphäre letztlich ein ähnliches dramaturgisches Mittel wie das Imitieren populären Ausdrucks.

[159]. Ein Reiz dieser Barzelletta besteht darin, dass gedankliche Assoziationen von der „Lingua" zu der nicht direkt angesprochenen, aber für das Ich dennoch mitgedachten Geliebten entstehen, da beide durch grammatikalisch feminine Adjektive oder Personalpronomina ersetzt werden. So bleibt offen, ob in den jeweils zweiten Versen der zweiten und dritten Strophe tatsächlich nur die Zunge gemeint ist, wenn es heißt „Sempre è lei prima cagione" oder „vede star, la falsa ria" (Bsp. 21).

[160]. Tromboncino hat auch an anderer Stelle die Allerheiligenlitanei zitiert. In der Lauda „Sancta Maria ora pro nobis", der einzigen Komposition, die als gemeinsame Komposition mit Cara überliefert ist, läuft die liturgische Melodie des marienbezogenen Teils der Litanei durch mehrere Stimmen, vom Tenor über den Alt in den Bass. Jeppesen: Laude um 1500 (1971) (= Ausgabe von Petruccis 2. Laudenbuch von 1507 und eine Auswahl aus dem ersten von 1508), Nr. 18, S. 31.

[161]. In Psalm 109 (bzw. 108), Vers 3, und in Psalm 120 (bzw. 119), Verse 2 und 3, wird die „lingua dolosa" als Übel erwähnt. Im ersten Fall ist die „falsche Zunge" Ausdruck gottloser Widersacher, die „giftig reden wider mich allenthalben und streiten wider mich ohne Grund", im zweiten Fall auch in der Verbindung mit einer Anrufung Gottes um Befreiung davon: „Domine, libera animam meam a labris iniquis, a lingua dolosa" bzw. „Herr, errette mich von den Lügenmäulern, von den falschen Zungen." Für die Übersetzung vgl. die Bibel nach der Übersetzung Martin Luthers, Standardausgabe mit Wortkonkordanz, Stuttgart, 2. Aufl. 1994, S. 615 und S. 607. Die Allerheiligenlitanei ist auch im Bsp. 21 zitiert nach Gebet- und Gesangbuch, S. 619.

Letzteres führt in Michele Pesentis Canzonetta „Io voria esser colu" (Bsp. 22) zu einer burlesken Form von Selbstreflexivität.

Bsp. 22: Michele Pesenti, *Io voria esser colu*

Io voria esser cholu'	Ich will derjenige sein,
Che più pensier non ha,	Der keinen Gedanken mehr hat,
Che canta el turlurù.	Der das Turlurù singt.
Son restato sempre mai	Seit je habe ich
In affanni, in doglia e guai:	In Kummer, Schmerz und Unglück gelebt.
Da poi che io m'inamorai	Seitdem ich mich verliebt habe,
El bon tempo non ho più.	Ist die gute Zeit für mich vorbei.
Io voria esser colu'	Ich will derjenige sein,
Che più pensier non ha,	Der keine Gedanken mehr hat,
Che canta el turlurù:	Der das Turlurù singt.
Turlurù la capra moza	Turlurù die Ziege gestochen
Turlurù chi l'ha mozà?	Turlurù, wer das hat das getan?a)
Quel che più pensier non ha,	Der, der jetzt ohne Gedanken ist
E che canta el turlurù.	Und das Turlurù singt.
>El turlurù, el turlurù<	>Das Turlurù, das Turlurù<

Io credeva trovar ioco	Ich glaubte ein Spiel vorzufinden
E non pensai del foco	Und dachte nicht mehr an das Feuer,
Che m'arde a poco a poco,	Das mich nach und nach verbrennt,
E bon tempo non ho più!	Und die gute Zeit ist für mich vorbei.
Io voria esser colu'	Ich will derjenige sein,
Etc.	etc.

a) „Capra" kann nach älterer Tradition auch für „Ragazza, giovinetta", eine junge Frau stehen, „mozzare" dagegen (im zweiten Vers) steht im wörtlichen Sinn für „Kastrieren", im übertragenen Sinn auch für „Verstümmeln". Damit wird hier in jedem Fall ein gewaltvolles Bild einer Tat gezeichnet, die als aggressive Gegenreaktion eines enttäuschten Geliebten verstanden werden kann.

Als Ausweg aus den Liebesqualen äußert das Ich hier den Wunsch, nicht mehr denken zu müssen, was dann in der Tat in der Ripresa in einem populär gestalteten Ton vorgeführt wird. Das Singen im onomatopoetisch wirkenden Ausdruck „turlurù" steht für Dummheit und Tölpelhaftigkeit und ist im französischen Kontext mit dieser Konnotation auch für komische Lieder in Maskerade benutzt worden.[162] „Cantare el turlurù" ist also ein geeignetes Mittel, um aus den Gedankenzwängen höfischer Raffinesse zu entfliehen, wie das Ich es vorgibt tun zu wollen, wenngleich es in einer typischen frottolesken Vielzahl an Strophen zeigt, dass auch das „turlurù" seinen Denk- und Rededrang nicht wirklich bremsen kann. Pesentis Frottola nimmt zugleich Bezug auf eine ähnliche Frottola Tromboncinos aus Petruccis fünftem Buch, „Hor chio son de preson fora", in der das Singen des „Turlurù" in der Ripresa ebenso ein Zeichen des Glücks ist, und zwar für die gerade gewonnene Freiheit von den Zwängen der unglücklichen Liebe, die als „preson", „Gefängnis" geschildert wird (Bsp. 23, S. 240–41).[163] Ob die drei Jahre später veröffentlichte Frottola Pesentis auch später geschrieben worden sein sollte oder nicht, der Komponist hat hier eine parallele Redesituation gewählt, die aus psychologischer Sicht der in Tromboncinos Frottola vorgeschaltet ist: Bei Pesenti ist die Idee, den höfischen Liebeszwängen zu entfliehen, für das Ich eine Utopie, während das Ich bei Tromboncino sein „Turlurù" als befreite Seele singt, für die Liebesschmerz reine Erinnerung ist. Musikalisch greifen die Komponisten verschiedene populär wirkende Elemente auf. Es mag von den Komponisten bewusst gestaltet worden sein, dass das triolische „Turlurù" des seelisch befreiten Ich bei Tromboncino in synchronem Rhythmus aller vier Stimmen tänzerischer, weniger stilisiert wirkt und einen größeren Kontrast zur unmittelbaren musikalischen Umgebung darstellt (vgl. den Refrain in allen Stimmen in Bsp. 23), als es in der Frottola Pesentis der Fall ist, wo das Ich weit entfernt davon ist, den Zwängen der höfischen Liebe Ade gesagt zu haben. In diesem Sinn ist es nur konsequent, dass sich der Refrain hier musikalisch kaum vom Rest des Satzes abhebt, also keine hörbare Gegenwelt zur höfischen Sphäre der Strophe aufgebaut wird. Eine typisch frottoleske, leicht synkopische Rhythmik im geraden Metrum prägt sowohl die Strophen als auch die Ripresa (Bsp. 22, T. 1–3 und 29–31).[164]

---

162. „Turlù (turlurù etc.), agg. Sciocco, babbeo (Adj. dumm, tölpelig), anche sostant. (auch Substantiv). Bonsanti: ‚Quel torlorò di Melchiore non capiva niente'. (‚Dieser Torlorò von Melchior verstand nichts'). Origine dal. fr. tourlourou, sokdato di fanteria e chanson tourlourou, canzone interpretata da artisti comici vestiti da soldati. (Ursprung aus dem französischen Tourlourou, Infanteriesoldat und der chanson tourlourou, einem komischen Lied, das von Künstlern gesungen wird, die als Soldaten verkleidet sind". Battaglia XXI (2002), S. 465

163. Zur Überlieferungsgeschichte dies volkssprachigen Liedes, u. a. durch die Sammlung „Maccherone" von Teofilo Folengo (1491–1544) vgl. Cattin: *Folengo* (1975), S. 208–09.

164. Das rhythmische Schema ist dabei wie folgt: eine gerade Betonung durch zwei Minimen und Semibrevis im ersten Takt, dann eine Betonung auf der Zwischenzählzeit durch Minima, Semibrevis, Minima. Nur an einer Stelle erinnert das „Turlurù" in Pesentis Version in der rhythmischen Abfolge dreier Minimen, b'-a-g am Anfang der Coda (nach unserer Umschrift T. 18, bei Pe. IX/Fachin: Cleup (1999), S. 166, T. 36), an die ternäre Bewegung des populären Turlurù-Ton in Tromboncinos Version.

Bsp. 23: Bartolomeo Tromboncino, *Hor chio son de preson fora*

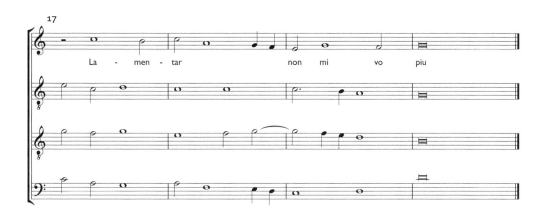

Hor chio son de preson fora	Jetzt, da ich aus dem Gefängnis frei bin,
Lamentar non mi vo pou	Will ich mich nicht mehr beklagen.
Cantar voglio el turlurù	Singen will ich das Turluru
Turluruluruluru	Turluruluruluru
Lamenta non mi vo' più.	Beklagen will ich mich nicht mehr.
Vissi un tempo in gran tormento	Einmal lebte ich in großem Leid,
De speranza tucto privo	Völlig jeder Hoffnung beraubt,
Tra suspir e gran lamento	Zwischen Seufzer und großer Klage
Facto ognun del mio mal schivo	Alles war meinem Elend feind.
Hor che al mondo sciolto vivo	Jetzt, da ich gelöst in der Welt lebe,
Lamentar non mi vo piu.	Will ich mich nicht mehr beklagen-
Cantar voglio el turlurù	Singen will ich das Turluru
Turluruluruluru	Turluruluruluru
Lamenta non mi vo' più.	Beklagen will ich mich nicht mehr.
Ogni ucel sul verde ramo	Jeder Vogel in den Zweigen
Dolce piu move le labia	Bewegt seine Lippen süßer,
Che mi tegion aflicto e gramo	Während ich in Kummer und Sorge lebe,
Col cantar sfoga sua rabia	Mit dem Singen dämpft er seine Wut.
Si che essendo for de gabia	Doch da ich jetzt aus dem Käfig frei bin,
Lamenta non mi vo più.	Will ich mich nicht mehr beklagen.
Cantar voglio el turlurù	Singen will ich das Turluru
Turluruluruluru	Turluruluruluru
Lamenta non mi vo' più.	Beklagen will ich mich nicht mehr.

Es wird an späterer Stelle gezeigt werden, wie andere Frottolen als Kontrast zum höfischen Ausdruck mit populär wirkenden musikalischen Elementen spielen.[165]

---

165. Vgl. Kap. 4. 4. 2.

Imaginäre Dialoge

Einfachere Varianten des Selbstgesprächs bestehen darin, dass das Ich den imaginären Dialog mit Amor, dem Liebesgott, oder auch mit der Geliebten selbst sucht. Besonderheiten der Vertonung, die diesem Dialogcharakter der Dichtungen Rechnung tragen würden, zeichnen jedoch keines dieser Beispiele aus. So besteht der Cantus der Petrarca-Canzone „Che debo far, che mi consigli, Amore" („Was muss ich tun, was rätst du mir, Liebe", Bsp. 24) oder anderen Oden aus Petruccis ersten Büchern, in denen die Liebesklage mit einer Ansprache an die Geliebte einher geht aus einfachsten, syllabisch gebauten melodischen Phrasen, die sich nur in ihrer der Versform folgenden Länge und in der Kombination der vorwiegend kleinen Intervalle unterscheiden.[166]

Bsp. 24: Bartolomeo Tromboncino, *Che debo far, che mi consigli, Amore* (Text: Francesco Petrarca)

Demgegenüber stehen Frottolen, in denen es durch einfache musikalische Details am Anfang des Satzes gelingt, den imaginären Dialog der Dichtung auch klanglich assoziieren zu können. Es sind meist schlichte melodische Floskeln am Beginn des Cantus, die, geschickt gesetzt, in der Vorstellung der Hörerinnen und Hörer zu klanglichen Versinnbildlichungen der rhetorischen Situation werden: In der anonymen Barzelletta „Te lamenti, et io mi doglio" (Noten Bsp. 25) wird so der Lagensprung im Cantus um eine Quinte aufwärts zwischen der ersten melodischen Floskel („du beklagst dich) und der folgenden („und ich leide") als Abbild der psychologischen Distanz zwischen der Geliebten und dem Ich gehört. Dass sie zu Unrecht klagt, er aber wirklich leidet, teilt sich durch die in einer Barzelletta eher seltene Melismatik mit, über die diese zweite Linie des Cantus in weiteren zwei Takten ausläuft. In der Barzelletta „Rompi, Amor, questa cathena" („Brich, Amor, diese Kette", Bsp. 26) hört man in der signalhaften Quartbewegung zu Beginn (Cantus und Bass in Homophonie aller Stimmen) den auffordernden Gestus, der vom Imperativ des Kopfverses ausgeht: Amor soll die Ketten brechen, in denen das Ich gefangen ist. Die Quarte aufwärts wird in der Folge erneut aufgegriffen und in Erinnerung an den Beginn des Stückes weiterhin als Zeichen von Aktivität gehört. Auch in der zweiten Phrase (Cantus, T. 5) unterstreicht das Intervall die Textaussage, steht für die entschiedene Geste eines Ich, das der Liebe nicht mehr folgen will, „che seguirti più non voglio".

Bsp. 25: Anon., *Te lamenti, et io mi doglio*

166. Ebenso auch in „Vieni hormai, non piu tardare" (Komm' jetzt, zögere nicht mehr"), „A dio signora" („Lebwohl, Dame"), „Donna ascolta el tuo amatore" („Höre deinen Liebhaber, Frau") oder „Se mi amasti quanto io ti amo" („Wenn du mich so liebtest wie ich dich"). Die Liste wäre weiter fortzusetzen, nicht nur unter den Oden. Bis auf „O dolce diva mia" (Frottole Pe. II 1504, fol. 27v.) stammen sämtliche Beispiele aus Petruccis erster Frottolensammlung.

Bsp. 26: Phlippus de Luranus, *Rompi, Amor, questa cathena*

Die Wirkung der Barzelletta „Non bisogna che contrasta" (Bsp. 27) geht dagegen in erster Linie vom Witz der Textsituation aus. Dieses Ich spricht seine „donna" mit einer gehörigen Portion Selbstironie an. Es ist die lakonische, einfache Sprache, in der das Wort „basta" wie ein Leitfaden für die ablehnende Haltung der Geliebten steht, aber auch die absurd wirkende Redesituation selbst, die dem schmerzhaften Liebesspiel aus steter Werbung und Ablehnung sein Pathos nimmt. Das Ich zeigt, dass es die Situation als scheinhaftes Spiel durchschaut hat und des Werbens müde ist, doch am Ende verleiht es dennoch dem Glück Ausdruck, so und nicht anders weiterzuleben. Dafür spielt es noch einmal mit dem Wort „basta": „Muta hormai sto *basta* in si/che un dir *basta* vol dir no/che so ben se fai così, lieto sempre io vivero/ e poi morto serviro/sel servir vivo non *basta*". Ob die repetitive Melodik im Cantus zu Beginn der Ripresa und der Strophe als Sinnbild für das schimpfende Ich zu verstehen ist, sei dahingestellt. Sie kommt in jedem Fall dem spielerischen Ton der *poesia* entgegen.

Bsp. 27: P. C., *Non bisogna che constrasta*

Non bisogna che contrasta	Es lohnt sich nicht,
Donna mia al tuo parlare	Dir zu widersprechen, Frau,
Che voi sempre simulare	Die du immer nur so tust, als ob —
Col tuo dir mo basta basta	Mit deinem „Basta, Basta".
Non bisogna che contrasta	Es lohnt sich nicht,
Donna mia al tuo parlare	Dir zu widersprechen, Frau,
Donna mia al tuo parlare.	Dir zu widersprechen, Frau.
Giorni e notte son pasciuto	Tag und Nacht hör ich nichts anderes
De dir basta amante mio.	Als „Basta, mein Geliebter".
Sio di dico dami aiuto	Wenn ich dich um Hilfe bitte,
Tu respondi basta adio	Antwortest du „Basta, lebewohl".
Tu sai bene el pensier mio	Du kennst meine Gedanken wohl,
Senza dir mo basta basta	Auch ohne „Basta, basta".
Non bisogna che contrasta etc.	Es lohnt sich nicht etc.
Sio ti narro el mi dolore	Wenn ich dir von meinem Schmerz erzähle
E la fiamma dolce avvampo	Und ich die süße Flamme entzünde,
Te ne ridi del mio ardore	Lachst du mich deswegen aus,
El dir basta è sempre in campo	Immer hast du dein „Basta" parat.
De da te una volta scampo	Einmal mach ich mich davon,
A me più non dirai basta	dann sagst du mir kein „Basta" mehr.
Non bisogna che contrasta etc.	Es lohnt sich nicht…
Sio ti dico dami pace	Wenn ich dir sage, gib mir Frieden,
Tu respondi basta amante	Antwortest du, „Basta, Liebhaber".
Questo basta me disface	Dieses Basta macht mich fertig,
Ne potrò stargli constante	Ich kann dabei nicht standhaft bleiben,
Trammi fuor de pene tante	Hol' mich heraus aus so viel Pein,
E non dir più basta basta	Und lass doch „Basta, basta" sein.
Non bisogna che contrasta etc.	Es lohnt sich nicht…
Muta hormai sto basta in si	Schluss jetzt, ich glaube dir nicht, dass „Basta" ein Ja ist,
Che un dir basta vol dir no	Denn ein „Basta" heißt doch „Nein".
Che son ben se fai così	Wisse, dass wenn du so weitermachst,
Lieto sempre io viverò	Ich immer glücklich leben
E poi morte serviro	Und dir noch im Tod dienen werde
Sel servir vivo non basta	Wenn der lebendige Dienst nicht reicht.[a]
Non bisogna che contrasta etc.	Es lohnt sich nicht etc.

[a] Das schöne Wortspiel, dass in diesem letzten Strophenvers „Basta" jetzt in anderem Sinn verwendet wird, ist im Deutschen leider nicht übersetzbar.

Der schlagfertige, dynamische Ton, der hier vor allem über das häufige „basta" und in der letzten Strophe auch über den Kontrast zwischen „si" und „no" zum Ausdruck kommt, ist in anderen Frottolen textlich und musikalisch dominanter und erweckt den Eindruck der Imitation von Abzählreimen und sonstigen naiven Sprachspielen. Dies dient als Stilmittel, um die unglückliche Ausgangssituation der höfischen Liebe ins Komische zu überführen.[167] Darüber hinaus wird in Frottolen mit einer Fülle an sprachlichen Hin- und Herbewegungen zwischen „Si"s und „No"s das Rede- und Singtempo deutlich erhöht und weiter musikalisiert: In Caras Canzonetta „Colei che amo così" (Bsp. 28) wird dabei eine geradezu theatralische Wirkung erzeugt, wenn der Hörer miterlebt, wie sich das Ich über das trotzige eigene „Si" wider das „No" der Geliebten mit seinem „Hi hi hi hi hi hi" ins Fäustchen lacht.

[167] Von diesen ist in Kap. 4. 4. 1 ausführlicher die Rede.

Bsp. 28: Marchetto Cara, *Colei che amo così*

Colei che amo così	Die, die ich so liebe,
Come amo proprio mi	Wie ich mich selbst liebe,
Mi ha ditto sino qui	Hat mir bisjetzt gesagt
No no; mo dice sì.	Nein, nein; jetzt [aber] sagt sie ja.
Hi hi hi hi hi hi,	Hi hi hi hi hi hi,
No no, mo dice sì.	Nein, nein; jetzt [aber] sagt sie ja.
Etc.	Etc.

Oder aber können Solmisationsspiele entstehen, wenn einsilbige Worte geballt aufeinandertreffen wie z. B. in der Frottola „La mi la so" (Vgl. die Anfänge von Tenor und Bass in Bsp. 29).

Bsp. 29: Anon., *La mi lasò, lasola mi*

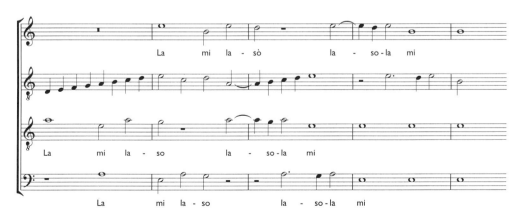

In Michele Pesentis Barzelletta „Dime un pocho" (Bsp. 30) hingegen illustriert die wechselnd auf- und absteigende Bewegung des Cantus das Hin und Her zwischen ihm und ihr, das Thema der Verse ist: Dreht er sich ihr zu, versteckt sie sich; spricht er zu ihr, antwortet sie nicht: „Sio ti miro, te nascondi/ sio ti parlo non rispondi" (T. 4 – 9). Nach diesen beiden Phrasen versteht man auch die folgende Abwandlung des Cantus, bei der nun ein Ton auf den anderen aufwärts folgt, als ein Illustration des korrespondierenden vierten Verses „*Sio te sieguo* voi fugire", „*Wenn ich dir folge*, willst du fliehen" (T. 10).

Bsp. 30: Michele Pesenti, *Dime un pocho*

Hinter solch spielerischen Brechungen und Umkehrungen ursprünglich ernster literarischer Topoi in einen leichtfertigen, spielerischen Fatalismus mag die Intention stehen, auf die Aushöhlung höfischer Poesie durch ihre Stereotypisierung aufmerksam zu machen, also provozieren zu wollen. Möglich ist aber ebenso, dass die Demonstration des spielerischen Umgangs mit der Liebe ihren Sinn bereits in sich selbst trägt, dass kinderreimähnliche, simple Verse als erfrischende Abwechslung von den Zuhörern begrüßt wurden. Dafür ist es nicht immer nötig, das versteckte Sprechen über die Freuden der körperlichen Liebe über die Grenze des Statthaften hinaus zu betreiben, wie es besonders oft durch die Einbindung von populär wirkenden Elementen geschieht. Bereits die Suggestion eines lebendigen Frage-Antwort-Spiels mit der Geliebten ist angesichts des beidseitigen Schweigegebots ein Affront gegenüber traditionellen Topoi.

In diesem Sinn ist Caras Barzelletta „Sum più tua che non sum mia" (Bsp. 31) ein außergewöhnliches Rollenlied.

Bsp. 31: Marchetto Cara, *Sum più tua che non sum mia*

"Sum più tua che non sum mia	„Ich bin mehr dein als ich mein bin
Io te ho data l'alma e il core,	Habe dir Seele und Herz gegeben,
Ma vorei che andasti fore.	Aber ich will, dass du gehst,
De' va' via, vatene via.	Ach', geh' fort, geh' doch fort.
De' va' via, vatene via."	Ach', geh' weg, geh' doch weg."

"Andarò, poi che ti piace,
Ma mi duol ben di lasciarti;
Resta dunque, donna, impace,
Ché io men vo per contentarti".
"El convien che tu ti parti.
De' va' via, vatene via.
De' va' via, vatene via."

"Ich werde [ja] gehen, wie es dir gefällt,
Aber es schmerzt mich, dich zu lassen;
Bleibe also friedlich, Frau,
Denn ich gehe, um dich zufrieden zu stellen."
„Es ist besser, dass du weg gehst,
Ach', geh' fort, geh' doch fort.
Ach', geh' fort, geh' doch fort."

"Prego Amor che mi disfacia
Le catene ove io son involto,
Poi che questa me discacia
Dal divin suo sacro volto,
Ché li sensi e 'l cor mi ha tolto
Col suo dir 'Vatene via'".
De' va' via, vatene via."

"Bitte, Amor, leg mir die Ketten ab,
In denen ich gefangen bin,
Denn es jagt mich die fort
Von ihrem göttliche, heiligen Gesicht,
Die mir die Sinne und das Herz genommen hat
Mit ihren Worten, geh' doch fort'.
Ach', geh' fort, geh' doch fort."

„Io ti fui sempre fidele
In amarti e riverirti,
Ma tu in cambio, al fin, crudele,
M'hai distrutto l'alma e i spirti.
Unde anche io senza altro dirti
Me n'andrò piangendo via.
De' va' via, vatene via.
Sum più tua che non sum mia."

„Ich war immer treu
Dich zu lieben und dich zu verehren,
Aber du letztendlich, Grausame,
Hast mir die Seele und den Geist zerstört,
So dass ich nun ohne anderes zu sagen
Weinend fortgehe.
Ach', geh' fort, geh' doch fort.
Ich bin mehr dein als ich mein bin etc".

Ausnahmsweise fängt hier ein weibliches Ich zu singen an und erteilt dem Gegenüber mit eigenen Worten die Abfuhr, von der man traditionellerweise nur durch das Ich des Werbenden erfährt. Nachdem er ihr in der mutazione, dem ersten Strophenteil, antwortet, bestärkt sie in der folgenden Volta, dem letzten Strophenteil, noch einmal ihre Aufforderung vom Ende der Ripresa: „de' va' via, vatene via" („Los, geh' weg, geh' doch weg"). Der Reiz des Stückes liegt darin, dass sich im Schlagabtausch der Liebenden der Spieß letztlich umdreht und es am Ende der Liebhaber selbst ist, der ihr „vatene via" nachruft. Die Worte der Ripresa „Sum piu tua che non sum mia" etc. kommen nun aus seinem Mund. Der Dialogcharakter dieser Frottola wird musikalisch durch die Trennung einzelner formaler Abschnitte beim Wechsel der Rollenperspektiven unterstützt.

Ein imaginärer Dialog zwischen ihm und ihr kann auch über zwei ähnliche Stücke hinweg gestaltet werden. Die Barzelletta „Uscirallo, resterallo" (Bsp. 33, S. 250–51) beantwortet die ihr vorausgehende Barzelletta „Che faralla, che diralla" (Bsp. 32, S. 248–49), was musikalisch durch einen parallelen formalen Aufbau — eine Dreiteiligkeit mit wechselnden Metren[168] — und eine korrespondierende Modalität und Melodik deutlich wird. Der Grundmodus beider Stücke geht von A aus; in mutazione und volta verläuft der Cantus in jeweiliger Gegenbewegung zueinander. Die Tatsache, dass Don Timoteo hier auf eine Vertonung eines anderen Kollegen, wahrscheinlich Michele Pesenti reagiert, belegt die rege Praxis des Variierens vorhandener Modelle auf musikalischer wie poetischer Ebene. Textlich spielen beide Barzelletten mit dem Topos der Keuschheit und führen ihn durch groteske Übertreibung bis ins Lächerliche, indem die Geliebte der Entscheidung ihres Liebhabers, ins Kloster zu gehen und damit ihren ablehnenden Gebärden zu entfliehen, mit ihrerseits rigorosen Maßnahmen begegnet: Sie bezeichnet diesen Schritt am Ende als Fehler und nimmt sich vor, selbst zum Papst vorzudringen, auf dass der Geliebte sich die Kutte zerreiße und wieder zu ihr zurückkehre. „Ma se impetro mai dal pappa / Che si stracci quella cappa / Questo error si menderà". Auch hier liegt allein in der Tatsache, dass sie aktiv das Wort ergreift, eine Umkehrung traditioneller Topoi vor, deren Provokation sich durch Details zuspitzt: Wenn er in der letzten Strophe von „Che faralla [...]" laut darüber nachdenkt, wie sie auf seine Entscheidung, Mönch zu werden, reagieren könnte, zeichnet er ein Bild, das mit den Erwartungen weiblicher Zurückhaltung und Keuschheit vereinbar ist. Er erwartet Weinen und Trauer von ihr und vermutet, dass auch „ihre Gedanken sie in irgendein Kloster führen werden", „Forsi poi ch'l suo pensiero / In un qualche monastero / Ala fin la condura". Über die Tatsache hinaus, dass sich die Geliebte in ihrer Antwort alles andere als sprachlos, „senza favella", zeigt, scheinen sich die Assoziationen vom Ende der ersten Frottola in „Uscirallo, resterallo" zunächst zu bestätigen, äußert die Geliebte doch in der zweiten Strophe, dass es besser wäre, nun Nonne zu werden: „Meglio è farmi monicella / Poi che lui s'è fatto fra'." Bis zur folgenden Strophe aber hat sich ihre Entscheidung geändert. Zwar bleibt sie dabei, ins Kloster gehen zu wollen, allerdings nur, um den Geliebten zu entführen (Bsp. 33).

Bsp. 32: Michele Pesenti (?) (oder Bartolomeo Tromboncino), *Che faralla che diralla*

[168]. Auch wenn es innerhalb der Volta durch die Wiederholung des ersten Teils eine Zweiteilung gibt, wird sie hier als einteilig betrachtet.

Che faralla, che diralla,	Was wird sie machen, was wird sie sagen,
Quando la saperà	Wenn sie erfährt,
Che mi sia fra?	Dass ich Mönch bin?

O quante fiate
Di farmi frate
In sua presentia gli 'ho giurà;
Ma lei ridea
E nol credea
Che mi dovesse mai farmi fra.
Anzi, ognor si lamentava
Con dir che la bertigiava,
E pur mi son fatto fra`!

O wie viele Male
Mich zum Mönch zu machen
Habe ich in ihrer Gegenwart geschworen,
Aber sie hat gelacht,
Und es nicht geglaubt,
Dass ich mich jemals zum Mönch machen würde.
Im Gegenteil, ständig hat sie sich beklagt
Und gesagt, dass ich sie verschaukele,
Und nun bin ich in der Tat Mönch geworden!

Che faralla, che diralla…   Was wird sie machen, was wird sie sagen…

Quando ho ben visto
Che far acquisto
Di lei non posso, son fatto fra':
E fraticelo
Discalcirello,
Che cossi avea deliberá,
Dove in una picciol cella
Faccio vita poveralla
Observando castitá.

Als ich klar gesehen habe,
Dass ich von ihr nicht
Besitz ergreifen kann, bin ich Mönch geworden.
Und als Brüderchen
Hab' ich mich auf die Socken gemacht,
So hatte ich es beschlossen.
In einer kleinen Zelle
Lebe ich ein armes Leben
Und übe Enthaltsamkeit.

Che faralla, che diralla   Was wird sie machen, was wird sie sagen…

So che colui
Qual ambigui
Del nostro amore privati n'ha,
Con sue ciancette
E lusinghette
Ch'io venga fora lui cercherà,
Ma se mai el me ghe achiappa,
Che mi stracci questa cappa,
Che di vita io sia priva.

Ich bin der,
Der unsere Liebe von
Diesen Widersprüchen befreit hat.
Von ihrem Geschwätz
Und ihren Verführungen,
Auf dass ich heraus komme und sie [mich] suchen wird.
Aber wenn sie mich je erwischt,
Mir diese Kutte zerreißt
Werde ich des Lebens beraubt sein.

Che faralla, che diralla   Was wird sie machen, was wird sie sagen…

La poverella
Senza favella
La notte e'l giorno se ne starà
E scapigliata
Tutta affannata,
El strano caso lei piangerà.
Forsi poi ch'l suo pensiero
In un qualche monastero
Ala fin la condura.

Die Arme
Wird sprachlos sein
Tag und Nacht
Und verwirrt.
Ganz in Kummer
Wird sie den seltsamen Fall beweinen.
Vielleicht wird ihr Denken sie dann
Am Ende in irgendein Kloster
Führen .

Che faralla, che diralla etc.   Was wird sie machen, was wird sie sagen…

Bsp. 33: Don Timoteo, *Uscirallo o resterallo*

Uscirallo o resterallo
El mio ben? O che farà,
Poiché l'è fra'?

Ahimè, s'el resta,
Di me più mesta
Mai donna alcuna non sarà;
Ma se esce fora,
Io spero anchora
Che al primo amor ritornerà.
Lassa me, ch'el me giurava
De ciò far, ma non pensava:
Hor è pur la verità.

Wird er herauskommen oder bleiben,
Mein Guter? Oder was wird er machen,
Wenn er jetzt Mönch ist?

Oh weh, wenn er bleibt,
Wird es keine traurigere
Frau als mich geben.
Aber wenn er raus kommt
Hoffe ich noch,
Dass er zur ersten Liebe zurückkehrt.
Weh mir, denn er schwor mir,
Das zu tun, aber dachte [doch] nicht [wirklich] daran.
Jetzt ist es reine Wirklichkeit.

Uscirallo o resterallo…	Wird er herauskommen oder bleiben…
Se avesse visto	Wenn er gesehen hätte
Che fin sì tristo	Welch trauriges Ende
Dovesse far, come fatto ha,	Er nehmen müsste, wie er es getan hat,
El poverello	der Arme,
D'ogni martello	Von jedem Hammer
Averia certo liberá.	Hätte er sich sicher befreit.
Hor che voglio star donzella	Jetzt, da ich Jungfrau bleiben will,
Meglio è farmi monicella	Ist es besser Nonne zu werden,
Poi che lui s'è fatto fra'.	Da er sich zum Mönch gemacht hat.
Uscirallo o resterallo etc.	Wird er herauskommen oder bleiben…
Misera fui	Elend war ich.
Cagion che lui	Der Grund war, dass er
De panni tal vestito s'ha:	Sich mit diesen Gewändern gekleidet hat.
Ché mie zancette	Denn meine Scherzchen
E pargolette	Und Kindereien
Non lo dovean tenir gabá.	Sollten ihn nicht betrügen.
Ma se impetro mai dal pappa	Aber wenn ich je beim Papst eindringe,
Che si stracci quella cappa	Dass er sich die Kutte zerreißt,
Questo error si menderà.	Wird man diesen Fehler verzeihen.
Uscirallo o resterallo etc.	Wird er herauskommen oder bleiben…

In einigen Frottolen wird der intime Charakter des Selbstgesprächs durch die Vorstellung energischen Rufens oder Klagens ausgereizt, so z. B. durch den Cantus von „Rompi, Amor" (vgl. Bsp. 26, S. 243), „Pieta, cara signora" (vgl. Bsp. 17, S. 227) oder „Udite, voi finestre" (Bsp. 34, vgl. Text, S. 269, Anm. 198).

Bsp. 34: Marchetto Cara, *Udite voi finestre*

Eindrücklicher wirken diese extrovertierteren Redesituationen, wenn sie zu imitativen Einsätzen aller vier Stimmen führen. Die Barzelletta „Ala guerra" (Bsp. 35) aus Petruccis erster Sammlung von 1504 ist charakteristisch in der Gestaltung des Anfangsmottos, kanonisch direkt aufeinanderfolgenden Imitationen aller Stimmen: Das dichte Nacheinander der Stimmeinsätze wirkt wie eine Vervielfachung und Verstärkung der Kriegsansage des Ich. Es scheint das Motto in alle Richtungen rufen zu wollen, so dass der Raum des Selbstgespräches für einen Moment geöffnet zu werden scheint. Und kurz, wie die polyphone Gestaltung in dieser Frottola ausfällt — sie umfasst nur eineinhalb Takte —, wird eine Eindringlichkeit dieses Mottos hier vor allem durch seine vielfache Wiederholung erreicht. Es erfolgt zweimal innerhalb jeder der insgesamt neun Strophen bzw. jedes Wiederaufgreifens der Ripresa.[169]

Bsp. 35: Bartolomeo Tromboncino, *Ala guerra*

A la guerra, a la guerra,	Auf in den Krieg, auf in den Krieg,
Che amor non vol più pace	Da Amor keinen Frieden mehr möchte,
Ma sempre è più tenace	Sondern immer verbissener wird.
Questa guerra è mortale	Dieser Krieg ist tödlich
Per uno ardente strale	Wegen eines brennenden Pfeils,
Cagion d'ogni mio male	Grund für all mein Übel,
Per farmi sempre guerra.	Um mir immer Krieg zu stiften.
A la guerra, a la guerra	Auf in den Krieg, auf in den Krieg
etc.	etc.

---

169. Die ersten sieben Takte werden in fast identischer Form ab Takt 14 wiederholt.

Betrachten wir dagegen, wie ähnliche musikalische Textgestaltungsideen unter den innovativen Einflüssen von Musikern aus dem Umfeld der paduanischen Schule zehn Jahre später, im elften und letzten Petrucci-Buch von 1514 verarbeitet werden, wird die Entwicklung zur Canzone italiana und zum frühen Madrigal der 1520er und 1530er Jahre bereits erkennbar. Hier werden zwei Sätze mit vier durchgängig sanglich gestalteten Stimmen angelegt: In der Barzelletta „Fuga ognun Amor protervo" (Bsp. 36) ist der mottostiftende Aufruf zur Flucht vor Amor ähnlich wie in der früher veröffentlichen Frottola „Ala guerra" durch imitierende Einsätze aller vier Stimmen gestaltet, die jeweils im Einklang bzw. im Oktavabstand zueinander gestaltet sind, so dass der Eindruck von Wiederholungen im Vordergrund steht. Passend zum Text wird dieser Beginn als Klangbild von Stimmen gehört, die voreinander fliehen (T. 1–3).

Bsp. 36: Ioannes Lulinus venetus, *Fuga ognun, amor protervo*

Fuga ognun Amor protervo,
Qual per premio tosco e f[i]iele
Don[n]a a cui se li fa servo.

Fuga ognun Amor protervo,
Qual per premio tosco e f[i]iele…

Fuga ognun ch'io fugir voglio…

Fuga ognun, né più servire etc.

Fliehe jedermann den hochmütigen Amor,
Der als Geschenk Gift und Galle
Gibt, wer sich ihm zum Diener macht.

Fliehe jedermann den hochmütigen Amor,
Der als Geschenk Gift und Galle…

Fliehe jedermann, so wie ich fliehen will…

Fliehe jedermann, weder zum Dienen….

Die Polyphonisierung des Satzes wird nun ausgestaltet, indem im gleich beginnenden zweiten Vers, „*Fuga ognun* Amor crudele" die Anfangstakte variiert werden. In denselben Stimmpaaren von Cantus und Tenor vor Bass und Alt versinnbildlicht jetzt nicht der Quintsprung g-d aufwärts, sondern die Terz b-g abwärts, (und dies damit nicht in der tragenden Stimme zuerst), den Ruf des Ich. Auch hier gibt der Text durch das Wort „ognun" („jeder") eine vervielfältigende, den Klangraum erweiternde Wirkung vor, den die Musik verstärkt. Die vielstimmige vokale Anlage dieses Stückes ist also auch in der Redesituation begründet: Damit „alle" dem Ich zuhören, werden hier vier Sänger mobilisiert. Die Musik spiegelt damit auch die von dem Ich zahlreich angerufene Zuhörerschaft.

In der Barzelletta „Don, don! Al foco […]" (Bsp. 37) von Alessandro Patavino (bzw. Patavus) Stringari im selben Buch wird im Rahmen einer ähnlich vokalen Satzgestaltung eine weitere Redesituation gestaltet, in der sich das Ich nicht nur an ein Du, sondern an ein kollektives Gegenüber wendet. Dazu liefert die *poesia* die entscheidende Basis eines imaginären Frage- und Antwortspiels über Amor als Herd von Herzensleid, das sich auf den lautmalerischen Feueralarmruf „Don, don" hin entfacht. Stimmpaare aus Bass und Alt sowie Cantus und Tenor wechseln in weitgehend terzparallel verlaufenden Linien einander ab und erzeugen den authentischen Eindruck eines Schlagabtauschs zwischen Fragenden und Antwortenden (T. 1–6).

Bsp. 37: Antonius Patavius, *Don, don! Al foco, al foco!*

Don don!
– Al foco, al foco!
Dove è?
– Al miser core!
Chi te l'ha acceso?

Dong, dong!
– Feuer, Feuer!
Wo ist es?
– Im elenden Herzen!
Wer hat es dir entflammt?

– Amore Per sfarmi a poco a poco.	– Amore, Um mich nach und nach zu zerstören.
O miserel, che credi Extinguer questa face? Hormai al sonar cede E portatela in pace, Ché cusì ad Amor piace: Non esser più sì scioco!	O Elender, womit glaubst du Diese Fackel auszulöschen? Nunmehr beginnt sie zu klingen. Trage sie in Frieden, So dass es Amor gefällt. Sei nicht mehr so dumm!
Don don! – Al foco, al foco!	Dong, dong! – Feuer, Feuer!
Pur spero anchor mercede Amio grave dolore Da chi servo con fede Et ho donato il core; Ben che'l protervo Amore El mio mal prenda a gioco.	Doch hoffe ich noch auf Gnade Für meinen schweren Schmerz, Dem ich mit Treue diene Und dem ich mein Herz gegeben habe, Auch wenn der hochmütige Amor Mit meinem Elend spielt.
Don don! Al foco, al foco!	Dong, dong! – Feuer, Feuer!
Che in cor di donna spiera Riman sempre ingannato, Ben che benigna in ciera, Si mostri al primo tratto; Ma chi resta gabato Si strugge a poco a poco.	Wer auf das Herz der Frau hofft Bleibt immer getäuscht, Auch wenn sie auf den ersten Blick gutmütig aussieht; Aber der betrogen ist, der zerstört sich nach und nach.
Don don! – Al foco, al foco!	Dong, dong! – Feuer, Feuer!
Hor sia quel che esser vòle E che dispone il Fato; Benché qual al sol neve Per donna sia disfatto, Gridaró tregua e patto In fin ch'io serò roco.	Nun sei es, was es sein will Und was das Schicksal hergibt. Obwohl ich für eine Frau zerstört bin Wie Schnee an der Sonne, Werde ich solange zur Waffenruhe rufen, Bis ich heiser bin.
Don don! – Al foco, al foco!	Dong, dong! – Feuer, Feuer!

Die Frottola spielt somit innerhalb der Grenzen ihrer solitären rhetorischen Ausgangssituation mit vervielfältigenden, erweiternden Effekten. Sie legen klangsinnliche Vorstellungen eines Gegenübers nahe, das sich in Einzelfällen vom Du auf ein Kollektiv erweitern kann. Vor diesem Hintergrund wird plausibel, dass schon Wolfgang Osthoff der Frottola einen Platz in der von ihm beschriebenen Entwicklung der Musik im 15. und 16. Jahrhundert zum „Theatergesang" zugeschrieben hat, auch wenn ihr in ihrem intimen rhetorischen Profil klare Grenzen der theatralen Wirkung gesetzt sind.[170] Ausnahmen bilden die in den Frottolensammlungen überlieferten Karnevalslieder, die in der rhetorischen Ausgangssituation von einem Wir ausgehen, eine schlüssige Konsequenz des karnevalistischen Selbstverständnisses, mit dem man sich als namenloser Teil eines großen Ganzen von den Alltagsnormen entfernen darf.[171]

---

[170]. Er sah „in den Frottolen den Ausdruck des Ich, das in seiner Vereinzelung zur Klage neigt. Das Einfangen des individuellen Seelenausdrucks ist der Beitrag, den die Frottola zur Entstehung der darstellenden Musik geleistet hat." Osthoff: *Theatergesang* (1969), S. 130. Vgl. Dazu auch ebd. S. 127–28 und Pirrotta: *Orfei* (1969), S. 63–84.

[171]. So geht es in dem Karnevalslied „Fate ben, gente cortese" um eine Situation, die zwar im Alltag geläufig, im durch lyrische Topoi vorgegebenen Rahmen des höfischen Lieds traditionell aber unsagbar ist: Man erfährt hier von einer

Bsp. 38: Bartolomeo Tromboncino, *Fate ben, gente cortese*

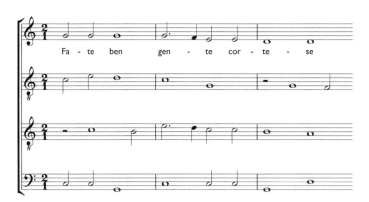

Fate ben, gente cortese,	Tut Gutes, höfliche Leute,
A ste povere peregrine!	Diesen armen Pilgerinnen,
Ché venute siam, tapine,	Die wir armen gekommen sind
Da lontan nostro paese.	Aus unserem fernen Land!
Fate ben, gente cortese,	Tut Gutes, höfliche Leute,
A ste povere peregrine!	Diesen armen Pilgerinnen!
Per andar a Roma sancta	Um ins heilige Rom zu gehen.
Havem preso am gran camino,	Haben wir großen Weg auf uns genommen,
Ché tra noi la fama à spanta	So dass wir großen Hunger leiden
Del perdon sancto e divino.	Für die heilige Gnade,
Insta el tempo hormai vicino.	Die jetzt aber nahe ist.
Se ce dati aiuto, andremo	Wenn ihr uns helft, gehen wir
E del ben che va viu haremo	Und die Güter, die wir von euch bekommen,
Ce farem tra via le spese	Werden unsere Wegzehrung sein.
Fate ben, gente cortese,	Tut Gutes, höfliche Leute,
A ste povere peregrine!	Diesen armen Pilgerinnen!
Etc.	Etc.

Frottolen waren Bestandteil der ersten Intermedien in Ferrara und Mantua Ende des 15. Jahrhunderts. Bekannt ist, dass Bartolomeo Tromboncino zusammen mit einer Musikerin namens Paola Pocino und anderen im Intermedium einer Komödie auf der Hochzeit von Lucrezia Borgia mit Alfonso d'Este im Februar 1502 musizierte. Frühere Quellen belegen die Mitarbeit Serafino dell'Aquilas an Mantuaner Intermedien.[172]

Gruppe weitgereister Rompilgerinnen, die bei „höfischen Leuten" betteln geht, was Tromboncino jedoch nicht zu einer äußergewöhnlichen Frottola-Vertonung veranlasst (Bsp. 38). In diesem achten Frottolenbuch Petruccis sind allein vier Karnevalslieder enthalten, drei davon in unmittelbarer Abfolge aufeinander. Vgl. den kritischen Kommentar von Pe. VIII/Boscolo: Cleup (1999). Vgl. zudem Osthoff: *Theatergesang* (1969), S. 127.

[172]. „Al tertio acto uscì la musica di Tromboncino, Paula Pozino et compagni cum la quale si fece magior honore a mantuani che a ferraresi." „Im dritten Akt kam es zur Musik von Tromboncino, Paola Pocino und Kollegen, mit der sich die Mantuaner mehr Ehre verschafften als die Ferrareser." Vgl. Brief von Isabella d'Este Gonzaga an Francesco Gonzaga, 8. Februar 1502, B. 2993, Brief 13, fol. 40v–41v. Der Brief ist teilweise veröffentlicht in Luzio: *Isabella e Borgia* (1915), S. 81. Typisch für die Berichterstattung über diese Hochzeitsfeierlichkeiten ist der von Konkurrenzdenken bestimmte Ton der Isabella d'Este Gonzaga. Für Serafinos Mirkung an Intermedien vgl. 2. 1. 6.

4. 2. 7 *Formes fixes* der *poesia per musica*

Das Repertoire an musikalisierten frottolesken Redesituationen basiert auf festgelegten poetischen Formen, sogenannten *formes fixes*. Dass diese im gleichen Zeitraum in jüngeren Kompositionen der französischen Chanson bereits an Bedeutung verloren und man dort einfachere Strophenformen vorzog, spricht für den genuin höfischen Charakter der Frottola, der ohne solch stilisierte Formen nicht darstellbar gewesen wäre.[173] Sie zu kennen, ist für den weiteren Umgang mit der Frottola grundlegend. Wenn daher ihre Gestaltungsformen im Folgenden überblicksartig dargestellt werden, zeigen sich Ökonomie und Variabilität wiederum als Grundprinzipien der Frottolen, nun auf der Ebene der Versschemata. Der folgende Überblick stellt die unterschiedlichen Schemata vor und führt anhand konkreter Beispiele auch vor, wie die musikalischen Mittel zur Textausdeutung genutzt werden, die bereits in Kapitel 4. 2. 4 angesprochen wurden. Sie bewegen sich von einer satztechnisch stereotypen Darstellung, die der Hörbarkeit der zugrundeliegenden Wort zugute kommt, bis hin zur Illustration einzelner Textmomente und der gezielten Ausdeutung eines den Versen übergeordneten Textsinns, stets jedoch auf der Grundlage der diversen Versformen und ihrer spezifischen Dynamik.

Die Barzelletta und andere Formen mit Refrain

Am häufigsten begegnet in den Sammlungen der Hauptperiode der Frottola die Versform der Barzelletta. Innerhalb eines erstaunlichen Gesamtbestands von 380 Vertonungen in den überlieferten zehn Petrucci-Büchern[174] ist das Gewicht der Barzelletta in den ersten drei Petrucci-Büchern besonders groß. Die Versform macht hier drei Viertel des Repertoires aus[175] — ein Eindruck, der sich auch in den Manuskripten der Zeit bestätigt. So stehen im Pariser Manuskript Ms Rés. Vm⁷ 676, das 1502 abgeschrieben worden ist, 43 Barzelletten 33 Strambotti gegenüber.[176] Abgesehen von ihrem meist scherzhaften Charakter (Barzelletta = „Witzgeschichtchen, geistreiches Motto, scherzhafte Anekdote"[177]) mag ihre besondere Beliebtheit als *poesia per musica* darauf zurückgehen, dass das Miteinander von Ökonomie und Variabilität hier durch das Wechselspiel von Strophe und Refrain besonders günstig scheint. Noch stärker als andere Versformen kann die Barzelletta über Wiederholungen sehr pragmatisch gehandhabt werden, eröffnet aber auch zahlreiche Variationsmöglichkeiten.

Es handelt sich um eine Strophenform aus Achtsilblern, die der älteren Ballata verwandt ist, terminologisch zudem offensichtliche Affinitäten zur *bergerette* hat, die im Frankreich der zweiten

---

[173.] L. Finscher in *Musik 15./16.Jhd*, S. 450 und Schwindt: *Musikalische Lyrik* (2004), S. 168.

[174.] Die Mühe der Zählung hat sich Giulio Cattin gemacht. Cattin: *Quattrocento* (1986), S. 282. Aber bereits Jeppesen hat Zahlen genannt. Bei ihm kommt es zu einer gering abweichenden Zählung von 373 Barzelletten der insgesamt 639 Frottolensätze in allen überlieferten Petrucci-Büchern, denn er berücksichtigt keine unvollständig überlieferten Sätze oder Vertonungen nicht-italienischer (spanischer, lateinischer) Poesie. Jeppesen: *Lauda um 1500* (1971), S. XXVI.

[175.] Dieser Prozentsatz ist in allen drei Büchern quasi gleich: In Frottole Pe. I (1504) sind 46 von insgesamt 62 Sätzen Barzelletten (74%), in Frottole Pe. II (1504) sind es vierzig von 53 (75%) und in Frottole Pe. III (1505) sind es sogar 48 von 62 (77%).

[176.] In späteren Sammlungen mischen sich Barzelletten stärker mit anderen Versformen, in Frottole Pe. VIII (1507) und Frottole Pe. IX (1508) sind es 50% (29 von 57) bzw. 54% (35 von 64) des Repertoires, und im letzten Petrucci-Buch Frottole Pe. XI (1514) nur noch 30% (21 von 70).

[177.] „Barzelletta": „Storiella da ridere, motto spiritoso, aneddoto scherzoso". „barzellettare": scherzare, far dello spirito a proposito di qualque argomento" ("scherzen, geistvolle, freche Bemerkungen zu irgendeinem Argument machen"). Battaglia II (1962), S. 82.

Jahrhunderthälfte in Mode war und deren poetische Form sich zwischen dem *virelai* und dem *rondeau* bewegt.[178] Die Ballata ist seit dem frühen 14. Jahrhundert als „poetisch-musikalisch-choreographische Einheit" belegt, als funktionale Dichtung, zu der gesungen und getanzt wurde.[179] Da Tempo hält in der *Summa artis rhithimici vulgaris dictaminis* entsprechend fest, „Tales ballatae cantantur et coreizantur";[180] später hebt da Sommacampagna noch deutlicher hervor, dass der Begriff der Ballata speziell mit dem tänzerischen Aspekt in Verbindung steht: „Et eciandeo e dançanno; e perché alo canto de loro le persone ballano, elle sono appellate ballate."[181] Die Ballataform aus Responsum und Strophen aus zwei Pedes (ausnahmsweise drei) und einer Volta hat ihren Hintergrund in der dialogischen Praxis eines Reigentanzes, bei der ein Vorsänger Strophen singt, die von einer Gruppe aus Tänzern und Sängern jeweils mit dem Responsum (bzw. Recantus) beantwortet werden.[182] Als *poesia per musica* bleibt diese Form grundsätzlich erhalten und führt zu drei Teilen, von denen nur zwei unterschiedliches Material aufweisen, der A-Teil für die Ripresa mit bis zu fünf Versen und der B-Teil für die Piedi, dem ersten Teil der zweiteiligen Strophen. Der letzte Teil der Strophe, die Volta, greift musikalisch wieder Teil A auf.[183]

Seit dem 15. Jahrhundert ist die Ballata nicht mehr als musikalische Gattung überliefert. Dagegen erhielt sich die Barzelletta mit kürzeren, schematischeren Verslängen aus acht Silben (teils auch sieben oder sechs) als eine Sonderform ihrer Vorgängerin.

Die Barzelletta ist von der terminologischen Unschärfe des Frottolenbegriffs berührt, der synonym mit der Barzelletta verwendet und vergleichsweise selten in Traktaten beschrieben wurde. Unter den Theoretikern, die sich in der Hauptzeit der Frottolenproduktion über zeitgenössische Versformen geäußert haben, ist Antonio Minturnos Definition am deutlichsten:

> [La Barzelletta] è simile in gran parte alla Ballata: percioche ella ha la Ripresa, la Mutazione, e la Volta. Ma sempre il verso d'un modo, e la Ripresa di due coppie tra loro obliquamente concordi; e la Mutazione d'altrettante, che direttamente si rispondono: e la Volta eguale, e simile alla Ripresa; ma con legge, che 'l primo verso s'accordi all'ultimo della Mutazione; e ne' tre sequenti si ripetano le rime della Ripresa.[184]

Demnach besteht für die Barzelletta eine der Ballata ähnliche Dreiteiligkeit aus einer Ripresa, einer Strophe und einem Refrain. Die sechs- bis achtzeilige Strophe ist erneut zweiteilig, besteht aus einem Paar Piedi, die auch Mutazioni genannt werden, und einer Volta, die die Strophe im Reimschema mit der Ripresa verbindet. Sie ist zwei- oder vierzeilig. Meist alternieren die Reime

---

178. Schwindt: *Musikalische Lyrik* (2004), S. 163 und Cattin: *Quattrocento* (1986), S. 281.
179. Huck: *Trecento* (2005), S. 19.
180. „Solche Ballaten werden gesungen und getanzt." Da Tempo: *Delle rime*, S. 117. Der ungewöhnliche Ausdruck des „coreizare" scheint eine italianisierte Form des Griechischen zu sein. „Corèa": Ant. Ballo (alter Ausdruck für Tanz); „corèico": lett. Che si referisce alla danza, che concerne la danza" („Lit. was sich auf den Tanz bezieht"). Battaglia III (1964), S. 778.
181. „Und auch zum Klang und Gesang der sogenannten Ballaten oder Canzonen tanzen die Personen; und sie werden Ballaten genannt, weil die Personen nach ihrem Gesang tanzen." Da Sommacampagna: *Dei ritmi*, S. 101–02.
182. Dorothea Baumann: „Ballata". In: *MGG* (2), Sachteil 1, Kassel etc. 1994, Sp. 1157–63, Sp. 1158.
183. Piedi und Volte sind Äquivalente zu Stollen und Abgesang in der deutschsprachigen Verslehre.
184. „[Die Barzelletta] ist in weiten Teilen der Ballata gleich: Denn sie hat eine Ripresa, die Mutazione und die Volta, aber immer den Vers in gleicher Länge, und die Ripresa besteht aus zwei Paaren, die untereinander übereinstimmen müssen; und die Mutazione gleichermaßen, so dass sie sich direkt aufeinander beziehen. Und die Volta ist dem gleich, und ähnlich der Ripresa, aber mit der Regel, dass der erste Vers sich an den letzten der Mutazione anpasst, und in den drei folgenden wiederholen sich die Verse der Ripresa." Minturno: *L'arte poetica*, S. 265.

in den Piedi (cdcd); die anschließende Volta greift den vorausgehenden Reim auf, so dass eine Verknüpfung bzw. incatenazione entsteht, mit dem ersten Reim der Ripresa (da oder deea). Ihrem Namen entsprechend, sorgt die Volta („Wende") damit für glatte Übergänge, auch zum folgenden Kehrreim. Der Refrain am Ende der Strophe übernimmt die Ripresa entweder ganz oder nur in zwei Versen, was häufiger vorkommt.

Es ergibt sich folgendes Reimschema, das in den überlieferten Poesien geringfügig abgewandelt wird:

abba	Ripresa
cdcd	Strophe aus 2 Piedi
da oder deea	Volta
ab, ba oder abba	Refrain[185]

In den Vertonungen der Barzelletta sind generell zwei Praktiken zu unterscheiden. Entweder es wird nur Musik für die Ripresa und den Refrain geschrieben, die dann für den Text der Strophe übernommen wird, oder aber es existiert zudem auch Musik für die Strophe — musikalisch zweifellos die interessantere und in der Aufführungspraxis auch übersichtlichere Variante, bedenkt man die vielfältigen Wiederholungswege, die die erste Vertonungsform erfordert.[186]

a) Innerhalb der Barzelletten-Vertonungen mit nur einer Musik sind wiederum Typen mit einer vierzeiligen von denen mit einer zweiteiligen Volta zu unterscheiden. Zunächst zur ersten Variante: Für Marchetto Caras Barzellettavertonung „Io non compro più speranza" (vgl. Text und Noten Bsp. 7, S. 216) ist in Petruccis erster Sammlung ein Satz mit folgendem Aufbau abgedruckt: (// = mit Wdh.): //A //B/ A'. Aus der folgenden Tabellenübersicht (und vgl. Noten Bsp. 7, S. 216) wird anschaulich, wie man sich konkret den Ablauf des Stücks vorzustellen hat. Der Satz geht von drei verschiedenen melodischen Einheiten und deren Varianten aus;[187] das Stück beginnt mit einem Durchlauf der gesamten Musik für Ripresa und Refrain; es folgen verschiedene Strophen, auf die jeweils ein Refrain folgt; eine letzte Version des Refrains dient als Coda.

Poesia	Reim	Gedichtform	Musikalische Form	Melodische Einheiten
Io non compro più speranza	A	Ripresa	A ohne Wdh.	1.
Che glie cara mercantia.	B			2.
A dar sol atendo via	B		B	3.
Quella pocha che m' avanza	A			1.'
Io non compro più speranza	A	Refrain	A'	1.
Che glie cara mercantia,	B			2.
che glie etc.	B			2'

185. In Ballata-Vertonungen aus Petruccis elftem Frottolenbuch wird die der Versform eigene Zweiteiligkeit zwischen Ripresa und Volta zugunsten einer durchgängigen Form aufgebrochen (Nrn. 20, 42 und 46). In der Petrarca-Vertonung „Amor, quando fioriva" (Nr. 42) erinnern nur die nahezu gleichen Vertonungen des zweiten und dritten Verses (T. 3–4 und 5–6), die noch einmal als Vertonung der letzten Verse aufgegriffen werden (T. 22 und 23), an eine traditionelle Ballatavertonung. Auch diese sind aber im elften Buch vertreten: Tromboncinos Kompositionen „Donna, non mi tenete" (Nr. 61) und „Queste lacrime mie, questi suspiri" (Nr. 62) weisen verschiedene, wenn auch verwandte Musiken in der Ripresa und Volta auf. Die Ripresa beginnt und wird nach der Volta wiederholt.
186. Einen tabellarischen Überblick über die Vielzahl an Aufführungsformen zu den verschiedenen Varianten der Barzellettavertonung gibt William Prizer in Prizer: *Performance* (1975), S. 228. Darüber hinaus werden auch in seiner Studie über Cara die musikalischen Formen auf der Grundlage der verschiedenen Versformen der Frottola eingehend erörtert. Prizer: *Cara* (1980). Für die Barzelletta vgl. dort die S. 116–24.
187. Die Takte 9–11 werden als Variante der ersten drei Takte verstanden, vor allem wegen der ähnlichen Tonfolge.

Teil 4

Poesia	Reim	Gedichtform	Musikalische Form	Melodische Einheiten
		Strophe 1:		
Cara un tempo la comprai	C	Piede 1 bzw.	//A//	1.
Hor la vendo a bon mercato	D	Mutazione 1		2.
E consiglio ben che mai	C	Piede 2 bzw.		1.
Non ne compri un sventurato	D	Mutazione 2		2.
Ma più presto in el suo stato	D	Volta	B	3.
Se ne resti con constanza.	A			1.'
Io non compro più speranza	A	Refrain	A'	1.
Che glie cara mercantia,	B			2.
che glie etc..	B			2.'
El sperare è come el sogno	E	Strophe 2:	//A//	1.
Che per più riesce in nulla	F	Piedi/		2.
El sperar è proprio il bisogno	E	Mutazione		1.
De chi al vento si trastulla	F			2.
El sperar sovente a nulla	E	Volta	B	3.
Chi continua la sua danza.	A			1.'
Io non compro più speranza	A	Refrain	A' = Fine	1.'
Che glie cara mercantia,	B			2.
che glie cara mercantia.	B			2.'

Liegt eine vierzeilige Volta vor, muss entsprechend eine weitere Wiederholung im B-Teil eingebaut werden.

b) Innerhalb der Vertonungen mit unterschiedlicher Musik für Ripresa und Strophe gibt es eine breite Palette an Varianten, die von Sätzen reichen, in denen das Material so sparsam eingesetzt wird, dass Abweichungen zwischen den melodischen Einheiten gering ausfallen, bis hin zu solchen, in denen die Musik für die Mutazioni und Volte stark von der für die Ripresa abweicht. Generell folgen diese Barzellettensätze dem folgendem Schema:

A B   // C   // D A (oder A B)/C etc.
Ripresa // Mutazioni // Volta   Refrain/Mutazioni der 2. Strophe usw.

Während Caras Barzellettasatz „Deh si, deh no deh si" aus Petruccis erster Sammlung innerhalb dieses Schemas mit nur sechs verschiedenen melodischen Einheiten auskommt (Bsp. 39) ist die melodische Vielfalt in „Io non l'ho perche non l'ho" aus Petruccis siebter Sammlung mit zehn verschiedenen Einheiten hörbar größer (s. die folgenden Formübersichten und Bspe. 39 und 40). In zweierlei Hinsicht ist dieser Vergleich bezeichnend. Auch wenn man innerhalb der Drucke nicht generell von einer konsequenten Entwicklung sprechen kann, da der Zeitpunkt der Veröffentlichung nur bedingt etwas über den Entstehungszeitpunkt der Sätze aussagt, fällt dennoch auf, dass vielfältigere Barzellettaformen schon nach dem ersten Frottolen-Buch Petruccis zunehmen. Marchetto Cara ist ein Künstler, bei dem sich eine entsprechende stilistische Entwicklung aufzeigen lässt. Der Sänger, Lautenist und Komponist zeigt zunehmend Interesse an musikalischer Differenzierung.[188]

---

[188]. Vgl. dazu die Analyse von Caras Frottola „O mia cieca e dura sorte" (Bsp. 61) in Kap. 4. 3. 2.

Bsp. 39: Marchetto Cara, *Deh si, deh no, deh si*

Deh si deh no deh si	Ach ja, ach nein, ach ja,
Deh el tuo bisogno di	Ach, brauchst du es
Deh si deh no de si	Ach ja, ach nein, ach ja
Deh si deh no de si	Ach ja, ach nein, ach ja
Oime che sel diro	O weh, wenn ich's ihr sage,
E chella dica no	Und sie sagt nein,
Scio ben che moriro	Weiß ich, dass ich sterbe;
Meglio e lasciarla qui	Besser, dass ich sie hier lasse.
Deh si deh no deh si	Ach ja, ach nein, ach ja,
Deh el tuo bisogno di	Ach brauchst du es,
Deh si deh no de si	Ach ja, ach nein, ach ja
Deh si deh no de si	Ach ja, ach nein, ach ja
Etc.	Etc.

Formübersicht zu Bsp. 39

Poesia	Reim	Gedichtform	Musikalische Form	Melodische Einheiten
Deh si deh no deh si	a	Ripresa	A	1.
Deh el tuo bisogno di	b			2.
Deh si deh no de si	a		B	3.
Deh si deh no de si	a			3.'
Oime che sel diro	c	Strophe 1:	C	4.
E chella dica no	d	Mutazione 1		4.'
Scio ben che moriro	c	Volta	D	5.
Meglio e lasciarla qui	a'			6.
Deh si deh no deh si	a	Ripresa	A	1.
Deh el tuo bisogno di	b			2.
Deh si deh no de si	a		B	3.
Deh si deh no de si	a			3.'

Bsp. 40: Marchetto Cara, *Io non l'ho perche non l'ho* (Text: Il Poliziano [Angelo Ambrogini])

Io non l'ho perche non l'ho,
quel ch'ormai haver davria:
S'io l'havesse, l'haveria,
Ma l'harò quando l'harò.

Longo tempo son vivuto
Aspectando haver un bene
Da chi sempre m'a tenuto
In speranze e anchor mi tene
Ma tal ben giammai non vene,
Et io incerte ognhor promesse
Vo pigliando ad interesse
Da chi dice e tel darò.
Etc.

Ich habe nicht, weil ich's nicht hab',
Das, was ich an sich haben sollte:
Wenn ich es hätte, würde ich es haben,
Aber ich werd's haben, wenn ich es haben werde.

Lange Zeit habe ich damit gelebt,
Auf ein Gut zu warten;
Das hat mich immer
In Hoffnung gehalten und tut es noch.
Aber dieses Gut kommt nie.
Und ich gehe umher und
Nehme stets vage Versprechungen entgegen
Von der, die sagt, ich wird's dir geben.

Formübersicht zu Bsp. 40

Poesia	Reim	Gedichtform	Musikalische Form	Melodische Einheiten
Io non l'ho perche non l'ho,	A	Ripresa = Refrain	A	1.
quel ch'ormai haver dovria:	B			2.
S'io l'havesse, l'haveria,	B			3.
Ma l'harò quando l'harò.	A		B	4.
Ma l'harò quando l'harò.	A			4.'
Longo tempo son vivuto	C	Strophe 1:	//C//	5
Aspectando haver un bene	D	Mutazione 1		6
Da chi sempre m'a tenuto	C			5
In speranze e anchor mi tene	D	Mutazione 2		6
Ma tal ben giammai non vene,	D		D	7
Et io incerte ognhor promesse	E	Volta	//E//	8
Vo pigliando ad interesse	E			8
Da chi dice e tel darò.	A		F	9
Da chi dice e tel darò.	A			10
Io non l'ho perche non l'ho,	A	Refrain	A	1.
quel ch'ormai haver dovria:	B			2.
S'io l'havesse, l'haveria,	B			3.
Ma l'harò quando l'harò.	A		B	4.
Ma l'harò quando l'harò	A			4.' = Fine

usw. mit Strophen 2, 3, 4 im Wechsel mit Refrain bis Refrain = Fine

c) Vereinfachte Varianten der Barzelletta bilden weitere Versformen mit Refrain, die sich in ihrem Reimschema zwischen dem der Barzelletta und dem der refrainlosen Oda bewegen. Canzonetten werden heute solche Gedichte genannt, in denen kurze Strophen (meist aus vier oder drei Teilen mit Siebensilblern) mit einem Refrain abwechseln.[189] Dieser kann bis zu nur einem Vers verkürzt sein, er kann aus der Strophe selbst hervorgehen, eine eigene Einheit bilden und zudem von Strophe zu Strophe wechseln. In der anonymen Canzonetta „Non poi perche non voi" z. B. wird stets die erste Strophenzeile als Refrain wiederholt. Bis zur dritten Strophe bleibt dieser Vers gleich, dann aber wechselt er (vgl. die folgende Übersicht und Bsp. 41). In der Vertonung sind Canzonetten weniger vielfältig und subtil als Barzelletten. Die Melodik zu den einzelnen Verszeilen ist meist schlicht gehalten, wiederholt sich aber nur selten. So ist auch in der besagten Canzonetta „Non poi perche non voi" für jeden neuen Vers eine eigene melodische Einheit vorgesehen. Nur die Musik zur jeweils zweiten Wiederholung der Refrainzeile variiert die vorausgehende Versvertonung (T. 17–21).

---

[189] Die Bezeichnung der Canzonetta geht auf Claudio Gallico zurück, der diese damit begründete, dass die entsprechenden Versformen neben den Oden in dem Mantuaner Manuskript Ma A. I.4 mit *poesia per musica* aus der Zeit um 1500 gesondert aufgeführt werden. Gallico: *Libro Isabella* (1961), S. 11. Er führte sie auf die Tradition der *ballata minore* zurück, die bei da Tempo als „Ballata minima" beschrieben ist. Im Wechsel von Elf- und Siebensilblern und einer Gedichtlänge von sieben Versen fällt diese dort allerdings komplexer aus als manche Canzonetta in den Frottolensammlungen. Vgl. Da Tempo: *Delle rime*, S. 126–27.

Bsp. 41: Anon., *Non poi perche non voi*

Non poi perche non voi,	Du kannst nicht, weil du nicht willlst,
El non voler macora	Und das betrübt mich tief.
O dolce mia signora	O meine süße Dame,
Non poi perche non voi,	Du kannst nicht, weil du nicht willlst,
Non poi perche non voi	Du kannst nicht, weil du nicht willst.
Non poi perche non voi	Du kannst nicht, weil du nicht willst,
Che si volessi un tratto	Wenn du auf einmal wollen würdest,
Faresti mi beato.	Würdest du mich glücklich machen.
Non poi perche non voi,	Du kannst nicht, weil du nicht willst,
Non poi perche non voi	Du kannst nicht, weil du nicht willst.
[...]	
Se fusse come io in pene	Wenn du wie ich in Pein wärst,
Quel ti faria potere	Würde ich mit dir machen, was ich kann
Et te faria volere	Und was ich will.
Se fosse come io in pene,	Wenn du wie ich in Pein wärst,
Se fosse come io in pene.	Wenn du wie ich in Pein wärst.

Formübersicht zu Bsp. 41

Poesia	Reim	Gedichtform	Musikalische Form	Melodische Einheiten
Non poi perche non voi,	a	Strophe	A	1.
El non voler macora	b			2.
O dolce mia signora	b		B	3.
Non poi perche non voi,	a	Refrain		4.
Non poi perche non voi	a			4.'
Non poi perche non voi		Strophe 2		
Che si volessi un tratto				
Faresti mi beato.				
Non poi perche non voi,				
Non poi perche non voi				
[…]				
Se fusse come io in pene		Strophe 4		
Quel ti faria potere				
Et te faria volere				
Se fosse come io in pene,				
Se fosse come io in pene.				

Zu den Frottolensätzen mit Refrain gehören auch Villotten. Sie sind für das Gattungsverständnis wichtig, auch wenn sie in die Sammlungen der Hauptperiode nur vereinzelt als Frühformen von Kompositionen eingehen, die sich kompositorisch erst ab den 1520er Jahren stärker behaupten und dann auch namentlich eigenständig werden. Erst im Manuskript Vnm 10653–56 vom Beginn der 1520er Jahre sind Villotten im Inhaltsverzeichnis bezeichnet,[190] wie dann auch im *Libro primo de la Fortuna* (um 1526), in dem sich Sätze von Frottolisten mit denen von Madrigalisten der ersten Generation mischen (Verdelot, Willaert, Festa u. a.).[191] Der Zuwachs an Villottenkompositionen ab den 1520er und 1530er Jahren ist im Zusammenhang mit der Entwicklung einer volkssprachigen vokalen Mehrstimmigkeit, der *canzone italiana* und des Madrigals zu sehen, aber auch mit der parallelen Tendenz, volkssprachige Musik populär zu gestalten und damit Liedern im *volgare* eines höheren literarischen und musikalischen Stils zu trennen. Beide Entwicklungen ziehen im weiteren Verlauf der Jahrzehnte eine enorme Druckproduktion von Sammlungen mit Titeln wie *Il Primo libro delle Villotte* (1541), *Villote del fiore* (ab 1557), aber auch *canzoni villanesche alla napolitana, alla bergamasca, venetiana* oder *alla padoana* (ab 1537) zum einen[192] und Madrigalsammlungen (ab 1530)[193] zum anderen nach sich.

Als eigene Linie im Repertoire sind Villotten somit Indikatoren für die kompositorische Entwicklung im gesamten Wirkungszeitraum der Frottola. Da das Gattungsverständnis von Frottolen gerade von seiner Heterogenität lebt, gehören sie als Sonderformen typisch frottolesker Tendenzen, des scherzhaften, absurden Geredes oder der kritischen Konfrontation des höfischen Redens mit

---

190. Über die zwölf Villotten, die im Originaldruck als solche aufgelistet sind, werden weitere drei in der kritischen Ausgabe als Villotten definiert. Vgl. Vnm 10653–56 mit dem kritischen Apparat von Vnm 10653–56/Luisi, S. XCV–CXXV.
191. Fortuna I (1526?).
192. Cardamone: *Villanella Villotta* (1998), v. a. Sp. 1518 und 1527–28.
193. Referenz für dieses Datum ist hier das in Rom publizierte *Libro Primo de la Serena*, in dem der Begriff des Madrigals erstmalig dem Titel einer Sammlung zu entnehmen ist. Geht man vom musikalischen Phänomen an sich aus, müsste man ähnlich wie im Fall der Villotta die Entwicklung der musikalischen Gattung wesentlich früher ansetzen. Madrigalhaft sind bereits Sätze aus dem letzten Petrucci-Buch von 1514.

anderen Ausdruckssphären unmittelbar zum Repertoire dazu. Poetisch und musikalisch schlagen sich villoteske Aspekte auch in anderen Sätzen nieder.

Bei Villotten handelt es sich im engeren Verständnis nicht um *formes fixes*, da sie auf keiner einheitlichen Versform aufbauen und nur als poetisch-musikalische Kompositionen bekannt sind. Auch in ihren frühen Formen sind Villotten an ihrem durchgängig (pseudo-)populären Charakter erkennbar, der oft zu dialogischen Strukturen innerhalb der Verse und zu einer durchgehend vokalen Anlage des musikalischen Satzes führt. Typisch sind stärkere polyphone, imitatorische Elemente zwischen den Stimmen, vor allem zu Beginn der Sätze, dann aber auch die Homophonie aller Stimmen. Der Tenor kann hier anstelle des Cantus die führende melodische Rolle übernehmen. Im Einzelfall kann auf die Strophen ein *lilolela*, eine Art Nonsensvers folgen oder aber ein *cicaleccio*, ein Geschnatter, in dem es oft lautmalerische Effekte gibt, wie z. B. das „hihihihihihi" in Caras Villotta „Colei che amo così" (Vgl. Bsp. 28, S. 245) oder das „gru, gru, gru […]" in Pesentis Villotta „Dal lecto mi levava" (Vgl. Bsp. 75, S. 338–39). Zur populären Tradition der Villotta gehört, dass einige Sätze mit einem sogenannten *nio* enden, einer tänzerischen Stretta, mit der die Tänzer dem Stück ursprünglich einen wirbelnden Kehraus verschafften.[194] Die Villotta „O dolce farfarella" (Bsp. 42) führt in einen solchen Nio im ternären Rhythmus, nachdem das Stück in einem binären Metrum begonnen hatte. Wie die Villotten auf das sonstige Repertoire abfärben, zeigt sich z. B. darin, dass der *nio* in diesem Stück der populäre Vers „De là da Pò", auch in der Frottola „Amerò, non amerò" am Ende steht, dort allerdings für einen stilistischen Kontrast sorgt zu den — musikalisch und dichterisch — höfisch gehaltenen Strophen des Stücks (vgl. Bsp. 10, S. 218–19). In „La dolce farfarella" ist die Stretta am Schluss nicht das einzige populär wirkende Element. Das Stück weist damit bereits auf eine eigene Tradition der Villotten, populäre Verse in beliebiger Reihenfolge aneinanderzureihen, so auch ihre Bezeichung „incatenature" („Verkettungen") — von Nicole Schwindt treffend als Liedfetzen bezeichnet.[195] Sie stellen eine eigene musikalische Ausprägung im frottolesken Selbstverständnis dar, auch Sinnloses und Unzusammenhängendes zu Unterhaltungszwecken feil zu bieten. Ein Beispiel dafür ist z. B. eine Villotta aus Petruccis neunter Frottolensammlung, die mit vier verschiedenen populären Versen in vier Stimmen beginnt (Bsp. 43).

---

194. Torrefranca: *Segreto* (1939), S. 303. Torrefranca hat sich als erster eingehend mit der Villotta beschäftigt. Im Index des Buches sind die einzelnen *nii* und *lilolele* extra aufgeführt, Ebd., S. 583–93.
195. Schwindt: *Musikalische Lyrik* (2004), S. 185.

Bsp. 42: Anon., *O dolce farfarella*

O dolce farfarela,	O süße, kleine Teuflin,
El me convien lassarte	Ich sollte dich verlassen
E andar in altra parte,	Und andernorts gehen,
O mia lucente stella.	O mein leuchtender Stern.
O mia, ti vo' ben dire:	O meine, ich will dir sagen:
Sforzato son partire	Gezwungen bin ich zu gehen
Passà che sia diman.	Wenn morgen vorbei sein wird.
Farilalilàn, farilalilàn,	Farilalilà, farilalilà,
Deh, toccame la man,	Ach, nimm' meine Hand,
Se non ch'io morirò.	Wenn nicht, werde ich sterben.
De zà da Po, de là da Po	Von hie zum Po, von da zum Po
Tu g'andaré, no g'andarò.	Wirst du gehen, nein wirst du nicht gehen.

Bsp. 43: Ludovico Fogliani, *Fortuna di un gran tempo etc.*

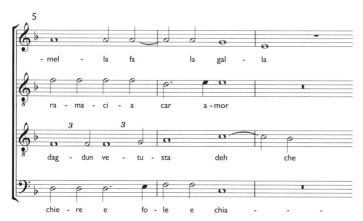

Fortuna d'un gran tempo!
Scaramella fa la gallo:
la tosa matta,
basela un tratto e lassela andar.
Etc.

Che fa la ramacina, car amor?
Doh, gratiosa, e doh, benigna bella:
toché la man al barba,
che l'ha portà i zopei!
Etc.

E si son si son, lasseme esser,
dagdun dagdun dagdun, vetusta;
deh, che fala, che la non vien?
Famene un poco de quella mazacroca.
Etc.

Dagdun dagdun vetusta,
e fole chiachere, e chiacchiere e fole
etc.

Glück einer großen Zeit!
Scaramella macht den Hahn:
Das verrückte Mädchen,
küss' sie ein bischen und lass' sie gehen.
Etc.

Was macht die Ramacina, liebe Liebe?
Ach, Hübsche, und ach, gute Schöne:
Gib dem Alten die Hand,
der die Holzlatschen getragen hat!
Etc.

Und wenn sie wenn sie sind, lasst mich in Ruh', dagdun
dagdun dagdun, Alte;
He, was macht sie, dass sie nicht kommt?
Mach mir ein bischen von dieser Schrippe.
Etc.

Dagdun dagdun Alte,
und verrücktes Gequatsche, und Gequatsche und Märchen
etc.

Refrainlose Formen — Oda, Capitolo, Sonetto und Strambotto, Canzone und Madrigal

a) Dem traditionellen *motus confectus* entspricht in den musikalischen Sammlungen die einfache Form der Oda. Der Name ist selten überliefert und vor allem der vierten und sechsten Petrucci-Sammlung zu entnehmen, in denen einzelne Versformen differenziert werden, im Index und im Titel. So die Bezeichung der vierten Sammlung „Strambotti, ode frottole, sonetti et modo de cantar versi latini e capituli [...]", in der dann 14 Oden im Inhaltsverzeichnis aufgelistet sind.[196] Die ersten neun Petrucci-Sammlungen beinhalten insgesamt 54 Beispiele. Die Versform ist wie ihr Vorläufer relativ flexibel. Equicola spricht in seiner Verslehre von 1541, in der er wesentlich auf da Tempo aufbaut, von den „vielen Arten", die man für die Ode beobachten könne, „et come delle Ode varij modi vediamo, cosi tal dire in diversi modi s'extese".[197] In der Regel bilden sieben- oder achtsilbige Verse im Wechsel mit vier- oder fünfsilbigen Versen zusammen eine Strophe, ähnlich wie es bei Baratella in seinem zweiten Modell beschrieben ist. Besonders häufig folgt der kürzere Vers drei längeren Versen, die zusammen eine Strophe bilden. Analog zum literarischen Modell sind die Strophen durch Reimpaare zwischen den Strophen verbunden, wie z. B. in der Oda „Trista e noiosa sorte" (Bsp. 44, S. 270).

Das Reimschema ist abwechslungsreicher als in Baratellas Modellen, da sich pro Strophe drei verschiedene Abschlussphoneme ergeben.[198] Diese Grundform kann auf verschiedene Weise abgewandelt werden. In der anonymen Oda „La tromba sona" wird z. B. auf die Verknüpfung der Strophen durch einen Anschlussreim verzichtet. Sieben- und Fünfsilbler wechseln stetig innerhalb eines Schemas umschlungener Reime. Es reimen sich also Verse verschiedener Verslänge, jeweils die äußeren und inneren einer Strophe (Bsp. 45, S. 271).

Im dramaturgischen Zuschnitt zeigt sich exemplarisch an diesen Beispielen, dass Oden häufig mit einem Ausruf des Ich beginnen, der wie ein Motto über dem Gedicht steht. Er kann verschiedene der genannten Sprechsituationen einleiten, ein allegorisches, imaginäres Selbstgespräch wie in „Trista e noiosa sorte" (Bsp. 44, S. 270), oder ein imaginäres Gespräch mit der abweisenden Geliebten wie in Pesentis Vertonung „Aihme, io moro"/„Wehe mir, ich sterbe"(Bsp. 46, S. 271). Das Motto kann aber auch einen fiktiven Dialog mit einer größeren Öffentlichkeit eröffnen wie in „Udite, voi finestre"/„Hört, ihr Fenster" (vgl. Bsp. 34, S. 251–52) oder in der Oda „La tromba sona", bei der das Ich an alle Liebhaber appelliert, sich Amors Gericht zu stellen (Bsp. 45, S. 271).

Die Vertonung von Oden ist in der Regel schlicht, folgt, wie andere Frottolen auch, der gegebenen Versstruktur, so dass sich vom Cantus ausgehend pro Strophe drei bis höchstens fünf verschiedene musikalische Phrasen ergeben, die dann wiederholt werden. In syllabischer Entsprechung der relativ kurzen Verse entstehen knappe Strophen, die in der Regel in moderner Umschrift einer Länge von acht bis zwölf Takten entsprechen. Der Cantus von „Trista e noiosa sorte" ist ein Beispiel dafür (Bsp. 44). Varianten gibt es durch zusätzliche Codas bzw. Zwischenspiele.

[196.] Vgl. das Faksimile dieses Index in Pe. I und IV/Schwartz (1935), S. 44.
[197.] Equicola: *Institutioni*, fol. C iiir.
[198.] Eine identische Versform hat z. B. die Oda „Udite voi finestre" (Bsp. 34).
   a Udite, voi finestre
   b Quel che piangendo parlo
   b Per che de ricontarlo
   c Mi par tempo.
   c Io tacqui gia gran tempo
   etc. Etc.

Bsp. 44: Michele Pesenti, *Trista e noiosa sorte*

Reimschema, Poesia und Übersetzung von Bsp. 44

A	Trista e noiosa sorte,	Trauriges und ärgerliches Schicksal,
B	A tal son dato impreda,	In dem ich so gefangen bin,
B	Che par non senta o veda	Dass ich meine Pein
c	La mia pena.	Weder höre noch sehe.
C	Tra si crudel catena,	An einer so grausamen Kette
D	Sotto un giogo si fiero	Unter einem [so] harten Joch
D	Chio viva, el non sia vero,	Ihr unterworfen zu leben,
e	A lei sugeto	Darf nicht wahr sein.
E	Occhi mei, novo obgietto	Meine Augen, sucht ein neues
F	Cercate in altro loco,	Objekt an anderem Ort,
F	Ch'ogni rete e ogni foco	Auf dass jedes [andere] Netz und jedes [andere] Feuer
g	Fia men grave.	weniger schlimm sein wird.
Etc.	Etc.	Etc.

p. 45: Anon., *La tromba sona* (Text: Oda)

Reimschema, Poesia und Übersetzung von Bsp. 45

a	La tromba sona,	Die Trompete schallt:
B	Amor vol far iudicio.	Amor will Gericht halten.
b	E per indizio	Und als [sein] Zeichen
A	El ciel tutto risona.	Klingt der Himmel.
c	Veniti amanti,	Kommt Liebhaber,
D	Amor vol far ragione.	Amor will Vernunft walten lassen
d	Et passione	Und bereitet die Leidenschaft
C	Prepara a tutti quanti.	Für alle vor.
e	Ognun dimostri	Jeder möge seine schlechten
F	El suo mal fructo,	Taten aufzeigen,
f	Per che constructo	Denn Amor will über unser Tun
E	Vol de i facti nostri.	Rechenschaft ablegen.
Etc	Etc.	Etc.

p. 46: Michele Pesenti, *Aihme ch'io moro* (Text: Oda)

Aihme ch'io moro	Weh' mir, dass ich sterbe
Aihme ch'io ardo	Weh' mir, dass ich brenne,
Aihme che un dardo	Weh' mir, dass ein Pfeil
De lucido oro	Hellen Goldes
El miserando cor m'ha lacerato	Mir das elende Herz durchbohrt hat.
Volto beato	Schönes Gesicht
Leva sta pena	Nimm diese Pein,
La qual mi mena	Die mich bestimmt.
E son li al lato	Und ich bin hier an der Seite
Al doloroso fin che ciascun preme.	Am schmerzhaften Ende, das jeden bedrückt.
Fa chel mio seme	Mache, dass mein Samen
E la mia fede	Und mein Glauben,
Che in te sol crede	Der nur an dich glaubt,
Ne d'altri teme	[Und] nichts anderes fürchtet.
Sparta non sia ne seminata in vano.	Weder verstreut noch umsonst gesät sei.
Etc.	
Ma fa ogni forza	Aber lass mir Kraft,
In tormentarmi	Wenn du mich quälst,
In macerarmi	Mich kasteist,
(In macerarmi)	(Mich kasteist)
Che fin che in me resterà polpa o nervo	So dass in mir Fleisch und Nerven bleiben,
E fin ch'io vivo te sero bon servo.	Und ich solange ich lebe, dein guter Diener sein werde.

Teil 4

In Einzelfällen wirken die Gesangslinien des Cantus wie Illustrationen des Anfangsmottos, so in den beiden zuletzt genannten Oden. So folgt der Cantus von „Udite, voi finestre" der Sprachmelodie dieses Rufs (mit einer leichten Aufwärtsbewegung hin zum gelängten Ton auf der Silbe U-*di*-te und einem anschließenden Abfall der Bewegung) (Noten Bsp. 34, S. 251–52). Noch auffälliger ist die Textillustration in „La tromba sona" (Bsp. 45). Hier imitiert der Cantus mit einem fanfarenhaften Quartsprung aufwärts und in einem topischen Melisma auf „sona" gipfelnd den im Text besungenen Trompetenaufruf, mit dem Amor seine Schützlinge lockt — ein interpretatorischer Effekt, der gleichermaßen zum Beginn der zweiten Strophe passt: „Venite, amanti".

b) Zu den einfachen refrainlosen Strophenformen gehört ebenso der Capitolo, ein Äquivalent des älteren Sirventese, der sporadisch in den Frottolensammlungen auftaucht. Er wird über Grundeinheiten elfsilbiger (seltener siebensilbiger) Terzinen gebildet (daher auch Capitolo ternario benannt), die in der Regel über Paar-, Kreuz- oder Kettenreime verschränkt werden.[199] In dem Capitolo „Ben mille volte al di me dice amore" geben Kettenreime den Reimrhythmus vor (Bsp. 47). Jeweils eine Terzine bildet eine musikalische Strophe, die stetig wiederholt wird. Die Textfülle des Gedichts mit immerhin sechs Strophen wird über die Kopfzeile „Gut tausend Mal am Tag sagt mir die Liebe" als Ausdruck der Redesituation hörbar. Bereits die poetische Form trägt damit zur Textausdeutung bei.

Bsp. 47: Michele Pesenti, *Ben mille volte*

Reimschema, Poesia und Übersetzung von Bsp. 47

A	Ben mille volte al di me dice amore:	Gut tausend mal am Tag sagt mir die Liebe:
B	"Non la laudar, servi confede e tace,	„Lob sie nicht, sondern diene, vertraue und schweige.
A	Che queste laude a te crescon l'ardore."	Denn diese Lauden steigern die Glut."
B	Troppo a se stessa questa altiera piace	Diese Hochmütige gefällt zu sehr sich selbst
C	Senza el tuo dir, e un bel tesauro ascoso	Ohne dein Sprechen und einen schönen verborgenen Schatz,
B	Sel se palesa mal se gode in pace.	Wenn er offenbart ist, lebt man schlecht in Frieden.
C	Pero sel nome sui fia glorioso,	Aber wenn ihr Name glorreich ist,
D	Misero, guarda, che dui mali effecti:	Schau, du Elender, welche zwei üblen Wirkungen das hat:
C	Lei piu superba fai, te piu geloso.	Du machst sie noch hochmütiger und dich eifersüchtiger.
etc.	etc.	etc.
	Non so tacer quel che tacer voria.	Ich kann nicht darüber schweigen, was ich verschweigen will.

---

199. Vgl. Da Tempo: Delle Rime, S. 147–49.

Wie um die hämmernde Wirkung der mahnenden Worte Amors auf die Seele des Ich zu suggerieren, folgt die Musik dem Motto, indem sie diese ersten Worte in stetigen rhythmischen Tonwiederholungen und einer Homophonie aller vier Stimmen darstellt (s. Cantus von Bsp. 47).[200] Diesen stetigen Ermahnungen Amors setzt das Ich seinerseits endloses Reden entgegen, ganz dem frottolesken Selbstverständnis entsprechend. Bezeichnend in dieser Hinsicht ist der letzte Vers des Capitolo, in dem sich das Ich wie in einem Resümee zu seinem Redezwang bekennt und seine Unfähigkeit zum Schweigen beklagt: „Non so tacer quel che tacer voria".

c) Die anspruchsvollere Versform des Sonetto ist seltener in den Sammlungen anzutreffen, hebt sich dabei aber nur bedingt von den einfachen Versformen der Oda und des Capitolo ab. Denn für die Vertonung kann es in seine Grundbestandteile bis zu einem Minimum von Terzinen zerlegt und vereinfacht und dadurch außerordentlich ökonomisch vertont werden: Die beiden Quartinen (in der umschlungenen Reimform ABBA) und Terzinen (im fortlaufenden Reim CDE) mit je elfsilbigen Versen werden wie Strophen behandelt, die sich allein dadurch unterscheiden, dass für Quartinen die Musik des mittleren Verses B wiederholt, der dritte Vers also wie der zweite musiziert wird. (Die Unterteilung zwischen A und B wird in allen vier Stimmen durch einen Trennstrich markiert, bis zu dem wiederholt wird.) Diesem Schema folgen im vierten Frottolenbuch Petruccis ein vierstimmig textloser „Modo di cantar sonetti" (Bsp. 48) und zwei Stücke aus dem sechsten Buch, die die Anmerkung „Per sonetti" tragen — musikalische Satzmodelle, die für mehrere Sonette dienten und damit Relikte einer auf Ökonomie bedachten Erinnerungspraxis darstellen:[201] Je einfacher diese Sätze waren, desto praktikabler waren sie für den auswendigen Vortrag; und flexibel, wie man sich die damaligen Musiker vorzustellen hat, werden sie auch mit Leichtigkeit geringfügig abweichende Gedichtvorlagen an diese Modelle angepasst haben. So auch der Kommentar Antonio Rossis, eines der Spezialisten für Serafino dell'Aquilas Strambottopraxis: „Se, come indicano le musiche conservate, la medesima melodia ritornava in un verso col ritorno della medesima rima, anche alternando gli schemi le poche variazioni possibili non avrebbero già messo in difficoltà i cantori e ancor meno i musicisti italiani."[202] Solche Modelle für das Singen von Sonetten dokumentieren daher besonders gut, dass es in dieser Hofpoesie in der Tat nicht in erster Linie auf eine artifizielle Musikalisierung der einzelnen Dichtung ankam. „Apprendiamo che gran parte di questa poesia soprattutto quella che abbiamo detto ‚cortese' nacque per essere musicata o fu addirittura ricalcata su di un altro testo per riutilizzare la musica."[203]

---

200. Die musikalische Wiederholung in den Takten 5–8 versinnbildlicht treffend die direkten, befehlenden Worte Amors „Non la laudar etc." Auch der Beginn der zweiten Strophe wird durch die Musik passend illustriert und lässt ein Bild für das „Zuviel" („Troppo") an Selbstgefälligkeit der Geliebten entstehen.

201. Cattin: *Quattrocento* (1986), S. 281.

202. „Wenn, wie es die überlieferten Musikstücke anzeigen, dieselbe Melodie in einem Vers wiederkehrte, der dasselbe Reimschema hatte, hätten die wenigen möglichen Abweichungen den Sänger nicht gleich in Schwierigkeiten gebracht, und noch weniger die italienischen Musiker, auch wenn sich die [Vers]schemata änderten." Rossi (1980), S. 30. Joseph Vianey geht dagegen davon aus, dass die Musiker eine bereits bestehende Vertonung nur an ein gleichbleibendes Modell anpassen konnten. Vgl. Vianey: *Pétrarchisme* (1909), S. 99ff.

203. „Wir erfahren, dass ein großer Teil dieser Poesie, v. a. die, die wir ‚höfisch' genannt haben, entsteht, um musiziert zu werden oder sogar in Form eines anderen Textes nachgeahmt wird, um die[selbe] Musik wieder zu verwenden." Tissoni Benvenuti: *Quattrocento* (1972), S. 164. Als Protobeispiele für diese Praxis nennt die Autorin Niccolò da Correggio, Galetto del Carretto, der oft von Bartolomeo Tromboncino vertont wurde, und Serafino.

Bsp. 48: Anon., *Modo di cantar sonetti*

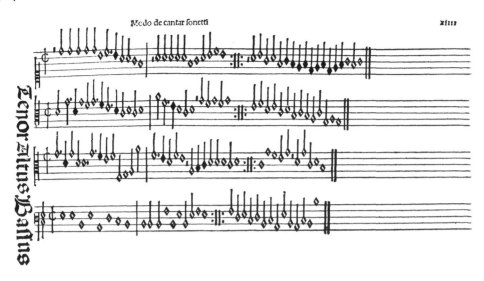

Einen konkreten Anhaltspunkt, wie die einzelne Versform an ein solches musikalisches Modell angepasst wurde, gibt Marchetto Caras Vertonung des Sonetts „De più varii pensier" aus Anticos drittem Frottolenbuch (s. Bsp. 49 und die folgende Übersicht).

Bsp. 49: Marchetto Cara, *Di più varii pensier*

Vers-, Vertonungsform, Poesia und Übersetzung von Bsp. 49

A	A	Di piu varii pen´sier ´me ´passe amóre	Verschiedenste Gedanken beschert mir die Liebe
B	B	Ne vóstri ogétti o única mea déa	In eurer Angelegenheit, oh einzige meine Göttin,
B	B	Quandó che a contemplár venga la réa	Wenn die Königin zu Schauen kommt,
A	C	Vistá & si dolce al trávagliáto core	Ist sie dem geplagten Herz so süß.
A	A	Che dubiosa speránza in questo erróre	Welch zweifelhafte Hoffnung in diesem Fehler,
B	B	Nuovi cási amorósi ognór mi créa	Der mir neue Liebesfälle schafft,
B	B	Talor mi mancha quél che piu credéa	So dass mir das fehlt, von dem ich am meisten glaubte,
A	C	Potessi requie dáre al mio dolóre	Dass ich damit meinem Schmerz Ruhe verschaffen könnte.
C	A	Cosi combatton mia víta infelíce	So kämpfen in meinem unglücklichen Leben
D	B	Duo gra contrarii e ´qualunque de loro	Zwei große Gegenspieler, und jeder von denen,
E	C	Che da vostri begli ócchi ultimo párte	Der von euren schönen Augen zuletzt ausgeht.
C	A	Dunque madónna se amárve me ´lice	Daher meine Dame, wenn mir erlaubt ist, euch zu lieben
D	B	O se I seguirve non e mio lavoro	Oder wenn es nicht meine Aufgabe ist euch zu folgen,
E	C	Non úsa´te con ´me tanta grande árte	Verwendet auf mich nicht so große Kunst.

Die ohnehin durch nur drei verschiedene melodische Phrasen gegebene Kürze und Schlichtheit des Satzes werden dadurch noch verstärkt, dass auch die einzelnen Versvertonungen untereinander ähnlich sind: Im Cantus ist die Versvertonung C rhythmisch mit A identisch. Zudem beginnen alle drei Phrasen ähnlich; nach einer Minimapause zielt eine Folge aus fünf Minimen auf eine erste längere Note, eine Semibrevis bzw. eine punktierte Minima (B). Dabei ist der Ambitus des Cantus relativ klein; er umfasst den Hexachord c-a. Ungünstig für die Wirkung des Textvortrags wirkt die Anpassung des fünfhebigen Betonungsrhythmus der elfsilbigen Verse an das gradtaktige Metrum aus jeweils acht Semibreviseinheiten. Immer wieder kommt es dadurch zu ungünstigen Wortbetonungen innerhalb der gleichförmigen Abfolge der Versvertonungen (siehe die markierten Akzente im Versschema). Und dennoch ist auch in einem solchen Satz ein gewisser Raum für die flexible, individuelle Ausgestaltung der Melodik gegeben. Die zweite Phrase B variiert den Rhythmus ab dem melodischen Höhepunkt (a' auf *U-nica*), so dass die Phrase ruhiger ausläuft als A und C und damit Raum für mögliche Verzierungen im sängerischen Vortrag lässt.

Für eine musikalische Gestaltung, die dem literarischen Qualitätssprung Rechnung tragen könnte, der ein Petrarca-Sonett von einer anoymen Oda (wie etwa in „la tromba sona", Bsp. 45, S. 271) unterscheidet, ist zweifellos in diesen Sätzen kein Raum. Meist bleibt die Schlichtheit und Praktikabilität der Musik erhalten, selbst unter den auffällig zahlreichen Sonettvertonungen im letzten Petrucci-Buch, in denen bereits eine neue Komponistengeneration auf den Plan tritt. In zwei Sonettsätzen dieser Sammlung wird ganz auf Wiederholungen einzelner Teile verzichtet (Nrn. 9 und 14),[204] so dass Reihungsformen entstehen, in denen die melodischen Phrasen des Cantus stets variiert werden. Für die notwendige Satzstabilität sorgen dann allein die (instrumentale) Stimme des Bassus und ein durchlaufendes binäres Metrum, mit dem Ergebnis, dass die Sätze im Vergleich kaum memorierbar und unübersichtlich wirken. Die melodische Gestaltung stimmt dabei auch nicht mehr unbedingt mit den Versmaßen überein. So wird in Eustachius de Macionibus Romanus' Vertonung des Petrarca-Sonetts „Deh, porgi mano all'affanato ingegno" (Bsp. 50, S. 276–77) das übliche Vorgehen, den Beginn eines neues Verses mit einem melodischen Einschnitt zu markieren, an einigen Stellen unterbrochen, so etwa in Takt 22 (mit „de le soe lode" beginnt Vers B) oder in Takt 51, wo bei „aperse" Vers D

---

[204]. Andere Sonettvertonungen in diesem Band sind die Nrn. 10, 18, 19, 22, 31, 36, 37 , 38, 50 und 51.

einsetzt. Die Vertonung orientiert sich hier also an den Sätzen, wodurch eine modern, geradezu madrigalesk wirkende Textverständlichkeit erreicht wird.

Bsp. 50: Eustachius De Macionibus Romanus, *Deh, porgi mano* (Text: Francesco Petrarca)

A	Deh, porgi mano all'afanato ingegno
B	Amor, et allo stile stanco e frale,
A	Per dir de quella ch'è facta immortale
B	Et cittadina del celeste regno;
A	Dammi, signor, che 'l mio dir giunga al segno
B	De le soe lode, ove per sé non sale,
A	Se virtù, se beltà non ebe equale
B	Il mondo, che d'aver lei non fu degno.
C	Risponde: – Quando 'l ciel et io possamo
D	E i bon' consigli, e 'conversar onesto,
E	Tutto fu in lei, di che noi Morte ha privi.
C	Forma par non fu mai, dal dì c'Adamo
D	Aperse gli occhi in prima; or basti questo:
E	Piangendo il dico, et tu piangendo il scrivi.

So unterschiedlich die musikalische Qualität der Sätze ausfiel, genoss das Sonett aus seiner literarischen Gattungstradition heraus ein höheres Ansehen als etwa der Strambotto und erfreute sich im zunehmend verbreitenden Petrarkismus steigender Beliebtheit, die sich auch in der Chronologie der Frottolensammlungen spiegelt.[205] In den zehn erhaltenen Frottolenbüchern Petruccis sind insgesamt zwar nur 35 Sonettvertonungen dokumentiert, allerdings allein zwölf Petrarca-Gedichte davon im elften und letzten Buch von 1514.

d) Dominiert werden die refrainlosen Modelle allerdings vom Strambotto, auch *ottava rima* genannt, der mit dem vierten Frottolenbuch Petruccis einen regelrechten Boom erlebte, angekündigt durch die veränderte Titelgebung des Bandes: *Strambotti, Ode, Frottole, Sonetti. Et modo de cantar versi latini e capituli. Libro quarto*.[206] Er ist neben der Barzelletta am häufigsten in den Sammlungen vertreten und dabei Ausdruck einer älteren Tradition, die mit der Dichtermusikerpraxis des Serafino Aquilano und deren Imitationen verbunden ist, wobei in Petruccis Büchern nur sechs der insgesamt 28 Strambotto-Vertonungen nachweisbar auf diesen Autor zurückgehen.[207] In Versform, Sprechcharakter und Musik bildet der Strambotto einen ausgleichenden, ruhigeren Gegenpol zur Barzelletta und bietet somit Raum für Nachdenklichkeit oder Melancholie gegenüber Scherz oder Frotzelei.

205. Cattin: *Quattrocento* (1986), S. 281.
206. Frottole Pe. IV (1505?). MA: Pe. I und IV/Schwartz (1935), S. 99.
207. Im vierten Buch handelt es sich um drei anonyme Vertonungen von „Non te smarrir, cor mio…", „O preciosa fé…" und von „Quando per dare almio languir conforto", im sechsten Buch um Marchetto Caras Vertonung von „Guardando alli occhi toi morir mi sento" und eine anonyme von „Tu dormi, io veglio…", und im elften Buch um Honofrius Patavinius' Vertonung von „S'on pone un fragil vetro in mezo al foco". Einige der Stücke sind auch in Manuskriptsammlungen enthalten. Vgl. dazu die Umschriften bei La Face Bianconi/Rossi: *Rime* (1999), in denen auch den einzelnen Varianten aus verschiedenen Quellen Rechnung getragen wird.

In der elfsilbigen, jambischen Form des *ottava rima* bzw. Achtzeilers werden drei Reimpaare derselben Versform durch ein viertes Reimpaar abgeschlossen, das inhaltlich meist einen Kommentar und Ausblick darstellt, *ABABABCC* (wie im sog. *strambotto toscano*) bzw. *ABABABAB* (wie im selteneren *siciliano*). Die Vertonung beschränkt sich in der Regel auf nur ein einzelnes Reimpaar (AB), das der Versform entsprechend drei Male wiederholt wird, zweimal für die weiteren Verse AB, einmal für das abschließende Verspaar CC oder AB. Grundlage der mehrstimmigen Faktur ist auch hier die für Frottolensätze typische Intervallfortschreitung durch Stimmverbände; von dort aus wird der Satz durch bis zu zwei weitere Stimmen zu einem mehrstimmig konsonanten Stimmgefüge vervollständigt. In der Regel handelt es sich um auffällig homophon gestaltete drei- und vierstimmige Sätze mit melodischer Führung des Cantus.[208] In der Regel entspricht eine musikalische Phrase einem Vers. In strikt syllabischer Vertonung würde die kürzest mögliche Vertonung also nur 22 Noten umfassen. Doch die Schlichtheit der Versform geht hier mit einem meditativen, melancholischen Grundton einher, der in der Vertonung durch Fermaten, ausdrücklich notierte Melismen und lange Notenwerte versinnbildlicht wird — Gestaltungsmittel, die Raum für sängerische Gestaltung und den Ausdruck von Stimmungen und Bildern aus dem Text zulassen und den Sätzen eine größere musikalische Weite und Ausdruckskraft verleihen. Nicht zufällig ist besonders für den Strambotto der emotional berührende Vortragsstil des Serafino dell' Aquila legendär geworden, der über die überlieferten Noten nur ansatzweise rekonstruierbar ist.[209] Obwohl der Ambitus der Stimmen relativ klein bleibt, entsteht so eine hohe melodische Flexibilität und Weite. Die tatsächliche Länge der Musik variiert daher zwischen acht und 56 Breven.[210]

Thematisch korrespondiert der gedeckte, nachdenkliche Ton des Strambotto mit einer Annäherung der Liebesthematik an weltanschauliche Sujets wie die Natur, die Vergänglichkeit des Lebens oder andere Topoi des Hoflebens.

In Bartolomeo Tromboncinos Vertonung von „Suspir suavi" (Bsp. 51) sorgen zu Beginn des Stückes Tonrepetitionen in langen Notenwerten über zwei Takte in allen Stimmen für eine besondere Klangflächigkeit („Suspir suavi"), die in den folgenden zwei Takten durch das parallele, behutsame Aufsteigen der drei Oberstimmen eine geradezu entschwebende Wirkung suggeriert („o mio [...]"). Für eine ausdrucksvolle Interpretation dieses Satzes gibt die Poesie eine Reihung von Exklamationen in typisch bittersüßem Ton der Liebeslyrik vor, direkte Übersetzung der im Gedicht besungenen „süßen Seufzer". Im Sinne eines möglichst plastischen Gedichtvortrags zielen Melismen und Fermaten somit nicht allein darauf ab, sängerischen Raum zu eröffnen, sondern auch Bilder der Dichtung zu verstärken. Bereits in einem vergleichsweise einfach gestalteten Beispiel wie diesem wird deutlich, dass die musikalische Hervorhebung einzelner Gedichtmomente, die Splitterung der Verse durch Pausensetzungen,

---

208. Vgl. Kap. 4. 3. 2.
209. Vgl. die Würdigung Serafinos durch Vincenzo Calmeta in Kap. 3. 3. 5.
210. In der kürzesten Version, einer Version Marchetto Caras von „Del mio sì grande e del tuo amar sì poco" (*Canzoni, Frottole & Capitoli… Libro Primo. De la Croce*, Roma 1526, Wien Nationalbibliothek, Musiksammlung S.A. 78. C 30), fol. 14r; La Face Bianconi/Rossi: *Rime* (1999) Nr. Vb, S. 197) mit nur je acht Breven für das vertonte Verspaar, weist der Diskant für die erste Phrase nur zwölf, für die zweite Phrase nur dreizehn Noten auf. Und dennoch kommt es selbst hier in der Schlusskadenz zu einem Melisma auf dem Wort „natura". Die Bassstimme beschränkt sich hier mit nur elf Noten pro Vers ganz auf ein syllabisches, harmoniestützendes Gerüst. Der Tenor reichert den Satz mit kurzen, bewegten Abwärtsläufen aus Seminimen an, so dass er in der ersten Phrase auf eine Linie von siebzehn Noten kommt. Bereits Alfred Einstein verwies auf die vom Grundschema abweichenden, längeren und wiederholungsarmen Strambotto-Vertonungen und bezeichnete diese mit dem freilich eher problematischen, weil allzu modern assoziierten Begriff als „Durchkompositionen". Einstein: *Das Elfte* (1928), S. 615.

dazu beiträgt, die gesungenen Worte v. a. in ihrer Bildhaftigkeit und damit weniger in ihrer erzählerischen oder dramaturgischen Qualität wahrzunehmen. Strambotto-Vertonungen haben daher besondere textausdeutende Qualitäten, wofür es zahlreiche weitere, eindrucksvolle Beispiele gibt.

Bsp. 51: Bartolomeo Tromboncino, *Suspir suavi*

A	Suspir suavi, o mio dolce tormento!	Liebliche Seufzer, o meine süßen Qualen!
B	O dolce passion, o desiato ardore!	O süßes Leid, o ersehntes Brennen!
A	O stral benigno, che nel mio cor sento,	O stechendes Gut, das ich in meinem Herzen fühle,
B	Perfecto segno del mio grande amore,	Vollkommnes Zeichen meiner großen Liebe,
A	O fidel pegno de mia dea consento,	O treuer Pfand, den meine Göttin mir ließ,
B	Ma non merito mancho un tal splendore,	Ich aber verdiene nicht einen solchen Glanz,
C	El pegno, el cor, anchor la vita e l'alma,	Den Pfand, das Herz, dazu das Leben und die Seele,
C	E la gran fe de ogni triompho e palma.	Und die große Treue ist die Palma alles Triumphs.

In „Quando per darme nel languir conforto" lädt die Musik ebenso durch mehrere Fermaten zu jedem Vers zum Innehalten und Nachhören ein und illustriert damit die zweifelnde Situation des Ich (Bsp. 52, S. 280–81). Häufige Melismen im Cantus verstärken diese Wirkung. Sprechend wird das Fragewort „Quando" als Eröffnung des Satzes vom Rest des Verses abgehoben und damit das bedrängende Fragen des Ich, wann es auf eine Tröstung seines Liebesleids hoffen dürfe, zum Motto des Stückes gemacht. Zur Illustration des semantischen Kontrastes zwischen „languir", „leiden" und „conforto", Trost erfolgt ein Tessiturawechsel, und die Vertonung des Wortes „conforto" (T. 9-13) nimmt dann einen so großen Raum ein, dass der Hörer ihm als einzelnem Klangbild nachhört und es zugleich als tröstende Antwort auf die leitende Frage empfindet.

Bsp. 52: Anon., *Quando per darme nel languir conforto*

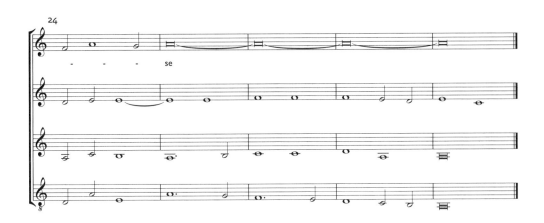

A	Quando per darme nel languir conforto	Wann wird dein Mund würdig sein, sich mit dem meinem
B	To bocha con la mia degne tocharse?	zu berühren, um mir im Leid Trost zu geben?
A	Pocho mancho ch'io non rimasi morto,	Wenig fehlt, dass ich nicht tod bliebe,
B	E in su labbia mia l'anima parse,	und in ihren Lippen meine Seele schwände,
A	E si più stava e io non era acorto,	Und wenn ich länger bliebe und nicht achtsam wäre,
B	Entrava in voi per mai piu separarsi,	würde ich in euch eindringen, um mich nie mehr zu trennen.
C	Novo caso era esser de vita privo	Es war [mir] neu, bar des Lebens zu sein,
C	E più dentro da voi remaner vivo.	und umso lebendiger zu bleiben, je mehr ich in euch eindringe.

In dem Strambotto „Io piango 'l mio tormento […]" (Bsp. 53) entsteht durch zahlreiche und lange Melismen der Eindruck des endlosen Weinens, das im Kopfvers des Gedichts mottohaft vorgegeben ist. Der melodische Gestus ist dabei in größeren Linien stets abwärts gerichtet. Die Vertonung des Wortes „el mio tormento", „meine Qual" wird im Cantus durch eine schwankende Wechselbewegung dargestellt;[211] die Bewegung auf dem Wort „perso" weist hingegen Akzentverschiebungen in der melodischen Bewegung auf, wodurch der Eindruck einer Störung aufkommt, ein Sinnbild für die „verlorene Zeit". Zudem illustriert die Länge des Melismas die vergehende Zeit selbst.

Bsp. 53: Anon., *Io piango 'l mio tormento* (Text: Serafino Aquilano)

[211]. Alfred Einstein interpretierte eine solche Wendung, bei der die Melodie auf die Terz der Dominante heruntergeführt wird und anschließend die Tonika erreicht, als ein Charakteristikum „des italienischen Volkslieds und Volksgesangs", nicht allerdings ohne es als „penetranten italienischen Ton" abzuwerten. Einstein: *Das Elfte* (1928), S. 622.

Io piango 'l mio tormento e'l tempo perso,	A	Ich beweine meine Qual und die verlorene Zeit,
La afflita vita e mia crudel fortuna,	B	Das betrübte Leben und meine grausames Glück,
E quella pura fé che m'ha somerso	A	Und diese reine Treue, die mich überwältigt hat
E lle mie acerbe piage ad una ad una.	B	Und die herben Wunden, eine um die andere.
L'aspre catene e'l mondo a me reverso,	A	Die bitteren Ketten und die von mir abgewandte Welt,
Le stelle e'l cielo, lo sole e la luna.	B	Die Sterne und den Himmel, die Sonne und den Mond.
Ma se 'l mio gran martir non dura eterno	C	Aber wenn mein großes Martyrium nicht ewig dauert,
Spero trovar mercé giù nello inferno.	C	Hoffe ich Gnade unten in der Hölle zu finden.

Es kommt ebenso vor, dass der Inhalt des Strambottogedichts nicht durch die Illustration von Details wiedergegeben wird, sondern poetische Bilder weiterführend musikalisch interpretiert werden. Dies ist etwa in „Ecco la nocte, el sol suo razi asconde" der Fall (Bsp. 54). Durch Fragmentierungen des Textes und der musikalischen Phrasierung und deren Wiederholungen wird in der Vertonung des zweiten Teils des Anfangsverses „el sol suo razi asconde" veranschaulicht, dass der Sonnenuntergang in mehreren Stufen vor sich geht, die Sonne erst allmählich „ihre Strahlen verbirgt" (T. 11–18).

Somit wird im steten Anstieg der Melodie der Eindruck einer Erhellung, ein Sinnbild der Sonne selbst erzeugt, um dann umso besser durch Absenkung der Melodik den Eindruck von Dunkelheit entstehen lassen zu können.

Bsp. 54: Anon., *Ecco la nocte* (Text: Serafino Aquilano)

Ecco la nocte, el sol suo razi asconde	A	Die Nacht ist da, die Sonne verbirgt ihre Strahlen,
Lasciando a gli animal[i] quiete e pace;	B	Lässt den Tieren Ruhe und Frieden,
Ecco le stelle lucide e gioconde	A	Da sind die Sterne, hell und fröhlich,
Sanz' una nube, e ciascun vento tace;	B	Ohne eine Wolke, und jeder Wind schweigt,
Muover in arbor non si sente fronde,	A	Kein Baum, kein Laub hört man sich rühren.
L'aer quieta e'l mar[e] sanz' onda iace,	B	Die Luft ist ruhig und das Meer liegt ohne Wellen,
Sol io di riposar non trovo ingegnio,	C	Nur ich finde keinen Frieden in der Erholung
Ché 'l dì ch'i naqui Amor mi prese a sdegnio.	C	Da Amor mich verachtet hat seit dem Tag, da ich geboren bin.

e) Mit der Canzone und dem Madrigal sind in den Frottolensammlungen neben dem Sonett Dichtungsgattungen höheren Stils vertreten.[212] Die Canzone geht auf die provenzalische Troubadourdichtung des frühen 12. Jahrhunderts und auf die sizilianische Dichtung zurück, in der sie die Hauptgattung war. In Norditalien wurde sie im „dolce stil nuovo" weiterentwickelt, bis sie Dante in „de vulgari eloquentia" als anspruchsvollste volkssprachliche Dichtform darstellte. Bei dem Madrigal ist das des Trecento von dem des Cinquecentro zu unterscheiden, das für den Petrarkismus ebenso bedeutend wurde wie die Canzone. In den späten Frottolensammlungen zeichnet sich ihr Bedeutungszuwachs im 16. Jahrhundert ab. Während in Petruccis elftem Frottolenbuch von 1514 neun Sonettvertonungen (darunter acht nach Petrarca), fünf Vertonungen von Canzonen und sieben von Madrigalen gegenüber stehen, d. h. der Anteil an Canzonen und Madrigalen weniger als ein Fünftel des Repertoires ausmacht (17 Prozent), stehen die Verhältnisse in der Venezianer Manuskriptsammlung VNM 10653-56, die auf die Jahre zwischen 1520 bis 1523 datiert wird, bereits deutlich anders. Hier bilden allein 37 Canzonenvertonungen einen Anteil von über 35 Prozent des Repertoires, der zusammen mit den vier Madrigalvertonungen der Sammlung auf über vierzig Prozent steigt (Sonette gibt es hier nur vier).[213]

Madrigalen und Canzonen aus dem Frottolenrepertoire ist gemeinsam, dass sie aus sieben- und elfsilbigen Versen gebildet werden, die in relativ freier Folge einander abwechseln. Sie stellen damit die unregelmäßigsten Versformen in den Sammlungen dar. Während das Madrigal des Cinquecento nur aus einer mehr oder weniger langen Strophe besteht, in der die Verse im jambischen Versrhythmus einander folgen, wird die Canzone in der Regel aus mehreren (selten mehr als fünf bis

---

212. Vgl. Kiefer: *Canzone* (1995); Sp. 422 und Kapp: *Ital Litgesch* (1994), S. 36.
213. Vnm 10653–56/Luisi, kritischer Apparat S. XCV– CXXV.

sieben), verschieden langen Strophen (aus 13 bis 21 Versen) gebildet, die eine feinere Binnenstruktur aus einem Aufgesang mit Piedi à drei bis vier Versen und einem Abgesang aus zwei Volte haben.[214] Jede Strophe kann dabei eine neue Reimordnung aufweisen. Bembo erklärt die Canzone in den *Prose*, wie die Sonette, zu einer Mischform, in der festgelegter als im Madrigal, aber freier als etwa im Strambotto oder in auf Terzetten basierenden Gedichten wie der Oda verfahren wird:

> Regolate sono quelle che si stendono in terzetti. […] Sono regolate altresì quelle, che noi Ottava rima chiamamo per questo, che continuamente in otto versi il loro componimento si rinchiude. […] Libere […] sono quell' altre, che non hanno alcuna legge o nel numero de' versi o nella maniera del rimargli, ma ciascuno, sì come da esso piace, così le forma; e queste universalmente sono tutte madrigali chiamate. […] Mesocolate ultimamente sono qualunque rime e in parte legge hanno e d'altra parte sono licenziose, sì come de' sonetti e di quelle rime, che comunemente sono canzoni chiamate.[215]

Bembo beschreibt die Canzone als relativ frei, weil man in der ersten Strophe die Versform individuell festlegen könne, sich dann aber in den folgenden Strophen an diese Ordnung halten müsse. In diesem Sinn spricht er auch von der älteren und zugleich auf noch frühere Formen zurückverweisenden Ballata, die er damit der Canzone unterordnet.[216] Im Zuge des frühen Petrarkismus tauchen Ballate auch in den späteren Frottolensammlungen auf und werden, ähnlich wie das Sonett, sehr unterschiedlich aufwändig vertont: Vertonungen der Ballata können auf sich wiederholende, kurze Satzelemente reduziert oder wesentlich ausladender gesetzt werden, da der Versform traditionsgemäß eine regelmäßigere Versstruktur aus vier Abschnitten pro Strophe zugrundeliegt, einem Responsum, zwei Piedi und einer Volta.[217]

Die verhältnismäßig große Freiheit im Reimschema von Canzone und Madrigal macht ihre Vertonung nur bedingt mit dem typischen, auf Wiederholung und Regelmäßigkeit basierenden Frottolensatzschema vereinbar. Auch in diesem Punkt lohnt sich der Blick auf quantitive Verhältnisse: Die vierzehn Canzonen- und Madrigalvertonungen aus Petruccis elftem Buch weisen nur selten ein

---

214. Da Tempo beschreibt für die Canzone und für das Madrigal zudem ein mögliches Ritornell aus (ein bis) zwei Versen gleichen Reims, in Fortsetzung der Tradition der *tornade* bzw. *envois* aus der älteren provenzalischen Tradition. „per ogni stantia se fa retornello de dui versi sempre per tute stantie in una consonantia sola"/„für jede und in jeder Strophe gibt es ein Ritornell aus zwei Versen des gleichen Reims". Da Tempo: Delle rime, 193. Vgl. auch Kiefer: *Canzone* (1995), Sp. 420. Diese Tradition spielt für das Frottolenrepertoire jedoch keine Rolle.
215. „Regelmäßig sind die, die sich in Terzetten gestalten. […] Außerdem sind die regelmäßig, die wir deswegen ottava rima nennen, weil sich ihre Zusammensetzung stets in acht Versen vollzieht. […] Frei […] sind die anderen [Formen], die weder in der Anzahl der Verse noch in der Reimart eine Regel haben, sondern von jedem so geformt werden, wie es ihm gefällt. Gemischt sind schließlich all' die Reime, die zum Teil Regeln haben, aber auch frei sind, so wie die Sonette und die Reime, die man gewöhnlich Canzonen nennt." Bembo: Prose, S. 151–52. Vgl. auch Schmitz-Gropengießer: *Canzone, Canzonetta* (1997), S. 2.
216. „E nelle canzoni puossi prendere quale numero e guisa di versi e di rime a ciascuno è più a grado, e compor di loro la prima stanza; ma, presi che essi sono, è di mestiero seguirli nell'altre con quelle leggi che il compositor medesimo, licenziosamente componendo, s'ha prese. Il medesimo di quelle canzoni, che ballate si chiamano, si può dire […]." „Und in den Canzonen kann jeder, der dazu fähig ist, jedwede Anzahl und Art von Reimen benutzen und damit die erste Strophe gestalten. Aber wenn er sie gestaltet hat, muss der Dichter die Kunst befolgen, die er selbst in freier Erfindung gewählt hat. Das gleiche kann man für die Lieder sagen, die Ballaten genannt werden." Bembo: Prose, S. 153.
217. Vgl. Alberto Gallo: „Ballata". In HMT, Bologna 1980, S. 1. Ein Beispiel für eine vergleichsweise schlichte Ballatavertonung ist „Es de tal metal mi gloria" in Petruccis elftem Buch, bei der sich die Musik nach vier Verszeilen wiederholt, Pe. XI/ Luisi: Cleup (1997), S. 138 (Noten), S. 58–59 (Text), ein komplexeres Beispiel ist im selben Band die Vertonung einer großen Ballata von Petrarca, „Di tempo in tempo mi si fa men dura" von Ioannes Lulinus Venetus, Ebd., S. 208–12 (Noten), S. 66–67 (Text).

internes Ritornell auf wie in der Canzone, „Aque stilante e rive", in der die beiden Piedi des Gedichtes von derselben Musik begleitet werden (vgl. die folgende Übersicht und Bsp. 55).[218]

Poesia	Reim	Gedichtform	Melodische Einheiten
Aque stilante e rive	A	Fronte (Aufgesang): 1. Piede	1.
Del chiar fonte Petaso,	B		2.
In cui el mio cor vive	A	Piede	1.
Se ben corre a l'Occaso.	B		2.
Ebbe già afflitto e stanco	C	Sirima (Abgesang)	2.
Nostro girar e mormora sì lieto	D		3.
Me sparto dal dolor, e 'l cor sta cheto	D		4.
Se alcuna de vostre amorosa onde	E		5./2.
El mio foco del mio petto asconde.	F		2./2.'

Bsp. 55: Hiernonimus a Lauro, *Aque stilante e rive*

Aque stilante e rive
Del chiar fonte Petaso,
In cui el mio cor vive
Se ben corre a l'Occaso.
Ebbe già afflitto e stanco
Nostro girar e mormora sì lieto
Me sparto dal dolor, e 'l cor sta cheto
Se alcuna de vostre amorosa onde
El mio foco del mio petto asconde.

Tropfende Wasser und Flüsse
Der klaren Quelle Petaso,
In denen mein Herz lebt,
Wenn es zur Tat schreitet.
Und doch, schon gequält und müde,
ist mein so glückliches Kreisen und Murmeln
vom Schmerz bestimmt, und das Herz bleibt ruhig,
wenn eine eurer lieblichen Wellen
auf mein Feuer in meiner Brust hört.

218. Weitere interne Wiederholungen weisen die Vertonungen der Canzone „Aque stilante e rive", fol. 69v–70r. (erster Teil), des Madrigals „Mentre che gli occhi giro", fol. 48v.–49r. (erster Teil) oder der Petrarca-Canzone „Chiare, freche e dolce acque", fol. 44v–45v., auf (T. 11 ff. sind wie der Beginn). Es gibt jeweils sieben Madrigal- und sieben Canzonenvertonungen in diesem Band. Für einzelne Nachweise der Versformen siehe die Konkordanztafel in Pe XI/Luisi: Cleup (1997), S. 33–37.

Teil 4

Dagegen entstehen in den wiederholungslosen Sätzen wiederum Reihungsformen, in denen der Cantus melodisch stets geringfügig variiert und dabei zu Einheiten von zwei bis vier Takten geführt wird. In der Canzonenvertonung „Ben mi credea passar mio tempo hormai" (Bsp. 56) von Bartolomeo Tromboncino wirken die ähnlichen, aber nie gleichen Anfänge der Cantusphrasen wie ein Versuch, entgegen dem unregelmäßigen Versmaß Einheitlichkeit zu stiften. Sie setzen meist nach einer Minimapause ein, mit einer Häufung von fünf oder mehr als fünf Minimen in einer Abfolge von Tonrepetitionen oder Sekundintervallen. In der Längung und steten Variierung der Phrasen hinterlässt der Satz gleichwohl einen unübersichtlichen Eindruck. Von den 41 Canzonen und Madrigalen im Venezianer Manuskript VNM 10653–56 kommen immerhin 29 Sätze, also siebzig Prozent ohne interne Wiederholungen bzw. ein da Capo aus.

Bsp. 56: Bartolomeo Tromboncino, *Ben mi credea* (Text: Francesco Petrarca)

Bsp. 56 Francesco Petrarca: Sonett, Canzoniere CCVII

A	Ben mi credea passer mio tempo homai
B	Come passato avia quest'anni adietro,
C	Senza altro studio e senza novi ingegni:
B	Hor poi che da madonna non impetro
A	L'usata aita, a che condotto m'hai,
C	Tu 'l vedi, Amor, che tal arte me insegni
C	Non so se me ne sdegni,
D	Che in tal età mi fai divenir ladro
D	Del bel lume ligiadro
E	Senza 'l qual non vivrei in tanti affanni.
E	Cussì avess'io a' primi anni
F	Preso lo stil c'hor prender mi bisogna,
F	Ché im giovenil fallir è men vergogna.

Nur im Einzelfall hat die literarisch anspruchsvollere Vorlage Einfluss auf eine Vertonung, die Form, Stimmung und Inhalt des Gedichts sensibel nachzeichnet. Ein Beispiel dafür ist Bartolomeo Tromboncinos Vertonung der Petrarca-Canzone „Si è debile il filo" aus Petruccis siebtem Buch — der Frottola, die nachweislich auf Anregung Isabella d'Este Gonzagas auf Vermittlung von Niccolò da Correggio hin vertont worden ist.[219] Dem Dichter schien sie, wie schon erwähnt, wegen des „Crescendierens und Diminuierens" der Verse, der Abfolge von Elfsilblern und Siebensilblern besonders zur Vertonung geeignet, womit er auch auf die innere Dramaturgie der Canzone, d. h. die innere Situation des Ich mit ihrem Auf und Ab angespielt haben wird (vgl. Text Bsp. 57). Es liegt hier damit eine Korrespondenz von Form und Inhalt der Canzone und damit eine besondere Form der Textausdeutung bereits auf der Ebene des Gedichts vor, die hier exemplarisch an der ersten Strophe aufgezeigt werden soll. Diese bildet dann auch die Grundlage für die Vertonung von Bartolomeo Tromboncino:

Bsp. 57, Francesco Petrarca, „Si è debile il filo", Canzoniere XXXVII

Vers- und Reimschema, Melodieverlauf

A	A	Si è debile il filo a cui s'attene	Da der Faden schwach ist, an den
B	b	La gravosa mia vita,	Sich mein beschwertes Leben hängt.
B	b	che s'altri non l'aita	Wenn kein anderer ihm hilft,
C	C	elle fia tosto di suo corso a riva;	Bald das Ende seines Weges droht.
B	D	però che dopo l'empia dipartita	Denn nach der grausamen Abreise,
A	a	che dal dolce mio bene	Die mein süßes Gut
A	a	feci, sol una spene	Unternahm, ist nur eine Hoffnung
C	C	è stato in fin a qui cagion ch'io viva;	Geblieben, für die ich nun lebe,
C	c'	dicendo: „perché priva	Und die mir sagt: „Obwohl du beraubt
D	e	sia de l'amata vista,	bist vom Anblick der Geliebten,
D	e	mantienti, anima trista.	hüte dich, traurige Seele.
E	D	Che sai s'a miglior tempo anco ritorni?	Wer weiß, ob für dich nicht bessere Zeiten
E	e	Et a più lieti giorni?	wiederkommen, Und glücklichere Tage?
D	A	O se 'l perduto ben mai si racquista?"	Oder ob sich das verlorene Gut irgendwann wieder erlangen lässt?"
E	G	Questa speranza mi sostenne un tempo;	Diese Hoffnung erhält mich eine Weile,
E	G'/d'	or vien mancando, e troppo in lei m'attempo.	Und verfliegt, zu lange schon setze ich auf sie.

---

[219] Vgl. den Abschnitt „la dolce influenza del mio Giove" — Petrarkistische Huldigungen im Umfeld weiblicher Patronage in Kap. 2. 1. 9.

A	A	Il tempo passa, e l'ore son sì pronte	Die Zeit vergeht, und die Stunden sind so reif,
B	b	A fornire il viaggio	Die Reise einzugehen,
B	b	Ch'assai spazio non aggio	Dass ich nicht genug Zeit habe,
C	C	Pur a pensar com'io corro a la morte;	Nur noch um daran zu denken, wie ich in den Tod renne;
B	D	a pena spunta in oriente un raggio	Kaum scheint im Westen ein Sonnenstrahl auf,
A	a	di sol, ch'a l'altro monte	Dass am anderen Berg
A	a	de l'adverso orizzonte	dem Horizont gegenüber
C	C	giunto il vedrai per vie lunghe e distorte;	Die Sicht durch lange und verschlungene Wege verdeckt ist;
C	c'	le vite son sì corte,	Die Leben sind so kurz,
D	e	sì gravi i corpi e frali	So schwer und verletzlich die Körper
D	e	degli uomini mortali,	Der sterblichen Menschen,
E	D	che quando io mi ritrovo dal bel viso	Dass wenn ich mich von dem schönen Gesicht
E	e	cotanto esser diviso,	So weit getrennt fühle,
D	A	col desio non possendo mover l'ali,	Und bei aller Sehnsucht die Flügel nicht bewegen kann,
E	G	poco m'avanza del conforto usato,	Bleibt mir wenig von dem gewohnten Trost
E	G'/d'	né so quant'io mi viva in questo stato.	Noch weiß ich, wie lange ich in diesem Zustand leben kann.

Aus Leid und tiefer Unsicherheit heraus sieht der unglückliche Liebhaber sein Leben nur an einem schwachen Faden hängen. Allein die Hoffnung gibt ihm vorübergehenden Halt, die als allegorische Figur in der zweiten Gedichthäfte (ab Vers 9) zu seiner Seele spricht, in Frageform Perspektiven besserer Zeiten aufwirft und damit die Stimmung vorübergehend bewegt und aufhellt. Der abschließende Kommentar des Ich ist jedoch resignativ, denn selbst die Unterstützung durch Hoffnung wird letztlich als Zeitverlust bewertet, baut das Ich dadurch doch zu lange auf seine Geliebte: „e troppo in lei m'attempo". Auf der Ebene des Versrhythmus korrespondiert der Wechsel von langen und kurzen Versen mit der Instabilität des Ich. Im unschematischen Wechsel der Verslängen meint man den Atemfluss der Sprechenden nachvollziehen zu können, der eben nicht ruhig und stetig ist. In Übereinstimmung mit der Bembischen Theorie, dass längere Verse unabhängig von ihrer klanglichen Gestaltung schwerer, kürzere dagegen leichter wirken, erstere somit dem Bereich der *gravità*, letztere dem der *piacevolezza* zuzuordnen sind, fällt auf, dass bis zum Auftreten der „Speranza" (Vers 9) Elf- und Siebensilbler innerhalb eines überkreuzten Schemas von *rime baciate* alternieren (es ergeben sich folgende zwei Vierzeiler 11, 7, 7, 11/ 11, 7, 7, 11 bzw. ABBCBAAC). Die Reim- und Klanggestaltung trägt dabei auch zur inhaltlichen Differenzierung bei: So korrespondiert der Kontrast des Elfsilbers aus überwiegend hellen Vokalen im ersten Vers (Betonungen i und e mit einem Reim auf „ene") zu den zwei folgenden Siebensilbern aus dunkleren Klängen (Betonung auf gra- vó- sa in Vers 2, auf „ál-tri" und „nón" in Vers 3) mit dem geschilderten Missverhältnis aus einem dünnen Faden und der schweren Lebenslast, die das Ich nicht halten kann. Der Reimgleichheit der Verse 1, 6 und 7, „s'atténe", „mio béne" und „una spéne" entspricht zudem eine semantische Verknüpfung, ist doch das „Festhalten" am seidenen Faden an das „süße Gut" bzw. die Hoffnung auf deren Rückkehr gebunden. Durch das allegorische Auftreten der Hoffnung ändert sich daher auch der Versrhythmus. Wie um den belebenden Impuls dieser Allegorie zu veranschaulichen, ist er nun keinem Schema mehr unterworfen (CDDEED). Den Perspektiven auf bessere Zeiten und Tage entsprechen die sich aufhellenden Vokale auf dem Reim der Verse 12 und 13, „ri- tórni" und „lieti giórni". Die folgende erstmalige Dopplung zweier Elfsilber als Paarreim auf dem dunklen Reim „tempo" schließt die Canzone rhythmisch und klanglich mit einem Gewicht ab, das dem resignativen Ausblick der Strophe gerecht wird.

Bartolomeo Tromboncino orientiert sich in seiner Vertonung eng am Versrhythmus. Ihm gelingt eine eigene Interpretation der Canzone, die das außergewöhnliche Zusammenspiel von Form und Semantik über eine subtile melodische Gestaltung des Cantus hörbar macht (Noten Bsp. 57). Den Beginn einer neuen Phrase und damit auch eines neuen Verses kennzeichnet in der Regel eine

Bsp. 57: Bartolomeo Tromboncino, *Si è debile il filo*

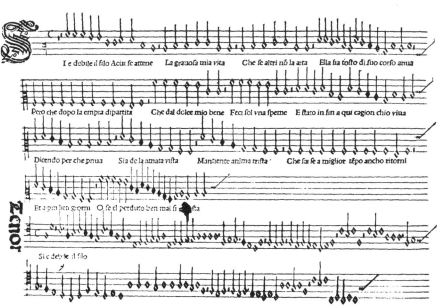

Minimapause, auf die hin impulsartig die melodischen Phrasen mit einer Folge von Minimen einsetzen und sich — je nach Verslänge — unterschiedlich entfalten. Die Vertonung eines Elfsilbers führt zu einer Phrasenlänge von acht Semibreven bzw. vier 2/1-Takten moderner Notation, die von einem Siebensilber zu einer halb so langen Phrase von vier Semibreven bzw. zwei 2/1-Takten dieser Transkription (vgl. z. B. die Vertonung der ersten beiden Verse in den Takten 1–5 und den Takten 5–7).

Durch die Abfolge rhythmisch ähnlicher, aber unterschiedlich langer Kantilenen ergibt sich das Bild einer organischen Naturbewegungen nachempfundenen, ruhig fließenden Bewegung — ein Effekt, der auf der Grundlage einer schematischeren Versstruktur nicht über eine melodisch ähnlich einfache Gestaltung suggerierbar wäre. Abweichungen von diesen rhythmischen Mustern erfolgen stets im Sinne der Textausdeutung. So wird der Perspektivwechsel im Gedicht ab Vers 9, der Auftritt der Hoffnung, hörbar, indem die melodische Phrase von Vers 8 nicht wie sonst üblich mit einer Semibrevis oder zwei Minimen ausläuft, sondern nur mit einer Minima. Auf diese folgt auch keine Minimapause, sondern der Beginn der neuen Phrase. Die Vertonung der Worte „Dicendo, perché priva […]" wirkt dadurch wie eine verfrühte Unterbrechung des melodisch ruhigen Flusses und illustriert den Stimmungseinbruch durch die Hoffnung, einer neuen, von außen kommenden Instanz (vgl. Bsp. 57, T. 25). Auffällig sind zudem Dehnungen einzelner Worte in den melodischen Linien zu den abschließenden Versen 14 und 15, die das Ausruhen vom vergänglichen und unerbittlichen Zeitfluss durch die Hoffnung plastisch machen: Auf den entscheidenden Worten erfolgt eine Dehnung der Melodik durch den Einschub von Breven, zunächst, um das „Anhalten" von Hoffnung zu illustrieren, „Questa speranza mi sos*tenne* un tempo" (T. 43–44), dann um das „zu lange" Vertrauen in diese wiederzugeben, „e *troppo* in lei m'attempo" (T. 47). Die rhythmisch variierte Einleitung dieser Dehnungen („sostenne" gehen sieben Minimen bzw. sieben halbe Noten voraus, „troppo" nur fünf) sorgt dafür, dass sie auch an der zweiten Stelle noch überraschend und damit eindringlich auf den Hörer wirken. Noch einmal erfolgt eine solche Ritardierung in der letzten Phrase, mit der Vers 16 wiederholt wird, sinnbildlicherweise auf dem Wort „tempo" (T. 53–54). Rückwirkend stellt sich dadurch eine Verbindung zu den vorhergehenden gelängten Worten ein, die nun sämtlich als Klangbilder einer stehenden Zeit hörbar werden. Auch die wenigen Stellen, an denen der syllabische Fluss der Melodik unterbrochen wird, sind tonmalerisch deutbar. Die Abfolge von acht Semiminimen auf den Worten „O se 'l perduto *ben mai* si raquista" in Vers 14 wird als Vision unzähliger Möglichkeiten hörbar, das Verlorene zurückzuerlangen; die vier Semiminimen bzw. Viertelnoten in der letzten Phrase zu den Worten „e *troppo* in lei m'attempo" (T. 51) sind in der Wiederholung dieses letzten Verses eine neue Variante, den in diesem Vers besungenen Überdruss des Wartens musikalisch zu übersetzen.

In Gestik und Verlauf der Melodik sind die verschiedenen Physiognomien der Phrasen zu unterscheiden, die mit dem Versschema, aber nicht immer mit dem Reimschema übereinstimmen (s. die Vers- und Melodieverlaufsschemata in der Tabelle zu Bsp. 57). Über den Wechsel von kurzen und langen Phrasen hinaus, der sich durch den Versrhythmus ergibt, sorgt vor allem die Unterscheidung von melodisch abfallenden (A, a, C, e), aufsteigenden (b, G) und ruhenden Phrasen (D) des Cantus für eine Differenzierung des Klangbilds. Dem melancholischen Grundton der Canzone entsprechend, überwiegen dabei abfallende Bewegungen. Zudem wird der Klangraum des Ambitus von einer Oktave (a-a') bewusst markiert: Während die Phrasen A bzw. a den Tonraum von oben absteigend ausfüllen, markieren die auf Tonrepetition beruhenden Phrasen die untere Grenze des Ambitus. Auch diese Gegenpole scheinen textausdeutend. Denn wie bereits erwähnt, verknüpft der Reim auf der Endung „ene" der Verse 1, 6 und 7 die Bilder des „schwachen Fadens", des „süßen Guts" und der „Hoffnung", die über die von oben absteigende melodische Phrase A/a als helle Hoffnungszeichen hörbar werden. Demgegenüber stehen die Tonrepetitionen der Phrasen d im unteren Oktavabstand zum Ausgangston Ton a' des Cantus' für die dunkle Schattenseite dieser Hoffnung. (In D ist in diesem Sinn von der „grausamen Abreise" der Geliebten die Rede.)

Es zeigt sich bereits an dem melodischen Ablauf der ersten vier Phrasen, wie durch diese einfachen Mittel eine ausgewogene Balance aus Klangkontinuität und -differenzierung entsteht. Sie ist anhand der ersten beiden Akkoladen des Cantus im Originaldruck auch optisch nachvollziehbar (vgl. den Faksimile-Ausschnitt zu Bsp. 57). In Phrase A des ersten Verses steht der Vertonung von Vers 5 ein Pendant gegenüber (D) — die Phrasen haben gleiche Länge, gegensätzliche Gestik und Tonlage. Auch die Vertonungen b und a der kürzeren Mittelverse 2, 3 und 6, 7 ergänzen einander: b ist aufsteigend bzw. bogenförmig im Gestus, hat den Umfang einer Terz und bewegt sich im mittleren Klangraum; a dagegen ist, als Variante von A, abfallend im Gestus, hat den Umfang einer Quarte und bewegt sich in hoher Tonlage. C dagegen rundet die jeweils ersten vier Verse ab, entspricht dabei in der Länge A und D und wählt dabei in der Melodieführung und Tonlage eine vermittelnde Variante aus den vorigen Phrasen. Die aufsteigende Sekunde c'-d' auf „riva" bzw. „viva" am Ende der Phrase garantiert einen fließenden Übergang zum jeweils folgenden Abschnitt.
Subtil wirkt auch die Vertonung der Schlussverse (G, G' und d'). Über das Spiel mit den tonmalerischen Längungen einzelner Worte hinaus verstärkt die Melodieführung eine Interpretation, die den ambivalenten Charakter des Hoffnungsmomentes zum Ausdruck bringt. Dem vermittelnden und innehaltenden Charakter des vorletzten Verses „Questa speranza mi sostenne un tempo" folgend, beginnt die Phrase G in der Mitte des Melodieraums, auf e', und schafft durch Tonrepetitionen und den leichten ansteigenden Gestus im Ambitus einer Terz) einen aufhellenden und schwerelosen Eindruck, der sich in den folgenden Phrasen G' und d' durch das Absteigen der Melodik in den unteren Bereich des Ambitus abdunkelt. So erklingen die Worte „tempo" in den letzten drei Versen dreimal, zunächst auf g', dann auf dem tieferen d'. Damit ist die Tonhöhe des Cantus zwischen dem Beginn von G und dem Ende des Stückes noch einmal um eine Sekunde nach unten abgefallen und unterstreicht aus der schwebenden Mitte des Ambitus heraus noch einmal die melancholische Stimmung der Canzone.

4. 3 Zwischen Stegreifspiel und Verschriftlichung — Zur Kompositionspraxis der Frottola

4. 3. 1 Der kompositionsgeschichtliche Kontext um 1500

Die Fülle an Frottolen mit vergleichsweise einfachen Satzstrukturen, die nach 1500 in gedruckte Sammlungen eingingen, wirft Fragen nach entsprechenden Bedingungen der Kompositionspraxis auf. Dass man in den musiktheoretischen Schriften der Zeit zumindest teilweise Anhaltspunkte dafür finden kann, unter welchen kompositorischen Bedingungen die Verbreitung von Frottolen stattfand, bis hin zu satztechnischen Regeln und Verfahren, die für Vertonungen maßgeblich waren, ist vor allem darauf zurückzuführen, dass es in den Jahrzehnten um 1500 zu einer Aufwertung der Musikpraxis und damit auch zu einer Annäherung von Theorie und Praxis kam. Dafür gab es verschiedene Gründe: Die komplexen kompositorischen Entwicklungen des 15. Jahrhunderts, namentlich die polyphonen Künste frankoflämischer Herkunft, führten generell zu einer größeren Wertschätzung von Komponisten. Die namhaftesten unter ihnen wurden nun in Traktaten aufgeführt,[220] und die theoretisch gebildeten unter ihnen brachten sich in offizielle Diskurse ein.

Zugleich wurde nun aber auch der Nutzen der mittelalterlich geprägten Kontrapunktlehre in Frage gestellt. Denn für die Konstruktion von Werken mit mehreren durchimitierten, gleichberechtigten Stimmen wurde die traditionelle Kontrapunktlehre zunehmend unpraktisch, die auf der Addition jeweils einer weiteren Stimme zum führenden Tenor nach dem Note-gegen-Note-Prinzip basierte und somit Satztechnik auf der Grundlage zweistimmiger Modelle lehrte. „At the beginning of the 16th century counterpoint was no longer practicable for the construction of contemporary polyphonic compositions with trough-imitation and an equal treatment of all voices."[221]

Für eine stärker pragmatisch ausgerichtete Kompositionslehre gab es um 1500 zudem soziale Motive. Aus dem Wunsch der Wiederbelebung der Antike wurde an den weltlichen Höfen das Ideal des Dichtermusikers über eine Aufführungspraxis wiederbelebt, die auf musikalische Laien zugeschnitten war.[222] Im Einzelfall sollten die Auftraggeberinnen und Auftraggeber selbst oder aber solche Dichtermusiker musizieren können, die nicht zwangsläufig eine musiktheoretische Ausbildung mitbrachten. Man erwartete von den Musikern die schnelle und pragmatische Produktion neuer Vertonungen von *poesia per musica*, mit denen man höfisch-humanistischen Vorstellungen huldigen konnte.

Eine einfache Mehrstimmigkeit konnte unter bestimmten Umständen auch ohne die Möglichkeit der vorausschauenden schriftlichen Fixierung funktionieren. Mit Hilfe von Stegreifpraktiken, kompositorischen Formeln konnten drei- bis vierstimmige Sätze einfacher und schneller als im Note-gegen-Note-Prinzip erstellt werden. Eine wesentliche Voraussetzung für ein solch formelhaftes

---

[220]. In seinem Traktat *Complexus effectum musices* nennt Johannes Tinctoris „Iohannem Dunstaple, Guillelmum Dufay, Egidium Binchois, Iohannem Okeghem, Antonium Busnois, Iohannem Regis, Firminum Caron, Iacobum Carlerii, Robertum Morton, Iacobum Obrecht" und damit ausschließlich kompositorische Vorbilder nichtitalienischer Herkunft (Tinctoris: Complexus, S. 110), anders als Pietro Aarons in seinem späterem Traktat *Lucidario in musica* (1545). Dieser listet dort im ersten Kapitel des vierten Buchs ausschließlich Musiker italienischer Herkunft auf, „cantori a libro, cantori al liuto" sowie „donne a liuto et a libro" und kommentiert wie folgt: „non è pero, che così fra noi vi habbia di buoni, & eccellenti Musici, come in Francia, & in qualunque altra provincia, si come in quelle medesimamente di ogni maniera a se ne ritrovano. [...] A torto adunque questi tali nomi di imperfettione danno a gli Italiani, con ciosia cosa che gia molti così uomini, come donne degni & eccelenti cantori siano stati, & hora siano in Italia, de quali alcuni che lungo fora a raccontargli tutti parte per non de fraudarli di quello, che loro meritamente si conviene, & parte per dar a divedere a questi tali quanto sia falsa la loro oppenione, & il guiditio, che/fanno de gli Italiani, dannoi saranno ricordati, & celebrati, Et primieramente non è niuno, che non sappia di quanta eccellenza sia stato, & siano." „Es ist nicht so, dass wir also bei uns gute und ausgezeichnete Musiker haben wie in Frankreich und in einigen anderen Provinzen, die sich nicht in derselben Art und Weise finden lassen. [...] Dennoch haben die Unrecht, die den Italienern mangelnde Fertigkeit zuschreiben, denn es hat heute in Italien bereits viele würdige Männer und Frauen und ausgezeichnete Sänger gegeben, von denen es einige gibt, die Beweis dafür sind, wie falsch die besagte Meinung über die Italiener ist. Und vor allem gibt es niemanden, der nicht um ihre Exzellenz wüsste." Aaron: Lucidario, fol. 31r und 31v.
Tinctoris' Traktat ist in den frühen 1480er Jahren in seine umfangreichere Schrift *De inventione et usu musicae* eingegangen. Ronald Woodley: „Tinctoris, Johannes". In *New Grove* (2), 25 (2001), S. 497–501, S. 499. Vgl. auch Annegrit Laubenthal und Klaus-Jürgen Sachs: „Theorie und Praxis". In *Musik 15./16.Jhd.*, S. 95. Zur Tradition der Auflistung zeitgenössischer Musiker in Theorietraktaten vgl. ebd., S. 114 und S. 137.

[221]. Helms: formulaic (1999), S. 14. Klaus Jürgen Sachs differenzierte dabei schon 1974, dass das Note-gegen-Note-Prinzip sehr wohl auch auf Sätze mit mehr als zwei Stimmen übertragbar war, nur angesichts einer veränderten Kompositionspraxis ergänzungsbedürftig wurde. Sachs: *Contrapunctus* (1974), S. 123.

[222]. Vgl. dazu Johannes Tinctoris' Traktat *Complexus effectum musices* (um 1473–1474), der ganz auf die höfische Laienmusikkultur ausgerichtet ist. Er stammt aus seiner Dienstzeit am Hof von Neapel, ist Beatrice d'Aragona, der musikliebenden Tochter seines Patrons gewidmet und handelt vor allem von der emotionalen Wirkung von Musik und damit von einem allgemeinverständlichen humanistischen Aspekt dieser Kunstform. Dafür schafft Tinctoris der mittelalterlichen Tradition folgend Referenzen zu namhaften Bildungsinstanzen der Antike und der Bibel, zu Aristoteles, Platon, Augustinus u. a., und setzt seine Kunst auf diese Weise mit Gott und dem Universum in Beziehung. Luisa Zanoncelli: Sulla estetica di Johannes Tinctoris con edizione critica, traduzione e commentario del Complexus Effectuum Musices. Bologna 1979, s. Tinctoris: Complexus.

Erstellen mehrstimmiger Sätze war ein Denken in Intervallverbänden, das nicht nur in kleineren weltlichen Gattungen wie der Frottola Anwendung fand, die weitgehend auf Homorhythmik oder einer einfachen Mehrstimmigkeit basieren. Auch wesentliche Teile größerer Werke wie Motetten und Messen konnten auf diese Weise im Kopf ausgearbeitet werden.[223] Diese pragmatische Erweiterung der Kontrapunktlehre schlug sich um 1500 auch begrifflich nieder, namentlich in Tinctoris' Beschreibung der „res facta". Im Gegensatz zum „contrapunctus absolutus", dem „Kontrapunkt schlechthin", wird damit eine Satztechnik beschrieben, in der mehrere, nicht nur jeweils zwei Stimmen im direkten Verbund zueinander stehen. Während beim „cantare super librum" weiterhin das Note-gegen-Note-Prinzip der traditionellen Kontrapunktlehre gilt, geht die „res facta" von einem Denken im „Stimmverband" aus. Anders als in dem kontrapunktischen Verfahren, von der führenden Tenorstimme aus sukzessiv jeweils nur eine weitere Stimme regelgerecht zu gestalten, ging es hier darum, auf der Grundlage vereinfachender Regelungen mehrere Stimmen simultan zu bedenken: „In hoc autem res facta a contrapuncto potissimum differt, quod omnes partes rei factae sive tres sive quatuor sive plures sint, sibi mutuo obligentur, ita quod ordo lexque concordantiarum cuiuslibet partis erga singulas et omnes observari debeat, ut satis patet in hoc exemplo quinque existenti, quarumquidem partium tres primo, deinde quatuor ac postremo omndes quinque concinunt."[224] Eine solch gleichzeitige Anlage von mehr als zwei Stimmen hat Konsequenzen für das Satzgefüge: Da alle Stimmen in der Intervallbehandlung gleichberechtigt sind, sind parallele perfekte Konsonanzen in keinem Stimmenpaar erlaubt und sekundär entstandene Dissonanzen überall verboten, dagegen aber Terzen und Sexten sogar als Intervallkette gestattet, wenn sie in der Unterstimme gestützt sind.[225]

Die Entwicklung der simultanen Satzkonzeption ist u. a. bei Pietro Aaron belegt. In seinem Traktat *Il Toscanello in musica* (1523) beschreibt er sie als die modernere und ästhetisch anspruchsvollere Satztechnik. Das ältere Verfahren habe „einige Unbequemlichkeiten" für den Sänger mit sich gebracht und den einzelnen Stimmen nicht genug Entfaltungsraum geboten. Demgegenüber würden die modernen Komponisten geschickter vorgehen, „da sie alle Stimmen zusammen betrachten würden".[226] Wie sich das Verfahren klanglich auswirkt, zeigt sich dann daran, dass Aaron seinen Bemerkungen zum zweistimmigen Kontrapunkt Listen möglicher Konsonanzen mit Sext-, Terzketten und vierstimmigen Kadenzen beifügt.[227] Wie diese Entwicklung im Verlauf des 16. Jahrhunderts

---

223. Vgl. Owens: *Composers at work* (1997), S. 64ff. Vgl. Helms: *Intervallverbände* (2001), v. a. S. 15 und 21.
224. „Hauptsächlich unterscheidet sich die res facta vor allem vom Kontrapunkt in der Art, dass alle Stimmen der res facta, seien es drei, vier oder mehr, dergestalt mit sich gegenseitig verbunden werden, dass Regel und Gesetz der Zusammenklänge irgendeiner Stimme gegen jede einzelne und alle so befolgt werden mögen, [wie es das dem Text beigefügte fünfstimmige Beispiel] genügend offenbaren möge." Tinctoris: Liber contrapuncti, Liber 2, Cap. XX, S. 107.
225. Entsprechende Belege finden sich in Tinctoris: Liber Contrapuncti, Liber 2, Cap. XX, S. 107, v 5–6, 9 etc., in praktischer Form aber auch im Traktat von Guilielmus Monachus, wie im Folgenden noch gezeigt wird. Vgl. auch Vgl. Blackburn: *Compositional process* (1987), S. 253 und Helms: *Intervallverbände* (2001), S. 3. Schon Dahlhaus verweist 1968 auf die Entwicklung, dass am Ende des 15. Jahrhunderts die „imperfekte Konsonanz nicht mehr als ,Spannungsintervall', als abhängiges, auf die perfekte Konsonanz bezogenes Intervall, sondern als selbstständiger, in sich beruhender Zusammenklang empfunden wurde". Dahlhaus: *Tonalität* (1968), S. 83.
226. „perché considerano insieme tutte le parti […] come è manifesto per le compositioni da essi da quatro a cinque a sei, et a più voci fatte: de le quali ciascuna tiene luogo commodo facile et grato". Aaron: Toscanello, hier Ausgabe von 1529, 9, II, 16, „Come il compositore possi dare principuo al suo canto", fol. I iii v. Noch einmal beschreibt Aaron in dem späteren Kapitel „Ordine di comporre a più di quatro voci", dass es beim modernen Vorgehen vor allem auf das vorausschauende Konzipieren eines Stimmenverbands ankäme: „Adunque quando tu penserai comporre un canto a cinque, sei ò più voci, fa che tu t'accorga di non fare una parte che prima non consideri se tutto il resto può havere comodo luogo: acioché non incappi in pause, unisoni et inconvenienti." Und wieder legt er besondere Betonung darauf, für jede einzelne Stimme im Vorhinein eigenen Raum zu bedenken. Ebd. II, 31, fol. K iiii v.
227. Aaron: Toscanello, hier Ausgabe von 1529, II, Kap. 13–15.

voranschreitet, ist später bei Zarlino zu verfolgen, der in den *Istitutioni harmoniche* (1558) zwei Arten des Komponierens unterscheidet, nun aber „das gleichzeitige Komponieren aller Stimmen", „il comporre insieme tutte le parti" als den Normalfall betrachtet gegenüber dem sukzessiven Hinzufügen einer Einzelstimme zu einem zweistimmigen Satz.[228] In der musikgeschichtlichen Einordnung dieser Entwicklung ist allerdings zu bedenken, dass ein simultan konzipierter Stimmenverband nicht das sukzessive Hinzufügen der einzelnen Stimmen ausschließt.[229] Dass es in diesem Wandlungsprozess unangebracht ist, von einer schematischen Trennung der verschiedenen Satzverfahren auszugehen, hatte schon Carl Dahlhaus 1968 zu bedenken gegeben und dabei auch die Frottola als Beispiel für die „Simultankonzeption sämtlicher Stimmen" mit einbezogen.[230] Er zeigte, dass die sich daraus ergebenden Quart- und Quintsprünge des Basses sowie Dreiklangsfolgen wie Vorläufer eines modernen harmonikalen Denkens wirken, dabei aber durchaus aus einem stimmbezogenen Verfahren hervorgehen können.[231] In der Tat wird im Folgenden noch zu zeigen sein, dass in der Frottola modern wirkende tonale Zusammenklänge aus den traditionellen Stimmführungsregeln heraus erklärbar sind. So entstehen vollstimmige Dreiklänge, wenn ein zweistimmiger Cantus-Tenor-Satz nach den kontrapunktischen Regeln durch einen Contratenor bassus (und altus) ergänzt wird. Es bleibt in jedem Fall festzuhalten, dass ein Stimmenverband eines Frottolasatzes nicht dem Kriterium einer möglichst ausgewogenen Beziehung zwischen jeweils zwei Stimmen, sondern einer pragmatischen Anlage mehrerer Stimmen folgt, ohne dass dabei das Denken in Intervallen aufgegeben worden wäre.

„De preceptis artis musicae" — Die Überlieferung praktischer Satzkonzepte durch Guilielmus Monachus

Für das Vertonen von Frottolen waren Kenntnisse in der Lehre des *contrapunctus* in der Tat nicht unbedingt notwendig. Man erlernte es über die Vermittlung von Stegreifpraktiken, die teilweise auch in Traktaten thematisiert wurden. Ein Sonderfall hinsichtlich der Ausführlichkeit und Systematik der Darstellung ist Guilelmus Monachus' Schrift *De Preceptis artis musicae*, die zwischen 1480 und 1490 in Italien datiert wird und die Relevanz belegt, die damals Praktiken des Fauxbourdons, des Gymels und generell Methoden zur vereinfachenden Herstellung von mehr

---

228. „essendo che altro è il comporre insieme tutte le parti; & altro è aggiungere a due parti la Terza; che è cosa molto difficile, & da huomo consumato nella Musica; & cosa molto lodevole, quando si aggiunge, che stia bene". „denn es ist etwas anderes alle Stimmen zusammen zu komponieren als zu zwei Stimmen eine dritte hinzufügen. Das ist eine schwierige Sache, die in der Musik angewendet wird, und eine sehr lobenswerte, wenn die Hinzufügung gut gelingt". Zarlino: Istitutioni, S. 260. In der Interpretation dieser Anmerkung gibt Kurt Sachs zu bedenken, dass für Zarlino hier ästhetische Gründe dazu führen, das sukzessive Verfahren als schwieriger einzuordnen. Im Sinne dieser Entwicklung verweist Helms auf Pietro Pontios *Ragionamento di musica*, Parma 1588, Faksimile-Nachdruck hg. v. Suzanne Clerk, Kassel 1959, in dem die Stimmführungsregeln des Kontrapunkts von denen der (zweistimmigen) Komposition klar unterschieden werden. Vgl. Helms: *Intervallverbände* (2001), S. 15.
229. In diesem Sinn kommentiert Bonnie Blackburn die zitierten Passagen Aarons: „Aaron is indeed talking about a ‚new simultaneous concept of a polyphonic whole', but this concept does not necessarily embrace ‚simultaneous composition' — the two terms are not interchangeable, although they have often been so treated". Blackburn: *Compositional process* (1987), S. 217.
230. Dahlhaus: *Tonalität* (1968), S. 255. s.a. ebd. S. 85. Bezüglich der Diskrepanzen zwischen der traditionellen Kontrapunktlehre und zeitgenössischen kompositorischen Neuerungen im weiteren Verlauf des 16. Jahrhunderts vgl. auch: Annegrit Laubenthal und Klaus-Jürgen Sachs: „Theorie und Praxis". In *Musik 15./16.Jhd.*, v. a. S. 146 und S. 147.
231. Edward Lowinsky, der in der homophonen Anlage der Sätze und der Präsenz des Bassus den Ausdruck eines harmonischen, tonalen Denkens sah, wurde schon in diesem Zusammenhang kritisiert. Ausgehend von der Bassstimme von Marchetto Caras „Haimé el cor, haimé la testa", die er als ostinate „bass patterns" und weiter als „organic part of the emergence of harmony and of tonality" interpretierte, sah Lowinsky in den Frottolensätzen allzu einseitig Vorreiter eines modernen, tonalen Denkens. Es ist vor allem die moderne Begrifflichkeit, die dabei zur Kritik herausfordert. Edward E. Lowinsky: *Tonality and Atonality in Sixteenth Century Music*. Berkeley und Los Angeles. 1961, S. 6 und S. 14.

als zweistimmigen Sätzen hatten. Die hier beschriebenen Verfahren sind erste Belege der vormals mündlich überlieferten Sing- und Kompositionsdidaktik. Es ist davon auszugehen, dass die Schrift repräsentativ für die damalige Praxis war.

Über den Hintergrund von *De preceptis artis musicae* ist heute wenig bekannt; die Entstehung des Traktats wird auf den italienischen Raum zwischen 1480 und 1490 zurückgeführt und damit auf den Wirkungsraum von Tinctoris und Gaffurio.[232] Das Bemerkenswerte dieser einzigen unter dem Namen Guilielmus Monachus überlieferten Schrift ist die Sicht des Praktikers. Innerhalb der unsystematischen, wiederholungs- und widerspruchsreichen Anlage gibt es Ausführungen zum gregorianischen Gesang, zur Mensuralmusik und zum improvisierten Kontrapunkt. Dabei interessiert für unseren Zusammenhang der letzte Punkt, in dem musikalische Satzschemata beschrieben werden, die ein Komponieren nach Bausteinprinzipien auf der Grundlage des *cantare ad librum* erkennen lassen. So wie Chorknaben das Improvisieren mit variierten melodischen Formeln lernten, die in vielfältiger Weise zusammengesetzt werden konnten, ist davon auszugehen, dass auch Frottolisten auf einem Repertoire von Formeln aufbauten, durch das sie Vertonungen schnell, flexibel und variantenreich gestalten konnten.

Guilielmus stellte entsprechende Schemata in den drei verschiedenen Abschnitten (IV, VI und VIII) zum improvisierten Kontrapunkt dar. Ähnlich wie in Tinctoris' *Liber de contrapunctus* führt auch er grundlegende Regeln zum Kontrapunkt auf (VI), ergänzt diese jedoch einerseits durch Listen möglicher konsonanter Zusammenklänge (VI), andererseits durch ausführliche Beschreibungen drei- (und vier-) stimmiger Setzweisen, bei denen sich durch eine gezielte Beschränkung auf gewisse Klangbildungen im zweistimmigen Satz „die gleichsam automatische Ableitung einer korrekten dritten Stimme" anbot.[233] Bei allen genannten Fallbeispielen wird dies durch die durchgehende Parallelführung von zwei Stimmen in Ketten imperfekter Konsonanzen — Terzen, Sexten und Dezimen — erreicht, die ihren Ausgangspunkt in perfekten Konsonanzen haben und wiederum in perfekten Schlusszäsuren einzelner Abschnitte enden.

Dazu kommt eine dritte bzw. auch vierte Stimme, die nach möglichst einfachen Regeln der Konsonanzergänzung gestaltet ist: „Entweder folgt sie in parallelgeführten Konsonanzen, sofern deren Verbindung zulässig ist oder aber sie bedient sich eines einfachen Klangwechsels."[234] Es wird zu zeigen sein, dass Letzteres in vielen Frottola-Vertonungen der Fall ist. Diese Praktiken führen zu Vereinfachungen bzw. Abweichungen von der traditionellen Dissonanzlehre. Die Quarte, im zweistimmigen Satz ein dissonantes Intervall, kann hier zwischen Tenor und einer weiteren Stimme erscheinen und „neutralisiert" werden, wenn sie durch eine darunterliegende Terz, Quint bzw. Dezime oder Duodezime gestützt wird. „So ergibt sich [...] aus der Lizenz paralleler imperfekter Konsonanzen die Zulässigkeit von Quartenparallelen in Terz-Sext-Klängen, wohingegen das Verbot gleicher perfekter Konsonanzfolgen parallelgeführte Quarten in Quint-Oktav-Klängen ausschließt."[235] Es sind diese satztechnischen Ergänzungen der Kontrapunktregeln, die Tinctoris analog als Konsequenzen der *res facta* beschrieb.[236]

---

232. Sachs: *Guilielmus Monachus* (2002), Sp. 238–39.
233. Annegrit Laubenthal und Klaus-Jürgen Sachs: „Theorie und Praxis". In: *Musik 15./16. Jhd.*, S. 143.
234. „Für die erste Art kommen — da Oktavparallelen untersagt, sekundäre Quintenparallelen jedoch zeitweilig geduldet waren — nur Kombinationen von Terzen und Sexten sowie von Sexten und Dezimen in Frage, so daß die einzelnen Klänge der parallel fortschreitenden Kette aus je drei vollverschiedenen Tönen bestehen." Sachs: *Contrapunctus* (1974), S. 135.
235. Sachs: *Contrapunctus* (1974), S. 125.
236. „In re facta vero per complura loca assumitur quarta, ei non solum quinta vel tertia, sed etiam decima ac duodecima supposta. Verumtamen per subiunctionem illarum concordantiarum dulcior cantus quam per istarum conficitur."

Teil 4

Als Modelle für die beschriebenen Setzweisen dienen Guilielmus die Techniken des Fauxbourdon und des Gymel, die der Autor als „englisch" apostrophiert. Während der Gymel hier einmal an einer parallelen Zweistimmigkeit aus Cantus und Tenor in imperfekten Konsonanzen festgemacht wird, die durch Dopplung auch vierstimmig gesungen werden kann, ein anderes Mal aber auch einen Contratenor zulässt,[237] wird der Fauxbourdon genauer illustriert. Es handelt sich dabei um eine Praxis der Stegreifpolyphonie, bei der der Cantus firmus in der Oberstimme liegt, unter der ein Tenor weitgehend in parallelen Sexten verläuft. In der ursprünglichen Form wurde dazu ein *contratenor altus* in parallelen Quarten unter dem Diskant gesetzt, so dass ein nahezu vollständig parallel geführter dreistimmiger Satz entstand.[238] Es gab aber auch die Möglichkeit, für die dritte Stimme einen *contratenor bassus* in der Unterterz und Unterquint zum Tenor zu wählen — eine Variante, die Guilielmus als eine Variante des Gymel beschreibt.[239] Dieses Schema ist auch oft in Frottolasätzen tradiert.[240]

Für vereinfachte Gestaltungen vierstimmiger Sätze sind Guilielmus' Regeln für eine Variante des Fauxbourdon interessant: Einem Tenor wird zunächst ein *supranus* hinzugefügt, der in parallelen Sexten zum Tenor verläuft und wieder im Unisono mit ihm endet, ganz in der bereits beschriebenen Art und Weise. Darauf erfolgt die Setzung des Contratenor, und zwar vom Ende ausgehend:

Tinctoris: Liber contrapuncti, 1. Buch, 5. Kap, Zeile 9, S. 27. „In der res facta wird die Quarte an vielen Stellen eingefügt, nicht nur mit einer Quinte oder einer Terz, sondern auch mit einer Dezime oder Duodezime unter ihr. Durch die Unterlegung der zuletzt genannten Zusammenklänge kommt allerdings ein süßerer Gesang zustande als bei den zuerst genannten, wie hier gezeigt wird." Ferner beschreibt Tinctoris, unter welchen Umständen Sexten im dreistimmigen Satz akzeptiert sind: „Nam semper et ubique sexta suavis ets si ei tertia vel dicima supponatur, sed multo suavior si quinta vel duodezima. […] Potest igitur quaelibet sexta post se habere modis licet variis tertiam, quintam, sextam aliam, octavam, decimam atque duodecimam." „Denn die Sexte ist überall dort süß, wo die Terz oder Dezime unter ihr angeordnet ist, aber noch süßer mit einer Quinte oder Duodezime." Ebd. 1. Buch, 7. Kap., Zeile 13 (Bsp. auf S. 35), und Zeile 14.

237. Guilielmus Monachus: De Preceptis, VI, S. 38 und 39 unten mit Beispielen auf S. 40–41. Vgl. die Introduction S. 11.
238. „Nota quod ipsi habent unum modum qui modus faulxbourdon nuncupatur, qui cum tribus vocibus canitur, scilicet, cum suprano, tenore et contratenore. Et nota quod supranus incipitur per unisonem, qui unisonus accipitur pro octava alta, et ex consequenti per tertias bassas, quae tertiae bassae volunt dicere sive ripresentare sextas altas, et postea reverendo ad unisonum, qui vult dicere octavam, ut patet per exemplum. Contra vero accipit suam primam consonantiam quintam altam supra tenorem et post tertias altas usque finem concordii in quintam altam." „Merke, dass sie hier eine Art haben, die Fauxbourdon genannt wird, die man mit drei Stimmen zu singen pflegt, mit Sopran, Tenor und Contratenor. Und merke, dass mit dem Sopran im Unisono angefangen wird, das [im Verhältnis zur Unterstimme des Tenors] ein Unisono in der hohen Oktave ist, und mit [Zusammenklängen] in tiefen Terzen fortgefahren wird, und tiefe Terzen stellen [dabei] hohe Sexten [de facto sind es Dezimen] dar, und danach wird im Unisono d.h. in der Oktave, geendet, wie das Beispiel zeigt. Der Contratenor hat seinen ersten Zusammenklang in der Quinte über dem Tenor und danach in Terzen über diesem, bis er in der Quinte über dem Tenor endet." Ebd. IV, S. 29, ex. 45. Vgl. auch Sachs: *Contrapunctus* (1974), S. 134.
239. Guilielmus Monachus: De Preceptis, VI, Bsp. 37.
240. Unter den sämtlich schematischen Modellen bezeichnet Klaus-Jürgen Sachs die Variante am musikalisch ergiebigsten, die Guilielmus unter „Alius modus componendi cum tribus vocibus" beschreibt. Dabei verlaufen bewegtere Stimmen des Cantus und des Contratenor in parallelen Dezimen und rahmen damit den Tenor und Cantus firmus ein, der in Terz und Oktave sowie Quinte und Sexte mit den Außenstimmen harmoniert. „Item, nota quod in isto modo tu potes facere supranum primum tenendo istas consonantias, scilicet, octavam, sextam, quintam, tertiam altam, sed quod penultima concordii sit sempre sexta, ultima vero sit octava." „Merke auch, dass du auf diese Weise zuerst den Sopran ausführen kannst und dabei selbstverständlich die Konsonanzen der Oktave, Sexte, Quinte, der hohen Terz einhältst, dann aber der vorletzte Zusammenklang immer eine Sexte sein muss, und der letzte eine Oktave." Guilielmus Monachus: De Preceptis, VI, S. 43, ex. 62; Sachs: *Contrapunctus* (1974), S. 134–35. Dasselbe Verfahren wird in Gaffurios *Practica musicae* (III. Buch, 12. Kapitel) als eines hervorgehoben, das bei namhaften Komponisten wie „Iusquin despret; Alexander agricola, Loyset, Obrech" und „Brumel" in ihren Melodien oft zu beobachten sei, „ac reliqui lucundissimi compositores in suis cantilenes saepius observaverunt." De Consimilibus perfectis concordantiis in contrapuncto consequenter tolerandis". Gafori: Practica, 3. Buch, 12. Kap.

Die Paenultima wird mit der Quinte unter dem Tenor, die Antepaenultima mit der Unterterz besetzt. In diesem Wechsel wird der Contratenor nach vorne fortgesetzt und mündet in ein Unisono aus Einklang oder Unteroktave zum Tenor. Mit dieser dritten Stimme ist ein Contratenor entstanden, der im Verhältnis zu beiden Oberstimmen zwischen perfekten und imperfekten Konsonanzen abwechselt. Zuletzt kann dann ein *contratenor altus* ergänzt werden, der analog von hinten nach vorne gestaltet wird und dessen Lage sich durch das Verhältnis einer Oberquarte und -terz zum Tenor ergibt.[241]

Vergegenwärtigt man sich dieses Modell Guilielmus' in der modernen Transkription, wird nachvollziehbar, dass sich diese vierstimmigen Zusammenklänge mit Ausnahme von Anfang und Schluss „nur allzu leicht mißverstehen lassen als Folge vollständiger Dreiklänge mit (jeweils verdoppeltem) Grundton in der Unterstimme"[242]. So gab auch Dahlhaus bereits zu bedenken: „Das Resultat einer vierstimmigen Ausarbeitung [des Diskant-Tenor-Satzes nach Art des Fauxbourdon] aber ist ein Satz, der als Akkordfolge mit Bassfundament aufgefasst werden müßte, wenn seine Entstehungsweise unbekannt wäre."[243] Wie jedoch Guilielmus' Beschreibungen belegen, ist dieses Satzschema nach wie vor einem linearen, kontrapunktischen Denken in Intervallbeziehungen verpflichtet, wenngleich es nahe liegt, dass diese beliebten Vereinfachungen simultaner Stimmkonzeptionen die Wahrnehmung für vertikale Zusammenklänge verstärkt haben. In diesem Sinn resümiert auch Sachs, dass die Neigung, Guilielmus' Satzmodelle aus moderner Sicht zu deuten, „symptomatisch [sei] für das Vorhandensein zukunftsträchtiger Elemente. Aus dem Kernsatz von Tenor und Sopran ging ein vierstimmiger Satz hervor, der Merkmale trägt, die sich seit dem beginnenden 16. Jahrhundert mehr und mehr verselbständigen und ihrerseits zu primären satztechnischen Kriterien werden, indem die prägnante, klang- (später: harmonie-)tragende Unterstimme die Vorherrschaft des Tenors bricht, sich an dessen Stelle als ‚Baß' zum Maßstab für die intervallische Zumessung erhebt und diese dem Prinzip der Dreiklangsbildung unterwirft."[244] Guilielmus' Traktat ist daher bei allen Abstrichen in der Systematik eine der entscheidenden Quellen, die den kompositorischen Umbruch in den Jahrzehnten um 1500 von einer Perspektive aus beleuchtet, die den Voraussetzungen von Frottolisten nahekommen dürfte. In der formelhaften Kompositionslehre, die bei Guilielmus Monachus beschrieben wird, verbindet sich das horizontale Denken in Stimmen mit dem in Intervallverbänden, das die simultane Konzeption mehrerer Stimmen ermöglicht — eine Praxis, die sich Ende des 15. Jahrhunderts gerade für Musiker anbot, die gleichermaßen improvisatorisch und kompositorisch tätig waren.

4. 3. 2 Ökonomie und Variabilität II: Satztechniken der Frottola

Das für die Frottola typische Zusammenspiel aus Ökonomie und Variabilität besteht auch auf dem Niveau der musikalischen Satztechnik. Diese basiert zwar auf einer schlichten Melodik über einfachen Fortschreitungsmodellen für den mehrstimmigen Satz und geht damit auf Stegreifpraktiken des 15. Jahrhunderts zurück. Gleichwohl entsteht dabei eine Musik, die „frei vom Schematismus [des Falsobordone]"[245] ist, in ihrer akkordisch wirkenden Tonalität zukunftsträchtig ist und durch subtile Lösungen der Textvertonung und -interpretation verblüfft.

---

241. „Contra vero altus semper faciat suam penultimam quartam supra tenorem, ita quod antepenultima sit sempre terza alta." „Der Contratenor altus soll immer mit der vorletzten Note in einer Quart über dem Tenor stehen, so dass die vorvorletzte Note immer eine Oberterz zum Tenor ergibt." Guilielmus Monachus: De Preceptis, VI, S. 41.
242. Sachs: *Contrapunctus* (1974), S. 138.
243. Dahlhaus: *Tonalität* (1968), S. 87.
244. Sachs: *Contrapunctus* (1974), S. 138.
245. Ludwig Finscher in: *Musik 15./16.Jhd.*, S. 171.

Fortschreitungsmodelle für eine einfache Mehrstimmigkeit

Eine wesentliche satztechnische Voraussetzung für die Frottolensätze ist die mehrstimmige Anlage der Sätze über Fortschreitungsmodelle. So wie es exemplarisch in Guilielmus Monachus' Unterweisungen beschrieben ist, bildet in einem Großteil der Frottolen die Parallelführung zweier Stimmen in imperfekten Konsonanzen — Terzen oder Sexten — eine Basis, die mittels der Ergänzungsstimmen zu einem dreiklangsbestimmten Satz aufgefüllt wird. Solche und variierte Fortschreitungsmodelle haben bestimmte Klangpräferenzen zur Folge, die den Eindruck eines akkordischen Denkens vermitteln, das sich in der Produktivität und Fülle der Sätze so weit zu verselbständigen scheint, dass der kontrapunktische Hintergrund dieser Satztechnik vor der Pragmatik und der klanglichen Wirkung der Akkordfolgen an Relevanz verliert. Dass diese Klanglichkeit zweifellos schon unseren Hörgewohnheiten vertraut ist, dabei aber kein Ausdruck einer bassbezogenen Harmonik ist, wie sie sich im späteren 16. Jahrhundert zu entwickeln beginnt, zeigt sich paradigmatisch an der Bassstimme der Frottolen, die dem führenden Cantus nachgeordnet ist. Der älteren Tradition des Diskant-Tenor-Satzes folgend, stellt der Bass in etlichen Fällen die dritte Ergänzungsstimme eines Gerüstes aus Cantus und Tenor dar. Zuweilen übernimmt der Bass aber auch diese Funktion des Tenors und bildet zusammen mit dem Cantus ein Gerüststimmenpaar, das mit Mittelstimmen aufgefüllt wird. In diesen Fällen stellt er die zweitwichtigste Stimme des Satzes dar, gewinnt zweifellos an Gewicht und wirkt moderner, bleibt dabei aber nach wie vor an die Fortschreitungsregeln des Kontrapunkts gebunden.

Die Frottola steht damit zwischen der älteren Tradition eines drei- und mehr als dreistimmigen Satzes aus Diskant-Tenor-Gerüst mit ergänzendem Contratenor, ggf. bassus und altus und einem kompositorischen Vorgehen, bei dem der Stimmsatz nicht mehr im Nacheinander, sondern simultan angelegt wird, also auch dem harmonischen Zusammenklang eine wichtigere Rolle zukommt.[246] Der Begriff der modalen „Harmonik", mit dem Markus Jans die Schwellenposition von Musik aus dem 16. und frühen 17. Jahrhunderts erklärt, die nach wie vor modal und von der Melodie aus konzipiert ist, dabei aber „in zunehmendem Maße am (Drei-)Klang orientiert wird", trifft somit auch auf die Setzweise von Frottolen zu.[247] Die Gattung scheint dabei eine der frühesten zu sein, die eine solche Übergangsharmonik aufweisen.

In der Beschreibung der harmonischen Verhältnisse von Frottolen wird im Folgenden generell von Modi ausgegangen, denen ein Grundton zuzuordnen ist, der entsprechend vorgezeichnet wird. Damit ist nicht festgelegt, ob es sich um einen plagalen oder authentischen Modus handelt, was im Einzelfall dann ausdrücklich ergänzt wird. Groß- oder Kleinbuchstaben richten sich danach, ob es sich um einen Modus mit großer oder kleiner Terz über der Finalis handelt.

Eine raffinierte Wirkung geht dann von den für den Frottolasatz typischen Parallelbewegungen zweier Stimmen aus, wenn sie zur Mottogestaltung des Satzes eingesetzt werden. So etwa nutzt Tromboncino in der Barzellettavertonung „Vox clamantis in desertis" die Parallelbewegung von Cantus und Bass für eine Illustration des Kopfverses (Bsp. 58): Wie Echos des anfangs isolierten Rufes „Vox" im Cantus wirken die nacheinander eintretenden Einsätze der Unterstimmen. Nachdem Tenor und Alt mit den Liegetönen c und f einen statischen, schwebenden Quintklang aufbauen (T. 2), kommt der Satz dann mit der Parallelführung von Cantus und Bass in Dezimen in den Fluss und der Klang erfährt dadurch zugleich eine Fundierung (T. 3–5). Die Parallelbewegung wird dann weiter fortgesetzt.

---

246. Vgl. dazu das vorige Kapitel 4. 3.1.
247. Jans: *Modale Harmonik* (1992), S. 167. Ich danke Markus Jans (Schola cantorum, Basel) persönlich für alle Anregungen und Hilfen in diesen und anderen kompositionstechnischen und -analytischen Fragen.

Bsp. 58: Bartolomeo Tromboncino, *Vox clamantis in deserto*

Francesco d'Ana hingegen verbindet in der Odavertonung „Usciró di tanti affanni" die Parallelführung je zweier Stimmen mit einer imitatorischen Gestaltung zu Beginn des ersten und zweiten Strophenteils, die ebenso textausdeutend wirkt (Bsp. 59). Die stete Aufwärtsbewegung von vier bzw. sechs Sekundschritten in der Abfolge dreier Stimmen versinnbildlicht die Bekundung des Ich, dass es aus seiner beklemmenden Situation heraustreten werde. Dabei bewegen sich die oktavversetzten, kanonischen Einsätze von Cantus, Bass und Tenor zu den Worten des Kopfverses jeweils in parallelen Dezimen zweier Stimmen. Nachdem der Bass dem Cantus folgt, macht es ihm der Tenor nach (T. 2–5). Darüber hinaus führen im Cantus das erste kurze Melisma und die notierte Verzierung auf „tanti" sowie das folgende Melisma auf „af-*fanni*" illustrierend vor Ohren, dass es darum geht, sich „so vieler Sorgen" zu entledigen (T. 3–5 und 5–8). Ähnlich werden Parallelbewegungen noch einmal im Schlussteil der Strophe verarbeitet, der Vertonung des letzten Verses. Passend zu der Absichtsbekundung des Ich, sich in Zukunft zu verändern, nämlich aus seinen Fehlern im Verlauf der Jahre zu lernen, „muterò l'error cum gli anni", wechselt nicht nur das Metrum in einen tänzerischen Dreiertakt; auch die Melodik kehrt sich um: Was anfangs aufwärts ging, führt jetzt in analoger Bewegung abwärts. Im Cantus geschieht dies über eine Länge von sechs absteigenden Sekunden (c''-h'-a'-g'-f'-e'-d' in T. 17-20), womit die korrespondierende Aufwärtsbewegung der Ripresa um einen Schritt übertroffen wird. In den Unterstimmen wird diese Bewegung in kürzerer Länge vorausgenommen bzw. imitiert (Alt c'-h-a; Bass c'-h-a-g-f und Tenor f'-e'-d'-c'-h in den Takten 15–20), und zwar wiederum in jeweils paralleler Bewegung. Den Mittelteil des Stückes bilden sechs Takte, in denen musikalisch zwischen Anfang und Schluss vermittelt wird (T. 9–14): Mit einer sich hin und her bewegenden Melodik besingt der Cantus hier „das blinde Labyrinth" aus dem er sich dann im dritten Teil zu befreien bekundet. Der Tenor steht dazu im Verhältnis von parallelen Untersexten und -dezimen. Es ist somit die einzige Stelle, an der die Paralleltechnik des Diskant-Tenor-Satzes im traditionellen Sinn eingesetzt wird.[248] Schon hier zeigt sich, wie in Frottolen selbst ein auf Pragmatik angelegtes Satzverfahren für eine raffinierte Textausdeutung eingesetzt werden kann.

Bsp. 59: Francesco d'Ana, *Uscirò di tanti affanni*

[248]. Ähnlich wie in diesem Satz werden Parallelbewegungen auch in den beiden, in Petruccis achtem Buch folgenden Sätzen, verarbeitet. Rosin Mantovano setzt sie in „A Pé de la montagna" ebenso für eine imitatorische Gestaltung des gesamten Satzgefüges ein, und in der anonymen Frottola „Scopri, lingua, el mio martire" (vgl. Noten Bsp. 20, S. 235) suggeriert das Spiel der rhythmisch versetzten, parallel verlaufenden drei Oberstimmen über einem ostinaten Bass die im Text geschilderte Aufbruchstimmung des Ich als Motto des Stücks. Vgl. Pe. VIII/Boscolo: Cleup (1999), S. 199–200 und S. 201–02 (Noten).

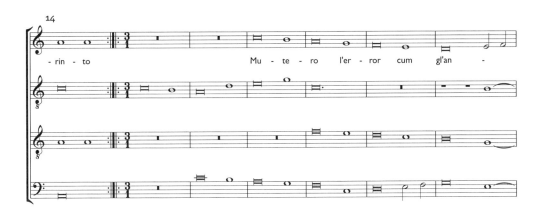

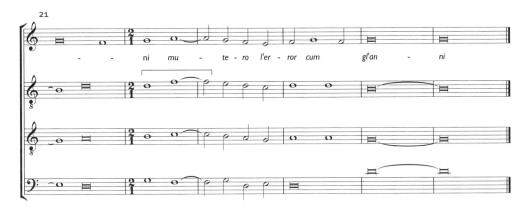

Uscirò di tanti affanni	Ich werde aus so viel Kummer herauskommen,
E del cieco laberinto,	Und aus dem blinden Labyrinth,
E, se io son falito e vinto,	Und wenn ich auch gescheitert und besiegt bin,
Muterò l'error cum gli anni.	Werde ich [doch] den Fehler mit den Jahren verwinden.

Melodiebildung im Cantus

Generell bildet der melodisch führende Cantus den Ausgangspunkt für eine auffällige Geschlossenheit des Satzes, in dem das einmal exponierte Tonmaterial wieder aufgegriffen und abgewandelt wird. Insbesondere am Anfang gesetzte Mottobildungen werden oft in diesem Sinne genutzt, indem sie sich am Ton der jeweiligen Dichtung orientieren und bisweilen zu konkreten Illustrationen poetischer Bilder werden. Ähnlich wie es Giuseppina La Face Bianconi für die Strambottosätze des Modeneser Manuskripts F 9. 9. überzeugend dargestellt hat,[249] ist dabei von einem Grundstock an melodischen Bausteinen auszugehen. In der Fülle an Vertonungen sind die jeweiligen Setzweisen in dem gesamten Repertoire abschnittsweise so ähnlich, dass sie wie ein Formelrepertoire wirken, das von den Komponisten abgerufen, kombiniert und variiert werden konnte. Ein solches Verfahren folgt auf natürliche Weise aus den verschiedenen Möglichkeiten, eine gleichermaßen für den harmonischen und poetischen Grundton des Satzes sprechende und praktikable Melodik zu finden. Oft gibt der melodische Anfang mottohaft das Material des gesamten Satzes vor.[250] So beginnt die Strambotto-Vertonung „Ahi lasso, a quante fier' la sete toglio" im Diskant mit einer Abfolge aus melodischen Elementen, die konstitutiv für den weiteren Verlauf sind (Bsp. 60): Zwei große

---

249. La Face Bianconi: F. 9.9 (1990), S. 163–73.
250. Ebd., S. 164.

Teil 4

302

Sekundschritte aufwärts von f'–a' zu dem Ausruf „Ahi lasso" münden in einer ersten Fermate (a). Entsprechend wird diese Bewegung wieder abwärts zum f geführt und dabei durch repetierende Minimen auf dem Ton a' variiert (b). Alle weiteren melodischen Elemente sind Variationen dieses Anfangs: Die melodische Erweiterung auf dem Melisma „toglio" (T. 5–8) beginnt wie zuvor das melodische Element b. Die Vertonung des zweiten Verses (ab zweiter Semibrevis von T. 8) kehrt die Reihenfolge von a und b um und variiert beide Elemente.[251] In vielen Frottolen hat eine solche Mottobildung zudem textausdeutenden Charakter.

Bsp. 60: Anon., *Ah lasso, a quante fier*

[251]. Eine andere Vertonung desselben Strambottos (Mi 55, fol. 66v–67r.; La Face Bianconi/Rossi: *Rime* (1999), Nr. Ia, S. 177–78) fällt dagegen sehr heterogen aus. Nach einem in sich geschlossenen ersten Teil beginnt ein zweiter Teil, der sich durch repetierende Minimen deutlich vom ersten Teil absetzt; nur am Schluss erinnert eine Punktierung in Diskant und Tenor (MA T. 16) an den Beginn.

Nicht immer möglich und sinnvoll ist es, von einem zugrundeliegenden Modus auszugehen, der mit den zeitgenössischen Theorien vereinbar ist, d. h. entsprechenden Regeln für den melodischen Umfang, für den Verlauf der einzelnen Stimmen und den Kadenzplan folgen würde. Dies scheint auch William Prizer zu meinen, wenn er erklärt, „Frottole tend, from the very inception of the genre, to be written in ‚modes' other than those allowed by contemporary theory."[252] Dennoch aber sind in den meisten Fällen ein Modus oder auch ein Zusammenspiel aus zwei Modi erkennbar, die dem Stück sehr wohl Geschlossenheit und Transparenz in Melodik und Akkordik verleihen. Dies sei exemplarisch am Cantus von Caras Barzellettavertonung „O mia cieca e dura sorte" (Bsp. 61, S. 304–05) veranschaulicht, in der die Kopfzeile des Gedichts mit minimalem Aufwand und dem Sprachrhythmus eng folgend vertont. Nur über den Terzsprung zum f' bewegt sich die Melodik von dem Ausgangston d' weg, der über absteigende Wechselnoten e'- - d'-e' mit Ende des ersten Reims als Grund- und Bezugston des Stücks bestätigt wird. Diese melodische Linie vermittelt den Eindruck, dass dem Stück ein plagaler d-Modus bzw. der traditionelle zweite Modus zugrundeliegt. Diese Wahl ist zweifellos auf den poetisch getrübten Grundton des Liedes abgestimmt, das mit der Klage eines Ich über sein eigenes Schicksal emotional berühren soll.[253] Der Tradition des zweiten Modus entsprechend bewegt sich der Cantus nicht höher als zur Oberterz (T. 2 und 9ff) und -quarte (T. 5), dagegen aber bis zur Unterquarte (a in T. 26) und wird im ganzen Stück v. a. durch Abwärtsbewegungen bestimmt. Im Strophenteil wird der Oktavambitus dann bis zum a' ausgeweitet; zudem wird durch Betonung der Oktavlinie bis hinunter zum a in der Vertonung der Piedi ein tonaler Gegenpol zum ersten Teil geschaffen (T. 21–28), bevor der Cantus in der folgenden Volta dann wieder bevorzugt auf den Tönen f' und e' verweilt und damit auf die Ripresa vorbereitet. Bereits im tonalen Verlauf des Cantus wird somit eine ausgewogene und klare melodische Konzeption deutlich. Darüber hinaus gelingt es Cara den Text bei aller Einfachheit der musikalischen Mittel sensibel auszudeuten. Sorgt der plagale Modus bereits für eine Trübung des Klangbilds, tragen die wenig bewegte Anfangsphase in geringem melodischen Umfang (s. Noten bzw. melodische Einheit 1. in der Tabelle) und die folgenden, von Tonwiederholungen und Abwärtsbewegungen bestimmten Reimvertonungen in absteigender Sequenz (2. und 2' in T. 5–8 und T. 9–12) zum Eindruck einer gedämpften Stimmung bei, die als Klageausdruck des Singenden verstanden wird. Von dem bislang tiefsten Melodieton cis') in Takt 12 auf „vi-ta" bewegt sich der Cantus erstmalig über eine Länge von sechs Semibreven hinweg aufwärts (c' in T. 13 bis g' in T. 15), analog zu der im Text besungenen Ankündigung des eigenen Todes, „anuntio a la mia morte", d. h. eine auf die Zukunft gerichtete, drohende Instanz. Die Worte „a la mia morte" werden zweimal vertont, einmal mit der Oberquarte g' im Cantus über einer erstmalig auffälligen Abwärtsbewegung der Unterstimmen (T. 16–17 = 3.) und anschließend mit einer Kadenzierung zurück nach d (T. 18–20 = 3'). Damit kommt die Ripresa zum Abschluss, die in jeder Strophe ganz wiederholt wird.

---

252. Prizer: *Cara* (1980), S. 154.

253. Zwar gab es im 16. Jahrhundert keine einheitliche Anschauuung über einen an antiken Vorbildern orientierten Affektgehalt einzelner Modi, aber entsprechende Charakterisierungen waren weit verbreitet. Franchino Gaffurio beschrieb in „De harmonia musicorum instrumentorum opus (1500–1518)" (IV/, 1–9) die Wirkung der plagalen Modi als der der authentischen Modi entgegengesetzt, so die Wirkung des ersten Modus als fest und mäßigend, die des zweiten Modus als emotional aufrührend. Seit der Mitte des 16. Jahrhunderts wird demgegenüber die Forderung wichtiger, einen dem Textgehalt angemessenen Modus zu verwenden, was indirekt wiederum bestätigt, dass man nach wie vor von ihren unterschiedlichen Ausdruckswerten ausging. Vgl. Frieder Rempp in *Italienische Musiktheorie 16./17. Jhd.* (1989), S. 122.

Bsp. 61: Marchetto Cara, *O mia cieca e dura sorte*

Poesia	Reim	Gedicht-form	Melod. Einheiten	Cantus
O mia cieca e dura sorte	A	Ripresa	1.	O mein blindes und hartes Schicksal,
Di dolor sempre nutrita	B		2.	Stets von Schmerz erfüllt.
O Miseria di mia vita	B		2.'	O Elend meines Lebens,
Triste anuntio ala mia morte	A		3.	Trauriges Vorzeichens meines Todes.
Piu dolente, piu infelice	C	Strophe 1:	3.'	Mehr Schmerz und Unglück
Son che alcun che viva in terra	D	Piedi	4.	Erfahre ich als jeder andere, der auf Erden lebt.
L'arbor son che el vento atterra	D		5.	Ich bin der Baum, den der Wind zu Boden fällt,
Perche più non ha radice	C		5.	Da er keine Wurzeln mehr hat.
Vero e ben quel che se dice	C		2.'	Wahr ist, was man sagt:
Che mal va chi ha mala sorte.	A	Volta	2.'	Unglück trifft den, der ein schlechtes Schicksal hat.
La cagion di tanto male	E	Strophe 2	1.' + 3.'	Der Grund von so viel Übel
E fortuna e il crudo amore	F			Ist das Schicksal und die grausame Liebe.
Perche sempre di buon core	F			Denn immer guten Herzens
Servito ho con fe immortale	E			Habe ich gedient, mit unsterblicher Treue.
La qualhor fi[a]cato ha l'ale	E			Derjenigen, die meine Flügel beschnitten hat
E bandita da ogni corte.	A			[Und] die mich von jedem Hof verbannt hat.
Per che a un viver duro e grave	G	Strophe 3		Einem so harten und schweren Leben
Grave e dur morir conviene	H			Gebührt ein schwerer und harter Tod.
Finir voglio in piancti e pene	H			Enden will ich in Tränen und Qual
Come in scoglio fa la nave	G			Wie am Felsen das Schiff,
Chal fin rompe ogni suo trave	G			Dessen Masten am Ende alle gebrochen,
Poiche un tempo e stata forte	A			Obwohl es einst stark gewesen ist.
Piglia esempio ognun che vede	I	Strophe 4		Merket auf, ihr alle, die ihr
Scripto in la mia tomba oscura	K			Auf meinem düsteren Grabmal geschrieben seht:
Se ben fuor son de natura	K			Auch wenn auf unnatürliche Weise
Morto son per troppo fede	I			Ich aus zu großer Treue gestorben bin.
Per mi mai non fu mercede	I			Für mich gab es nie Gnade;
Pieta chiuse a me le porte.	A			Mitleid verschloss mir die Pforte.

4. 4 Spielen bis an die Grenzen — Frottoleske Diskursivität

4. 4. 1 „Amerò, non amerò". Verstellungen, Verwirrungen

Die Relevanz der Ironie, d. h. der Kunst der Verstellung, in der Sprachkultur der italienischen Hofgesellschaft des früheren 16. Jahrhunderts ist bereits über entsprechende Kommentare in Castigliones *Libro del Cortigiano* angesprochen worden. In der Frottola wird sie besonders in solchen Stücken gegenwärtig, die den höfischen Zwang zur Verstellung sowie die damit einhergehenden Konflikte zum Thema machen. Die Verarbeitung von Elementen aus der populären Sprache wie kindlichen Abzählreimen, Bejahungs- und Verneinungsspielen (— „Er liebt mich, er liebt mich nicht" —) oder sinnentleerten Wortklangspielen, ist dabei ein willkommenes Mittel, um das Spiel mit der Verstellung weiter fortzuspinnen. Wird die Verwirrung so weit getrieben, dass das Ich desorientiert und sprunghaft, die Aussage ungreifbar wirkt, scheint die kritische Komponente offensichtlich: Nun spüren die Zuhörer selbst den verunsichernden Effekt, den die Scheinhaftigkeit des Sprechens in diesem Kontext mit sich gebracht haben muss, und beginnen zu begreifen, dass ihnen ein Spiel vorgeführt wird, das nicht nur belustigen, sondern auch aufdecken, belehren und erziehen will.

Das Ich der Frottola „Amerò, non amerò" von Marchetto Cara aus Petruccis elftem und letztem Frottolenbuch (1514) steht in der Tradition des nicht erhörten Liebhabers, der sein Schicksal beklagt. So werden besonders in der zweiten und dritten Strophe die Konflikte des Liebenden über traditionelle Konstrastbilder angesprochen, nämlich den Widerspruch zwischen der Qual des Liebenden und der gehässigen Freude der Geliebten sowie die Ambivalenz der Schönheit der Geliebten, die zugleich Gift und Nahrung ist, den Liebenden am Leben hält und ihn zerstört (Text Bsp. 10).

Text Bsp. 10

Amerò, non amerò,	Werde ich lieben, werde ich nicht lieben,
Debo amare o non amare?	Soll ich lieben oder nicht lieben?
Voglio amar voglio lassare?	Will ich lieben, will ich es lassen?
Che almen lieto canterò.	Dass ich zumindest glücklich singen werde:
"De la da Po de za da Po	„Von hie zum Po, von da zum Po
Tu ghe anderè no ghe anderò".	Wirst du gehen, nein wirst du nicht gehen".
Non fia il ver ch'io l'ami mai	Lass es nicht wahr sein, dass ich sie je liebte
Che non cura il mio tormento,	Dass sie nicht sorgt um meine Qual,
Anzi gode el mio lamento	Sondern sich meiner Klage erfreut
E se ride di mei lai.	Und über meine Lieder[a] lacht.
Ma se Amor mi darà guai	Aber wenn mir Amor Schaden zufügen wird,
Dime poi come farò.	Sag mir, was ich dann tun werde.
"De la da Po de za da Po…"	„Von hie zum Po, von da zum Po…"
Gli è pur vaga gli è pur bella.	Sie ist so lieblich, sie ist so schön
Se gli è bella gli è crudele.	Wenn sie schön ist, ist sie grausam.
Se gli è un tosico o di un mele	Egal ob sie Gift oder ein Apfel ist,
Debbo adunque arder per ella.	Muss ich dennoch für sie brennen.
Sforzarammi la mia stella	Mein Stern wird mich bezwingen,
S'io vorò s'io non vorò.	Egal ob ich will oder nicht.
"De la da Po…"	„Von hie zum Po… „

[a] Das Wort „lai" bezeichnet eine zwischen dem 12. und 14. Jahrhundert entwickelte profane musikalische Dichtung höfischer Natur, steht aber auch synonym für das „Klagen, Weinen etc.", das in solchen Liedern zum Ausdruck gebracht werden kann. Vgl. Battaglia VIII (1971), S. 696.

Gleich in der Kopfzeile, mit der das Ich über den schlichten Kontrastreim „Amerò, non amerò", („Ich werde lieben, ich werde nicht lieben") den Ausgang des persönlichen Schicksals naivem Abzählen überlässt, wird das Motto der Frottola musikalisch exemplarisch illustriert. Mit einfachen Mitteln gelingt es Marchetto Cara in den drei ersten Takten, die in der gesamten ersten Strophe geschilderte Spaltung und Verunsicherung des Ich zu veranschaulichen (Noten Bsp. 10, T. 1–3, S. 218–19): Melodisch wie rhythmisch liefert die Vertonung von „amerò" eine Vorlage, die für den Kontrast „non amerò" umgekehrt wird. Im Cantus wird die Folge von zwei Minimen und einer Semibrevis auf dem Ton a' durch eine rhythmische Variante (Minima - Semibrevis - Minima) im Quintfall des d' beantwortet, bevor die Phrase im dritten Takt in ein cis' mündet, das in seiner Eigenschaft als Terz über dem Bass- und Tenorton a/A vergleichsweise offen und spannungsreich wirkt. Zudem verläuft der Bass innerhalb des gleichen Quintraums D-A im zweiten Takt melodisch und rhythmisch spiegelbildlich zum ersten Takt. Der Tenor ergänzt dieses Prinzip durch eine dem Bass ähnliche, aufsteigende Phrase von d nach a, die im klanglichen Kontrast von hoher und tiefer Lage exponiert wird. Die Worte „Amerò, non amerò" sind somit so subtil illustriert, dass ein Klischee der höfischen Liebeslyrik — das Zerrissensein aus Liebe — als gelebte Situation eines Subjekts plastisch wird. Auch hier zeigt sich, wie *poesia per musica* auf traditionellen Klischees aufbaut, durch die Prinzipien der Variation und Vielfalt aber immer neue Deutungen finden kann.

Wenn der Liebhaber aus seinem Leid heraus ein Lied anstimmt, mit dem er sich zu trösten vorgibt, wiederholt sich ein anderes, bereits bekanntes Verfahren der Verarbeitung populär wirkender Lieder. Erneut werden dem Ich für die Ripresa populär wirkende Worte in den Mund gelegt, so dass eine bühnenhafte Lied-im-Lied-Situation inszeniert (Vgl. Noten Bsp. 10, S. 218–19). In den folgenden regional gefärbten Ripresaversen „De là da Po, de za da Po etc." (T. 12f.) erkennt der zeitgenössische Zuhörer nun aber den Kehraus eines bekannten Liedes der „mal maritata", der „schlecht Verheirateten [Frau]" wieder, das in vollständiger Fassung mit dem Vers „Me mari non vol che balla"[254] beginnt und auf ebenso direkte wie verspielte Weise eine ähnlich desolate Situation besingt wie die, in der sich der höfische Liebhaber befindet. Wie in anderen Frottolen dieser Faktur kontrastiert die Ripresa musikalisch mit der Vertonung der Strophen. Die tänzerische, homophone Gestaltung der populär wirkenden Melodik von „De là da Po etc." bildet auch hier einen fulminanten Kehraus. Er wirkt wie eine Befreiung des Ich von den unlösbaren Liebeszwängen, die in den Strophen der Frottola besungen werden, und bestärkt die These, dass populäre Musik im höfischen Kontext als Ventilsitte fungiert. Das Kehrausfinale ist allerdings auch ein zynisches, stellt das Schicksal der „mal maritata" doch keineswegs eine glückliche Lösung dar. Darüber hinaus greift der Text des Kehraus selbst die widrige, psychische Ausgangssituation des Ich auf. In diesem Sinn interpretiert Francesco Luisi die mythische Bedeutung des Flusses Po, die mit der populären Ripresa zelebriert wird, als eine semantische Fortsetzung der Strophen, „come elemento fatale di divisione nella quotidianità della vita, nelle relazioni umane, nella trasmissione degli affetti, nel contatto fisico: fluido, instancabile, perpetuo confine nel gioco del dubbio, del fare e non fare, del dare e non dare".[255]

Auch in der anonymen Frottola „Poi ch'io son d'Amor prigione" aus demselben Petrucci-Buch wird eine populär wirkende Ripresa als Kontrastmittel für die sprachliche Befreiung aus einer aussichtslosen, beengenden Lage eingesetzt (Text und Noten Bsp. 62).

Bsp. 62: Anon., *Poi ch'io son d'Amor pregione*

[254.] „Mein Mann will nicht, dass ich tanze." Es muss hier die erste Person Singular gemeint sein, auch wenn die grammatische Form dem nicht entspricht. Torrefranca: *Segreto* (1939), S. 80.

[255.] „Als schicksalhaftes Trennungselement in der Alltäglichkeit des Lebens, in den menschlichen Beziehungen, im Austausch von Gefühlen, im körperlichen Kontakt: flüssig, unermüdlich, ewige Grenze im Spiel des Zweifels, des Tun und Nichttuns, des Gebens und Nichtgebens". Luisi: *citazioni* (1996), S. 186.

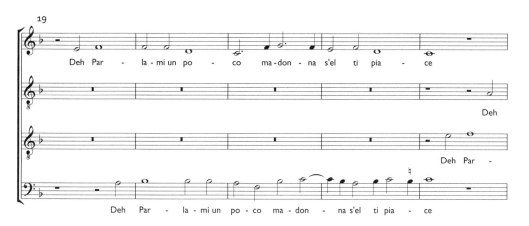

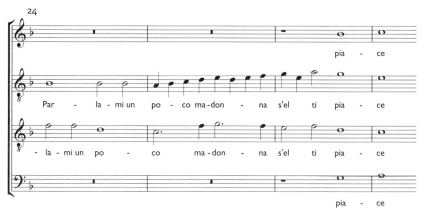

Poi ch'io son d'amor pregione	Da ich nun Gefangener der Liebe bin
E intra rete e lacci stretto	Und zwischen Netzen und Fesseln bedrängt
E ch'io pato gran passione	Und ich großes Leiden ertrage
Senza ponto de diletto,	Ohne einen Moment des Vergnügens,
A venir qui son constricto	Bin ich gezwungen hierher zu kommen
Per gran foco che mi sface.	Wegen des großen Feuers, das mich zerstört.
Dhe parlami un poco,	Ach, sprich zu mir ein wenig
Madonna, se'l te piace	Madonna, wenn es dir gefällt,
Ch'io moro per tuo amore,	Denn ich sterbe für deine Liebe,
Speranza mia bella.	Hoffnung, meine Schöne.

Mit dem populären Lied „Deh, parlami un poco" bricht das Ich sein Schweigegebot und beginnt einen fiktiven Dialog mit der Geliebten, der musikalisch durch ein Fugato aller vier Stimmen bei Ripresabeginn illustriert wird. Dabei machen diese imitativen Einsätze aller vier Stimmen (je Cantus und Tenor, Bass und Alt in gleicher Tonlage) zum einen den formalen Einschnitt zwischen Strophe und Refrain deutlicher, zum anderen aber auch das Zitat hörbarer und illustrieren dabei das Gesagte: Wenn das Ich erstmalig die geliebte Dame anspricht, wirken die nacheinander einsetzenden Stimmen wie eine insistierende Aufforderung an das Gegenüber, einer drängenden Bitte nachzugeben. Dieser Ansatz von Polyphonie lockert den bis dahin durchgängig homophonen Satz in den Strophen auf und veranschaulicht zugleich die im Text suggerierte Belebung. In der melodischen Faktur ähnelt die Ripresa zwei bekannteren Melodien, der der „Rosina bella" und der der „Mazacrocha!" (Noten Bspe. 63 und 64, S. 310).

Bsp. 63: Anon., *Voltati in ça Rosina"*

Bsp. 64: Anon., *Dammene un poco di quella mazacrocha*

„(S)copri lingua" — Schweigen, Sprechen, Zwiegespräche

Mit der Aufforderung zum Dialog „Deh, parlami un po" wird in der obigen Frottola „Poi ch' io son d'Amor pregione" (Bsp. 62) der Topos des *parlar clus* umgekehrt, der seit der mittelalterlichen Troubadourdichtung tradiert ist. Er geht unmittelbar aus der Grundproblematik der Minne hervor, die als ein antinomisches Verhältnis zwischen dem Ich auf der einen und der distanzierten Geliebten auf der anderen Seite dargestellt und von dem Gebot begleitet wird, den eigenen Schmerz gegenüber der Geliebten verschweigen zu müssen. Der Liebende bleibt im stummen Dienst der Geliebten mit der wenig aussichtsreichen Hoffnung auf ihre Gnade. Ein solches Schweigegebot legt nahe, dass das Ich anstelle des ersehnten Dialogs mit der Geliebten in einen stillen Dialog mit sich selbst bzw. einem Alter Ego eintritt. So kommt es zur Spaltung der Seele von seiner Sprache bzw. Zunge. In der *poesia per musica* „Silentium lingua" (vgl. Text Bsp. 18, S. 230) wird diese durch die Anrede in der Kopfzeile zu überwinden versucht — eine Form der petrarkistischen Psychologisierung, die den *poesie per musica* eine dialogische Grundgestalt verleiht. Dadurch wird die Selbstreflexion zu einem expliziten Thema der Dichtung, die dabei oft über das vordergründige Thema des Liebesschmerzes hinausgeht. Ein solches Zwiegespräch zeigt sich in „Silentium lingua" in der Bitte an die Zunge bzw. Sprache, den eigenen Schmerz zu verschweigen, an die sich in einer für den Strambotto typischen Art ein Weisheitsmotto anschließt, das das Gedicht abrundet. In einer Zeit großer Veränderungen sei nur der Ruhige glücklich: „Taci che si vede in un momento/Mutarsi el ciel la terra stato e vento" (Verse 7 und 8). Damit wird das Schweigegebot über die Liebesmetaphorik hinaus zu einer Handlungsmaxime, deren Gültigkeit das letzte Verspaar mit dem wieder aufgenommenen Imperativ „Taci" noch einmal bestärkt.

Der Strambotto „Tu dormi, io veglio e vo perdendo i passi" ist ein Beispiel dafür, wie ein mit dem *parlar clus* einhergehender traditioneller Topos, der der Distanz zwischen dem liebenden Ich und der unnahbaren Geliebten, zu einem musikalischen Motto wird, das die Gestaltung des ganzen Satzes bestimmt (Bsp. 65). Die Kluft zwischen dem ersehnten Gegenüber, der stoisch schlafenden Geliebten, und dem unruhigen, leidenden Ich wird durch die Fermate nach den ersten drei

Semibreven veranschaulicht, aber auch durch den melodischen Beginn auf dem höchsten Ton d" auf „tu", der im Folgenden im Diskant noch zweimal erreicht wird, auf dem Wort „tormentando" und auf „tuo" für „deine Mauern". Dem mittelalterlichen Minnetopos folgend, befindet sich die Geliebte in unerreichbarer Höhe und ist zugleich der Grund dafür, dass sich das Ich im Angesicht der „Mauern" der Geliebten in seinem Liebesschmerz „quält". Zugleich wird damit das Bild der Schlafenden gezeichnet, die Ruhe findet, deutlich durch die Fermate in allen vier Stimmen und die Abwärtsbewegung im Cantus nach der ersten Fermate. Zudem ist das Bild der schlafenden Geliebten auch tonal vom Ich entfernt: Dem F-Klang auf der ersten Fermate steht ein D-Klang auf der zweiten gegenüber. Rhythmisch wird das Wachen des Ich durch mehr Bewegung in den Unterstimmen und die Aufwärtsgeste des Cantus nach dem parallelen Abwärtslauf illustriert (T. 4). Im zweiten Teil wird die selbstquälerische Haltung des Ich durch eine aufwändig gestaltete, quasi solistische Melodik der Altstimme veranschaulicht (ab T. 9 zu den Worten „et tormentando"). Ebenso anschaulich wird der längste Ton des Diskant für den Schlusston auf „mu-*ra*" eingesetzt (T. 20–22): Das Ich ist durch die unüberwindliche Grenze zur Geliebten letztlich zur Bewegungslosigkeit gezwungen.

Bsp. 65: Anon., *Tu dormi, io veglio* (Text: Serafino Aquilano)

Teil 4

Tu dormi, io veglio e vo perdendo i passi	A	Du schläfst, und ich wache und verliere meine Schritte
E tormentando intorno a le tuo mura;	B	Und bewege mich quälend um deine Mauern herum,
Tu dormi, e 'l dolor mio [ri]sveglia i sassi	A	Du schläfst, und mein Schmerz weckt die Steine auf
E fa per gran pietà la luna obscura;	B	Und verdunkelt aus großem Mitleid den Mond,
Tu dormi, tu, ma non questi occhi lassi	A	Du schläfst, aber diese elenden Augen nicht,
Dove el sonno a venir non se asicura,	B	In denen es nicht sicher ist, dass der Schlaf kommt,
Perché ogni cosa da mia mente fuge,	C	Weil alles aus meinem Geist flieht,
Salvo la inmagin tua che me [si]struge.	C	Bis auf dein Bild, das mich zerstört.

Zwei verschiedene Frottolen aus Petruccis Sammlungen spielen schon in der Kopfzeile mit der Umkehrung des *parlar clus* und provozieren damit die traditionelle Erwartung der Handlungslosigkeit des Ich. „Scopri lingua", „Decke auf, Zunge bzw. Sprache", ist als Aufforderung eines Ich an sein Alter Ego gemeint, das unerträgliche Schweigen eines leidenden Liebenden zu beenden und dem eigenen Herzen Luft zu machen. Der Vergleich beider Texte verweist auf die Auseinandersetzung eines Dichters mit einer Vorlage, bei der die vormals formale Aufforderung zum Sprechen zu einer authentisch wirkenden Aussage gestaltet wird. Während sich nämlich die Idee eines Dialogs mit der Sprache in der früheren der beiden Frottolen (vgl. Text Bsp. 20, S. 235) in einem rhetorischen Stilmittel erschöpft, bekommt das Zwiegespräch zwischen Seele und Sprache in dem späteren Stück einen unmittelbar auffordernden, lebendigen Charakter (vgl. Text Bsp. 21, S. 236). Das Ich hat die eigene Situation verinnerlicht und lässt den Hörer bzw. Leser an seinem Reflexionsprozess teilhaben, der jetzt zur Handlung drängt. Dabei werden traditionelle Metaphern aufgegriffen und umgekehrt. Die Metaphern der fünften Strophe unterstreichen das Selbstbewusstsein des Ich, das sich nun mit dem Adler, der seine Augen in die Höhe wendet, vergleicht, während im früheren Text eine ähnliche Metaphorik eine konträre Aussage erzielt. Während die Geliebte dort als Ebenbild der Höhe dargestellt wird, das für das Ich in seiner Niedrigkeit unerreichbar bleibt und damit die mittelalterliche Tradition der sozialen Standesunterschiede zwischen der hoch gestellten Hofdame und dem machtlosen Diener aufgegriffen wird, verstärken die Metaphern in dem zweiten Text die aktive Position des Ich. So fordert das Ich auch die Zunge auf: „Di parlar trova la via", „Finde den Weg zum Sprechen", gefolgt von weiteren Zuversicht und Erfolgsgewissheit vermittelnden Sentenzen der dritten Strophe. (Das Sprechen garantiere Selbstbehauptung wie das Jagen die Beute etc.; Str. 3, Verse 1–4.)

Musikalisch besteht kein direkter Bezug zwischen den textähnlichen Frottolen. Während Tromboncino die früher veröffentlichte Frottola unauffällig schlicht vertont hat, transportiert die Musik der anonymen Frottola aus Petruccis achtem Frottolenbuch die Aufbruchstimmung, die das Ich in der Dichtung zum Ausdruck bringt. Dies wird besonders in der Vertonung der Kopfzeile „Scopri lingua, el mio martire" deutlich, in der alle drei Oberstimmen in den ersten beiden Takten eine sich aufwärts bewegende melodische Tonfolge von d' und a' rhythmisch jeweils um eine Minima versetzt musizieren, wodurch ein geradezu verwirrendes, gehetztes Klangbild entsteht (vgl. Noten Bsp. 21, S. 236).

Es bleibt dabei festzuhalten, dass das Aufbrechen eines höfischen Topos wie des *parlar clus*, ausgedrückt in der Aufforderung zum freien Sprechen, wie sie in der späteren dieser beiden Frottolen zum Thema wird, eine literarische Vorstellung bleibt. Um das Verhältnis der in der Frottola ausgedrückten Freimütigkeit zur Wirklichkeit zu fassen, kann man Agnes Hellers These folgen, dass in der Literatur entwickelte „Charakterzüge […] auch als Ideale nur Tendenzen" sind, die sich der Mensch der Renaissance allmählich aneignet.[256] Entsprechend verfehlt wäre es, in der höfischen Gesellschaft einen Raum für freie Aussprachen zu vermuten, wo vielmehr ein differenziertes System des Arbeitens am äußeren Schein herrschte. Laut Philippe Ariès „[war] das Individuum […] nicht, was es war, sondern was es zu sein schien, oder vielmehr: was es zu scheinen wußte: Diesem einen Zweck war der Verhaltenskodex zugeordnet."[257] Dennoch verweist das Aufbrechen eines stereotypen Textmodells zu einem dialogischen Text mit einem erstarkten Ich wie in der Bearbeitung von „Scropri lingua" auf eine neuzeitliche Psychologisierung und Selbstbezogenheit. In diese Richtung

---

256. Heller: *Mensch der Renaissance* (1988), S. 302.
257. Philippe Ariès: Einleitung in: Aries/Duby: *Geschichte* (1986–2000), S. 9.

argumentiert letztlich auch Heller: „Ein anderes Anzeichen für die Dominanz der individuellen Erlebniserfahrung ist die Entwicklung der Lyrik […] es wird der Versuch unternommen, die Lyrik an Lebenserfahrungen zu binden."[258]

„Forsi che si forsi che no". Wechselspiele – Verwirrungen

Es gehört zu den unterhaltsamen Facetten der Frottolen, dass die Tradition des innerlichen Zwiegesprächs über Sprachspiele ad absurdum geführt werden kann. Häufig werden Auszählreime wie am Anfang von „Amerò, non amerò" zur spielerischen Illustration von Liebesverwirrungen eingesetzt. In der Frottola „Tante volte sì, sì, sì" etwa befasst sich das Ich ausdrücklich mit dem Zählen, wenn es die Wechselhaftigkeit seiner Geliebten dadurch illustriert, dass es ihre Jas und Neins in den ersten beiden Versen gegeneinander abwägt (Text Bsp. 66).

Bsp. 66: Marchetto Cara, *Tante volte sì, sì, sì*

Tante volte, sì, sì, sì	So viele Male ja, ja, ja
Et in cambio aver un no;	Und im Wechsel dann ein nein;
Son cagion che infino a qui	Sind der Grund, dass ich bis jetzt
Io **non** ho quel che non ho.	Nicht das hab', was ich nicht hab'.
Tante volte, sì, sì, sì	So viele Male ja, ja, ja
Et in cambio aver un no.	Und im Wechsel dann ein nein.
Ogni giorno un bel dimando	Jeden Tag eine schöne Frage
Et un sì sempre mi paga,	Und ein Ja bezahlt mich immer,
Et per non sapere il quando:	Und weil ich nicht weiß, wann
Questo al cor m'è mortal piaga;	Ist mir das im Herz eine tödliche Wunde,
Ché del sì la incerta paga	Weil ich mit dem Ja das Unsichere zahle
Fa ch'io mor' stando cusì.	Sterbe ich, wenn es so bleibt.
Tante volte, sì, sì, sì…	So viele Male ja, ja, ja…

Marchetto Cara scheint dieses Auszählspiel, aber auch die Sprunghaftigkeit, mit der der Liebhaber hier konfrontiert ist, hörbar zu machen, wenn er sowohl für den Cantus als auch für den Bassus anfangs eine Melodiegestaltung mit auffällig vielen Intervallsprüngen vorsieht (Noten Bsp. 66). Während sich die Bewegungen im Cantus auf Intervalle bis zur Quarte beschränken und sich in den Takten 5 bis 8 weiter verkleinern, dominieren im Bassus Oktav-, Quart- und Quintsprünge.[259] In der Vertonung von „Deh si, deh no, deh si", einer vergleichbaren *poesia per musica*, in der das Ich hin und hergerissen ist, ob es seine Geliebte auf seine Gefühle ansprechen soll, geht Cara ähnlich vor: Auch hier steht am Beginn einer einfachen Cantusmelodik mit der Ab- und Aufwärtsbewegung einer kleinen Terz eine sprunghafte Geste, die innerhalb dieses schlichten Satzes durch den nachgezogenen Einsatz auf der zweiten Semibrevis besonders hörbar wird (Vgl. Text und Noten Bsp. 39, S. 261[260]).

Cara hat sich für die Vertonung des Wechselspiels zwischen Bejahung und Verneinung in der erstgenannten Frottola noch eine Raffinesse für den Cantus ausgedacht (Bsp. 66): Im vierten Vers (T. 17) wird auf dem Wort „non" der bis dahin durchgängige trochäische Rhythmus erstmalig unterbrochen durch eine Längung der dem Versrhythmus folgenden, an sich unbetonten Note zu einer punktierten Semibrevis. Durch diese auffällige Hervorhebung — ein Stolpern des Versrhythmus-

---

258. Heller: *Mensch der Renaissance* (1988), S. 277.
259. Es ist möglich, dass es sich hier, wie auch bei den Mittelstimmen, um Instrumentalstimmen handelte.
260. Im Strophenteil des Liedes fällt die tonmalerische Erniedrigung auf dem Wort „morirò" der ersten Strophe auf.

veranschaulicht die Musik die Desorientierung und den Verlust, den das Ich durch die Verwirrspiele der Liebe erleidet: „Io *non* ho quel che non ho" (T. 17).

Bsp. 66: Marchetto Cara, *Tante volte sì, sì, sì*

Womöglich steckt in der Betonung dieses Verses zudem ein Selbstzitat Caras, von dem bereits im siebten Frottolenbuch Petruccis eine Frottola mit der ähnlichen Kopfzeile „Io non l'ho perche non l'ho" nach einem Gedicht Polizianos publiziert ist (vgl. Text und Noten Bsp. 40, S. 262–63).

Wird das Verwirrungsspiel so weit getrieben, dass das Ich desorientiert und sprunghaft, die Aussage ungreifbar wirkt, scheint die kritische Komponente offensichtlich.

In Caras Frottola „Forsi che si forsi che no" aus Petruccis drittem Buch ist das Thema der Liebe nur noch als Hintergrund zu ahnen, vor dem sich die Unaufrichtigkeit höfischen Sprechens als eigentliches Anliegen des Liedes abzeichnet.[261] Virtuos exerziert ein Ich ein Spiel mit Verschleierungen und (doppelten) Verneinungen und demonstriert brillant das Prinzip ironischen Sprechens, mit dem letztlich „diese falsche, irrende Welt" beklagt wird, die für dieses Ich nur das versteckte Sprechen offenhält.[262]

So heißt es in der zweiten Strophe „Wer das hört, versteht vielleicht nicht / dieses nebensächliche Vielerlei [...], das von sich [...] nicht denkt: / Jedem ist heute gestattet zu reden, außer mir" (Text Bsp. 67). Erst im Anschluss daran, in der dritten und vierten Strophe, werden traditionelle Liebestopoi als Erklärung für die Verwirrung des Sprechenden nachgeliefert, die hier jedoch nachgeordnet und nebensächlich wirken. So schließt das Lied in der Ripresa mit dem Wunsch, die Welt möge nicht so bleiben, wie sie ist. Hier steht demnach nicht die unglückliche Liebe eines Einzelnen im Vordergrund, sondern die Reflexion über eine Welt, in der die Modalitäten des Sich-Verstehens undurchsichtig geworden sind, in der Reden, Denken und Sein außereinanderdriften.

Bsp. 67: Marchetto Cara, *Forsi che si forsi che no*

Forsi che sí forsi che no	Vielleicht ja, vielleicht nein,
El tacer nocer non po	Schweigen kann nicht schaden.
Forsi che no forsi che sí	Vielleicht ja, vielleicht nein,
Non fia el mondo ognhor cossí	Sei doch die Welt nicht immer so.
Forsi che sí etc.	Vielleicht ja, vielleicht nein etc.
Forsi chi ode non intende	Wer das hört, versteht vielleicht nicht
Questo vario mio disgresso	Dieses nebensächliche Vielerlei,
Che tal spesso altrui riprende	Das so wieder von anderem spricht,
Che non pensa de si stesso:	Das von sich selbst Folgendes nicht denkt:
A ciaschun hogi è concesso	Jedem ist heute gestattet
De parlar, salvo che a mi	Zu reden, außer mir.
Forsi che sí etc.	Vielleicht ja, vielleicht nein etc.
Questo mondo falso errante	Diese falsche irrende Welt
Horamai è conosciuto	Ist nunmehr bekannt.
Pur l'amor è lo imperante	Doch die Liebe ist die Herrschende,
Dalo ignaro non veduto	Ungesehen von dem Umwissenden.
Ogni pel fa amor canuto	Jedes Haar macht die Liebe alt,
Poi si vol fa anchor falo	Aber wenn man sie machen will, mach sie noch!
Forsi che sí etc.	Vielleicht ja, vielleicht nein etc.
Va canzon sol da coloro	Geh, mein Lied, nur zu denen,
Che dal mondo hanno contrasto	Die im Widerstreit mit der Welt sind,
Che'l rubin ligato in oro	Denn der in Gold gefasste Rubin
Per el gallo è triste pasto;	Ist dem Hahn eine triste Speise.
Chi ha bon vento drizi el trasto	Wer guten Wind hat, hisse das Segel,
Ch'io coi remi i me ne vo.	Während ich mit den Rudern wegfahre.
Forsi che sí etc.	Vielleicht ja, vielleicht nein etc.

---

261. Nicht nur über die Kopfzeile korrespondiert es textlich mit der Frottola „Forsi è ver forsi che no" (Bsp. 68), die wahrscheinlich von Tromboncino stammt und nur in intavolierter Fassung überliefert ist. Hier wie dort wird die Darstellung eines unentschiedenen Hin und Her des Ich in der Kopfzeile der Ripresa zum exemplarischen Motto eines spielerisch kritischen Nachdenkens über ein Leben mit den Scheinwahrheiten höfischer (Liebes-)Topoi. Musikalisch stehen die Stücke in keiner offensichtlichen Beziehung. Im musikalischen Satz von „Forsi è ver [...]" ist keine ähnlich differenzierte Textinterpretation erkennbar wie in Caras Vertonung. Nur die melodisch sprunghafte Führung des Cantus, in der in den ersten beiden Takten dem Quartsprung abwärts sofort der Quintsprung aufwärts folgt, ist als musikalische Übersetzung des Textes hörbar, „Forsi è ver forsi che no".

262. Das Wort „errante" kann dabei doppeldeutig gemeint sein: Zum einen ist die Welt irrend im Sinne eines Synonyms von „falso", zum anderen irrt sie selbst und bringt eine unruhige Bewegung in den Text. Vgl. Text Bsp. 67, Beginn der zweiten Strophe.

Die Wankelmütigkeit und Unsicherheit, die dieses Ich bestimmen, macht Cara auch kompositorisch zum Thema (Noten Bsp. 67). In der Ripresa des Liedes erklingen zu den Worten „Forsi che si forsi che no" zwei Satzvarianten, in denen synkopische Verschiebungen und wechselnde Stimmkonstellationen Täuschung und Unstetigkeit als musikalische Irritationen hörbar werden lassen. Stimmtrennungen, anfangs zwischen Cantus/Tenor und Altus/Bassus (Takt 2), illustrieren die Zerrissenheit des Ich zwischen „si" und „no"; rhythmische Abweichungen innerhalb der Stimmpaare verstärken diesen Eindruck. Nachdem Cantus und Tenor in Takt 1 in parallelen Terzen eine schrittweise aufsteigende, das tänzerische Dreiermetrum betonende Phrase vorgeben (punktierte Semibrevis, Minima, Semibrevis und Semibrevis), spaltet sich der Stimmverlauf in Takt 2; synkopisch setzt sich der Cantus nun vom Tenor ab, wodurch das Wort *for-si* („Vielleicht") abweichend vom Versrhythmus, auffällig betont wird. Dieses synkopische Muster wird ab Takt 9 mit tauschenden Stimmpaaren variiert und zudem auf die Folgeverse übertragen (z. B. Cantus vs. Tenor in T. 15; Unterstimmen vs. Cantus in T. 23). Darüber hinaus setzen die jeweils zweiten Stimmpaare in Takt 2 bzw. 10 synkopisch mit einem hörbar langen Ton (im Wert einer Longa) auf der dritten Semibrevis ein und bringen dadurch das eingangs suggerierte Taktgefühl noch einmal ins Wanken. Wieder geschieht dies auf dem Wort *for-si*.

Die Strophen kontrastieren zu der Ripresa durch ein gerades Metrum, das wiederum in das ungerade der Ripresa überleitet (T. 49). Auch hier wird viel mit synkopischen Wendungen gearbeitet, wie gleich im Cantus hörbar wird, der im zweiten Strophentakt (T. 36) die zweite „Zählzeit" betont.

Bsp. 67: Marchetto Cara, *Forsi che si forsi che no*

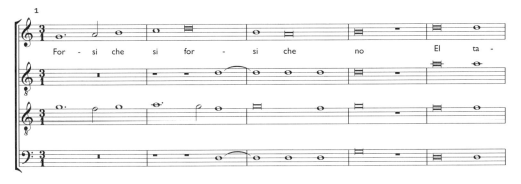

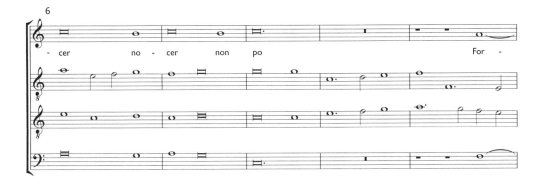

Teil 4

Über die tragende Rolle hinaus, die einer Ripresa in der Frottola dadurch zukommt, dass sie vor, zwischen und nach den Strophen erklingt, wiederholen sich die Worte „Forsi che si forsi che no" in dieser Frottola so häufig — in der Ripresa sind es allein vier Male, dass sie in der kreisenden, synkopischen Vertonung Caras zu einem Perpetuum mobile werden, das auf seine Hörer gleichermaßen betörend wie verstörend gewirkt haben mag. Weitere Zweifel an der kritischen Botschaft des Stückes räumt der Dichter in der letzten Strophe beiseite, wenn er sich ausdrücklich Hörer wünscht, „che dal mondo hanno constrasto", die im Hader mit der Welt liegen und sich nicht von dem „in Gold gefassten Rubin" verführen lassen, nicht allerdings ohne mit einer Ripresa zu schließen, die alles im Schwebenden, Unverbindlichen belässt.

Wie so oft in der Auseinandersetzung mit Kunst stellt sich die Frage nach der Rezeption und damit letztlich danach, inwiefern die damalige Hofgesellschaft den vorgeführten Sprachspielen folgte und sie auf ihre eigenen Denk- und Verhaltensmuster zu beziehen verstand. Bei „Forsi che si forsi che no" verfügen wir über ein konkretes Indiz, das bestätigen könnte, dass die damaligen Zuhörer die Gattung im hier entfalteten Sinne auch wahrgenommen haben: Diese Frottola war offenbar das ganze 16. Jahrhundert hindurch am Mantuaner Hof so beliebt, dass noch Vincenzo Gonzaga (1562-1612) sie kennen und schätzen lernte, der erst ca vier Jahrzehnte nach Marchetto Caras Tod und gut zwei Jahrzehnte nach dem Tod Isabella d'Este Gonzagas geboren wurde.[263] Wie einleitend dargestellt, ließ Vincenzo Gonzaga das Anfangsmotto „Forse che sì forse che no" 1601 in den Mäandern des Labyrinths einer Saaldecke des Palazzo Ducale der Gonzagas in Mantova verewigen, wo es noch heute zu sehen ist (vgl. Abb. 1, S. 14). An einem Hof, der für die raffinierte Gestaltung von Inschriften, Emblemen und Wappen bekannt war, dürfte dies darauf schließen lassen, dass das Lied Teil eines humanistischen Bedeutungsrahmens geworden war, in dem musikalische, literarische und ikonographische Zeichensetzungen gleichermaßen zu Erkenntnisgewinn inspirieren sollten, wie sie zu außergewöhnlichen Selbstinszenierungen der Fürstinnen und Fürsten beitrugen. Neben den musikalischen Verwirrspielen eines Cara zählt zu diesem Zeichenspiel auch eine Poesie des berühmten Dichtermusikers Serafino dell'Aquila, mit der dieser ein literarisches Gegenstück zu einem Labyrinthemblem Isabella d'Estes schuf, das sie bei sich trug.[264] Über hundert Jahre gehörte das Labyrinthische mit seinen Aspekten der Komplexität, Rätselhaftigkeit und Reflexivität zu den zentralen Motiven, mit denen die Gonzaga ihre Haltung zur Welt ausdrückten. Es ist zudem bekannt, dass die Fürstin ihre *grotta* mit zwei Emblemen zieren ließ, auf denen mit aus der Musik entlehnten Motiven auf die Topoi des Sprechens und Schweigens verwiesen wird.[265] Eine ähnlich vielsagende Dialektik zwischen Schweigen und Sprechen, aber auch zwischen Sichtbarkeit und Transzendenz, muss auch das Frottolamotto in seiner besonderen ikonographischen Form hoch oben in der *stanza del labirinto* des Palazzo Ducale ausgestrahlt haben: Um seine Worte entziffern zu können, muss man sich um sich selbst drehen und den Blick gen Himmel schicken.[266]

---

263. Cara starb *ca* 1525, Isabella d'Este Gonzaga 1539.
264. Es handelt sich um das Sonett 97 in der Sammlung der Reime des Dichters: Serafino: Rime, S. 135. Der Text dieser Poesie ist in einer römischen Sammlung von Giovanni Besicken aus dem Jahr 1503 wie folgt kommentiert: „Sopra un laberintho che portava la Marchesana de Mantova per impresa". Vgl. Gallico: *Forse* (1961), S. 22.
265. Malacarne: *segno* (2001).
266. Dass die Frottola „Forsi che si forsi che no" für die Familie Gonzaga von besonderer Bedeutung war, greift auch eine Videoproduktion über Isabella d'Este auf, in der die Hauptdarstellerin Emma Kirkby sie als eine Art musikalische Selbstdarstellung der Fürstin vorträgt. Musikwissenschaftlich wurde die Produktion von William Prizer betreut. Vgl. (den Anfang von Teil 3) in: Isabella d'Este/Video.

Bsp. 68: F. [!] T., wahrscheinlich Bartolomeo Tromboncino, *Forsi è ver forsi che no*

Forsi è ver forsi che no,	Vielleicht ist es wahr, vielleicht nein,
So' o non son guasto di lei,	Verrückt nach ihr bin ich oder nicht,
Altri che io, i cieli e i dei	Andere als ich, die Himmel und Götter
Questo cor intender pò.	Können dieses Herz verstehen.
Forsi è ver, forsi che no,	Vielleicht ist es wahr, vielleicht nein,
Forsi è ver, forsi che no.	Vielleicht ist es wahr, vielleicht nein.
Se con lei fo il servitore	Wenn ich ihr Diener war,
Soe bellezze e gratie il merta;	Wie es ihre Schönheit und Anmut verdienen,
Pur in pena so ch'ho il core.	Ist doch mein Herz in Pein.
Ne ad alcun ne ho fatto offerta.	Keiner anderen habe ich mich angeboten.
Ognun dice e falla certa:	Jeder sagt und scheitert sicher.
De costei l'è morto il so.	Darum ist sein [Herz] gestorben.
Fingo amarla e forsi l'amo	Ich tue so, sie zu lieben und liebe sie vielleicht,
Forsi la odio nel secreto	Vielleicht hass' ich sie insgeheim.
Forsi ancor un' altra bramo	Vielleicht verehrte ich eine andere,
Che no' l pensa alcun discreto	Die nichts Taktvolles denkt.
Fingo il morto, hor fingo il lieto	Ich mime den Toten, ich mime den Glücklichen,
Ee a ciascun la baia do.	Und nehme jeden auf den Arm.

Die Beispiele am Hof der Gonzaga sind besonders eindrucksvoll. Doch scheint der jahrtausendealte Topos des Labyrinths, Inbegriff des Widersprüchlichen, Reflexiven und Dialektischen, damals geradezu eine Zeitstimmung getroffen zu haben. Die in vielen Frottolen dargestellte Ausweglosigkeit eines Ich ist dem Motiv des Labyrinthischen verwandt, und dieses bietet sich auch für genuin musikalische Ausdeutungen an, die sich auch durch eine raffinierte Mehrstimmigkeit auszeichnen. Dies zeigt insbesondere eine Reihe von Vertonungen des Strambotto „Non te smarir cor mio, va' passo a passo", einer Poesie, in der bereits in der Kopfzeile mit dem Bild der Verirrung eines Herzens gespielt wird. In einem anonymen Satz (Bsp. 69) steht dafür eine Folge aus sieben Tönen im Zentrum, die insgesamt mehr als zwanzig Male in gleichbleibender Form wiederholt wird: Die Tonfolge g'- e'-f'- g'-g'- a' entspricht der Titelzeile des strambotto bis „cor mio" und versinnbildlicht durch die gegenläufige Bewegung nach unten, dann nach oben „die Verirrung des Herzens"; dagegen vertonen die folgenden fünf abwärts gerichteten Töne g-f-e-d-c die Worte „va passo passo": Schritt für Schritt kehren diese Töne zurück zum c' und damit zum bis dahin tiefsten Ton des Diskants zurück. Damit wird auf kleinstem Raum die semantische Botschaft des Stücks und zugleich dessen musikalisch weiterer Verlauf vorweggenommen, geht es doch um die Illustration eines durch die Liebe angedrohten Irrwegs, den das Ich aber letztlich erfolgreich vermeiden möchte, um einen „loco" und „pace" zu finden.

In allen vier Stimmen wird mit dem Ausgangsmaterial ein musikalisches Labyrinth gebaut. Dafür ist bereits die Gestaltung der Altstimme am Anfang bezeichnend, die hier mehr als eine Füllfunktion hat, wogegen Tenor und Bassus zunächst nur ergänzen: Sie imitiert um eine Oktave und eine Brevis versetzt die Melodik des Diskant, wiederholt sie dann in hoher Lage (T. 8 mit Auftakt) und schiebt sich dadurch in den Vordergrund. Kurz darauf setzt der Diskant mit einer rhythmisch vorgezogenen Variation der Anfangsmelodik c"-h'-a' etc. ein, die vor dem Schwerpunkt eine zusätzliche Unruhe in den Satz bringt.

Bsp. 69: Anon., *Non te smarir, cor mio, va' passo a passo* (Text: Serafino Aquilano)

Teil 4

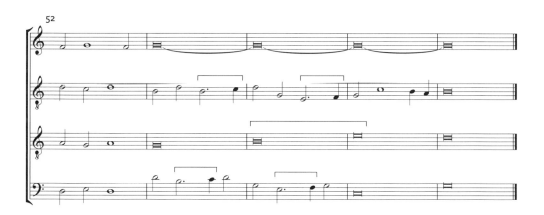

Non te smarrir, cor mio, va' passo passo,	Verirr' dich nicht, mein Herz, gehe Schritt für Schritt,
Ch'ogne dolore al fin pur trova loco.	Dass jeder Schritt am Ende doch Raum findet.
Fredda è costei, ma punto non la lasso,	Kalt ist diese, aber ich lasse [sie dennoch] nicht.
Convien che al sbatter mio se accenda un poco.	Sie sollte sich bei meinen Kämpfen ein wenig entzünden.
Frigido è el ferro e frigido anche è el sasso,,	Kalt ist das Eisen, und kalt ist der Stein,
E sbatti l'un con l'altro accende el foco:	Und wenn du das eine gegen das andere schlägst, entzündet sich das Feuer.
Sì che ama e sta, ch'io batterò sì forte	So ist es für den, der liebt und beständig ist, dass ich so stark schlagen werde,
Che pace arren, se non per lei, per morte.	Dass Friede komme, und wenn nicht mit ihr, [dann] für den Tod.

Daraufhin folgt eine schier endlos scheinende Kette der bekannten Tonfolge, die jetzt noch irritierender wirkt, weil sich der Tenor in das Spiel einschaltet und dem Diskant in gegenläufiger Betonung quintversetzt vorausläuft (ab T. 11). Von Takt 17 an bleibt der Diskant auf der Quinte in der Schwebe liegen, während der Alt (Ab T. 18) und der Bass (ab T. 22) abwechselnd die aus Diskant und Tenor bekannten Tonfolgen übernehmen.

Man gewinnt den Eindruck, dass das Stück bewusst in die Länge gezogen wird, um den labyrinthischen Eindruck zu verstärken. Im Diskant werden ab Takt 32 einzelne Elemente der Tonfolge vom Anfang (c"-h') auffällig häufig wiederholt und suggerieren den Eindruck einer ziel- und orientierungslosen Bewegung: Fünf Male wird der Oktavsprung c"-c' vor Takt 38 wiederholt, während Alt und Tenor die Folge g'-e'-f'-g'-g'-a' im Wechsel miteinander variieren. Dieses geradezu übertrieben wirkende Wiederholen von Einzelelementen setzt sich bis zum Schluss fort, im Diskant ab Takt 42 mit einem rhythmisch versetzten Sekundschritt, der wiederum zu den Worten „passo passo" bzw. „trova loco" passt. Die Frage der Textverteilung ist auch hier schwierig, was über die komplexe und differenzierte Gestaltung aller Stimmen hinaus für einen Instrumentalsatz spricht, der sich zum Ziel setzt, programmatisch ein bekanntes Liedthema zu veranschaulichen. (Die Altstimme ist mit mehreren großen Sprüngen besonders instrumental gesetzt. Vgl. T. 22, T. 30; zudem ist selbst der Cantus nur mit einem Textincipit, nicht mit dem gesamten Text unterlegt.) Dagegen spricht nicht, dass einzelne melodische Elemente zum Text passen — die Hörer erkennen dann umso besser das Sujet wieder.

Wesentlich einfacher dagegen ist eine andere Vertonung desselben Gedichtes, die zweifellos ein Vokalsatz ist (Bsp. 70). Wortausdeutung findet hier auch statt, jedoch mit wenigen differenzierten Mitteln: Wieder ist es ein Wiederholungsprinzip, das den Suchprozess in diesem Gedicht illustriert: Die Vertonung von „al fin" erfolgt über eine aufsteigende Skala von Sekundschritten über den Raum einer Septime (d'-c"). Mit dem Erreichen des höchsten Tons, hat das Suchen ein Ende: Jeder Schmerz findet einen Ort, „*tro*-va un loco" (T. 20-28ff.).

Bsp. 70: Anon., *Non te smarir, cor mio, va' passo a passo* (Text: Serafino Aquilano)

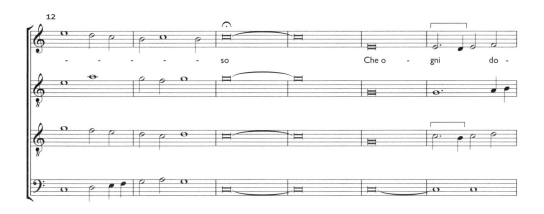

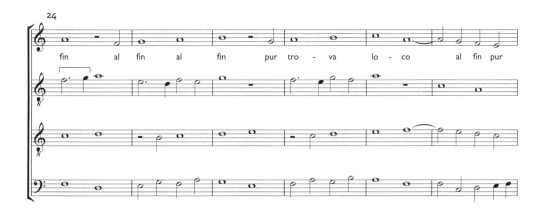

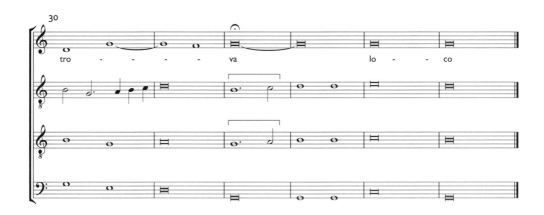

Eine weitere Vertonung derselben Poesie, die u. a. in Petruccis viertem Frottolenbuch publiziert ist, verlagert die Textausdeutung auf einen imitatorischen Beginn der Unterstimmen sowie die besondere Gestaltung der Tenorstimme (Bsp. 71).

Bsp. 71: Anon., *Non te smarir, cor mio, va' passo a passo* (Text: Serafino Aquilano)

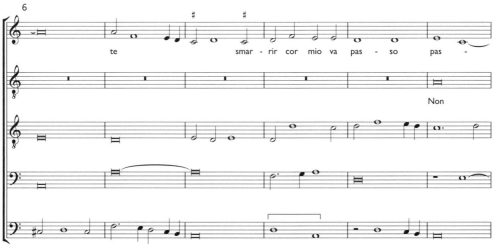

Zunächst nimmt der Tenor die erste Phrase des Diskants wörtlich vorweg, eine zweigeteilte Linie aus einem Halteton über zwei Breven und eines abwärts gerichteten soggetto, bei der das Subsemitonium cis' besonders betont wird, bevor der Ton d' erreicht wird.[267] In dieser melodischen Geste ist bereits „smarir", das Irren, veranschaulicht — ein Bild, das durch die Dramaturgie des Anfangs verstärkt wird. Angefangen vom Alt über Tenor und Bass bis zum Diskant durchzieht diese Abwärtslinie die ersten acht Breven des Stücks in tiefer Lage und vermittelt eine dunkle Stimmung. Das Bild der Schritte ist ebenso deutlich durch die aufwärtssteigende Semibrevenlinie zu dem Wort „passo" (Cantus T. 10–13). Zuvor entsteht durch das Einkreisen des Tons d' zunächst der Eindruck einer Grundlegung, dann folgt das Bild langsamer, kleiner Schritte über einen steten aufwärtsgerichteten Sekundgang bis zum f' und durch eine auffällig ruhige Stimmführung in den Unterstimmen. Am Schluss ist auf dem Wort „loco" auf d' ein Ruhepunkt erreicht und wird damit der Wechsel zum betonten Subsemitonium cis' im Diskant erstmalig in eine Brevis auf d' gelöst. Auf besonders raffinierte Weise versinnbildlicht darüber hinaus die Anlage des Tenors die Labyrinthsymbolik des

---

267. Die Vertonung verfügt über zwei Tenorstimmen, da die notierte Stimme auch rückwärts musizierbar ist, im Bsp. 76 als Tenor „retro" gekennzeichnet.

Satzes: Nachdem einmal die Kopfzeile des Stückes in einer Linie fast durchgängiger Breven cantusfirmusartig intoniert wird, folgt noch einmal eine komplette Tenorstimme, die von hinten nach vorne musiziert werden muss. Der Tradition des Topos folgend, dass es derselbe Weg ist, der in das Labyrinth hinein und hinaus führt, der gleichermaßen Schwierigkeit und Erkenntnis birgt und in seiner Dialektik nur durch einen Wissenden entdeckt werden kann, veranschaulicht dieser Satz, wie Musik der Veranschaulichung und Deutung humanistischer Weisheiten dient. Auf diesen Satz trifft somit besonders Corrado Bolognas Kommentar zur Deutung des antiken Mythos zu:

> La più profonda verità del labirinto è che occorre un sapiente interprete perché il suo nodo enigmatico venga sciolto, e tradotto in un filo dialettico; che quello „scogliamento" è una battaglia, la cui posta è da una parte la morte, dall'altra la conoscenza; e che pertanto il sapiente è un eroe, un combattente, cui si richiede di non lasciarsi ingannare, e anzi di sconfiggere l'inganno con le sue stesse armi: ossia, di ingannare l'inganno smascherandolo e trovando il centro su cui far perno dapprima, la „via d'uscita" poi.[268]

4. 4. 2 Auf Nähe und Distanz zur Volkskultur II: Reizende Kontraste durch Verarbeitungen populärer Elemente

Für ein besseres Verständnis der Rolle humoristischer Elemente in der Frottola war bereits vom ambivalenten Verhältnis am Hof zur populären Lebenswelt aus zwangsläufiger, nötiger Distanz und gesuchter Nähe die Rede. Musikalisch folgen daraus zwei Möglichkeiten der Darstellung von populären Liedern. Entweder man stilisierte sie als Gegenwelt, zu der man auf sichere Distanz lebte, oder man entzog den Liedern ihre offensichtliche Anzüglichkeit durch Anspielungen und Auslassungen, die das Ergebnis letztlich umso raffinierter und reizvoller machten. In Frottolen bediente man sich v. a. des zweiten Weges. Dabei diente das Spiel mit der Gegenwelt nicht nur als belebende und reizvolle Farbe, sondern lieferte eben auch ein befreiendes Ventil, um im Kontrast zur eigenen Lebenswelt Erholung und Raum für Kritik und Selbstkritik zu finden.

Frottolen mit populären Elementen sind für die weitere Einschätzung der Gattung besonders interessant: Durch den Bezug zu einer wiederkehrenden, teils variierten Melodie sind die Satzvarianten untereinander auch musikalisch vergleichbar, anders als in den überwiegenden Fällen, in denen allein textlich imitiert und variiert wird. Zudem bieten sich populäre Reime für das Spiel mit Kontrasten an, das entweder als ein Ventil für Selbstkritik und Kritik oder aber als ein pragmatisches Werkzeug betrachtet werden kann, um dem *volgare* ein Forum zu verschaffen — die Frottola also als ein weiterer Schritt zur Sprachreform. Dabei sind Lieder im *volgare* schlichtweg auch ein einfaches Stilmittel für die am Hof so wichtige spielerische Unterhaltung.

Frottolisten waren, wie gesagt, nicht die ersten, die sich Liedern im *volgare* annahmen. Nachdem die Konkurrenz flämischer Herkunft auch auf diesem Gebiet bereits ihre Spuren hinterlassen hatte,[269] musste es italienische Komponisten umso mehr reizen, eigene Akzente dagegenzusetzen.

---

268. „Die tiefste Wahrheit des Labyrinths ist, dass sie eines weisen Interpreten bedarf, damit sich sein rätselhafter Kern in einen dialektischen Faden auflöst. Denn diese ‚Auflösung' ist ein Kampf, dessen Sendung zum einen der Tod, zum anderen die Erkenntnis ist; und der Wissende ist umso mehr ein Held, ein Kämpfer, der gefragt ist, sich nicht täuschen zu lassen, um vielmehr die Täuschung mit ihren eigenen Waffen zu besiegen, nämlich die Täuschung zu täuschen, indem er die Mitte findet und sich erst auf sie stützt und sie dann als Ausweg benutzt." Corrado Bologna in Kerény: *Nel labirinto* (1966–1983), S. 18.
269. Einer der heute bekanntesten Liedsätze im *volgare* von Komponisten flämischer Prägung ist die frühe Villotta „El grillo", die Josquin in seiner Zeit am Mailänder Hof zugeschrieben wird und in das dritte Frottolenbuch Petruccis

Wie nun das Spielen mit populären Elementen zur Profilierung der Frottolen als höfisches Unterhaltungsmedium beitragen konnte, zeigten Verarbeitungen des volkssprachigen Liedes mit den Anfangsworten „[E] d'un bel matin". Es ist seit dem Ende des 15. Jahrhunderts über 60 Jahre lang in verschiedensten Varianten zu verfolgen.[270] Wie auch in ähnlichen Fällen volkssprachiger Lieder in anderen europäischen Ländern ist bei den tradierten Melodien und Versen mit diesen italienischsprachigen Anfangsworten davon auszugehen, dass es sich um Kompositionen handelt, die eben aus dieser Zeit seiner ersten schriftlichen Überlieferungen handelt, in diesem Fall also aus dem 15. und 16. Jahrhundert, und nicht etwa, wie lange angenommen und durch den Begriff des Volksliedes suggeriert, um die schriftliche Fixierung vermeintlich älterer, bis dato mündlich tradierter Liedtraditionen.[271]

Thematisch sind es im Wesentlichen zwei Stränge, die die Varianten von „E d'un bel matin" auszeichnen. Schon die jeweilige Ausgangssituation des Ich veranschaulicht, dass hier höfische Topoi raffiniert variiert und umgekehrt werden: In beiden Fällen besingen Liebhaber ihr Schicksal. Während auf der einen Seite die Ausgangssituation des Ich an eine in der Hofpoesie traditionelle Klagesituation eines einsamen Liebhabers erinnert, die dann eine Wende nimmt, befindet sich das Ich auf der anderen Seite von Beginn an in einer verheißungsvolleren Lage (Bspe. 72 und 73, S. 330–35).

Häufig, wie in der Frottola die Topoi der höfischen Liebe besungen werden, genügen im Beispiel 72 wenige Verse, um die Anspielung auf die höfische Tradition des abgewiesenen Liebhabers verständlich zu machen.[272] Wenn dieser sich nämlich „eines schönen Morgens" „draußen ausgesperrt" findet, erlebt er eine ähnlich unglückliche Situaton wie z. B. das Ich in einer Vertonung des namhaften Frottolisten Marchetto Cara aus Petruccis erstem *Libro di Frottole* (1504), dessen Liebesleid (in der 2. Strophe) als eine „Verbannung von jedem Hof" beschrieben wird (vgl. Bsp. 61, S. 304–05).

Der Kontrast zwischen der unermüdlichen Güte des Werbenden und der grausamen Ablehnung seiner Gefühle durch die Geliebte ist typisch für das höfische Liebesideal; es entspricht einem Missverhältnis zwischen passiver Duldung und aktiver Verletzung, das hier durch die Metapher der gebrochenen Flügel besonders anschaulich wird. Musikalisch hat Cara die gedämpfte Stimmung des Ich in einer ruhigen, geradezu bewegungslosen Vertonung eingefangen, die sich nur zu Beginn der

aufgenommen wurde. Frottole Pe. III (1505), fol. 61v–62r. Die bis heute anhaltende Unsicherheit der Zuschreibung des Stückes ist auf die Komponistenangabe bei Petrucci mit „Josquin Dascanio" zurückzuführen. Man vermutet, dass Josquin es gleichzeitig mit dem „Scaramella"-Satz in Mailand zur Zeit seines Dienstes am Hof der Sforza geschrieben hat. Während Claudio Gallico in den 1970er Jahren davon ausgegangen war, dass Josquins „Scaramella"-Satz bereits in den 1470er Jahren geschrieben wurde, datiert David Fallows die Stücke aus stilistischen Gründen nicht vor die 1490er Jahre. Vgl. Gallico: *Josquin Italian* (1976); Fallows: *El grillo* (2003), S. 391–392. Dort ist zudem eine korrigierte Partitur des Satzes nach den Maßstäben der neuen kritischen Ausgabe sämtlicher Werke Josquins abgedruckt. (S. 394–95). Vgl. zudem Ludwig Finscher: „Josquin des Prez". In: *MGG (2), Personenteil 9*, 2003, Sp. 1250. Vgl. zudem Marianne Hund: „El grillo – is there something behind the music?" Geburtstagssymposium Finscher 2005.

270. Knud Jeppesen wies allein 15 Sätze als Varianten dieses Liedes in Sammlungen des 15. und 16. Jahrhunderts nach, die von einem französischsprachigen Satz aus dem Ms. 871 aus Montecassino bis hin zu den Villottensammlungen Azzaiolos (1557 und 1559) aus Venedig reichen. Vgl. Jeppesen: Frottola III (1970) S. 27–31. Dabei konnte er sich bereits auf die Forschungen Fausto Torrefrancas berufen, der zudem auf die musikalische Ähnlichkeit des Villotta-Satzes „E levomi d'una bella mattina" aus dem Ms. Vnm 10653–56 (n. 101, vermutlich vom Beginn der 1520er Jahre) mit einer Lauda aus einer Sammlung von 1489 aufmerksam gemacht hat („Andiamo a Gesù Christo") und dadurch eine über 60-jährige Tradierung des Liedes nachweisen konnte. Vgl. Torrefranca: Segreto (1939), S. 44–46 und S. 245–48.
271. Auf die Begriffe des Volksliedes oder der volkstümlichen Tradition wird hier daher verzichtet; vielmehr ist stattdessen von populär wirkenden bzw. populären Elementen, Versen, Liedern oder Traditionen die Rede, oder aber von volkssprachigen oder volksläufigen Elementen..
272. Womöglich handelt es sich um eine unvollständige Überlieferung eines längeren Strophenlieds.

Mutazione in der Strophe belebt, wo anfangs, in der ersten Strophe, von wachsendem Schmerz und Unglück, später von der grausamen Liebe die Rede ist (vgl. Noten von Bsp. 61, S. 304–05).[273]

Bsp. 72: Anon., *D'un bel matin*

D' un bel matin	Eines schönen Morgens,
Che fu' serà de fora[a)]	Da ich draußen ausgesperrt war,
Gimen[b)] a l'usso de	Gingen wir zur Tür
O de la renegata.	Oh, der Verräterin.

[a)] Eigentlich: „serato di fuori", hier handelt es sich um eine venezianisch mundartliche Form.

[b)] Das Wort ist hier als Variante der alten Form des passato rimoto „gimmo" von „gire" für „andare" zu verstehen.

Bsp. 73: Giovanni Battista Zesso, *D'un bel matin d'amore*

D'un bel matin d'amore,	Und eines schönes Liebesmorgens,
D'amore che mi levava	Eines Liebes[morgens], als ich aufstand,
Metì la sella al vostro bon roncin	Setzt' ich den Sattel auf euren guten Gaul
„E do [doi][a)] su [a] la gran zoglia[b)], traditora!"	„Und runter zum großen Schmuckstück, Verräterin!"

[a)] Von lat. „de unde", entspricht ital. „giù".

[b)] Laut kritischem Kommentar der Frottole Pe VIII (1999) handelt es sich hier um eine Variante von „zogia", d. h. von venezian. „gioia" für Freude. Überzeugender es ist allerdings, „zoglia" als venezianische Variante von „giòglia" (auch „giòia" oder „giogia") für Edelstein, Schmuckstück („pietra preziosa" ist im ital. feminin) zu verstehen. Das Wort steht im übertragenen Sinn für eine besonders geschätzte Person, besonders eine Frau, und trifft sich darin mit der übertragenden Bedeutung von „gioia" („FREUDE"). Vgl. Battaglia VI (1972), S. 811–12.

Bsp. 72: Anon., *D'un bel matin*

[273.] Vgl. die ausführliche Besprechung des Stücks im Abschnitt Melodiebildung im Cantus in Kap. 4. 3. 2.

Nun bilden in der Fülle und schnellen Abfolge an Frottolen solch subtile Gestaltungen von Text und Musik die Ausnahme, vielmehr überwiegen stereotype Sätze. Je stereotyper nun die höfischen Topoi wirkten, desto größer muss der Reiz gewesen sein, diesen bodenständigere, vulgär wirkende Töne entgegen zu setzen. In der obigen Variante von „D'un bel matin" (Bsp. 72) aus Petruccis sechstem Frottolenbuch lassen diese nicht lange auf sich warten:

[...]	[...]
Gimen a l'usso de	Gingen wir zur Tür
O de la renegata.	Oh, der Verräterin.

Indem sich der Liebhaber (gemeinsam mit anderen) auf die „Türschwelle der Verräterin" begibt, bricht er nicht nur mit der erwarteteten Zurückhaltung der höheren Liebesnorm, sondern gibt dem zeitgenössischen Hörer zugleich zu verstehen, dass er für sein Vergnügen erfolgreich selbst sorgt, war doch dem Wort „L'uscio" (zu deutsch „Ausgang", „Schwelle") die anstößige Nebenbedeutung des weiblichen Geschlechtsorgans eigen.[274]

Eine solche überraschende Abkehr von höfischen Liebestopoi wird in vielen Fällen auch musikalisch hörbar. So nutzten die Frottolisten die semantischen Assoziationen verschiedener musikalischer Register: Einige Beispiele sind im Stil von Villotten angelegt, d. h. sie weisen eine stärkere Imitationsarbeit und eine auf vokales Musizieren ausgerichtete Anlage der drei bis vier Stimmen auf und bedenken auch den Tenor mit melodischen Führungsaufgaben. Entsprechend werden in der anonymen Bearbeitung von „D'un bel matin" aus Petruccis sechstem Buch zwei verschiedene Melodien imitatorisch verarbeitet, zunächst vom Cantus („D'un bel matin", T. 1–3), später vom Tenor ausgehend („che fu serà di fora", T. 13–15) (Noten Bsp. 72, s.o.).[275]

Obwohl die zweite Variante erheblich von der vorigen Variante abweicht, sichern die identischen oder bedeutungsgleichen Anfangs- und Schlussworte des Vierzeilers — *d'un bel matin* und *traditora* — wie Grenzposten den Rückbezug zum bekannten Liedmaterial.

Bsp. 72

D'un bel matin
che fu' será de fora
Gimen a l'usso de
O de la renegata.

Bsp. 73

E d'un bel matin d'amore
E d'amore che mi levava
Metì la sella al vostro bon roncin
E do su [a] la gran zoglia, *traditora*!

Die Ergänzung des Wortes „amore" in den ersten beiden Versen vereinfacht es nun, die anzügliche Metaphorik der Folgeverse zu verstehen, in denen sich die Liebe dem zeitgenössischen

---

274. „Organo sessuale femminile (in quanto ingresso del corpo della donna)". DLLA, S. 604.
275. Wenn anzunehmen ist, dass Stimmen instrumental ausgeführt wurden, ist deren Texturierung auch in folgenden Beispielen kursiv gesetzt, wie hier im Tenor. Es wird hier bewusst vermieden, zeitlich später entstandene Begriffe wie „Thema" bzw. „soggetto" in der Analyse dieser Musik anzuwenden, da sie erst seit der Mitte des 16. Jahrhunderts für die Beschreibung musikalischer Zusammenhänge nachweisbar sind, zudem in einem musiktheoretischen Kontext, mit dem die meisten Frottolisten keine nachweisbare Berührung hatten. In der Musiktheorie Glareans wird der Themenbegriff seiner originären rhetorischen Bedeutung entlehnt und erstmalig im „Dodekachordon" (1547 veröffentlicht) auf die Musik bezogen. Auch der Begriff „soggetto" erscheint erst Mitte des 16. Jahrhunderts, zum einen in der Bedeutung einer Vorlage einer Vokalkomposition und damit auch synonym zu „parole" (Vicentino), oder als kontrapunktischer Begriff. Vgl. Blumröder: *Thema/Hauptsatz* (1995) und Schmalzriedt: *Subiectum, soggetto, sujet, Subjekt* (1978).

Zuhörer über eine damals verbreitete Reitermetaphorik in ihren rein körperlichen Freuden darstellt. (vgl. Text Bsp. 73, s.o.)

Die beiden Vertonungen dieser zweiten Textvariante sind wiederum im Bereich der Villotta-Stilistik angelegt, die in der späteren Version von Antonio Caprioli aus Petruccis elftem Frottolenbuch besonders stilisiert wirkt. Während die Verse von Giovanni Battista Zesso im Petruccis siebtem Frottolenbuch (1507) in einem durchgehend homophonen Satz eines tänzerischen Dreiermetrums der Prolatio maior vertont sind, in dem der Tenor mit einer schlichten, eingehenden Melodik die Führung übernimmt (Noten von Bsp. 73), hat sich Antonio Caprioli für seine zwei Satzversionen offensichtlich von Zesso anregen lassen, um kompositorische, auch kontrapunktische Finessen zu demonstrieren (Noten Bsp. 73a). Er lässt das Stück mit einem Fugato beginnen, in dem vier Vokalstimmen eine markantere und zugleich illustrative Variante der von Zesso zitierten Melodie exponieren. Zweimal steigt die Melodik jeweils um eine Terz auf, illustriert jeweils das Wort „amore" und veranschaulicht somit die Gestik des Textes, bei der „amore" das Ich zum Aufstehen bewegt: Im Zweiermetrum der Prolatio minor büßt das Lied dabei seinen tänzerischen und damit auch populär wirkenden Charakter ein[276] (Noten Bsp. 73 und Bsp. 73a).

Bsp. 73: Giovanni Battista Zesso, *D'un bel matin d'amore*

---

276. Die makellose Klanglichkeit, die in der Interpretation des Hilliard Ensembles herrscht, trägt zu einer weiteren, unnötigen Artifizialisierung des populär gestalteten Liedsatzes bei: „E d'un bel matin", Auszug aus Italian Renaissance Madrigals/CD (1992).

Bsp. 73a: Antonio Caprioli, *E d'un bel matin d'amore*

Die Aufmerksamkeit, die in der zuletzt genannten Vertonung von „E d'un bel matin d'amore" (Noten Bsp. 73a) dem Bild des Ich geschenkt wird, das sich aus Liebe erhebt, lenkt den Blick auf mehrere Frottolen, die mit einer entsprechend variierten Textzeile beginnen. So fängt etwa eine Variante aus einem venezianischen Manuskriptes zu den Worten „E levomi d' una bella mattina" mit einer Tenormelodik an, die der von Capriolis Frottola ähnlich ist (Noten Bsp. 73a, Text und Noten Bsp. 74).[277]

Bsp. 74: Anon., *E levomi d'una bella matina*

E levomi d'una bella matina,
Dolce amor, da la stella Diana.
Alé, alé,
Amor in brazzo a me.

Und ich stand eines schönen Morgens auf,
Süße Liebe, vom Stern Diana,
Los, los,
Liebe, in meinen Arm.

In einer anderen Frottola-Villotta aus Petruccis erstem Frottolenbuch (1504) leitet die Textzeile „Dal lecto mi levava" die nächtliche Ankunft einer „grua" ein, die durch die onomatopoetische, sechsfache Wiederholung des Wortes im Zentrum des Liedes steht (Text Bsp. 75). Es kommt hier zu einer besonders subtilen Auseinandersetzung zwischen der anzüglich populären und höfischen Liebesmetaphorik über ein Spiel mit der sprachlichen Doppelbedeutung des Wortes „grua" — ein raffiniertes Mittel, bei dem sich Sänger wie Zuhörer gegen mögliche Vorwürfe der Frivolität oder des unangemessenen Spaßens auf den unverfänglichen ersten Wortsinn berufen konnten. Offensichtlich blieb dadurch die höfische Norm gewahrt, die man unterschwellig umging: Das Wort „Grua" stand im zeitgenössischen Verständnis nicht nur für den Kranich, sondern auch für eine Prostituierte, die sich in Erwartung ihrer Kundschaft wie der Kranich in eine Reihe an die Straße stellt.[278] Zudem ist der Begriff „Gru" bei Pietro Aretino für eine bestimmte Form des Liebesakts nachweisbar.[279] Folglich wird das onomatopoetische „Gru, gru etc." nicht nur als Ruf des Kranichs, sondern auch als plastische Vorstellung des Liebesakts verstanden. Dass diese zweite Bedeutungsebene für das Lied die entscheidende ist, geht aus dem weiteren Text hervor: Es ist Nacht, das Ich ist wach; es ist vom Bett die Rede.

---

277. In einer Variante aus Andrea Anticos 4. Frottolenbuch (1517 bzw. 1520) stellt die Anfangszeile „Me levava una matina" ein Bindeglied der populär wirkenden Ripresa mit dem Strophenteil dar, der über eine höfische Sprachgebung mit dieser kontrastiert.

278. „Gru, la: [...] Danza della gru: antico ballo che si diceva istituito da Teseo in memoria dell'uscita dal labirinto, simboleggiata dai passi e dai giri dei danzatori stretti in gruppo come questi uccelli." In: Battaglia VII (1972), S. 78. „Grue. Prostituta; è voce fr. propr. ‚gru'. ‚Il cliente seduto al suo tavolino, giovane o vecchio che sia, vede avvicinarglisi la piccola operaia in vadrouille, la giovane grue non ancor bene scozzonata a cui un resto di pudore tinge di roseo la guancia'. (Soffici, Cose di Francia, 274.)" In: DLLA, S. 242. Vgl. Französisches Wörterbuch, in dem für „gru" entsprechend auf die Bedeutungsvariante der Prostituierten hingewiesen wird.

279. „Gru. Nome di una delle posizioni di coito descritte da Aretino. ‚Così ancor si chiama il secondo, e stando pure a quel medemo modo, ma la donna alza una gamba: chiamasi la gru'. (Aretino, Piacevole Ragionamento, 96). In DLLA, S. 242.

Bsp. 75: Michele Pesenti, *Dal lecto mi leveva*

Dal lecto mi levava	Vom Bett erhob ich mich
Per servir el signor.	Um dem Herren zu dienen[b].
Alhor quando arrivava	Als dann kam also
La grua suo servidor,	Die Frau Kranich, seine Dienerin,
Gru gru gru gru gru gru[a],	Gru gru gru gru gru,
Gentil ambasciador,	Eine nette Botschafterin,
Che disse „non leué,	Sagte die, „steh nicht auf,
Torné a dormir".	Geh wieder zurück schlafen".
Dal lecto mi levava	Vom Bett erhob ich mich,
Per servir el signor.	Um dem Herren zu dienen.
Alhor quando arriuava	Als dann also kam
La grua suo servidor,	Die Frau Kranich, seine Dienerin,
„Gru gru gru gru gru gru",	„Gru gru gru gru gru",
Gentil ambasciador.	Eine nette Botschafterin.
Ognun dica: „Gru gru,	Sage jeder: „gru gru,
Torné a dormir".	Geh zurück schlafen".

[a] „Gru. Nome di una delle posizioni di coito descritte da Aretino. ‚Così ancor si chiama il secondo, e stando pure a quel medemo modo, ma la donna alza una gamba: chiamasi la gru'. (Aretino, Piacevo Ragionamento, 96)". In: Valter Loggione/Casalegno: Dizionario letterario del lessico amoroso (2000), S. 242. Vgl. Französisches Wörterbuch, in dem für „gru" entsprechend auf die Bedeutungsvariante der Prostutuierten hingewiesen wird.

[b] Das Wort Die Vokabel „servir", (Z. 2) (bzw. servidor in Z. 4) wird hier nicht etwa im Sinne eines Dienstes des Liebhabers an der höher stehenden Geliebten verwendet, sondern als Dienst des für die Liebe zuständigen Körperteils an dem von diesem abhängigen Mann (bzw. als Dienst der Hure an diesem).

Bei aller Provokation, die dem Lied durch die unterschwellig derbe Semantik eigen ist, zeichnet es eine besondere Raffinesse dadurch aus, dass es literarische Traditionen aufgreift und umkehrt. So parodiert der Dialog zwischen dem Ich und der „Gru" die Form des contrasto durch eine Variante der charakteristischen Gegenüberstellung zwischen dem sehnsüchtig, aber vergeblich wartenden Geliebten (amante) und der abweisenden Geliebten (madona). Dieses Modell wird hier insofern karikiert, als von der Liebe als rein erotischer Begierde die Rede ist, die üblichen Liebestopoi der Schönheit und des Leidens ausgespart bleiben und das Ich hier auf eine rein körperliche Ebene reduziert wird. Die Vokabel „servir", (Zeile 2) (bzw. servidor in Zeile 4) wird hier nicht etwa im Sinne eines Dienstes des Liebhabers an der höher stehenden Geliebten verwendet, sondern als Dienst des für die Liebe zuständigen Körperteils an dem von diesem abhängigen Mann (bzw. als Dienst der Hure an diesem). Diese Umkehrung von Erwartungen wird in der dramaturgischen Gestaltung des Liedes durch Referenzen an höfische Liebestopoi fortgesetzt. Eine Liebeserwartung wird angesichts der nahenden Geliebten gesteigert, die aber letztlich abweisend reagiert: „Torné a dormir" sagt die Gru dem begierigen Liebhaber.

Diese Szenerie wird musikalisch durch interessante Details unterstützt: Der Kontrast zwischen dem begehrenden Ich am Anfang „Dal lecto me levava per servir al signor" und der eintreffenden „Gru" wird durch das imitatorische Wechselspiel aus tiefen Männerstimmen und antwortenden Frauenstimmen hörend nachvollziehbar (Noten Bsp. 75, S. 338–39).[280] Die Aufwärtsbewegung des führenden Tenors, abgelöst und wieder herabgeführt von der Melodik des Cantus, führen das Text-

---

280. Noch bei Vogel und in der Ausgabe von Cesari/Monterosso (1954) wird der zweite Vers „Alhor quando arrivava […]" zum Incipit des Liedes gemacht, allein weil es die ersten Worte des Cantus sind. Da es sich aber um eine Villotta handelt, ist der Incipit des Tenors ausschlaggebend, was auch textlich sinnvoll ist: die Zeile „La grua suo servidor" wird erst verständlich, nachdem „el signor" als Bezug (2. Vers) genannt ist. Leider richtet sich die bis heute einzige zugängliche Aufnahme des Liedes nach Cesari/Monterosso (1954), vgl. Cigni, Capre etc./CD , Track 2.

Teil 4

338

geschehen plastisch vor Augen. In dem onomatopoetischen „Gru, gru" verflechten sich dann alle vier Stimmen zu einem spielerischen Miteinander.

Hinter dem Textbeginn „Dal lecto mi levava per servir el signor" ist zudem eine satirische Anspielung auf eine bekannte Situation aus dem Hohen Lied der Liebe zu vermuten. Das weibliche Ich beschreibt dort (3, 1-2), den Geliebten des Nachts nicht in seinem Bett vorgefunden, sich daraufhin von der Bettstatt erhoben und auf die Suche nach ihm gemacht zu haben. In der italienischen Übersetzung heißt es entsprechend: „Sul mio letto, nelle notti, ho cercato colui che il mio cuore ama; l'ho cercato e non l'ho trovato. Mi alzerò dunque [...] cercherò colui che il mio cuore ama" (Ct 3, 2).[281] Aus der edlen Geste, dem Geliebten aus Herzenssehnsucht zu folgen, ist in der Frottola Michele Pesentis eine auf den körperlichen Liebesakt reduzierte Bewegung geworden. Die Liebesmetaphorik der höheren Liebe hat sich in ein provozierendes Gegenbild umgekehrt.

Bsp. 75: Michele Pesenti, *Dal lecto mi leveva*

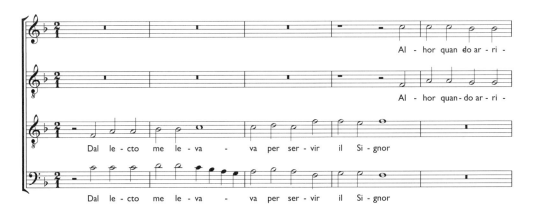

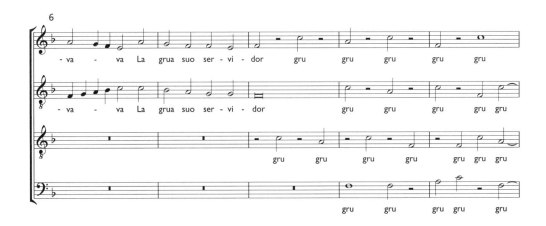

[281] „Il Cantico dei cantici", versione di D. Colombo, in: *La Bibbia, nuovissima versione dai testi originali*, Milano 1987, S. 999. „Des Nachts auf meinem Lager suchte ich, den meine Seele liebt. Ich suchte; aber ich fand ihn nicht. Ich will aufstehen [...] und suchen, den meine Seele liebt." Das Hohe Lied Salomons 3,1-2, in Bibel, S. 658.

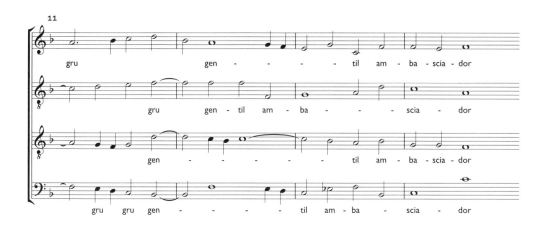

Ein ähnliches Spiel mit der Doppeldeutigkeit einer von Tierlauten umrahmten, morgendlichen Liebesszenerie findet man in der anonymen Frottola „Quasi sempre avanti di" aus Petruccis siebtem Frottolenbuch. Ein Liebhaber schildert dort, wie ihn „fast immer vor Tagesanbruch" der Hahn mit seinem Singen zum Aufstehen und dann vor allem zum „Spiel" mit seiner Geliebten bewegt, das das Ich dann in sieben Strophen besingt, in denen sich Bilder des körperlichen Liebesspiels mit solchen des Geldspiels überlagern, die leicht als allgemeine Metaphern des Wertens, Gewinnens und des Verlierens zu deuten sind: „A giocare a la dolce coregiola", um also „das süße Schmelzen zu spielen", lassen die Liebenden nur Kleingeld aus ihren Taschen fallen, wonach der Liebhaber am Ende keinen Heller, sie dagegen alles Spielgeld auf ihrer Seite hat (Text Bsp. 76). Der musikalische Fokus des Stücks liegt dabei, ähnlich wie in der obigen Frottola Pesentis, in der tonmalerischen Darstellung der Vogellaute, die vordergründig den Hahnengesang, darüber hinaus gehend aber auch das Liebesspiel veranschaulichen. In der siebenfachen Wiederholung des Rufes „cucurucu" ist die Tierszenerie musikalisch zu präsent, um als schlichte Rahmenkulisse verstanden zu werden, zumal „gal" bzw. „gallo" die bekannte Nebendeutung des männlichen Geschlechtsorgans hatte (Vgl. Noten Bsp. 76).[282]

Bsp. 76: Anon., *Quasi sempre d'avanti di*

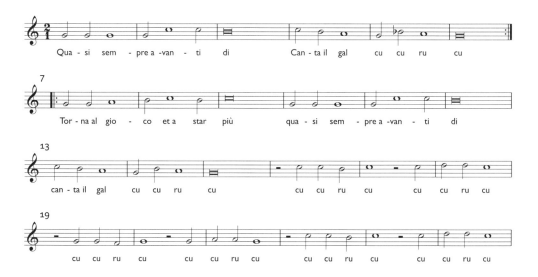

282. DLLA, S. 220.

Quasi sempre avanti dì	Fast immer vor Tag
Canta il gal cucurucù	Singt der Hahn kikeriki
Par che dica: „su su su	Und sagt damit: „auf, auf auf,
Torna al gioco e non star più".	Zurück zum Spiel, verweile nicht mehr".
Quasi sempre etc.	Fast immer….
Io mi sveglio allora presto	Ich wache also früh auf
Ricordandomi del gioco	Und erinnere mich des Spiels,
Tolgo i panni e mi rivesto	Ziehe die Laken ab und mich wieder an
Et ritorno al dolce loco	Und kehre zum süßen Ort zurück,
Ove accesi el mio gran foco	Wo ich mein großes Feuer angezündet habe
Et sì dico: „Amor sei qui!"	Und sage: „He, da bist du, Liebe!"
Quasi sempre etc.	Fast immer…
Alhor veggio la mia Dea	Dann sehe ich meine Göttin
Verso me venir iocunda	Glücklich zu mir kommen.
Et più assai ch'io non credea	Und mehr, als ich es mir erträumt hätte
Nel baciarmi suribunda	Mich so wild küssen; [und]
Io che in me sol fiamma abunda	Ich mit meiner gewaltigen Flamme in mir
Per sforcarmi la baso lì.	Küsse sie da, um mich abzukühlen.
Quasi sempre etc.	Fast immer…
Cominciam poi a giocare	Dann fangen wir an zu spielen
A la dolce coregiola	Mit dem süßen Schmieden
Come siam solti di fare	Wie wir es immer machen,
Quando che io la trovo sola	Wenn ich sie allein vorfinde,
Senza dire una parola	Ohne ein Wort zu sagen,
Aciò che non siam sentì…	Solange wir nicht gehört werden.
Quasi sempre etc.	Fast immer …
Metem man prima a la tasca	Erst legen wir die Hand auf die Tasche
E ponemo la posta su,	Und legen die Post darauf,
Sol moneta dolce casca	Nur das süße Kleingeld fällt heraus
D'ongaria[a)] quindi tra nu,	Und zwischen uns
Dentro fora su e zu	'Rein und 'raus, hoch und runter,
Femo fin che habiam compì.	Haben wir gemacht, bis wir fertig waren.
Quasi sempre etc.	Fast immer…

Io non facio mai dinvito	Ich lade fast nie ein,
Ch'ella alhor non me reinvita.	Weil sie mich dann nie zurück einlädt.
Lei sta salda a ogni partita	Sie bleibt unerschüttert bei jeder Trennung
Né si trova mai smarrita:	Und ist auch nie verloren.
Più che grossa è la partita	Mehr als dick ist die Partie
Tanto più dice de sì	Um so mehr, wenn sie ‚ja' sagt.
Quasi sempre etc.	Fast immer…
E così giocando un pezo	Und wenn wir so eine Weile spielen,
Con piacere e con dilecto	Mit Vergnügen und Spaß´
Par ch'io sia tolto di mezo	Dass ich halb blank bin
Ch'io non vencho mai marchetto.	Und nicht einen Stich mache
Anzi lei con dolce effecto	Entscheidet sie mit süßem Erfolg
Tira oghor la posta a sì	Das Spiel für sich.
Quasi sempre etc.	Fast immer…
Poi che 'l gioco habiam finito	Wenn wir mit dem süßen Spiel
Tra nui facto dolcemente	Zwischen uns fertig sind,
Ciascun resta sbigotito	Bleibt jeder verstört
E me par soavemente	Und mir kommt lieblich
De morir alhor presente	Der Wunsch zu sterben
Tanto è dolce il far cusì	So süß ist es, es so zu machen.
Quasi sempre etc.	Fast immer…

a) Hier ist der „ungano" bzw. der „ducato ungaro" gemeint, der im 14. Jahrhundert in verschiedenen italienischsprachigen Ländern imitiert wurde. Vgl. „ungàro". In: Battaglia XXI (2002), S. 536.

Für die satirische Gegenüberstellung von populärer und höfischer Sphäre bot sich innerhalb der Frottola ein weiteres Verfahren an, das vielfach belegt ist, sich also einiger Beliebtheit erfreut haben muss. Wie bereits über Marchetto Caras Barzellettavertonung „Amerò, non amerò" angesprochen (Vgl. Bsp. 10, Text S. 307, Noten S. 218–19)[283], wird die populär wirkende Ebene und damit auch die Villotta-Stilistik in einigen Frottolen auf die Ripresa des Liedes konzentriert, die damit für einen stilistischen und dramaturgischen Höhepunkt des Stückes sorgt. Meist suggeriert die populäre Ripresa dabei eine imaginäre Bühne, auf der der Sänger im Lied explizit als Singender inszeniert wird: In der Frottola „Ala bruma, al giacio e al vento" von Nicolò Pifaro aus Petruccis achtem Frottolenbuch beginnt das Ich aus seinem Liebesleid heraus eine Variante von „E d'un bel matin" zu singen. Diese Ripresa fügt sich unter Auslassung der anzüglichen Schlussverse der vorigen Variante thematisch bruchlos in die in der Strophe besungenen Topoi höfischer Liebe ein (Text und Noten Bsp. 77).[284]

283. Vgl. die Besprechung des Stücks in 4. 4. 1.
284. Die Unterschiedlichkeit der Melodik in diesen beiden Sätzen ist nur ein Indiz dafür, dass Lieder im volgare in musikalisch unterschiedlichen Versionen tradiert werden konnten, die Kunst des gleichzeitigen Imitierens und Variierens, die auf der Textebene offensichtlich ist, also auch auf melodischer Ebene praktiziert werden konnte. Die Abweichungen konnten dabei allerdings auch so weit gehen, dass zum selben Text völlig unterschiedliche Melodien tradiert sind oder aber — in Art eines Kontrafaktums — dieselbe Melodie zu verschiedenen Texten musiziert wurde. (Vgl. Gallico: Rimeria (1996), S. 5.) Zwischen der Melodik der beiden zitierten, textlich nahen Varianten von „E d'un bel matin che fu sera di fora" ist nur eine vergleichsweise grobe Ähnlichkeit zu erkennen: Die jeweilige Melodik zum Anfangsvers „[E] d'un bel matin" ist sich nur im auf- und absteigenden Gestus ähnlich (Vgl. die ersten vier Takte im Tenor oder Altus der Ripresa von „A la bruma", Bsp. 77, und die ersten 4 Takte bis zur ersten Zählzeit des 5. Taktes in Cantus und Tenor der anonymen Frottola „E d'un bel matin" im 6. Petrucci-Buch) in Bsp. 72. Die Melodik zum Folgevers „che fu serà di fora" ist durch eine am Sprechgestus orientierte Abfolge von Tonrepetitionen (bzw. aufsteigenden Sekundschritten) und einen abwärtsfallenden Abschluss vergleichbar (vgl. Tenor und Altus von „A la bruma", Bsp. 79, T. 36f und alle drei Stimmen des anonymen Frottolensatzes, Bsp. 72, T. 13f).

Bsp. 77: Nicolò Pifaro, *A la bruma, al giatio e al vento*

Libri di Frottole — Spielfelder zwischen Tradition und Innovation

A la bruma, al giatio e al vento	Im Nebel, im Eis und im Wind,
Per seguir Amor tiranno,	Um dem tyrannischen Amor zu folgen
Patir pene fui contento	War ich zufrieden Schmerzen zu erleiden,
Per uscir un dì d'affanno.	Um eines Tages aus dem Kummer herauszukommen.
Ma ben veggio che hor m'inganno	Aber ich sehe gut, dass sie mich jetzt täuschen
Et cantar ben posso ognora:	Und kann gut zu jeder Stunde singen:
„E d'un bel matin	„Und eines schönen Morgens
Che fu' será di fora[a]	Als ich draußen ausgesperrt war,
Che fu' será di fora a la rosata[b]".	Als ich draußen ausgesperrt war im Nebel".
Di chi harebbe mai creduto	Wer hätte je gedacht,
Mia merce venir a tale	Dass mein Schicksal dahin kommen würde, dass
Al gran ben che ho già voluto	Mein großes Gut, das ich einmal so geliebt habe,
A chi brama hora il mio male	Jetzt nach meinem Übel ruft.
E mi dona cagion tale	Und das gibt mir guten Grund,
Cantar ben possi ad ognhora	Zu jeder Stunde singen zu können:
„E d'un bel matin etc."	„Und eines schönen Morgens etc."

[a] Variante von „fuora" oder „fuori".
[b] Variante des provenzalischen „Rosada" mit der Bedeutung von „rugiada", dtsch. „Tau".

Immer wieder begegnet diese Art der Verarbeitung populär wirkender Elemente in den Sammlungen. In der Frottola „Poi che volse la mia stella" von Bartolomeo Tromboncino verschafft das Ich — erneut ein vor Leidenschaft brennender und leidender Liebhaber — seinem Herzen in der Ripresa Luft, indem es die bekannte Melodie „Che fa la ramacina" anstimmt. Sie ist hier auf den Cantus beschränkt, während in den Unterstimmen der typische Frottolensatz weiterläuft. (Text- und Noten Bsp. 78).

Bsp. 78: Bartolomeo Trombincino, *Poi che volse la mia stella*

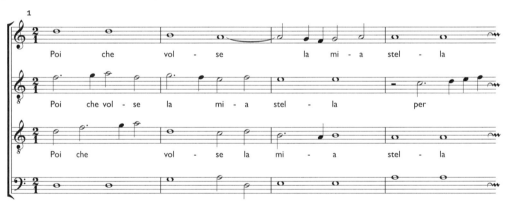

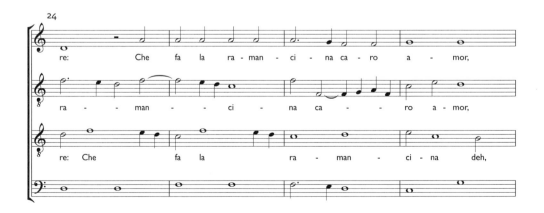

Poi che volse la mia stella	Da sich mein Stern gewendet hat,
Per mirar l'alta beltade	Um die hohe Schönheit
D'una alpestra villanella	Eines bergigen Bauernmädchens zu bewundern,
Ch'io perdesse libertade	Und ich die Freiheit verloren,
Cantar voglio mille fiade[a]	Will ich tausend Male singen,
Per sfocar[b] el fiero ardore:	Um dem stolzen Feuer zu entkommen:

„Che fa la ramacina[c] car amor,
Deh che fala che la non vien?
Che fa la ramacina car amor,
Deh che fala che la non vien?"

„Was ist los mit der Predigt, liebe Liebe,
Was ist los, dass sie nicht kommt?
Was ist los mit der Predigt, liebe Liebe,
Was ist los, dass sie nicht kommt?"

Etc.

Etc.

[a] Alte und literarische Form von „fiate".
[b] Alte Form von „sfogar".
[c] Auch ramanzina, (Straf-)predigt, Schwur. (abgeleitet von "romanzo")

Der Reiz der populären Ripresa „Fabbe e fasoi" (Text- und Noten Bsp. 79, S. 346–47) liegt wiederum darin, dass das, was zunächst wie eine einfache spielerische Referenz an populären Erntepraktiken daherkommt, nämlich die schlechten Bohnen, den „fave", von den guten Bohnen, den „faglioli" zu trennen,[285] als Sinnbild einer Lebensweisheit interpretiert wird — „ognun faccia fatti suoi"—, die sehr wohl in Verbindung zum Gefühlszustand des Ich steht, wie sich allerdings erst im Verlauf des Liedes herausstellt. Die Ripresa ist nicht nur ein Ventil, mit dem der Singende Abstand vom Liebesleid sucht, es wird auch zur Losung für eine Entscheidung, mit der es seine eigenen, unkonventionellen Wege geht: In der dritten Strophe greift das Ich das Ripresamotto auf, um seinen Abschied und damit auch die Trennung von Amor anzukündigen. Die Bewegung, die für das Ich somit im übertragenen Sinn von der Ripresa ausgeht, vermittelt sich musikalisch besonders plastisch durch das tänzerische 3er-Metrum, das einem geraden Metrum der Strophen gegenübersteht. Dabei gibt das Wort „Fasoli" einen Hinweis darauf, welcher Tanz ursprünglich dabei gemeint gewesen sein muss, bezeichnet doch „fasola" eine Art der in Sizilien bekannten Tarantella, die dort wie die Villanella (alla) napolitana als gesungenes Lied mit instrumentaler Begleitung oder als rein instrumentale Musikform verbreitete Tanzformen darstellten. Während von der traditionellen musikalischen Faktur außer dem Dreiermetrum nichts Charakteristisches geblieben ist, wird jedoch offenbar an die traditionelle Erwartung angeknüpft, demnach die Tarantella eine musiktherapeutische Funktion, nämlich eine heilsame und tugendstärkende Wirkung hatte und schlechte Stimmungen vertreiben konnte. So ist überliefert, wie sich Liebende im theatralischen Zelebrieren einer Tarantella destruktiver Liebesgefühle und

---

285. Luisi: *Mus. Voc.* (1977), S. 296.

Streitereien entledigten und zu ungetrübtem Glück fanden.[286] Dass die „heilsame" Bedeutung der Tarantella-Ripresa „Fabbe e fasoi" nun aber darin besteht, das Ich darin zu bestärken, Hof und Liebe zu verlassen, wirkt vor diesem Hintergrund wie ein Affront gegen die guten Sitten. Es zeigt sich hier, wie das Spiel mit populären Kontrastelementen für einen distanzierten, kritischen Blick auf höfische Stereotypen genutzt werden kann.

Bsp. 79: A. T. (?), *Fabbe e fasoi*

[286]. Die traditionelle musikalische Faktur der Tarantella sah eine neapolitanische Melodik (nahe der dorischen) und einen symmetrischen Aufbau von zweimal 8 Takten vor. Beides ist in der Frottola-Ripresa nicht nachweisbar. Vgl. Cofini: *Tarantella* (1998), Sp. 415. „La danza principia tra due giovani che si amano. Al loro primo saluto, ai loro primi passi animati dall gioa e dall'amore non tardano a seguire la volubilità, il malumore e lo sdegno. Ma il danzante è quello che ha più ragione, e la sua campagna, rientrata in se stessa, gli confessa il suo torto e cerca trattenerne la partenza fino a piegare un ginocchio al suolo. L'uomo allora le gira intorno vittorioso e la perdona rialzandola amorosamente". „Der Tanz beginnt zwischen zwei jungen Liebenden. [Doch] nach ihrem ersten Gruß, ihren ersten Schritten voller Freude und Liebe lassen sie sich von Wankelmut, Unmut und Verachtung leiten. Der Tanzende ist dabei derjenige, der im Recht ist, so dass seine Partnerin sich in sich zurückzieht, ihm ihr Unrecht beichtet und dieses von sich zu bannen versucht, sogar indem sie ein Knie zum Boden beugt. Der Mann dreht sie daraufhin triumphierend und vergibt ihr, indem er ihr liebevoll aufhilft." Giuseppe Orgitano in der Schilderung einer Tarantella auf Capri in *Fr. de Bourcard 1857*, Bd. 2, S. 144, zit. nach ebd. Sp. 410. Für den Worthintergrund von „fasola" vgl. Battaglia V (1968) , S. 704.

| Fabbe e fasoi, fabbe e fasoi, | Dicke und grüne Bohnen, dicke und grüne Bohnen, |
| Ognun faccia i fatti suoi. | Jeder mache seine eigenen Sachen[a]. |

Quella ingrata a cui già dedi	Dieser Undankbaren, der ich bereits
Per mia sorte il cor in dono,	Um meines Schicksals willen das Herz schenkte,
Non conven che se lo credi	Verdient es nicht, dass sie sich einbildet,
De aver più, ché liber sono.	Mehr zu haben als meine Freiheit.
E rifiuto et abbandono	Und Verweigerung und Verlassenheit ist alles, was übrig ist von
Ogni amor che fu tra noi.	Aller Liebe, die zwischen uns war.

| Fabbe e Fasoi… | Dicke und grüne Bohnen… |

Hor su, fabbe, e voi fasoli,	Nun los, ihr dicken und grünen Bohnen,
Io ve parto e in terra spando;	Ich gehe und ziehe in die Welt
E che ognhor divisi e soli	Und empfehle, dass jeder zwischen euch
Tra voi siati vi comando;	Getrennt und allein sei.
A te, Amor, me ricomando	Dir, Amor, empfehle ich mich,
Ch'io non sono più de' toi.	Denn ich bin nicht mehr dein.

| Fabbe e Fasoi etc. | Dicke und grüne Bohnen etc. |

[a] Klanglich wird hier mit Ähnlichkeiten der Schlussworte von erstem und zweitem Vers gespielt, so dass beim erneuten Hören das Wort „fa-soi" wie eine Kurzform der „fatti suoi" wirkt. Dadurch ist noch weiter über das Wortspiel dahingehend zu spekulieren, dass das Motto „Fabbe e Fasoi" als Variante der Imperative „Fa ben e fa suoi" gehört werden kann. Dadurch stünde gleich zu Anfang eine Mahnung an tugendhaftes und selbstständiges Handeln.

Die performative Gegenüberstellung verschiedener Stilebenen in Strophe und Ripresa derselben Frottola wird dann besonders interessant, wenn sie zu ähnlich hintergründigen Spielen mit den konträren Konnotationen von höfischer und populärer Sphäre genutzt wird, wie sie bereits aus Michele Pesentis Frottola „Dal lecto mi levava" (Bsp. 75, S. 338–39) hervorgingen. Damit kommen wir ein letztes Mal zu einer Version des so oft variierten Liedes mit den Anfangsworten „[E] d'un bel matin".

Bei der populären Ripresa der Frottola „Sotto un verde e alto cipresso" aus Petruccis *Libro Ottavo di Frottole* von Antonio Caprioli handelt es sich um die Variante des Liedes mit dem Beginn „E d'un bel matin d'amore", in der über die beschriebene Pferdemetaphorik eine anzügliche Liebeskulisse assoziiert wird, die hier umso brisanter und unterhaltsamer wirkt, als sie das Ich zunehmend in ihren Bann zieht. Dafür wird diese Ripresa einem Ich in den Mund gelegt, das anfangs ganz in der höfischen Liebe zuhause ist (Text Bsp. 80, S. 348).

In der ersten Strophe schildert es, wie ihm ein schöner Blick inmitten der Natur das Herz genommen und ihn in die Gewalt Amors überführt hat. Dieser Amor lässt ihn jedoch nicht in der Ferne der Geliebten leiden, wie man es höfischen Topoi entsprechend erwarten dürfte, sondern konfrontiert ihn mit der handfesten Liebeskunst, wie sie in der populären Ripresa besungen wird: „Amor fu che così volse,/né per questo el cor si dolse/anzi canta a tutte l'hore: ‚E d' un bel matin d'amore […]'".

Bsp. 80: Anton Caprioli, *Sotto un verde e alto cipresso*

Sotto un verde e alto cipresso	Unter einer grünen und hohen Zypresse
Un bel sguardo el cor mi tolse.	Hat mir ein schöner Blick das Herz genommen.
Se io restai for di me stesso	Wenn ich außer mir selbst blieb
Amor fu che così volse,	Wollte es die Liebe so.
Né per questo el cor si dolse	Das Herz schmerzte deswegen nicht,
Anzi canta a tutte l'hore:	Sondern singt zu jeder Stunde:
„E d'un bel matin d'amore	„Und eines schönes Liebesmorgens
E d'amore che mi levava	Und durch die Liebe, die mich erhob,
Metì la sella al vostro bon roncin	Setzt' ich den Sattel auf euren guten Gaul
E do [doi]a) su [sa] [a] la gran zogliab), traditora!"	Und 'runter zum großen Schatz, Verräterin!"
L'honorato et lustro crine	Das verehrte und illustre Haar,
Che adombrava il sacro volto	Das das heilige Gesicht beschattete
Cum le guanze alme et divine	Mit den seeligen und göttlichen Wangen
Me han dal primo amor disolto	Haben mich von der ersten Liebe beraubt.
Però canto perché avolto	Darum singe ich, weil ich mich jetzt
Mi ritrovo in ben maiore:	in einem größeren Gut verwickelt finde:
„E d'un bel matin […]"	„Eines schönes Liebesmorgens […]"
Quelle labia; unde io me avivo	Diese Lippen, an denen ich mich belebe,
Che movean sì dolce canto	Die so süßen Gesang bewegen,
Me han sforziato haver a schivo	Haben mich dazu gebracht, jede andere
Di Natura ogni altro vanto	Pracht der Natur zu verachten,
Tal che ognhor ardendo canto	So dass ich brennend singe
Poi che spento è il vecchio ardore	Da die alte Flamme ausgelöscht ist.
„E d'un bel matin […]"	„Eines schönes Liebesmorgens […]"

a) Von lat. „de unde", entspricht ital. „giù".
b) Laut kritischem Kommentar der Pe.VIII/Boscolo: Cleup (1999) handelt es sich hier um eine Variante von „zogia", d.h. von venezian. „gioià". Vgl. die Anmerkungen zu Bsp. 73, S. 330.

Dass diese direkte, lustbetonte Liebessphäre letztlich als siegreiche hervorgeht, unterstreicht die musikalisch eingängige Gestaltung der Ripresa (Noten Bsp. 80, T. 14f.): Die ersten beiden Verse sind homophon gesetzt und kontrastieren dadurch mit dem typisch vokal-instrumentalen Frottolensatz der Strophen. Darüber hinaus lenkt die Melodieführung der Ripresa die Aufmerksamkeit auf „Amore", zunächst durch den verspäteten Einsatz des Cantus direkt auf diesem Wort, zudem durch die eingängige Melodik der führenden Tenorstimme, die jeweils auf „d'amore" gipfelt (z. B. in T. 22). Es wird dafür dieselbe mitreißende Melodie genutzt, die in anderen Varianten von „(E) d'un bel matin" verarbeitet ist, z. B. in Zessos Frottola aus Petruccis siebtem Frottolenbuch oder Anton

Capriolis stilisierter Villotta aus Petruccis elftem Buch (vgl. Noten Bspe. 73 und 73a, S. 333–35). Zudem wird der erste Vers der Ripresa in allen vier Stimmen homophon wiederholt. Besonders auffällig ist aber die musikalische Illustration der im Text beschriebenen Bewegung „o doì su la gran zoglia" in Takt 41–43: Nachdem alle vier Stimmen parallel abwärts geführt werden — die Unterstimmen beginnen bereits in Takt 41, bricht der Text- und Melodiefluss unerwartet durch eine Generalpause aller Stimmen ab. Es kommt zu einem ungewöhnlichen Bruch zwischen Artikel und Substantiv mit Attribut des Wortes „la - gran zoglia" mit einem nachfolgenden Neueinsatz aller Stimmen, in dem durch die auftaktige, melodische Geste des Cantus „zog-lia" („Schmuck, Juwel") der Sprung, vom dem hier die Rede ist, zusätzlich betont wird. Plastisch veranschaulicht die Musik somit die im Text suggerierte Bewegung, mit Schwung und Gewicht aufzusatteln (Noten Bsp. 80, Takte 42–43).

Amor treibt sein Spiel mit diesem Ich so weit, dass er den Liebhaber aus der höfischen Sphäre herausführt, der sich dadurch von der „alten" Liebe entfernt, um letztlich selbst das Loblied auf die populäre, derbere Liebe zu singen, die ihm offenbar mehr Freude bereitet. Geschickt präsentiert der Liebhaber seine neue Liebe über eine Häufung entsprechender Adjektive als höfische Erscheinung, bevor er in die bodenständige Ripresa einstimmt: „*L'honorato* et *lustro* crine / Che adombrava il *sacro* volto / Cum le *guanze* alme et *divine* / Me han dal primo amor disolto / Però canto perché avolto / Mi ritrovo in ben maiore."

Während die Frottola anfangs vom Kontrast der beiden Liebeswelten in Strophe und Ripresa lebt, liegt ihr Reiz letztlich somit in der raffinierten Annäherung der Sphären. Die Konfrontation der verschiedenen Liebeswelten erscheint hier als Kritik an entsprechenden Normen des Hoflebens: Wie leblos und stereotyp muss höfische Liebe und damit auch höfisches Leben sein, wenn ein Höfling in aller Schnelle von ihr abdriftet, wie befreiend dagegen, sich außerhalb der höfischen Normen zu bewegen?

„Don, don! Al foco, al foco!" — Dialogisieren

Die Kontrastierung einer kompositorisch ausgearbeiteten Frottolastrophe mit einer populär gestalteten Ripresa ist ein Verfahren, durch das die in den in vielen Frottolentexten suggerierten Dialogstrukturen musikalisch sinnfällig werden.[288]

Wenn innerhalb des Stückes ein direkter Schlagabtausch mit verschiedenen Sprechenden suggeriert wird, wirken Frottolen von der Villota, d. h. von vokal geprägter, stilisiert populärer Musik beeinflusst.[289]

---

288. Vgl. das Unterkapitel Imaginäre Dialoge in 4. 2. 6. Es ist in diesem Zusammenhang interessant, dass in Quellen vom Mantuaner Hof bereits Ende des 15. Jahrhunderts in Bezug auf die musikalische Praxis ausdrücklich von „Dialogen" die Rede war. Demnach hat Galeotto del Carretto, Dichter in Mantua, Tromboncino vor 1499 „una sua belzeretta [barzeletta] in dialogo" geschickt, „affinché gliela musicasse". Und seit Canal beruft man sich auf einen Brief Marchetto Caras an Fürst Federico Gonzaga vom 14. September 1514, in dem er einen außergewöhnlich mehrstimmigen Dialog als Novum anpreist, „un dialogo a cinque, a botte a risposte, che non fu fatto mai simil cosa". „Einen Dialog zu fünft, mit Schlägen und Antworten, wie man es noch nie erlebt hat." Torrefranca bezieht sich für Ersteres auf St. Davari: „La musica a Mantova. Notizie biografiche di maestri di musica, cantori e suonatori presso la Corte di Mantova". In: *Rivista storica mantovana I* (1884), fasc. 1–2, S. 10. Zit. nach Torrefranca: Segreto (1939), S. 158. Für den Brief an Cara vgl. F. Canal: *Della musica in Mantova. Notizie tratte principalmente dall'Archivio Gonzaga.* Venezia 1882, S. 22, zit. nach Torrefranca: Segreto (1939), S. 157.
289. Torrefranca betitelt die Villotta in diesem Sinn als „tipica palestra del dialogare polifonico, nel quattrocento italiano", d. h. als „typisches Übungsfeld des mehrstimmigen Dialogisierens im Italien des 15. Jahrhunderts" und weist diverse Varianten dieser Tradition in den einschlägigen Manuskripten nach. Torrefranca: *Segreto* (1939), S. 159. Für die Beschreibung vergleichbarer Dialogvarianten vgl. ebd. S. 159–79.

Oft beschränken sich die Dialogelemente dabei auf die Ripresa: In der von Alessandro (Patavino) Stringari vertonten Frottola „Don don! Al foco, al foco!" aus Petruccis elftem Frottolenbuch (Vgl. Bsp. 37, S. 254–55) wechseln sich dort kurze Einwürfe von Stimmpaaren ab, um Topoi des Liebesfeuers und -leids in Form eines Frage-Antwort-Spiels darzustellen: Eingeleitet durch die illustrative Darstellung eines schlagenden Herzens, lebt die Ripresa des Stückes vom Wechselspiel eines hilferufenden, vor Liebe verbrennenden Ich mit einem neutralen Gegenüber (Vgl. Noten Bsp. 37, S. 254–55). Inwiefern dieser vokal angelegte Beginn des Stücks tatsächlich mit mehreren Sängern musiziert wurde, bleibt fraglich. In jedem Fall suggeriert diese Ripresa eine Öffnung der monologischen Anlage des Stückes, die jedoch eben nur auf den ersten Teil des Stücks beschränkt bleibt, während der Strophengestaltung nur noch mittelbar ein dialogisches Prinzip eigen ist. Die einzelnen Strophen sind abwechselnd aus der Perspektive des leidenden Liebenden und des beratschlagenden Beobachtenden geschrieben, so dass ihre Abfolge wiederum ein imaginäres Gespräch ergibt. Der Außenstehende übernimmt dabei die Rolle der Vernunftstimme, die ihn von der Dummheit und Aussichtslosigkeit des Liebesunternehmens überzeugen will: „O miserel […] non esser più si sciocco". Doch in der häufigen Wiederkehr der Ripresa überwiegt letztlich das Klangbild des lärmenden, schlagenden Herzens (Vgl. Text Bsp. 37, S. 254–55).

Ähnlich wie in diesem Stück wird in dem Satz „Fuga ognun Amor protervo" von Ioannes Lulinus Venetus im selben Petrucci-Buch die Ripresa textausdeutend mit einem vierstimmigen Fugato gestaltet. In Reminiszenz an die ältere Caccia gelingt es, das Sinnbild einer bewegten Flucht vor Amor zu illustrieren, das in seinem vokalen Charakter madrigalesk wirkt. (Vgl. Bsp. 36, T. 1-11, S. 253). Dadurch, dass die Worte „fuga ognun", „fliehe jedermann" zu Beginn jeder Strophe wieder aufgegriffen werden, wird die letztlich auch hier vergebliche Aufforderung zur Flucht zum alles dominierenden Motto des Stückes. Vom Ich bleibt der Eindruck eines Perpetuum mobile, d. h. einer ständig aus dem Nichts heraus arbeitetenden Maschine. Damit ähnelt die musikalisch-rhetorische Gestaltung hier der in Caras Frottola-Vertonung „Forsi che si" (Vgl. Bsp. 67, S. 317–18).

Momente einer durchgängig vokal gestalteten, extrovertiert wirkenden musikalischen Rhetorik bilden im Frottolenrepertoire allerdings Ausnahmen gegenüber einer zurückhaltenden, reflexiven Gestaltung im Text imaginierter Dialoge. Entsprechend hat Wolfgang Osthoff in seiner Untersuchung zu Theatergesang und darstellender Musik in der italienischen Renaissance diverse Formen von Dialogstrukturen unterschieden und der Frottolamusik dabei in Analogie zu ihrer „echt lyrischen" Haltung eine nur ansatzweise theatralische zugewiesen.[290] Sie unterscheidet sich damit einerseits von ausdrücklich mehrstimmig vokal angelegten Stücken, denen über den Einfluss der stilisiert populären Villotta oder der Karnevalsgesänge eine chorische Extrovertiertheit und Theatralik eigen ist und von Osthoff als typisch für den „kollektiven Charakter dieser Musik" intrepretiert wird, in der „die sprechenden Personen ohne individuelle Charakterisierung [bleiben]".[291] Andererseits unterscheidet sie sich von späteren Madrigalen, wo „der Dialog auch in rein äußerlicher Hinsicht real zu werden [scheint]" und der „Sprachsinn in Gebärde" umgesetzt wird.[292] Entsprechend der dichterischen Neigung zum „contrasto semantico-psichologico" (come questo fra fuoco e acqua, amore e

---

[290] Osthoff: *Theatergesang* (1969), S. 184.
[291] Ebd. S. 183.
[292] Ebd. S. 190 und S. 191.

pianto, evoluto in contrapposizione logica e dialettica,"²⁹³ geht es in den Frottolensammlungen vorrangig darum, die textlich imaginierten Dialogstrukturen der *poesia per musica* als Gedankenspiele eines einzelnen Ich mit einem Alter Ego, mit den bekannten Allegorien der Liebe, des Todes oder einem anderen Gegenüber musikalisch plausibel innerhalb einer vom solistischen Gesang getragenen Aufführungspraxis zu realisieren.²⁹⁴

Eine ungewöhnliche Form des Dialogisierens begegnet in den zwei aufeinander folgenden Frottolen im selben Buch Petruccis: „Che faralla, che diralla", wahrscheinlich von Michele Pesenti, und „Uscirallo o resterallo" von Don Timoteo. Sie sind thematisch durch die Geschichte eines Paars verbunden, dessen Liebe durch die Aussicht bedroht wird, dass sich der Liebhaber aus der typischen Situation der enttäuschten Liebeswerbung heraus entschlossen hat, Mönch zu werden (Vgl. Text und Noten Bspe. 32 und 33, S. 248–50). Beide Liebende spekulieren nun aus ihrer jeweiligen Sicht darüber, wie der bzw. die andere auf diese Entscheidung reagieren wird. Was im inneren Dialog durchaus ernsthaft reflektiert zu werden scheint, hat für den Außenstehenden, zumal im Verhältnis beider Bekenntnisse zueinander, vor allem eine unterhaltsame, komische Wirkung. Der weitreichende Entschluss, ein Leben als Geistlicher zu führen, erscheint hier vor allem als persönliche Revanche an den „Ciancette" und „lusinghette", dem Geschwätz und den Verführungsspielen der Geliebten, die seine Vorwarnungen nie ernst nehmen wollte. Nachdem in ihrer Antwort vorübergehend der Eindruck persönlicher Einsicht und Nachdenklichkeit entsteht, wenn sie vorgibt, nun auch ins Kloster gehen zu wollen, kippt diese Sphäre letztlich wieder ins Burleske um: Denn da sie noch einmal versichert, dass ihre Scherzchen, „zancette", den Geliebten nicht wirklich enttäuschen sollten, ist sie sicher, dass man ihr verzeihen wird, wenn sie erst in die päpstlichen Mauern eingedrungen und die Kutte ihres Liebsten zerrissen haben wird — eine Aussicht, die er sich zuvor als eine lebensbedrohliche ausgemalt hatte.

Die Bezogenheit der Stücke aufeinander wird textlich bereits über die Analogie der Titel offensichtlich: Während die Anfangsworte der ersten Frottola aus der Sicht des Mannes auf das zukünftige Tun der Geliebten abzielen („Che faralla, che diralla"), spiegelt umgekehrt das Incipit der zweiten Frottola ihre Sicht auf den zukünftigen Klosterbruder („Uscirallo o resterallo"). In beiden Fällen sind die umgangssprachlichen Endungen „alla/allo" Signen für eine männliche oder weibliche Handlung in der Zukunft, die auch über den ähnlichen Klang dieser Silben aufeinander bezogen werden.²⁹⁵

Musikalisch wird die Nähe dieser beiden Frottolen über eine analoge Anlage in den jeweils drei Teilen aus Ripresa, mutazione und volta hörbar. Das Dialogisieren zwischen den Stücken wird in der Gestaltung der Strophe bzw mutazione und volta bis ins musikalische Detail verfolgt, indem der Cantus der zweiten Frottola „Uscirallo […]" den melodischen Gestus des ersten Srückes aufnimmt und umkehrt. Wo sich die Melodik im ersten Stück innerhalb des kleinen Tonvorrats zwischen bzw. e' und a' aufwärts bewegt, variiert sie diese im Folgestück durch eine rhythmisch analoge Linie, die auf gleicher Tonhöhe bleibt oder abfällt, und umgekehrt. (Vgl. dazu die jeweils ersten zwei Takte der mutazione, Noten Bsp. 32, T. 6–9, Noten Bsp. 33, T. 7–10, oder die je ersten der volta, Noten Bsp. 32, T. 10–12 und Noten Bsp. 33, T. 11–13, S. 248–51). Die Sprachmelodie der Anfangsworte

---

293. „Semantisch-psychologischer Kontrast (wie der zwischen Feuer und Wasser, Liebe und Weinen), der sich aus der logischen und dialektischen Gegenüberstellung heraus entwickelt hat." Gallico: *Dialogo* (1962–2001), S. 32–33.
294. Für das Dialogisieren mit dem Alter Ego vgl. die Beispiele im vorigen Kap. 4. 4. 1.
295. In schriftlich korrekter Form müsste es heißen: „Che farà, che dirà" bzw. „Uscirà o resterà".

kommt im ersten Stück durch das tänzerische Dreiermetrum wesentlich plastischer zum Ausdruck als im Folgestück, in dem die Ripresa — wie die volta — im geraden Metrum gestaltet ist. Dabei wirkt die Gestaltung der Frage „Che faralla, che diralla" besonders gestisch durch ein der Sprachbetonung analoges Abfallen der Tonhöhe (vom a' zum e') und die jeweilige Zäsur durch eine Pause (Vgl. Noten Bsp. 32 die Takte 1–4, S. 248–49).[296]

4.4.3 Das Manuskript Antinori 158: Frottolen für und von *cortigiane*

Über die oft vage bleibenden Quellen hinaus wüssten wir über die musikalischen Auftritte von Kurtisanen zur Hochzeit ihres Wirkens in Rom um und nach 1500 nichts Konkretes, wenn nicht erst in letzter Zeit dank William Prizer auf dem Umweg über Florenz eine Quelle ans Licht gekommen wäre, die die Situation wesentlich erhellt. Es handelt sich um das Textmanuskript Antinori 158 der Biblioteca Medicea-Laurenziana aus dem Florentiner Umkreis der Medici, das höfische Lyrik, Lauden, Karnevalslieder und nicht zuletzt auch Frottolen enthält.[297] Dank außergewöhnlich genauer und ausführlicher Eintragungen ist der Handschrift zu entnehmen, dass es aus dem Besitz eines Florentiner Bürgers namens Domenico Benedetto di Arrighi stammt, der es 1505 und 1508 verfasste und sich darin ausdrücklich als Anhänger und Freund der Medici bekannte — zu einer Zeit, als diese aus der Stadt vertrieben waren.[298] Entsprechend ist der Beginn der Handschrift zu verstehen, an dem Domenico einem eröffnenden Sonett Dichtungen von Lorenzo de' Medici, überwiegend Karnevalslieder folgen lässt.[299] Innerhalb der vielfältigen Textsammlung mit Abschriften von Petrarca-Gedichten, Epitaphen für Bekannte Domenicos oder einer Pastoral-Komödie, die ihm besonders gefallen hat, „cosa bellissima come visto [...]. Perche cosa da ridere"[300] ist darin der Anteil an *poesie per musica* mit 72 der insgesamt 96 Texte hoch. 49 Sätze bzw. 68 Prozent davon sind in anderen Sammlungen mit vollständigen musikalischen Sätzen überliefert. 28 Stücke bzw. 40 der gesamten *poesie per musica* sind Frottole. Für die Beliebtheit dieser Musik in der Stadt spricht, dass darunter fünf Stücke in andere Florentiner Handschriften aufgenommen wurden.[301] Dazu kommen die für

---

296. Die Lauda-Variante dieser Frottola (Razzi (1563), c. 91. MA: Pe. XI/Luisi: Cleup (1997), S. 282) übernimmt im Cantus in allen Teilen die Melodik der Vorlage, wenn auch im geraden Metrum.
297. Vgl. Prizer: Wives (2004).
298. Dies war 1494 bis 1512 der Fall. Der Name des Schreibers stammt aus einer Anmerkung in der Quelle selbst: „Questo presente libretto è di me Domenico di Benedecto Arrighi, citadino fiorentino, e degli amici mie", FL Antinori fol. 1r.
299. „Andate in maschera nel [...] del Magnificho Lorenzo de Medici Et composte le infrascritte Canzone dal Magnifico Lorenzo". Darauf folgen „Canzona de septe pianeti"(fol. 2r), „Hor su seghuiaz questa stella benigna / O donne vaghe e Giovanetti adorni / tutti vi chiama la bella Cyprigna" (fol. 2v); „Canzona della Bachandria [Trionfo di Bacco]: Quanto è bella Giovanezza che si fugge [...]" (Fol. 2v); „Questo e Bacho e Adriana belli a l'uno del l'altro andenti" (fol. 3r–3v); „Canzona dicholoro ch'adorono colle maschere drieto composta per Magfico L. / Le cose al contrario vanno / tutte: & pensa cio che vuoi" (fol. 3v–4r); Canzona de Cialdini / Giovani siam maestri molti buoni / Donne come vedete affar Cialdoni / In questo carnescial siamo sviati [...] (fol. 4r–5v), Canzona de confortini (fol. 5v–7r); Canzona delle Forese / Lasse in questo Carnesciale [...] (fol. 7r–8r), Canzona degli Inestatori / Donne noi siam Maestri di nestare (fol. 8r–9v); Canzona del zibetto / Donne questo cuno Animale per sesto (fol. 9v–11r); Canzona de profumi [Canto de'Profumieri]; / Siam Galanti di Valenza (fol. 11r–12r); „La prima vera di Lo. De Medici / Quando distate comincia el mattino / Tu sesti el canto della Rondinella (fol. 12v–13v). Florentine Fest Music 1480–1520 / Gallucci, S. 4–7.
300. „eine wunderschöne Sache, wie ich gesehen habe, [...], denn zum Lachen". „In der Komödie spielen zwei Schäfer, ein Städter, ein Mädchen namens La Becha und ein Brüderchen von ihr." FL Antinori 158, fol. 104r–131v. Für die Epitaphe vgl. fol. 26r bis 27v.
301. Die moralisierende Barzelletta „La virtù si vuol seguire" (fol. 14–14v) wurde zunächst 1510 in das Manuskript Fn 1212 kopiert, später sogar in die Laudensammlung Serafino Razzis (1563) aufgenommen, mit einem entsprechend veränderten Text „Mai ripos'alcun non ha" (fol. 9–10). Vier weitere findet man auch in der Handschrift ähnlichen Profils Fn B.R. 230. Für ein spezifisch Florentiner Profil der Sammlung sprechen zudem die Konkordanzen von drei *poesie*

Florenz typischen Karnevalslieder, von denen es als sicher gilt, dass sie musiziert wurden, obwohl ihre Musik nur teilweise überliefert ist.[302]

Die für unseren Zusammenhang interessanten Lieder in dem Büchlein betreffen zwei Konvolute an Frottolen, die durch Kommentare Domenicos zu Frauen verschiedener Sozialisation zurückgeführt werden können. Acht Stücke (fol. 29r–33v) hat er demnach von Lionarda, der Ehefrau des Florentiner Organisten und Komponisten Bartholomeo degli Organi erhalten, der man diese aus Rom zugeschickt habe: „Queste canzone mi detta la Lionarda, do[nna] di Baccino [Bartholomeo] degli Organi, le quale gli furono mandate da Roma in sul canzonieri".[303] Da von Lionardas jüngerer Schwester Maddalena bekannt ist, dass sie ebenso einen Komponisten heiratete, Francesco de Layolle, den Florentiner Schüler von Bartholomeo, liegt es nahe anzunehmen, dass ihre Familie musikalisch so vorbelastet war, dass Lionarda selbst diejenige war, die die Frottolen musizierte. Dies deutet darauf hin, dass die Frottola-Praxis auch außerhalb der höfischen Sphären weiblich geprägt war. Sieben dieser acht Barzelletten sind auch als musikalische Quelle überliefert.[304]

Die zweite Frau, auf die Domenico namentlich aufmerksam macht, ist eine gewisse Maria, Gemahlin von Bianchino da Pisa. Der Schreiber des Manuskripts kommentiert, diese Frau habe ihm die Lieder gegeben, als sie aus Rom zurückgekehrt sei, von wo sie wegen der Pest geflohen und dann mit einigen „cortigiani" zu ihm ins Haus gekommen sei.[305] Am Rand eines der entsprechenden Liedtexte vermerkt er dieselbe Frau als „Maria cortigiana". Damit bestätigt sich der Eindruck, der schon in dem Wort „femmina" steckt, das ihr zuerst zugedacht war. „Femmina" ist das Adjektiv für die Bezeichnung des weiblichen Geschlechts, gleich ob Mensch oder Tier. Im figurativen Sinn war der Ausdruck eine abwertende Alternative zu den Bezeichnungen „donna" oder „dama", wurde für

---

per musica mit Frottolen von Giacomo Folgliano, die in der Stadt und der toskanischen Umgebung häufig belegt sind, obwohl er als Organist in Modena tätig war. Vgl. Tabelle 24.2. von Prizer: *Wives* (2004), S. 406. Viele dieser ersten Gruppe von Frottolen sind Serafino dell'Aquila zugeordnet. Eine Barzellettadichtung darunter, allerdings ohne bekannte Vertonung, ist Fürst Ludovico Sforza gewidmet, nachdem dieser eine politische Niederlage gegenüber dem französischen König Karl VIII. hatte einstecken müssen. Der lakonisch-melancholische Grundton des Textes ist untypisch für die Barzelletta. Canzona composta dal facundissimo seraphino Aquilano in laude del signore Lodovico (duca di Milano, seitlich links ergänzt), quando perde lo stato che glene tolsse el christianissimo charlo Re di francia. Vgl. FL Antinori 158, fol. 39v–40r. Eine Vertonung des Gedichtes ist nicht überliefert, das zwischen 1495 und 1497 in Serafinos Dienstzeit in Mailand und damit auch vor dem Tod von Karl VIII. (1498) entstanden sein muss. Die ehemalig Verbündeten Mailand und Frankreich waren in Konflikten um die Situation um Neapel zu Gegnern geworden.

302. Die besondere Rolle des Florentiner Repertoires zeigt sich in Handschriften darin, dass das weltliche italienischsprachige Repertoire sich eben nicht in erster Linie aus Frottolen, sondern aus Karnevalsliedern zusammensetzt, deren Mehrstimmigkeit durchgängig vokal war und sich darin von dem halbinstrumentalen Stil der Frottolen unterschied. So z. B. sind Frottolen im ausschließlich italienischen, weltlichen Repertoire des Manuskripts B. R. 230 der Nationalbibliothek in Florenz aus der Zeit um 1500 in der Minderheit gegenüber Karnevalsliedern aus der Zeit Lorenzo de' Medicis (diese sind mit 79 von 155 Stücken vertreten). Die Sätze sind überwiegend vierstimmig und in der Regel anonym. Konkordanzen mit Frottolenbüchern Petruccis gibt es hier nur in wenigen Sätzen von Marchetto Cara (4), Tromboncino (2–3), Filippo de Lurano (4–5) u. a. Vgl. FN B. R. 230 Vgl. Jeppesen: *Frottola* II (1969), S. 24–37 und S. 114–20. Ebenso gering ist der Frottolenanteil in dem Manuskript Panciatichi 27 der Florentiner Nationalbibliothek mit 27 von 187 Stücken. 11 Konkordanzen bestehen dabei zu den Frottolenbüchern Petruccis, 2 zu der Mantuaner Handschrift Vm⁷ 676. Vgl. FN Panciat. 27, Jeppesen: *Frottola* II (1969), S. 37–42 und S. 122–25.
303. „Diese Lieder gab mir Lionarda, Frau von Baccino [Bartholomeo] degli Organi, die ihr aus Rom für ihre Liedsammlung geschickt wurden." FL Antinori 158, fol. 29r.
304. Davon stammen wiederum drei von Filippo de Lurano und eine von Nicolò Brocco, drei weitere sind anonym vertont. Vgl. Prizer: *Wives* (2004), S. 407.
305. „Queste infrascritte canzone cantava la Maria femina del Bianchino da pisa et lei me le detto quando torno da roma che si partj per amore (recto: rumore) del Morbo. Et vene in villa nostra con certi cortigianj." FL Antinori 158, fol. 22v.

eine verachtenswerte Frau und damit auch für Huren verwendet.[306] Im musikalischen Kontext taucht er z. B. im Text eines zeitgenössischen Karnevalsliedes auf, in denen gewisse „femine" sich konvertieren lassen, ihr Leben dann aber so schlecht finden, dass sie zu ihrem alten Beruf zurückkehren.[307]

Den Anmerkungen im Buch zu folgern, sang Maria nicht nur, sondern schrieb ihre Stücke auch selbst, womöglich selbst die Musik. Neben einem Lied steht deutlich: „composta per la maria cortigiana", wobei „per" nicht nur „für", sondern auch „durch" bedeuten kann; ein anderes wird als „ihr" Stück bezeichnet, das sie mit Anmut, „gratia assai", gesungen habe.[308] Um was für Lieder handelt es sich? Für fünf der genannten sieben Lieder finden sich Konkordanzen in zeitgenössischen Musikmanuskripten und -drucken. Sie gehören damit zum Frottolenrepertoire. Fünf ihrer Lieder sind Barzelletten, von denen vier in musikalischen Quellen belegt sind, drei davon von Filippo de Lurano. Zwei Lieder sind Strambotti, einer davon von Serafino dell'Aquila, der andere auch musikalisch belegt. Domenicos Kommentare gehen so weit, eines der aufgeführten Lieder als Lieblingslied des Duca Valentino hervorzuheben. Bekanntermaßen war Kardinal Cesare Borgia, der Sohn Alessandro VI., mit einer anderen namhaften Kurtisane, Fiammetta di Michele aus Florenz, liiert. Ein anderes Lied erläutert er als Lieblingslied „della Masina" — ein Name, hinter dem sich eine bekanntere Kurtisane, die Geliebte von Kardinal Giuliano della Rovere verbirgt, der ab 1503 Papst Julius II. wurde.[309]

Mit den Hinweisen auf die Lieder der Maria cortigiana ist damit zum einen wahrscheinlich nicht nur die bisher früheste Quelle für Musik von Kurtisanen geliefert, lange bevor sich in der zweiten Hälfte des 16. Jahrhunderts Hinweise darauf häufen, dass Kurtisanen sängerisch und oft zur Laute auftraten und damit zukünftigen Karrieren virtuoser Sängerinnen den Weg bahnten. Berichte über den Auftritt bekannter Sängerinnen in der Stadt ab dem Ende des 16. Jahrhunderts kamen somit keineswegs aus einem historischen Vakuum heraus.[310] Zum anderen handelt es sich um früheste Zeugnisse dafür, dass die Frottola lange vor der ersten Drucklegung in Rom ab 1510 in dieser Stadt bekannt war und ihren Platz hatte.[311]

306. „Femmina", „di sesso femminile […] figure. anche con intenzione spregiativa, 6. prostituta (spesso con […] di mondi, da campo, da prezzo, da mercato, da piacere, di mala vita, pubblica, mondana)". In: Battaglia V (1968), S. 804. Die aus Florenz stammende Hure Camilla Pisana, von der schon die Rede war (vgl. das Fallbeispiel 3 im Kap. 2. 2. 2) benutzt es, als sie sich 1515–1516 über ihren Hauptkunden Filippo Strozzi beklagte, der neben ihr zu viele andere „femine, garzoni, ragazzi e putti d'ogni sorte" frequentiere. Lettere Cortigiane, S. 53.

307. „Canzona delle femine che tornano in chiasso: Che e savio gusti entenda / & nessuni nonci riprenda / Savam tucte convertite / Per leuonie spiratione / Del peccar tucte pentite / Con gran pianto & contrizione / Fumo date a piu persone / Che chi ha vestino in commenda / Le promesse furon grande / Ma fu poi lattener corto etc." „Lied der Frauchen, die ins Kloster zurückkehren: Wer gescheit ist, höre die Geschmäcker / & und keiner erholt sich davon / waren alle konvertiert / für höhere Eingebungen / Von Sünden alle gepeinigt / mit viel Weinen und Zähne-Knirschen / sind wir mehreren Personen übergeben worden / für die das Kleid bestellt hatten / waren die Versprechen groß / Aber das Halten dann kurz etc." In: Canzoni Maschera/Carrai, S. 26, vgl. dort auch die Canzona delle convertite, fol. 13–14.

308. FL Antinori 158, fol. 25r.

309. FL Antinori 158, fol. 23v. Vgl. Georgina Masson: Courtesans of the Italian Renaissance. New York 1975, S. 5 und S. 20.

310. Bemerkenswert ist z. B. die Karriere der weiblichen Mitglieder der Familie Basile ab dem frühen 17. Jahrhundert. Adriana Basile, die Karriere als Sängerin machte, wurde aufgrund ihrer Leistungen in den Adelsstand gehoben — ähnlich wie es bei den Sängerinnen im Concerto delle dame in Ferrara in den 1580er Jahren der Fall war. Auch die Schwestern Vittoria und Margherita machten Karriere als Sängerin; die Tochter Leonora Baroni genoss Mitte des 17. Jahrhunderts die besondere Förderung von Kardinal Antonio Barberini in Rom und soll auch Komponistin gewesen sein. Bei ihren Auftritten begleitete sie sich selbst auf der Laute. Vgl. Steinheuer: Hofdame (1995), S. 43; Steinheuer: Basile (1999); Steinheuer: Baroni (1999). Für die Sängerin Vittoria Archilei, die u. a. durch ihre Rolle als „Armomia Doria" in den Intermedien der Medici-Hochzeit 1589 bekannt war, sind Auftritte im privaten Rahmen in Rom für 1593, 1594, sowie für 1603 dokumentiert. Vgl. Palisca: Archilei (1999).

311. Prizer folgert aus seinen Studien von FL Antinori 158, dass auch das Manuskript LB Egerton 3051 des British Museum seinen Ursprung nicht in Florenz, sondern in Rom hat. Dadurch wird auch der dort hohe Anteil an Frottolen von

Die Frottola bot sich in vielerlei Hinsicht als Kurtisanenrepertoire an: Ihr höfisches Profil versprach der *cortigiana onesta* die nötige kultivierte Aura, und als emporkommende Gattung versprach sie zumal in den ersten Jahren um 1500 den Reiz des Modischen. Musikalisch betrachtet, kam die halb improvisierte, auf einfachen Bausteinen basierende und wiederholungsreiche Satztechnik den Interpretinnen entgegen, die auch in dieser Hinsicht nur die Illusion von Professionalität befriedigen mussten. So räsonierte bereits Anthony Newcomb, dass Kurtisanen auch insofern die Hofdame imitierten, als Musik für sie zwar ein offensichtliches Auftrittsdekor war, sie aber dennoch keine „professionellen" Musikerinnen gewesen seien. „Although musical proficiency was an important and often cited part of the arsenal of delights manipulated by these women, they were not professional musicians. They were, rather, imitations of the *donna di palazzo*".[312] So problematisch die Annahme einer kategorischen Unterscheidung eines berufsbezogenen und eines dilettierenden Musizierens in diesem Kontext sein kann, ist davon auszugehen, dass erheblich niedrigere Hörerwartungen an solche Personen herangetragen wurden, denen die Musikpraxis nur als eine unter diversen Dekors diente, wie eben Kurtisanen oder Höflingen. Sie dürften sich und ihre Zuhörerschaft damit befriedigt haben können, den meist eingängigen Cantus mit einer Bassstimme und einfachen rhythmischen Akkorden zu begleiten, Ausnahmen inbegriffen. Letztlich belegen die zahlreichen Lautentabulaturen des Repertoires, wie sehr das Singen zur Laute nicht nur bei Kurtisanen en vogue war.[313]

Neben den Dichtermusikern und Frottolisten häufen sich in der Frottola-Praxis die Fallbeispiele von Frauen verschiedenster Provenienz, die zur Viola oder Laute singen, dokumentiert von Isabella d'Este Gonzaga über Irene da Spilimbergo bis hin zu römischen Kurtisanen. Sie legen die Einsicht nahe, dass die Etablierung und das Fortwirken einer weltlichen Musik, die weder zur Avantgarde noch zur offiziellen Kultur gehörte, besonders dort eine bevorzugt weibliche Domäne war, wo sie nicht in den Bereich der professionellen Musikausübung fiel. Somit bestätigt das Beispiel des Manuskripts Antinori 158 nicht nur frühe Frottolenpraktiken für Florenz und Rom um 1500, sondern bietet auch erste Bausteine einer Geschichte der Sängerinnen im 16. Jahrhundert, die entsprechend aufzuarbeiten wäre.

Ein Lied wie „Non pensar che mai ti lassi", im Florentiner Manuskript als „Lieblingslied der Maria" kommentiert,[314] steht in der petrarkistischen Tradition des sehnsuchtserfüllten Liebhabers, der seiner Geliebten in rhetorischer Anrede die absolute Treue verspricht (Noten und Text Bsp. 81). Wie bereits Martha Feldman in Bezug auf den venezianischen Kontext zeigen konnte, kamen die petrarkistischen Welten dem gespaltenen Profil einer Kurtisane in der Tat entgegen.[315]

Filippo de Lurano (9) plausibel, den man im ersten Jahrzehnt des neuen Jahrhunderts in Rom annimmt. Vgl. Schmidt: *Filippo de Lurano* (2001). Die Sammlung enthält ausschließlich vierstimmige Frottolen, die durch Konkordanzbestimmungen großenteils auf die populärsten Vertreter des Repertoires zwischen 1500 und 1510 zurückzuführen sind, neben Filippo de Lurano auch Tromboncino (7 oder 8), Franciscus d'Ana (4 oder 3), Marchetto Cara (2) u. a. Nur 12 der 53 Sätze sind nicht von Jeppesen nachgewiesen worden, davon bestehen allein 32 Übereinstimmungen mit den ersten acht Petrucci-Büchern. Unter den Handschriften besteht die größte Nähe zu den Florentiner Sammlungen FN B. R. 230 und FC B 2441. Vgl. Jeppesen: *Frottola II* (1969), S. 65–67 und S. 154–57.

312. Newcomb: *Courtesans* (1986), S. 102.
313. Die umfangreichsten darunter sind die bei Petrucci von Franciscus Bossinensis herausgegebenen Sammlungen: Int. L. Boss. Pe. I (1509) und Int. L. Boss. Pe. II (1511), aber auch die Verleger Giunta und Antico nutzten die Popularität der Lautenpraxis. Vgl. Int. L. Giunta/Antico (ca 1520). MA: Bossinensis/Disertori (1964); Int. L. Boss. Pe. I (1509/1977); Int. L. Boss. Pe. II (1511/1982); Int. L. Giunta/Antico (ca 1520)/Luisi (1987).
314. FL Antinori 158, fol. 23r.
315. Feldman: *Courtesan* (2006), hier v. a. S. 105. Vgl. zudem Keener: *Virtue, Illusion* (2005).

Bsp. 81: Don Pelegrinus Cesena, *Non pensar che mai te lassi*

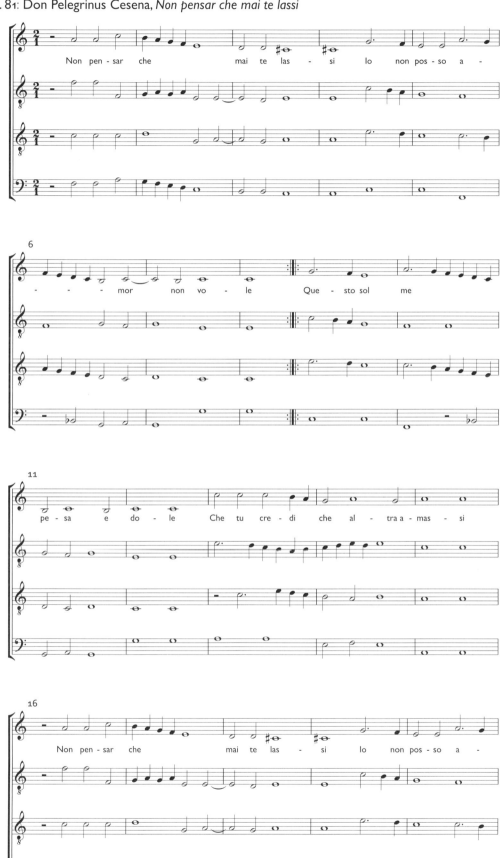

Teil 4

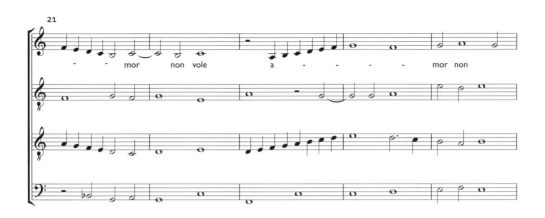

Non pensar che mai ti lassi	Denke nicht, dass ich dich verlasse,
Io non posso, Amor non vole.	Ich kann und Amor will es nicht.
Questo sol mi pesa e dole:	Nur eines belastet und schmerzt mich,
Che tu credi che altra amassi.	Dass du denkst, ich liebe eine andere.

Non pensar che etc.   Denke nicht, dass etc.

Sola sei il mio diletto	Du allein bist mein Vergnügen,
La mia pace, el mio conforto;	Mein Frieden, meine Stärkung;
Sola sei a cui subietto	Dir allein werde ich unterworfen sein,
Sarò sempre, vivo e morto.	Immer, lebend und tot.
Tu sai ben l'amor ti porto	Du weißt gut, dass ich dir die Liebe entgegenbringe.
Come credi ch'altra amassi?	Wie [kannst] du glauben, dass ich eine andere lieben würde?

Non pensar che etc.   Denke nicht, dass etc.

Senza te io non potria	Ohne dich könnte ich nicht
Star al mondo una sol' hora,	Eine Stunde in der Welt leben,
Senza te io moriria,	Ohne dich würde ich sterben.
O mia vita, o mia signora!	Oh, mein Lieben, meine Herrin,
Sola te el mio cor adora,	Nur dich bewundert mein Herz,
Come credi ch'altra amassi?	Wie [kannst] du glauben, dass ich eine andere lieben würde?

Non pensar che etc.   Denke nicht, dass etc.
[…]   […]

Ihr männliches Werbeverhalten prädestinierte sie dafür, in die Rolle des Liebhabers zu schlüpfen und die traditionell ihm zugedachte Partie vorzuspielen: Hier also müssen wir uns vorstellen, dass Maria anstelle ihres Freiers von der Liebe in ihm singt, die sie selbst entfachen wird. Dabei ausgerechnet aus dem Mund einer Kurtisane Treueschwüre zu hören, macht ihr Singen zusätzlich pikanter. Zugleich aber bleibt die Kurtisane als Geliebte in der Rolle der von ihren Freiern Angebeteten, der Grund für Sehnsüchte und Leid, der süßen Fehler, der Verführung und der verlorenen Unschuld und verkörpert damit letztlich den Anstoß für das Singen des Dichters. Das Notenbeispiel gibt die bei Petrucci publizierte vierstimmige Version des Satzes wieder, während anzunehmen ist, dass eine Kurtisane wie Maria eher eine Version musiziert hat, in der sie den Cantus sang und dazu entsprechende Akkorde spielte, die auch ohne Notenkenntnisse leicht memorierbar waren.

Im Florentiner Manuskript ist zudem ein Lieblingslied einer anderen Frau namens Masina überliefert, in dem das Ich wiederum aus männlicher Perspektive seiner Enttäuschung über die vergebliche Liebeswerbung Ausdruck verleiht und verkündet, die Geliebte nun zu verlassen: „Io ti lasso, donna, hormai". Auch in diesem Fall ist ein vierstimmiger Satz überliefert, der einfach zu variieren ist. (Bsp. 82).

Bsp. 82: Filippo Lurano bzw. Philippus Luranus, *Io ti lasso, donna, hormai*

Io ti lasso donna hormai	Ich verlasse dich nun, meine Dame.
Troppo tempo hagio perduto.	Zu viel Zeit habe ich verloren.
Poiche mi ho riconosciuto	Nun, da ich wieder zu Bewusstsein gekommen bin,
Piu son certo non me harai	bin ich mir umso sicherer, dass du mich nicht haben wirst.

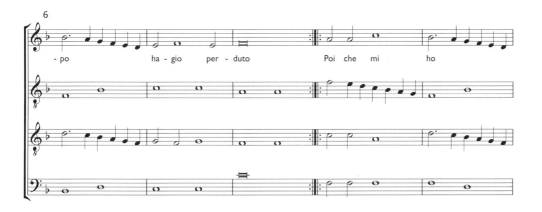

Im Hintergrund dieser Lieder ist zu bedenken, dass die seit 1500 florierende Liebestraktatliteratur und der Petrarkismus mit entsprechenden Diskussionen über Musik als ideale Vermittlerin von erotischer Sinnlichkeit und neoplatonischer Liebeswelten auch einer *cortigiana* außerordentlich dienlich sein konnte und ihrem Dekor eine populärphilosophische Basis lieferte.[316] Wie auch Martha Feldman folgert, richtete also ebenso die Kurtisane mit ihrem Gesang ihren Blick gen Himmel, wenn sie die Laute zur Hand nahm, so wie es die porträtierte Frau auf einem Gemälde Parrasio Michelis (bzw. Michiel, um 1560–1570, Abb. 8) tut.[317]

Abb. 8: Musikalische Unterhaltung oder Venus, die Laute spielt, mit Amor

Und dennoch: sei es, weil das Singen immer virtuoser und damit unangemessener hinsichtlich weiblicher Tugendvorstellungen des Maßhaltens wird, sei es, weil das Kurtisanentum wuchs und es wichtiger wurde, sich von ihm abgrenzen zu können, sei es, weil die Folgen der katholischen Reformen spürbarer wurden: Während das Singen zur Laute Anfang des Jahrhunderts noch zu den bewunderten Tugenden der Hofdame gehörte, konnte es wenige Jahrzehnte später als moralisch unstatthaft gelten. Bezeichnend für diese Entwicklung ist das bereits genannte Beispiel Pietro Bembos, der noch Anfang des Jahrhunderts die weibliche Musikpflege lobte, dann aber 1541 seine Tochter vor der damit verbundenen gesellschaftlichen Schande warnte.[318] Aus dieser Perspektive betrachtet, genossen Kurtisanen, wenn sie einmal vom Druck des makellosen Gebarens befreit waren, größere Freiheiten bezüglich des musikalischen Repertoires. Das belegt auch das Florentiner Manuskript Antinori 158, in dem Maria cortigiana ein Lied in der Tradition einer *canzone a ballo* oder Karnevalsliedes zugeschrieben ist, in dem von „la fava ben menata", der „saftigen, schießenden Bohne", und damit von einer obszönen doppeldeutigen Zote die Rede ist, mit der traditionellerweise Männer bei populären Festen Frauen sexuell provozierten und erregten.[319] Auch hier also handelt es sich um eine Umkehrung von Rollen, bei denen eine Kurtisane ihre männlichen Qualitäten

---

316. Vgl. Kap. 3. 2.
317. Für die Nachweise des Gemäldes vgl. den Kommentar zu Abb. 2 im Anhang.
318. Vgl. den Abschnitt „Quedem cortigiana, hoc est meretrix honesta" — Kurtisanentum als Kompensation offizieller Strukturen oder: sexuelle Begierden und deren Nobilitierung in Kap. 2. 2. 2.
319. FL Antinori 158, fol. 24v., zit. bei Prizer: *Wives* (2004), S. 413–14.

ausspielte. Für dieses Lied ist keine Konkordanz zu einem musikalischen Satz überliefert, aber im großen Frottolenrepertoire der Zeit gibt es andere, in der doppeldeutige kulinarische Motti in die Liebeslyrik einfließen, so z. B. die mit dem Kopfvers „Fabbe e fasoi", in der in ähnlicher Metaphorik von „dicken und grünen Bohnen" gesungen wird (Vgl. Bsp. 79, S. 346–47).[320] Der entscheidende Unterschied zum Bohnenlied der Maria cortigiana liegt allerdings darin, dass Frottolen zunächst für Höfe geschrieben wurden, in der Hofdamen, keine Kurtisanen den Ton bestimmten. Wie bereits im vorigen Kapitel thematisiert, wurde mit der Grenze des Unsagbaren hier nur gespielt, überschritten werden durfte sie, wenn überhaupt, nur von Personen, zu denen zumindest offiziell die nötige Distanz bestand, somit möglicherweise auch von Kurtisanen.[321]

Die Imaginationsspiele über die Effekte, wenn Frottolen aus dem Mund von Kurtisanen erklangen, sind weiter fortsetzbar: Wie reizvoll z. B. wäre es gewesen, wenn die im Florentiner Manuskript Antinori erwähnte Maria eines aus der Serie von Liebesliedern gesungen hätte, die bereits in der Kopfzeile mit der Käuflichkeit von Hoffnung auf Liebe spielen, wie in der Frottola „Io non compro più speranza" , „Ich kaufe keine Hoffnung mehr" (vgl. Bsp. 7, S. 216), das textlich mit der Kopfzeile „Hor venduto ho la speranza", „Jetzt habe ich die Hoffnung verkauft" aus einer anderen Frottola in derselbem Petrucci-Sammlung Satz dialogisiert (vgl. Bsp. 12, S. 220). Und eine ohnehin pikante Villotta wie Michele Pesentis „Dal lecto mi levava", „Vom Bett erhob ich mich", in deren Refrain der onomatopoetische Vogelruf „gru, gru […]" (la grua, zu deutsch: Kranich) das Liebesspiel mit einer Prostituierten evoziert, hätte aus dem Mund einer Kurtisanen zweifellos eine die Grenzen der Scham sprengende Wirkung (Vgl. Bsp. 75, S. 338–39).[322]

Die nachweisbare Nähe von Kurtisanen zum Frottolenrepertoire bestätigt in jedem Fall, dass das Spielen mit dem Anstößigen — und dies beinhaltet stets auch dessen Maskierung — sich geradezu ideal ins Gattungsprofil einfügen lässt. Während Anstößiges in einer Frottola wie Pesentis Lied über die „gru" über Kontraste zwischen höfischen und populären Ausdrucksebenen innerhalb der Lieder zur Darstellung kommt, macht die Aufführung durch Protagonistinnen in gesellschaftlich ambivalenter Stellung, die auf ein differenziertes Rollenspiel zwischen Illusion und Provokation besonders geschult waren, das Spiel mit den Grenzen der Normen soziologisch greifbarer und lebendiger.

4. 5 Das Projekt Petrucci II: Konsequenzen

4. 5. 1 „ogni qual dì trova novo guadagno" — Erfolg bei den „gentildonne" oder: Folgen des Musikdrucks

Die soziologischen Veränderungen, die das neue Medium des Notendrucks für die Frottola mit sich brachte, werden kaum anschaulicher als im Werdegang von Bartolomeo Tromboncino, dem Musiker, der neben Marchetto Cara maßgeblich für die Popularität der Gattung stand. Nach über 25 Jahren des Hofmusikerlebens in Mantua und Ferrara tauschte er seinen sicheren Status als hoch bezahlter Bediensteter gegen den des „freien" Künstlers in Venedig ein, wo er offenbar mit großem Echo „gentildonne" unterrichtete. Im Bericht eines Ferrareser Botschafters heißt es,

---

320. Vgl. zu dieser Frottola die Aufführungen im vorigen Kap. 4. 4. 2.
321. Vgl. Kap. 4. 4. 2.
322. Vgl. „Io non compro più speranza", Bsp. 7, S. 216, und „Hor venduto ho la speranza", Bsp. 12, S. 220, beide von Marchetto Cara im ersten Frottolenbuch Petruccis publiziert, in Kap. 4. 2. 4 besprochen. Auch die besagte Villotta Pesentis stammt aus Petruccis erstem Frottolenbuch, vgl. Bsp. 75 und Kap. 4. 4. 2.

er finde „jeden Tag neuen Verdienst", „ogni qual dì trova novo guadagno".[323] Daraufhin sicherte sich der Musiker auch formell und materiell ab, indem er 1521 beim Venezianischen Senat um seine Wiedereinbürgerung bat und erfolgreich ein Druckprivileg für seine eigenen Kompositionen für die nächsten fünfzehn Jahre forderte.[324] Tromboncinos Musik war zu diesem Zeitpunkt, mehr als ein Jahrzehnt nach der ersten Phase der Frottola-Publikationen durch Petrucci, in der Tat bereits in etlichen Sammlungen, Neueditionen und Tabulaturdrucken greifbar. Sie hatte dadurch ihren exklusiven Charakter verloren und war über die eigentlichen Frottola-Zentren hinaus so beliebt geworden, dass es zu einer Verschiebung der Aufführungspraktiken kam, die soziologisch bezeichnend ist. Da die Frottola nun auch außerhalb des höfischen Kontextes wirkte, zeichnete sich eine Verstädterung und Popularisierung der höfisch geprägten Musik ab, wofür in diesem Fall der Umzug Bartolomeo Tromboncinos nach Venedig bezeichnend ist.[325] Indem nun *gentildonne* zu Hauptinterpretinnen der Gattung wurden, hatte sich offenbar auch das Gendering verstärkt, das sich bereits in der Hochphase der Frottola durch die modellbildende Funktion der Isabella d'Este Gonzaga als maßgeblicher Förderin der Gattung konstituiert hatte. Es kann daher davon ausgegangen werden, dass eine Wechselbeziehung bestand zwischen dem Status der Frottola als einer beliebten, modischen Gattung, die sich jenseits der literarischen und kompositorischen Hochkulturen etablierte, und der Aufführungspraxis durch Frauen, wo es sich nicht um professionelle Musiker handelte, bzw. einer Aufführungspraxis für Frauen. So gebildet und gesellschaftlich angesehen diese im Einzelfall sein konnten, repräsentierten sie die Kehrseite der offiziellen Diskurse, die nun dank des Druckmediums breitere Schichten erreichte als zuvor.

Es gehört zu den durchaus widersprüchlichen Folgen des Musikdrucks, dass diese Verbreitungsprozesse zwar einerseits nicht ohne das neue Medium vorstellbar sind, sich aber nur bedingt in den Drucken selbst niederschlagen. An zwei Fallbeispielen soll dieses Zusammenspiel aus den durch den Musikdruck angestoßenen Prozessen der Erneuerung, Popularisierung und Alterung der Frottola illustriert werden.

4. 5. 2 Frottolendruck in Rom — Konkurrenz einer „affigen" Praxis

1517, im selben Zeitraum, als Tromboncino seinen Wirkungsort nach Venedig verlagerte, erschien von Andrea Antico in Rom ein Tabulaturdruck für das Musizieren von Frottolen auf Orgeln bzw. Tasteninstrumenten mit einem bemerkenswerten Frontispiz (Abb. 9, S. 364):[326]

Im hellen Vordergrund zu sehen ist der Verleger Antico selbst, der sich am Cembalo in sein Spiel vertieft, während eine junge Dame mit aufgeschlagenem Stimmbuch dabei ist, sich zu ihm zu stellen, offensichtlich, um sich in ihrem Gesang von ihm begleiten zu lassen. Sie ist dabei abgelenkt

---

[323]. Brief von Giacomo de'Tebaldi an Lucrezia Borgia vom 19. Juli 1518, ASMo, Fondo d'Este, Cancelleria ducale, Estero, Ambasciatori, Venedig, busta 14. Der Brief ist vollständig zitiert bei Prizer: *Games* (1991), S. 7 und dort im Appendix Dok. 2, S. 54.

[324]. Tromboncinos Antrag ist bei Jeppesen: *Frottole I* (1968), S. 147–48 ganz nachzulesen, das Resultat ist bereits bereits durch den Venezianischen Chronisten Marin Sanudo wiedergegeben (Sanudo: Diarii, Bd. XXX1, Nachdruck col. 425) sowie von Prizer dargestellt worden in Prizer: *Games* (1991), S. 7. Demnach stimmte der Senat mit 112 Ja-Stimmen, 2 Nein-Stimmen und 2 Enthaltungen für den Antrag.

[325]. Wenn Tromboncino sich erfolgreich in Venedig niederlassen konnte, ist dabei auch zu bedenken, dass er in seinen Jahren als Hofmusiker ein beträchtliches Vermögen zusammengespart haben dürfte, er sich also aus einer vergleichsweise sicheren materiellen Lage heraus vom Hof gelöst haben konnte.

[326]. Int. Org. Antico (1517), MA: Int. Organi Antico/Sterzinger (1987), o. S. Die Tabulaturen selbst und das Frontispiz bestätigen, dass es sich um einen Druck für Tasteninstrumente, nicht nur für die Orgel handelt.

durch einen Laute spielenden Affen, den sie mit lässiger Handbewegung und zurückgerichtetem Blick auf den Hintergrund des Zimmers zu verweisen sucht. Die bildnerische Geste scheint in der Anordnung der Figuren und Gegenstände im Raum, im Verhältnis von Licht und Dunkel, im Kontrast von Mensch und Tier, Mann und Frau und in den Posen der Protagonisten sprechend. Die Symbolik des Affen als Nachmacher („Nach-Äffer") auf der einen Seite, die der Tomate im Vordergrund als absolute Neuigkeit, da gerade erst als Produkt aus der „neuen Welt" importiert, bestärken den Eindruck, dass es hier darum geht, den Betrachter für das Cembalospiel einzunehmen. Dies geht auf Kosten des Lautenspiels, das hier offenbar durch den Affen personifiziert werden soll.

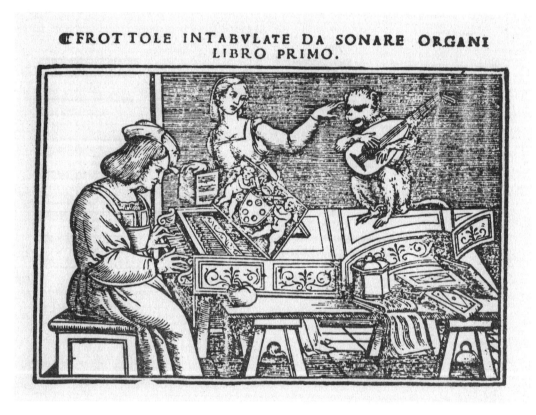

Abb. 9: Frontispiz zu einem Orgeltabulaturdruck, Biblioteca Polesini, Milano

Eine erste Ebene der Interpretation dieses Frontispiz' besteht nun darin, hinter der Darstellung des knieenden Affen einen gezielten Schuss Anticos gegen seinen Vorreiter und Konkurrenten Petrucci zu verstehen. Dieser war in der Tat auch der Referenzmann dafür, 1509 und 1511, also bereits sechs Jahre zuvor, Lautentabulaturen der beliebten Stücke auf den Markt gebracht und damit der üblichen Frottola-Praxis nachgekommen zu sein, nachdem er zuvor selbst das Gros des Repertoires in vierstimmigen Büchern geliefert hatte.[327] Bis 1508 lagen in dieser solchermaßen kodifizierten Form

[327] Vgl. Luisis Darstellung der Interpretationsgeschichte des Frontispizes und weitere Konsequenzen in: Luisi: *Dal Frontespizio* (1999), S. 77–79. Für das Detail der Tomate verweist er auf eine entsprechende Interpretation im Vortrag von Paolo Emilio Carapezza im Ponitificio Istituto di Musica Sacra am 25. Mai 1998 aus Anlass der Vorstellung der kritischen Edition des elften Frottolenbuchs von Petrucci. Pe. XI/Luisi: Cleup (1997). Tomaten haben bezeichnenderweise mit „pómo d'oro" auch den Namen einer „goldenen Frucht". Vgl. Battaglia XIII (1986), S. 830–31.

das erste Set an drei Frottolenbüchern und fünf weitere Sammlungen von Petrucci vor.[328] Antico hatte 1517 einen konkreten Anlass, sich über seinen Kollegen erhaben zu fühlen: Leo X., der derzeit in Anticos Hauptwohnsitz Rom regierende Papst, hatte Petrucci kurz zuvor das Druckprivileg für Orgeltabulaturen entzogen, nachdem der Verleger über einige Jahre keine Publikation vorgelegt hatte, und es daraufhin Antico übertragen, der ohnehin bereits päpstliche Druckprivilegien genoss. Anticos Tabulaturdruck folgte nur wenige Monate auf diese Entscheidung.[329] Sein Frontispiz ist somit ein Spiegelbild einer gespannten Konkurrenzsituation. Petrucci wiederum hätte seinerseits Gründe gehabt, dem Kollegen mit einem ähnlichen Bild ebenso hämisch zu kontern, war doch Antico der eigentliche „Nach-Äffer" in der Frottola-Produktion. Man bedenke, dass um die Hälfte der Stücke aus Anticos erster Frottolensammlung aus dem Jahr 1510 Kopien von Musik darstellte, die bereits bei Petrucci erschienen war. Antico konnte dabei rechtlich jedoch nicht belangt werden, denn Petruccis Druckprivileg, das er schon 1498 vom venezianischen Senat erhalten hatte, galt nur innerhalb der Republik Venedig.[330]

Anticos persönliche Attacke gegen Petrucci fügt sich dabei in eine Inszenierung, mit der der Standort Rom besonders hervorgehoben wird. Das von Engeln umrahmte Wappen der Medici, Familienwappen von Papst Leo X., der selbst außerordentlich musikliebend und besonders Tastenspieler war,[331] an zentraler Stelle des Frontispizes ist eine Referenz an den Papst. Es war für den Musikverleger entscheidend, sich auf den exklusiven Musikgeschmack des Regenten einzustellen, wenn er in der Stadt der päpstlichen Kurie reüssieren wollte. Vor dem Hintergrund der besonderen gesellschaftlichen Situation Roms, von der bereits die Rede war,[332] wirkt die Dreiteilung des Frontispizes dabei zugleich wie ein symbolischer und normierender Blick auf die Musikstrukturen der Stadt aus der Sicht des Papsthofes: Auf der vorderen, lichten Seite eine konzentrierte, männliche Gestalt an den Tasten, die sowohl auf Antico oder den tastenspielenden Papst Leo X. selbst anspielen, als auch eine Ikone für die offizielle, männlich geprägte Autorität in Rom darstellen kann. Dem gegenüber repräsentieren der lautenspielende Affe und die vermittelnde musikinteressierte *gentildonna* eine gemeinere, populärere Musikpraxis. Dem entspricht letztlich auch die Anlage des Druckes selbst. Denn es sind in den Tabulaturen zwar die Titel der einzelnen Frottolen wiedergegeben,

---

328. Für eine Übersicht der Drucke vgl. das Verzeichnis der Abkürzungen und das Quellenverzeichnis, aber auch den Abschnitt Manuskript versus Notendruck. Zur Rekonstruktion des Kontextes in Kap. 4. 1. 2.
329. Vgl. Picker: *Antico* (1999), Sp. 781.
330. Ebd., Sp. 780.
331. Das Wappen zeigt sechs „Palle", Bälle, eine Ikonographie, für deren Herkunft verschiedene Auslegungen existieren. Neben der, dass sich die Medici mit ballförmigen Waffen verteidigten und der, dass die „Palle" für ein Rechenbrett und somit für ein Symbol des Bankiersgeschäft der Familie stehen, existiert auch eine Deutung, dass die „Palle" Pillen abbilden und damit ein Hinweis darauf sein könnten, dass Angehörige der Familie ursprünglich als Ärzte tätig waren, wie auch der Name vermuten lässt. Im 16. Jahrhundert ist zumindest diese Symbolik allerdings längst verloren gewesen, nicht aber die Beliebtheit des „Palle"-Rufs, zu dem es auch verschiedene Vertonungsbeispiele gibt. Dazu gehört z. B. eine anonyme Motette mit einem abschließenden polyphonen Refrain über die Worte „Palle, palle" mit den Anfangsworten „Ecco dea ammirata" (aus dem Cod. 141 (A), Magliab. CL. XIX, BN Firenze), die auf die Papstwahl von Leo X. 1513 zurückgehen soll. Vgl. Ghisi: *Canti Carnasc.* (1937), S. 70. Für eine moderne Ausgabe des Stückes vgl. Feste Firenze Medicea (1939), S. 19–23. Zudem ist von Heinrich Isaac ein mottetischer Satz überliefert, den er für Lorenzo de' Medici schrieb, in dem die Anordnung der „Palle" auf dem Medici-Wappen zu einer Augenmusik verarbeitet worden ist. Heinrich Isaac: Weltliche Werke, bearb. von Johannes Wolf, DTÖ XIV/1, Bd. 28, Graz 1959, S. 98–99. Vgl. dazu: Staehelin: *Isaacs Wappenmotette* (1997), weiterhin Köhler: *Capella Sistina* (2001) und Reynolds: *Rome Contrast* (1989).
332. Vgl. Kap. 2. 2. 2.

aber das Singen der weltlichen Texte ist in der „Partitur" selbst nicht vorgesehen, anders als es in Lautentabulaturen für Frottolen der Fall ist. (Bsp. 83)[333]

Bsp. 83: Bartolomeo Tromboncino, *Che debbio fare*

Hier wird also suggeriert, dass es in der Stadt höchster Geistlichkeit keiner musizierenden *gentildonna* bedurfte, um selbst weltliche Musik auf innovative und sozial angemessene Weise auszuführen. Und um im Bild zu bleiben, auf keinen Fall einer, die sich an Laute spielenden Affen orientiert. Es versteht sich, dass es hier kein Anliegen Anticos war zu zeigen, dass die Realität auch im Umfeld der Kurie eine ganz andere war.[334]

Der Druck mit dem Frontispiz der Orgeltabulatur fällt 1517 in einen Zeitraum, als sich unabhängig von der spezifischen römischen Situation ein musikalischer Geschmackswandel abzeichnete. So zeigt der veränderte Gestus von Petruccis letzten Frottolendrucks, dem elften Buch von 1514, und der darauf folgende Produktionsstop weiterer Sammlungen, dass sich die Nachfrage nach Neuem im fortgeschrittenen zweiten Jahrzehnt nun nicht mehr an der Gattung der Frottola festmachte. Und in der Tat sollte Petrucci selbst schon wenige Jahre später, 1520, mit der Publikation von Bernardo Pisanos Petrarca-Canzonen einen entscheidenden Anstoß für die Ablösung des Frottolenrepertoires durch die neue Gattung des Madrigals geben.[335] Anticos Frontispiz der Orgeltabulatur könnte man vor diesem Hintergrund auch als ein Indiz für das Entstehen neuer musikalischer Moden lesen.[336] Doch belegt Antico dann wiederum selbst durch andere Veröffentlichungen, dass das Aufkommen anderer, neuer Aufführungspraktiken und Gattungen noch über Jahre nichts am Fortbestehen der traditionellen Frottola-Praxis änderte. Antico war mit der Veröffentlichung von vierstimmigen Frottolenbüchern noch nicht am Ende, wie die Serie entsprechender Publikationen bis zu seinem

---

333. Vgl. Bsp. 83, die Tabulatur für Tromboncinos Vertonung der Petrarca-Canzone „Che debo far", die im Cantus so zahlreiche instrumentale Verzierungen und dabei rhythmische Varianten enthält, dass sie sich als Basis für eine Gesangsbegleitung nur schlecht eignet. Vgl. dazu auch Tromboncinos Satz in gesanglicher Fassung in Bsp. 24, S. 242.
334. Vgl. das Kap. 2. 2. 2.
335. Vgl. zu dieser Sammlung den Abschnitt Libro XI — Neue Horizonte und Krise in Kap. 4. 1. 2.
336. Petrarca Pe (1520), vgl. die Einführung zum Quellenverzeichnis, S. 379.

vierten Buch 1520 zeigt.³³⁷ Und darüber hinaus publizierte er gemeinsam mit dem Drucker Luca Antonio Giunta um 1520 noch einmal in Venedig eine Tabulatursammlung von Frottolen für Laute und Gesang, mit der er sich erneut auf das Vorbild Petruccis und auf eine noch immer beliebte Praxis bezog.³³⁸

Zweifellos ist Anticos Frontispiz von 1517 damit Ausdruck einer zugespitzten persönlichen Konkurrenzsituation. Darüber hinaus vermittelt es aber auch einen Eindruck davon, wie sehr die Popularität der Frottola vom Profil eines regionalen Zentrums abhing.

4. 5. 3 Späte Frottolenfreuden der Irene da Spilimbergo: Eine Neohumanistin als *donna al liuto et al libro*

Selbst als das Musizieren von Frottolen längst kein Novum mehr war, änderte dies über einige Jahre hinweg offenbar wenig an ihrer Beliebtheit in bestimmten Regionen. So ist eindrucksvoll das Weiterleben der Frottolenpraxis im Haushalt einer humanistisch gebildeten Familie aus dem Ort Spilimbergo im Veneto überliefert, in der Irene da Spilimbergo, Tochter des gleichnamigen Adriano und der Venezianerin Giulia da Ponte, ihren musikalischen Neigungen nachging. Zu einem vergleichsweise späten Zeitpunkt — Irene ist erst 1538 geboren und starb 1559 — musizierte sie Frottolen, gleichermaßen aber auch französische Chansons und Madrigale. Eine entsprechende Repertoiremischung mit Musik aus einer Zeitspanne zwischen 1509 bis 1536 ist für die Bibliothek ihres Vaters Adriano und ihres Onkels Giovan Paolo da Ponte nachgewiesen, in der sich ein nicht weiter präzisiertes Frottolenbuch, Lautentabulatursammlungen (eines davon von Bossinensis), französische Chansons, Madrigalbücher und Motetten befanden, darunter auch Neuheiten wie die ersten beiden Madrigalbücher Verdelots aus dem Jahr 1533. Die Sammlung bestand dabei aus einer signifikanten Mischung aus handschriftlichen Kopien und gedruckten Sammlungen,³³⁹ die anschaulich macht, dass die Einführung des Musikdrucks der handschriftlichen Produktion keinen Abbruch leistete, sondern sie sogar beförderte, was in ähnlicher Weise für die Einführung des Drucks generell gilt. „Die Umwertung der Sinnesorgane und Medien schließt selbstverständlich ein Zusammenwirken des Buchdrucks mit den herkömmlichen handschriftlichen Formen der Informationsverarbeitung nicht aus. Im Gegenteil, die typographischen Kommunikationssysteme sind in vielfacher Hinsicht auf die skriptographischen Medien angewiesen und haben insofern die Rolle des Schreibens enorm verstärkt."³⁴⁰

Spilimbergo ist ein Ort zwischen Udine und Treviso, wo Irenes Vater eine eigene Grammatikschule gegründet und die Familie eine beachtliche Bibliothek aufgebaut hatte, von der alle Mitglieder gleichermaßen profitierten. Schon die Bildung von Giulia Ponte wurde als außergewöhnlich

---

337. Ant. Frottole IV² (1520).
338. Int. L. Giunta/Antico (c. 1520). Antico übernimmt hier nicht nur die Anlage von Petruccis Lautendrucken, sondern auch dessen Vorschrift für die Lektüre von Tabulaturen in vereinfachter Form.
339. Für eine Übersicht über die Musikalien in der Bibliothek der Spilimbergo, wie sie aus den zwei Referenzquellen, einem Memorial von Gian Paolo da Ponte (Venezia, Archivio Spilimbergo-Spanio, Memorial C, fol. 10r) und dem Inventar der Güter Adriano da Spilimbergos (Udine, Archivio di Stato, Fondo Notarile Antico, busta 5578, fol. 10r) hervorgeht, vgl: Ivano Cavallini: „Irene da Spilimbergo: Storia di una biblioteca di Famiglia." In: *Venezia 1501: Petrucci Convegno* (2005), S. 611–22, S. 614.
340. Giesecke: *Buchdruck* (1991), S. 35–36. Im Hinblick auf das Verhältnis von Motettenanthologien Petruccis und deren Beziehung zu entsprechenden handschriftlichen Quellen vgl. Marilee Monser: „Petrucci and His Shadow. A Study in Reception History." In: *Fontes Artis Musicae* 51/1, Jan.- März 2004, S. 19–53. Dass bei einem Medienwechsel das ältere Medium nicht einfach fortfällt, sondern eine Intensivierung erfahren kann, ist heute für das Verhältnis von IT-Technik und papierner Druckproduktion zu konstatieren.

gepriesen,³⁴¹ doch scheint das intellektuelle und künstlerische Talent der Tochter noch ausgeprägter gewesen zu sein. Sie las viel, insofern die Schriften im *volgare* übersetzt oder zugänglich waren, diskutierte gerne das Gelesene und dilettierte poetisch, ganz dem petrarkistischen Zeitgeist folgend.

> Perciochè leggeva molti libri tradotti dal latino e dal greco in volgare, et altri della nostra appartenenti alle morali, alla creanza et alle regole di essa lingua, osservando con diligenza le cose più notabili. Aveva oziando di continuo molte altre opere per le mani, come sono le operette di Plutarco, l'Institutione del Piccolomini, il Cortegiano, gli Asolani del Bembo, il Petrarca e cotai libri i quali ella leggeva, non come il più delle donne et anco de gli uomini fanno per semplice passatempo o come per caso, ma con giudizio et particolare avvertimento delle materie che trattano de' concetti et delle elocuzioni, osservando tuttavia, et facendo estratti delle cose più belle, con fissa applicazion d'animo al servirsi di loro, così nella creanza et ne' costumi, come ne' ragionamenti et negli scritti [...].³⁴²

Bezeichnend für die selbstverständliche Vorbild- und Erziehungsfunktion der damaligen Tugend- und Verhaltensleitfäden höfischer Prägung ist nicht nur, dass Irene den *Cortegiano* und die *Asolani* von Bembo gelesen hatte, sondern auch, wie unkommentiert diese Schriften in der besagten „Vita della signora Irene", einem Nachruf auf die Person, als allgemein bekannt vorausgesetzt werden. Der namhafte Autorenkreis in der Sammlung von Würdigungen in Form von *Rime*, die man ihr anlässlich ihres frühen Todes 1559, im Alter von 21 Jahren, widmete, und aus der auch dieser Nachruf stammt, gibt Aufschluss über das hohe Maß an Bildung und Literaturkenntnis der Kreise, in denen Irene in Venedig verkehrte. Darunter waren die Gebrüder Tasso, Benedetto Varchi, Giorgio Gradenigo und Domenico Venier.³⁴³ Letzterer stand Tiziano Vecellio nahe und war wiederum Mentor der venezianischen Kurtisanen Gaspara Stampa und Veronica Franco. Mit Pietro Bembo, dessen *Asolani* Irene gelesen hatte, war noch Adriano da Spilimbergo persönlich bekannt gewesen, zu Irenes Zeiten durch die Verpflichtungen in Rom dann aber weniger in Venedig verankert.

Die Musik war in Irenes Leben ähnlich präsent, wie sie es in den Schriften Castigliones und Bembos als Erziehungs-, Repräsentations- und Unterhaltungskunst ist: Nachdem Großvater und Onkel in Spilimbergo die Basis im Notenlesen und im Vom-Blatt-Singen gelegt hatten und Irene selbst autodidaktisch auf Cembalo, Laute und Viola zu spielen begonnen hatte, bekam sie in Venedig Unterricht bei Bartolomeo Gazza, der in Aarons *Lucidario in musica* neben Bartolomeo Tromboncino und Cara als „Cantore al liuto" erwähnt ist.³⁴⁴ Ob sie in Venedig weiteren Unterricht bei einem nicht weiter nachweisbaren Schüler Bartolomeo Tromboncinos oder aber bei dem nicht mit

---

341. In den posthumen Würdigungen auf die Tochter Irene heißt es, Giulia habe klassische Sprachen und Hebräisch gelernt, für eine adlige Frau damals ungewöhnliche Kenntnisse. Vgl. *Vita Irene Spilimbergo (1561)*.
342. „Demnach las sie viele aus dem Lateinischen und dem Griechischen ins *Volgare* übersetzte Bücher, und andere unserer [Sprache] über die Sitten, den Glauben und die Regeln dieser Sprache und beobachtete mit Sorgfalt die bemerkenswertesten Dinge. Sie hatte in ihrer Muße ständig andere Werke in den Händen wie die kleinen Werke von Plutarch, die *Institutione* von Piccolomini, den *Cortegiano*, die *Asolani* von Bembo, den Petrarca und ähnliche Bücher, die sie las, nicht so wie die meisten Frauen und auch Männer es für den schlichten Zeitvertreib oder aus Zufall tun, sondern mit Urteilskraft und besonderer Achtsamkeit auf die Themen, die von den Begriffen und den Reden handelten, wobei sie stets, mit fester Seelenkraft Notizen der schönsten Dinge machte, um sich ihrer zu bedienen, im Glauben wie in den Sitten, im Argumentieren und im Schreiben [...]." *Vita Irene Spilimbergo* (1561), o. S.
343. Giorgio Gradenigo (1522–1600) war als studierter Jurist Senator von Venedig und gehörte als umfassend gebildeter Literat zur *Accademia veneziana della Fama* wie auch Domenico Venier. Bezeichnend für seine Vorbildfunktion in venezianischen Bildungskreisen ist die Widmung einer von Ludovico Dolce herausgegebenen Ausgabe des „Cortegiano" an ihn. Er schrieb selbst Madrigale. Vgl. den Artikel im DBI 58 (2002), S. 304–6.
344. Aaron: Lucidario, fol. 31v.

diesem verwandten Namensvetter Ippolito Tromboncino hatte, der bei Aaron ebenso als „Cantore al liuto" auftaucht, ist unsicher, aber auch nachrangig gegenüber der wichtigeren Tatsache, dass Irene zu einem vergleichsweise späten Zeitpunkt Frottolen zur Laute sang und ebenso Chansons und Madrigale musizierte. Aarons Bezeichnung der *cantori al liuto* ist dann auch der Schlüssel für die Frage, wie man sich die Aufführungspraxis eines so heterogenen Repertoires vorzustellen hat. So wie in dem 1545 publizierten, wenn auch früher verfassten *Lucidario* als letzte Kategorie von Musikern *donne a liuto et a libro* aufgeführt sind, wird auch Irene da Spilimbergo eine Dame gewesen sein, die das ihr zur Verfügung stehende musikalische Repertoire, also gleichermaßen Frottolen, Madrigale und französische Chansons, singend und lautespielend, wie sie es gelernt hatte, praktizierte. Dafür wird sie polyphone Sätze gegebenenfalls an eine solistische, ariose Praxis angepasst haben, ähnlich wie es für die namhafte Kurtisane Tullia d'Aragona im Venedig der mittleren Jahrzehnte des 16. Jahrhunderts rekonstruiert worden ist.[345]

4. 5. 4 Ausblick

Die musikalischen Vorlieben der Irene da Spilimbergo für die schon veraltete Frottola könnten ein Exempel für eine regionale Besonderheit darstellen. So folgert Ivano Cavallini aus seinen Studien zur Person für das Weiterleben des Frottolenrepertoires in Venedig, dass „la scelta di Irene darebbe conferma a una passione tutta locale per le musiche della passata generazione e si configurebbe come un episodio di continuità difficile a riscontrarsi in altre parti d'Italia".[346] Dagegen ist aber auch denkbar, dass das Exempel Venedigs, wo die Quellendichte zu akademischen Zirkeln, darunter auch zu sängerisch profilierten Frauen, namentlich Kurtisanen, relativ hoch und die Forschungssituation zu den Infrastrukturen der musikalischen Aufführungspraxis nicht zuletzt deswegen vergleichsweise fortgeschritten ist,[347] nur den Anfang für eine neue, ergiebige Spurensuche nach der Koexistenz zwischen verschiedenen älteren und neuen musikalischen Gattungen darstellt. Auch unter Berücksichtigung des soziologischen Aspektes, dass das Musizieren von selbstbegleitetem Sologesang im *volgare* ein Bereich war, in dem auch Musiker niederen Ranges und Frauen walten konnten, stellt sich für zukünftige Recherchen die Frage, wie und wo nach der Etablierung der neuen Gattung Madrigal weiterhin Frottolen gesungen und gespielt wurden. Ein akademisch geprägter Ort wie Bologna, aber auch höfische Zentren wie Ferrara und Mantua würden sich dafür gleichermaßen anbieten. Dies ist vor allem im Hinblick darauf interessant, dass die ältere Praxis des Singens zur Laute gleichermaßen mit verschiedenen Gattungen praktiziert wurde, eben nicht nur mit der Frottola, sondern auch mit dem polyphoneren Madrigal, dessen Drucke auf den ersten Blick diese These zu widerlegen scheinen.

Wie Nicole Schwindt in einer Studie zur musikalischen Lyrik des 16. Jahrhunderts zeigt, gibt es zahlreiche Ansatzpunkte dafür, dass das instrumental begleitete Solosingen auch außerhalb der bislang belegbaren Hochphasen im 16. Jahrhundert beliebt war, d. h. in einer ersten Phase zwischen Ende des 15. und Anfang des 16. Jahrhunderts und in einer zweiten Phase ein Jahrhundert später.[348]

---

345. Feldman: *Courtesan* (2006).
346. „Irenes Wahl würde eine ganz ortsgebundene Leidenschaft für die Musik der vergangenen Generation bestätigen und sich zu einer Episode zusammenfügen, die im weiteren Verlauf schwierig andernorts in Italien anzutreffen wäre." Ivano Cavallini: „Irene da Spilimbergo: Storia di una biblioteca di Famiglia". In: *Venezia 1501: Petrucci Convegno* (2005), S. 621.
347. Vgl. v. a. die Forschungen von Martha Feldman: Feldman: *City Culture* (1995), Feldman: *Anonyms* (2000) und Feldman: *Courtesan* (2006).
348. Schwindt: *Musikalische Lyrik* (2004), S. 214–20.

Diese Beobachtung öffnet den Blick für Kontinuitäten und fordert dazu auf, den diversen Praktiken des Solosingens in ihrem Kontext zwischen Stegreifdarbietungen und schriftlich fixierten Sätzen nachzugehen. Dies lohnt sich besonders für Italien, da das polyphone Singen „den Italienern im Innersten immer fremd geblieben" ist, wie Silke Leopold kommentiert. Auch sie hat als Auftakt ihrer Studien zum Kammer-Sologesang des frühen 17. Jahrhunderts einen Bogen um ein Jahrhundert zurückgespannt, „auf die frappanten Ähnlichkeiten" gewiesen, die zwischen dem Kammersologesang um 1600 und der Frottola einhundert Jahre früher liegen, und gefolgert,

> dass die Kunst des solistischen Singens, eine musikalische Präsentation von Dichtung, bei der die Worte nicht minder wichtig waren als die Musik, auch dann lebendig blieben, als das Madrigal die Frottola abgelöst hatte. Neben der epischen Rezitation, von deren Weiterbestehen wir aus literarischen Quellen wissen, überlebten auch die unterhaltsamen Lieder, die strophischen Gesänge und Tanzlieder in der schriftlosen Praxis.[349]

Diese Beobachtungen sind nicht zuletzt für die Einschätzung der zukunftsträchtigen Facetten in der musikalisch-poetischen Faktur der Frottola wichtig: Der melodiegeprägte, gesangliche Frottolensatz über einer akkordisch wirkenden, bassbezogenen Begleitung mit zahlreichen Anzeichen für eine Sensibilisierung gegenüber den musikalischen Möglichkeiten der Textausdeutung weist bereits auf die monodische Generalbasspraxis voraus, die sich erst ein Jahrhundert später schriftlich manifestierte. Doch mit dem lustvollen Spiel an der Darstellung des gesungenen Textes innerhalb einer pragmatischen, flüchtigen Musizierpraxis, , die in der Frottola von Dichtermusikern, „cantori a liuto" und „donne a liuto" entwickelt sind, steht die Gattung womöglich weniger isoliert, als es bislang den Anschein hat. Vielmehr könnte sie damit den Auftakt einer noch zu schreibenden Geschichte des Singens zur Laute und Viola im Italien des 16. Jahrhunderts bilden. Der geringe instrumentale Aufwand einerseits, vor allem aber die poetische und musikalische Beweglichkeit andererseits prädestinieren die Gattung dafür, an Orten und in Kontexten jenseits der offiziellen Zentren der Macht und der Repräsentation für eine subtilere Form der (Selbst-)Inszenierung genutzt zu werden. Dass die Frottola-Praxis dabei auch in Zeiten erinnerungswürdig blieb, als längst andere Musik en vogue war, belegt nicht zuletzt das Deckenlabyrinth des „Forse che sì forse che no" im Mantuaner Palazzo Ducale.

---

349. Leopold: *Al Modo d'Orfeo* (1995), S. 2.

5. FAZIT

Die Frage des Weiterwirkens der Frottola, die zuletzt angesprochen wurde, führt bereits aus dem hier zentralen Zeitraum heraus. Es sind verschiedene Kriterien — personelle, soziologische und literarisch-musikalische —, die dazu führen, dass die Frottola spätestens im zweiten Drittel des 16. Jahrhunderts an Popularität verliert. Dieses Ausklingen rechtfertigt rückblickend, die umgekehrte und für diese Untersuchung entscheidende Frage nach der Frottola als einer führenden Modegattung auf die drei ersten Jahrzehnte des Jahrhunderts zu beschränken. Es handelt sich dabei um ein Phänomen, das in seinen kulturellen und soziologischen Zusammenhängen gesehen werden muss. Und in diesem Sinn war es Ziel der Arbeit, das literarisch-musikalische Gattungsprofil der Frottola in seinen Verflechtungen mit den sie tragenden gesellschaftlichen und mentalitätsgeschichtlichen Strukturen und Bewegungen zu untersuchen. Die poetisch-musikalische Ausprägung einer älteren Dichtungstradition in zahlreichen Frottolensammlungen um und nach 1500 stellt sich dadurch als eine genuin höfische Unterhaltungskunst dar, die den Bedürfnissen einer sich damals neu formierenden Elite in Italien entsprach. Denn diese Elite zeichnete sich dadurch aus, dass sie auf der einen Seite nach einer Nobilitierung ihrer kulturellen Ausdrucksformen suchte und literarische Strömungen wie den Petrarkismus, die Kanonisierung eines gehobenen italienischen *volgare* und die Theoretisierung des Liebesdiskurses förderte. Der Rekurs auf die volkssprachliche Dichtung und deren populäre Elemente ist dabei andererseits auch als Suche nach einer genuin italienischen Kunst zu sehen. Dieser Konstellation kam das Gattungsprofil der Frottola entgegen: Ihre literarische Tradition wies in rhetorischer und formaler Hinsicht eine besondere Fülle und Spannbreite auf und spielte in raffinierten Bezügen und Brechungen mit literarischen Topoi der *cultura alta* und *bassa*. Und dank einer florierenden Dichtermusikerpraxis wurde sie nun in eine literarisch-*musikalische* Gattung überführt. Das Spezifische der nach 1500 boomenden Frottolenkultur liegt nun darin, dass sie mit genuin musikalischen Mitteln die Möglichkeiten der literarischen Tradition auf eine Weise einlöste, die hier durch den Begriff der diskursiven Praxis gekennzeichnet worden ist: Nicht nur war die Frottola als rhetorisch-musikalisch vielfältiges Unterhaltungsmedium in die sie umgebenden kulturellen Diskurse eingebunden. Darüber hinaus stellte sie in ihrem besonderen poetisch-musikalischen Zuschnitt den Prozess des Sich-Mitteilens selbst dar und bot sich daher den Angehörigen der humanistisch interessierten Hofgesellschaft an Fürstinnenhöfen als reizvolle Projektionsfläche an.

In den drei Teilen der Untersuchung, bzw. den Kapiteln 2 bis 4, vollzieht sich eine progressive Annäherung an die der Frottola eigene Diskursivität: Die höfischen Orte, wo die Gattung als Prestigeobjekt oder als Fluchtpunkt aus den gesellschaftlichen Zwängen diente, und die tonangebenden Debatten, die an diesen Orten geführt wurden und dabei das Verhältnis zu Dichtung und

Musik veränderten, bilden den Rahmen, in dem dann die Frottolenbücher als Spielfelder höfischer Kommunikativität analysiert werden.

Im ersten Hauptteil, Kapitel 2, eröffnen paradigmatische Orte des höfischen Lebens den gesellschaftlichen und mentalitätsgeschichtlichen Kontext der Frottola. Die besagte Spanne zwischen Nobilitierungs- und Popularisierungsbestrebungen besteht auch am Mantuaner Hof der Isabella d'Este Gonzaga, wo die Inszenierungsstrategien der Fürstin an das petrarkistische Bild der fernen, hohen, von ihren Günstlingen verehrten Dame anknüpften. Hierfür nutzte sie zum einen sehr anspruchsvolle, als literarisch bedeutungsvoll geltende Gattungen, aber auch die Frottola mit ihren frechen, lustigen Seiten spielte hier eine wichtige Rolle. Die Günstlinge von Isabellas Hof und konkurrierende Wirkungskreise werden daher kaum daran vorbeigekommen sein, sich gehobener Dichtung zu stellen und diese auch an die Hofmusik heranzutragen. So ist es unter anderem für die persönlichen Referenzen von Pietro Bembo an die Mantuaner Markgräfin und dessen literarische Widmungen an Lucrezia Borgia in Ferrara überliefert. Um sich aber mit einer eigenen Form gegenüber der offiziellen, männlich bestimmten Hofkultur zu behaupten und auch Auswege aus deren strenger Disziplinierung zu finden, bot die Frottola dieser ehrgeizigen Fürstin ganz eigene Möglichkeiten. So war die Frottola in ihrer volksprachlichen, spielerischen Ausrichtung auf die Liebesdichtung in der Tat keine Gattung der Hofkultur des Fürsten. Vielmehr war ihr kluges Spiel mit den hohen petrarkistischen Idealen eine Form der gesellschaflichen Bestätigung von Vortragenden wie Fürstin. Zudem bot die Gattung die Chance erholsamer Fluchtpunkte innerhalb des Hoflebens, die umso notwendiger waren, als der starr regulierte Alltag ein hohes Maß an Selbstdisziplinierung erforderte. Erst die Einsicht in dieses höfische Wechselspiel zwischen Maßregelung und Entspannung, Erhöhung und Erniedrigung macht verständlich, welcher Reiz für Höflinge von der Frottola ausgegangen sein muss, die mit den verschiedenen Registern spielt und die Grenzen der höfischen Norm auslotet, ohne sie überschreiten zu müssen. Demnach sind die eingangs vorgetragenen Ausführungen über Scherz, Ironie und Volkskultur am Hof entscheidend für das Verständnis des frottolesken Gattungsprofils und verändern rückwirkend auch das Bild der Frottolaförderung am Hof einer Isabella d'Este Gonzaga. Die führenden Musiker Tromboncino und Cara vertonten aber nicht nur scherzhafte Dichtungen, sondern sehr wohl auch Petrarca-Canzonen und trugen damit zur Literarisierung der Gattung bei, die sich in musikalisch bemerkenswert verfeinerten Interpretationen wie „Si è debile il filo" (Vgl. Bsp. 57, S. 289) niederschlagen konnte, die Isabella d'Este Gonzaga nachweislich in Auftrag gegeben hatte. Im Ausdruck weniger madrigalesk, aber ebenso raffiniert hat Marchetto Cara allerdings auch eine *poesia per musica* wie „Amerò, non amerò" mit spielerisch ironischen Ausdrucksbrechungen vertont, die am Mantuaner Hof kaum weniger beliebt gewesen sein wird (Bsp. 10, Text S. 307, Noten S. 218–19). Solche Frottolen bilden Ausnahmen im Gros der im wesentlichen stereotypen Sätze, dokumentieren aber gleichwohl das Potenzial der Gattung hinsichtlich einer subtilen Darstellung und gegebenfalls eben sogar auch einer Ausdeutung der musizierten Texte, die in etlichen Fällen deutlich wird.

Vor dem Hintergrund des Mantuaner Hofs führt der Blick nach Rom vor Augen, dass Verhaltensweisen zur Maßregelung und Entspannung des höfischen Lebens in noch extremerer Weise an einem Sonderstandort wie dem des päpstlichen Hofes einander bedingen konnten. Die Gestalt der Kurtisane war im Rom vor dem „sacco" (1527) eine die strengen moralischen Diskurse notwendig ergänzende Institution. Sie vereinte die Gegensätze zwischen einer prekären gesellschaftlichen Position und ihrem tatsächlichen Einfluss auf bedeutende Persönlichkeiten in ihrer Person, indem sie den Erwartungen an eine Hofdame („cortigiana") zu entsprechen schien, mit diesen dann aber auch gezielt brach. Es verwundert daher nicht, dass sich der Frottola somit auch hier, im Spannungsfeld von Kardinalshöfen und Kurtisanenhäusern, eine reizvolle Situation bot. In Korrespondenz zu diesen Orten vermitteln die Analysen der Frottolen, die nachweislich durch die Hände römischer Kurtisanen gegangen sind, einen Eindruck der vielfältigen Spiegelungen zwischen Ausführenden, Publikum und der jeweils musizierten Frottola. So macht es in der Tat einen Unterschied, ob eine Frottola wie „Dal lecto mi levava" (Vgl. Bsp. 75, S. 338–39), die aus männlicher Perspektive auf die körperlichen Freuden der Liebe und deren Käuflichkeit anspielt, von einer Kurtisane wie Beatrice di Ferrara oder Camilla Pisana gesungen worden wäre, die das Singen genutzt haben könnten, um über die Umkehrung der traditionellen Geschlechterrollen auf besonders raffinierte Weise für ihre käuflichen Liebesdienste zu werben, oder aber von einem Frottolisten, für den eine solche Musik nur eine vergleichsweise pikante, aber unverfängliche Art wäre, um seine Gunst am Hof zu erhalten.

Dass die italienische Oberschicht des frühen 16. Jahrhunderts die rhetorisch-musikalische Raffinesse der *Libri di frottole* für die beliebten Spiele der Selbstinszenierung nutzte, ist jedoch naheliegend. Denn es kennzeichnete diese Elite, keine erkennbare Grenzlinie zwischen den literarischen Welten, die sie sich in ihrer aufstrebenden Gelehrsamkeit eroberten, und ihrem gesellschaftlichen Leben zu ziehen. Dies zeigt sich vor allem im zweiten Hauptteil, Kapitel 3, der Arbeit, in dem die sozialen Erneuerungsbestrebungen von der literarisch-sprachlichen Seite konkretisiert werden, und dies vor allem im Hinblick auf mögliche Beziehungen zur musikalischen Poesie. Die besprochenen Traktate und Leitfäden für ein tugendhaftes, angesehenes Leben beziehen sich auf Vorbilder aus der Antike und des Mittelalters, namentlich auf Petrarca, und setzen dabei verschiedene Akzente — einmal stehen zeitgemäße Qualitäten des *volgare*, ein anderes Mal solche der Liebeskunst im Vordergrund. Doch darüber hinaus ähneln sich die Texte darin, dass es nie allein um die offensichtliche Thematik geht. Ein Thema fungiert ebenso als Folie, auf der das Kommunizieren selbst — das Sehen, Sprechen und Hören — dargestellt wird. Nicht nur werden Gespräche in einem gesellschaftlichen Rahmen vorgeführt und deren Protagonisten dabei genau beobachtet. Auch in den Gesprächen selbst geht es um das „Wie" des Verhaltens. Wenn nun in den Liebestraktaten zwischen Bembo und Bargagli stets ähnliche Topoi und Themen in immer anderen Variationen abgehandelt werden, entsteht ein konkretes Bild dessen, was einleitend mit Norbert Elias und Peter Burke als eine für die Renaissancegesellschaft typische Wechselbeziehung zwischen Regel und Einzelheit bzw. Klischee und Vielfalt beschrieben wurde. Diese Gesellschaft definierte sich besonders über das Lesen, Schreiben, Sprechen, Beobachten, Hören, Spielen, kurz: das Kommunizieren. Und dafür bedurfte es einer Fülle von Texten und einer Schnelligkeit der Verständigung — Qualitäten, die eine Kontinuität der Formen, Themen und Schreibweisen sowie eine Leichtigkeit im Umgang mit diesen geradezu notwendig machten. Durch das neue Druckmedium konnte eine solche Produktivität nun auch zwischen verschiedenen Zentren erreicht werden. Und mit der Erfindung des Notendrucks waren dann ebenso für die Musik die Voraussetzungen geschaffen, um den Anforderungen an eine zeitgemäße Kommunikativität nachzukommen. Ottaviano Petruccis Drucklegung von *Libri di frottole* ist insofern auch vor diesem Hintergrund als ein zeitgemäßes humanistisches Projekt zu verstehen. In diesem Sinn verbindet die Darlegung von Petruccis Motivationen den zweiten mit dem dritten Teil der Arbeit, in dem dann die Diskursivität der Frottolen selbst im Zentrum steht: Die leitende musikalische Rhetorik der Gattung, und das meint eben die spezifische frottoleske Redehaltung bzw. der Rededrang eines Ich mit seinen diversen Redehaltungen und performativen Ansätzen, die Gleichzeitigkeit von Ökonomie und Variabilität, d. h. das variantenreiche Spiel mit literarischen Klischees und musikalischen

Versatzstücken, sowie die Schnelligkeit und Produktivität der Gattung, verstehen sich dann wiederum im Rückblick auf den zweiten Teil als eine Antwort auf das besondere Kommunikationsbedürfnis der italienischen Oberschicht um 1500.

Im Gegenzug liefert Kapitel 3 aber auch Begründungen dafür, warum die Frottolenmode auf die ersten Jahrzehnte des 16. Jahrhunderts beschränkt blieb. Denn in den dargestellten zeitgenössischen Diskursen zeichnen sich Klassifizierungs- und Kanonisierungstendenzen ab, die mit der Anspruchslosigkeit und Verspieltheit der Frottola nur bedingt vereinbar sind. Und dies vor allem deswegen, weil die Entwicklung eines literarischen Qualitätsdenkens auch mit einer Sensibilisierung für die Musikalität von Poesie und diesbezüglich mit klaren ästhetischen Werturteilen einherging. Dies lassen vor allem die Texte zur *questione della lingua* erkennen. Vincenzo Calmeta ordnete musikalische Frottolen dem untersten Niveau seiner poetischen Stillehre zu, die er in Petrarca gipfeln ließ. Musik scheint ihm dabei ein zweitrangiges Dekor der Dichtung, auch wenn er bereits die besonderen Ausdrucksqualitäten der Strambottokunst von Serafino dell'Aquila erkannte. Gut zwei Jahrzehnte später öffnete dann Pietro Bembos Stillehre *Prose della volgar lingua* (1525) die Augen und Ohren für die Modernität von Petrarcas *Canzoniere* und dokumentierte damit einen entscheidenden Mentalitätsumbruch gegen Ende dieses ersten Jahrhundertdrittels, der auch die musikgeschichtliche Entwicklung beeinflusste: Auf der Grundlage von Petrarcas Dichtung wurde die Qualität von Dichtung nun auch von einer differenzierten Klanglichkeit, d. h. von einer besonderen Musikalität abhängig gemacht. Die Frottola, deren Funktionieren innerhalb einer diskursiven Situation auf Pragmatik, Eingängigkeit und Flüchtigkeit gründete, konnte am Ende die steigenden Forderungen nach Verfeinerung und Verklanglichung der musikalischen Poesie nur bedingt einlösen. In dieser Hinsicht bleibt die Gattung unvergleichbar mit der späteren Gattung des musikalischen Madrigals. Gleichwohl bestehen vielschichtige Wechselbeziehungen zwischen den Literarisierungsbestrebungen im Umfeld der *questione della lingua* und der Frottolenmode:

In die Frottolensammlungen ging eine weite Spannbreite von literarischen Modellen ein, von stereotypen Versatzstücken bis hin zu Petrarcas Canzonen, und es ist bezeichnend für die Gattung, dass ihr Rahmen weit genug war, um weiterhin eine große Vielfalt der poetisch-musikalischen Faktur und Rhetorik bis hin zu einer erstaunlichen Finesse zu erlauben. So lässt der analytische Blick auf die Frottolen im dritten Hauptteil, Kapitel 4 der Arbeit, deutliche Spuren einer „Petrarkisierung" im Sinn einer „Verklanglichung" der *poesia per musica* erkennen, die sicherlich auch im Zusammenhang mit den Initiativen Pietro Bembos zu sehen ist. Und dies nicht unbedingt dort, wo Dichtungen von Petrarca oder von Petrarkisten vertont werden, wie es vor allem in den letzten Frottolenbüchern Petruccis der Fall ist. Es sind namentlich Vertonungen der frühen Strambottodichtung wie „Io piango 'l mio tormento" (Bsp. 53), aber auch eine Barzellettavertonung wie Caras „O mia cieca e dura sorte" (Vgl. Bsp. 61, S. 304–05) , deren *poesia per musica* literarisch weit unter dem Niveau eines Petrarca stehen, in denen der elegisch-melancholische Grundton und Einzelmomente der Poesie musikalisch so auffällig gestaltet werden, dass der Eindruck einer Madrigalisierung *avant la lettre* entsteht. Darüber hinaus weisen auch Frottolen des ironisch witzelnden Gattungstypus ähnlich differenzierte Wort-Ton-Beziehungen auf, wie etwa Michele Pesentis Barzelletta „Di me un pocho" zeigt (Bsp. 30). Wo dabei auch populär wirkende Elemente verarbeitet werden, wie etwa in „Sotto un verde e alto cipresso" (vgl. Bsp. 80, S. 348), wirken Frottolen wie frühe Belege genuin musikalischer Art für die Stärkung eines Nationalbewusstseins im Sinne der Protagonisten der *questione della lingua*. Diese ausgewählten Beispiele einer auffällig nuancierten musikalischen Rhetorik würden allein die genauere

Betrachtung der Frottolenbücher lohnen, um zu dokumentieren, dass auch auf der Grundlage einfacher satztechnischer Stegreifpraktiken musikalische Differenzierung möglich sind. Die Pragmatik und Produktivität, mit der Frottolisten vorgingen, haben ihre musikalische Phantasie, Sorgfalt und Raffinesse keineswegs gebremst. Dieses Ergebnis wird in Kapitel 4 durch die grundlegende Einsicht bestärkt, dass Frottola-Vertonungen selbst in ihrer schlichtesten Ausprägung eine konsequente und genuin musikalische Einlösung ihres literarischen Gattungsprofils sind. Unter Rückgriff auf literaturwissenschaftliche Analysen und insbesondere auf die Untersuchung von Sabine Verhulst konnte hier genauer gezeigt werden, worin letztlich das gattungsbestimmende Profil der Frottola besteht, das aus der literarischen Tradition heraus bis in die Frottola-Vertonungen zu verfolgen ist: Die Frottola erscheint — in den unterschiedlichsten *formes fixes*, die dafür gewählt werden — als Ausdruck und Reflexion des ungebremsten Rededrangs eines Ich. Im Liebesleid gefangen, muss das Ich sprechen, auch wenn es schweigen oder der Situation entfliehen möchte. Die Musik, das zu zeigen war ein eigenes Anliegen der vorliegenden Untersuchung, stellt diese Rede-Situation besonders plastisch dar: Im schlichtesten Fall geben eine eingängige Melodie und wenige mehrstimmige Satzschablonen, die wiederholungsreich über einige Strophen hinweg fortgesetzt werden, den Eindruck eines Redeflusses wieder. Die Vertonung von Frottolen ist daher auch treffend, wo sie rein pragmatisch angelegt scheint. Darüber hinaus verstärkt die Musik in Einzelfällen die Psychologisierung und Reflexivität der rhetorischen Situation, den Dialog mit einem imaginären Gegenüber, das gedankliche Kreisen um das eigene Reden, um das Reden-Wollen und Nicht-enden-Können, die Sehnsucht nach einer Lösung der verfangenen, sinnlosen Situation oder verwandte rhetorische Bilder. Stereotype und Topoi der Liebesdichtung geben dafür auf poetischer Ebene die Gehalte vor, welche stets abgewandelt werden können im Sinne einer Balance aus Ökonomie und Variabilität — ein Paradigma, das sich, wie aus heutiger Sicht wahrnehmbar wird, schlüssig in die für den Renaissancediskurs typischen Muster von Klischee und Vielfalt bzw. Regel und Einzelheit fügt. Zur Umsetzung der so umrissenen Ansprüche dienen auf musikalischer Ebene das Wiederholen und Variieren melodischer Floskeln und mehrstimmiger Fortschreitungsmodelle. Zwischen einem schlichten Satz wie „Trista e noiosa sorte" (vgl. Bsp. 44, S. 270) und „Forsi che si forsi che no" (vgl. Bsp. 67, S. 317–18), das als poetisch-musikalisches Perpetuum mobile die Sinnlosigkeit des höfischen Sprechens vorführt, sind diverse Grade der rhetorischen Differenzierung möglich. Es herrscht somit innerhalb der Gattung ein Nebeneinander von stereotypen Sätzen und solchen von einer Farbigkeit und rhetorischen Finesse. Allesamt aber bestätigen sie in ihrem vielschichtigen Umgang mit den Topoi der höfischen Liebe den Zivilisierungsschub, den Norbert Elias an der zunehmenden Romantisierung des Liebeslebens der frühen Neuzeit festmachte.

Um nachvollziehbar zu machen, dass die Frottola letztlich aber ebenso in ihren raffinierten Facetten wie in den rhetorisch banalsten und schlichtesten Ausprägungen in Beziehung zu den Literarisierungstendenzen ihrer Zeit steht, ist noch einmal an die These Klaus Hempfers zu erinnern, die einleitend zur Sprache kam. Demnach kann die Tendenz der Kanonisierung und „moralischen Hierarchisierung" des Renaissancediskurses, wie sie hier v. a. durch Bembos Traktate dokumentiert wird, ein pluralistisches Selbstverständnis bestärken, indem es die diversen Redeformen erst verfügbar macht.[1] Das bedeutet, dass die höfische Gesellschaft die frotzelnde Frottola besonders geliebt haben könnte in dem guten Gewissen, zugleich, teilweise auch innerhalb desselben Genres, auch über

---

[1] Hempfer: *Renaissance* (1993), S. 9–45, S. 33.

noblere Diskurse zu verfügen. In diesem Sinn kennzeichnet die Frottola den Beginn der Entwicklung und Wahrnehmung von als unterschiedlich anspruchsvoll konnotierten Kunstformen, von *cultura alta* und *cultura bassa,* die sich musikgeschichtlich im weiteren 16. Jahrhundert in der Trennung des Madrigals auf der einen Seite von Gattungen wie der Villanella und Villotta auf der anderen Seite zeigt, die Ludwig Finscher so treffend den „literarisch-theatralisch-musikalischen Ventilsitten" zugeordnet hat. Letztere schaffen den Ausgleich zur stetig steigenden Verfeinerung und Selbststilisierung; „weit davon entfernt, Zeugnisse des musikalischen Volkslebens zu sein, sind sie ein geradezu notwendiger Bestandteil der höfischen Kultur".[2] Letztlich kann die Gattung daher auch als Ausdruck einer Phase des vergleichsweise offenen gesellschaftlichen Diskurses gelesen werden, bevor sich das Klima auch für das Musikleben ab dem zweiten Drittel des Jahrhunderts infolge von Petrarkismus und *questione della lingua*, aber auch durch Einschnitte von großer politischer Tragweite wie den „sacco di Roma" und die tridentinischen Reformen nachhaltig veränderte.

---

[2] Ludwig Finscher: „Volkssprachliche Gattungen und Instrumentalmusik". In: *Musik 15./16. Jhd.*, S. 486.

ABKÜRZUNGEN

(Für die Bibliotheks- und Zeitschriftensigel s. *MGG* (2), Sachteil 1)

ASR	Archivio di Stato di Roma
ASMn	Archivio di Stato Mantova, wenn nicht anders angegeben stets *Fondo Gonzaga*
ASMo	Archivio di Stato Modena, wenn nicht anders angegeben stets *Fondo d'Este*
b.	busta, ital. für Ordner
fol.	foglio (Blatt)
HmT	Handwörterbuch der musikalischen Terminologie

QUELLEN- UND LITERATURVERZEICHNIS

Musikalische Quellen

Manuskripte

Einer tabellarischen Übersicht geht die Beschreibung der für das Frottolenrepertoire zentralen Manuskripte voraus:

Der Mischkodex der **Pariser** Nationalbibliothek **Ms Rés. Vm⁷ 676** aus dem Jahr 1502 ist die früheste Musikhandschrift Mantuaner Herkunft, die man auf den für die Gattung zentralen Wirkungsraum von Isabella d'Este Gonzaga und ihrem Ehemann Francesco zurückführen kann. Deutlich überwiegt hier der Anteil an Frottolen (mit 87 von 114 Stücken; darunter befinden sich allein siebzehn Sätze, die auch in die ersten sechs Petrucci-Bücher aufgenommen sind). Daneben spiegeln einige Lauden und französische Chansons, lateinische Motetten, Hymnen und andere textlose Sätze sowie ein weltliches spanisches Lied die weitere Vielfalt der damaligen weltlichen Praxis wider. William Prizer hat in einer aufwändigen Textanalyse an vielen winzigen Details nachgewiesen, dass das Manuskript tatsächlich in Mantua zu verorten ist — und seine Studie liest sich zugleich als Beleg dafür, wie stark sich die Künstler in ihren Dichtungen auf die sie beauftragenden Fürsten und deren Geltungsraum bezogen.

Ein weiteres typisches Beispiel für eine handschriftliche Sammlung aus der zentralen Zeit der Frottolamode ist der Kodex Q 18 des *Civico Museo Bibliografico Musicale* in **Bologna (Bc Q 18)**, der auf die Musikpraxis in dieser Stadt, allerdings auch zurück auf Mantua verweist. Die Handschrift ist durch die Hände von drei bis vier Schreibern gegangen, im Zeitraum zwischen 1496 und 1502 entstanden und vor 1506 abgeschlossen worden, kann also noch als Vorlage für Petruccis erste Frottolenbücher gedient haben.

In einem einheitlichen Repertoire von 21 Stücken aus überwiegend voll textierten und meist vierstimmigen Frottolen und wenigen Lauden gibt es einige Konkordanzen mit Petruccis Repertoire: Die Lauda „Ave Maria" (fol. 19v) und vier weitere Frottolen stammen von Tromboncino. Diese, zwei weitere Frottolen aus der Feder Caras und eine von Michele Pesenti finden sich ebenso in Petruccis erster Sammlung. Ein anderer Satz von Filippo de Lurano (F. D. L.) ist in Petruccis fünfter Sammlung veröffentlicht. Die restlichen zehn Stücke sind Anonyma.

Dass Frottolen auch in Bologna nur einen Teil der weltlichen Musikpraxis ausmachten, zeigt das Gros dieser Sammlung: Über siebzig Stücke sind textlose Sätze mit meist kurzen Titeln oder Incipits, hinter denen vokale Vorbilder frankoflämischer Tradition stehen, französische Chansons nach den *formes fixes* des Rondeau oder der Bergerette, oder Motetten- oder Messensätze. Knapp die Hälfte dieser Sätze — 32 von 66 — stammen von den damals in Norditalien bekanntesten frankoflämischen Komponisten, allein zehn Sätze von Heinrich Isaac, vier von Josquin des Prez, drei von Antoine Brumel, je zwei von Loyset Compère und Johannes Martini. Sie alle waren in den Entstehungsjahren des Manuskripts an den führenden Höfen in Ferrara, Mailand oder Rom aktiv.

Auch für diese Sammlung kann an verschiedenen Indizien der Entstehungsort, hier Bologna, belegt werden, wie Susan Forscher Weiss eingehend gezeigt hat. Im Manuskript erinnert ein anonymes Stück „Deus fortitudo mea" (fol. 31v) über das gleichnamige Este-Motto an die Verbindung der Bologneser Familie Bentivoglio zu den Este in Ferrara und damit auch nach Mantua: Giovanni II. Bentivoglio hatte eine erfolgreiche Heiratspolitik geführt und für seinen Sohn Annibale Lucrezia d'Este, die Tochter von Ercole I. gewinnen können. Diese Verbindung mit dem Haus Este in Ferrara bzw. den Gonzaga in Mantua, wo Lucrezias (Halb-)Schwester Isabella seit 1492 lebte, wird auch den Weg des Frottolenrepertoires von ihren Zentren hin nach Bologna verkürzt haben. Denn es ist naheliegend, dass sie wie ihre Schwestern Beatrice und Isabella in Ferrara mit dem Frottolenrepertoire aufgewachsen war und es in ihrem neuen Umfeld weiter pflegte.

Das Manuskript **α F 9. 9** der *Biblioteca Estense* in **Modena** stellt eine der frühesten, größten und kostbarsten Quellen dar, die sich ganz der Überlieferung der Gattung widmet. Nicole Schwindt hat es als „‚Gründungsurkunde' der Frottola" bezeichnet, womit zum einen auf die frühe Entstehungszeit im Jahr 1496, zum anderen auf den Vorbildcharakter der Handschrift abgehoben wird.[1]

Die Handschrift stammt aus humanistischen Kreisen im paduanischen Raum. In der Einleitung stehen Lobverse auf die Musik und ihre göttlichen Ursprünge, teils in Latein, teils in Italienisch, neben einem Zitat aus Plinius' Naturgeschichte über die Größe der Erde. Zuletzt folgt ein italienisches Sonett mit einer Widmung des Schreibers sowie Hinweise auf den Ort und die Entstehung im Jahr 1496.

Für die frühe Entstehung der Handschrift spricht, dass es sich bei den hundert musikalischen Sätzen, die im originalen Index aufgeführt sind, fast ausschließlich um Vertonungen von Strambotti und um nur zwei Barzelletten handelt. Darüber hinaus gibt es ein geistliches Stück mit lateinischem Text („Ave verum") und drei textlose Sätze. Die meisten der Stücke sind anonym in textlicher wie musikalischer Hinsicht und überwiegend Unikate. Nur sechzehn Sätze weisen Konkordanzen mit anderen Sammlungen auf, bis auf eine ebenfalls Handschriften. Bei dem Schwerpunkt an Strambotti und dem Fehlen von Barzelletten verwundert es nicht, dass die einzige Übereinstimmung mit Petruccis Sammlungen das vierte Buch betrifft, das sich eben nach dem Schwung der ersten drei Bücher schwerpunktmäßig der Rekultivierung der in der Tat älteren Strambottopraxis widmet. In der Modeneser Handschrift können 15 der Strambotti auf zeitgenössische Hofpoeten wie Serafino Aquilano, Poliziano oder Francesco Galeota zurückgeführt werden.

Dass dieses Manuskript Modellfunktion für Petruccis Frottolenbücher hatte, zeigt allein die analoge Seitengestaltung und Stimmanordnung: Wie die *Libri di Frottole* Petruccis hat es Chorbuchformat (16,5 × 11 cm) und eine entsprechende Anordnung der vier (bzw. selten drei) Stimmen auf den aufgeschlagenen Seiten, Cantus und Tenor auf der linken, Altus und Bassus auf der rechten. Am Beginn des jeweiligen Notentextes sind die Stimmbezeichnungen aufwändig verziert; im Cantus ist es der Anfangsbuchstabe des vertonten ersten Wortes. Einzigartig unter vergleichbaren Quellen sind allerdings die nachträglich hinzugefügten prachtvollen farbigen und vergoldeten Dekors der

---

[1] Schwindt: *Musikalische Lyrik* (2004), S. 185.

Seiten mit Motiven aus Flora und Fauna — mit Blumenranken, einem Granatapfel, Artischocken, Kirschen, Nüssen, Singvögeln, Fasanen, Pfauen und Schmetterlingen (vgl. etwa Bsp. 4).[2]

Von Padua aus muss die Handschrift in den Besitz der Este gelangt sein, wahrscheinlich schon zu Lebzeiten Isabella d'Este Gonzagas nach Ferrara, von wo aus sie 1598 als Teil ihrer Bibliothek nach Modena kam. Nachweislich übte sich Isabella selbst im Dichten von Strambotti, ließ diese vertonen und blieb dabei nicht zuletzt in den regen Beziehungen zu Hofdichtern auch nach ihrem Umzug nach Mantua 1490 dem Ferrareser Hof ihrer Familie verbunden. Lebhaft bemühte sich Isabella um Serafino dell'Aquila, der für seine Strambottovorträge bekannt war.

Etliche Konkordanzen zu den ersten Frottolenbüchern Petruccis weist ein weiteres Manuskript auf, das in Repertoire, Umfang und Profil α F 9.9 ähnlich gestaltet ist. Die Handschrift **Florenz Basevi 2441** der Florentiner Bibliothek des Conservatorio Cherubini enthält 68 ausschließlich italienisch textierte Sätze, drei dreistimmige, ansonsten vierstimmige. Analog dazu muss auch die Frottolenhandschrift Ms. 55 aus Mailand betrachtet werden, die offenbar nach 1500 in den Besitz der Mailänder Familie Trivulzio gelangt ist. Bei den 64 drei- bis vierstimmigen Sätzen handelt es sich um ein reines, weitgehend anonymes Frottolenrepertoire; Ausnahmen bilden nur ein lateinisches Stück und fünf textlose Sätze. Auch hier gibt es Konkordanzen, sieben mit Petruccis frühen Drucken, vier mit der Modeneser Sammlung α F 9.9.

Aus dem Umfeld Isabella d'Este Gonzagas ist letztlich auch die Handschrift **Mantua A. I. 4** der Biblioteca Communale in Mantua überliefert, die stärker als andere die Frage nach ihrem Zweck aufwirft, da es sich um eine reine Sammlung von *poesie per musica* handelt, die andernorts größtenteils in vertonter Form überliefert sind. 137 Konkordanzen der 374 Gedichte, d. h. mehr als ein Drittel der Sammlung, hat Claudio Gallico in zeitgenössischen Musikdrucken und -manuskripten nachweisen können, als er sich mit der Sammlung Anfang der 1960er Jahre als erster eingehend beschäftigte und sie als Quelle aus der Hochzeit der Frottolenmode in Mantua in den ersten Jahren nach 1500 belegte. Die meisten Konkordanzen beziehen sich auf die Petrucci-Bücher, mit wiederum durchaus unterschiedlichen Ergebnissen. Das siebte und achte *Libro di Frottole*, beide aus dem Jahr 1507, kommen der Handschrift mit 41 (von 67) und siebzehn gleichnamigen Gedichten am nächsten; die mittleren Bücher IV und V weisen siebzehn und zehn Konkordanzen auf sowie Bossinensis Lautentabulaturen 18 und acht Paralleldichtungen, während die Nähe der Handschrift zu Beginn und Ende der Frottolenproduktion Petruccis mit drei oder vier Übereinstimmungen deutlich abnimmt.

Dass es zwischen dem elften Petrucci-Buch und der Gedichtsammlung keine einzige Überschneidung gibt, deutet zum darauf hin, dass die Handschrift vor dieser Publikation entstanden ist, bestätigt aber auch den Wandel im literarischen wie musikalischen Geschmack in der vergleichsweise großen Zeitspanne zwischen 1508, dem Erscheinungsjahr des neunten Buches und diesem letzten im Jahr 1514, der sich auch in den Drucken selbst abzeichnet (das zehnte Petrucci-Buch ist, wie erwähnt, nicht überliefert). Mit dem Musikmanuskript Ms Paris Rés. Vm[7] 676 teilt Mantua A. I. 4. über den Herkunftsort Mantua hinaus acht *poesie per musica*, mit der ersten Sammlung des Verlegers Andrea Antico sogar 28. Zu all diesen Konkordanzen ist allerdings zu bemerken, dass bezüglich sprachlicher und dichterischer Details ein großer Spielraum an Abweichungsmöglichkeiten zwischen den verschiedenen Quellen besteht, worin sich einmal mehr der nicht auf Literarizität ausgerichtete Charakter der Frottolen, aber auch die noch nicht vorhandene Einheitlichkeit des italienischen *volgare* zeigt.

---

2. Vgl. etwa die Abb. bei Schwindt: *Musikalische Lyrik* (2004), S. 184–185.

Die Gedichte in Mantua A. I. 4 sind von einem einzigen Schreiber den jeweiligen Versformen folgend zugeordnet. Wie auch in Petruccis Sammlungen bilden Barzelletten und Strambotti das Gros und halten sich dabei fast die Waage (83 + 37 vs. 128), gefolgt von Sonetten (72) und Oden (45). Darüber hinaus enthält es wenige Capitoli, eine predica d'amore und eine Canzone. Diese Unterteilung bestätigt die differenzierte Tradierung der verschiedenen Gedichtformen, wie sie auch stellenweise in den Titeln der Musikdrucke, so in Petruccis viertem und sechstem Buch, zum Ausdruck kommt. Der Zweck der Sammlung bleibt dabei jedoch unklar; womöglich diente sie Musikern als Erinnerungsstütze bei der Aufführung von Liedern, deren Texte in den Notentexten nicht immer vollständig gegeben waren. Möglich ist auch, dass die Musiker aus den Texten heraus improvisierten. Denkbar ist aber auch, dass die Sammlung keinen solchen praktischen Nutzen hatte, sondern allein der Erhaltung und Wertschätzung eines Repertoires galt, bei dem mit der Fülle und Schnelligkeit seiner Produktion sonst zumeist eine nachlässigere Pflege verbunden war als bei den selteneren Werken höheren Stils. Wie im Kontext der Musikförderung Isabella d'Este Gonzagas deutlich wurde, hatten die Ferrareser Hofdichter Niccolò da Correggio und Antonio Tebaldeo die zur Vertonung gedachten Gedichte in der Regel nicht gesondert gesammelt; allerdings erscheinen ihre Dichtungen sehr wohl auch im Druck, wobei sie dann nicht als *poesie per musica* gekennzeichnet wurden, auch wenn sie wahrscheinlich als solche praktiziert wurden. Es ist daher anzunehmen, dass die in Manuskripten und in der Folge im Druck erhaltenen Frottolen nur einen winzigen Ausschnitt der damaligen Produktion zeigen. Dabei war es womöglich die Vertonung, die einige Frottolen für aufbewahrenswert gelten ließ. Giuseppina La Face Bianconi zieht in ihrer Analyse des Modeneser Manuskripts α F. 9. 9 ein entsprechendes Fazit. Demnach ist der Erhalt von Dichtung, die ausschließlich als *poesia per musica* verwendet wurde, einem solchen Ausnahme-Manuskript sowie den Musikdrucken zu verdanken, ohne deren Hilfe sich diese Textsorte bar nachhaltiger literarischer Bedeutung schnell verflüchtigt hätte. „[Il manoscritto musicale] attesta anche un repertorio tutto da cantare, a-letterario, e dunque escluso dai manoscritti destinati alla lettura, o in essi solo sporadicamente documentato. […] È proprio grazie alla musica che [questo manoscritto musicale] ha fissato un momento dell'evoluzione metamorfica di questi componimenti, ‚compiuti' solo nell'attimo della loro esecuzione sonora e legati, più di altri prodotti letterari e musicali, al senso quattrocentesco del ‚doman non c'è certezza.'" Die Überlieferung der poesia Serafino dell'Aquilas stellt dabei eine besondere Ausnahme dar. In keinem anderen Fall eines Dichtermusikers ist durch Drucke so schnell und intensiv für die Erhaltung und Imitation eines Repertoires und für die Legendenbildung um dieses herum gesorgt worden.

Ein weiteres bedeutendes Manuskript, das etwa gleichzeitig mit Petruccis elftem Buch erschien und ähnliche Entwicklungen dokumentiert wie dieses, sind die vier Stimmbücher der Handschrift 10653–56 der *Biblioteca Marciana* in Venedig (**Vnm 10653–56**). Sie werden einem einzigen Schreiber um 1520 zugeordnet und umfassen durchgängig vierstimmige Sätze italienischsprachiger Stücke, im ersten Teil Frottolen (1–91), im kürzeren Schlussteil Villotten (92–103), die ausdrücklich als solche gekennzeichnet sind. Alle Stimmen sind durchgehend mit Text unterlegt. Für die Hälfte der überwiegend als anonym gekennzeichneten Stücke bestehen Konkordanzen, worunter die zum elften Petrucci-Buch mit allein fünf Stücken von Tromboncino und zweien von Cara am größten sind. Dass es zu den früheren Druckserien Petruccis keine Übereinstimmung gibt, belegt noch einmal die Sonderstellung dieses letzten Buches. Sechs (bzw. sieben) weitere Stücke von Tromboncino und eines von Cara sind auch in Anticos vierter Liedsammlung von 1517 bzw. 1520 enthalten, sieben (bzw. acht) in einer dieser verwandten und zeitlich nahen Drucksammlung mit Lautentabulaturen der beiden führenden Frottolisten.

Das erste Buch aus *Canzoni, Frottole, Capitoli etc. de la Croce* ist gut ein halbes Jahrzehnt nach Entstehung der Handschriftensammlung der Biblioteca Marciana in Venedig gedruckt und weist die meisten Konkordanzen zu Manuskripten aus der Zeit um 1520 auf, fünf allein zu Vnm 10653–56. Überliefert ist es in einem Exemplar im Chorbuchformat, das 1526 in Rom bei den Verlegern Giacomo Pasoti und Valerio Dorico gedruckt wurde. Es enthält 22 Sätze, unter denen solche von Festa und Cara (jeweils neun) überwiegen. In diesen zwei Namen zeigt sich paradigmatisch die Stellung der Sammlung zwischen der um 1526 bereits alten Frottolentradition und neueren Entwicklungen. Vier Sätze sind Petrarca-Vertonungen, sechs dagegen Villotten.

Dagegen enthalten die vier Stimmbücher der Handschrift **Magl. XIX 164–167** der Nationalbibliothek Florenz (Fn Magl. 164–167), die ebenso um 1520 von einem einzigen Schreiber notiert wurden, selbst innerhalb eines Anteils von mehr als der Hälfte italienischsprachiger Sätze (48 von insgesamt 82 Stücken) nur noch einen Rest an Frottolen. Den Rest bilden französische Chansons und lateinische geistliche Stücke. Nur fünf Sätze stammen von den Frottolisten Tromboncino, Cara oder Michele Pesenti, die den neueren Tendenzen entsprechend überwiegend populär und damit auch sanglich gestaltet sind. Sie rücken damit in die Nähe von Liedern im *volgare* der frankoflämischen Komponisten Josquin, Obrecht oder Compère im selben Band. Das Gros der Sammlung bilden nun aber Sätze von Vertretern der neuen Gattung Madrigal: Hier ist nun Bernardo Pisano mit zwölf Sätzen, d. h. mit 25 Prozent des italienischen Repertoires, Sebastian Festa mit sechs Sätzen vertreten. Und wiederum zeigt sich der Geschmackswandel auch als eine literarische Trendwende zu Dichtungen höheren Formanspruchs und Ausdrucks. Fünfzehn Sätze dieser Sammlung sind Petrarca-Vertonungen, von denen zwölf allein von Festa und Pisano stammen. Die Petrarca-Canzone „Che deggio far" liegt hier gleichermaßen in Vertonungen von Tromboncino und von Pisano vor. Zudem enthält der Band eine anonyme Dante-Vertonung.

Das Manuskript **Bologna Bc Q 21** ist dem vorigen vergleichbar; es wird vor 1525 datiert und in Florenz verortet. Auch hier handelt es sich um vier Stimmbücher; auch hier dominiert die neue Gattung Madrigal mit den Komponisten Philippe Verdelot (6), Sebastiano Festa (7) und Bernardo Pisano (2). Nur ein Stück ist Cara bzw. Tromboncino zugeschrieben. Auf der Ebene der Dichtungen stehen unter den 69 *poesie per musica* sechs Villotten und Incatenaturen sowie zwei Barzelletten einer Überzahl an poetischen Kurzformen gegenüber, fünf Sonetten von Petrarca, dreizehn Canzonenstrophen, darunter fünf von Petrarca und zwei von Pietro Bembo, zudem sieben Madrigalen (zwei von Petrarca).

Sigel	Titel ggf. Kurzbeschreibung; Bibliotheksnachweis (Sigel nach *MGG* (2)
Bc Q 18	Ms. Q 18, Bologna, *ca* 1502–1505; Frottolen, Lauden, zudem *ca* 70 textlose Stücke (I Bc).
Bc Q 21	Ms. Q 21, Firenze um 1525 (I Bc).
Chin Capirola	Ms. Capirola, Lautenmanuskript (US Cn).
fc B 2439	Ms. B 2439 (I Fc).
Fc B 2440	Ms. B 2440 (I Fc).
FC B 2441	Ms. B 2441 (I Fc).

Quellen- und Literaturverzeichnis

FL Antinori 158	Ms. Antinori 158 (I Fl).	
FN B. R. 229	Ms. Banco Rari 229 (I Fn).	
FN B. R. 230	Ms. Banco Rari 230 (I Fn).	
Fn B. R. 337	Ms. Banco Rari 337 (I Fn).	
Fn maglb. XIX, 164–167	Ms. Maglb. XIX, 164–167 (I Fn).	
FN Panciat. 27	Ms. Panciatichi 27 (I Fn).	
Foligno	Manoscritto polifonico del quattrocento, Fragment von 8 Pergamentblättern (4 3–4st. ital. Lieder und eine 2st. textlose Komposition) (I FOLc.) Vgl. Rubsamen: *French Lute* (1968), S. 291–96.	
LB Egerton 3051	Ms. Egerton 3051 (Gb Lbl).	
Ma A. I. 4	Ms. A. I. 4 (I MAc).	
Mi 55	Ms. 55, 64 drei- bis vierstimmige Frottolen, anonym, Anfang des 16. Jahrhunderts (I Mt).	
Mo. *A* F. 9, 9	Ms. α F. 9, 9, alte Signaturen: Ital. 1221, olim VIII. F. 27, Sammlung aus canzonette, madrigali, motetti, arie a 3 ed a 4 voci, um 1495, zahlreiche kostbare Verzierungen mit Naturmotiven in Farbe und Gold (I MOe).	
Mo. Γ L 11,8	Ms. γ L 11, 8; Canzoni messe in musica del sec. XVI. Frottolen: meist anon. Vertonungen von höfischer *poesia per musica*; einige canzoni popolari, einige geistliche Sätze (in 8 per traverso legatura del tempo); fast ausschließlich nur Bassstimme vorhanden (I Moe).	
NYP Papa	MS (S) *MGZMB-Res. 72–255; Tanzsammlung „Il Giovannino, Il Lanzino e Il Papa", aufgeschrieben von Cosimo Ticcio. Incipit: „Il Papa che insegna ballar di balletti a sua scolari". Enthält die choreographische Beschreibung von 15 Tänzen (12 von Giovannino, 2 von Lanzino, 2 des Papstes; US NYpa, Performing Arts Dance.	
Pn f. it. 476	Ms. F. it. 476 (F Pn).	
Pn n.a. 4379	Ms. F. fr. nouvelle acquisation 4379, Napoli (oder Roma) vor 1500; (F Pn). Ein Teil des Ms. ist enthalten in Sev 5. 1. 43.	
Pn Vm⁷ 676	Ms. Rés. Vm⁷ 676 (F Pn).	
Pn Vmd. 27	Ms. Rés. Vmd. 27, Thibault-Lautenbuch (F Pn).	
Sev 5. 1. 43	Ms. 5. 1.43 (Faksimile des Originals), Ze. 1470 und 1485; Biblioteca Capitular y Colombina, Sevilla. Ein Teil des Ms. ist enthalten in Pn n. a. 4379.	
Vnm 10653–56	Ms. 10653–56 (olim ms. it. cl. IV, 1795–98), Vier Stimmbuchmanuskripte aus dem Codice Marciano, „Frottole, Canzoni und Madrigali con alcuni alla pavana in villanesco", Anfang der 1520er Jahre, *ca* 1520–1523; (I Vnm).	

Drucke

Sigel	*Titel der Sammlung*, Erscheinungsort: Verleger, Erscheinungsjahr. Ggf. RISM-Eintrag (Bibliothekssigel, wenn kein RISM-Eintrag vorhanden), ggf. Nachweis einer modernen Ausgabe (MA)
Ant. Canzoni I (1510)	*Canzoni nove con alcune scelte di varii libri di canto*, Roma: A[ndrea] Antico, 1510. RISM 1510.
Ant. Canzoni II (1520)	*Canzoni Sonetti Strambotti et Frottole Libro Secondo*, Venezia: Andrea Antico und L.[uca] A.[ntonio] Giunta, 1520, (I Fm, 4 A VII 169 (2)), MA vgl. Ant. Canzoni II/Luisi (1975–1976)
Ant. Canzoni III (1513)	*Canzoni. sonetti. strambotti et frottole. Libro tertio*, Roma: A.[ndrea] Antico, 1513, RISM 1513¹

Quellen- und Literaturverzeichnis

Ant. Canzoni III (1518)	*Canzoni sonetti strambotti & frottole libro tertio*, Roma, G[iacomo] Mazzochi und G[iacomo] Giunta, 1518. RISM 1518, MA vgl. Ant. Canzoni III²/ Einstein (1941) und Ant. Canzoni II/ Luisi (1975–1976).
Ant. Frottole III (1517?)	*Frottole libro tertio*, Venezia: A. Antico, (s. d.). RISM [c.1517]¹
Ant. Canzoni IV (1517)	*Canzoni. sonetti. strambotti. et frottole. libro quarto*, Roma: A. Antico und N[icolò de'] Giudici, 1517; RISM 1517²
Ant. Frottole IV (1520)	*Frottole libro quarto*, Venezia: A. Antico, 1520. RISM 1520⁵
Croce Canzoni I (1526)	*Canzoni. Frottole et Capitoli da Diverse Eccellentissimi Musici Composti, Novamente Stampati et Correcti. Libro Primo De la Croce*, Roma: G. Giacomo Pasoti und Valerio Dorico, 1526. RISM 1526⁶, MA vgl. Croce Canzoni I¹/Prizer (1978) und Bernd Becker, Hg., Reprint [nach Vorlage A Wn, Musiksammlung, SA 78.C. 30), Köln 1998
Croce Canzoni I (1533)	*Canzoni. Frottole. et Capitoli. Da diversi Eccellentissimi Musici con novi Canzoni agionti [...] Libro Primo. De la Croce*, Roma: Valerio Dorico, 1533. (I Bc, nur fragmentarisch: Frontispiz, Inhaltsübersicht, Widmung und eine Seite Noten)
Croce Canzoni II (1531)	*Canzoni frottole et capitoli da diversi eccelentissimi musici, con novi canzoni agionti & composti novamente et stampati. Libro secondo de la Croce*, Roma: Valerio Dorico, 1531. RISM 1531⁴
[Croce III (1524)]	1524 wurde ein drittes Buch von de la Croce gedruckt, dessen Existenz nur dem Katalog der Biblioteca di Fernando Colombo, Sevilla, zu entnehmen ist. Vgl. Jeppesen: *Frottola* I (1968), S. 70
De Caneto II (1519)	*Fioretti di frottole barzellette capitoli strambotti e sonetti libro secondo*, Napoli: [Joanne] A[ntonio] de Caneto, 1519. RISM 1519⁴
Fortuna I	*Altus. Libro primo de la fortuna*, Venezia: Giunta?, s. d.. RISM [c. 1530]¹
Frottole Pe. I (1504)	*Frottole libro primo*, Venezia: O[ttaviano] Petrucci, 1504. RISM 1504⁴
Frottole Pe. II (1505)	*Frottole libro secondo*, Venezia: O[ttaviano] Petrucci, 1504 (Neudruck 1508). RISM 1505³
Frottole Pe. III (1505)	*Frottole libro tertio*, Venezia: O[ttaviano] Petrucci, 1504 (Neudruck 1507¹). RISM 1505⁴
Frottole Pe. IV (1505?)	*Strambotti, ode, frottole, sonetti. Et modo de cantar versi latini e capituli. Libro quarto*, Venezia: O[ttaviano] Petrucci, 1505 (Neudruck 1507). RISM 1505⁵
Frottole Pe. V (1505)	*Frottole libro quinto*. Venezia: O[ttaviano] Petrucci, 1505. RISM 1505⁶
Frottole Pe. VI (1506)	*Frottole libro sexto.* [Frottole, Sonetti, Ode, Iustiniane numero sesanta sei.] Venezia: O[ttaviano] Petrucci, 1505. RISM 1506³
Frottole Pe. VII (1507)	*Frottole libro septimo.* Venezia: O[ttaviano] Petrucci, 1507. RISM 1507³
Frottole Pe. VIII (1507)	*Frottole libro octavo.* Venezia: O[ttaviano] Petrucci, 1507. RISM 1507⁴
Frottole Pe. IX (1508)	*Frottole libro nono.* Venezia: O[ttaviano] Petrucci, 1508. RISM 1509²
Frottole Pe. XI (1514)	*Frottole libro undicesimo.* Fossombrone: O[ttaviano] Petrucci, 1514. RISM 1514²
Int. L. Boss. Pe. I (1509)	*Tenori e contrabassi [...] libro primo... Francisci Bossinensis Opus*, Venezia: O[ttaviano] Petrucci, 1509, RISM 1509³
Int. L. Boss. Pe. II (1511)	*Tenori e contrabassi [...] libro secundo... Francisci Bossinensis Opus.* Venezia: O[ttaviano] Petrucci, 1511, RISM 1511
Int. L. Pe. IV (1508) SInz	*Intabulatura de Lauto libro Quarto.* Petrucci, Venezia 1508. (A Wn)
Int. L. Giunta/Antico (ca 1520)	*Frottole de Misser Bartolomeo Tromboncino et de Misser Marchetto Ca[r]ra con tenori e bassi tabulati e con soprani in canto figurato per cantar et sonar col lauto*, Roma: L.[uca] A.[ntonio] Giunta, s. d., RISM c. 1520⁷
Int. Org. Antico (1517)	*Frottole intabulate da sonare organi. Libro primo.* Andrea Antico, Roma 1517. RISM 1517³

Quellen- und Literaturverzeichnis

Motetti e Canzone	*Motetti e canzone libro primo*, s. d. RISM [1521]⁶
Petrarca Pe (1520)	*Musica de meser Bernardo pisano sopra le Canzone del petrarcha*. Petrucci, Fossombrone 1520. (Biblioteca Colombina, Sevilla, nur Alt- und Bassstimmbuch vorhanden)
Razzi (1563)	*Libro primo delle laudi spirituali da diversi eccell. e divoti autori, antichi e moderni composte. Le quale si usano cantare in Firenze nelle chiese doppo il Vespro o la Compieta a consolatione e trattenimento de divoti servi di Dio. Con la propria musica a modo di cantare ciascuna laude, come si è usato da gli antichi, & usa in Firenze. Raccolte dal R.P. Serafino Razzi fiorentino, dell'ordine de' frati predicatori, a contemplatione delle monache, & altre devote persone. Nuovamente stampate. Con privilegi da Illustriss. Signoria di Venetia, & del Duca di Firenze, & di Siena,* Venezia: F[rancesco] Rampazetto, 1563. RISM 1563⁶
Samboneto I (1515)	*Canzone sonetti strambotti et frottole libro primo*, Siena: P[etrus] Sambonetti, 1515. RISM 1515²

Moderne Ausgaben

Sigel	*Titel*. Hg., Ort Jahr.
Ant. Canzoni II/Luisi (1975–1976)	*Il secondo libro di Frottole di Andrea Antico, I, Studio Bibliografico e revisione critica; II, trascrizioni*. Hg. v. Francesco Luisi, Roma 1975 und 1976.
Ant. Canzoni III²/Einstein (1941)	*Canzoni Sonetti Strambotti et Frottole Libro Tertio. Andrea Antico, 1517*. Hg. v. Alfred Einstein, Northampton 1941 (*Smith College Music Archives IV*).
Bc Q 18/Forscher Weiss	Bologna Q 18: early 16th c.; Civico Museo Bibliografico Musicale (olim 143) (ca 1502–1505); Frottolen, Lauden, zudem ca 70 textlose Stücke); Einführung (engl.) von Susan Forscher Weiss. Peer: Alamire 1998.
Bc Q 21/Gallico	*Un Canzoniere Musicale Italiano del Cinquecento (Bologna, Conservatorio di Musica ‚G. B. Martini' Ms. Q 21)*. A cura di Claudio Gallico, Firenze 1961 (Auswahl).
Bossinensis/Disertori (1964)	*Le Frottole per canto e liuto intabulate da Franciscus Bossinensis*. A cura di Benvenuto Disertori, Milano 1964 (Istituzioni e Monumenti dell'arte Musicale Italiana III).
Canzoni Maschera/Carrai	*Canzone per andare in maschera per carnesciale fatte da più persone*. A cura di Stefano Carrai nel quinto centenario dalla morte di Lorenzo de' Medici, Firenze 1992.
Croce Canzoni I'/Prizer (1978)	*Libro primo della croce. Rome: Pasoti and Dorico, 1526, Canzoni, Frottole and Capitoli*. Ed. by William F. Prizer, Madison, Yale University 1978.
Einstein: *Madrigal* (1949–1971)	s. Sekundärliteraturverzeichnis.
fc B 2439/Newton (1968)	*Florence, Biblioteca del Conservatorio di Musica Luigi Cherubini, Manuscript Basevi 2439: Critical edition and commentary Vol. II, Musical Supplement*. Ed. by Paul G. Newton, Diss. North Texas State Univ. 1968.
Fc 2441/ Garberoglio	*Serena Garberoglio: Il codice Basevi 2441. Edizione critica di testi e musiche, diss. inedita di laurea*, Università di Padova 1993–1994.
Feste Firenze Medicea (1939)	*Feste musicali della Firenze Medicea (1480–1589)*. A cura di Federico Ghisi, Firenze 1939
Florentine Fest Music 1480–1520 /Gallucci	*Florentine Festival Music 1480–1520*. Ed. by Joseph J. Gallucci, Madison 1981.
Ghisi: *Canti Carnasc.* (1937)	*I Canti carnascialeschi nelle fonti musicali del XV e XVI secolo*. A cura di Federico Ghisi, Firenze/Roma 1937.
Int. L. Boss. Pe. I (1509–1977)	*Tenori e contrabassi libro primo…Francis. Bossinensis*. Petrucci, Venedig 1509, Faksimileedition Genève: Minkoff 1977.

Int. L. Boss. Pe. II (1511–1982)	*Tenori e contrabassi in tabulati… libro secondo*. Petrucci, Fossombrone 1511, Faksimileedition Genève: Minkoff 1982.
Int. L. Giunta/Antico (*ca* 1520)/ Luisi (1987)	*Frottole per canto e liuto di B. Tromboncino e M. Cara „per cantar et sonar col lauto". Saggio critico e scelta di trascrizioni.* A cura di Francesco Luisi, Roma 1987 (Istituto di Paleografia Musicale – Roma I, 3).
Int. Organi Antico/ Luisi (1976)	*Frottole per „organi" di Andrea Antico*. Trascrizione e revisione critica di Francesco Luisi, Roma 1976.
Int. Organi Antico/ Bononiensis (1984)	*Frottole intabulate da sonare organi*/Andrea Antico (1517), Faksimileedition, Bologna 1984 (Biblioteca Musica Bononiensis IV, 42).
Int. Organi Antico/ Sterzinger (1987)	*Frottole intabulate da sonare organi*/Andrea Antico (1517). Hg. v. Peter Sterzinger, Wien u. a. 1987.
Jeppesen: Frottola I, II und III (1968–1970)	s. Sekundärliteraturverzeichnis.
La Face Bianconi: F. 9. 9 (1990)	dito.
Jeppesen: Laude um 1500 (1971)	Knud Jeppesen (Hg.): *Die mehrstimmige Lauda um 1500.* Bologna 1971 (Ausgabe von Petruccis 2. Laudenbuch von 1507 und eine Auswahl aus dem ersten von 1508).
Landini Works	Francesco Landini: *Complete Works*. Éd. par Leo Schrade, Paris 1982.
Layolle Works	Francesco de Layolle: *Collected Secular Works for 4 Voices, Music of the Florentine Renaissance.* Ed. by Frank A. D'Accone IV, CMM 32/3, American Institute of Musicology 1969.
Lowinsky: Medici-Codex (1968)	Edward E. Lowinsky (Ed.): *The Medici Codex of 1518: a Choirbook of Motets dedicated to Lorenzo de' Medici, Duke of Urbino.* Chicago 1968 (Monuments of Renaissance Music 3–5).
Luisi Mus. Voc (1977)	*Del cantar a libro […] o sulla viola. La musica vocale nel Rinascimento. Studi sulla musica vocale profana in Italia nei secoli XV e XVI.* A cura di Francesco Luisi, Torino 1977.
Pe. I und IV/Schwartz (1935)	*Frottole, Buch I und IV/ Ottaviano Petrucci, nach dem Erstlingsdruck von 1504 und 1505.* Hg. v. Rudolf Schwartz (Publikationen älterer Musik 8), Leipzig 1935, Nachdruck Hildesheim 1967).
Pe. IV/Jensen (1991)	*Strambotti Ode Frottole Sonetti Et modo de cantar versi latini e capituli. Libro quarto.* Faksimile-Edition hg. v. Torben Hove Jensen, Viborg 1991.
Pe. I-III/Cesari/ Monterosso (1954)	*Le Frottole nell'edizione principe di Ottaviano Petrucci. Testi e musiche pubblicate in trascrizione integrale. Tomo I: Libri I, II e III nella trascrizione di Gaetano Cesari.* Ed. critica di Raffaello Monterosso. Precede uno studio introduttivo di Benvenuto Disertori. Cremona 1954.
Pe. VIII/Boscolo: Cleup (1999)	*Frottole libro ottavo. Ottaviano Petrucci, Venezia 1507.* Ed. Critica a cura di Lucia Boscolo, Padova: Cleup Ed. 1999 (= *Le Frottole Petrucci. Le edizioni dal 1504 al 1514*) Univ. di Padova e Univ. di Venezia.
Pe. IX/Fachin: Cleup (1999)	*Frottole Libro Nono. Ottaviano Petrucci, Venezia 1508, Octaviani Petrutii Forosemproniensis Froctolae.* Ed. Critica a cura di Francesco Facchin, Padova: Cleup 1999 (= *Le Frottole Petrucci. Le edizioni dal 1504 al 1514*) Univ. di Padova e Univ. di Venezia).
Pe. XI/Luisi: Cleup (1997)	*Frottole Libro undecimo Ottaviano Petrucci Fossombrone 1514.* Ed. Critica a cura di Francesco Luisi, Padova: Cleup 1997 (= *Le Frottole Petrucci. Le edizioni dal 1504 al 1514*) Univ. di Padova e Univ. di Venezia).
Pisano/D'Accone (1966)	*Bernardo Pisano Collected Works. Music of the Florentine Renaissance.* Ed. by Frank d'Accone, American Institute of Musicology 1966 (CMM 32, 1).

Pn Vm⁷ 676/Lesure	*Manuscrit italien de frottole (1502). Facsimile du ms. de la Bibliothèque Nationale,* Paris Rés. Vm⁷ 676. Éd. par François Lesure, Genève: Minkoff 1979.
Prizer: *Cara* (1980)	s. Sekundärliteraturverzeichnis.
Rubsamen: Literary (1943)	dito.
Rubsamen: French Lute (1968)	dito.
Vnm 10653–56/Luisi	*Apografo miscellaneo marciano.* Frottole Canzoni e Madrigali con alcuni alla Pavana in Villanesco. Edizione critica dei Mss. Marc. It. Cl. IV, 1795–1798. A cura di Francesco Luisi, Venezia: Fondazione Levi 1979 (Musica Rinascimentale Seie I A: Edizione Integrale del Corpus delle Frottole, 1: Fonti Manoscritte).

Textquellen

Aaron: Lucidario
Pietro Aaron: *Lucidario in musica di alcune oppenioni antiche et moderne.* Firenze 1545. Faksimile- Nachdruck Bologna 1969.

Aaron: Toscanello
Pietro Aaron: *Toscanello in musica.* Venezia 1523, Ausgabe Venedig 1529.

Aretino: Ragionamenti
Pietro Aretino: *I Ragionamenti* (nach der Ausgabe Bengadi 1584), Milano 1974.

Aretino: Kurtisanengespräche
Pietro Aretino: Kurtisanengespräche, übersetzt und hg. v. E. O. Kayser, Frankfurt/M. 1986.

Bandello: Novelle
Matteo Bandello: Le *Novelle*, a cura di Bruno Cagli, Opera integrale in sei tomi, Bologna 1967.

Baratella: Compendio
Francesco Baratella Laureo: „Compendio Artis Ritmice in septem generibus dicendi" (1447). In:
Da Tempo: Summa, S. 179–240.

Bargagli: Trattamenti
I trattenimenti di Scipione Bargagli dove da vaghe donne e da giovani uomini rappresentati sono honesti, e dilettevoli giuocchi: narrate novelle, e cantate alcune amorose canzonette. Venedig: Bernardo Giunto 1587.

Bembo: Lettere
Bembo, Pietro: *Lettere. Edizione critica,* a cura di Ernesto (= *Collezione di opere inedite o rare,* pubblicate dalla Commissione per i testi di lingua, vol. 141), Vol. I (1492–1507), Bologna 1987.

Bembo: Opere volgare
Bembo: *Opere in volgare,* a cura di Mario Marti, Flirenze 1961.

Bembo: Prose
Bembo, Pietro: *Prose e Rime,* a cura di Carlo Dionisotti, Torino 1960, Nachdruck 1992.

Bembo/Borgia: Grande fiamma
Pietro Bembo — Lucrezia Borgia. La grande fiamma. Lettere 1503–1517, a cura di Giulia Roboni, Milano: Rosellina Archinto 1989.

Bembo/Pico: Epistole
G. Santangelo: *Le epistole ‚De Imitatione' di G.F. Pico della Mirandola e di Pietro Bembo.* Firenze 1964.

Boccaccio: Decameron
Giovanni Boccaccio: *Il Decameron.* Edizione critica a cura di Aldo Rossi, Bologna 1977.

Brandolini: De Musica
Raffaele Brandolini: *On Music and poetry (de musica et poetica, 1513),* ed. by Ann E. Moyer unter Mitarbeit von Marc Laureys, Arizona 2001.

Burckardi: Liber notarum
Johannis Burckardi: *Liber notarum ab anno MCCCCLXXXIII usque ad annum MDVI,* a cura di Enrico Celani, 1. Band, Città di Castello 1906, 2. Band ebd. 1911 (*Rerum Italicarum Scriptores* XXXII 1,1).

Burcardo: Diario
Alla corte di cinque papi. Diario 1483–1506 di Giovanni Burcardo, a cura di Luca Bianchi (nach der Edition von E. Celani), Milano 1988.

Calchidius/Platon: Timaeus
Chalcidii V.C. Timaeus De Platonis Translatus: Item Ejusdem in eundem Commentarius Ioannes Meursius Recensuuit, denuò edidit & Notas addidit, Lugdunum Batavorum: Colsterus, 1617.

Calmeta: Prose
Calmeta, Vincenzo: *Prose e lettere edite e inedite,* a cura di Cecil Grayson, Bologna 1959.

Casoni: Della Magia
Casoni, Guido: *Della Magia d'amore.* Venezia 1596.

Castiglione: Cortegiano
Castiglione, Baldesar (1528): *Il libro del Cortegiano,* a cura di Walter Barberis, Torino: Einaudi 1998.

Castiglione: Hofmann
Castiglione, Baldassare (1528): *Das Buch vom Hofmann,* übersetzt und hg. v. Fritz Baumgart, München 1986.

Castiglione: Poesie
Poesie volgari e latine del conte Beldessar Castiglione. Roma 1760.

Cortesi: De cardinalatu
Paolo Cortesi: *De Cardinalatu libri tres* (1510), in: Nino Pirrotta: „Music and cultural tendencies in 15th centuries Cultural Tendencies", JAMS 19 (1966), S. 127–61 (147–55), hier zit. nach Pirrotta: Music and Culture (1984), S. 80–112 (S. 96–105).

Croniche Ferrara
Croniche di Ferrara quali comenzano del anno 1500 al 1527, a cura di G. M. Zerbinati, Deputazione Provinciale Ferrarese di Storia Patria, Serie Monumenti, vol. XIV, Ferrara 1989.

Da Messisbugo: Libro novo
Cristoforo da Messisbugo: *Libro novo del qual d'insegna a far d'ogni sorte di vivanda secondo la diversità de i tempi, con di carne come di pesce) il modo d'ordinar banchetti et il modo d'ordinar banchetti, apparecchiar tavole, fornir palazzi, e ornar camere per ogni gran principe. Opera assai bella e molto bisognevole à Maestri di casa, à Scalchi, à Credenzieri, e à Cuochi.* Venezia 1559, (Nachdruck Bologna 1972).

Da Sommacampagna: Dei ritmi
Gidino da Sommacampagna: *Trattato dei ritmi volgari,* a cura di Gian Paolo Caprettini u. a., Verona 1993.

Da Tempo: Delle rime
Delle rime volgari. Trattato di Antonio da Tempo, giudice padovano, composto del 1332, a cura di Giusto Grion, Bologna 1869, Nachdruck 1970.

Da Tempo: De ritimis
Antonio da Tempo: *De ritimis vulgaribus. Videlicet de sonetis: de balatis: de cantionibus extensis: de rotondellis: de mandrialibus: de serventesijs: & de motibus confectis.* Impressa Venetijs : per Simomen de Luere, Iunij 1509.

Da Tempo: Summa
Antonio da Tempo: *Summa Artis Rithimici Vulgaris Dictamis* (hs. 1332, gedruckt 1509)
Kritische Ausgabe, a cura di Richard Andrews, Bologna 1977.

Dentice: Due Dialoghi
Due dialoghi della Musica del Signor Luigi Dentice Gentil'huomo Napolitano delli quali l'uno si tratta della Theorica, & l'altro della Practica: Raccolti da diuersi Autori Greci, & Latini. Nuouamente posti in luce. Roma: Vincenzo Lucrino 1553.

Descriptio Urbis
Descriptio Urbis. The Roman census of 1527, a cura di Egmont Lee, Roma 1985 (Biblioteca del Cinquecento 32).

Diario ferrarese
Diario Ferrarese 1409–1502. In: *Rerum Italicarum Scriptores, Raccolta degli storici italiani dal Cinquecento al Millecinquecento,* ordinato da L.A. Muratori. Nuova edizione riveduta ampliata e corretta con la direzione di G. Carducci, V. Fiorini, P. Fedele, tomo XXIV, parte VII, vol. 1, Bologna 1933.

Doni: L'opera Musicale
L'opera musicale di Antonfrancesco Doni, a cura di Anna Maria Monterosso Vacchelli, Cremona 1969.

Epistolario Bibbiena
Epistolario di Bernardo Dovizi da Bibbiena, a cura di Loranto Moncalero, 2 Bände, Firenze 1955–1965.

Equicola: De Mulieribus
Equicola, Mario: *De mulieribus.* Ferrara 1501, a cura di Giuseppe Lucchesini und Pina Totano, Pisa/Roma: Istituti editoriali e poligrafici internazionali 2004.

Equicola: *Libro di natura d'amore*
Mario Equicola: *Libro di natura d'amore, novamente stampato et con somma diligentia corretto* 1581, Erstdruck 1525.

Equicola: *Institutioni*
Institutioni di Mario Equicola al comporre in ogni sorte'di Rima della lingua volgare, con vno eruditissimo Discorso della Pittura, & con molte segrete allegorie circa. Milano: Calvo, Francesco Minizio, 1541.

Ficino: Lettere
Marsilio Ficino: *Lettere I. Epistolarum familiarum liber I,* a cura di Sebastiano Gentile, Firenze 1990.

Ficino: Sur le banquet
Marsile Ficino: *Sur le banquet de Platon ou de l'amour,* éd. par Raymond Marcel, Paris 1956 (Éditions et traductions p. 115–31). Appendix: Vorwort der ersten italienischen Edition von Ficinos *Libro dello amore* S. 118–22.

Ficino: Sopra lo amore
Marsilio Ficino: *Sopra lo amore ovvero convito di Platone,* a cura di Giuseppe Rensi, Milano 1998.

Ficino: Über die Liebe
Marsilio Ficino: *Über die Liebe oder Platons Gastmahl.* Lateinisch-Deutsch. Übersetzt v. K. P. Hasse, hg. v. Paul Richard Blum, Hamburg 1994.

Firenzuola: Delle Bellezze
Agnolo Firenzuola: „Delle bellezze delle donne (1541). Discorsi due". In ders: *Le Opere,* vol. 1, a cura di B. Bianchi, Firenze: Felice le Monnier 1848, S. 237–307.

Gafori: Practica
Franchino Gafori: *Pratica musicae,* Milan 1496, Faksimile-Nachdruck Meisenheim Westmead, Druck: Meisenheim 1967.

Del Carretto: Rime
Galeotto Del Carretto: *Rime e lettere inedite di Galeotto del Carretto e lettere di Isabella d'Este Gonzaga,* a cura di G. Girelli, Torino 1886.

Guilielmus Monachus: De Preceptis
Guilielmus Monachus: *De preceptis artis musicae,* ed. by Albert Seay (CSM 11), AIM 1965.
(Original in Biblioteca di S. Marco, Venezia, Lat. 336 (Contarini), coll. 1581, spätes 14. und spätes 15. Jhd., fol. 2r-48v.

Lapo da Castiglione: Dialogus
Lapo da Castiglione: *Dialogus super excellencia et digitate curie Romane supra ceteras policias et curias antiquorum et modernorum contra eos qui Romanam curiam ditfamant.* Hg. und eingeleitet von Richard Scholz: Eine humanistische

Schilderung der Kurie 1438. In: Quellen und Forschungen aus italienischen Archiven und Bibliotheken, hg. v. Koenigl. Preussischen Historischen Institut in Rom XVI, Roma 1914, S. 108–53.

Leone Ebreo: Dialoghi Amore
Dialoghi di Amore composti per Leone Medico di natione ebreo, e di poi fatto cristiano. Roma: Blado 1535; Venedig: Aldo Sohn 1541, ebd. 1552.

Leone Ebreo: Libro Amore
Leone Ebreo: *Libro de l'amore divino et humano* (ohne Frontispiz) (= Secondo dialogo dei dialoghi de Amore).

Lettere Cortigiane
Angelo Romano (a cura di): *Lettere di cortigiane del Rinascimento.* Roma 1990.

Luigini: Libro
Il libro della bella donna di Federico Luigini. Venezia: Pietrasanta 1554; Cavalli 1569; Milano: Daelli (bibl. Rara vol. XXII) 1863.

Minturno: L'arte poetica
Antonio Minturno: *L'arte poetica del sig. Antonio Minturno, nella quale si contengono i precetti heroici, tragici, comici, satyrici, e d'ogni altra poesia: con la dottrina de' sonetti.* Venezia: Giovanni Andrea Valvassori, 1563.

Niccolo da Correggio: Opere
Niccolò da Correggio: *Opere,* a cura di Anna Tissoni Benvenuti. Bari 1969.

Patrizi: L'Amorosa Filosofia
Patrizi; Francesco: *L'Amorosa Filosofia,* a cura di John Charles Nelson, Firenze 1963.

Petrarca: Canzoniere
Francesco Petrarca: *Canzoniere,* a cura di Sabrina Stroppa, Torino 2005.

Petrarca: Opere latine
Opere latine di Francesco Petrarca, a cura di Antonietta Bufano, 2. Bd. Torino 1975.

Piccolomini: La raffaela
La Raffaella ovvero della bella creanza delle donne, Dialogo di Alessandro Piccolomini. Venezia 1539, Milano 1558, Venezia 1562, lvi 1574.

Poesie musicali Trecento
Poesie musicali del Trecento, a cura di G. Corsi, Bologna 1970.

Rerum Italicarum Scriptores
Rerum Italicarum Scriptores, raccolta degli Storici Italiani dal cinquecento al millecinquecento, ordinata da Ludovico Antonio Muratori, nuova edizione di Giosuè Carducci e Vittorio Fiorini III, 16, Città di Castello 1904f.

Sanudo: Diarii
Marin Sanudo: *Diarii,* Bd. IV, a cura di Nicolo Barozzi, Venezia 1880.

Savorgnan/Bembo: Carteggio
Maria Savorgnan — Pietro Bembo: Carteggio d'Amore (1500–1501), a cura di Carlo Dionisotti, Firenze 1950.

Schivenoglia: Famiglie Mantovane
Schivenoglia, Andrea: *Famiglie mantovane e cronaca di Mantova.* Mantova. Biblioteca Comunale, Ms 1019.

Serafino: Rime
Mario Menghini (a cura di): *Le Rime di Serafino de' Ciminelli dall'Aquila,* Bologna Romagnola-Dall'Aqua 1894.

Tinctoris: Complexus
Luisa Zanoncelli: *Sulla estetica di Johannes Tinctoris con edizione critica, traduzione e commentario del Complexus Effectuum Musices.* Bologna: Forni 1979.

Tinctoris: De inventione
Johannes Tinctoris: „De inventione et uso Musicae". Historisch-kritische Untersuchung v. Karl Weinmann, korr. Ausgabe v. Wilhelm Fischer, Tutzing 1961.

Tinctoris: Liber contrapuncti
Johannes Tinctoris: *Liber de arte contrapuncti* (1477), a cura di Albert Seay (= CSM 22, 2), Roma 1975–1978.

Tinctoris: Terminorum musicae
Johannes Tinctoris: *Terminorum musicae diffinitorium*. Faksimile der Inkunabel Treviso 1495. Mit der Übersetzung von Heinrich Bellermann und einem Nachwort von Peter Gülke, Kassel/Basel etc. 1983 (Documenta musicologica 37).

Trattati Donna
Trattati del Cinquecento sulla Donna, a cura di Giuseppe Zonta, Bari: Laterza 1913.

Trattati d'amore
Trattati d'amore del Cinquecento, a cura di Giuseppe Zonta, Bari 1912.

Trissino: Opere
Tutte le Opere di Giovan Giorgio Trissino gentiluomo Vicentino non più raccolte. Verona: Jacopo Vallarsi 1729.

Vita Irene Spilimbergo (1561)
„Vita della signora Irene". In: *Rime di diversi nobilissimi et eccellentissimi autori in morte della signora Irene delle signore di Spilimbergo, alle quali sono aggiunti versi latini di diversi egregi poeti, in morte della medesima signora*. Venezia: Domenico e Giovanbattista Guerra 1561, unnumerierte Seiten.

Vite di Dante, petrarca e Bocaccio
Le Vite di Dante, Petrarca e Bocaccio scritte al secolo decimosesto, a cura di Angelo Solerti, Milano 1904.

Zambotti: Diario Ferrarese
Diario Ferrarese dall'anno 1476 sino al 1504 / Bernardino Zambotti, a cura di Giuseppe Pardi. (*Rerum Italicorum scriptores*, oridinata da L. A. Muratori 24,7), Bologna: Nicola Zanichelli 1937.

Zarlino: Istitutioni
Giuseppe Zarlino: *Le istitutioni harmoniche* III, 64; Venedig 1558, Auflage Venedig 1561, Faksimile-Nachdruck Bologna 1999.

Sekundärliteratur

Aries/Duby: *Geschichte* (1986–2000)
Philippe Ariès und Georges Duby: *Geschichte des privaten Lebens*. 3. Band, Von der Renaissance bis zur Aufklärung, hg. v. Philippe Ariès und Roger Chartier (Original Paris 1986), Deutsch von Holger Fliessbach und Gabriele Krüger-Wirrer, Augsburg 2000.

Atlas: *Naples* (1985)
Allan W. Atlas: *Music at the Aragonese Court of Naples*. Cambridge 1985.

Austern: *Love* (1998)
Linda Austern: „For, Love's a Good Musician". Performance, Audition, and Erotic Disorders in Early Modern Europe. *The Musical Quarterly* vol. 68 (1998), S. 614–53.

Bachtin: *Rabelais* (1965–1995)
Michail Bachtin: *Rabelais und seine Welt. Volkskultur als Gegenkultur*. Erstausgabe 1965, übersetzt von Gabriele Leupold, hg. v. Renate Lachmann. Frankfurt/M. 1995.

Baldacci: *Petrarchismo italiano* (1974)
Luigi Baldacci: *Il Petrarchismo Italiano nel Cinquecento*. Nuova edizione accresciuta. Padova 1974.

Baldacci: *Lirici Cinquecento* (1975)
Luigi Baldacci (a cura di): *Lirici del Cinquecento*. Milano 1975.

Bandur: *res facta/chose faite* (1992)
Markus Bandur: „res facta/chose faite". In: HmT 1992.

Bandur: *Compositio/Komposition* (1996)
Markus Bandur: „Compositio/Komposition." In: HmT 1996.

Bauer: *Strambotti Serafino* (1966)
Barbara Bauer: *Die Strambotti des Serafino Dall'Aquila. Studien und Texte zur italienischen Spiel- und Scherzdichtung des ausgehenden 15. Jahrhunderts.* Diss. Freiburg i. B., Freiburg 1966.

Bellonci: *Lucrezia* (1939)
Maria Bellonci: *Lucrezia Borgia.* Milano 1939, 21. Auflage 2006.

Benjamin: *Übersetzer* (1991)
Walter Benjamin: „Die Aufgabe des Übersetzers. (Charles Baudelaire, Tableaux Parisiens. Deutsche Übertragung mit einem Vorwort über die Aufgabe des Übersetzers)" in ders: *Gesammelte Schriften*, hg. v. Rolf Tiedemann und Hermann Schweppenhäuser, Bd. IV,1, hg. v. Tillman Rexroth, Frankfurt 1972, 1991, S. 1–21.

Berra: *Asolani* (1995)
Claudia Berra: *La scrittura degli Asolani di Pietro Bembo.* Firenze 1995 (= Pubblicazioni della Facoltà di lettere e filosofia dell'Università degli Studi di Milano 164).

Bertolotti: *Mantova* (1890)
Antonio Bertolotti: *Musica alla corte dei Gonzaga in Mantova dal secolo XV al XVIII,* Milano 1890.

Biagi: *Etera romana* (1897)
Guido Biagi: *Un'etéra romana, Tullia d'Aragona.* Firenze 1897.

Bianconi: *Tasso* (1985)
Lorenzo Bianconi: „I Fasti musicali del Tasso, nei secoli XVI e XVII". In: *Torquato Tasso tra letteratura musica teatro e arti figurative*, a cura di Andrea Buzzoni, Bologna 1985, S. 143–50.

Bini: *Isabella* (2001)
Daniele Bini (a cura di): *Isabella D'Este — La Primadonna del Rinascimento*, Mantua 2001 (= *Quaderno di Civiltà Mantovana*, Ergänzung zu Nr. 112).

Blackburn: *Compositional process* (1987)
Bonnie Blackburn: „On compositional Process in the 15th century". In: JAMS XL (1987), 2, S. 210–84.

Blastenbrei: *Kriminalität* (1995)
Peter Blastenbrei: Kriminalität in Rom 1560–1585, Tübingen 1995.

Boorman: Studies in Printing, Publishing, Performing (2005)
Stanley Boorman: *Studies in the Printing, Publishing and Performance of Music in the 16th Century.* Aldershot 2005 (Variorum collected studies series; CS815).

Boorman: Petrucci Catalogue (2006)
Stanley Boorman: *Ottaviano Petrucci. Catalogue Raisonné.* Oxford [u. a.] 2006.

Bragard: *Vie musicale* (1982)
Anne-Marie Bragard: „La vie musicale à la cour du pape Médécis Clément VII (1523–1534)." In: *A Festschrift for Albert Seay*, ed. by Michael D. Grace, Collorado Springs 1982, S. 45–79.

Bridgman: *Frottola Madrigal* (1953)
Nanie Bridgman: „La Frottola et la transition de la Frottola au madrigal". In: *Musique et poésie au xvie siècle*, Paris 1953, S. 63–77.

Bridgman: *Quattrocento* (1964)
Nanie Bridgeman: *La vie musicale au quattrocento et jusqu'à la naissance du madrigal (1400–1530).* Paris 1964.

Brilli: *Satira* (1979)
Attilio Brilli: *La satira. Storia, tecniche e ideologie della rappresentazione*. Bari 1979.

Burke: *Städtische Kultur* (1996)
Peter Burke: *Städtische Kultur in Italien zwischen Hochrenaissance und Barock. Eine historische Anthropologie. Aus dem Englischen von Wolfgang Kaiser*, Frankfurt/M. 1996.

Calella: *Face Bianconi* (2002)
Michele Calella: Rezension von La Face Bianconi/Rossi: *Rime* (1999). In: *Wolfenbütteler Renaissance-Mitteilungen* 26 (2002), 1, S. 46–47.

Campagnolo: *Libro Serena* (1996)
Stefano Campagnolo: „Il Libro primo de la serena e il madrigale a Roma". In: *Musica disciplina* 50 (1996), S. 95–133.

Cardamone: canzone villanesca napolitana (1981)
Donna G. Cardamone: *The Canzone villanesca alla napolitana and related forms, 1537–1570*, 2 Bände, Ann Arbor 1981.

Cardamone: *Villanella Villotta* (1998)
Donna G. Cardamone: „Villanella – Villotta". In *MGG* (2), Sachteil 9, Kassel etc. 1998, Sp. 1518–1530.

Cattin: *Folengo* (1975)
Giulio Cattin: „Canti, canzoni a ballo e danze nelle Maccheronee di Teofilo Folengo." In: *Rivista Italiana di Musicologia* X (1975), S. 180–215.

Cattin: *Quattrocento* (1986)
Giulio Cattin: „Il Quattrocento". In: *Letteratura Italiana*. Vol. 6, teatro, musica, tradizione dei classici, Torino 1986, S. 273–318.

Cavallini: *improvvisatori* (1989)
Ivano Cavallini: „Sugli improvvisatori del Cinque-Seicento: persistenze, nuovi repertori e qualche riconoscimento". In: *Recercare* (Italien) I (1989), S. 23–40.

Chiappini: *Estensi* (1967)
Luciano Chiappini: *Gli Estensi*, 2. Ausgabe, Varese 1967.

Cian: *Pietro Bembo* (1885)
Vittorio Cian: *Un decennio della vita di M. Pietro Bembo*. Torino 1885.

Cian: *Bembo e d'Este Gonzaga* (1887)
Vittorio Cian: „Pietro Bembo e Isabella d'Este Gonzaga. Note e Documenti". *Giornale Storico della Letteratura Italiana*, IX (1887), S. 81–136.

Cian: *Motti* (1888)
Vittorio Cian: „*Motti*" inediti e sconosciuti di M. Pietro Bembo. Venezia 1888.

Coelho: *Papal Tastes* (2005)
Victor Anand Coelho: „Papal Tastes and Musical Genres: Francesco da Milano 'Il Divino (1497–1543) and the Clementine Aesthetic". In: *The Pontificate of Clement VII. History, Politics, Culture*, ed. by Kenneth Gouwens and Sheryl E. Reiss, Aldershot 2005, S. 277–92.

Cofini: *Tarantella* (1998)
Marcello Cofini: „Tarantella". In *MGG* (2), Sachteil 9, Kassel etc. 1998, Sp. 408–27.

Corvisieri: *Il trionfo* (1878)
Costantino Corvisieri: „Il trionfo romano di Eleonora di Aragona 1473" (I. Teil). In: *Archivio della R. Società Romana di Storia Patria* 1 (1878), S. 475–91.

Croce: *Poesia popolare* (1933–1967)
Benedetto Croce: *Poesia popolare e poesia d'arte. Studi sulla poesia italiana dal tre al cinquecento*. Bari 1933, 1967[5].

Culianu: *Eros und Magie* (1984–2001)
Ioan P. Culianu: *Eros und Magie in der Renaissance. Mit einem Nachwort vn Mircia Eliade, aus dem Französischen von Ferdinand Leopold.* Originalausgabe Paris 1984, Frankfurt/M. und Leipzig 2001.

D'Accone: *San Giovanni* (1961)
Frank A. D'Accone: „The Singers of San Giovanni in Florence during the 15th Century". In JAMS XIV (1961), 3, S. 307–58.

D'Accone: *Pisano* (2001)
Frank d'Accone: „Bernardo Pisano". In: New Grove (2), 19 (2001), S. 784–85.

Dalla Vecchia, s. *Venezia Petrucci 2001* (2001)

Dahlhaus: *Tonalität* (1968)
Carl Dahlhaus: *Untersuchungen über die Entstehung der harmonischen Tonalität.* Kassel, Basel u. a. 1968.

Dahlhaus: *Strukturgeschichte* (1977)
Carl Dahlhaus: „Gedanken zur Strukturgeschichte". In ders: *Grundlagen der Musikgeschichte.* Köln 1977.

D'Amico: *Humanism Rome* (1983)
John F. D'Amico: *Renaissance Humanism in Papal Rome: Humanists and Churchmen on the Eve of the Reformation.* Baltimore 1983.

Danuser: *Neue Musik* (1997)
Hermann Danuser: „Neue Musik". In: MGG (2), Sachteil 7 (1997), Sp. 75–122.

D'Àrco: *Isabella* (1845)
Carlo d'Arco: „Notizie di Isabella d'Este, moglie a Francesco Gonzaga." *Archivio storico italiano, Appendice* II 1845, S. 300–310.

D'Arco: *Storia* (1871)
Carlo d'Arco: *Storia di Mantova.* Mantova 1871.

Dionisotti: *umanisti e volgare* (1968)
Carlo Dionisotti: *Gli umanisti e il volgare fra Quattro e Cinquecento.* Firenze 1968.

Dionisotti: *Petrarca Quattrocento* (1974)
Carlo Dionisotti: „Fortuna del Petrarca del Quattrocento". In: *Italia Medievale e Umanistica* XVIII (1974), S. 61–115.

Dipingere Musica (2001)
Dipingere la musica. Musik in der Malerei des 16. und 17. Jahrhunderts, bearb. von Sylvia Ferino-Pagden, hg. v. Wilfried Seipel, Ausstellung Wien, 4. April bis 01. Juli 2001, Wien/Milano 2001.

Ebbersmeyer: *Liebestheorie* (2002)
Sabrina Ebbersmeyer: *Sinnlichkeit und Vernunft. Studien zur Rezeption und Transformation der Liebestheorie Platons in der Renaissance.* München 2002 (Humanistische Bibliothek I, 51).

Ehrmann-Herfort: *Capella* (2003)
Sabine Ehrmann-Herfort: „capella/Kapelle". In HmT, 35. Auslieferung (2003), 21 S.

Eichmann: *Lauten* (1996)
Ricardo Eichmann: „Lauten (Antike)". In: MGG (2), Sachteil 5, Kassel u. a. 1996, Sp. 942–51.

Einstein: *Das Elfte* (1928)
Alfred Einstein: „Das Elfte Buch der Frottole". In: *Zeitschrift für Musikwissenschaft* 10 (1928), S. 613–24.

Einstein: *Dante* (1939)
Alfred Einstein: „Dante, on the way to the Madrigal". In: MQ 25 (1939), S. 142–55.

Einstein: *Madrigal* (1949–1971)
Alfred Einstein: „The Italian Madrigal". 3 Bde. Princeton 1949 (mit zahlr. Notenbsp.), 2. Ausgabe 1971.

Elias: *Höfische Gesellschaft* (1969)
Norbert Elias: *Die höfische Gesellschaft. Untersuchungen zur Soziologie des Königstums und der höfischen Aristokratie.* Mit einer Einleitung: „Soziologie und Geschichtswissenschaft". Darmstadt 1969, 1979⁴.

Elias: *Prozeß* (1969)
Norbert Elias: *Über den Prozeß der Zivilisation. Soziogenetische und psychogenetische Untersuchungen.* Bd. 1, *Wandlungen des Verhaltens in den weltlichen Oberschichten des Abendlandes.* Frankfurt 1969, 1977³.

Elwert: *Lyrik* (1972)
Theodor W. Elwert: „Die Lyrik der Renaissance und des Barocks in den romanischen Ländern". In: *Renaissance und Barock* (I), hg. v. August Buck, Frankfurt/M. 1972 (Neues Handbuch der Literaturwissenschaft 9), S. 83–100.

Errante: *Forse che sì* (1915)
Vincenzo Errante: „‚Forse che sì, forse che no'. La terza spedizione del duca Vincenzo Gonzaga in Ungheria alla guerra contro il turco (1601) studiata su documenti inediti". In: *Archivio storico lombardo* XLII (1915), Seria 5, S. 15–114.

Fabris: *Fortuna* (1980)
Dinko Fabris: *La fortuna letteraria del Liuto in Italia.* Bari, tesi di laurea 1980.

Fahy: *Treatises* (1956)
Conor Fahy: „Three Early Renaissance Treatises on Women". In: *Italian Studies* II, 1956.

Fallows: *El grillo* (2003)
David Fallows: „What Happened to El grillo?" In: EM XXXI (2003) 3, S. 391–397.

Feldman: *City Culture* (1995)
Martha Feldman: *City Culture and the Madrigal at Venice.* Berkeley, Los Angeles, London 1995.

Feldman: *Anonyms* (2000)
Martha Feldman: „Authors and Anonyms: Recovering the Anonymous Subject in Cinquecento Vernacular Objects". In: *Music and the cultures of print,* ed. by Kate van Orden. Afterword by Roger Chartier, New York/London 2000 (Critical and cultural musicology, ed. by Martha Feldman 1), S. 163–99.

Feldman: *Courtesan* (2006)
Martha Feldman: „The Courtesan's Voice. Petrarchan Lovers, Pop Philosophy and Oral Traditions." In: *The Courtesan's Arts. Cross-Cultural perspectives,* ed. by Martha Feldman and Bonnie Gordon. Oxford 2006, S. 105–23.

Fenigstein: *Giustiniani* (1909)
Berthold Fenigstein: *Leonardo Giustiniani.* Diss. Zürich, Halle 1909.

Fenlon: *Patronage* (1980)
Iain Fenlon: *Music and Patronage in sixteenth-century Mantua.* 2 vols. (Cambridge Studies in music). Cambridge 1980.

Fenlon: *Isabella's Studioli* (1997)
Iain Fenlon: „Music and Learning in Isabella d'Este's Studioli." In: *La corte di Mantova nell'età di Andrea Mantegna: 1450–1550.* Atti del convegno Londra 6–8 marzo 1992/Mantova 28 marzo 1992, a cura di Cesare Mozzarellino, R. Cresko, L. Ventura, Roma 1997, S. 353–67.

Fenlon/Haar: *Italian Madrigal* (1988)
Iain Fenlon/James Haar: *The italian madrigal in the early sixteenth century: Sources and interpretation.* Cambridge 1988.

Ferino-Pagden: *Prima donna* (1994)
Sylvia Ferino-Pagden (Hg.): „La prima donna del mondo". *Isabella d'Este Fürstin und Mäzenatin der Renaissance.* Wien 1994.

Finscher: *Gattungen* (1990)
Ludwig Finscher: *Volkssprachliche Gattungen und Instrumentalmusik.* In: *Die Musik des 15. und 16. Jahrhunderts* (Teil 2), hg. v. L. Finscher, Laaber 1990 (Neues Handbuch der Musikwissenschaft 3,2)

Finscher: *Eustachius Romano* (2001)
Ludwig Finscher: „Eustachius Romano": In: *MGG* (2), Personenteil 6, Kassel 2001, Sp. 572–73

Finscher: *Josquin* (2003)
Ludwig Finscher: „Josquin des Prez". In: *MGG* (2), Personenteil 9, 2003, Sp. 1250.

Floriani: *Bembo e Castiglione* (1976)
Piero Floriani: *Bembo e Castiglione. Studi sul classicismo del Cinquecento*. Roma 1976.

Formentin: *Dal volgare* (1996)
Vittorio Formentin: „Dal volgare toscano all'italiano". In: *Storia della Letteratura Italiana*, a cura di Enrico Malato, 4, *Il Primo Cinquecento*, Roma 1996, S. 177–251.

Forscher Weiss: *Q 18* (1988)
Susan Forscher Weiss: „Bologna Q 18: Some Reflections on Content and Context". In: *JAMS* XLI (1988), 1, S. 63–101.

Foucault: *Archäologie* (1981)
Michel Foucault: *Archéologie du savoir*. Paris 1969, *Archäologie des Wissens*. Übersetzt v. Ulrich Köppen, Frankfurt/M 1981.

Foucault: *Sexualität und Wahrheit 1* (1983)
Michel Foucault: *Histoire de la sexualité*, I: *La volonté de savoir*. Paris 1976. *Der Wille zum Wissen. Sexualität und Wahrheit 1*, übersetzt von Ulrich Raulff und Walter Seitter, Frankfurt/M 1983

Frey: *Regesten Leo X* (1956)
Herman-Walther Frey: „Regesten zur päpstlichen Kapelle unter Leo X. und zu seiner Privatkapelle", Teil II. In: *Mf* 9 (1956), S. 46–57, 139-57 und 411–19.

Friedrich: *Epochen* (1964)
Hugo Friedrich: *Epochen der italienischen Lyrik*. Frankfurt/M. 1964.

Fromentin: *rilievi* (2002)
Vittorio Fromentin: „Nuovi rilievi sul testo della ‚Cronica' d'Anonimo romano". In: *Contributi di Filologia dell'Italia Mediana* XVI (2002), S. 23–47.

Gallico: *Forse* (1961)
Claudio Gallico: „*Forse che si forse che no*"— *fra poesia e musica*. Mantua 1961 (Strenna per il 1961 dell'istituto Carlo d'Arco per la storia di Mantova), 27 S.

Gallico: *Libro Isabella* (1961)
Claudio Gallico: *Un libro di poesia per musica dell'epoca d'Isabella d'Este*. (= Quaderno 4, hg. v. *Bollettino storico Mantovano*), Mantua 1961.

Gallico: *Dialogo* (1962–2001)
Claudio Gallico: „Un dialogo d'amore di Niccolo da Corregio musicato da B. Tromboncino". *Studien zur Musikwissenschaft*, XXV, 1962, S. 205–13. Nachdruck in ders.: *Sopra verità* (2001), S. 29-38.

Gallico: *Josquin Italian* (1976)
Claudio Gallico: „Josquin's compositions on Italian Texts and the frottola." In: Edward E. Lowinsky und B. Blackburn (Ed.): *Josquin des Prez, Proceedings of the International Josquin Festival-Conference* [...] 1971, London 1976, S. 446–55.

Gallico: *Petrarca* (1995–2001)
Claudio Gallico: „Petrarca per Musica agli Inizi del Cinquecento (1995)". In ders.: *Sopra li fondamenti della verità. Musica italiana fra XV e XVII secolo*. Roma 2001, S. 387–92.

Gallico: *Rimeria* (1996)
Claudio Gallico: *Rimeria musicale popolare italiana nel Rinascimento*. (Strumenti della ricerca musicale collana, collana della Società Italiana di Musicologia I), Lucca 1996.

Gallico: *Sopra verità* (2001)
Claudio Gallico: *Sopra li fondamenti della verità. Musica italiana fra XV e XVII secolo*. Roma 2001. 442 S. Notenbspe. („Europa delle Corti". Centro studi sulle società di antico regime. Biblioteca del Cinquecento 97.).

Gallico: *Musica Isabella* (2001)
Claudio Gallico: „Appunti sulla musica all'epoca di Isabella". In Bini (2001), S. 203–07.

Garin: *pedagogico* (1958)
Eugenio Garin (a cura di): *Il pensiero pedagogico dello umanesimo*, Firenze 1958.

Gender-Studien (2000)
Christina von Braun und Inge Stephan (Hg.): *Gender-Studien. Eine Einführung.* Stuttgart 2000.

Genovesi: *Imprese Isabella* (1993)
Adalberto Genovesi: „Due imprese musicali di Isabella d'Este." *Atti e memorie dell'Accademia nazionale Virgiliana* LXI (1993), S. 73–102.

Giesecke: *Buchdruck* (1991)
Michael Giesecke: *Der Buchdruck in der frühen Neuzeit. Eine historische Fallstudie über die Durchsetzung neuer Informations- und Kommunikationstechnologien.* Frankfurt/M. 1991.

Ghisi: *Canti Carnasc.* (1937)
Federico Ghisi: *I Canti carnascialeschi nelle fonti musicali del XV e XVI secolo.* Firenze/Roma 1937.

Gnoli: *Roma Leon X* (1938)
Domenico Gnoli: *La Roma di Leon X. Quadri e studi originali annotati e pubblicati.* Milano 1938.

Gnoli: *Cortigiane* (1941)
Umberto Gnoli: *Cortigiane romane.* Arezzo 1941.

Gronke, s. Böhler/Gronke: *Diskurs* (1994)

Guidobaldi: *Mythes* (2003)
Nicoletta Guidobaldi: „Mythes musicaux et musique de cour au début de la Renaissance italienne". In: *Musique — Images — Instruments. Revue francaise d'organologie e d'iconographie musicale 5, Musiciens, facteurs et théoriciens de la Renaissance.* CNRS Paris 2003, S. 33–47.

Guerzoni: *Corti estensi* (2000)
Guido Guerzoni: *Le corti estensi e la devoluzione di Ferrara del 1598*, Modena 2000. (= *Quaderni dell'Archivio storico*, a cura di Aldo Borsari).

Haar: *Madrigal* (1996)
James Haar: „Madrigal". *MGG* (2), Sachteil 5, Stuttgart/Kassel 1996, Sp. 1541–69.

Haar: *Petrarch* (2001)
James Haar: „Petrarch". In: New Grove (2), Bd. 19, S. 498–99.

Haar: *Courtier* (1983)
James Haar: „The Courtier as Musician: Castiglione's view of the science and art of music". In: *Castiglione. The Ideal and the Real in Renaissance Culture*, ed. by Robert W. Hanning und David Rosand, New Haven/London: Yale University Press 1983, S. 165–89.

Haar: *Notes on Doni* (1966–1998).
James Haar: „Notes on the Dialogo della Musica of Antonfrancesco Doni (1966)". In ders: *The Science and Art of Renaissance Music.* Ed. by Paul Corneilson, Princeton 1998, S. 271–300.

Heller: *Mensch der Renaissance* (1988)
Agnes Heller: *Der Mensch der Renaissance.* Frankfurt/M 1988.

Helms: *formulaic* (1999)
Dietrich Helms: „Guilielmus Monachus and Henry VIII. Formulaic compositional techniques around 1500". In: *Tijdschrift voor Muziektheorie* 4 (1999) 1, S. 15–22.

Helms: *Intervallverbände* (2001)
Dietrich Helms: „Denken in Intervallverbänden: Kompositionsdidaktik und Kompositionstechnik um 1500". In: Mf 54 (2001), S. 1–23.

Helms : *Musik und Weiblichkeit* (2005)
Dietrich Helms: „Musik und Weiblichkeit in Diskursen der englischen Renaissance". In: *Frauen und Musik im Europa des 16. Jahrhunderts. Infrastrukturen — Aktivitäten — Motivationen*, hg. v. Nicole Schwindt, Kassel etc. 2005 (*Trossinger Jahrbuch für Renaissancemusik* 4, 2004), S. 23–50.

Helms/Meine: *Amor docet musicam* (2012)
Dietrich Helms, Sabine Meine (Hgg.): *Amor docet musicam. Musik und Liebe in der Frühen Neuzeit*, hg. gemeinsam mit Dietrich Helms, Hildesheim 2012.

Hempfer: *Bestimmung Petrarkismus* (1987)
Klaus W. Hempfer: „Probleme der Bestimmung des Petrarkismus. Überlegungen zum Forschungsstand". In: W.-D. Stempel und Kh. Stierle (Hg.): *Die Pluralität der Welten. Aspekte der Renaissance und der Romania*. München 1987, S. 253–78.

Hempfer/Regn: *Diskurs* (1993)
Klaus W. Hempfer und Gerhard Regn (Hg.): *Der petrarkistische Diskurs*. Stuttgart 1993.

Hempfer: *Renaissance* (1993)
Klaus W. Hempfer (Hg.): *Renaissance. Diskursstrukturen und Epistomologische Voraussetzungen*. Stuttgart 1993.

Hempfer/Pfeiffer: *Spielwelten* (2002)
Spielwelten. Performanz und Inszenierung in der Renaissance, hg. v. Klaus W. Hempfer und Helmut Pfeiffer. Stuttgart 2002.

Herold: *Sacchetti, genannt Antimachus* (2004)
Jürgen Herold: „Mattheo Sacchetti, genannt Antimachus. Das Schicksal eines Sekretärs in den Diensten der Markgrafen von Mantua 1475–1505". In: *Der Fall des Günstlings. Hofparteien in Europa vom 13. bis zum 17. Jahrhundert*. 8. Symposium der Residenzen-Kommission der Akademie der Wissenschaften zu Göttingen 2002, hg. v. Jan Hirschbiegel und Werner Paravicini, Ostfildern 2004, S. 263–87.

Hoffmeister: *Petrarkistische Lyrik* (1973)
Gerhart Hoffmeister: *Petrarkistische Lyrik*. Stuttgart 1973.

Hoffmeister: *Petrarca* (1997)
Gerhart Hoffmeister: *Petrarca*. Stuttgart/Weimar 1997.

Huck: *Trecento* (2005)
Oliver Huck: *Die Musik des frühen Trecento*. (*Musica mensurabilis* 1), Hildesheim 2005.

Huizinga: *Homo ludens* (1949)
Johan Huizinga: *Homo ludens. Versuch einer Bestimmung des Spielelements der Kultur*. Aus dem Niederländischen übertragen von Hans Nachod. Basel, Brüssel. u. a. 1949.

Huizinga: *Herbst* (1923–1987)
Johan Huizinga: *Herbst des Mittelalters (1923/1941). Studien über Lebens- und Geistesformen des 14. und 15. Jahrhunderts in Frankreich und in den Niederlanden*, hg. v. Kurt Köster, Stuttgart 1987.

Hurtubise: *Table* (1980)
Pierre Hurtubise: „La ‚Table' d'un cardinal de la Renaissance. Aspects de la cuisine et de l'hospitalité à Rome au milieu du XVIe siècle". In: *Mélange de l'École Française de Rome. Moyen Âge, Temps Modernes* (MEFRM) 92/1980, S. 249-82.

Italienische Musiktheorie 16./17. Jhd. (1989)
Italienische Musiktheorie im 16. und 17. Jahrhundert. Antikenrezeption und Satzlehre von F. Alberto Gallo, Renate Groth, Claude V. Palisca und Frieder Rempp, Darmstadt 1989 (= *Geschichte der Musiktheorie* 7)

Jans: *Alle gegen eine* (1986)
Markus Jans: „Alle gegen eine. Satzmodelle in Note-gegen-Note-Sätzen des 16. und 17. Jahrhunderts." In *Basler Jahrbuch für Historische Musikpraxis* X (1986), S. 101–20.

Jans: *Modale Harmonik* (1992)
Markus Jans: „Modale ‚Harmonik'. Beobachtungen und Fragen zur Logik der Klangverbindungen im 16. und 17. Jahrhundert." In: *Basler Jahrbuch für Historische Musikpraxis* XVI 1992, S. 167–88.

Janz: *Petrarca Marenzio* (1992)
Bernhard Janz: *Die Petrarca-Vertonungen von Luca Marenzio. Dichtung und Musik im späten Cinquecento-Madrigal.* Tutzing 1992.

Jauß: *Tradition* (1973)
Hans Robert Jauß: „Literarische Tradition und gegenwärtiges Bewusstsein der Modernität". In ders.: *Literaturgeschichte als Provokation.* Frankfurt/M. 1973, S. 11–66.

Jeppesen: *Frottola I* (1968)
Knud Jeppesen: *La Frottola. Bemerkungen zur Bibliographie der ältesten weltlichen Notendrucke in Italien.* Arhus und København 1968.

Jeppesen: *Frottola II* (1969)
Knud Jeppesen: *La Frottola II. Zur Bibliographie der handschriftlichen Überlieferung des weltlichen italienischen Lieds um 1500.* Arhus und København 1969.

Jeppesen: *Frottola III* (1970)
Knud Jeppesen: *La Frottola III. Frottola und Volkslied: Zur musikalischen Überlieferung des folkloristischen Guts in der Frottola. Acta Jutlandica* XLII: 1, Arhus und København 1970.

Jones: *Venus Mars* (1981)
Roger Jones: „What Venus did with Mars : Battista Fiera and Mantegna's Parnassus". In: *Journal of the Warburg and Courtauld Institutes* 44 (1981), S. 193–98.

Jouanna: *La notion* (1968)
Arlette Jouanna: „La notion d'honneur aux xvie siècle", *Revue d'histoire moderne et contemporaine*, 15 (1968), S. 597–623.

Karstein: *Minnedidaktik* (1981)
Alfred Karstein: „Europäische Minnedidaktik". In: *Europäisches Mittelalter*, hg. v. Hennig Krauß in Verbindung mit Thomas Cramer, Wiesbaden 1981 (Neues Handbuch der Literaturwissenschaft 7), S. 121–44.

Keener: *Virtue, Illusion* (2005)
Shawn Marie Keener: „Virtue, Illusion, Venezianità. Vocal Bravura and the Early *Cortigiana Onesta*". In: *Musical Voices of Early Modern Women. Many-Heades Melodies*, ed. By Thomasin LaMay, Aldershot 2005, S. 119-33.

Kerény: *Nel labirinto* (1966–1983)
Károly Kerény: *Nel labirinto* (1966), a cura di Corrado Bologna, Torino 1983.

Kessler: *Petrarca und Geschichte* (1978)
E. Kessler: *Petrarca und die Geschichte. Geschichtsschreibung, Rhetorik, Philosophie vom Mittelalter zur Neuzeit.* München 1978.

Kettering: *Patronage* (1992–2002)
Sharon Kettering: „Patronage in early modern France". Zuerst veröffentl. in: *French Historical Studies* (Cincinnati) 17 (1992) 4, S. 839–62, in dies.: Patronage in Sixteenth- and Seventeenth-Century France (Variorum Collected Studies Series), Ashgate 2002, S. 839–62.

Kiefer: *Canzone* (1995)
Reinhard Kiefer: „Canzone" (vokal). In: *MGG* (2), Sachteil 2 (1995), Sp. 417–24.

Kindermann: *Satyra* (1978)
Udo Kindermann: *Satyra. Die Theorie der Satire im Mittellateinischen. Vorstudie zu einer Gattungsgeschichte.* Nürnberg 1978.

Klapisch-Zuber: Mattinata (1990)
Christiane Klapisch-Zuber: „La mattinata médiévale". In dies: *La Maison et le non. Stratégies et rituels dans l'Italie de la Renaissance*. Paris 1990 (Civilisations et Sociétés 81), S. 229–46. Zuerst veröffentlicht unter dem Titel „La ‚mattinata' médiévale d'Italie". In: Jacques Le Goff und J.-C. Schmitt (Éd.): *Le charivari*, Paris 1981, S. 149–63.

Köhler: *Capella Sistina* (2001)
Rafael Köhler: *Die Capella Sistina unter den Medici 1513–1534. Musikpflege und Repertoire am päpstlichen Hof*. Kiel 2001.

Kreyszig: *Gaffurio* (2002)
Walter Kreyszig, Walter: „Gaffurio". In: *MGG* II, Personenteil Bd. 7, Kassel 2002, Sp. 393–403.

Kristeller: *Humanismus und Renaissance II* (1980)
Paul Oskar Kristeller: *Humanismus und Renaissance II*, Hg. v. Eckhard Kessler, München 1976.

Küpper: *Petrarca* (2002)
Joachim Küpper: „Petrarca". *Das Schweigen der Veritas und die Worte des Dichters*. Berlin/New York 2002.

Kurzel-Runtscheiner: *Kurtisanen* (1995)
Monica Kurzel-Runtscheiner: *Töchter der Venus. Die Kurtisanen Roms im 16. Jahrhundert*. München 1995.

La Face Bianconi: *F. 9.9* (1990)
Giuseppina La Face Bianconi: *Gli strambotti del codice estense α F.9.9*. Firenze 1990.

La Face Bianconi/Rossi: *Serafino* (1995)
Giuseppina La Face Bianconi, Antonio Rossi: „Serafino Aquilano nelle fonti musicali". In: *Lettere Italiane* vol. XLVII (1995), S. 345–85.

La Face Bianconi/Rossi: *Rime* (1999):
Giuiseppina La Face Bianconi/Antonio Rossi: *Le Rime di Serafino in musica*. Firenze 1999.

La Via: *Eros Thanatos* (2002)
Stefano La Via: „Eros and Thanatos: A Ficinian and Laurentian reading of Verdelot's *Sì lieta e grata morte*". In: *Early Music History* 21 (2002), S. 75–116.

Leopold: *Al Modo d'Orfeo* (1995)
Silke Leopold: *Al Modo d'Orfeo. Dichtung und Musik im italienischen Sologesang des frühen 17. Jahrhunderts*. Laaber 1995 (Anatecta Musicologica 29).

Leopold: *Oper im 17. Jahrhundert* (2004)
Silke Leopold: *Die Oper im 17. Jahrhundert*. Laaber 2004 (Handbuch der Musikalischen Gattungen 11).

Lehmann: *Mantegna's Parnassus* (1973)
Ph. Williams Lehmann: „The Sources and Meaning of Mantegna's Parnassus", in: P. W. Lehmann and K. Lehmann (eds.), *Samothracian Reflections. Aspects of the Revival of the Antique*. Princeton 1973, S. 59-178.

Levi: *Lirica italiana* (1909)
Eugenia Levi: *Lirica italiana nel cinquecento e nel seicento*. Firenze 1909.

Liebesfreuden Mittelalter (2001)
Alfred Karstein, Gabriele Bartz, Claudio Lange (Hg.): *Liebesfreuden im Mittelalter. Kulturgeschichte der Erotik und Sexualität in Bildern und Dokumenten*, München 2001.

Lincoln: *Madrigal* (1988)
Harry B. Lincoln: *The Italian Madrigal and Related Repertories. Indexes to Printed Collections, 1500–1600*. New Heaven und London 1988.

Lockwood: *ferrara* (1984)
Lewis Lockwood: *Music in Renaissance Ferrara 1400–1505*. Oxford University Press. 1984.

Lorenzetti: *Bellezza* (1917)
Paolo Lorenzetti: *La bellezza e l'amore nei trattati del Cinquecento*. Estratto dagli Annali della R. Scuola Normale Superiore de Pisa Vol. XXVIII (1917), S. 1–175 (Indice bibliografico S. 165–75).

Lorenzetti: *Musica e identità nobiliare* (2003)
Stefano Lorenzetti: *Musica e identità nobiliare nell'Italia del rinascimento. Educazione, mentalità, immaginario*. Firenze 2003 (Historiae musicae cultores, diretta da Lorenzo Bianconi, XCV).

Lowinsky: *Ascanio* (1976)
Edward E. Lowinsky: „Ascanio Sforzas' Life. A Key to Josquin's Biography and an Aid to the Chronology of his works". In: E. E. Lowinsky and B. Blackburn (eds.): *Josquin des Prez, Proceedings of the International Josquin Festival-Conference […] 1971*, London 1976, S. 31–75.

Lütteken: *Renaissance* (1998)
Laurenz Lütteken: „Renaissance". In: *MGG* (2), Sachteil 8, Kassel 1998, Sp. 143–56.

Luisi: *Mus. Voc.* (1977)
Francesco Luisi: *Del cantar a libro [...] o sulla viola. La musica vocale nel Rinascimento. Studi sulla musica vocale profana in Italia nei secoli XV e XVI*. Torino 1977.

Luisi: *fonte canzone* (1986)
Francesco Luisi: „Una sconosciuta fonte per la canzone vocale e proto-madrigalistica redatta intorno al 1530". In: *Note d'archivio per la storia musicale*. Nuova serie IV (1986), S. 9–104.

Luisi: *retorica* (1990)
Francesco Luisi: „Considerazioni sul ruolo della struttura e sul peso della retorica nella musica profana italiana del cinquecento". In: *Struttura e retorica nella musica profana del cinquecento*. Atti del Convegno: Trento, Centro S. Chiara, 23 ottobre 1988. A cura di Marco Gozzi. Roma 1990, S. 13–47.

Luisi: *Contributi* (1990)
Francesco Luisi: „Contributi minimi ma integranti. Note su Pietrobono, Niccolò Tedesco, Jacomo da Bologna e la prassi musicale a Ferrara nel Quattrocento, con altre notizie sui Nonfigli costruttori di strumenti". In: *Studi in onore di Giulio Cattin*, a cura di Francesco Luisi, Roma 1990, S. 29–52.

Luisi: *citazioni* (1996)
Francesco Luisi: „In margine al repertorio frottolistico: citazioni e variazioni". In: *Musica e storia*, vol. 4 (1996), S. 155–87.

Luisi: *Moti confecti* (1996)
Francesco Luisi: „Moti confecti, zoè frotole. Dal genere letterario alla codificazione musicale: Esegesi, trasmissione e recezione." In: *Trent'anni di ricerche musicologiche. Studi in onore di F. Alberto Gallo*, a cura di Patrizia Dalla Vecchia e Donatella Restani, Roma 1996, S. 143–59.

Luisi: *Dal Frontespizio* (1999)
Francesco Luisi: „Dal Frontespizio al contenuto: Esercizi di ermeneutica e bibliografia a proposito della ritrovata silloge del Sambonetto (Siena, 1515)". In: *Studi musicali* XXVIII (1999) 1, S. 65–114.

Luzio: *Vittoria Colonna* (1885)
Alessandro Luzio: „Vittoria Colonna". In: *Rivista Storica Mantovana* 1885, 1, 1–52.

Luzio: *Federico* (1886)
Alessandro Luzio: „Federico Gonzaga. Ostaggio alla Corte di Giulio II". In: *Archivio della Società Romana di storia patria* 9 (1886), S. 509-82.

Luzio: *Isabella Roma* (1906)
Alessandro Luzio: *Isabella d'Este ne' primordi del papato di Leone X e il suo viaggio a Roma del 1514–1515*. Milano 1906.

Luzio: *Isabella Sacco* (1908)
Alessandro Luzio: *Isabella d'Este e il sacco di Roma*. Milano 1908.

Luzio: *Isabella e Borgia* (1915)
Alessandro Luzio: *Isabella d'Este e i Borgia*. Milano 1915.

Luzio/Renier: *relazioni* (1890)
Luzio/Renier: „Delle relazioni di Isabella d'Este Gonzaga con Ludovico e Beatrice Sforza." In: *Archivio Storico Lombardo* 1890.

Luzio/Renier: *Mantova e Urbino* (1893)
Alessandro Luzio und Rodolfo Renier: *Mantova e Urbino. Isabella d'Este ed Elisabetta Gonzaga nelle relazioni famigliari e nelle vicende politiche.* Torino/Roma 1893.

Luzio/Renier: *Niccolò da Correggio* (1893)
Alessandro Luzio und Rodolfo Renier: „Niccolò da Correggio". In: *Giornale storico della letteratura italiana* XXI, 1893, S. 205–64 und XXII, 1894, S. 65–119.

Luzio/Renier: *Buffoni* (1894)
Alessandro Luzio und Rodolfo Renier: *Buffoni, nani e schiavi al tempo di Isabella d'Este.* Nuova Antologia, Roma 1894.

Luzio/Renier: *Coltura Isabella* (1899)
Alessandro Luzio und Rodolfo Renier: „La coltura e le relazioni letterarie die Isabella d'Este Gonzaga". In: *Giornale storico della letteratura italiana* 18. Jhrg., vol. XXXIII (1899) 97, S. 1–62 („La coltura") und vol. XXXIV (1899) 100–01, S. 1–97 ("Le relazioni letterarie: 1. gruppo mantovano").

Maaß: *Der verführte Verführer* (2001)
Christiane Maaß: „Der verführte Verführer oder die Macht des Blicks. El libro dell'Amore von Marsilio Ficino", in Frank Wanning, Anke Wortmann (Hg.): *Gefährliche Verbindungen. Verführung und Literatur*, Berlin 2001, S. 15–30.

Maaß/Vollmer: *Mehrsprachigkeit* (2005)
Christiane Maaß und Annett Vollmer (Hgg.): *Mehrsprachigkeit in der Renaissance*, Heidelberg 2005 („Beihefte zur Germanisch-Romanischen Monatsschrift" 21).

Mace: *Bembo* (1969)
Dean T. Mace: „Pietro Bembo and the literary Origins of the Italian Madrigal." In: MQ 55 1969, S. 65–86.

Macy: *Speaking of sex* (1996)
Laura Macy: „Speaking of Sex: Metaphor and Performance in the Italian Madrigal". In: *The Journal of Musicology (JM)*. Berkeley Bd. 14, Heft 1, 1996, S. 1–34.

Malacarne: *segno* (2001)
Giancarlo Malacarne: „Il segno di Isabella. Stemmi, motti, imprese". In: Bini: *Isabella* (2001), S. 184–201.

Malacarne: *Feste* (2002)
Giancarlo Malacarne: *Le Feste del principe. Giochi, divertimenti, spettacoli a corte.* Modena 2002.

Mamczarz: *Une fête* (1975)
Irène Mamczarz: „Une fête équestre à Ferrare: Il tempo d'amore (1565)". In: *Les Fêtes de la Renaissance III*, réunies et présentées par Jean Jacquot et Elie Konigson, Paris 1975, S. 349-72.

Martini: *Metrologia* (1976)
Angelo Martini: *Manuale di metrologia ossia misure, pesi e monete.* Roma 1976.

Meine: *Zwölftöner* (2000)
Sabine Meine: *Ein Zwölftöner in Paris. Studien zu Biographie und Wirkung von René Leibowitz.* Augsburg 2000.

Meine: *Isabella* (2005)
„Selbstinszenierung und Distinktion — Zur Funktion der höfischen Musik bei Isabella d'Este Gonzaga". In: *Frauen und Musik im Europa des 16. Jahrhunderts: Infrastrukturen — Aktivitäten — Motivationen.* Trossinger Jahrbuch für Renaissancemusik 4, hg. von Nicole Schwindt, Kassel 2005, S. 51–75.

Meine: *Puppen, Huren…* (2005)
Sabine Meine: „Einführende Bemerkungen". In: *Puppen, Huren, Roboter. Körper der Moderne in der Musik 1900–1930*, hg. v. Sabine Meine und Katharina Hottmann, Schliengen: Edition Argus 2005 (Interdisziplinäre Gender- und Kulturgeschichtsstudien der Hochschule für Musik und Theater Hannover), S. 11–33.

Meine: *Amerò* (2005)
„Amerò, non amerò. Frottola und Volkslied — Höfische Spiele auf Nähe und Distanz im Italien des frühen 16. Jahrhunderts". In: *Lied und populäre Kultur. Jahrbuch des Deutschen Volksliedarchivs* 49 (2004), hg. v. Max Matter und Tobias Widmaier, Münster 2005, S. 11–49.

Meine: *Intermedien* (2007)
„Intermedien". In: *Enzyklopädie der Neuzeit*, hg. v. Friedrich Jaeger, Bd. 5, Stuttgart/Weimar 2007, Sp. 1079-1084.

Meine: *Vergine bella* (2007)
„'Vergine bella' — 'Vergine sacra': Weltliche Modelle für die Marienverehrung in der italienischen Renaissancemusik. In: *Modell Maria. Beiträge der Vortragsreihen Gender Studies 2004–2006 an der Hochschule für Musik und Theater Hamburg*, hg. v. Martina Bick, Beatrix Borchard, Katharina Hottmann und Krista Warnke, Hamburg 2007, S. 111–32.

Meine: *Amor docet musicam* (2012), s. Helms/Meine: *Amor docet musicam* (2012).

Merkley: *Sforza* (1999)
Paul A. Merkley und Lora L. M. Merkley: *Music and Patronage in the Sforza Court* (= Studi sulla Storia della Musica in Lombardia III). Turnhout 1999.

Musik 15./16. Jhd.
Die Musik des 15. und 16. Jahrhunderts, hg. v. Ludwig Finscher (*Neues Handbuch der Musikwissenschaft* 3), Laaber 1980–1990, Lizenzausgabe Darmstadt 1997.

Negro/Roio: *Costa* (2001)
Emilio Negro/Nicosetta Roio: *Lorenzo Costa (1460–1535)*. Modena 2001.

Novati: *Contributi* (1912)
Francesco Novati: „Contributi alla storia della lirica musicale italiana popolare e popolareggiante dei secoli XV, XVI, XVII". In: *Scritti varii di erudizione e di critica in onore di Rodolfo Renier*, Turino 1912, S. 910–14.

Neumann: *Petrarca und die Musik* (2004)
Florian Neumann: „Petrarca und die Musik". In: *Colloquium Petrarca*, hg. v. schwäbischem Bildungszentrum Kloster Irsee 2004, S. 5–10.

Neumeier: *Tullia* (1999)
Sebastian Neumeier: „Tullia d'Aragona". In: *Frauen der italienischen Renaissance*, hg. v. Irmgard Osols-Wehden, Darmstadt 1999, S. 51–65.

Newcomb: *Courtesans* (1986)
Anthony Newcomb: „Courtesans, Muses or Musicians? Professional Women Musicians in Sixteenth-Century Italy". In: *Women Making Music: The Western Art Tradition 1150–1950*, ed. by Jane Bowers und Judith Tick, Urbana und Chicago 1986, S. 90–115.

Osthoff: *Theatergesang* (1969)
Wolfgang Osthoff: *Theatergesang und darstellende Musik in der italienischen Renaissance (15. und 16. Jahrhundert)*. Tutzing 1969.

Orvieto: *non-senso* (1978)
Paolo Orvieto: „Sulle forme metriche della poesia del non-senso (relativo e assoluto). In: *Metrica* I (1978) 1978, S. 203–18.

Owens: *Composers at work* (1997)
Jessie Owens: *Composers at work. The craft of Musical Composition 1450–1600*. New York/Oxford 1997.

Paal: *Appartamento* (1981)
Ursula Paal: *Studien zum Appartamento Borgia im Vatikan*. Stuttgart 1981.

Palisca: *Archilei* (1999)
Claude V. Palisca: „Archilei (Familie)". In *MGG* (2), Personenteil 1, Kassel etc. 1999, Sp. 874–76.

Panofsky: *Ikonologie Renaissance* (1972–1997)
Erwin Panofsky: *Studien zur Ikonologie der Renaissance (Studies in Iconology)*, übersetzt aus dem Engl. nach der erweiterten Neuauflage New York/London 1972 v. Dieter Schwarz, Nachdruck Köln 1997.

Paravicini, s. Hirschbiegel/Paravicini: *Fall des Günstlings (2004)*

Parisi: *Patronage Music Mantua* (1993)
Susan H. Parisi: *Ducal Petronage of Music in Mantua, 1587–1627: An Archival Study*. Diss. University of Illinois an Urbana-Champaign 1989, Michigan 1993.

Pastor: *Geschichte Päpste* (1904)
Ludwig von Pastor: *Geschichte der Päpste seit dem Ausgang des Mittelalters. Vol. 2: Geschichte der Päpste im Zeitalter der Renaissance von der Thronbesteigung Pius II. bis zum Tod Sixtus IV.*, 3. und 4. umgearbeitete Ausgabe, Freiburg/Br. 1904.

Picker: *Antico* (1999)
Martin Picker: „Antico, Andrea". In *MGG* (2), Personenteil 1, Kassel etc. 1999, Sp. 779-83.

Pirro: *Leo X* (1935)
André Pirro: „Leo X and Music". *MQ* 21 (1935), S. 1–16.

Pirrotta: *Orfei* (1969)
Nino Pirrotta: *Li due Orfei. Da Poliziano a Monteverdi*. Torino 1969.

Pirrotta: *Music and Culture* (1984)
Nino Pirrotta: *Music and Culture in Italy from the Middle Ages to the Baroque. A Collection of Essays*. Cambridge 1984.

Pirrotta: *Dolci affetti* (1985)
Nino Pirrotta: „‚Dolci affetti': I musici di Roma e il madrigale." In: *Studi musicali XIV* (1985) 1, S. 59-104.

Pirrotta: *Before Madrigal* (1994)
Nino Pirrotta: „Before the Madrigal": *The Journal of Musicology*, XII 1994, S. 237–52.

Pozzi: *Trattatisti* (1978)
Mario Pozzi (a cura di): *Trattatisti del cinquecento*, Bd. I, Milano/Napoli 1978.

Prizer: *Performance* (1975)
William F. Prizer: „Performance practises in the frottola. In: *Early Music* 3 (1975), July, S. 227–35.

Prizer: *Cara* (1980)
William F. Prizer: *Courtly Pastimes. The Frottole of Marchetto Cara*. Ann Arbor Uni Research Press, 1980 (Studies in Musicology 33).

Prizer: *Isabella and Lorenzo* (1982)
William F. Prizer: „Isabella d'Este and Lorenzo da Pavia, ‚Master Instrument Maker'". In *Early Music History* II (1982), S. 87–127.

Prizer: *Isabella and Lucrezia* (1985)
William F. Prizer: „Isabella d'Este and Lucrezia Borgia as Patrons of Music: The Frottola at Mantua and Ferrara". JAMS Vol. 38, Spring 1985, Nr.1, S. 1–33.

Prizer: *Paris Rés. Vm⁷ 676* (1990)
William F. Prizer: Paris, Bibliothèque Nationale Rés. Vm⁷ 676 and Music in Mantua. In: *Trasmissione e recezione delle forme di cultura musicale. Atti del XIV congresso della società internazionale di Musicologia, Bologna/Ferrara/Parma 1987*, a cura di Angelo Pompilio, Donatella Restani, Lorenzo Bianconi und F. Alberto Gallo, II, Torino 1990, S. 235–39.

Prizer: *Games* (1991)
William F. Prizer: „Games of Venus: Secular Vocal Music in the Late Quattrocento and Early Cinquecento". In: *The Journal of Musicology* IX (1991) 1, S. 3–56.

Prizer: *Laude* (1993)
William Prizer: „Laude di popolo, laude di corte: Some thoughts on the style and function of the Renaissance lauda". In: *La Musica a Firenze al tempo di Lorenzo il Magnifico*, a cura di Piero Gargiulo, Firenze 1993, S. 167–94.

Prizer: *Virtù* (1999)
William F. Prizer: „‚Una Virtù molto conveniente a madonne': Isabella d'Este as a Musician". In *Journal of Musicology* Vol. 17 (Winter 1999) 1, S. 10–49.

Prizer: *Tromboncino* (2001)
William F. Prizer: „Tromboncino, Bartolomeo". In: *New Grove (2)* 25 (2001), S. 758–62.

Prizer: *Wives* (2004)
William F. Prizer: „Wives and Courtesans: The Frottola in Florence". In: *Music observed. Studies in Memory of William C. Holmes*, ed. by Colleen Reardon und Susan Parisi, Warren, Michigan 2004, S. 401–15.

Reese: Music Renaissance (1954)
Gustave Reese: *Music in the Renaissance*. New York 1954, 2nd edition 1959.

Reinhard: *Schwankende* (2005)
Wolfgang Reinhard: „Schwankende Zweideutigkeit. Thomas Brechenmachers Studie über den Vatikan und die Juden." *FAZ* vom 21.03.2005, S. 37.

Reinhardt: *Der unheimliche Papst* (2005)
Volker Reinhardt: *Der unheimliche Papst: Alexander VI. Borgia (1431–1503)*, München 2005.

Reynolds: *Rome Contrast* (1989)
Christopher A. Reynolds: „Rome: a City of rich Contrast". In: Iain Fenlon (Ed.): *The Renaissance. From the 1470s to the end of the 16th century*, Englewood Cliffs/New Jersey 1989, S. 63–101.

Reynolds: *Papal Patronage* (1995)
Christopher A. Reynolds: *Papal Patronage and the music of St. Peter's 1380–1513*. Berkeley/Los Angeles u. a. 1995

Riley: Molza: *A case study* (1984)
Joanne Riley: Tarquinia Molza: „A case study of women, music, and society in the Renaissance". In: *The musical Woman* (USA), Vol. II (1984–1985), S. 470–92.

Roccatagliati: *Ferrara* (1995)
Alessandro Roccatagliati: „Ferrara". In: *MGG (2)*, Sachteil 3, Kassel 1995, Sp. 396–411.

Roma Trasformazioni (2004)
Roma. Le trasformazioni urbane nel Quattrocento, Vol. I: Giorgio Simoncini, Topografia e urbanistica da Bonifacio IX ad Alessandro VI (L'Ambiente storico. Studi di storia urbana e del territorio, vol. 10), Firenze 2004.

Romano: *Studiolo* (1981)
Giovanni Romano: „Lo Studiolo di Isabella d'Este: Mantegna, Bellini, Perugino" und „Lo Studiolo d'Isabella d'Este: problemi d'iconografia". In: *Storia dell'Arte*, Turin 1981, II.

Rosenthal: *Honest Courtesan* (1992)
Margaret Rosenthal: *The Honest Courtesan: Veronica Franco. Citizen and Writer in Sixteenth-Centura Venice*. Chicago and London 1992.

Rossi: *Serafino* (1980)
Antonio Rossi: *Serafino Aquilano e la poesia cortigiana*. Brescia 1980.

Rubsamen: *Literary Sources* (1943)
Walter H. Rubsamen: *Literary sources of secular music in Italy (ca 1500)*. University of Califormia, Berkeley and L.A. 1943.

Rubsamen/Haar: *From Frottola* (1964)
Walter H. Rubsamen: „From Frottola to Madrigal: The Changing pattern of Secular Italian Vocal Music". In: *Chanson & Madrigal 1480–1530. Studies in Comparison and constrast*, ed. by James Haar, Cambridge/USA 1964, S. 51–88.

Rubsamen: *Serafino* (1965)
Walter H. Rubsamen: „Serafino de' Ciminelli (Aquilano)". In: *MGG* (1), Bd. 12, Sp. 553–55.

Russell: *Senso, nonsenso* (1982)
Rinaldina Russell: „Senso, nonsenso e contrasenso nella frottola". In: *Generi poetici medievali*, Napoli 1982, S. 147–61.

Sachs: *Contrapunctus* (1974)
Klaus Jürgen Sachs: *Der Contrapunctus im 14. und 15. Jahrhundert. Untersuchungen zum Terminus, zur Lehre und zu den Quellen.* Wiesbaden 1974.

Sachs: *Gulielmus* (2002)
Klaus-Jürgen Sachs: „Guilielmus Monachus". In: *MGG* (2), Personenteil 8, Kassel u. a. 2002, Sp. 238–39.

Salmen: *Tanz* (1999)
Walter Salmen: *Tanz und Tanzen vom Mittelalter bis zur Renaissance.* (Terpsichore. Tanzhistorische Studien, hg. v. Walter Salmen für das Deutsche Tanzarchiv Köln 3, Hildesheim 1999

Santore: *Julia Lombardo* (1988)
Cathy Santore: „Julia Lombardo,'Somtuosa Meretrize': A portrait by property". In: *Renaissance Quarterly* XLI (1988) 1. S. 44–83.

Sarasin: *Subjekte, Körper* (1996)
Philipp Sarasin: „Subjekte, Diskurse, Körper. Überlegungen zu einer diskursanalytischen Kulturgeschichte". In: Wolfgang Hardtwig und Hans-Ulrich Wehler (Hg.): *Kulturgeschichte Heute.* Göttingen 1996, S. 131–65.

Schering: *Liber notarum* (1929)
Arnold Schering: „Musikalisches aus Joh. Burckards ‚Liber notarum' (1483–1506) von Arnold Schering. In: *Festschrift für Johannes Wolf zu seinem sechzigsten Geburtstage*, hg. v. Walter Lott, Helmuth Osthoff und Werner Wolffheim, Berlin 1929, S. 171–75.

Schick: *Einheit* (1998)
Hartmut Schick: *Musikalische Einheit im Madrigal von Rore bis Monteverdi. Phänomene, Formen und Entwicklungslinien.* Tutzing 1998 (Tübinger Beiträge zur Musikwissenschaft 18).

Schmid: *Petrucci* (1845–1968)
Anton Schmid: *Ottaviano dei Petrucci da Fossombrone, der Erfinder des Musiknotendrucks mit beweglichen Metalltypen, und seine Nachfolger im sechszehnten Jahrhunderte.* Wien 1845/Nachdruck 1968.

Schmitz-Gropengießer: *Frottola* (1996)
Frauke Schmitz-Gropengießer: „Frottola". In: HmT 1996, 7 S.

Schmitz-Gropengießer: *Canzone, Canzonetta* (1997)
Frauke Schmitz-Gropengießer: „Canzone, Canzonetta". In: HmT 1997, 14 S.

Schmalzriedt: *Subiectum, soggetto, sujet, Subjekt* (1978)
Siegfried Schmalzriedt: „Subiectum, soggetto, sujet, Subjekt". In: HmT 1978.

Schmidt: *Marchetto Cara* (2000)
Lothar Schmidt: „Cara, Marchetto". In *MGG* (2), Personenteil 4, Kassel 2000, Sp. 160–68.

Schmidt: *Filippo de Lurano* (2001)
Lothar Schmidt: „Filippo de Lurano". In: *MGG* (2), Personenteil 6, Kassel u. a. 2001, Sp. 1157–60.

Schmidt-Beste: *Capreoli* (2000)
Thomas Schmidt-Beste: „Capreoli, Antonio (Caprioli)". In: *MGG* (2), Personenteil 4, Kassel u. a. 2000, Sp. 144–45.

Schwartz: *Frottola 15. Jhd.* (1886)
Rudolf Schwartz: „Die Frottola im 15. Jahrhundert". *Vierteljahrsschrift für Musikwissenschaft* II (1886), S. 427–66.

Signorini: *Una porta gemmea* (1991)
Rodolfo Signorini: „,Una porta gemmea'. Il portale della Grotta di Isabella d'Este in Corte vecchia". In: *Per Mantova una vita. Studi di memoria di Rita Castagna*, a cura di Anna Maria Lorenzoni und Roberto Navarrini. Mantova 1991, S. 25–51.

Schwindt: *Musikalische Lyrik* (2004)
Nicole Schwindt: „Musikalische Lyrik der Renaissance". In: *Musikalische Lyrik 1, Von der Antike bis zum 18. Jahrhundert*, hg. v. Hermann Danuser, Laaber 2004 (Handbuch der musikalischen Gattungen 8, 1), S. 137–254.

Schwindt: *Regards croisés* (2004)
Nicole Schwindt: Rezension von *Regards croisés. Musiques, musiciens, artistes et voyageurs entre France et Italie au XVe siècle*, éd. par Nicoletta Guidobaldi, Paris/Tours 2002 (Centre d'études supérieures de la Renaissance). In Mf 57 (2004) 4, S. 401–02.

Schwindt-Gross: *Drama Diskurs* (1989)
Nicole Schwindt-Gross: *Drama und Diskurs. Zur Beziehung zwischen Satztechnik und motivischem Prozeß am Beispiel der durchbrochenen Arbeit in den Streichquartetten Mozarts und Haydns*. Laaber 1989.

Solerti: *ferrara* (1891)
Angelo Solerti: *Ferrara e la Corte Estense nella seconda metà del secolo decimosesto*, Città di Castello 1891.

Staehelin: *Isaacs Wappenmotette* (1997)
Martin Staehelin: „Heinrich Isaacs ‚Palle'-Satz und die Tradition der Wappenmotette". In: *Heinrich Isaac und Paul Hofhaimer im Umfeld von Kaiser Maximilian I*, hg. v. Walter Salmen, Innsbruck 1997, S. 217–21 (Innsbrucker Beiträge zur Musikwissenschaft 16).

Steinheuer: *Hofdame* (1995)
Joachim Steinheuer: „Hofdame, Nonne, Kurtisane — Komponistinnen im 16. und 17. Jahrhundert. Der Wandel des Frauenbildes während der Renaissance. In: *Unerhörtes Entdecken*, hg. v. Christel Nies, Kassel 1995 (Komponistinnen und ihr Werk 2), S. 39-50.

Steinheuer: *Baroni* (1999)
Joachim Steinheuer: „Baroni, Leonora". In: *MGG*(2), Personenteil 2, Kassel etc. 1999, Sp. 274–77.

Steinheuer: *Basile* (1999)
Joachim Steinheuer: „Basile (Familie)". In: *MGG*(2), Personenteil 2, Kassel etc. 1999, Sp. 435–40; ders: „Baroni, Leonora". In: *MGG*(2), Personenteil 2, Kassel etc. 1999, Sp. 274–77.

Stierle: *Francesco Petrarca* (2003)
Karlheinz Stierle: *Francesco Petrarca. Ein Intellektueller im Europa des 14. Jahrhunderts*. München/Wien 2003.

Stras: *Recording Tarquinia* (1999)
Laurie Stras „Recording Tarquinia: Imitation, Parody and Reportage in Ingegneri's ‚Hor che 'l ciel e la terra e 'l vento tace'". In: *Early Music*, 27 (1999), S. 358–77.

Strohm: The birth of the Music book (2005)
Reinhard Strohm: „The birth of the music Book". In: *Venezia 1501: Petrucci Convegno* (2005), S. 45–55.

Tissoni Benvenuti: *Quattrocento* (1972)
Antonia Tissoni Benvenuti: *Il Quattrocento settentrionale*. Bari 1972.

Tomlinson: *de Wert* (1993)
Gary Tomlinson: „Giaches de Wert and the discourse of Petrarchism". In: *Revista de Musicología* (Spanien) 15/16 (1992–1993) 1 , S. 552–60.

Torrefranca: *Segreto* (1939)
Fausto Torrefranca: *Il segreto del Quattrocento. Musiche ariose e poesia popolaresca* (con 163 pagine di musiche in partitura, 16 di fac-simili e 5 appendici). Milano 1939.

Venezia 1501: Petrucci mostra 2001 (2001)
Iain Fenlon und Patrizia Dalla Vecchia (a cura di): *Venezia 1501. Petrucci e la stampa musicale. Catalogo della mostra — Venezia, Biblioteca Nazionale Marciana Libreria Sansoviniana 2001*, Venezia 2001.

Venezia 1501: Petrucci Convegno (2005)
Venezia 1501: Petrucci e la stampa musicale. Atti del convegno internazionale di studi. Venezia — Palazzo Giustinian Lolin 10–13 ott. 2001, a cura di Giulio Cattin und Patrizia Dalla Vecchia, Venezia 2005.

Ventura: *Isabella d'Este* (2001)
Leandro Ventura: „Isabella d'Este. Committenza e collezionismo". In Bini: *Isabella* (2001), S. 85–108.

Verheyen: *The Paintings in the studiolo* (1971)
Egon Verheyen: *The Paintings in the „studiolo" of Isabella d'Este at Mantua.* New York 1971.

Verhulst: *Frottola* (1990)
Sabine Verhulst: *La frottola (XIV-XV sec.): Aspetti della codificazione e proposte esegetiche.* Gent 1990.

Vianey: *Pétrarchisme* (1909)
Joseph Vianey: *Le pétrarchisme en France au xvie siècle.* Montpellier 1909.

Volmer, Annett, s. Maaß/Volmer: *Mehrsprachigkeit* (2005)

Wessely: *Colonna* (1973)
Othmar und Helene Wessely: „Colonna". In: *MGG* I, Supplement I, Kassel 1973, Sp. 1547–51.

Wistreich: *Virtù and virtuosity* (2003)
Richard Wistreich: „,Real basses, real men' — Virtù and virtuosity in the construction of noble male identity in late sixteenth century Italy". In: *Gesang zur Laute. Trossinger Jahrbuch für Renaissancemusik 2002*, hg. v. Nicole Schwindt, Kassel etc. 2003, S. 59-77.

Žak: *Cappella* (1989)
Sabine Žak: „Cappella — castello — camera. Gesang und Instrumentalmusik an der Kurie". In: *Collectanea II. Studien zur Geschichte der päpstlichen Kapelle, Tagungsbericht*, hg. v. Bernhard Janz, Heidelberg 1989, S. 175–223.

Ziino: *Ballata* (1987)
Agostino Ziino: *La ballata in musica dalla frottola al madrigale: campioni per una ricerca.* In: *La Letteratura. La rappresentazione. La musica al tempo e nei luoghi di Giorgione, Atti del convegno internazionale di studi per il V centenario della nascita di Giorgione, tenutosi a Castelfranco Veneto e a Asolo dall' 1 al 3 settembre 1978.* Roma 1987, S. 259–73.

Nachschlagewerke und Enzyklopädien

Battaglia
Salvatore Battaglia: *Grande Dizionario della lingua italiana*. Torino 1971.

Bibel
Die Bibel nach der Übersetzung Martin Luthers, in der revidierten Fassung von 1984, Stuttgart 1990, 2. Aufl. 1994.

Cappelli: *Abbreviature*
A. Cappelli. *Dizionario di Abbreviature latine ed italiane*, Milano: Ulrico Hoepli 6. Aufl. Mailand 1973 (= Lexicon Abbreviaturarum, Manuali Hoepli).

Census-Catalogue
Census-Cataogue of Manuscript Sources of Polyphonic Music 1400–1550, compiled by the University of Illinois, Musicological Archives for Renaissance Manuscript Studies Vol. I-IV, hg. v. Charles Hamm (vol. I) und Herbert Kellman, American Institute of Musicology, Neuhausen-Stuttgart 1979-1990.

DBI
Dizionario biografico degli Italiani /Istituto della Enciclopedia Italiana, fondata da Giovanni Treccani, Rom 1960–.

Quellen- und Literaturverzeichnis

DLLA
Valter Loggione, Giovanni Casalegno: *Dizionario letterario del lessico amoroso. Metafore, eufemismi, trivialismi.* Torino 2000.

EDN
Enzyklopädie der Neuzeit, im Auftrag des Kulturwissenschaftlichen Instituts (Essen) und in Verbindung mit den Fachwissenschaftlern hg. von Friedrich Jaeger, Stuttgart u. a. ab 2005 (in 16 Bänden).

Französische Literaturgeschichte (1989)
Französische Literaturgeschichte, hg. v. Jürgen Grimm, Stuttgart 1989.

GDE
A. Arici: *Grande Dizionario Enciclopedico,* a cura di P. Fedele, Torino 1957.

Gebet- und Gesangbuch
Gebet- und Gesangbuch für das Bistum Mainz, hg. v. Bischöflichen Ordinariat Mainz, Mainz 1952.

Glossarium/Du Cange
Glossarium mediae et infimae Latinitas, II, hg. v. Domino du Cange, Univers. Nachdruck der Ausgabe von 1883–1887, Graz 1954.

Handbuch Kirchen Roms (1967)
Handbuch der Kirchen Roms, hg. v. Walter Buchowiecki, Band 1, Wien 1967.

Kapp: *Ital Litgesch* (1994)
Volker Kapp (Hg.): *Italienische Literaturgeschichte.* 2. Verbesserte Auflage, Stuttgart/Weimar 1994.

Letteratura Ital Bio-Bibl
Letteratura Italiana, a cura di Asor Rosa. *Dizionario Bio-Bibliografico e indici: gli autori,* Torino 1990.

LThK³
Lexikon für Theologie und Kirche, begr. v. Michael Buchberger, hg. v. Walter Kasper. 3., völlig neu bearb. Auflage, Freiburg im Breisgau u. a., 1993–2001.

Mediae Latinitatis/Niermeyer
Mediae Latinitatis lexicon minus I, hg. v. J. F. Niermeyer und C. van de Kreft, Darmstadt 2002.

Metzler Lex LitKulttheorie
Metzler Lexikon Literatur- und Kulturtheorie. Ansätze, Personen, Grundbegriffe, hg. v. Ansgar Nünning, 3. erweiterte Auflage, Stuttgart 2004.

New Grove (2)
The New Grove Dictionnary of Music and Musicians, hg. v. Stanley Sadie, 2. Ausgabe London 1999.

MGG (1)
Die Musik in Geschichte und Gegenwart, ed. by Friedrich Blume, Kassel, Basel etc. 1949 bis 1976.

MGG (2)
Die Musik in Geschichte und Gegenwart, hg. v. Ludwig Finscher, 2. Ausgabe Kassel, Basel etc. ab 1994.

Sartori Bibliografia Petrucci (1948)
Claudio Sartori (Hg.): *Bibliografia delle opere musicali stampate da Ottaviano Petrucci.* Firenze 1948 (Biblioteca di bibliografia italiana 18)

Storia Letteratura (1987)
Storia della Letteratura Italiana, Il Cinquecento, a cura di E. Cecchi und N. Garzanti, Milano, Neuaufl. 1987.

Storia Letteratura (1996)
Storia della Letteratura Italiana, a cura di Enrico Malato, 4, *Il Primo Cinquecento,* Roma 1996.

Storia Musica europea (2004)
Storia della musica europea. Enciclopedia della musica 4, a cura di Jean-Jacques Nattiez, Torino 2004.

Audio- und Videomaterialien

Cigni, Capre etc./CD
Cigni, capre, galli e grilli. Musiche dal bestiario rinascimentale. Fortuna Ensemble. Roberto Cascio (maestro di concerto).

Cradle Renaissance/CD (2002)
The Cradle of the Renaissance: Italian Music from the time of Leonardo da Vinci (1452–1519). Works by Marchetto Cara, Alexander Agricola, Joan Cornago, Leonardo Giustiniani, Heinrich Isaac, Poliziano and others. Sirinu. Hyperion Records, London 1995.

Frottole/CD (2005)
Frottole. Accordone, Marco Beasley, Gesang, Guido Morini, Orgel und musikalische Leitung und Bearbeitungen, Stefano Rocco, Laute und Renaissance-Gitarre, Franco Pavan, Laute u. a. CD Cypres 2005.

Io canterei – Petrarcas Canzoniere/CD (1996)
Io canterei d'amore. Petrarcas Canzoniere in Vertonungen des 16. Jahrhunderts. Ensemble Chanterelle, Gundula Anders, Sopran, Liane Ehlich, Flöten, Sigrun Richter, Laute, CD Ambitus 1996.

Isabella d'Este/Video
Isabella d'Este. First Lady of the Renaissance, produziert und geleitet von Eugene Enrico. Consort of Musicke, Anthony Rooley, musikalische Leitung. Videoproduktion www.ou.edu/earlymusic/isabella.html.

Italian Renaissance Madrigals/CD (1992)
Italian Renaissance Madrigals. The Hilliard Ensemble. EMI 1992.

Rinascimento — Primo Seicento Lombardy/CD (2002)
Il Rinascimento — Il Primo Seicento. Renaissance and Baroque music in Lombardy. G. Zambon (countertenor) und Renaissancemusikensemble, Nuova Era Records, Milano 1991.

Music for Isabella (2002)
Music for Isabella. Konzert von Musica antiqua of London v. 15. 11. 2002, Tage alter Musik Herne, Aufzeichnung des WDR.

Vergine bella/CD (2002)
Vergine Bella. Italian Renaissance Music. Carolyn Sampson, Sopran, Clare Wilkinson, Alt, Julian Podger, Tenor, Robert Meunier, Laute/musikalische Leitung, Colchester 2002, Chaconne Digital, Chandos Records LTD.

NOTEN- UND TEXTBEISPIELE

Nr.	Textanfang	Komponist	Textform/-autor	Quellen	Moderne Ausgaben	Kommentar
1	Oime el cor, oime la testa	Marchetto Cara	Barzelletta	Frottole Pe. I (1504), fol. 2v–3r; FN Panciat. 27, fol. 12v–13r; FC B 2441, fol. 7v–8r; Pn Vm⁷ 676, fol. 11v–12r; Int. L. Boss. Pe. I (1509), fol. 32r.	Pe. I–III/Cesari/ Monterosso (1954), S. 3 (Noten), S. 3 (Text); Bossinensis/Disertori (1964), S. 384–85; Int. L. Boss. Pe. I (1509–1977), fol. 32r.	
2	Arboro son che li miei rami persi	Anon.	Strambotto; Anon. bzw. Isabella d'Este Gonzaga	Mo. α F. 9, 9, fol. 54v–55r.	Gallico: *Dialogo* (1962–2001), S. 40–41; La Face Bianconi: *F. 9. 9* (1990), S. 265–66).	
3	Cantai mentre nel core	Marchetto Cara	Sonett, Baldesar Castiglione	Ant. Frottole III (1517?)², fol. 45v–46r; Int. Org. Antico (1517), fol. 37v–38r.	Ant. Canzoni III² /Einstein (1941), S. 61–62; Int. Organi Antico/Bononiensis (1984), fol. 37v–38r; Int. Organi Antico/ Sterzinger (1987), fol. 37v–38r.	
4a	Io vissi pargoletta		Oda, Pietro Bembo		Bembo: Prose, S. 318.	
4b	Amor, la tua virtute		Canzone, Pietro Bembo		Bembo: Prose, S. 320.	
5	Mai non vo' più cantar com'io soleva	–	Francesco Petrarca	Canzoniere CV	Petrarca: Canzoniere, S. 200–05.	
6	Ti par gran meraviglia	Niccolò Pifaro	Strambotto	Frottole Pe. IV (1505?), fol. XVIIv.	Pe. I und IV/Schwartz (1935), S. 61 (Noten), S. XL (Text).	
7	Io non compro più speranza	Marchetto Cara	Barzelletta	Frottole Pe. I (1504), fol. 9v–10r; Int. L. Boss. Pe. I (1509), fol. 34r–v.	Pe. I–III/Cesari/Monterosso (1954), S. 8 (Noten), 5 (Text); Bossinensis/Disertori (1964), S. 390–91; Int. L. Boss. Pe. I (1509–1977), fol. 34r–v.	Hörbeispiel vgl. Cradle Renaissance/ CD (2002)
8	Poi ch'amor con dritta fe	Anon.	Barzelletta	Frottole Pe III (1505), fol. 2v–3r.	Pe. I–III/Cesari/Monterosso (1954), S. 93 (Noten), 35 (Text).	
9	Poi che l'alma	Tromboncino	Barzelletta	Frottole Pe. I (1504), fol. 24v–25; Bo Q 18, fol. 16v–17; FC B 2441, fol. 21v–22.	Pe. I–III/Cesari/Monterosso (1954), S. 20 (Noten), 10 (Text).	

Nr.	Textanfang	Komponist	Textform/-autor	Quellen	Moderne Ausgaben	Kommentar
10	Amerò, non amerò	Marchetto Cara	Barzelletta mit Volksliedrefrain	Frottole Pe XI (1514), fol. 22v–23r	Pe. XI/Luisi: Cleup (1997), S. 150–51 (Noten), S. 60 (Text); Prizer: Cara (1980); Gallico: *Rimeria* (1996) (Incipit der Volksliedripresa).	
11	Se me (è) grato il tuo tornare	Philippus de Lurano	Barzelletta	Frottole Pe. I (1504), fol. 53v–54r; Bo Q 18, fol. 24v–25r; Fn B.R. 337, fol. 17v, Int. L. Boss Pe. II (1511), fol. 35v–36r.	Pe. I–III/ Cesari/Monterosso (1954), S. 41 (Noten), 20 (Text), Bossinensis/Disertori (1964), S. 396–97; Int. L. Boss. Pe. II (1511–1982), fol. 35v–36r.	Hörbeispiel vgl. Frottole/ CD (2005)
12	Hor venduto ho la speranza	Marchetto Cara	Barzelletta	Frottole Pe. I (1504), fol. 6v–7r.	Pe. I–III/Cesari/Monterosso (1954), S. 6 (Noten), S. 4 (Text).	
13	Occhi mei lassi	Ioannes Lulinus Venetus	Ballata	Frottole Pe. XI (1514), fol. 60v–61r.	Pe. XI/Luisi: Cleup (1997), S. 246–48 (Noten); S. 69–70 (Text)	
14	Tu m'hai privato de riposo e pace	Anon.	Strambotto	Frottole Pe. IV (1505?), fol. XVI v.	Pe. I und IV/Schwartz (1935). S. 60–61 (Noten), S. XXXIX (Text).	
15	Dal ciel descese amor	F.V.	Strambotto	Frottole Pe. IV (1505?), fol. XXXIv.	Pe. I und IV/Schwartz (1935). S. 77 (Noten), S. XLI (Text).	
16	Alme celeste, che riposo date	Ludovico Milanese	Strambotto	Frottole Pe. VIII (1507), fol. 51v.	Pe. VIII/Boscolo: Cleup (1999), S. 237–38 (Noten), S. 92 (Text); Bossinensis/Disertori (1964), S. 145–46.	
17	Pieta, cara signora	Marchetto Cara	Barzelletta	Frottole Pe. I (1504), fol. 14r; FC B 2441, fol. 31v–32.; Int. L. Boss. Pe. I (1509), fol. 47r	Pe. I–III/Cesari/Monterosso (1954), S. 12 (Noten), S. 7 (Text); Bossinensis/Disertori (1964). S. 424–25; Int. L. Boss. Pe. I (1509–1977), fol. 47r.	
18	Silentium lingua	Bartolomeo Tromboncino	Strambotto, Serafino Aquilano	Frottole Pe IV (1505), fol. 27v; Lb Egerton 3051, fol. 7v–8.	Pe. I und IV/Schwartz (1935). Nr. 46, S. 72–73.	
19	Scopri [o] lingua el cieco ardore	Bartolomeo Tromboncino	Barzelletta	Frottole Pe I (1504), fol. 16v–17r; Pn Vm⁷ 676; Int. ... Boss. Pe. I (1509), fol. 30v–31v.	Cesari/Monterosso (1954); Pe. I und IV/Schwartz (1935); Bossinensis/Disertori (1964).; Int. L. Boss. Pe. I (1509–1977), fol. 30v–31v.	
20	Scopri lingua, el mio martire	Anon.	Barzelletta	Frottole VIII (1507), fol. 36v–37r; FC B 2441, fol. 3v–4r;	Pe. VIII/Boscolo: Cleup (1999); Garberoglio FC 2441.	

Nr.	Textanfang	Komponist	Textform/-autor	Quellen	Moderne Ausgaben	Kommentar
21	Ho scoperto il tanto aperto	Bartolomeo Tromboncino	Barzelletta	Frottole Pe. VIII (1507), fol. 16v–17r; Int. L. Boss. Pe. I (1509), fol. 14r–14v.	Pe. VIII/Boscolo: Cleup (1999), S. 149–50 (Noten), S. 74 (Text); Bossinensis/Disertori (1964), S. 336–37; Int. L. Boss. Pe. I (1509–1977), fol. 39v.	+ liturgische Melodie des „Libera nos, domine" aus der Allerheiligen-litanei.
22	Io voria esser colu	Michele Pesenti	Canzonetta	Frottole Pe. IX (1508) fol. 20v–21r.	Pe. IX/Fachin: Cleup (1999), S. 164 (Noten) S. 73 (Text).	
23	Hor chio son de preson fora	Bartolomeo Tromboncino	Barzelletta	Frottole Pe. V (1505), fol. 55v; Pn Vm⁷ 676, fol. 69v–70r.	–	
24	Che debo far, che mi consigli, Amore	Tromboncino	Canzone, Francesco Petrarca	Frottole Pe VII, fol. 13v–14r v; Ant. Canzoni I (1510), fol. 31v–32; Fn maglb. XIX, 164–167, nr. 36; Int. Org. Antico (1517), fol.12r–13v; Int. L. Boss. Pe. I (1509), fol. 7v–8r.	Bossinensis/Disertori (1964), S. 322–23, ; Int. L. Boss. Pe. I (1509–1977), fol. 7v–8r; Int. Organi Antico/ Bononiensis (1984), fol. 12r–13v; Int. Organi Antico/ Sterzinger (1987), fol. 12r–13v.	Hörbeispiel vgl. Vergine Bella/ CD (2002)
25	Te lamenti, et io mi doglio	Anon.	Barzelletta	Frottole Pe. II (1505), fol. 54v–55r.	Pe. I–III/Cesari/Monterosso (1954), S. 88 (Noten), S. 34 (Text).	
26	Rompi, Amor, questa cathena	Philippus de Luranus	Barzelletta	Frottole Pe. IV (1505?), fol. 34v–35r; Ant. Canzoni I (1510), fol. 21v–22r.	Pe. I und IV/Schwartz (1935), S. 81 (Noten), S. 42 (Text)	
27	Non bisogna che constrasta	P.C.	Barzelletta	Frottole Pe. III. (1505), fol. 11v–12r.	Pe. I–III/Cesari/Monterosso (1954), S. 102 (Noten), S. 38 (Text).	
28	Colei che amo cosi	Marchetto Cara	Villotta	Frottole Pe. IX (1508), fol. 23v.	Pe. IX/Fachin: Cleup (1999), S. 173 (Noten), S. 74 (Text).	
29	La mi lasò, lasola mi	Anon.	Barzelletta	Frottole Pe. IX (1508), fol. 52v–53r.	Pe. IX/Fachin: Cleup (1999), S. 88–89 (Text).	
30	Dime un pocho	Michele Pesenti	Barzelletta	Frottole Pe. I (1504), fol. 33v–34; Bo Q 18, fol. 11v–12r.	Pe. I–III/Cesari/Monterosso (1954), S. 27–28 (Noten), S. 13 (Text); Bc Q 18/Forscher Weiss.	

417

Nr.	Textanfang	Komponist	Textform/-autor	Quellen	Moderne Ausgaben	Kommentar
31	Sum più tua che non sum mia	Marchetto Cara	Barzelletta	Frottole Pe. VIII (1507), fol. 33v–34r; Int. L. Boss. Pe. I (1509), fol. 25v–26r.	Pe. VIII/Boscolo: Cleup (1999), S. 193–94 (Noten), S. 84 (Text); Bossinensis/Disertori (1964), S. 370–71; Int. L. Boss. Pe. I (1509–1977), fol. 25v–26r.	
32	Che faralla che diralla	Michele Pesenti (?) (oder Bartolomeo Tromboncino)	Barzelletta	Frottole Pe. XI (1514), fol.28; Chin Capirola, fol. 10; Ant. Canzoni III° (1513), fol. 39v–40r (hier D. Michael Vicentino als Verfasser angegeben); Int. Org.Antico (1517), fol. 33r–33v (hier B.[artolomeo] T.[romboncino] als Verfasser angegeben). Auch in der Tanzsammlung II Giovannino, „Il Lanzino e il Papa" enthalten, NYP Papa Nr. 8.	Pe. XI/Luisi: Cleup (1997), S. 162–63 (Noten), S. 61–62 (Text).	Als musikalisch wie textlich ähnliche Variante dieses Stückes ist eine 2-stimm. Lauda überliefert in: Razzi (1563), c. 91. MA: Pe. XI/Luisi: Cleup (1997), S. 282.
33	Uscirallo o resterallo	Don Timoteo	Barzelletta	Frottole Pe. XI (1514), fol., 11v–12r.	Pe. XI/Luisi: Cleup (1997), S. 164–65 (Noten), S. 62 (Text).	
34	Udite voi finestre	Marchetto Cara	Oda	Frottole Pe. I (1504), fol. 12v; Int. L. Boss. Pe. I (1509), fol. XLv, Pn Vm⁷ 676, fol. 564v	Pe. I–III/Cesari/Monterosso (1954), S. 10–11 (Noten), 6 (Text); Bossinensis/Disertori (1964), S. 410; Int. L. Boss. Pe. I (1509–1977), fol. XLv.	
35	Ala guerra	Tromboncino	Barzelletta	Frottole Pe. I (1504), fol. 31v–32r; Int. L. Boss. Pe. I (1509), fol. 39v; FC B 2441, fol. 23v–24r.	Pe. I–III/Cesari/Monterosso (1954), S. 26–27 (Noten), S. 12 (Text); Bossinensis/ Disertori (1964), S. 406–07.	Hörbeispiel vgl. Cradle Renaissance/ CD (2002)
36	Fuga ognun, amor protervo	Ioannes Lulinus venetus	Barzelletta	Frottole Pe. XI (1514), fol. 59v–59r.	Pe. XI/Luisi: Cleup (1997), S. 240–42 (Noten), S. 69 (Text)	
37	Don, don! Al foco, al foco!	Antonius Patavius	Barzelletta	Frottole Pe. XI (1514), fol. 40v–41r.	Pe. XI/Luisi: Cleup (1997), S. 194–95 (Noten), S. 65 (Text).	
38	Fate ben, gente cortese	Bartolomeo Tromboncino	Canto carnascialesco	Frottole Pe. VIII (1507), fol. 39v–40r.	Pe. VIII/Boscolo: Cleup (1999), S. 103 (Noten), S. 87 (Text).	

Nr.	Textanfang	Komponist	Textform/-autor	Quellen	Moderne Ausgaben	Kommentar
39	Deh sì, deh no, deh sì	Marchetto Cara	Barzelletta	Frottole Pe I (1504), fol. 14'–15; Bo Q. 18, fol. 14'–15; I Fn Panciat. 27, fol. 32; Int. L. Boss. Pe. I (1509), fol. 28.	Cesari/Monterosso (1954) S. 12 (Noten) S. 7 (Text); Pe. I und IV/Schwartz (1935); Gallico: *Rimeria* (1996) (Incipit und Text).	
40	Io non l'ho perche non l'ho	Marchetto Cara	Barzelletta; Il Poliziano (Angelo Ambrogini)	Frottole Pe VII (1507), fol. 40v–41r; Ant. Canzoni I (1510), fol. 28v–29r.	Rubsamen: *Literary Sources* (1943), S. 39.	
41	Non poi perche non voi	Anon.	Canzonetta	Frottole Pe. III (1505), fol. 44v.	Pe. I–III/Cesari/Monterosso (1954), S. 126 (Noten), S. 45 (Text).	
42	O dolce farfarella	Anon.	Villotta	Vnm 10653-56, Nr. 81, Mo. γ L 11,8, fol. 57v–58r (nur Bass).	Torrefranca (1939), S. 507–09; Vnm 10653-56/Luisi, S. 176–77 (Noten); S. 81 (Text).	
43	Fortuna di un gran tempo etc.	Ludovico Fogliani	Villotta/Incatenatura	Frottole Pe. IX (1508), fol. 38v–39r.	Pe. IX/Fachin: Cleup (1999), S. 210–13 (Noten), S. 82–83 (Text).	
44	Trista e noiosa sorte	Michele Pesenti	Oda	Frottole Pe. I (1504), fol. 45r.	Pe. I–III/Cesari/ Monterosso (1954), S. 35–36 (Noten), 16 (Text).	
45	La tromba sona	Anon.	Oda	Frottole Pe. III (1505), fol. 56v.	Pe. I–III/Cesari/Monterosso (1954), 135–136 (Noten) S. 48 (Text).	
46	Aihme ch'io moro	Michele Pesenti	Oda	Frottole Pe. I (1504), fol. 41v–42r; Int. L. Boss. Pe. I (1509), fol. XLIv.	Pe. I–III/Cesari/Monterosso (1954), S. 33–34 (Noten), 15 (Text); Bossinensis/Disertori (1964), S. 412–13; Int. L. Boss. Pe. I (1509–1977), fol. XLIv.	
47	Ben mille volte ad di me dice amore	Michele Pesenti	Capitolo	Frottole Pe. I (1504), fol. XLVIr.	Pe. I–III/Cesari/Monterosso (1954), S. 36–37 (Noten), 17 (Text).	
48	Modo di cantar sonetti	Anon.	(Sonett)	Frottole Pe. IV (1505?), fol. 14r.	Pe. I und IV/Schwartz (1935); Pe. IV/Jensen (1991), fol. 14r.	
49	Di più varii pensier	Marchetto Cara	Sonett	Ant. Frottole III (1517?)², fol. 43r.	Ant. Canzoni III²/ Einstein (1941), S. 57–58 (Noten), S. XVI (Text).	

Nr.	Textanfang	Komponist	Textform/-autor	Quellen	Moderne Ausgaben	Kommentar
50	Deh, porgi mano	Eustachius De Macionibus Romanus	Sonett, Francesco Petrarca	Frottole Pe. XI (1514), fol. 8v–10r.	Pe. XI/Luisi: Cleup (1997), S. 119–22 (Noten); S. 57 (Text).	
51	Suspir suavi	Bartolomeo Tromboncino	Strambotto	Frottole Pe. IV (1505?), fol. XXXv.	Pe. I und IV/Schwartz (1935), S. 76 (Noten), S. XLI (Text).	
52	Quando per darme nel languir conforto	Anon.	Strambotto	Frottole Pe. IV (1505?), fol. 46r.	Pe. I und IV/Schwartz (1935), S. 91 (Noten), S. XLIV (Text).	
53	Io piango 'l mio tormento	Anon.	Strambotto (Serafino Aquilano)	Mo. α F. 9, 9, fol. 8v–[1r].	La Face Bianconi/Rossi: Rime (1999) Nr. XII, S. 222–23.	
54	Ecco la nocte	Anon.	Strambotto (Serafino Aquilano)	FN B. R. 230, fol. 32v–33r; Fc B 2440, S. 4–5.	La Face Bianconi/Rossi: Rime (1999) Nr. VIII, S. 207–09.	
55	Aque stilante e rive	Hieronimus a Lauro	Canzone (eine Strophe)	Frottole Pe. XI (1514), fol. 69v–70r.	Pe. XI/Luisi: Cleup (1997) S. 272–74 (Noten), S. 72 (Text).	
56	Ben mi credea	Bartolomeo Tromboncino	Canzone, Francesco Petrarca	Frottole Pe. XI (1514), fol. 6v–7v.	Pe. XI/Luisi: Cleup (1997) S. 114–16 (Noten); S. 56 (Text).	
57	Si è debile il filo	Bartolomeo Tromboncino	Canzone, Francesco Petrarca	Frottole Pe. VII (1507), fol. 4v–5v; Ant. Canzoni I (1510) fol. 32v–33v; Int. Org. Antico (1517), fol. 14r–15v; Int. L. Boss. Pe. I (1509), fol. 5r–6r.	Bossinensis/Disertori (1964), S. 315–17 und S. 271–77; Int. L. Boss. Pe. I (1509–1977), fol. 5r–6r; Text: Petrarca: Canzoniere, XXXVII, S. 80–84.	Hörbeispiel vgl. lo Canterei — Petrarcas canzoniere/CD (1996)
58	Vox clamantis in deserto	Bartolomeo Tromboncino	Barzelletta	Frottole Pe. III (1505), fol. 59v–60r; Ms. 2, 1–5 der Bibl. del Palacio Madrid, fol. 65.	Pe. I–III/Cesari/Monterosso (1954), S. 138–39 (Noten), S. 49 (Text).	
59	Uscirò di tanti affanni	Francesco d'Ana	Oda	Frottole Pe. VIII (1507), fol. 35v.	Pe. VIII/Boscolo: Cleup (1999), S. 197–98 (Noten), S. 85 (Text).	

Nr.	Textanfang	Komponist	Textform/-autor	Quellen	Moderne Ausgaben	Kommentar
60	Ah lasso, a quante fier	Anon.	Strambotto (Serafino Aquilano)	Ms. Perugia, Bibl. Comunale Augusta, cod. 431, fol. 53v–54r.	M. A. Hernon: Perugia MS 431 (G20). A Study of the Secular Italian Pieces. Ph.D. diss., George Peabody College for Teachers 1971, S. 328f; La Face Bianconi/Rossi: *Rime* (1999) Nr. Ib, S. 180–81 (Noten), S. 101–03 (Text); La Face Bianconi/Rossi: Serafino (1995), S. 372–75 (Text).	
61	O mia cieca e dura sorte	Marchetto Cara	Barzelletta	Frottole Pe I (1504), fol. 5v–6r; I FnMs. B. R. 230 fol. 27v–28r; I Fc 2441 fol. 36v–37r; Int. L. Boss. Pe. I (1509), fol. 19–20.	Pe. I und IV/Schwartz (1935), Cesari/Monterosso (1954); Bossinensis/Disertori (1964), S. 352–53; Int. L. Boss. Pe. I (1509–1977). fol. 21r bis 22r.	Hörbeispiel vgl. Vergine bella/CD (2002)
62	Poi ch'io son d'Amor pregione	Anon.	Barzelletta mit Volkslied-refrain	Frottole Pe XI (1514), fol. 30v–31r.	Pe. XI/Luisi: Cleup (1997), S. 169–71 (Noten), S. 62 (Text).	
63	Voltati in ça Rosina	Anon.	Volkslied-art	Pn f.it. 476, fol. 64v.	Gallico: *Rimeria* (1996), S. 141 (Incipit).	
64	Dammene un poco di quella mazacrocha	Anon.	Volkslied-art	Fn B. R. 229, fol. 154v–156r.	Gallico: *Rimeria* (1996), S. 65 (Incipit Altus)	
65	Tu dormi, io veglio	Anon.	Strambotto (Serafino Aquilano)	Frottole Pe. VI (1506), fol. 9r.	La Face Bianconi/Rossi: *Rime* (1999) Nr. XXVII, S. 279–81.	
66	Tante volte sì, sì, sì	Marchetto Cara	Barzelletta	Frottole Pe XI (1514), fol. 25v–26; Vnm 1795, n. 89, anon.	Frottole XI/Luisi (1997) , S. 157 (Noten) S. 60–61 (Text); Luisi: *Mus. Voc.* (1977), S. 293.	
67	Forsi che si forsi che no	Marchetto Cara	Barzelletta	Frottole Pe III (1505), fol. 33v–35r;	Cesari/Monterosso (1954), S. 118 (Noten), S. 43 (Text).	
68	Forsi è ver forsi che no	F. [J] T., wahrscheinlich Bartolomeo Tromboncino	Barzelletta	Int. L. Giunta (ca 1520), fol. 39v–40r.	—	

Nr.	Textanfang	Komponist	Textform/-autor	Quellen	Moderne Ausgaben	Kommentar
69	Non te smarir, cor mio, va' passo a passo	Anon.	Strambotto (Serafino Aquilano)	Bo Q 18, fol. 81v–82r.	Bc Q 18/Forscher Weiss. La Face Bianconi/Rossi: *Rime* (1999) Nr. XVIIb, S. 242–42.	
70	Non te smarir, cor mio, va' passo a passo	Anon.	Strambotto (Serafino Aquilano)	Mi 55, fol. 44v–45r.	La Face Bianconi/Rossi: *Rime* (1999) Nr. XVIIb, S. 242–42.	
71	Non te smarir, cor mio, va' passo a passo	Anon.	Strambotto (Serafino Aquilano)	Frottole Pe. IV (1505²), fol. 28r; LB Egerton 3051, fol. 10v–11r.	La Face Bianconi/Rossi: *Rime* (1999) Nr. XVIIc, S. 245–47.	
72	D'un bel matin	Anon.	Vilotta	Frottole Pe VI (1506), fol. 55v.	Bossinensis/Disertori (1964), S. 268–70.	
73	D'un bel matin d'amore	Giovanni Battista Zesso	Villotta	Frottole Pe VII (1507), fol. 26v.	Rubsamen/Haar: *From Frottola* (1964), S. 209–11, T. 1–5.	
73a	E d'un bel matin d'amore	Antonio Caprioli	Villotta	Frottole Pe XI (1514), fol. 35r–36r.	Pe. XI/Luisi: Cleup (1997), S. 181, Jeppesen: *Frottola II* (1969), S. 307–10; Gallico: *Rimeria* (1996) (Incipit und Text); Luisi: *Mus. Voc.* (1977), S. 252–53 (Tenorstimme und Kommentar).	Hörbeispiel vgl. Italian Renaissance Madrigals/CD (1992)
74	E levomi d'una bella matina	Anon.	Villotta	Vnm 10653-56, Nr. 101	Jeppesen: *Frottola III* (1970), S. 31.	
75	Dal lecto mi leveva	Michele Pesenti	Villotta (filastrocca)	Frottole Pe I, 1504, fol. 27v–28r.	Pe. I und IV/Schwartz (1935), Cesari/Monterosso (1954), XXVIII, S. 22–23 (Noten), S. 11 (Text), Torrefranca (1939), S. 434–35; Gallico: *Rimeria* (1996) (Incipit Tenor und Text).	
76	Quasi sempre d'avanti di	Anon.	Barzelletta mit Volksliedrefrain	Frottole Pe. VII (1507), fol. 36v–37r.		
77	A la bruma, al giatio e al vento	Nicolò Pifaro	Barzelletta mit Volksliedrefrain	Frottole Pe. VIII (1507), fol. 20v–21r.	Pe. VIII/ Boscolo: Cleup (1999), Luisi: *Mus. Voc.* (1977), S. 160–61 (Noten), S. 76 (Text).	

Nr.	Textanfang	Komponist	Textform/-autor	Quellen	Moderne Ausgaben	Kommentar
78	Poi che volse la mia stella	Bartolomeo Trombincino	Barzelletta mit Volkslied-refrain	Frottole Pe III (1505), fol. 18v–19r; Int. L. Boss. Pe. I (1509), fol. 27r–27v; Int. L. Pe IV (1508), fol. 53v–54r; Int. L. Boss. Pe. I (1509/1977), fol. 27r–27v.	Pe. I–III/Cesari/Monterosso (1954), S. 107 (Noten), S. 40 (Text); Bossinensis/Disertori (1964), S. 374–75; Int. L. Boss. Pe. I (1509/1977), fol. 27r–27v.	Hörbeispiel vgl. Vergine bella/CD (2002). Vgl. dazu: Sev 5.1.43, fol. 134v–135r; MA: Gallico: Rimeria (1996), Incipit Tenor S. 58.
79	Fabbe e fasoi	A.T. (?)	Barzelletta	Frottole Pe. XI, fol. 11v–12r.	Pe. XI/Luisi: Cleup (1997), S. 125 (Noten), S. 57 (Text); Luisi: Mus. Voc. (1977), S. 297–98; Gallico: Rimeria (1996), Incipit des Cantus (S. 84) und Text.	
80	Sotto un verde e alto cipresso	Anton Caprioli	Barzelletta mit Volkslied-refrain	Frottole Pe VIII (1507), fol. 13v–14r; Int. L. Boss. Pe. II (1511), fol. 35r–36r;	Pe. VIII/Boscolo: Cleup (1999), S. 142–44 (Noten), S. 72–73 (Text); Bossinensis/Disertori (1964), S. 532–34, Int. L. Boss. Pe. II (1511–1982), fol. 35r–36r;	Hörbeispiel vgl. Frottole/CD (2005)
81	Non pensar che mai te lassi	Don Pelegrinus Cesena	Barzelletta	MS Antinori 158, fol. 23r (Text); Frottole Pe. IX (1509), fol. 32v–33r; Fn B. R. 337, fol. 26v bzw. 35v (nur Bass); Pn Vmd. 27.	Frottole Pe. IX (1508), S. 195–96 (Noten), S. 79–80 (Text).	
82	Io ti lasso, donna, hormai	Filippo Lurano bzw. Philippus Luranus	Barzelletta	Pe. V (1505), fol. 29v–30r; Fn B. R. 337, fol. 18v bzw. 27v; LB Egerton 3051, fol. 58V–59r; Bo Q 18, fol. 7v–8r.	Bc Q 18/Forscher Weiss.	
83	Che debbio fare	Bartolomeo Tromboncino	Canzone, Francesco Petrarca	Int. Org. Antico (1517), fol. 12r.	Int. Organi Antico/Sterzinger (1987), fol. 12r.	Tabulatur für Tasteninstrumente

ABBILDUNGEN

Nr.	Titel	Künstler	Herkunftsort	Heutiger Ort	Moderne Ausgaben
1	Decke der sala del labirinto	Anon.	Palazzo ducale Mantua	Palazzo ducale Mantua, sala del labirinto	Gallico: Forse (1961), o. S.; Meine: Amerò (2005), S. 47.
2	Emblem der musikalischen Pausen			Palazzo ducale Mantua, Eingang der Grotte von Isabella Gonzaga d'Este	Bini: Isabella (2001), S. 195.
3	Medaillon der Erato, Göttin der Liebeslyrik			Palazzo ducale Mantua, Außenseite (rechts unten) der Tür zur Grotte von Isabella Gonzaga d'Este	Bini: Isabella (2001), S. 79.
4	Medaillon einer antiken Göttin der Künste			Palazzo ducale Mantua, Außenseite (rechts oben) der Tür zur Grotte von Isabella Gonzaga d'Este	Bini: Isabella (2001), S. 80.
5	Il Parnaso (1496–1497)	Andrea Mantegna		Ursprünglich Palazzo Ducale, Mantua, studiolo; Paris, Louvre	Bini: Isabella (2001), S. 90.
6	Incoronazione di una dama (1504–1506).	Lorenzo Costa		Ursprünglich Palazzo Ducale, Mantua, studiolo; Paris, Louvre	Bini: Isabella (2001), S. 94.
7	Frontispiz mit Laute spielendem Dichtermusiker und Amorino auf einem Druck mit Poesia von Serafino dell'Aquila		Opere dello elegante poeta Seraphino Aquilano finite et emendate con la loro apologia et vita desso poeta. Roma: Giovanni Besicken 5. X. 1503.		Mario Menghini (Hg.): Le rime di Serafino de' Ciminelli dall'Aquila. Bologna 1896, S. LXXXXIV.
8	Musikalische Unterhaltung oder Venus, die Laute spielt, mit Amor	Parrasio Micheli (oder Michiel), um 1560–1570.		Schwerin, Staatliches Museum Inv.-Nr. G 717	Dipingere Musica (2001), S. 253; Colori della musica. Dipinti, strumenti e concerti tra Cinquecento e Seicento, hg. v. Annalisa Bini u.a., Milano 2001, S. 123; Feldman: Courtesan (2006), S. 106.
9	Frontispiz zu einem Orgeltabulaturdruck		Int. Org. Antico (1517)	Biblioteca Polesini, Rom	Int. Organi Antico/Sterzinger (1987), o. S.

ARCHIVDOKUMENTE

Dok. 1
Besoldungsliste an Lucrezias Hof in Ferrara vom Dezember 1506 (ASMo, Fondo d'Este, Amministrazioni dei principi, busta 1130, fol. 93 links, 93 r., 94 links, 94 r.)

Dok. 2
Musiker der Cappella Alfonso d'Estes 1506 (Ausschnitt von Januar bis Mai)
ASMo, Fondo d'Este, Amm. dei principi, Busta dei salariati 17

Dok. 3
Brief von Isabella d'Este Gonzaga (bzw. ihrem Sekretär B. Capilupi) an Kardinal Ippolito d'Este, Mantua, 3. Februar 1507 (ASMo, Fondo d'Este, Carteggio dei Principi Esteri, busta 1196, fol. 300r)

Dok. 4
Brief von Isabella D'Este Gonzaga an Kardinal Ippolito D'Este, Mantua, 20. September 1500 (ASMo, Fondo d'Este, Carteggio Principi Esteri, busta 1196, fol. 233r.)

NAMENSINDEX

Aaron, Pietro **188–89, 213, 293, 368–69**
Alberti, Leon Battista **200**
Alessandro, Tastenspieler **63**
Ana, Francesco d' **95, 299, 300**
Andrews, Richard **197, 202**
Antico, Andrea **110, 186, 191, 274, 363–66, 382**
Antimachus,
   s. Sacchetti Mattheo
Antonia, Ehefrau von Bartolomeo Tromboncino **60**
Aquaviva, Francesco **100**
Aquila, Serafino Ciminelli dell' **31, 44, 65–68, 70, 72, 99, 106, 109, 116–18, 138, 140, 162, 168, 171, 183, 186, 190–92, 225, 230, 273, 277–78, 281, 283, 311–12, 319–21, 324–27, 355, 274, 380–82**
Aquilano, Serafino,
   s. Aquila Serafino Ciminelli dell'
Aragona, Alfonso I., König von Neapel **55**
Aragona, Alfonso II., König von Neapel **69**
Aragona, Ferrandino,
   s. Ferdinand, König von Neapel
Aragona, Eleonora d' **50–51**
Aragona, Ferrandino d', König von Neapel **67, 70**
Aragona, Isabella d' **69, 76–77**
Aragona, Tullia d' **29, 113, 123–25, 128, 131, 138, 157, 369**
Arcadelt, Jacques **23, 111**
Aretino, Pietro **29, 132–33, 138, 336**
Argyropulos, Isacco **114**
Ariès, Philippe **313**
Ariost, Ludovico **37**
Aristoteles **96, 180**
Arrighi, Domenico Benedetto di **353–55**
Augustinus, auch Augustinus von Hippo **138, 140**
Austern, Linda **24–25**

Bachtin, Michail **36**
Baldacci, Luigi **26, 30, 33**
Baldelli, Francesco **208**
Bandello, Matteo **128**
Baratella, Francesco **202, 269**
Bargagli, Scipion **152, 154, 373**
Bartholomeo degli Organi **195–96, 354**
Bembo, Bernardo **86**
Bembo, Elena **112**
Bembo, Pietro **26, 29–31, 39, 42, 49, 65, 75, 90–92, 94, 96–97, 99, 105, 111–13, 138, 140, 143, 146–57, 159–66, 169–76, 186, 193–95, 200–01, 283, 288, 361, 368, 372–75, 383**
Benjamin, Walter **146**
Bentivoglio, Annibale **380**
Bentivoglio, Giovanni II. **380**

Betussi, Giuseppe **141–42**
Bibbiena, Bernardo Dovizi da **120**
Bidon bzw. Bidone da Asti **174**
Blastenbrei, Peter **130**
Boccaccio, Giovanni **43, 86, 96, 139, 152, 159, 161**
Boiardo, Matteo Maria **54, 167, 183**
Bologna, Corrado **328**
Bono, Pietro, auch Pietrobono **51, 59, 62**
Boorman, Stanley **183, 185**
Borgia, Cesare bzw. Duca Valentino **68, 116, 126, 131, 167, 355**
Borgia, Lucrezia **26, 42–43, 50–51, 53–54, 57, 59–65, 72–74, 76, 91, 94, 98, 105, 122, 126, 146, 256, 372**
Borgia, Rodrigo,
   s. Papst Alexander VI.
Bossinensis, Francesco **381, 385**
Brandolini, Raffaele **117–19**
Bridgman, Nanie **210**
Brumel, Antoine **380**
Bruno, Girolamo **77**
Bufalo, Angelo del **128**
Buoni, Tomaso **24**
Burckard, Johannes **114, 121–22, 126–27**
Burke, Peter **38**

Calella, Michele **192**
Calmeta, Vincenzo, auch Vincenzo Collo **66–68, 99, 117, 138, 162, 166–71, 174–75, 192, 374**
Campana, M. Domenico **128**
Cantelmo, Margherita **96**
Caprioli, Antonio **214, 333–36, 347–50**
Cara, Marchetto, auch Marco **14–15, 20, 41, 44, 60, 65, 74, 92–93, 100, 102, 157, 188–89, 194–95, 213–14, 216–21, 225, 227, 235, 244, 245–46, 251, 259–62, 266, 274, 303–07, 314–17, 319, 329, 341, 362, 368, 372–74, 379, 382–83**
Cariteo (Chariteo) Il,
   s. Gareth Benedetto
Carretto, Galeotto del **167**
Castellanus, Petrus **181**
Castiglione, Baldesar **22, 31, 49, 57, 90, 99, 102–07, 122, 142, 146, 148, 155–57, 160, 162, 171–75, 193, 228, 306, 368**
Castiglione, Lapo da **114–15, 125**
Cavallini, Ivano **369**
Ceresara, Paride de **88, 90**
Chalcidius, auch Calcidius) **82**
Chariteo il,
   s. Gareth Benedetto
Chartier, Roger **19**

Namensindex

Chigi, Agostino 128–29
Cicero (eigentlich Marcus Tullius Cicero) 84
Collo Vincenzo,
   s. Calmeta, Vincenzo
Colonna, Pompeo 111
Colonna, Vittoria 29
Compère, Loyset 380, 383
Coppini, Alessandro 196
Corio, Bernardino 77
Corioni, Giovan Francesco dei 109
Cornaro, Caterina 146
Cornazano, Antonio 183
Correggio, Niccolò da 59, 71, 73, 91, 94–95, 98, 191, 287, 382
Cortesi, Paolo 70, 116, 167
Cosentino, Ponto 123
Cossa, Andrea 67, 69, 77
Costa, Lorenzo 88–90
Cosata, Michel 54, 61
Croce, Benedetto 30
Crotone, Marchesa da 75

Dahlhaus, Carl 294, 297
Dante, Alighieri 43, 69, 86, 139, 159–61, 164, 167, 197, 383
Derrida, Jacques 18
Des Prez, Josquin,
   s. Josquin des Prez
Dioda, Buffone 77, 109–10
Dionisotti, Carlo 26
Donato, auch Donà, Girolamo 181
Doni, Antonfrancesco 22
Dorico, Valerio 110, 191, 385
Dufay, Guillaume 188
Dunstaple, John 188

Ebbersmeyer, Sabrina 142, 156
Einstein, Alfred 21, 28–29, 39–40, 195, 385
Elias, Norbert 25–26, 47, 375
Elwert, Theodor Wilhelm 33
Equicola, Mario 81, 84, 91, 96, 269
Erasmus von Rotterdam 141
Errante, Vincenzo 13
Este Gonzaga, Isabella d' 20, 26–27, 40–43, 46, 49–53, 57–60, 63–65, 68, 71–82, 84, 86–88, 90–92, 94–105, 111, 114, 120–21, 125, 127–28, 134, 138, 170, 176, 186, 213, 287, 319, 356, 363, 372, 379–82
Este Sforza, Beatrice d' 43, 67–68, 72, 77, 96, 109, 167, 380
Este, Alfonso d' 50–51, 54–55, 61, 72, 74, 256
Este, Beatrice d'.
   s. Este Sforza, Beatrice
Este, Borso d' 87
Este, Ercole d' 27, 39, 50–53, 55, 59, 62, 74, 109, 380
Este, Ippolito d' 49, 58, 61–64, 71, 73
Este, Isabella d',
   s. Este Gonzaga Isabella d'
Este, Leonello d' 50, 79
Este, Lucrezia d' 380

Federico, König von Neapel 69
Feldman, Martha 31, 356, 316

Feltre, Vittorino da 52
Fenlon, Iain 32
Ferdinand, König von Neapel 67
Ferrante, König von Neapel 69
Ferrara, Beatrice di 131–32, 138, 373
Festa, Sebastiano 189, 195, 265, 383
Fiammengo, Guglielmo 66
Fiammetta, Beiname einer Kurtisane 131, 355
Fiammetta, Andrea della 131
Ficino, Marsilio 25, 141–45, 148–50, 155
Filelfo, Francesco 138
Finscher, Ludwig 32, 39
Firenzuola, Agnolo 149, 152–53, 155
Fogliani, Ludovico 268
Forkel, Johann Nikolaus 18
Forscher, Weiss Susan 380
Foucault, Michel 18–19, 23
Franco, Niccolò 29
Franco, Veronica 368
Friedrich, Hugo 29

Gaffori, Franchino 53, 83, 295
Gaffurio, Franchino,
   s. Gaffori, Franchino
Galeota, Francesco 70, 380
Gallico, Claudio 15, 34–35, 37, 40–41, 134, 161, 211, 381
Gambara, Veronica 29
Gareth, Benedetto 31, 65, 67, 70, 118, 168
Garzotto da Fontanella, Bartholomeo 108
Gazza, Bartolomeo 368
Geertz, Clifford 19
Genovesi, Adalberto 81, 83
Ghiselin, Johannes 39
Giesecke, Martin 181
Giovio, Paolo 81
Giunta, Luca Antonio 367
Giustiniani Leonardo 37
Gonzaga da Montefeltro, Elisabetta 67, 72, 105
Gonzaga, Eleonora 127
Gonzaga, Elisabetta,
   s. Gonzaga da Montefeltro Elisabetta
Gonzaga, Ercole I. 127
Gonzaga, Federico I. 52, 79, 108–09
Gonzaga, Federico II. 109
Gonzaga, Francesco II. 27, 50–51, 72–73, 80, 86, 88, 108–09, 128, 379
Gonzaga, Ludovico 52
Gonzaga, Vincenzo 13, 14, 319
Gonzaga, Vittorino 52–53
Gradenigo, Giorgio 368
Grayson, Cecil 171
Greene, Roland 105
Guarnerius, Gullielmo 67
Guarnerius, Gullielmus,
   s. Fiammengo Guglielmo
Guerzoni, Guido 47
Guevara, Antonio de 67
Guidoberti, Philippo (Don) di 63
Gutenberg, Johannes 182

Haar, James 32, 192

Namensindex

Haydn, Joseph **18**
Heller, Agnes **25, 313**
Hempfer, Klaus W. **19–20, 25, 33–34, 36–37, 375**
Hieronimo a Lauro **285**
Hoffmeister, Gerhart **29**
Huizinga, Johan **36–37, 228**

Imperia, Beiname einer Kurtisane, auch *Lucrezia* **128, 130**
Isaac, Heinrich **39, 380**

Janz, Bernhard **33**
Jennaro, Pietro Jacopo de **70**
Josquin des Prez **39, 41, 52, 62, 116, 179, 380–83**
Jouanna, Arlette **128, 137**

Kapp, Volker **33–34, 137**
Karl V. **124**
Karl VIII. **51, 67, 69, 74**
Kierkegaard, Sören **212**
Koch, Heinrich Christoph **18**
Krombsdorfer, Nikolaus **52**
Küpper, Joachim **140**

La Face Bianconi, Giuseppina **192, 301, 382**
Lacan, Jacques **18**
Landini, Francesco **201**
Lannoy, Charles, auch Carlo **58, 63**
Lavagnolo, Lorenzo **52**
Layolle, Francesco de **195, 354**
Leopold, Silke **370**
Lionarda, Ehefrau von Bartholomeo degli Organi **354**
Lockwood, Lewis **55, 57, 62**
Lowinsky, Edward **66**
Lucrezia, Kurtisane,
  s. Imperia
Luigini, Federico **152–53**
Luisi, Francesco **38–39, 186, 193, 209, 211**
Lulinus, Ioannes **194–95, 212–25, 253**
Lurano, Filippo de **219, 243, 355, 359, 379**
Lütteken, Laurenz **20**
Luzio, Alessandro **81**

Maaß, Christiane **159**
Mace, Dean T. **30–31, 161**
Macro, Vicenzio **96**
Macy, Laura **22–25**
Maddalena, Ehefrau von Francesco de Layolle **354**
Mantegna, Andrea **83–85, 89–90**
Mantova, Dionio da **60**
Manuzio, Aldo **31, 138, 160, 164, 180, 183**
Manzoni, Alessandro **163**
Marenzio, Luca **33**
Margerete von Bayern **52**
Maria, Ehefrau von Bianchino da Pisa **354–55, 359, 362**
Martini, Johannes **39, 58, 62–63, 380**
Masina, Beiname einer Kurtisane **355, 359**
Medici, Cosimo de' **142**
Medici, Ferdinando de' **113**
Medici, Giovanni de',
  s. Papst Leo X.

Medici, Lorenzo de' **69, 111, 117–18, 353**
Merkley, Lora **77**
Merkley, Paul **77**
Michelangelo, eigentlich Michelangelo Buonarotti **111**
Michele, Fiammetta di,
  s. Fiammetta
Milanese, Ludovico **225–26**
Milano, Francesco da **111, 114, 121**
Minturno, Antonio **258**
Molza, Tarquinia **143**
 Guilielmus, Monachus **46, 294–98**
Monte Regali, Gallus Eustacchio de **194–95**
Montefeltro, Federico da **78**
Montefeltro, Guidobaldo da **78**
Monza, Ottaviano Scotto di **180**
Morosina **92, 112**
Mozart, Wolfgang Amadeus **18**

Newcomb, Anthony **356**

Obrecht, Jacob **39, 41, 52, 383**
Orsini, Giordano **114**
Orvieto, Paolo **208–09**
Osthoff, Wolfgang **158, 255, 351**
Ovid, eigentlich Publius Ovidius Naso **34**

Padova, Niccolò da **60**
Palicco, Domenico **129**
Panofsky, Erwin **145**
Papst Alexander bzw. Alessandro VI., **53, 69, 121, 126–27, 131, 355**
Papst Clemens bzw. Clemente VII. **111, 120**
Papst Clemens bzw. Clemente VIII. **13**
Papst Julius bzw. Giulio II. **127**
Papst Hadrian bzw. Adriano VI. **112**
Papst Leo X. **96, 110–11, 117–18, 120–21, 189, 195, 365, 397, 405**
Papst Paul bzw. Paolo II. **126**
Papst Paul bzw. Paolo IV. Carafa **129**
Papst Pius bzw. Pio II. **118, 405**
Papst Pius bzw. Pio V. **129–30**
Papst Sixtus bzw. Sisto IV. **51, 115, 405**
Parrasio, Micheli, auch Michiel **361**
Pasoti, Giacomo **191, 385**
Patavino, Antonio **194**
Patrizi, Francesco **143**
Pavia, Lorenzo da **59**
Pelegrinus Cesana, Don **357–58**
Pesenti, Michele **186, 188, 195, 238–39, 246, 248–49, 266, 269–72, 337–39, 347, 362, 374, 379, 383**
Petrarca, Francesco **26, 29, 30–31, 33–34, 43–44, 69–70, 86, 92, 102, 105, 116–17, 138–40, 150, 159, 161–62, 164–65, 167–68, 170, 175–76, 196, 200, 205, 242, 275–77, 283, 286–87, 353, 368, 372–74**
Petrucci, Ottaviano **14, 16, 28, 31, 45, 95, 110–11, 177, 179, 180–85, 187, 189–90, 194–97, 200–01, 203, 209–11, 213, 219, 221, 239, 242, 252, 257, 259–60, 269, 273, 277, 283, 306, 308, 313, 315, 326, 329, 332–33, 336, 347, 349–52, 359, 362–67, 373–74, 379–82**
Piccolomini, Alessandro **368**
Pifaro, Nicolò, auch Niccolò, **215, 341–42, 344**

Piffaro, Bernardo 59
Pirrotta, Nino 16, 66, 113–14, 210
Pisana, Camilla 132, 373
Pisano, Bernardo 110, 195–96, 366, 383
Platon 82, 84, 141–45
Plinius, eigentlich Gaius Plinius Secundus Maior 380
Plutarch 368
Poccino, auch Pocino, Paola 256
Poliziano, Angelo, eigentlich Ambrogini, Angiolo 53, 262, 315, 380
Ponte, Giovan Paolo da 367
Ponte, Giulia da 367
Prete Il 73, 76
Prizer, William F. 21, 37, 41, 353
Prosperi, Bernardino de' 73, 76
Pulci, Luigi 69, 167, 200
Putti, Dalida de' 62
Pythagoras 82

Rabelais, François 36
Rainaldo 51
Reese, Gustave 210
Reinhard, Wolfgang 113
Renier, Rodolfo 81
Ricciardetto,
    s. Tamburino, Ricciardetto
Romanus, Eustachius Macionibus 275–77
Romei, Annibale 143
Rossi, Antonio 192, 273
Rovere, Francesco Maria della 127
Rovere, Giuliano della 355
Rubsamen, Walter 27–28, 30, 41, 384
Rudolph II. 13

Sacchetti, Franco 200
Sacchetti, Mattheo 49
Sachella, Bartolomeo 200
Sachs, Klaus–Jürgen 207
Samboneta, Petrus 386
Sanctis, Francesco De 30
Sannazaro, Jacopo 37, 65, 67, 69–70, 193
Sarasin, Philipp 19
Savorgnan, Maria 92–94
Schivenoglia, Andrea 52
Schwindt, Nicole 17–18, 266, 369, 380
Sestola, Girolamo da 59
Sforza, Ascanio 67, 116
Sforza, Beatrice,
    s. Este Sforza, Beatrice
Sforza, Galeazzo Maria 51
Sforza, Gian Galeazzo 67, 109
Sforza, Ludovico Maria 68–69, 77

Sokrates 106
Sommacampagna, Gidino da 201, 258
Spataro, Giovanni 188, 203
Speroni, Sperone 157
Spilimbergo, Adriano da 367–68
Spilimbergo, Irene da 46, 176, 356, 367–69
Squarciafoco, Girolamo 138
Stampa, Gaspara 29, 368
Stanga, Corradolo 118
Stierle, Karlheinz 139
Stringari, Alessandro Patavino bzw. Patavus 195, 254, 351
Strohm, Reinhard 181, 182, 185

Tamburino, Ricciardetto 52, 60–61, 63–64, 73
Tasso, Torquato 143
Tebaldeo, Antonio 31, 52–53, 61–62, 91, 98–100, 193, 382
Tedesco, Nicolò,
    s. Krombsdorfer, Nikolaus
Tempo, Antonio da 45, 138, 197–204
Testagrossa, Angelo 59, 63, 72
Timoteo Don 248–51, 352
Tinctoris, Johannes 188, 293, 295
Tizian,
    s. Vecellio, Tiziano
Tomlinson, Gary 33, 105
Trissino, Giangiorgio 91, 96–98
Tromboncino, Bartolomeo 20, 44, 49, 59–62, 65, 95, 98, 188–89, 194, 213, 217, 230, 232, 234–36, 239–40, 242, 248–49, 252, 256, 278–79, 286–89, 298–99, 313, 326, 344, 362–63, 366, 368, 379, 382–83, 385
Tromboncino, Ippolito 369

Uberti, Fazio degli 200
Urbino, Bernardino d' 213–14

Valenti, Laura de' 129–31
Varchi, Benedetto 368
Vecellio, Tiziano 157, 368
Ioannes Lulinus Venetus 351
Venier, Domenico 368
Verdelot, Philippe 265, 383
Vergil, eigentlich Publius Vergilius Maro 105, 164
Verhulst, Sabine 46, 205, 208, 375
Veronese, Guarino 84
Vickers, Nancy 105–06

Wert, Giaches de 33
Willaert, Adrian 31, 161, 265

Zarlino, Giuseppe 264
Zesso, Giovanni Battista 214, 330, 333, 349